LITTÉRATURE CONTEMPORAINE

VINGT-UNIÈME VOLUME

LE TRAVAIL

POÉSIES

PAR

L'Abbé Marc Deny — Achille Labatut — Ludovic Sarlat
Alfred Vellot — Brossette — Jules Lemaire — L. Gallot
S. de Raynal — P. E. Erard — Denis Ginoux
Mlle Leroyer de Chantepie — Hippolyte Topin — P.F. Miquet
O. Argentié — Maxime Beauvilliers
Mme Plocq de Bertier — Thomas Marancourt — L. de Préville
Auguste Reinhard — Château — Félicien Batail
Francesco Verdura — François Melvil — Hippolyte Daguet
etc., etc.

PUBLIÉES PAR

ÉVARISTE CARRANCE

Commandeur de l'ordre de Saint-Marin

Officier d'Académie

AGEN

Hôtel du Comité Poétique et de la Revue Française.

6 - RUE MOLINIER - 6

1879.

LE TRAVAIL

LE TRAVAIL

I

Emportez-moi loin de la foule,
Si loin que je n'entende plus
Cette vague humaine qui roule
Des despotes et des reclus.
Mon âme a soif de solitude,
Mon esprit plein de lassitude
Veut s'imprégner d'un air plus pur;
Emportez-moi loin de ce monde,
Il me faut la douceur profonde
Des ruissellements de l'azur.

Sur un rocher bien solitaire
Aux pieds de l'Océan vainqueur,
A l'abri du flot populaire
Je voudrais reposer mon cœur.
Emportez-moi. — La vie est douce
Sur le roc tapissé de mousse;
Je vois ma champêtre maison,
Et je vois, sur la mer immense,
Un grand vaisseau qui se balance
Et qui s'efface à l'horizon.

AGEN
VIRGILE LENTHÉRIC,
Imprimeur des Concours Poétiques

LITTÉRATURE CONTEMPORAINE

VINGT-UNIÈME VOLUME

LE TRAVAIL

POÉSIES

PAR

L'Abbé Marc Deny — Achille Labatut — Ludovic Sarlat
Alfred Vellot — Brossette — Jules Lemaire — L. Gallot
S. de Raynal — P. E. Erard — Denis Ginoux
Mlle Leroyer de Chantepie — Hippolyte Topin — P.F. Miquet
O. Argentié — Maxime Beauvilliers
Mme Plocq de Bertier — Thomas Marancourt — L. de Préville
Auguste Reinhard — Chateau — Félicien Batail
Francesco Verdura — François Melvil — Hippolyte Daguet.
etc., etc.

PUBLIÉES PAR

ÉVARISTE CARRANCE

Commandeur de l'ordre de Saint-Marin

AGEN

Hôtel du Comité Poétique et de la Revue Française
6 - RUE MOLINIER - 6

1879.

Chaque matin, lorsque l'aurore
Nous verse sa douce clarté,
Je bénirai celui qu'implore
Une inconstante humanité.
A travers les roches désertes
Que tapissent les algues vertes ;
Le long des chemins de granit,
Mon cœur, ivre d'indépendance,
Saura retrouver l'espérance,
Ce rayon que le ciel bénit.

C'est loin de l'homme qu'il faut vivre :
Je veux arranger mon bonheur,
En face du sublime livre
Ecrit par le sublime auteur.
Je veux aimer dans le mystère,
Il faut une chaste lumière
A mon esprit désenchanté ;
N'ai-je pas fait ma lourde tâche,
Et ne puis-je sans être un lâche
Quitter un monde détesté ?

Dans cette retraite choisie
Sur le roc étrange et désert,
Cette grandeur : la poésie
M'offrira son plus doux concert.
Le bruit des rancunes humaines,
Des folles terreurs et des chaînes
Se perdra dans celui des flots ;
Je n'entendrai, rempli d'ivresse,
Dans une brise qui caresse,
Qu'un chant lointain de matelots.

II

Quelle est donc l'amère souffrance
Qui domine mon pauvre cœur :
Est-ce le cri de l'impuissance ?
Est-ce le cri de la douleur ?
Ai-je le droit, soldat infime,
D'échapper au profond abîme
Où s'agite un monde blafard ?
O vérité que l'on ignore,
Ne faut-il pas lutter encore
Pour révéler ton étendard ?

Hélas ! n'est-il plus rien à dire
Au nom de l'austère devoir ?
Et lorsque la sagesse expire,
Faut-il aussi bannir l'espoir ?
De ces peuples en décadence
Faut-il caresser la démence ?
Par lassitude ou vanité,
Loin de ces fous, s'en aller vivre,
Et, puisqu'on ne saurait la suivre,
Laisser gémir l'humanité ?

Non, la tâche la plus auguste
Est de rester comme un vaillant ;
De corriger ce monde injuste
Ou de mourir en le servant !
Il faut effacer de la terre,
Ce crime étonnant : la misère !
Et ce fléau dominateur :
La guerre, cette messaline,
Qui gonfle sa froide poitrine,
Avec le sang de notre cœur !

Il faut — œuvre puissante et forte —
Terrasser d'un bras vigoureux,
Cette frémissante cohorte
De despotes et d'orgueilleux.
Il faut que le droit qu'on opprime
Ne sache plus être victime
D'un potentat lâche et cruel ;
Et que devant un peuple libre
On sente le bonheur qui vibre,
Comme un poëme solennel.

C'est le travail ! C'est l'œuvre sainte
Que le penseur doit accomplir.
Il est bien d'écouter la plainte,
Il est mieux de la secourir.
J'aperçois à travers les âges
Au milieu de chastes images,
Un homme au pouvoir souverain ;
Je l'entends de sa voix profonde
Semer la vérité féconde
Au milieu du chaos humain !

Suivons l'exemple salutaire
Sans redouter les coups du sort ;
Le faible seul pourra se taire,
Le lâche seul craindra la mort.
Au travail pour bannir l'envie,
Et pour donner à notre vie,
Un but sublime et généreux !
Qu'importe celui qui succombe,
S'il emporte au fond de la tombe
Un peu de la splendeur des cieux !

Évariste CARRANCE.

23 octobre 1878.

L'ENFANT THAUMATHURGE ET MARTYR.

> Exore infantium et lactentium perfecisti laudem...
>
> Minuisti eum paulo minus ab angelis...
>
> (Psaume VIIIe).

PRÉFACE.

Ce poëme n'est qu'une traduction embellie des *Actes des Saints*. Vit (*Vite* ou *Vitus*), Modeste et Crescence. Inscrits à la date du 15 juin dans le Bréviaire romain, c'est en ce jour de l'an 303 qu'ils obtinrent la palme du martyre dans la Lucanie, aujourd'hui la Basilicate, province du royaume de Naples, où transportés par les anges, ils rendirent leurs âmes à Dieu, après avoir subi dans le Colisée divers supplices devant Dioclétien venu cette même année de Nicomédie, sa résidence habituelle, pour inaugurer ses Thermes à Rome.

Il revint tant de gloire à l'Eglise du martyre de saint Vitus, que Rome s'empressa de bâtir à *l'Enfant Thaumaturge* la célèbre église *de santo Vito ad marcellum* sur le mont Esquilin, qui est le titre d'une diaconie cardinalice.

En France, où son nom souvent porté avec honneur par d'illustres chevaliers fut très-populaire au moyenâge, il fut plus connu sous le nom de *saint Guy*. Son corps avait été transporté d'abord à Saint-Denis, sous le règne de Pépin-le-Bref. Il y resta pendant quelques temps près des tombeaux de nos rois; puis les moines de Saint-Denis le cédèrent en l'an 836 à ceux de la Nouvelle-Corbie, célèbre abbaye nouvellement fondée en Saxe, sur les rives du Wéser.

Cette translation de ses reliques est un des événements les plus importants de l'histoire ecclésiastique ; à cause de la multitude de miracles qui l'illustrèrent, comme si Dieu eût voulu ainsi *révéler* d'une manière plus frappante la légitimité du culte des saintes reliques et condamner providentiellement sept siècles à l'avance le protestantisme, qui devait dans ces mêmes contrées renier ce culte consolant de ses pères dans la foi.

Sauf au 3ᵉ chant, où pour charmer la longueur d'un voyage sur mer, je fais intervenir une symphonie des chœurs angéliques, je n'ajoute *rien* au merveilleux vraiment épique de cet admirable drame chrétien. Je suis pas à pas le récit, tel que l'a rédigé le *Notaire apostolique* du temps. Aussi je dois avertir le lecteur bienveillant que si l'enfant s'élève souvent à une sublimité de langage bien au-dessus de son âge, c'est qu'en réalité la précocité de son intelligence fit elle-même un miracle constaté par le texte de ses actes, qui nous le présentent *rempli de l'esprit-saint :* « *Beatus Vitus, repletus Spiritu Sancto.* »

Il fut donc vraiment un enfant *inspiré* et comme un de ces miracles vivants, si nombreux dans les trois premiers siècles, par lesquels Dieu voulut fonder son Eglise sur les ruines d'un monde que le *surnaturel* seul pouvait vaincre, parce qu'il était humainement invincible.

Ce point de vue tout-à-fait historique donne à mon poëme, contre toute apparence, une *actualité* évidente : c'est comme une *parabole* saisissante dans la vision instructive d'un passé trop oublié, que j'ai voulu présenter aux âmes noblement inspirées de mes contemporains, pour leur rappeler les grandeurs divines de la sainte Eglise, et leur dire une fois de plus que les efforts d'un monde égaré ne sauront jamais les amoindrir !

Puisse du moins cette bonne intention qui procède de mon invincible foi de chrétien et de prêtre, me mériter l'indulgence du lecteur !

L'abbé MARC DENY prêtre.

Dédié à Monseigneur Pierre-Anastase Pichenot, Archevêque de Chambéry.

> Adhœreat lingua mea faucibus meis,
> si non meminero tuî.
> (Psaume CXXXVI, 6).

I

Vous fûtes, Monseigneur, l'ange de ma jeunesse,
Mon cœur en veut garder l'éternel souvenir !
Par vos soins les plus doux j'apprenais à m'unir
A ce Dieu que votre âme aimait avec tendresse.

Soutien compatissant de ma triste faiblesse,
Vous prépariez l'honneur de mon saint avenir ;
Je demande à mon Dieu de toujours vous bénir
Et de vous ménager une heureuse vieillesse.

Quand de la croix je suis le pénible chemin,
Je pense à vous, hélas ! et me sens orphelin,
Près de moi je n'ai plus le père de ma vie !

Veuille Jésus qu'au ciel je présente en retour
Ce qu'à mon faible cœur donne de pur amour
L' « Evangile » pieux de votre « Eucharistie » !

II

Je chante en votre honneur l'enfant victorieux
Dont l'Eglise a gardé l'immortelle mémoire.

Puissé-je vous charmer à sa touchante histoire ;
D'un cœur privé de vous c'est le désir pieux !

Sa vie est un parfum pur et délicieux,
Un doux rayonnement de l'éternelle gloire !
Que de païens trouvaient une raison de croire
Dans les nobles vertus de ce saint gracieux !

O père vénéré, guide de mon enfance,
De vos vertus aussi l'aimable expérience
Sur mon âme a produit le charme de Vitus !.

Ce que j'ai ressenti de vos soins charitables
Je l'exprime à mon saint en souhaits ineffables,
Ah ! qu'il vous orne un trône auprès du bon Jésus !

L'Enfant Thaumathurge et Martyr.
(Poême héroïque)

PREMIER CHANT.

> Infirma mundi elegit
> Deus ut confundat fortia.
> (Cor 1. 27).

Je chante d'un enfant le martyre et la gloire.
Dieu grand, prix éternel d'une illustre victoire,
Dans les cœurs à son nom renouvelez la foi.

Mieux que la Muse Antique, O Vierge inspirez-moi.
Anges des saints combats, dites-moi la sagesse
De ce jeune héros puissant dans sa faiblesse
Qui souffrant pour son Dieu sut vaincre les enfers.

Sous Dioclétien tremblait tout l'univers ;
Son orgueil indomptable infligeait à l'Eglise
De l'*Ere des Martyrs* la plus terrible crise.
Valérien pour plaire au cruel empereur
Par haine et lâcheté se fit persécuteur ;
Et de ce président alors dans la Sicile
Toute âme redoutait la cruauté fébrile.

Il fait mander Hylas, riche patricien;
Depuis ses jeunes ans son fils était chrétien.
Au pied du tribunal cet infortuné père
Entend avec effroi ce reproche sévère:
« — Hylas, est-il donc vrai? Ton fils trahit les dieux!
Il profane leurs noms par ce culte odieux
Qu'observent les chrétiens, race à jamais maudite,
Veux-tu le préserver des peines qu'il mérite?
Désabusé par toi, que ce jeune insensé
A nos dieux vienne offrir un hommage empressé!
Qu'aux divins empereurs redevenu fidèle
Il se hâte pour eux de nous montrer son zèle!...
Va donc, fais ton devoir!.... » Le père consterné
Au retour voit l'enfant devant Dieu prosterné:
« — Vitus, ô mon doux fils, console ma tristesse;
Ecoute mes conseils, enfant de ma tendresse;
Tes intérêts sacrés, je les sais mieux que toi!
Quelle est cette folie, ô Vitus, réponds-moi?
Quel est donc pour un mort ce zèle et ce vain culte,
Véritable complot d'une puissance occulte,
Suspecte aux empereurs dont les grandes bontés
Vont se changer contre elle en ordres irrités?
Redoute de braver leur puissante colère!
Je te verrais périr et ma douleur amère
Bientôt aurait brisé la trame de mes jours!... »

L'enfant de sa prière a suspendu le cours;
Mais déjà du martyre entrevoyant la palme,
Vers les cieux il élève un regard pur et calme;
Son visage est empreint d'une pieuse ardeur
Et son front virginal couronné de candeur
Des célestes vertus reflète l'auréole.
Des mondains il n'a pas l'extérieur frivole.
Modeste en son maintien, son aimable beauté,
Privilége que Dieu garde à la pureté,

De l'angélique enfant révèle l'innocence.
Sans la comprendre, Hylas en ressent l'influence ;
Et Vitus lui répond : « — Mon père, plaise au Dieu
Que l'homme devrait seul adorer en tout lieu,
Plaise au vrai Dieu qu'enfin vous puissiez mieux connaître
Celui qui tant d'amour pour l'homme a fait paraître !
Sa mort qui de votre âme excite le mépris
Du salut des humains fut cependant le prix ;
C'est Lui l'Agneau de Dieu, la victime du monde,
Le Fils du Dieu vivant dont la grâce féconde
Efface nos péchés et nous ouvre le ciel.
O mon père, apprenez de son culte éternel
Et l'avantage immense et la gloire admirable ;
Du chrétien comprenez le bonheur ineffable
Et pour votre âme enfin ne le refusez plus ! »
« — Mon fils, il faut quitter ces désirs superflus,
Dit Hylas ; je le sais de science certaine :
Il n'est point Dieu, ton Christ, et ta parole est vaine
Par Pilate en Judée on l'a vu flagellé !
Sur ses prétentions alors interpellé,
Devant tant de témoins ce Dien n'osa répondre !
Et Pilate et les Juifs voulant mieux le confondre
Comme un vil criminel il fut crucifié. »
« — Oui, père, et c'est ainsi qu'Il s'est sacrifié !
Mais rien n'est ineffable autant que ce mystère
Et nous ne devons plus qu'adorer et nous taire. »
« — Qu'appelles-tu mystère, insensé ? Cette mort
D'un supplice honteux ne fut rien que le sort ! »
« — Ecoutez-moi, mon père, et prenez patience
La vérité sur vous est-elle sans puissance ?
Consentez à l'entendre ! ... Un divin Rédempteur,
Un Dieu mourant pour l'homme, un Dieu Réparateur,
Il le fallait ainsi pour le salut du monde !
Sa mort ! Elle est pour nous une grâce féconde
Qui nous ferme l'enfer et nous ouvre le ciel !

Et moi donc je perdrais ce trésor éternel ?...
Oh ! non, jamais, mon père ! Ayez la certitude
Que jamais du démon l'infâme servitude,
Quel que soit le tourment que je doive subir
A l'amour de mon Dieu ne pourra me ravir ! »

Alors de saint Vitus le regard s'illumine,
Son front semble animé d'une extase divine ;
Mais l'âme du païen que domine la peur
Ne sait plus éprouver qu'une vague stupeur.
Des sens et de l'orgueil lorsque la tyrannie
Sans cesse énerve l'homme en absorbant sa vie,
Du devoir il n'a plus même le sentiment,
Ni du vrai ni du juste aucun discernement.
Ainsi dans le désert où la tendre rosée
Jamais ne rafraîchit une terre épuisée,
Où les vents furieux brisent violemment
Tout ce qui fait obstacle à leur déchaînement.
En vain l'astre du jour éclaire, échauffe, anime,
En vain de ses levers la majesté sublime
De manteaux lumineux a revêtu les monts,
En fléaux le désert a su changer ses dons !
Ainsi le cœur d'Hylas n'est plus qu'un sol aride,
Mais l'âme de Vitus est une terre avide
De ces germes divins dont les fruits précieux
Fleuriront sur la terre et mûriront aux cieux.
Jésus, divin soleil, s'y plaît, car elle est pure.
Il aime à la vêtir d'une riche parure.
Souvent Il la nourrit de la manne du ciel
Et l'embrase déjà de l'amour éternel.

Glorifiant en lui sa divine assistance
Il féconde sa foi des dons de sa puissance ;
Et l'on voit le malade, au bruit de ses vertus.
Demandant la santé par le nom de Vitus
Eprouver à ce nom l'effet de sa prière :

L'aveugle émerveillé contemple la lumière ;
Le sourd, de l'harmonie entendant les accords,
Offre au Dieu de Vitus sa joie et ses transports ;
Et païens et chrétiens d'une voix unanime
Redisent de l'enfant cette vertu sublime.
Mais surtout le pécheur de la grâce touché
Se frappant la poitrine, avouant son péché :
Tel est l'effort divin dont les démons frémissent,
Dont sous leur triste joug les possédés rugissent.
De leur voix infernale ils célèbrent Vitus
Et devant son mérite ils restent confondus.
A leur malice il faut une trame nouvelle,
Valérien saura la rendre assez cruelle.

Tous ces étranges bruits l'importunent assez !
Ses droits de président n'en sont-ils pas blessés ?
A peine s'il contient l'élan de sa colère,
Quand de son tribunal apostrophant le père,
Il lui dit : « — Eh bien ! donc, Illustrissime* Hylas,
Il semble se jouer du plus honteux trépas
Le digne rejeton de sa célèbre race ?
Mon avertissement fut donc inefficace ?
Et pense-t-il enfin que son impiété
Peut espérer de nous longtemps l'impunité ?
Je sais ce qu'on en dit ! Mais sa trop jeune gloire
Ne peut l'inscrire encore au Temple de Mémoire ;
Qu'il ne s'en flatte point !... car il trahit les dieux !
Il les méprise, Hylas !! Et d'un culte odieux
Il adore ce juif opprobre de la terre
Par des Juifs comme lui crucifié naguère...
C'est pitié !... Mais enfin nous verrons si nos lois
Pourront contre ce Christ prévaloir cette fois !....
Christ est-il son vrai nom ? Réponds, ô multitude ?
Qui donc veut confirmer ici ma certitude ?

---

* Titre de noblesse alors en usage.

Quel chrétien veut l'oser? Ah ! l'on reconnaîtrait
Ce service pieux tout comme il le faudrait !
Mais ton fils, je l'attends ! Hâte-toi ! qu'il paraisse !...

Il dit, on applaudit et la foule s'empresse
Aux pieds de son tyran flatteur de ses plaisirs :
Tourmenter un chrétien quels plus nobles loisirs !
Et surtout un enfant ! Mais il paraît ! silence !
Devant le crime avoué comparaît l'innocence !
Et soudain parle ainsi ce digne président :
« — Prétends-tu devant moi, réponds, jeune imprudent,
Ne pas sacrifier à nos dieux dont les trônes
Dans les cieux sont parés d'immortelles couronnes ?
As-tu donc oublié les décrets si formels
Publiés dans l'Empire au nom des immortels ?
Le supplice t'attend si tu ne les adores !
Je veux bien t'avertir, enfant, si tu l'ignores ;
Mais parle sans détour, adores-tu les dieux
Ou ce crucifié des chrétiens odieux ?
Son culte est subversif, suspect, honteux, infâme ;
Les plus cruels tourments et le fer et la flamme
Sont un digne salaire à tous ses sectateurs
Des lois de nos Césars insolents contempteurs...
Obéis ! ! » — Cette voix, ces accents de colère
Auraient glacé de crainte un enfant ordinaire ;
Mais de l'Esprit divin l'ineffable action
Ne permet en son âme aucune impression ;
Sa faiblesse se change en ardeur invincible
Avec joie il s'apprête à la lutte terrible,
Qu'il lui faut soutenir pour le nom de Jésus.
Du signe de la croix alors s'arme Vitus :
« — Ce que valent tes dieux, crois-tu que je l'ignore ?
Répond-il au tyran. « Penses-tu que j'adore
Ces démons qu'en enfer dévore un feu vengeur ?
Qu'à des morceaux de bois je voudrais rendre honneur ?

Non jamais ! J'ai mon Dieu, le Dieu qu'aime mon âme ;
Il fait brûler mon cœur de la plus sainte flamme,
Son Fils m'a racheté, sa grâce habite en moi ;
A Lui seul j'obéis et n'ai point d'autre loi. »

Il dit. Son père alors verse un torrent de larmes
Et ne sait plus à qui confier ses alarmes :
« — Ah ! pleurez avec moi, vous tous, ô mes amis !
Mon fils va donc périr ! Pleurez, pleurez mon fils ! »
« — Non ! je ne péris point, répond l'enfant ; les anges
Bientôt vont dans les cieux à leurs saintes phalanges
M'agréger, ô mon père ; enviez mon bonheur. »

Valérien frémit à cette sainte ardeur :
« La noblesse du sang et l'amitié d'un père
Auront pu jusqu'ici contenir ma colère,
Réplique ce tyran, — pour te dissuader,
La vindicte des lois j'aurais pu retarder ;
Au sacrilége en vain tu consacres ta vie,
Il faut que sous le fouet se calme ton envie ;
Par les dieux ! Nous verrons si c'est là ton plaisir ! »

Alors du saint enfant l'impatient désir
Arme son noble front d'une force divine.
Pour son Dieu sous le fouet vaillamment il s'incline ;
Et sur le doux martyr s'acharnant les bourreaux,
Sous leurs coups redoublés sa chair vole en lambeaux.
Longtemps, longtemps encore a duré le supplice ;
Et le tyran lui dit : « — Offre le sacrifice ;
Obéis à nos dieux sous peine de périr !
« — Président, je consens plutôt à tout souffrir ;
Je l'ai dit une fois pour que nul ne l'ignore,
C'est le vrai Fils de Dieu, c'est Jésus que j'adore ! »

A ce nom le démon frémit dans les enfers ;
Ce nom saint humilie un ennemi pervers.
Sa rage est son à comble ; aussi son impuisance

Veut encore aiguiser les traits de sa vengeance,
Funeste aveuglement d'un pitoyable orgueil,
Le vrai n'est à son cœur qu'un misérable écueil.
O Dieu de vérité, faut-il que tes louanges,
Sainte admiration des élus et des anges,
Ne trouvent ici-bas que la voix des enfants
Pour être un témoignage en face des tyrans !
Le faible devient fort armé pour ta querelle ;
Ce sont tes jeux puissants, ô sagesse éternelle !
L'homme présomptueux peut braver ton sommeil ;
Mais passé son triomphe, il tremble à ton réveil !
Ta justice a son jour quand sa coupe déborde,
Mais tu sauves les droits de ta miséricorde ;
Heureux si des ingrats n'en voulaient abuser !
Car un Valérien sait toujours tout oser !
« — Frappez, frappez encor, fustigez ce rebelle,
Rugit le président, « bourreaux, qu'on le flagelle ! »

Et tout son vil troupeau d'esclaves insolents
S'apprête à le frapper de coups plus violents.
Leurs bras étaient levés, quand, ô divin prodige !
Soudain le même coup les frappe et les afflige ;
Leurs bras sont desséchés. Dès qu'il étend la main
L'orgueilleux président veut l'agiter en vain ;
Il la sent se raidir, la sent paralysée ;
En un instant aussi sa colère est brisée !
Il gémit en souffrant une affreuse douleur.
Ah ! du moins s'il pensait d'où lui vient son malheur !
Mais le démon l'aveugle, et, sentiment étrange !
Pour se tromper lui-même ou pour donner le change
C'est au démon qu'il veut attribuer son mal.
Il interpelle Hylas : « — Tu vois ce coup fatal ?
C'est le funeste effet d'une basse vengeance ;
D'artifices honteux voilà bien la puissance ;
Ton fils évidemment n'est qu'un magicien. »

« — Respecte, dit l'enfant, l'honneur du nom chrétien !
Jamais de tes démons la honteuse magie
N'a pu d'un vrai chrétien déshonorer la vie.
Chrétien j'ai consacré ma vie à mon Sauveur ;
C'est Lui seul que je sers, Lui seul est mon Seigneur.
A ses préceptes saints je veux être fidèle.
C'est Lui qui me remplit et de grâce et de zèle.
Par ses enseignements Il fait son œuvre en moi ;
Il éclaire mon cœur du flambeau de la foi ;
Car Il est tout-puissant, car Il est tout aimable,
Car Il prodigue à l'homme un amour ineffable.
C'est Lui qui de sa voix ressuscita les morts !
Quand la fureur des flots par de puissants efforts
Jusqu'aux cieux soulevait la vague mugissante,
C'est Lui qui commanda de cette voix puissante
Dont pour créer le monde Il parlait au néant,
Et le calme se fit sur le gouffre béant !
Car tout est de sa main sur la terre et sur l'onde ;
En Lui tout reconnaît le créateur du monde.
L'homme seul est rebelle !... Ah ! je me sens frémir
A telle ingratitude en l'âme d'un martyr !
Je le suis, c'est ma joie ! Et je puis pour ton âme
Par la vertu de Dieu qui m'inspire et m'enflamme,
Je puis guérir ton mal... — Oui ! dit le gouverneur,
De ton Dieu, j'y consens, reste le serviteur,
S'il peut, pour me guérir, exaucer ta prière.
Bannis tout maléfice, agis à la lumière ;
Montre l'œuvre d'un Dieu, non d'un magicien,
Ainsi j'éprouverai ce que peut un chrétien. »

A ces mots saint Vitus paraît comme en extase,
L'Esprit divin l'anime et l'échauffe et l'embrase.
Les yeux au ciel, il dit : « — O Dieu de notre foi,
Pour ces témoins nombreux, Seigneur, exaucez-moi !
O Dieu crucifié, montrez votre puissance,

Dévoilez un rayon de votre gloire immense.
Révélez-vous, ô Père, ô Fils, ô Saint-Esprit,
O Jésus, Dieu Sauveur du genre humain proscrit,
Qu'à votre nom divin par lequel je vous prie
Cette main châtiée à l'instant soit guérie ! »

Il dit et cette main est guérie à l'instant ;
Mais à ce grand bienfait le païen s'attristant,
Confus, humilié, croit à sa conscience
Imposer comme il veut un opportun silence ;
Sous l'attrait de la grâce il cherche à se raidir,
Mais il n'en est pas digne et voulant s'étourdir,
Lâche parjure, il rend le martyr à son père :
« — Convertis-le, dit-il, au culte tutélaire
De nos dieux qu'il offense en invoquant son Dieu.
Il doit sacrifier, tu le sais, en ce lieu ;
Car s'il reste chrétien il essaiera de nuire,
Même contre les dieux il voudra nous séduire ;
Bientôt à leurs autels ramène donc tes pas,
—Ou bientôt par le feu j'ordonne son trépas ! »

Ah ! Dieu bon, qu'au méchant ta gloire est irritante !
Mais du bras tu soutiens l'Eglise militante ;
Et quand l'enfer s'agite et pense prévaloir,
Tu réserves des coups qu'il n'avait pu prévoir !

DEUXIÈME CHANT.

> Qui amat patrem aut matrem
> plus quiem me non est me dignus.
> (Matth x , 37).

L'amour plaît au Seigneur, non la servile crainte ;
L'amour, ce nœud sacré de la Trinité sainte,
Qui posant son principe en la Paternité,
Fonde éternellement la divine Unité !
Ce lien mutuel des personnes divines
Dont nul ne peut sonder les saintes origines,

Ici-bas qui pourrait dignement le narrer ?
Avec la Majesté qui peut se mesurer ?
Mais c'est dans la vertu de ce profond mystère
Que ce Dieu tout amour s'appelle *notre Père :*
Il nous nomme ses Fils ! Et l'insigne faveur
De devenir un jour le *frère* du Sauveur
Est de l'homme déchu le glorieux partage.
Du *principe divin* Dieu reproduit l'image ;
Il crée en la famille une *paternité*,
Comme un reflet vivant de son autorité.
En signe d'alliance à l'humble créature
Le Créateur délègue une magistrature ;
Et la nature humaine, ô merveille d'amour !
Devient avec son Dieu créatrice à son tour.
Mais quel homme a compris ce pouvoir qu'il retrace !

De son Père céleste un père tient la place ;
Et les fils nés de l'homme, en la Rédemption
Sont *de Dieu* par l'amour et par l'adoption !
Double objet d'une loi sagement tutélaire :
Fils, on doit honorer et son père et sa mère ;
Père, guider son fils aux sentiers du devoir,
Ne jamais abuser d'un si noble pouvoir
Qui de par Dieu confère ici-bas *charge d'âmes !*
Mais de l'orgueil humain les maximes infâmes
Changent de par l'enfer en un persécuteur
Celui que Dieu nommait son coopérateur.
Profanateur hardi de cette œuvre divine
D'une âme rachetée il trame la ruine !
Mais ce qu'ordonne Dieu de respect filial
S'arrête prudemment aux limites du mal.

Il est, dit le Seigneur, l'objet de ma colère
Celui qui *plus* que moi chérit ses père et mère ;
L'ennemi de son âme habite en sa maison
Et son propre foyer couve la trahison.

Je vous laisse ma paix, une paix ineffable ;
Mais j'apporte la guerre, une guerre équitable ;
Car de tout égoïste il se faut séparer ;
Même contre les siens il se faut assurer ;
En l'humaine nature il est tant de faiblesse ;
Le mal est tant de fois le prix de la tendresse !
Si *notre Père* est Dieu, qui devra le trahir ?
Mais l'homme contre Dieu veut se faire obéir !
C'est un vol de l'orgueil et de la tyrannie,
Non le droit qu'a donné la sagesse infinie.
Ce fut l'erreur d'Hylas.
      On vit le gouverneur
En ce père trouver un honteux suborneur.
Loin qu'il ait de son âme une aide protectrice
L'enfant ne trouve en lui que l'injuste complice
D'un système barbare inventé par l'enfer.
O, d'un cœur filial déchirement amer,
D'un cœur trop méconnu, véritable agonie,
Qui pourrait exprimer ton angoisse infinie !
Quand on aime comme aime un fils vraiment chrétien
Et que vient le devoir de rompre ce lien
Pour Dieu... (pour notre Père infiniment aimable !)
Oh ! c'est là d'un grand cœur le martyre ineffable !
Mais bien plus, si le vice outrage sa vertu,
Si l'aimable pudeur dont il est revêtu
Sent qu'un père la blesse au plus profond de l'âme ;
O poignante douleur ! O trahison infâme !
Poursuis, père sans cœur, le monde t'applaudit ;
Mais il n'est plus à toi, ton fils ! Dieu te maudit !
Va-t-en donc accomplir la tâche misérable
Qu'a pu te confier un tyran exécrable !

Et c'est ainsi qu'Hylas succédant au bourreau
Prépare au chaste enfant un supplice nouveau.
Donc, n'ayant pu le vaincre, il prétend le séduire ;

Mais au cœur humble et pur le démon ne peut nuire !
Vitus en sa demeure à peine est-il conduit
Que d'assauts importuns son père le poursuit.
Il le presse ou le flatte, le prie et le caresse ;
Il parle avec hauteur, il rampe avec bassesse,
Il est insinuant, il est dur et brutal,
Il est dans ses raisons impie et déloyal.
Car l'ennemi de Dieu connaît peu la logique ;
Le faux est en sa bouche argument sans réplique ;
Le vrai n'est qu'un scandale à son entendement ;
Il sent comme un refuge en son aveuglement.
Tandis que la foi vive à qui vit de prière
Brille comme un flambeau d'admirable lumière.
Telle en offrant sa tige aux rayons du soleil
La fleur sait empourprer son calice vermeil.

A souiller cette fleur le père s'ingénie ;
Des harpes l'on entend la profane harmonie.
Mais l'enfant reste calme et leurs brûlants accords
En vain des passions font vibrer les ressorts.
Alors devant cet ange une danse immorale
D'un père vient aider la pensée infernale ;
La vile courtisane au regard déhonté
Etale devant lui l'infâme volupté...

O ruse de l'enfer, ourdis, ourdis ta trame,
Tu sais bien le *secret* de l'âme qui diffame
Cette foi par laquelle *obéir c'est régner !*
Il te faut l'avilir avant de la gagner !
Mais Dieu ne laisse pas tes perfides amorces
Tenter les humbles cœurs au-dessus de leurs forces.
Aussi le saint enfant les regards vers les cieux
De son âme exhalait les sentiments pieux :
« — Ayez pitié, Seigneur, de ma triste misère,
De mon cœur agréez la plus humble prière.

Ah ! ne rejetez pas mon cœur humilié ;
De ma contrition, Seigneur, ayez pitié ! »

Ainsi quand l'âme est humble un Dieu puissant l'assiste,
Mais au superbe aussi sa justice résiste.
De l'angélique enfant l'aimable chasteté
Reste le prix divin de son humilité.
En la force de Dieu triomphe sa faiblesse.
Mais le démon vaincu veut redoubler d'adresse.
Le vice n'est jamais l'appât d'un noble cœur
Et sa honte effrontée inspire assez d'horreur.
Il faut toucher de l'âme une plus tendre fibre ;
A peine émue, il faut qu'aussitôt elle vibre
Et livre à l'ennemi le plus faible côté.
C'est ainsi qu'un cœur pur cède à la vanité,
Ecueil souvent fatal aux vertus de l'enfance,
Piége le plus perfide à l'inexpérience,
Pour les esprits légers reptile sous des fleurs,
Trop spécieux plaisir, source amère de pleurs.
Tel ange d'autrefois s'avilit jusqu'au crime
Qui de la vanité ne fut que la victime !

Hylas veut mettre en œuvre un moyen si puissant :
Pour la mauvaise foi rien n'est embarrassant.
Il veut que de son fils on décore la chambre :
Un lit plein d'élégance et tout parfumé d'ambre,
Les plus riches tapis, les vases précieux,
L'or et les diamants, tout y charme les yeux.
On assemble à plaisir les objets les plus rares.
Les méchants contre Dieu ne sont jamais avares !
Là tout est séduisant pour un efféminé ;
Aussi dans ce séjour Vitus est confiné.
Mais le saint, étranger à tout ce qui se passe
Humblement se confie en la divine grâce :
« — O Père tout-puissant de notre Rédempteur,
Du disciple fidèle ô doux consolateur,

Dieu de la loi nouvelle et des hébreux nos pères,
Vous qui des opprimés écoutez les prières,
Par pitié, des hauteurs du céleste séjour
Sur votre enfant jetez un doux regard d'amour !
O Roi des saints martyrs, donnez-moi votre force !
Faites qu'en vain Satan contre un chrétien s'efforce
De faire prévaloir l'infâme iniquité.
Déjouez les desseins de sa malignité,
Faites qu'à vous servir je sois trouvé fidèle,
Qu'ainsi votre puissance aux hommes se révèle,
Que votre règne arrive en tout temps, en tout lieu,
Pour qu'on ne puisse dire : « *Où donc est-il son Dieu ?* »

Vitus priait ; soudain, miracle incomparable !
La salle resplendit d'un éclat admirable ;
On dirait un reflet des divines clartés,
Et des saintes splendeurs les célestes beautés :
Douze foyers ardents colonnes de lumière
Font rêver les esprits à quelque grand mystère ;
Et partout se répand la plus suave odeur
Qui loin d'énerver l'âme en ravive l'ardeur.
D'Hylas et de ses gens la surprise est immense :
« — Ciel ! jamais, disent-ils, telle magnificence
Aux regards n'a paru dans les temples des dieux ! »
Mais Hylas ajoutait : « — L'Olympe radieux
Veut bien en ma demeure à mon fils apparaître !
Puisse-t-il donc enfin ne point les méconnaître ! »
Saisi d'étonnement, rempli d'anxiété,
Il ne peut réprimer sa curiosité ;
Sa vanité prétend se dire satisfaite.
Mais c'en est fait ! Pour lui, l'heure de la défaite,
L'heure du châtiment va sonner !... Qu'a-t-il vu ?
Grand Dieu ! pour le païen quel spectacle imprévu !
Les colonnes de feu lui dévoilent douze anges ;
Du vrai Dieu, du Sauveur ils chantent les louanges ;

Leurs ailes sont de l'aigle, et leur sainte beauté
Elève la pensée au Dieu de majesté.
Ces célestes esprits aux ardeurs enflammées
Redisent : « *Saint, saint, saint est le Dieu des armées !* »
Mais au cœur corrompu Dieu ne dévoile pas
Ce qu'au cœur humble et pur il révèle ici-bas.
Aussi cette splendeur consumant sa paupière
Laisse les yeux d'Hylas fermés à la lumière :
D'un orgueil obstiné trop juste châtiment !

Mais d'un cœur filial ô pieux sentiment !
Le doux enfant Vitus verse un torrent de larmes
Et priant pour son père offre à Dieu ses alarmes :
« — O Fils du Dieu vivant, Roi du ciel, ô Jésus,
Qui voulant de la Vierge honorer les vertus
Avez pris dans ses flancs une nouvelle vie,
Aux grâces de son cœur votre cœur me convie.
Vous nous avez promis en un jour solennel
Un asile assuré dans son sein maternel ;
J'ose donc vous prier au nom de votre Mère,
Ne me séparez pas à jamais de mon père.
Faites que nous puissions par votre grâce un jour
Nous agréger ensemble à la céleste cour.
Cependant je bénis, providence adorable,
De votre volonté l'arrêt irrévocable ! »

Alors sous l'aiguillon de cuisantes douleurs
Hylas se lamentait, criait, versait des pleurs :
« — Ah ! j'ai perdu la vue ! ô dieu ! quelle torture !
Ne dois-je plus errer que dans la nuit obscure !
Quelle angoisse cruelle en cet affreux moment !
Ah ! je souffre, je souffre un horrible tourment ! »
Et sa famille en pleurs par des cris lamentables
Du païen déplorait les tourments pitoyables.

Cependant à ce bruit le peuple est ameuté
Une sourde rumeur circule en la cité ;

Et l'on voit accourir Valérien lui-même
Comme pour conjurer quelque péril extrême.
Dans ce tumulte étrange à la maison d'Hylas
Un pressentiment vague a dirigé ses pas.
Soudain qu'aperçoit-il? O funeste présage!
Il constate qu'Hylas des yeux n'a plus l'usage ;
Par des cris déchirants l'aveugle infortuné
Cent fois maudit le jour dans lequel il est né.
Son désespoir impie augmente sa torture ;
Il s'en prend à son fils des tourments qu'il endure...
A ce spectacle affreux Valérien troublé
Du poids d'un souvenir se sent comme accablé ;
Inquiet, sans retard, il veut qu'Hylas expose
L'accident malheureux et sa fatale cause.

« — J'ai vu, lui dit Hylas, vu de mes tristes yeux,
Se montrant à mon fils, j'ai vu, j'ai vu des dieux !
Leurs yeux étincelants semblaient lancer la foudre ;
Même à les contempler je n'osais me résoudre ;
Mais bientôt l'emportant, ma curiosité,
Je n'ai pu soutenir l'incroyable clarté
De leurs divins regards aux astres comparables.
Victime de vos coups, destins inexorables,
Sous un feu dévorant j'ai perdu mes deux yeux !
Oh ! ceux qu'ainsi j'ai vu sont-ils vraiment des dieux ?»
« — Un doute pourrait-il entrer en ta pensée ?
Répond Valérien, et ton âme oppressée
Méconnaît-elle ainsi les traits des immortels ?
Allons, prosternons-nous aux pieds de leurs autels ;
Bientôt du Roi des dieux tu verras la puissance
Et tu contempleras son auguste présence !
Si tu n'es le jouet de la fatalité,
Les dieux exauceront ta sage piété. »

Tel est du président le langage hypocrite ;
Il feint le plus beau zèle et sa pensée hésite :

Des dieux à ce chrétien seraient-ils apparus ?
Il s'étonne en pensant au grand Dieu de Vitus !
Dans la fatalité contre sa conscience
En vain l'ingrat païen recherche une assurance ;
Dans ses propres filets se prend l'iniquité,
Et c'est là ta justice, ô Dieu de vérité !

Hylas enfin le suit au temple de l'idole.
On choisit la victime et le prêtre l'immole ;
Il offre à Jupiter et l'encens et les vœux ;
Il cherche à découvrir quelque présage heureux.
La foule est dans l'attente, inquiète, exaltée ;
Sous les émotions on la voit agitée :
On murmure, on discute, on nomme les chrétiens :
D'après l'avis des uns ils sont magiciens ;
Pour d'autres des vertus ils offrent les modèles,
Celui-là dit qu'aux lois partout ils sont rebelles ;
« Ils montrent de tous bien les exemples parfaits.
— Non ! tout chrétien se livre aux plus hideux forfaits,
Et de leur secte impie il faut purge rla terre !
— Suivez plutôt leur loi, car elle est salutaire !
— Eh quoi ! pensez-vous donc ici les excuser ?
— Et qui peut sans mentir ainsi les accuser ?
— Pourtant à leurs desseins l'on ne peut se méprendre,
Et seul un traître ici peut oser les défendre !... »

Les sentiments divers vont ainsi se heurtant
Et partout le tumulte augmente à chaque instant.
Quel souffle a donc passé sur cette multitude ?
D'où lui vient si soudain une telle attitude ?
Quelle étrange influence a fait ce changement ?
Où donc est son respect et son recueillement ?
Tels on dirait les flots sous les coups de l'orage,
Ou le funeste effet de l'infernale rage
Qui semble pressentir le honteux discrédit
Où va tomber ce culte impuissant et maudit.

Comprenant des chrétiens l'importune présence
Valérien d'un geste ordonne le silence.
Tout se tait. Et l'aveugle approchant des autels
Implore à haute voix le Roi des immortels :

« — O puissant Jupiter, ô Dieu très-invincible,
Je t'en prie, à mon sort ne sois pas insensible,
Ce que j'ai de plus riche et de plus précieux
Je viendrai te l'offrir si tu me rends les yeux ;
Si mes tristes regards maintenant tu ranimes
Ici je te promets d'innombrables victimes !...
O déesse Vesta, donne-moi ton secours,
De mes maux infinis vois le funeste cours ;
Je te promets un temple et des vierges sacrées,
Un taureau de métal dont les cornes dorées
Offrande de mes mains orneront tes autels.
Exauce ma prière, ô Roi des immortels !
Daigne me secourir, regarde ma détresse,
Daigne me consoler, ô puissante déesse ! »
Il dit ; mais il n'éprouve aucun soulagement,
Bien plus, il sent encore augmenter son tourment,
En sa prière même il trouve son supplice,
Et se plaint qu'à ses vœux le dieu n'est plus propice.
En vain de son oracle il appelle la voix ;
Cet oracle est muet. Les chrétiens par la croix
Ont déjoué soudain le honteux maléfice,
Par la croix confondu l'infernal artifice.
Valérien se trouble et le prêtre confus
Voue aux dieux infernaux les chrétiens et Vitus.
Hylas au désespoir retourne en sa demeure,
Il gémit, se lamente et lâchement il pleure...
Le peuple consterné s'écoule lentement
Et se croit sous le coup de quelque châtiment.

Pendant ce temps Vitus s'unit au cœur des anges
Et fait monter vers Dieu ses plus humbles louanges :

« — Gloire à vous, Dieu puissant qui régnez en mon cœur !
Gloire à vous, de l'enfer ô glorieux vainqueur,
Dont jadis la bonté, du saint vieillard Tobie,
Ranima les regards et consola la vie ;
Bénissez d'un enfant le dévouement pieux ;
A mon père soyez miséricordieux ;
Si de vous adorer son âme est résolue,
Mon Dieu, sauvez son âme et rendez-lui la vue. »

Hylas l'entend. « — Mon fils, allège ma douleur,
Dit-il à ses genoux, « — mon fils, sois mon Sauveur. »
Saint Vitus lui répond : « Le voulez-vous, mon père ?
Consentez-vous qu'à Dieu j'adresse ma prière ? »
« — Je le veux, ô mon fils, j'en ai l'ardent désir,
Sous ce poids accablant c'est trop de déplaisir ! »

Ainsi dans le malheur parle l'hypocrisie,
Mais pour elle un bienfait vaut une apostasie !
Vitus le sait. « — Mon père, il faut vous prononcer,
Dit le saint ; aux faux dieux il vous faut renoncer.
Méprisez Jupiter, Junon, Minerve, Hercule,
Et veuillez au vrai Dieu n'être pas incrédule ! »
« — Pour cela que ferai-je, ô mon fils, réponds-moi ?
De soulager ma peine, ô mon fils, hâte-toi ! »
« — Alors, lui dit le saint, dites qu'en ces statues
Que vous voudriez voir à vos pieds abattues
Résident les démons et non vraiment des dieux ;
Et confessez l'erreur de ce culte odieux.
De tous ces dieux sans nombre avouez l'impuissance.
Et si vous ne mentez à votre conscience,
Si votre cœur est droit et si la vérité
Peut trouver dans ce cœur quelque sincérité,
Vos yeux seront ouverts. — Eh bien ! donc, j'y renonce,
Crois-moi contre *nos* dieux, mon fils, je me prononce.
« — Contre *vos* dieux ! mon père ? Ah ! je comprends assez
Dans ce cœur endurci ce qu'au fond vous pensez !

Mais de tous ces témoins je veux sauver les âmes,
Mon Dieu va les ravir aux éternelles flammes !
Mon Dieu va les gagner à son aimable loi !
Je veux que des chrétiens ils embrassent la foi ;
Au nom de Jésus-Christ je veux qu'ils rendent gloire ;
Mieux que vous de ses dons qu'ils gardent la mémoire.
Ils pourront suppléer à votre indignité.
Je leur révèle en vous sa puissante bonté
Et leur montre les biens de sa miséricorde ;
Serez-vous donc ingrat au Dieu qui vous l'accorde ? »

A ces accents chacun semble impressionné,
Mais Hylas en silence est resté prosterné.
Vitus impose alors les mains à ses paupières
Et son âme s'épanche en sublimes prières :
« — O lumière du monde, ô notre Créateur,
O Seigneur Jésus-Christ aimable Rédempteur,
Touche ces cœurs émus des traits de ta clémence ;
Aux païens ébranlés montre encor ta puissance.
Tu donnas la lumière au pauvre aveugle-né
A l'éternelle nuit sans toi prédestiné ;
Ainsi ne pèse pas au poids de ta justice
De cette impiété l'erreur et la malice.
Ce païen, c'est mon père, et je suis ton enfant ;
L'amour en toi, mon Dieu, toujours est triomphant !
Jésus, guéris le donc, pour ton nom, pour ta gloire !
Fais qu'ainsi ces païens en ton nom veuillent croire,
Mais que tes ennemis à jamais confondus
Puissent voir et trembler au saint nom de Jésus !
Montre que tu bénis ceux qui suivent ta voie
Et qu'un nouveau prodige augmente notre joie ! »

On attend de ces mots les effets merveilleux,
Des écailles soudain s'échappent de ses yeux ;
Son regard aussitôt renaît à la lumière ;
Mais du fourbe on entend l'hypocrite prière :

« —O mes dieux, je rends grâce à vos grandes vertus ;
C'est vous qui me sauvez, non le Dieu de Vitus ! »
Et le peuple s'indigne à cette ingratitude ;
On frémit, on rougit de cette turpitude ;
On acclame le nom du grand Dieu des chrétiens
Et l'on impose ainsi le respect aux païens.

Alors Satan pénètre au cœur du misérable,
Et ce père conçoit un projet exécrable :
Il veut avec son fils au plus tôt en finir
Et médite un forfait pour y mieux parvenir.
Son monstrueux orgueil le rendra parricide,
Car l'esprit de Satan surtout est homicide ;
Mais le bras du Seigneur limite son pouvoir
Et contre les élus il ne peut prévaloir !

A mourir pour son Dieu ce fils pieux aspire...
Mais de la main d'un père ! Oh ! son cœur se déchire !
De lui Dieu voudrait-il un si triste devoir ?
Tout effort sur Hylas est-il donc sans espoir ?
Pour lui le saint martyr priera dans sa souffrance ;
La grâce a des secrets pour la persévérance !
Mais le nom du païen désormais avili
Pour nous doit demeurer dans l'éternel oubli.

Enfant béni, courage ! avec le chœur des anges
De Dieu tu vas bientôt redire les louanges !

Oui, bienheureux celui qui vous aime, ô Seigneur,
Il peut s'abandonner à vous dans le malheur,
Ce n'est jamais en vain qu'en vous son âme espère ;
Il sait qu'il a le droit de vous nommer *son Père* ;
Vous-même en votre amour le voulez transformer.
Mon Dieu, par dessus tout, qu'il fait bon vous aimer !

TROISIÈME CHANT

> Angelis suis mandavit de te, ut
> custodiant te in omnibus viis suis.
> (Ps. xc. 11.)

Ici-bas l'œil de Dieu veille sur l'innocence,
C'est l'œuvre de son Cœur et de sa Providence.
Pour l'arracher aux mains d'un ennemi cruel
Sa puissance remue et la terre et le Ciel.
De la ruse orgueilleuse Il sait être vainqueur ;
Et Vitus est l'enfant bien-aimé de son Cœur !
Au paradis déjà la lyre séraphique
Raconte ses vertus à tout l'ordre angélique.
La divine Marie à son doux Fils Jésus
Tendre Mère redit le doux nom de Vitus ;
Et le Seigneur lui-même opprouve sa louange.

Alors pour le sauver Il lui députe un ange :
Le messager céleste obéit sans retard.
Il descend au foyer d'un vertueux vieillard
Dont il sait l'âme droite et fidèle à la grâce ;
C'est l'instrument béni de son aide efficace.
Ennemi de tout mal et n'aspirant qu'au bien,
Modeste est le nom vrai de ce digne chrétien.
Nourricier de Vitus, il n'eut pas d'autre zèle
Que d'être à sa jeune âme un excellent modèle.

Il priait, quand aux yeux du vieillard étonné
Paraît l'ange de Dieu d'un nimbe environné :
« — Prends l'enfant, lui dit-il, et descends à la plage,
Une barque légère attend sur le rivage ;
Et près de la contrée où je dois te guider
Avec l'aide de Dieu tu pourras aborder.
« — J'ignore le chemin, dit simplement Modeste.
« Suivez-moi, répond l'ange, et Dieu, je vous l'atteste,
Touché de votre amour pour l'Eglise et sa loi
Protégera vos pas, bénira votre foi ... »

Et tous trois se hâtant s'avancent en silence
Bénissant en leurs cœurs l'aimable Providence.
Déjà baisse le jour. L'ange guide leurs pas :
L'enfant et le vieillard appuyé sur son bras
Se livrent avec joie à sa sollicitude ;
Et l'âme rassurée, exempts d'inquiétude,
Docilement ils vont à la grâce de Dieu.
Si grand que soit le monde on la trouve en tout lieu !

Soudain la mer immense apparaît à leur vue :
O spectacle étonnant ! O merveille imprévue !
Immensité sublime ! Horizon sans pareil
Qui resplendit sans fin sous les feux du soleil !
Son disque radieux sur la vague azurée
Mille fois se reflète en lumière dorée ;
Et mille fois au loin les tons de l'arc-en-ciel,
Majestueux rayons de l'œil de l'Eternel,
Miroitent sur les flots en auréole immense ;
Ainsi l'astre du jour à son coucher s'avance.
Bientôt au sein de l'onde il semble se plonger ;
L'or, la pourpre et l'azur vont soudain converger
En un point scintillant dernier jet de lumière
Et l'astre disparaît dans une autre hémisphère

Vitus ému soupire une hymne au Créateur ;
Il contemple ravi ce spectacle enchanteur
De la gloire infinie image fugitive !....
Mais voici la nacelle amarrée à la rive ;
En hâte il faut partir ; la puissance de Dieu
Pour sauver un enfant l'a voulue en ce lieu,
Et de la brise on sent la douce et tiède haleine.
L'ange aux regards du saint sous l'apparence humaine
Et l'humble vêtement des simples matelots
Pour les guider s'avance et met la barque à flots :
« — Où pensez-vous aller ? dit-il, à quelle plage ?
Réponds, enfant, peux-tu m'assurer ton naulage ?

« — Dieu peut-il délaisser son humble serviteur ?
Lui dit le saint, son ange est votre conducteur ;
Et les dons infinis que sa bonté dispense,
Frère, de tes bienfaits seront la récompense. »

Ils montent sur l'esquif et d'un bras vigoureux
L'ange, de l'aviron bat les flots écumeux.
Au large, sous le vent sa voile déferlée,
Comme fait l'alcyon pour prendre sa volée,
S'agite en frémissant, puis s'enfle et les conduit
Loin des sanglants périls du rivage qui fuit.
Le vieillard à la barre attentif aux étoiles
Qui des ombres du soir ont transpercé les voiles
Est calme et recueilli ; sur son front radieux
Semble se refléter la pureté des cieux.
L'enfant à ses genoux garde un pieux silence
Et son cœur bénit Dieu de cette délivrance.
Où vont-ils ? Dieu le sait ! Il suffit à son cœur
Que la grâce et la foi soutiennent sa ferveur.
La barque glisse au vent sur les vagues dociles
Et l'ange laisse aller ses rames inutiles.

Alors il chante et l'onde à ces accents si doux
Semble de plus en plus apaiser son courroux :

« Ton trône est dans les cieux ; la terre est ton domaine (1)
Seigneur, tout reconnaît ton empire éternel !
Si contre tes enfants le monde se déchaîne,
    Tu les soutiens de ton cœur paternel ! »

Heureux qui voit ton trône au séjour de ta gloire !
Mais ce dôme azuré, ce firmament, ces feux,
Aux regards des mortels quel hymne de victoire
    Aux cœurs chrétiens quel hymne glorieux !

(1) (Psaume XXIIIe) Domini et terra.

Le péché sur la terre a coulé comme un fleuve ;
Pareil à l'océan l'enfer s'est déchaîné ;
Mais le cœur pur est calme et fort devant l'épreuve
    Aux pieds de Dieu s'il demeure incliné.

L'esprit de Dieu planant sur la vague écumante,
Commande en sa puissance à la fureur des flots ;
De sa droite Il bénit l'Eglise militante
    Et de l'enfer dissipe les complots.

Palais du firmament, ton azur est splendide ;
Ta vue est émouvante, immensité des mers ;
Mais tu n'es rien pour Dieu qui dans les cieux réside
    Et comme un point regarde l'univers !

Qui montera, Seigneur, à ta montagne sainte ?
Qui fixera sa tente en ton divin séjour ?
Le cœur demeuré pur et qui n'eut d'autre crainte
    Que de trahir ton admirable amour.

Qui verra de ton ciel la clarté glorieuse ?
Celui dont l'innocence à ton saint nom, Seigneur,
De ses mains a voué l'activité pieuse,
    De ton amour la vive et sainte ardeur.

Ce ne fut pas en vain qu'il reçut en son âme
Les dons bénis que Dieu voulut lui départir ;
Ennemi de la ruse ou du serment infâme
    Contre son frère il ne sut point mentir.

Bienheureux à jamais est l'âme qui désire
En Dieu vivre ici-bas et grandir en ferveur ;
L'aimable Providence et la garde et l'inspire
    Et lui prépare un éternel bonheur !...

Ce chant mystérieux du nocher angélique
Un instant suspendu prend l'accent prophétique :

Soudain une harmonie aux sublimes accords
Emeut les fugitifs et guide ses transports :

« — Princes vaillants des célestes cohortes,
Se réalise enfin le plus saint de vos vœux !
　　　Ouvrez, ouvrez des cieux
　　　Les éternelles portes !

　　Portes d'airain, élevez-vous,
　Suspendez-vous en voûtes triomphales !
Chérubins, assemblez vos escortes royales,
　　　Sublimes chœurs, accourez tous !

　　　Voici le Roi de gloire !
　De ses combats acclamez la victoire !
　　Anges des cieux, dites-le nous ;
Quel est le nom de ce grand Roi de gloire ?
Il est le Dieu puissant, le Dieu fort et jaloux !

　Princes vaillants des célestes cohortes,
　　Pour son triomphe à jamais glorieux,
　　　Ouvrez donc, ouvrez des cieux
　　　Les éternelles portes !

　　Portes d'airain élevez-vous ;
　　Anges des cieux, accourez tous,
　　Voici, voici le Roi de gloire !
De ses combats puissants acclamez la victoire !
　Célébrez-en l'éternelle mémoire !
Et vous, méchants, tremblez devant ce Dieu jaloux ;
　Disparaissez aux traits de son courroux ! »

Il chante et l'on entend comme une symphonie
Qui mêle à sa voix pure une douce harmonie ;
Autour du frêle esquif les chœurs des séraphins
Semblent faire cortège aux humbles pélerins.
Etonnés et ravis ils gardent le silence.
Impuissants aux élans de leur reconnaissance,

Ils pleurent ! Bienheureux ceux qui pleurent en Dieu ;
Son amour les console et les sauve en tout lieu !
Déjà vers l'orient l'on voit poindre l'aurore,
Déjà de mille feux l'horizon se colore ;
La côte verdoyante apparaît à leurs yeux,
Et bientôt à la plage ils abordent joyeux
Chantant au Tout-Puissant l'hymne de sa louange.
Mais leurs yeux attristés soudain ne voient plus l'ange ;
Jusqu'au trône de Dieu le divin messager
Déjà s'est élancé d'un vol prompt et léger.
L'enfant et le vieillard sur la rive d'un fleuve
S'avancent préparés à la nouvelle épreuve
Que Dieu sans doute encor réserve à leur vertu.

Quel chrétien dans l'épreuve est jamais abattu !
Modeste au cœur de Dieu dit tout bas ses prières,
Mais le saint éclairé des célestes lumières
Au Roi-Prophète emprunte un admirable chant
Qu'aux échos il traduit en ce rythme touchant :

« — Je crois, mon Dieu, je crois à ta sainte parole *
Et j'aime à le redire en sincères accents ;
De mon cœur éprouvé ta douce voix console
      Les soupirs impuissants.

A toi j'ai confié le trouble de mon âme
En voyant que tout homme ici-bas est menteur ;
Esprit de vérité, nourris-moi de ta flamme,
      Esprit Réparateur.

Entends mon cri d'amour et de reconnaissance :
Que pourrai-je te rendre ici-bas, ô mon Dieu ?
Sans nombre j'ai reçu les dons de ta clémence ;
      Guide-nous en ce lieu.

* Psaume cxv^e Credidi propter quod locutus sum...

Quand du salut ma lèvre aura bu le calice
Et que son amertume aguerrira mon cœur,
J'invoquerai ton nom, tu me seras propice
    Et je serai vainqueur !

A ton peuple choisi j'annoncerai ta gloire,
Devant tes ennemis je t'offrirai mes vœux ;
Le trépas des martyrs restera ma victoire
    Précieuse à tes yeux.

Oserai-je, ô mon Dieu, te promettre mon zèle ?
Car c'est ma joie à moi d'être ton serviteur,
Et j'ai pour mère aussi ta servante fidèle,
    La Mère du Sauveur.

Je t'offre en sacrifice une hymne de louanges,
Car ta miséricorde a brisé mes liens ;
Je bénirai ton nom bientôt avec les anges
    Et les martyrs chrétiens !

Oui, j'annonce à tes saints ton invincible gloire ;
Devant tes ennemis ma voix t'offre ses vœux,
Et contre les enfers je chanterai victoire
    En entrant dans les cieux. »

Cependant, les deux saints fatigués du voyage
Prenaient un doux repos à l'ombre du feuillage
D'un olivier touffu symbole de la paix :
Tout doit-il à leurs pas sourire désormais ?
Dieu regarde d'en haut ses serviteurs fidèles
Et sur eux il répand ses grâces éternelles :
Que le cœur est heureux s'il se livre au Seigneur !
Vivre en souffrant pour Lui quel secret du bonheur !
Mais où vont-ils trouver un peu de nourriture ?
Ah ! Dieu ne prend-il pas soin de sa créature !
Un aigle, roi des airs, descend du haut des cieux,
En sa serre il apporte un pain délicieux ;

Et tous deux rendent grâce à cette Providence
Qui leur départ les biens de sa munificence.
Dès lors de nos héros sous l'arbre hospitalier
L'oiseau royal pourvoit au repas journalier.
Bientôt est répandu le bruit de ce miracle :
De tous lieux on accourt à ce divin spectacle ;
On rappelle du saint les sublimes vertus
Et chacun se redit le saint nom de Vitus.
De nouveau les démons confessent sa présence
Et dans les possédés sentent son influence :
« — Ici, viens-tu régner, Vitus, à nos dépens?
Viens-tu, rugissent-ils, nous perdre avant le temps? »
Mais saint Vitus armé d'une vertu puissante
Expulsait les démons de sa main bénissante ;
De sa bouche d'enfant il prêchait le Seigneur,
Des cieux il révélait l'incroyable bonheur.
Et le peuple docile à la grâce divine
Recevant le baptême, embrassait sa doctrine.
Avec quelle ferveur, quelle force d'amour,
Transportant leur pensée au céleste séjour,
L'enfant parlait de Dieu, de sa Toute-Puissance,
De sa juste rigueur, de sa douce clémence !
Saint apôtre avant l'âge, il semble pressentir
Que pour le Christ encor ses membres vont souffrir ;
Empruntant de nouveau les accents du Prophète,
Des âmes soupirant à la noble conquête,
L'enfant comme en extase éclate en saints transports :
Lyre des séraphins, prêtez-moi vos accords !

« — Comme le cerf aspire aux fontaines d'eau vive, *
    Ainsi mon âme aspire au saint amour.
Du banquet éternel serai-je le convive ?
    D'y goûter Dieu quand sera-ce mon tour ?

O Dieu si bon, Jésus, mon amour et ma vie,

---

* Psaume XLIᵉ quemad modum cervus....

Quand te verrai-je en tes saintes splendeurs ?
Quand te contemplerai-je en mon âme ravie ?
J'ai soif de toi ! satisfais mes ardeurs !

O Seigneur, jour et nuit je me nourris de larmes,
Ton ennemi me poursuit en tout lieu.
Sans ta grâce, je suis comme un soldat sans armes
Et l'on me dit : Où donc est-il ton Dieu ?

Le salut de mon père est l'effroi de mon âme,
Mais mon cœur triste en toi s'est reposé.
Ta grâce le soutient, ta charité l'enflamme,
Quand verra-t-il son désir apaisé ?

Oui, mon Dieu, j'entrerai dans ton saint tabernacle,
De ton palais je verrai la splendeur.
Je verrai de ton ciel l'admirable spectacle,
A mes regards paraîtra ta grandeur !

Là, je m'enivrerai de tes chants d'allégresse !
Une harmonie aux sublimes accords
Me dira ta louange, et mon âme en liesse
Tressaillira d'ineffables transports !

Mais, mon âme, pourquoi, pourquoi dans cette attente
Serais-tu triste, en proie à ta douleur ?
Tu n'as que pour un temps ici-bas mis ta tente
Et tu seras moissonnée en ta fleur !

. . . .

Va, ne te trouble point ! que la sainte espérance
De tes esprits ranime la ferveur !
Mon cœur a des trésors d'amour et de clémence :
Je suis ton Dieu, ton aimable Sauveur !

. . . .

Sur la terre un abîme appelle un autre abîme,
L'iniquité cherche l'iniquité.

Et sans cesse l'enfer veut prélever sa dîme
    Sur les saints droits de ton autorité.

Comme une cataracte un flot inépuisable
    De maux sans fin sur nous s'est répandu ;
Des réservoirs d'en haut le déluge effroyable
    S'est déversé sur le monde éperdu.

Dans cette nuit terrible entonnons le cantique
    De l'espérance et de l'humilité.
Mais à mes yeux soudain dans cet instant critique
    Luira le jour de l'immortalité.

Dieu de miséricorde, à toi l'humble prière
    Du cœur d'un fils en son affliction !
Seigneur, sois mon appui, ma vie et ma lumière ;
    Prends en pitié ma tribulation.

Ne me délaisse pas au jour de mon martyre !
De mes esprits viens calmer la frayeur !
Tandis que des méchants l'implacable délire
    Veut m'accabler du poids de sa fureur !

Ils ont brisé mes os ! Et leur stupide rage
    A ton amour a voulu me ravir !
Pour ton nom m'abreuvant de sarcasme et d'outrage
    Ils ont voulu de crimes s'assouvir !

Où donc est-il ton Dieu ? redit leur bouche impie....
    Hélas ! mon père augmente ma douleur !
Mais son iniquité, mon martyre l'expie !
    C'est mon esprit mon Dieu, c'est mon bonheur !

. . . .

Va donc et ne crains rien ! Ta sainte confiance
    De mes bontés mérite la faveur !
Mon cœur a des trésors d'amour et de clémence,
    Je suis ton Dieu, ton aimable Sauveur ! »

Ainsi l'enfant béni fut l'aimable interprète
Des accents que chantait jadis le Roi-Prophète.
Echappé par miracle aux premiers attentats,
Enfin voici pour lui les suprêmes combats !

QUATRIÈME CHANT.

> Cum duxerint vos tradentes, nolite prœcogitare quid loquamini ·sed quod datum vobis fuerit in illâ horâ, id loquimini.
>
> (S. -Marc. xiii, 11 .)

Celui qui se croyait le seul maître du monde
Vit son fils possédé par un esprit immonde ;
Cet esprit se raillant de Dioclétien
L'obligea de compter avec le nom chrétien,
Et son fils consumé de feux impitoyables
Poussait jusques au ciel des clameurs effroyables :
« Vitus de Lucanie, ah ! je ne crains que lui ;
A son ordre déjà combien de fois j'ai fui !
Lui seul peut me chasser ! A lui cette puissance !
Lui seul aura ce fruit de mon obéissance ! »
Ainsi parlait pressé par l'esprit infernal
Le puissant héritier du trône impérial.
« — Où donc enfin, dis-moi, trouverai-je cet homme ?
Lui répond l'empereur qu'on me l'amène à Rome ! »
« — Envoyez maintenant près du fleuve Silar *,
Tremblant c'est là qu'il fuit le palais de César. »
Ainsi parle du saint cet esprit de mensonge
Impatient du feu qui le brûle et le ronge ;
Et des soldats conduits par un centurion
S'en vont de l'empereur remplir la mission.
Du Christ vers le Silar trouvant enfin l'athlète
Le soldat à l'enfant présente sa requête :
« — Réponds, es-tu Vitus ? — C'est moi, de plus pécheur !

---

* Le Silar, aujourd'hui la Sela dans la Basilicate.

— A Rome il faut venir aux pieds de l'empereur ;
A son divin repos ta vue est nécessaire.
— Pour le maître du monde, hélas ! que puis-je faire ?
Avorton que je suis ! — De sa divinité
Par un esprit malin le fils est tourmenté ;
C'est pourquoi l'empereur demande ta présence.
Et même cet esprit proclame ta puissance.
— Allons, dit saint Vitus, au nom du rédempteur !
Allons, mon père, allons de Dieu venger l'honneur ! »
Et Modeste et le saint se joignent au cortège ;
Partez, pieux martyrs, et que Dieu vous protège !

Enfin la grande Rome apparaît à leurs yeux.
De ses palais géants les frontons glorieux
Touchent peu ces chrétiens occupés de la gloire
Du Dieu qui va bientôt leur donner la victoire
Mais à l'ordre déjà de Dioclétien,
Devant cet ennemi du nom seul de chrétien
Le vieillard et l'enfant s'en viennent comparaître :
De Rome et de l'Empire ils voient enfin le maître !
D'abord il apparaît terrible en son regard,
Puis son œil est mobile, inquiet et hagard.
Son front bas et plissé, sa grossière encolure,
Sa lèvre qui respire un souffle de luxure,
Son vêtement, son geste, en lui tout est abject ;
En revanche à ses yeux tout doit être suspect ;
Même ce bel enfant au gracieux visage,
Au regard plein de flamme, au front plein de courage !
Que sa démarche est noble et modeste à la fois !
Aurait-il vu le jour dans le palais des rois ?
Qu'importe ? Il n'est si beau qu'en la grâce divine,
En l'aimable pudeur dont son front s'illumine !
Face à face voici le vice et la vertu ;
Du sceau de sa valeur chacun est revêtu !
Tous deux se sont compris ; la suprême puissance

Ne se sent plus à l'aise avec cette innocence !
Mais il faut bien parler ! — « Vitus est-il ton nom !
Jeune encor, tu n'es pas, paraît-il, sans renom ? »
L'enfant se tait. Alors de la voix et du geste
Le maître impérieux interroge Modeste ;
« — Vieillard, explique-toi sans ambiguïté ;
Tout ce qu'on dit de vous est-il la vérité ?
On dit que sous vos pas surgissent des merveilles,
Nul avant vous n'a fait tant d'actions pareilles.
Parle enfin, je t'écoute ! » Et le fier empereur
Accentuait ces mots sur un ton de fureur.
Mais le vieillard ému d'une voix hésitante
Qui n'apprit jamais l'art de la forme élégante
Ne sut le satisfaire. Et Dioclétien
Se plaisait à railler cet ignorant chrétien.
Vitus alors lui dit : « — Pourquoi cette exigence ?
Pour sa digne vieillesse ayez plus de clémence.
Contre ses cheveux blancs moins de sévérité,
Seigneur, ne saurait nuire à votre autorité. »
« — Oses-tu mépriser cette gloire suprême
Qu'a placée à mon front ce divin diadème ?
Réplique l'empereur, réponds, jeune étourdi,
A parler de ce ton qui te rend si hardi ?
Contre ton maître, enfant, quelle est cette colère ?
« Entendez-le, Seigneur, de ma bouche sincère,
Dit le saint, je vous parle en la simplicité
Que dépose en mon cœur l'Esprit de vérité.
La colère n'est pas, Seigneur, en ma parole ;
Pour moi la loi du Christ n'est pas un vain symbole.
Mon Christ est par nature aimable et paternel,
Par puissance il est grand ici-bas comme au ciel ;
Il est humble, il est doux et sa miséricorde
Sur le monde s'étend quand le calme y déborde.
Disciples de ce Dieu nous ne pourrions un jour
Entrer dans les splendeurs de son céleste amour,

Si nos cœurs oubliaient de mettre leur étude
A suivre les leçons de sa mansuétude.
Ses disciples, Seigneur, toujours humbles et doux
Sans pécher ne sauraient parler avec courroux. »

A peine acheva-t-il que d'une voix horrible
Obsédé sous les coups d'une crise terrible,
Le fils de l'empereur cria : « Vitus, Vitus,
Pourquoi veux-tu nous voir à tes pieds confondus ?
Avant le temps l'enfer pour nous se renouvelle
Et ravive par toi sa torture cruelle ! «
Mais l'humble enfant se tait. Il sait que le Seigneur
Confirme dans sa voie un humble serviteur.
Et Dioclétien blessé de son silence
En colère lui dit. « Montre donc ta puissance !
Ne peux-tu le guérir ? C'est mon fils ! Le sais-tu ? »
« Moi-même je n'ai pas, Seigneur, cette vertu :
Répond le saint ; le Christ, le Rédempteur du monde
Seul pourra commander à cet esprit immonde,
Fils de Dieu, seul il doit lui rendre la santé ;
Pour moi je ne suis rien. Sa sainte volonté
Peut cependant choisir mon humble ministère
Et tout sera facile à ma faible prière. »
Mais aux cris du démon le maître impatient
Mène Vitus au prince et se fait suppliant....

Ainsi l'orgueil de l'homme a ses jours d'impuissance,
Jours où se brise enfin toute son arrogance.
Ah ! Dioclétien, ton Dieu veut t'avertir ;
Sa main toute-puissante en toi se fait sentir ;
Que ta force orgueilleuse est misérable et vaine
Quand la main d'un enfant sur cet énergumène
Au nom de Dieu commande à l'infernal esprit !
Cet enfant parle ; écoute ! — « Au nom de Jésus-Christ
Sors de sa créature ! adore, esprit immonde,

Le nom trois fois sacré du Rédempteur du monde ! »
Tel est l'ordre puissant d'un jeune enfant chrétien :
Que devient donc ta gloire, ô Dioclétien ?
Et ce démon naguère insultant ta puissance
Voici qu'à la faiblesse il rend obéissance !
Mais il se venge et tue à tes pieds, empereur,
Tous ces cruels païens objets de ta faveur
Du saint enfant Vitus railleurs à ton exemple.
O Dioclétien, tout l'enfer te contemple !
Parle donc à cet ange, objet de ton regard ;
Sa beauté te séduit, ô lubrique vieillard !
Et la postérité saura ta politique !
Dis-lui si de nos jours pour la chose publique
Ta parole est féconde en forts enseignements !
O César, notre siècle en ses emportements
T'imite en ta folie et t'admire en ta haine ;
Comme toi contre Dieu sa fureur se déchaîne ;
Et sa parole est douce et perfide à la fois !
Parle donc au martyr de ta plus douce voix !
Tu vas prêter, César, aux accents du poëte
Qui pourtant de l'histoire est le juste interprète.
Mais tout âge à l'Eglise a fourni son bourreau ;
Sous le soleil moderne il n'est rien de nouveau !

« — Allons, très-cher Vitus, doux espoir de ma vie,
Dit l'empereur, mon cœur maintenant t'en convie,
Entre dans ma pensée et sacrifie aux dieux.
Avec moi tu seras un prince glorieux
Orné de tous les biens que ton âme désire.
Je te donne une part de cet immense empire ;
Je te revets de pourpre et je suis ton ami,
Tu seras l'ornement de mon trône affermi !

« — Que ferai-je, ô César, de ton terrestre empire ?
Il en est un plus grand auquel mon âme aspire !
Donne à d'autres ta pourpre et laisse-moi mon ciel !

Tout martyr est un prince aux pieds de l'Eternel !
Il est mon Roi, mon Dieu ! Si je lui suis fidèle
Il me revêtira d'une pourpre immortelle.
Les ténèbres jamais ne pourront obscurcir
La robe dont mon âme au ciel doit resplendir ! »

« — Réprouve, ô mon Vitus, ta funeste pensée,
Réplique l'empereur ; d'une ardeur empressée,
Enfant, sauve ta vie et sacrifie aux dieux
Si tu ne veux périr en un supplice affreux ! »

« — Ce supplice, ô Jésus, pour toi je le désire,
Mon cœur qui t'aime vole au bienheureux martyre ;
A moi toujours fidèle à mon Seigneur Jésus
La palme glorieuse au séjour des élus ! »

Mais Dioclétien en proie à la colère
Ne saurait tolérer cette sainte prière.
Les gardiens à son ordre enchaînent aussitôt
Modeste avec Vitus au fond d'un noir cachot
Réservé d'ordinaire aux derniers des esclaves.
Leurs membres sont chargés des plus lourdes entraves ;
C'est là qu'ils périront sans air, sans pain, sans eau..
Oserait-on briser l'empreinte de l'anneau
Du maître impérial Dieu de la grande Rome
Qui pense prévaloir contre le Dieu fait homme ?
Quel étrange combat ! qui sera le vainqueur ?
Cet ange ou le maudit ! l'enfant ou l'empereur ?
Grand Dieu, n'oubliez pas notre humaine misère !

Soudain dans le cachot une vive lumière
Pénétrant la muraille en descendant des cieux
Change ce lieu d'horreur en temple glorieux.
Les gardes effrayés à ce divin spectacle
Rendent tous en pleurant témoignage au miracle.
D'une voix éclatante on entend saint Vitus

4.

S'écrier : » — à notre aide, ô mon sauveur Jésus :
Accours ; étends sur nous ta main toute-puissante !
Et comme aux trois enfants en la fournaise ardente,
Seigneur, ne manqua pas ton bienfaisant secours,
Jésus, voici ton heure, il en est temps, accours ! »

A ces accents de foi d'une force invincible
La terre tout à coup d'une secousse horrible
Tremble ! Et le doux sauveur lui-même au saint enfant
Apparaît dans un nimbe aimable et triomphant.,
Il répand les parfums de sa gloire céleste
Et rassure d'abord le doux vieillard Modeste ;
Puis il dit : » — O Vitus, sois ferme dans ta foi !
Demeure en patience et je suis avec toi ! »
Et Jésus exauçant leur ardente prière
A leurs pieds fait tomber leurs chaînes en poussière.
Il disparaît. Alors les chants mélodieux
D'un concert tout divin se répandent des cieux.
Dans la sainte prison descend le chœur des anges ;
De Rome et de l'Eglise ils chantent les louanges :

« — Béni soit le Seigneur, le Dieu grand d'Israël,
  Chantons, exaltons sa puissance,
   Il est l'Emmanuel !
  Rome, chante ta délivrance !

  Du salut le signe sacré
Marque du sceau divin ton enceinte royale.
Par la voix de David ton Seigneur l'a juré :
  Voici sa marche triomphale !

Peuples, éclairez-vous au flambeau de sa foi !
  Fidèle en toutes ses promesses
  La main de Dieu dispense ses largesses
   Aux disciples de sa loi !

A Rome il a posé la base de son trône
Sur le front dépouillé de ses fiers ennemis !

Si leur défaite les étonne,
Si la confusion soudain les environne,
Les fidèles sont affermis.

Au Très-Haut les Puissants ont déclaré la guerre !
Tous ces forbans sur les flots orageux
Ont poursuivi de cris tumultueux
L'humble barque de Pierre !
De leur haine farouche ils se sont enivrés,
Mais à leur propre sens Dieu les laisse livrés
Et sur son roc les brise comme verre !

Chantons ce Dieu fort et jaloux !
Du cœur fidèle il est le père,
Il a pitié de l'humaine misère ;
Des généreux martyrs il entend la prière,
Mais réserve aux bourreaux les traits de son courroux !

Enfant, ne tremble pas, sur toi le Seigneur veille !
Son œil jamais ne sommeille !
Bientôt l'heure de Dieu
L'heure de ta délivrance
Verra couronner ta constance,
Et de ton cœur exaucer l'humble vœu.

Nos doigts tressent déjà ta couronne immortelle !
Marche donc à la voix de ton Dieu qui t'appelle
A la palme du vainqueur !
De sa force il arme ton cœur ;
Règne avec lui dans la gloire éternelle !

O Séraphins, bénissons le Seigneur !
Exaltons à jamais sa puissance ;
Sainte Eglise de Dieu, chante ta délivrance,
Chante le nom de ton Sauveur !!! »

Aux accents merveilleux de ce chant prophétique
Répétés aux échos par le chœur angélique

Les gardes consternés sont glacés par la peur ;
Plusieurs restent sans voix et frappés de stupeur.
Mais bientôt en désordre une course rapide
Précipite au palais cette horde stupide.
« — Très-pieux Empereur, venez nous secourir,
Car sans vous, disent-ils, le peuple va périr ! »
Mais l'empereur s'irrite et son esprit se trouble,
Vainement il les calme et sa fureur redouble.
« — Qu'avez-vous ? Et pourquoi ces étranges clameurs?
Dites l'objet fameux de vos folles terreurs ?
— Ah ! César quel prodige ! Une immense lumière
Environne Vitus et Modeste son père.
Nous ne savons quels dieux des cieux ou des enfers
Pénétrant la muraille ont brisé tous leurs fers.
A l'entour se répand un parfum ineffable ;
Et devant eux se tient un homme incomparable
Plus beau que l'on ne vit jamais aucun mortel.
Il leur parle, et sa voix n'a rien de naturel.
En foule autour de lui chantent des personnages
Tout vêtus de lumière, aux radieux visages :
Leurs chants semblent, Seigneur, un doux écho des cieux !
Venez donc les entendre, empereur très pieux ! »

Mais son orgueil l'aveugle, et dans sa fourberie,
Maudissant ces témoins, il éclate en furie ;
« — Aux arènes, dit-il, aux lions ces chrétiens !
Que leurs féroces dents leur servent de liens !
Nous rirons en voyant si dans ma main divine
Leur Christ empêchera leur fatale ruine ? »

Et Dioclétien sourit et se promet
Un heureux lendemain et des jeux à souhait.

CINQUIÈME CHANT

> Vidi mulierem ebriam de
> sanguine martyrum Jesu.
> *(Apoc.* xvii, 6*)*

Hâtons-nous, Dieu le veut ! pélerins de l'histoire,
Avant que ne s'engouffre en chaque vomitoire *
Cette tourbe humaine avide de ces jeux.
De l'aurore il nous faut tromper les premiers feux.
Anges des saints combats, volez au Colisée
Recueillir avec nous la suave rosée,
Le céleste parfum du sang de nos martyrs.
La nuit recèle encor tous ses honteux plaisirs
Et tout semble se taire en la Ville éternelle !
Les lions sont repus et l'heure est solennelle !
L'astre brillant des nuits inonde de clarté
Ce berceau triomphant de l'humble Chrétienté.
Anges, guidez nos pas sur ces sanglantes pierres !
Ces murs, les fils vaincus des races étrangères
Et les chrétiens surtout de leurs vaillantes mains
Les ont pour le plaisir des féroces Romains
Bâtis pour leur martyre ! O colosse effroyable,
Théâtre glorieux d'un combat formidable,
Quand donc sur ton arène où les flots de son sang
Pour son Dieu tant de fois a coulé de son flanc ;
L'Eglise aura planté l'étendard de sa gloire
La croix, mémorial de sa grande victoire !
C'est dans ton sein géant que vient le Peuple-Roi
Assister en raillant aux combats de la foi !
C'est là que des vieillards, des enfants et des femmes,
De fiers patriciens, des espions infâmes,
Matrones, courtisans, consuls ou sénateurs
S'en viennent applaudir aux jeux des empereurs.

---

* *Vomitoire*, portes du Colisée, par où se précipitaient les flots du peuple à la sortie des jeux.

Et ces jeux, c'est un flot de boucherie humaine
Suprême volupté d'un peuple énergumène !
Avançons ! En esprit mêlons-nous en ces lieux
Aux anges des martyrs qui descendent des cieux :
Trois siècles ont rendu leur nombre incalculable !
A leur tête se tient l'Archange redoutable !
Saint Michel invincible observe Lucifer
Dont la rage aux abois a déchaîné l'enfer
Pour tenter à nouveau cette suprême lutte
Qui jadis aboutit à sa honteuse chute.
Marchez donc sous ce guide, insensés fils d'Adam,
Contre Dieu votre bras fait l'œuvre de Satan !
Mais un monde invisible attentif à la crise
Qu'aux temps marqués par Dieu subit la sainte Eglise,
Veille tout près de vous sans quitter les splendeurs
Que Dieu révèle au ciel à leurs saintes ardeurs !
Peuple Romain, viens donc à l'arène sanglante !
Sur ce champ de la mort l'Eglise triomphante
Plane, et de nos martyrs bénit les saints combats !
Ah ! sais-tu quels témoins ont devancé tes pas ?
Viens donc, peuple Romain ! Depuis longtemps l'aurore
N'a plus à l'horizon l'éclat qui la colore.
Des fauves l'on entend les sourds rugissements ;
La panthère altérée en vain cherche sa proie !...
Mais le voici, ce peuple enivré de sa joie !
Il se hâte, il pénètre au sommet des degrés.
De leurs habits de fête insolemment parés
Voici des opulents le vaniteux cortège
Et des prêtres païens l'ambitieux collège !
Bientôt l'amphithéâtre est rempli. Chaque rang
En contient des milliers plus avides de sang
Que la bête sauvage affamée et captive.
Soudain le Peuple-Roi se tait : César arrive !
Sur Dioclétien tout regard est tourné ;
D'empressés courtisans il est environné.

En entrant il essaie un gracieux sourire,
S'imagine un instant que ce peuple l'admire,
Puis il prend place au trône orné de *pulvinar* *
Et les jeux sont ouverts au signal de César.

D'amener les chrétiens il n'est pas temps encore :
C'est un *don* de César au peuple qui l'implore !
Mais pour ouvrir les jeux plus d'un gladiateur
Doit enivrer de sang l'âme du spectateur !
Il faut que cet arôme excite les courages ;
Il faut aux pieds du maître accomplir les usages :
« — *Nous saluons César, nous qui venons mourir!* »
Et le peuple applaudit à ceux qu'il voit périr,
Pourvu qu'élégamment ils tombent sur la place
Et qu'avec un sourire ils meurent avec grâce.
Mais ce peuple est bientôt lassé des histrions ;
Il appelle à grands cris « *les chrétiens aux lions.* »
Le farouche empereur impatient lui-même
Répond par un signal d'autorité suprême.

Alors le *lanista* ** geôlier de nos chrétiens
Les pousse devant lui demi-nus, sans liens ;
Ils entrent ; les Romains hurlant les interpellent
Et les *vénatores* *** en passant les flagellent.
Vitus dit à Modeste ; « O père soyez fort !
Si la tempête gronde, enfin voici le port !
Les glaives du démon sont notre délivrance ;
Et Dieu va couronner bientôt notre constance.
A nos âmes déjà, je vois les cieux s'ouvrir!
Marchons ! Pour Jésus-Christ, c'est l'heure de souffrir! »

Mais ce peuple s'apaise au seul regard du maître

---

* *pulvinar*, coussin, lit de repos.
** *Lanista*, chef des gladiateurs.
*** *Venatores*, chasseurs dans les jeux du cirque armés de fouets à balles de plomb.

Et les nobles martyrs devant lui vont paraître.
« — Eh quoi ! te vois-je ici, Vitus ? » dit l'empereur.
Alors le bienheureux qu'embrase la ferveur
Reste les yeux au ciel ravi dans la prière.
Son silence confond ce maître de la terre :
« — M'entends-tu ? Dans quel lieu te vois-je ici, Vitus?
« — Dans l'arène... et bientôt au séjour des élus !
Hâte-toi donc, César, vite, achève ta tâche ;
Et sache qu'un chrétien pour son Dieu n'est point lâche!»
« — Sauve-toi du supplice et sacrifie aux dieux ! »
Mais le martyr sans crainte à ce prince orgueilleux
Réplique librement : « — O tyran de nos âmes,
Fils du démon, tison des éternelles flammes,
Loup ravisseur, bientôt tes persécutions
Sur toi vont retomber en malédictions !
Un miracle de Dieu t'a donc mis en furie ?
Ah ! j'admire l'excès de ton effronterie !
Après si grande grâce oses-tu me tenter?
JE SUIS CHRÉTIEN ! Mon sang ici veut attester
De tes faux dieux, César, l'erreur et l'impuissance ;
En Jésus mon vrai Dieu j'ai mis ma confiance ;
Pour nous il voulut être un jour crucifié,
Et moi, pour lui je veux être sacrifié ! »
Ne se possédant plus de rage et de colère
L'empereur veut qu'on chauffe une horrible chaudière
Toute pleine de plomb, de résine et de poix,
Pendant que le martyr reste les bras en croix
Adressant à son Dieu sa prière fervente.
La matière embrasée est enfin bouillonnante
Le *lanista* l'y plonge et l'enfant bienheureux
Sans proférer un cri s'y tient tout radieux,
Car un ange lui verse une douce rosée
Alors l'on n'entend plus un souffle au Colisée,
Tout ce peuple est muet glacé par la stupeur ;
Et saint Vitus exale un doux chant au Seigneur :

« — Mon Dieu, toi qui sauvas Israël par Moïse,
Sois à tes serviteurs miséricordieux,
D'un joug aussi cruel délivre ton Eglise
Et révèle aux Romains ton nom si glorieux !...

« O Dioclétien, du cœur le plus sincère
Je te rends grâce à toi de ce bain salutaire. »
Alors le saint enfant s'élançant au dehors,
Nulle trace du feu n'apparaît sur son corps;
Bien plus, on voit sa chair plus blanche que la neige.
Et ce peuple a l'instinct du Dieu qui le protège
D'un sentiment profond il s'écrie: » — A nos yeux
Non! jamais n'apparut un fait si merveilleux ! »

Et Vitus redisait d'une voix angélique
Du saint Roi des Hébreux ce glorieux cantique:

« Tu viens de m'éprouver, mon Dieu, comme l'or pur ;
  Mais sur mon corps veillait ton ange.
Mon cœur impatient de t'offrir sa louange,
  Mon cœur pour le martyre est mûr !

  Tes ennemis ont assiégé mon âme,
Mais mon âme fidèle au Dieu de Vérité
Est restée étrangère à toute iniquité
  Ravie en ta divine flamme !

  Comme un lion prêt à me dévorer
  Ils ont voulu me ravir à ta grâce,
Réserve-moi, Seigneur, ton secours efficace
Quand ils vont pour ta gloire encor me torturer !

  Humble soldat de ta sainte milice,
C'est aujourd'hui, mon Dieu, que je suis ton enfant !
Oui, seigneur, aujourd'hui j'entrerai triomphant
Au divin sanctuaire où règne ta justice ! »

Sur Dioclétien soudain fixant les yeux
Le saint martyr lui dit: « — Esclave des faux dieux,

Vrai démon, rougis donc avec Satan ton père,
Rougis de t'aveugler à sa vive lumière
Que par moi Jésus-Christ dévoile à ton regard !
Ces miracles sont-ils les œuvres du hasard
Ou la preuve qu'ici se montre sa puissance ? »

Mais les prêtres païens saisis d'impatience
Vont offrir à César leurs adulations :
Et répéter le cri : » *Ces chrétiens aux lions !* »
Et lui, dont la fureur atteint son paroxisme
Se sent humilié jusqu'en son despotisme.
« — Le lion ! ! ! » rugit-il...Alors d'un souterrain
On délivre le roi du désert africain ;
Il roule autour de lui son œil grand et terrible
Et son rugissement cause une crainte horrible.
Secouant sa crinière il s'élance en avant
Comme pour délasser un repos énervant.
Majestueux et fier de sa queue il flagelle
Les replis onduleux de sa robuste aisselle...
Il s'arrête ; il regarde... et demeure attentif...
« — Vitus, dit l'empereur, c'est l'instant décisif
Où je vais voir enfin ta puissance magique.
Va-t-elle l'emporter sur ce monstre d'Afrique ? »
« — Insensé, dit l'enfant, pourquoi ne vois-tu pas
Qu'il peut tout aussi bien m'arracher de ton bras
Mon Seigneur Jésus-Christ, qui de cette chaudière
Par son ange à tes yeux exauçant ma prière,
Déjà m'a délivré sans blessure et sans mal !
Par là sache qu'un jour devant son tribunal
Tu paraîtras, César, avec tous tes complices
Et vous serez voués aux éternels supplices ! »

A sa voix le lion paraît se courroucer
Et d'un bond furieux s'apprête à se lancer ;
Ses jarrets sont tendus... Mais l'enfant magnanime
Arrête le lion par un signe sublime ;

Ce signe triomphant représente la croix,
La croix vile, ou mourut le Sauveur autrefois
Maintenant devenue une arme redoutable !
Et le lion s'incline à ce signe ineffable ;
Aux pieds du saint martyr il se couche humblement
Et le fauve soumis les lèche doucement....

Mais sur les spectateurs laissons agir la grâce,
Laissons agir un Dieu qu'aucun crime ne lasse !
Ecoutons saint Vitus parler à l'empereur :
« — L'animal sans raison devant toi rend honneur
Du Dieu que ton orgueil s'obstine à méconnaître.
Impie, écoute enfin ! Te crois-tu donc le maître
De ceux qu'a rachetés le Fils d'un Dieu d'amour ?
Adore-le ce Dieu ! Crois-en Lui ! *C'est ton jour !*
Il en est temps, César ; ainsi sauve ton âme,
Ainsi rachète-toi de l'éternelle flamme ! »
« — Crois en lui, s'il te plaît, et ta race avec toi ! »
Mais tu sauras le prix de ta stupide foi !
Réplique l'empereur sur un ton sardonique !
« — O César, dit le saint, ta réponse est logique
Toute ma race et moi nous sommes nés de Dieu
Par la foi de l'Eglise annoncée en tout lieu.
La foi nous a donné la naissance nouvelle
Par laquelle on a droit à la vie éternelle ! »

Mais la grâce à ces mots agissant sur les cœurs
A transformé soudain l'âme des spectateurs :
Un millier renonçant à toute humaine gloire
En Jésus-Christ vrai Dieu déclare qu'il veut croire !...
« — Voilà bien, dit César, l'art des magiciens !
Et c'est ainsi, Vitus, que se font vos chrétiens.
Ils t'ont vu dans le feu braver tous les supplices
Et se sont laissés prendre à ces vains artfiices ! »
« — Est-ce par la magie, empereur obstiné,
Qu'au chrétien devant toi ce pouvoir est donné ?

Non? Tout être à son Dieu sait rendre obéissance ;
Apprends du créateur cette Toute Puissance !
Le feu , les éléments devant Dieu ne sont rien !
Par Lui la créature est soumise au chrétien !
Vois ici ce qui tourne à ton ignominie ;
De toute créature aucune ne renie
Celui qui de sa voix la tira du néant ;
Considère la brute , ô prince mécréant ,
Moins qu'elle en ton esprit tu restes raisonnable
Et tu sembles braver un sort épouvantable ! ! ... »
Si ce lion savait , il vaudrait mieux que toi !...

« — Vitus *je suis chrétienne* et j'embrasse ta foi ! »
Ces mots qui tout-à-coup ont rompu le silence ,
Qui les a prononcés ?... La matrone Crescence !

Alors les viles mains d'espions conjurés
L'amènent à César du sommet des degrés ;
Et Dioclétien la condamne d'un geste.

A son ordre Crescence et Vitus et Modeste
Sont livrés aux valets du cruel *lanista*
Qui préparent pour eux l'horrible *Catasta**.
Le bienheureux enfant indigné dans son âme
Lui dit encor : « — Pourquoi torturer une femme ?
Ne sens-tu pas ainsi ton pouvoir s'avilir ?...
Digne sœur, avec nous pour Dieu venez souffrir !...
Venez vous réunir à l'âme de ma mère ,
Priez pour le salut de mon malheureux père !
Ma mère en mon berceau m'a laissé pour les cieux ,
C'est l'espoir de mon cœur !... Mais avec les faux dieux,
Avec l'enfer !... mon père a fait un pacte impie !...
Seigneur , vous le savez, c'est la croix de ma vie !
Qu'au ciel enfin sa foi nous unisse à jamais !
Pour lui prenez mon sang !.. César ; nous sommes prêts!

. . . .

* Catasta, chevalet armé de pointes de fer.

Et sur la *catasta* leurs membres se disloquent
Et les flots généreux de leur sang les suffoquent.
Sur les pointes de fer broyés atrocement
Leurs entrailles soudain s'ouvrent violemment...
Et saint Vitus s'écrie : « — O mon Sauveur aimable,
Daignez nous préserver du péché redoutable ;
Pour votre nom sacré, Seigneur, délivrez-nous,
Mais par votre vertu nous n'adorons que vous ! »

Aux accents déchirants de cette humble prière
Eclate tout-à-coup un tremblement de terre ;
La foudre gronde et tombe et les temples des dieux,
Ensemble, avec fracas, en un chaos affreux,
Dans une nuit obscure en un instant s'abîment.
Les plus terribles coups en même temps déciment
Ces païens, du vrai Dieu superbes contempteurs,
Des fidèles du Christ cruels persécuteurs.

Et Dioclétien en proie à l'épouvante
En hâte prend la fuite et crie et se lamente.
« — Malheur à moi ! dit-il, quelle honte ! ô malheur !
D'un avorton d'enfant me vient ce déshonneur ! »
Et son dépit lui cause un accès de démence ;
Il se frappe le front avec extravagance
Et pour cacher sa honte il court en son palais...
Mais il n'est pour l'impie ici-bas point de paix !

. . . .

Et des démons vaincus chassant la troupe horrible
De l'archange je vis la cohorte invincible ;
Elle acclamait son prince en la gloire des cieux
Chantant sur Lucifer ce combat glorieux !
J'entendis des martyrs redire les louanges,
Saint Michel triomphant commandait à ses anges ;
Ils contemplaient Crescence et Modeste et Vitus
Et présentaient à Dieu leurs sublimes vertus...

Et de la catasta leurs mains les délièrent,
Aux rives du Silar joyeux les transportèrent.
De nouveau les voici sous l'olivier de paix
Et leur Dieu les confirme en la grâce à jamais !

Ecoutons de l'enfant la prière suprême ;
Son âme voit déjà Celui que son cœur aime :
« — O mon seigneur Jésus, ô Fils du Dieu vivant,
De mon cœur exaucez le vœu le plus fervent ;
Par votre nom sacré fécondez mon martyre ;
Par mon martyre, au ciel que toute âme soupire ;
O mon Seigneur, pour moi soyez glorifié !
Pour mon humble torture, ô Dieu crucifié,
Ceux qui vous béniront, éloignez-les du monde !
Comblez-les des bienfaits d'une grâce féconde !
Qu'ils vivent ici-bas dans une sainte ardeur,
Et contemplent des cieux avec moi la splendeur !
Une voix lui répond : « — Ton cœur a su me plaire !
Vitus, mon bien-aimé, j'exauce ta prière. »

Alors aux assistants parle le saint martyr :
« — Frères en Jésus-Christ, daignez ensevelir
Nos corps pour le Seigneur broyés dans les supplices.
Aux cieux où nous allons nous vous serons propices,
Si pour votre salut en toute humilité
Vous servez Dieu d'abord avec fidélité.
Invoquez-nous ! Bientôt de votre délivrance
Vous bénirez Jésus dans une gloire immense !
Adieu, frères, adieu ! Nos âmes vont au ciel
Jouir en son amour du bonheur éternel !
Et les âmes des saints enfin quittant la terre
S'envolent avec joie à leur Céleste Père !

Les chrétiens exauçant ce testament pieux
Leur firent un tombeau demeuré glorieux.

ÉPILOGUE.

> Mirabilis Deus in sanctis suis...
> (Psaume LXVII, 36.)

De L'ENFANT THAUMATURGE on sut partout la gloire ;
Et la Rome chrétienne exaltant sa mémoire
Dans ses murs apporta ses ossements sacrés ;
De prodiges sans nombre on les vit illustrés.
Sur le mont Esquilin sa noble basilique
Garde ces souvenirs de son âme angélique.
Tel on vit l'enfant-Dieu jadis à Béthléem
Nous sauver ! Ainsi Rome, autre Jérusalem,
Où ce Dieu dans les saints sur un nouveau Calvaire
Tant de fois de leur sang recueillit la prière,
Rome, arrachée enfin au joug de ses tyrans
De la croix sur ses monts vit les bras triomphants ;
Et *du jeune héros* dont l'illustre martyre
Vainquit de Dioclés l'indomptable délire,
Le nom béni, dès lors à l'église de Dieu
Fut un signe divin de victoire en tout lieu !

Et son corps saint alla comme en pélerinage
Des peuples recevoir l'enthousiaste hommage ;
Dieu qui faisait de nous un peuple zélateur
Voulut qu'en notre France on lui rendit honneur.

Près des murs agrandis de notre capitale,
Sur les autels sacrés d'une église royale
Où reposaient en paix les cendres de nos rois
Que d'autres Dioclés ennemis de la croix
Profanèrent naguère en leur rage maudite,
Sur ces pieux autels où l'Aréopagite
Disciple du grand Paul garde un culte fameux,
Tout près de son sépulcre, asile glorieux,
Les os du saint enfant pour un temps reposèrent ;
Et ses anges de Rome en ces lieux s'arrêtèrent !

Moines de saint-Denis, vous chantiez ses vertus
Et la France invoquait le nom de saint Vitus !

De l'Eglise déjà fille aînée et fidèle
Sa foi vive amenait sous l'aile maternelle
Un peuple assis naguère à l'ombre de la mort :
Les Saxons convertis par l'invincible effort,
Par les nobles vertus de notre Charlemagne.

Souviens-toi de la France, infidèle Allemagne !
Que ne lui dois-tu pas ? Tes puissants fondateurs
Tes apôtres, tes saints, tes civilisateurs,
Tous ceux qui t'ont donné l'Evangile et sa vie,
Nous sommes de leur sang, la France est leur patrie !

. . . .

La Saxe alors en paix bâtit ses monastères
Et nos moines vaillants défrichèrent ses terres ;
La Nouvelle-Corbie aux rives du Wéser,
Sentinelle avancée aux portes de l'enfer,
Annonçait Jésus-Christ aux peuplades voisines.
Pour elles, implorant les lumières divines
Ces moines éclairés invoquent saint Vitus ;
Et la grâce lui dit que le nom de Jésus
Par ses restes sacrés sera rempli de gloire !...

Saint-Denis les leur donne en signe de victoire,
Victoire *pacifique* et préparée aux cieux
Que Dieu veut accorder à leur zèle pieux !...

Et l'on vit du saint corps la marche triomphale ;
Au THAUMATURGE on fit une pompe royale ;
Et les peuples chantaient sa puissante vertu
Et du démon le règne à jamais abattu !

Missionnaire alors de France en Germanie,
Il attestait de Dieu la puissance infinie ;

Des prodiges sans nombre éclataient en tous lieux,
Sans nombre apparaissaient leurs effets merveilleux.
Tout malade éprouvant son bienfaisant passage ;
De sa puissance en Dieu recevait le doux gage !
Aimable messager de paix et de bonheur,
On bénissait par lui le nom saint du Seigneur !

Ainsi SE RÉVÉLAIT aux peuples catholiques
Le culte consolant de nos saintes reliques....
Quand ce culte sera renié par Luther,
En France ils porteront les torches de l'enfer !...

La France ! Tu lui dois son corps, ô Germanie,
Pour Dieu respecte donc notre noble patrie !
La France ! tu lui dois la foi, la vérité,
Pour Dieu respecte donc sa foi, son unité !

Apprends que si Dieu veut infliger à l'Eglise
Pour la purifier quelque terrible crise,
Des portes de l'enfer son amour triomphant
Ne veut pour la SAUVER que l'âme d'un enfant !

POTENTISSIMO

REGI

MARTYRUM

LAUS

HONOR ET

GLORIA !!!

L'Abbé MARC DENY, prêtre.

AUX POÈTES

Ode

« Antè omnia Musœ ! »

DÉDIÉE A MON PÈRE

I

Quand le maître des Dieux armé de son tonnerre,
Jusqu'en ses fondements bouleversait la terre ;
Quand l'Olympe avait faim d'holocaustes sanglants ;
Dans le temple rempli de dépouilles opimes,
Le prêtre s'avançait, amenant les victimes....
      C'étaient des agneaux innocents !

Il ornait leur toison de riches bandelettes :
Le peuple, en chœur, chantait l'hymne des grandes fêtes !
Un nuage d'encens montait des urnes d'or !
Et, le glaive à la main, les sombres victimaires,
Muets et sans pitié, sous les yeux de leurs mères,
      Aux blancs agneaux donnaient la mort.

Et le sang ruisselait sur la dalle sanglante !
La foule s'écoulait silencieuse et lente !
L'Olympe était content !.... Dans les cieux azurés
Ramenant ses coursiers, Phébus pouvait encore
Accorder au lever de la riante aurore
      La splendeur de ses feux dorés !

II

Mais tous les dieux sont morts !.... Seule, la Poésie,
Immortelle déesse, a sa place choisie
Dans le zénith des cieux, dans les siècles sans fin !
Le temps n'a pu briser les cordes de sa lyre !
Sous ses baisers tout chante, ou tressaille, ou soupire !
Et tout regard s'embrase à son regard divin !

Saluez l'avenir ! Chantez donc, ô Poètes !
Approchez de l'autel !... Que vos âmes soient prêtes

A recevoir le fer du sacrificateur !
La Muse (cette amie à nulle autre pareille !)
Toujours mêle à l'éclat de sa lèvre vermeille
Le sang des bardes saints qu'elle a baisés au cœur !

Enfants du ciel, *voyants* des merveilles divines,
Il faut que vous portiez la couronne d'épines !
Car, le génie heureux qui consacra vos fronts
Au contact frémissant de son aile bénie,
Veut que par vous, la terre à jamais rajeunie
S'émeuve à vos accents, et pleure à vos affronts !

Il faut, comme autrefois l'aruspice de Rome
Interrogeait les flancs des victimes, et comme
La foule applaudissait quand jaillissait le sang,
Que le malheur, levant sur vous sa main cruelle,
Fasse, dans le creuset, votre gloire plus belle...
Et que tout vous admire et chante en vous voyant !

Saluez ! Saluez ! C'est la muse d'Homère
Qui redit des héros la bouillante colère...
Et tandis que le luth tressaille dans sa main,
Plus beau dans ses haillons qu'un roi sous la couronne
Des pauvres de l'Attique il accepte l'aumône...
Il eût été moins grand s'il n'eût mendié son pain !

C'est Pindare, Sophocle, et toute la pléiade
Des chantres inspirés qui parcourent l'Hellade
Rencontrant tour à tour la gloire et le malheur !
C'est Dante, réclamant, dans le feu du délire,
Son enfant bien aimé, dont le chaste sourire,
Aurait, divin rayon, rasséréné son cœur !

C'est Milton implorant sa part de la lumière
Qu'un soleil inclément refuse à sa paupière ! —
C'est Chénier qu'on arrache aux rêves du printemps.
Sa jeunesse est livrée aux vents de la tempête !

Il se lève et s'écrie, en se frappant la tête :
« J'avais là quelque chose !.. Et je meurs à trente ans ! »

Non, les jours ne sont plus où, de flots d'ambroisie
Egayant leurs repas, tes fils, ô Poésie,
Buvaient le vieux Falerne en des amphores d'or !
Où Tibulle et Virgile assis près des Mécènes,
A l'heure où de la nuit l'ombre couvre les plaines,
A l'aile de leurs vers donnaient un libre essor !

Nous t'aimons cependant, ô sévère Immortelle !
Partout nous te suivrons, ô Muse toujours belle !
Car, c'est dans le creuset que l'or est épuré !
C'est, lorsque sous le vent le vieux chêne s'incline
Que, plus profondément au sol il s'enracine,
Et que suinte le miel de son flanc déchiré !.

Un triple airain au cœur, l'âme toujours sereine,
Combattant corps à corps la fortune inhumaine,
Pour charte, la justice, et pour devoir, l'honneur....
Si la terre et le ciel sur leurs bases profondes
S'ébranlent, nous verrons s'entrechoquer les mondes,
Impassibles... debout... sans reproche et sans peur !

Quand les vagues, au loin, se couronnent d'écume,
Quand la foudre livide illumine la brume,
Et que le vent du Nord déchaîne sa fureur...
Rassemblant sa couvée, interrogeant l'espace,
Le pélican s'élance ; et, superbe d'audace,
Brave des éléments l'effrayante clameur !

C'est en vain qu'il demande aux algues du rivage
La pâture du soir... Poussant un cri sauvage
Il retourne au rocher où sa famille a faim...
Il comprend que la mort réclame une victime...
Et cédant aux élans d'un désespoir sublime,
Pour sauver ses petits, il entr'ouvre son sein !

III

Comme lui, droit au cœur, frappez ô grands Poètes !
Jetez vos fiers accents au milieu des tempêtes !
Faites dans notre nuit resplendir le soleil !
Nous sommes fatigués de querelles sanglantes !
C'est assez de tombeaux et de ruines fumantes !
Au monde impatient annoncez le réveil !

    Chantez l'aurore aux doigts de rose ;
    La fleur nouvellement éclose ;
    Le papillon aux ailes d'or ;
    Le flot qui baise le rivage ;
    Le jeune oiseau dans le feuillage
    Essayant son premier essor.

    Chantez les épis qui jaunissent ;
    Les blancs agnelets qui bondissent
    Dans l'herbe épaisse des vallons ;
    Le berger, à l'ombre du hêtre
    Improvisant un air champêtre,
    Et les grands bœufs dans les sillons !

    Chantez les forêts où soupire
    Suave comme un chant de lyre,
    La brise odorante du soir ;
    Près de l'âtre où la flamme brille,
    L'aïeule endormant sa famille
    Aux légendes du vieux manoir !

    L'enfant, sous les yeux de sa mère,
    Vers Celui qu'invoque son père
    Elève ses petites mains !...
    La nuit au loin étend ses voiles !
    Dans le ciel, brillent les étoiles ;
    Les vers luisants, dans les chemins !

    Sous la froide étreinte du doute
    Le jeune homme s'arrête, écoute,

Hésitant devant l'Infini !...
Saluant le soir de sa vie
Le vieillard reposé, s'écrie :
« *Je crois ! Seigneur, soyez béni !* »

Malgré la neige dont leurs cîmes
Se couronnent, les monts sublimes
Tressaillent.... Un souffle divin
Anime l'Océan immense,
Comme un coursier, lorsqu'il s'élance
Avide de briser son frein !

Le brin d'herbe sous la rosée,
La fleur par le soleil baisée,
La feuille au contact du zéphir,
L'aigle qui plane dans l'espace,
La douce colombe qui passe
Aux échos jetant un soupir ;

Tout ce qui vit ou qui respire,
Tout ce qui chante ou qui soupire,
Forme un concert harmonieux
Que notre âme écoute, ravie !
Incomparable mélodie
Que la terre redit aux cieux !...

O Poètes aimés, chantez ces grandes choses !
Jetez à pleines mains et des lys et des roses
    Devant l'autel de l'Idéal !
Car, l'Idéal c'est Dieu, dont la Toute-Puissance
Plaça le vrai, le beau, le bien et l'espérance
    Sur un éternel piédestal !

C'est Lui qui, du trépas, un jour, brisant l'empire,
A ceux qui, dans la mort sont couchés, viendra dire :
    « *L'heure a sonné !... Réveillez-vous !* »
C'est Lui qui, dans le sein meurtri de la Patrie,

D'une parole, à flots fera couler la vie,
  Parce qu'il l'a vue à genoux !

Comme Orphée apaisait les panthères sauvages...
Comme Colomb allait, sur de lointains rivages
  Découvrir un monde nouveau...
  Prenez votre luth, ô Poètes,
  Et faites flotter sur nos têtes
  Votre pacifique drapeau !

Montrez-nous le champ clos où les muses amies
Couronnent de lauriers les nations unies
  Par un lien de paix fraternel !
  Avec vous, poètes sublimes,
  Nous voulons planer sur les cîmes...
  Car la Muse est fille du Ciel !

ACHILLE LABATUT.

(Ariége)

LE POÈTE

Offert à Evariste Carrance.

I

Tout homme qui sentit la lyre
Frémir et chanter sous ses doigts,
Et qui, dans un divin délire
Aux échos confia sa voix,
Doit encore, à l'heure suprême
Sur l'instrument que son cœur aime
Faire vibrer un dernier chant.
Ainsi le guerrier intrépide,
Frappé par la lance homicide,
Succombe et meurt en combattant.

Jusques au bout de la carrière
Le poète chante toujours.
Jadis, privé de la lumière,
Homère, parcourant les bourgs,
Jetait à la foule enivrée
Les chants de sa lyre inspirée.
Sans doute une aimable chanson
Charma le dernier jour d'Horace,
Et plus tard les accords du Tasse
Retentirent dans sa prison.

Puisque le sort a des caprices,
En aveugle je m'y soumets.
Aux uns les obscurs précipices,
Aux autres les brillants sommets.
Oiseaux balancés sur les ondes,
Suivons les brises vagabondes
Au gré des flots et du courant.
A vous des fleurs, ô Lamartine !
Mais une couronne d'épine
A Gilbert qui chante en mourant.

Quoi que tu fasses, ô poète !
Souvent ton génie est fatal.
Je pleure quand ma voix répète
Ces mots : Hégésippe ! hopital !
Il est mort d'un noble martyre :
Le dernier accord de sa lyre
A bercé son dernier sommeil,
Il passa comme un météore,
Comme les perles de l'aurore
Aux premiers rayons du soleil.

II

Combien de sublimes poètes
Passèrent sans laisser leur nom !

Que de chants étouffés par le bruit des tempêtes,
  Méritèrent le Panthéon !
Le cygne voyageur sur l'onde solitaire
Livre à tous vents du ciel son chant harmonieux.
Il chante, enveloppé dans un profond mystère :
Ses chants qu'on n'entend pas retentir sur la terre,
Ne seront pas perdus... ils monteront aux cieux.

  Car la terre est un lieu d'épreuve ;
  Ami, la patrie est ailleurs !
O poètes, souffrons !... La vie est comme un fleuve
  Toujours fécondé par nos pleurs.
L'homme n'écoute point les sons de notre lyre...
Courage ! dans la coupe il reste encor du fiel ;
Mais je peux m'écrier dans un pieux délire :
Le séjour de la terre, ami, c'est le martyre ;
Les douleurs sont en bas, la couronne est au ciel !

  Une prison reçut Le Tasse,
  Escousse se donna la mort...
Et, pour toujours, Gilbert que la haine menace
  Sur un lit d'hôpital s'endort.
Moreau meurt à la voix de Gilbert qui l'appelle.
Ils sont morts en chantant, cygnes mélodieux ;
Vers un monde meilleur ils ont ouvert leur aile,
Et Dieu leur a rendu cette lyre immortelle
Qui se brise sur terre et qu'on retrouve aux cieux.

III

  La poésie est un abîme
  Dont on voudrait en vain sortir,
  Une vocation sublime
  Que nul ici-bas ne peut fuir.
  Dieu, qui nous voit et nous écoute,
  A chacun a tracé sa route.
  Aux uns les plaisirs et les fleurs,

Aux autres le sanglant cilice !
Chacun doit vider le calice,
Qu'il soit plein de miel et de pleurs !

La coupe de la poésie
Contient des larmes et du fiel ;
Le poète aura l'ambroisie
Quand il ira chanter au ciel.
Sa vie a des dégoûts sans nombre ;
Mille complots, tramés dans l'ombre,
Le blessent... mais il doit souffrir,
L'envie à toute heure l'arrête,
Et la couronne du poète
C'est la couronne du martyr.

O toi, dont la voix éphémère
Résonne et meurt avant le temps ;
Toi, pour qui la coupe est amère,
Chante et meurs ! mais espère, attends !
Le Ciel t'invite, heureux convive ;
Là-haut une foule attentive
Prêtera l'oreille à ta voix ;
Pars donc sans crainte, ouvre les ailes :
Au ciel les harpes immortelles
Bientôt frémiront sous tes doigts.

Moi, je chante et la brise emporte
Mes chants encore plus légers ;
Mes chants s'en vont ! ami, qu'importe
Que mes accords soient passagers ?
Qu'importe que ma voix sonore
S'éteigne le soir, si l'aurore
Me surprend encor dans mes chants ?
Mon luth, qui sans cesse soupire,
Sait braver le mordant sourire
Des envieux et des méchants.

Me dira-t-on pourquoi je jette
Aux vents, aux échos d'alentour,
Ces faibles accords de poète
Qui survivent à peine un jour ?
Me dira-t-on qu'au loin la foule,
Ne me comprenant pas, s'écoule,
Et que mes transports sont perdus ?
Ah ! que la foule se retire,
Pourvu que les sons de ma lyre
D'un cœur ami soient entendus !

Dieu lui seul sait pourquoi je chante,
Dieu qui m'inspire mes concerts
Et soutient dans ma main tremblante
La lyre où résonnent mes vers.
C'est lui qui plaça dans mon âme
Un foyer tout plein de sa flamme
Et qui me dicta ses transports :
Dieu permit qu'un souffle sublime
Passant sur mon cœur qu'il ranime,
En fit sortir de longs accords.

Je chante et fuis les rocs sauvages
Où l'aigle suspend ses petits,
Pour m'égarer sous les feuillages
Où les rossignols font leurs nids.
J'aime un abri tranquille et sombre
Dont le soleil respecte l'ombre,
Que la brise effleure en passant ;
J'aime une rose qui s'effeuille
Et les doux parfums que recueille
Le zéphyr en la caressant.

J'aime à jeter ma voix sonore
Le matin au fond des grands bois,
Et le soir je répète encore

Ce que le matin dit ma voix.
Tantôt mon faible esprit s'abîme
Quand je vois la voûte sublime,
Image de l'immensité,
Et parfois ma lyre amoureuse
Confie à la nuit ténébreuse
Les louanges de la beauté.

Ma voix est un grain invisible
De l'encens qu'on doit au Seigneur,
Une parcelle imperceptible
Du foyer qui brûle mon cœur.
J'entends une voix solennelle
Qui me dit : Chante ! — Et moi fidèle,
Humble esclave, je fais des vers :
Je cours docile et suis ma pente,
Semblable au ruisseau qui serpente
Et va se perdre au sein des mers.

Qu'importe au rossignol qui chante
Qu'un passant, au bord du chemin,
S'arrête quand sa voix touchante
S'élève en un concert divin ?
Sa musique est-elle moins tendre
Parce que nul ne vient entendre
Ses accords purs et gracieux ?
Qu'importe à l'aigle solitaire
Ce point qu'on appelle la terre
Quand il s'élance vers les cieux ?

Ludovic Sarlat.

(Dordogne).

LAMARTINE

L'art ne fait que des vers le cœur seul est poète.
  ANDRÉ CHÉNIER.

LE POÈTE

Quand un peuple a grandi sous l'aile de la gloire,
Inscrit en lettres d'or ses actes dans l'histoire,
Superbe, il se repose à l'ombre du chemin !...
Dieu lui suscite alors un barde de génie,
Illumine son cœur de sa grâce infinie
  Et lui met une lyre en main !

« Vas éveiller mon peuple endormi dans l'ivresse,
« Qu'il trace son sillon, l'éternité le presse,
« Il doit mener le monde, et se croise les bras !..
« Poète ! prends ton luth : j'ai compté ses années :
« Mais, pareilles aux fleurs, elles seront fanées
  « Avant le soir : hâte son pas !...

« Ecoute Jéhovah ! laisse vibrer ta lyre
« Au souffle impétueux de ton âme en délire :
« Les siècles sont à peine, à mes yeux, des moments !
« Dis-lui que dès ingrats je détourne la face,
« Et qu'au Livre de vie, en un jour, moi j'efface
  « Leur orgueil et leurs monuments. »

Moïse ainsi chanta, ce géant des poëtes,
L'enfant sauvé que Dieu sacra roi des prophètes,
Qu'au Sinaï la foudre a couronné d'éclairs !...
Lui qui montra le Verbe en ses œuvres fécondes,
Semant dans l'infini la poussière des mondes,
  Créant l'homme après l'univers !...

Homère a salué les héros de la Grèce :
Son vers simple et charmant comme un vent qui caresse,
Troubla de l'Hélicon l'écho mystérieux :

Quand le Perse eut maudit son impuissante rage,
Eschyle célébra l'admirable courage,
    De ses frères victorieux.

Reine des mers, le front paré d'une auréole,
Rome traîna sanglants les rois au Capitole,
Expliquant aux vaincus le livre Sibyllin !...
Et Rome à qui l'Europe avait demandé grâce,
Se berça des beaux chants de Virgile et d'Horace,
    Croyant son bonheur sans déclin !

D'un exil glorieux immortelle victime,
Dante avait peint la foi si pure et si sublime
Qu'elle semblait sourire aux martyrs expirants !
O toi que la douleur a brûlé de sa flamme,
N'as-tu pas apaisé les désespoirs de l'âme
    Par tes poêmes énivrants ?

Quand Voltaire eut raillé le Christ et la Pucelle,
Son siècle encor botté comme un guerrier en selle
Se coucha dans la tombe avec la Liberté !...
Le nôtre souleva sa tête éblouissante :
Semblable au jeune aiglon à l'allure puissante
    Qui plane dans l'immensité !..

II.

LAMARTINE.

Le ciel était désert dans sa langue divine,
Un poëte inspiré chanta Dieu : Lamartine
Avait trempé sa lèvre au fleuve du Jourdain !...
Jamais trouvère aimé, dans les jours de tristesse,
N'apparut plus brillant d'amour et de jeunesse :
    La France tressaillit soudain !

Quand la mer, au soleil, se glisse sur la grève :
Et belle des rubis que l'œil caresse en rêve,

Brille de mille feux sous les rayons tremblants :
Quand le roc est frappé par la vague fumante,
Qaund la foudre en courroux sillonne la tourmente
    De ses dessins étincelants;

Quand la nuit sur les monts jette ses légers voiles,
Sur la terre tout bruit s'éteint ; et les étoiles
S'ouvrent comme des fleurs dans l'azur assombri :
Alors tu composais des odes immortelles,
Et laissais ton génie emporter sur ses ailes
    Ton cœur vers un céleste abri !...

Comme l'aigle envolé sur les plus hautes cîmes,
Tu semblais contempler des visions sublimes
Où se montrait pour toi l'éternelle bonté !...
Tel le grand Beethoven créait la symphonie :
Divin frémissement de la lyre infinie
    Dans notre âme répercuté !...

Du ciel de Pausilippe, ô Toi suave image,
N'as-tu pas de ses vers reçu le doux hommage
Dans cette île qui tremble au vent comme un berceau ?
Près des flots argentés où se baigne Sorrente
Dors, ô fille du peuple ! une douleur navrante
    Brise ton cœur comme un roseau !...

En face de ce lac où la nature inspire,
Où, dans la pourpre et l'or, l'horizon bleu se mire,
Qui trouvera jamais un langage aussi beau ?...
Ce rêve évanoui renferme encor des charmes :
Et ton siècle incrédule a versé quelques larmes
    Sur les roses de son tombeau !

Poète infortuné ! dans cette nuit funeste
N'as-tu pas frissonné sous son regard céleste,
Quand dédaignant la terre elle a fui dans les cieux ?
Femme dont Raphaël eût fait une Madone !

Elvire t'a souri sous la blanche couronne
    Qui parait son front radieux.

Quand l'ombre des forêts s'incline sur la plaine,
Le jour pâlit : la source embaume son haleine
Des parfums exhalés du calice des fleurs :
L'*Angelus* tinte au loin et bénit la chaumière,
L'insecte en bourdonnant glisse sous la bruyère,
    La rosée épanche ses pleurs !

Oh ! tu sentais alors palpiter ton génie !...
Tes lèvres murmuraient un hymne d'harmonie
Au Dieu qui sous ses pieds balance l'univers !
Purs comme le cristal que le soleil colore,
Doux comme un chant d'oiseau qui gazouille à l'aurore,
    Dans l'extase coulaient tes vers !

Quand la mort de tes bras arracha ta Julie,
Dans la nuit de ton cœur vint s'asseoir la folie,
Mais sur l'ange endormi tu plaças une croix !
N'avais-tu pas baisé la divine poussière
Du Calvaire où le Christ resplendit de lumière
    Aux yeux des peuples et des rois ?

Pélerin, visité ce pays des oracles
Où chaque monument rappelle des miracles,
Terre berceau du monde et sépulcre d'un Dieu !...
Où les grands souvenirs planent sur les ruines,
Où le Verbe incarné fut couronné d'épines,
    A l'Humanité dit adieu !..

Où le Carmel, drapé dans sa robe de pierre,
Des cèdres fait monter l'encens et la prière
Dans l'azur vaporeux d'un ciel éblouissant !
Où dorment des cités dans ses vieilles entrailles,
Où la Haine a livré, deux mille ans, des batailles,
    Marqué sa trace avec du sang ?

Dans la tombe, à vingt ans, ta fille est descendue!...
Je comprends que ton âme en ce jour éperdue,
Au pied du crucifix longtemps ait sangloté !
Le baptême des pleurs a fécondé ta lyre :
La morte t'a laissé dans son dernier sourire,
    Entrevoir l'immortalité !...

Dis-moi, quand tu lisais le merveilleux ouvrage
Où Tacite, saisi de génie et de rage,
Flagella les Césars et le siècle avili !
Tu demandais à Dieu, si, le long de sa route,
Tout peuple marcherait, comme un troupeau qui broute,
    Dans la débauche enseveli ?

Et Dieu t'a répondu qu'à travers les orages,
Le Progrès, ce flambeau qui brille sur les âges,
Ne s'éteindrait jamais sous les pieds des bourreaux :
Qu'il est l'étoile d'or des nuits tristes et sombres,
L'éclair parti du ciel pour dissiper les ombres,
    Rayonner au front des héros !...

Ta plume a dessiné dans nos grandes annales
L'époque où, balayé par d'horribles rafales,
Le passé s'écroulait comme un vieux monument :
N'as-tu pas médité l'histoire et ses exemples,
Senti, quand la Terreur démolissait nos temples,
    Dans ton âme un déchirement ?

III

SON OEUVRE

Dites ? n'avez-vous pas, innombrables étoiles,
Circulé dans l'éther sans boussole et sans voiles,
Pour la première fois quand un soleil a lui ?
Couronne du Très-Haut, harpes mélodieuses,
C'est vous qui scintillez, ô lampes radieuses,
    Sur le chemin qui mène à lui !..

6.

Comme elles, n'es-tu pas la lampe de notre âme,
Un reflet vif et pur de l'éternelle flamme,
Miroir où la beauté se penche dans sa fleur?...
O poète! pour nous, pèlerins sur la terre,
L'oiseau qui chante Dieu, l'onde qui désaltère,
  Où l'on boit l'oubli du malheur?...

Dans la Bible, ta mère avec art t'a fait lire,
T'a bercé dans ses bras, consolé d'un sourire,
Le soir a joint tes mains, d'un baiser clos tes yeux :
Des lauriers de son fils comme elle était ravie!
N'as-tu pas de ce cœur gardé toute ta vie
  Un souvenir tendre et pieux?...

Dans la nuit, le pilote attardé sur la plage,
Ecoute de la mer l'ineffable langage,
On dirait la tempête inclinant les grands bois!
Ainsi notre âme entend, par ta lyre bercée,
Monter vers l'infini l'écho de ta pensée
  Comme des flots l'immense voix!...

Quand le prêtre eut pleuré sur sa funèbre couche,
Ton regard devina ce que taisait sa bouche;
« Chantre, brise ton luth, chrétien, il faut mourir! »
Tu collas sur ta lèvre un crucifix d'ivoire,
A genoux adoras l'hostie, et dans la gloire
  Tu t'élanças comme un martyr!

Salut, ô Lamartine, admirable génie!
Toi qui fis ruisseler la puissante harmonie
Dans nos cœurs altérés de l'immortalité!
Tes livres embaumés par des parfums étranges,
Ravissaient nos esprits sur les ailes des anges,
  Et l'embrasaient de charité.

Beaux comme les bijoux que cisela la Grèce,
Suave effleurement d'une chaste caresse,

Et purs comme un baiser d'une mère à son fils,
Céleste essaim, tes vers ont volé sur ta lèvre !
Et l'impie est saisi de respect et de fièvre
      Quand tu parles au Crucifix !..

Tu vivras ! car ton œuvre est l'orgueil de la France !
N'as-tu pas salué cette grande espérance
Qui, traversant les cieux, ouvrit l'éternité !
Ta muse a composé de sublimes cantiques,
Avec des fleurs, bâti d'étincelants portiques
      A l'immuable vérité !...

O Mâcon ! De ce fils qui te couvre de gloire,
Protège avec amour la touchante mémoire !
Parle-nous des trésors qu'a semés sa bonté !
Fais graver sur le bronze où ta main se devine :
« Les pauvres l'ont chéri ! dans sa langue divine,
      O Christ ! c'est toi qu'il a chanté ! »

Alfred Vellot

ESSAIS SUR LA GÉOLOGIE

Loin de nous la pensée, en traçant cette esquisse,
D'inscrire notre nom dans une noble lice
Où d'illustres savants, pacifiques rivaux,
Des Cuvier, des Newton poursuivent les travaux.
Plus humbles sont nos vœux, nos désirs plus modestes ;
Laissons aux érudits les régions célestes
Où scintillent la nuit ces astres merveilleux,
Qui frappent à la fois et l'esprit et les yeux ;
Sur notre globe infime abaissons nos pensées
Et scrutons avec soin ses époques passées ;
Cherchons son origine et traçons à grands traits
Ses évolutions, ses phases, ses progrès.

Si nous interrogeons les légendes antiques,
Les écrits des auteurs profanes et bibliques,
Nous voyons nos aïeux, tour à tour ignorants,
Sauvages, policés, érudits, conquérants,
Cultiver les beaux-arts, les sciences physiques;
Instituer des lois morales, politiques;
Des astres observer les mouvements divers
Et dans leur vaste plan embrasser l'univers;
Mais inconnue alors, l'histoire de la Terre
Jusqu'au siècle dernier fut un profond mystère;
Et même de nos jours pour une vérité
Combien de fictions ont pris droit de cité?

En vain le géologue actif, infatigable,
Soulève du passé le voile impénétrable;
Sonde la profondeur des siècles écoulés
Et fouille avec ardeur dans ces temps reculés;
En vain il reconstruit, problème difficile,
Des êtres disparus la charpente fossile;
En vain, pour éclairer ces âges ténébreux,
Il scrute des anciens les documents poudreux;
Seule, nous reportant à ces scènes antiques,
La tradition sainte, en ses livres mystiques,
Débrouille ce chaos et retrace à l'esprit
Ces âges primitifs dans un touchant récit.
Respectons donc sa loi, sans toutefois exclure
De la froide raison la prudente censure.

Vous qui de la science enseignez les progrès,
Du globe où nous vivons dévoilez les secrets!
Quelle est son origine? est-ce une nébuleuse?
D'un soleil refroidi la matière terreuse?

Deux systèmes anciens, de tout point opposés,
Passionnaient les savants en deux camps divisés;
L'un, sur le feu bâti, prit pour nom vulcanisme,

L'autre, étayé sur l'eau, s'appela neptunisme.
Ce dernier, de l'esprit pure conception,
De la Terre admettait la dissolution ;
Les métaux les plus durs, les rocs les plus solides
Existaient à l'état de vapeurs, de liquides.
Dans ce désordre affreux de tous les éléments
Confondus, agités de sourds bouillonnements,
Les corps obéissant aux lois universelles,
La densité fixa leurs places naturelles :
Plus lourds, les minéraux gagnèrent les bas-fonds,
Se groupèrent en blocs et surgirent en monts ;
Les vapeurs jusqu'alors dans les airs suspendues,
Sous l'empire du froid à grands flots répandues,
Engloutirent le sol sous une vaste mer ;
Les fluides gazeux, atômes de l'éther,
Invisibles, légers, transparents par essence,
Formèrent l'atmosphère à la circonférence ;
Et la lumière enfin, plus libre en son essor,
Sur ce monde naissant répandit ses flots d'or.

Peu nombreux au début, les premiers vulcanistes
En France eurent bientôt d'ardents apologistes ;
Le choc d'une comète, errante au firmament,
Enleva, dit Buffon, du soleil un fragment :
Ce fragment suspendu dans le vide des mondes,
De la terre forma les assises profondes.

D'autres, mieux inspirés ou plus ingénieux,
Découvrirent les lois, agents mystérieux
Qui règlent la matière ; et ce nouveau système
Du monde sidéral résolut le problème.

Suivant Laplace enfin, un concours idéal
De matière cosmique autour d'un point central
Gravité et se transforme en étoile nouvelle ;
C'est la création continue, éternelle.

A travers cet amas d'exposés, d'arguments,
Qu'entasse chaque auteur dans ses raisonnements,
L'esprit flotte indécis ; adoptons un système
Et, sans plus discourir, poursuivons notre thême.

Certain corps, nous dit-on, dans l'espace lancé,
Corps fluide au début et plus tard condensé,
Matière en fusion à quelque astre soustraite,
De la Terre forma l'origine secrète ;
Et ce monde futur, nouvellement éclos,
Cette masse confuse, indicible chaos,
Gigantesque fournaise aux vagues bouillonnantes,
Projetait dans l'éther ses lueurs rutilantes.
Ainsi que dans la fronde un caillou suspendu
Tourne fatalement au bout du fil tendu,
Telle aussi du soleil la puissance attractive
Faisait tourner la Terre en son orbe captive,
Entraînant dans son cours, satellite discret,
La reine de la nuit, l'amante du secret.

Dès lors assujettie à sa marche nouvelle,
Comme un astre brillant la terre se révèle ;
Puis insensiblement elle se refroidit
Et sa molle surface en globe s'arrondit,
Laissant à découvert des montagnes pelées,
Des plaines, des hauteurs, des gouffres, des vallées.

Peu solides encor, ses brûlantes parois
Tantôt se déchirant s'affaissent sous leur poids ;
Tantôt cédant au choc de la masse fluide,
Vomissent des torrents de granite liquide,
Et par le froid durci le flot envahisseur
De la croûte terrestre augmente l'épaisseur.

Des vapeurs cependant la puissance expansive,
La pression des gaz que la chaleur active,
Déchirent en lambeaux par leur effort croissant,

Cet obstacle fragile à peine renaissant ;
Puis de nouveaux torrents de matière embrasée
Submergent aussitôt la surface brisée,
L'un sur l'autre entassant ses immenses fragments,
De trop faibles parois débris encor fumants.

Un autre phénomène imposant, redoutable
Ajoute à ces horreurs son concours effroyable :
Des entrailles du globe en pleine fusion,
De la vague des mers en ébullition,
De la terre, de l'eau, de l'air atmosphérique
Jaillissent des courants de fluide électrique ;
Ce fluide inconnu, subtil, mystérieux,
Dont les explosions, dont les chocs furieux
Tantôt avec éclat faisant voler la foudre,
Brisent le roc altier, le réduisent en poudre ;
Tantôt se répandant en sombres roulements,
Vont ébranler le sol jusqu'en ses fondements.

Qui nous révèlera cette lutte suprême,
Ce long enfantement ? Insoluble problème ;
Car nul être vivant, nul corps organisé
Ne pouvait exister sur ce globe embrasé.
Le géologue en vain fouillant ce sol antique
Chercherait un débris de matière organique ;
Partout il aperçoit des minéraux fondus,
Des couches de granit et des rochers ardus ;
Caractères saillants, ligne séparative
De cet âge qu'on nomme *époque primitive*.

A *l'époque* suivante ou de *transition*,
Le mystère divin de la création
S'opère au sein des eaux, et la terre attiédie,
Aux dépens de la mer chaque jour agrandie,
Commence à se parer de verdure et de fleurs,
D'insectes émaillés des plus vives couleurs ;

Car déjà la nature, en sa magnificence,
Etale les trésors de sa Toute-Puissance.

Autant de jours on trouve en un mois rassemblés,
Aussi nombreux étaient les siècles écoulés,
Alors que, déposé par couches successives,
Le sédiment des eaux fertilisant les rives,
Fit éclore et germer les algues, les fucus
Humbles productions de ces premiers humus.
Bientôt des bois touffus, des forêts innombrables
Surgirent à la fois, sombres, impénétrables ;
Et le nombre croissant de tous ces végétaux
D'un pôle à l'autre pôle envahit les coteaux,
Les plaines et les monts ; si même on doit en croire
Des hommes éclairés, de science notoire,
La houille, minéral par couches disposé,
Ne serait qu'un amas de bois décomposé.
Ecoutons les savants expliquer ce mystère :

L'un, mettant à profit les tremblements de terre,
Fait affaisser le sol, engloutir les forêts ;
Sur ces mêmes débris, quelques siècles après,
Nous montre tour à tour des plantes, des arbustes,
De frêles arbrisseaux, puis des arbres robustes ;
Et par ce phénomène, à son gré répété,
Il entasse des lits de houille à volonté.

Un autre se basant sur sa structure intime,
Voit dans ce combustible un dépôt maritime ;
Tous ces monceaux, dit-il ; de bois demi-pourris,
Du règne végétal prodigieux débris,
Qu'entraînaient les torrents, et ces forêts entières,
Innombrables îlots qui couvraient les rivières,
Dans la mer s'engouffraient ; quelques temps suspendus
Ces arbres entassés au fond sont descendus,
Ont produit ces dépôts, ces couches progressives

Qui forment aujourd'hui les houilles primitives.

Plus récemment encore un penseur, un savant,
Rejetant tout système admis auparavant,
Emit une hypothèse assez ingénieuse
Que bientôt poursuivit la critique envieuse :
Malgré ses gisements en blocs volumineux,
Il compare la houille aux corps bitumineux
Et dans sa théorie, un peu conjecturale,
Lui prête une origine ignée et minérale.
De même que l'on voit la lave des volcans
Glisser le long des monts, en revêtir les flancs,
De même en s'épanchant la houille alors fluide
Remplissait chaque fente et comblait chaque vide ;
Matière préférable à ces riches métaux,
Objet de nos désirs et source de nos maux.

Dirai-je à quels dangers, à quels travaux arides
La nature a voué les mineurs intrépides ?
Combien de malheureux, fatal et triste sort !
Dans ces noirs souterrains ont rencontré la mort,
Tantôt asphyxiés par un gaz délétère,
Tantôt ensevelis sous des monceaux de terre ?
Dirai-je l'incendie et l'inondation ?
Dirai-je des mineurs la consternation,
Quand d'un vaste amas d'eau rencontré par la sape
Une onde furieuse à gros bouillons s'échappe,
Poursuivant les fuyards de ses flots débordés ?
Malheur aux imprudents dans leur fuite attardés !
Leur trépas est certain. Mais que vois-je ? Qu'entends-je ?
D'où partent ces clameurs ? Quel est ce bruit étrange ?
Ciel ! le feu dans la mine ! Alerte ! Alerte ! aux puits !
Combien d'infortunés dans leurs travaux surpris
Cherchent à fuir en vain la flamme dévorante ?
On se hâte, on descend ; ô scène déchirante !
Des cadavres partout, partout des corps brûlés !

Dans ees débris humains, ces restes mutilés
Les familles en pleurs, jeunes enfants et mères,
Tremblent de reconnaître ou leurs fils ou leurs pères.
... Mais déjà les mineurs à leurs postes rendus
Ont repris leurs travaux un moment suspendus.

Hâtons-nous d'aborder *l'époque secondaire*,
Non moins utile aux arts que chère à l'antiquaire.
Qui n'a pas admiré ces marbres somptueux,
Des temples, des palais ornements fastueux ;
Ces vases élégants découpés dans l'albâtre
Et ces charmants dessins moulés avec le plâtre ?
Qui ne connaît la marne, et la craie et la chaux,
Nourrissons de la terre enfantés dans les eaux ?
Parfois de ces produits une seule carrière
Couvre tout un pays, une contrée entière ;
Et ces immenses blocs par le temps amassés
Renferment les tribus de tous les crustacés.
Le savant avec joie en distingue les races ;
Quand son œil impuissant s'égare sur leurs traces,
Aidé du microscope il découvre ébloui
Tout un monde nouveau dans la pierre enfoui :
Ce ne sont que débris de coquilles fossiles
Lentement rassemblés au fond des eaux tranquilles ;
Gigantesque ossuaire, où des siècles passés
Les habitants des mers se pressent entassés.

Ce fut aussi l'époque où de volcans terribles
Les cratères béants, phénomènes horribles,
S'enflammaient, mugissaient, faisaient explosion,
Vomissant des torrents de lave en fusion ;
Des flots incandescents de soufre et de bitume,
De métaux enflammés, de cendres et d'écume
Dévastaient les forêts et comblaient les vallons,
S'incrustant dans le sol par de nombreux filons.
Quelques mille ans après tous ces monceaux de cendre,

De lave, de limon ne cessant de s'épandre,
Envahirent les champs, les collines, les monts
Et couvrirent le sol de détritus féconds.

Déjà les sauriens, ces immondes reptiles,
Ces ancêtres hideux des hideux crocodiles,
S'ébattaient sur les eaux, et ces êtres affreux
Ajoutaient à l'horreur de ces temps désastreux.
Quoi de plus surprenant que ce ptérodactyle,
Tout à la fois oiseau, mammifère et reptile,
Dont le corps écailleux, court, chétif, efflanqué,
Sur deux pieds soutenu, de deux ailes flanqué,
Portait sur un long col une tête puissante
Que terminait un bec à la dent menaçante ?
Quel assemblage étrange, étonnant, monstrueux !
Tel de la fiction le poète amoureux
Du vieux monde exhumant les animaux bizarres,
Emprunte à chacun d'eux ses formes les plus rares :
A l'un il prend le torse, à l'autre le museau,
A celui-ci sa queue, à celui-là sa peau ;
Et de leur union créant un nouvel être
A ses yeux ébahis soudain voit apparaître,
Fantastiques enfants d'un cerveau déréglé,
La terrible chimère et le dragon ailé.
Telle aussi dans ses jeux la féconde nature
D'êtres disgraciés ébauche la structure ;
Mais toujours l'animal d'un ordre inférieur
S'élève par degrés au rang supérieur.

L'*époque tertiaire*, en troubles moins féconde,
Voit se consolider les assises du monde.
L'atmosphère s'épure et la chute des eaux
Fait sourdre au pied des monts des sources, des ruisseaux
Qui fécondent le sol et déjà la nature
Laisse entrevoir l'éclat de sa grandeur future ;
Déjà les monts, la plaine et les eaux et les bois

De nombreux habitants se peuplent à la fois :
Là paissent grassement ces pesants mammifères
Dont le temps respecta les débris séculaires ;
Le Dinothérium à l'aspect saisissant,
L'énorme mastodonte et le mammouth puissant ;
Colosses monstrueux dont les races éteintes
Sur cette terre antique ont laissé leurs empreintes,
Et dont les ossements, avec art assemblés,
Font revivre à nos yeux ces âges reculés.

D'autres convulsions, de nouveaux paroxismes
Font éclater soudain de nouveaux cataclysmes ;
L'enveloppe terrestre en se refroidissant
Au feu central oppose un obstacle croissant.
Trop longtemps comprimés dans leur prison brûlante
Les vapeurs et les gaz que la chaleur enfante,
Déchirent des volcans les soupiraux étroits
Où du globe au dehors refoulent les parois.
Du lit profond des mers surgissent des montagnes,
Et leurs flots soulevés roulant dans les campagnes,
Entraînant les forêts, broyant les animaux,
Vont reformer au loin des océans nouveaux.
Gigantesques enfants de ces luttes terrestres,
Les monts pyrénéens et les cîmes alpestres
Montaient, montaient toujours, et leur soulèvement
De notre continent fixa l'emplacement,
Ainsi que de nos jours on le retrouve encore.

L'époque quartenaire, à sa brillante aurore,
D'un rayon de lumière éclairant le tableau,
Ouvre à l'observateur un horizon plus beau ;
Des êtres animés les espèces croissantes
Renaissant chaque jour, chaque jour plus puissantes,
Coquillages, poissons, mammifères, oiseaux
Peuplent en même temps l'air, la terre et les eaux.
Là des monstres hideux et d'animaux étranges

Sur la vague des mers s'ébattent les phalanges ;
Ici la gent ailée, aux chants harmonieux,
Aux frais gazouillements, aux ébats gracieux,
De refrains variés, de mille gais préludes
Anime des déserts les mornes solitudes ;
Là c'est le fier lion, le tigre rugissant,
Le cerf aux pieds légers et le bœuf mugissant ;
Là l'énorme éléphant à l'épaisse encolure
Et plus loin la panthère à la sournoise allure ;
Et l'aigle au vol puissant et le paon orgueilleux,
Le chien, ami fidèle et le coursier fougueux ;
Puis le gorille enfin, ce singe à face humaine,
Qui, debout sur ses pieds, gravement se promène
Et, le bâton en main, attaque, se défend,
Acceptant le combat même avec l'éléphant.
Transformés par la fable en satyres lubriques,
Ces êtres révoltants, aux passions cyniques,
Gambadent sur les monts, sur les rocs escarpés
Ou perchent dans les bois, par bandes attroupés.

Non moins majestueux et plus splendide encore
Brille d'un vif éclat l'empire aimé de Flore.
Quelle diversité de charmantes couleurs
Embellit les vallons, les émaille de fleurs !
Quels doux gazouillements et quels joyeux ramages
S'élèvent des forêts, des séduisants bocages !
Ombrages toujours verts, sites mystérieux,
D'un printemps éternel, ornement gracieux.
Ce n'est plus la planète informe, inhabitée
Et de convulsions sans cesse tourmentée :
Frais et riant séjour, c'est l'Eden ravissant
Que pour le genre humain créa le Tout-Puissant ;
Mais de ce nouveau monde, encore dans l'enfance
Les futurs habitants ont déjà pris naissance.
Après avoir montré, dans ses âges divers,

La terre assujétie aux lois de l'univers,
Hasardons sur sa fin une seule hypothèse,
Hypothèse, il est vrai, contraire à la Genèse.
Telle on voit manquant d'huile une lampe pâlir,
Baisser, monter, baisser, puis lentement mourir ;
Du soleil au déclin de sa longue carrière
Telle aussi s'éteindra l'éclatante lumière.
Un refroidissement intense, général,
Mortel aux animaux, aux végétaux fatal,
Envahira le sol ; les rivières glacées,
Les terres et les mers par la neige effacées,
N'offriront plus à l'œil qu'un immense désert
De glaces, de frimas, de neige recouvert ;
Et, le dernier debout sur les débris du monde,
L'homme s'abîmera dans une nuit profonde ;
Effroyable cahos, empire de la mort,
Que se disputeront les vents glacés du nord.

Un jour même viendra — ce jour est loin sans doute, —
Où d'ossements couverte et poursuivant sa route,
Notre planète usée et veuve d'habitants
A son tour finira détruite par le temps.
Tout ce qui naît périt, disparaît, se transforme ;
C'est la suprême loi, c'est la règle uniforme,
Et cette loi révèle à nos yeux l'avenir :
La terre a commencé, la terre doit finir ;
Simple métamorphose, éclipse passagère,
D'un astre qui s'éteint, meurt et se régénère ;
Car d'un astre futur et d'un monde nouveau
Ses atômes diffus formeront le noyau,
Et ce globe naissant, aux formes vaporeuses,
Prendra rang dans l'espace au sein des nébuleuses ;
Déjà même on s'est cru dans la nécessité
De peupler ce séjour d'une autre humanité.

Mais ici nous touchons aux limites suprêmes,

Où viennent des humains échouer les systèmes ;
Au-delà l'inconnu, l'immensité du ciel,
Dont Dieu s'est réservé le secret éternel.

 (*Saône-et-Loire*)   BROSSETTE.

LISA LA BRODEUSE

Fragment.

A MA VOISINE D'EN FACE.
Voyez là-haut cette pauvre fenêtre
Où du printemps se montrent quelques fleurs !
EMILE BARATEAU (*Jenny l'ouvrière*)

Quand, tout le jour assise auprès de ta fenêtre
Où du volubilis les lianes en fleurs
Sous les baisers de l'air, au matin semblent naître
  Pour te prodiguer leurs couleurs,

Tu brodes, conduisant ta délicate aiguille
A travers le réseau des tissus précieux :
J'aime à voir sous tes doigts se former, jeune fille,
  Des fleurs, des dessins merveilleux.

Comme un écho lointain, comme un léger murmure
Le vent m'apporte-t-il ta plaintive chanson ;
Je me dis : ce n'est pas ainsi qu'en la ramure
  Gazouille le joyeux pinson ;

Car ton chant est empreint d'une mélancolie
Qui laisse deviner la tristesse, et je crois
Entendre dans les sons de ta voix affaiblie
  Qu'il est des larmes quelquefois!

Quand le flambeau du jour a fourni sa carrière,
Tu suspends ton travail, et sous ton bénitier,

Au Seigneur adressant ta fervente prière,
    Tu donnes ton cœur tout entier.

Et quand la nuit plus sombre a déployé ses voiles,
Quand l'*angelus* invite au saint recueillement,
Je te vois contempler les brillantes étoiles
    Dont Dieu sema le firmament.

Comme si, de là-haut, quelque muet langage,
D'êtres chers à ton cœur, qu'un jour tu dois revoir,
Venait, baume divin, animer ton courage
    A remplir un noble devoir.

Après ce doux repos, redoublant d'énergie,
Tu te remets à l'œuvre, et bravant le sommeil
Tu prolonges le jour ; ta paupière rougie
    Semble te trahir au réveil.

Mais pourquoi chaque jour, avec persévérance,
D'un travail excessif t'être fait une loi ?
A l'âge où l'avenir sourit plein d'espérance
    Ton front est soucieux... Pourquoi ?

. . . .

Ah ! Je ne savais pas ton histoire touchante !..
On vient de me l'apprendre, et ce simple récit
Fait tressaillir le cœur, il émeut, il enchante
    Et chaque mère te bénit !

Orpheline !...
    A seize ans tu vois mourir ton père !
Il te reste un soutien, il te reste ta mère !..
Mais du chagrin cruel dont son cœur est rempli,
Le mal vient sur son front creuser un large pli.
De jeunesse et d'amour cette âme encor si pleine
Se courbe sous l'effort d'une fiévreuse haleine ;
Tel, on voit un beau lis, ornement du vallon,
Sous les coups redoublés du fougueux aquilon,

Se flétrir et pencher sa corolle froissée.
Son souffle est haletant, sa poitrine oppressée,
Elle voudrait encor différer... C'est en vain !
Un ange est là, du ciel lui montrant le chemin ;
Et du flambeau sacré dont brillait sa belle âme
Il ne reste à présent qu'une tremblante flamme
Qui va s'éteindre, hélas, dans le suprême adieu !

« Ma fille, je le sens, je retourne vers Dieu !
» Vers ce Dieu dans lequel j'ai mis toute espérance ;
» Il m'appelle, il veut mettre un terme à ma souffrance.
» Oh ! la mort ne saurait me glacer de terreur,
» Mes jours ont été purs et ma foi sans erreur.
» Mais il est en mon âme une peine profonde
» Quand je pense, ô Lisa, que je quitte ce monde
» Laissant deux orphelins ! Que vont-ils devenir ?
» Encore, chère enfant, tu pourras obtenir
» Du travail, mais, dis-moi, qu'attendre pour ton frère ?
» A six ans, sans fortune, et n'ayant plus de mère !....
» J'espérais... Vain espoir ! Inutiles efforts !..
» De mon cœur j'ai senti s'affaiblir les ressorts,
» Et mes jours s'épuiser, comme une onde en sa course
» Quand l'astre au front brûlant vient en tarir la source
» Ou comme grain à grain ce sable qui sans bruit,
» Marque le pas léger de l'heure qui s'enfuit.
» Pour dérober mes pleurs à tous ceux que j'adore
» J'ai combattu longtemps le mal qui me dévore,
» Et quand tu me disais : Mère, tu n'es pas bien !
» J'ébauchais un sourire en disant ! Ce n'est rien !...
» Et pourtant je priais, pour que dans sa justice
» Le Seigneur éloignât de vous l'amer calice !...
» Que de fois, en secret, l'invoquant à genoux,
» J'ai dit : Dieu de bonté pourquoi m'appelez-vous ?
» Laissez ! laissez encor à ces enfants leur mère,
» Ne sont-ils pas déjà privés d'un tendre père ?
» Ah ! ne repoussez pas des mains que je vous tends,

7.

» Et prolongez mes jours encore assez de temps
» Pour verser en mon fils, en ce vase d'argile,
» Les précieux parfums du divin évangile ;
» Pour voir ma fille au bras d'un vertueux époux,
» Et leur doux fruits d'hymen jouer sur mes genoux !
» Oui, mon Dieu ! laissez-moi travailler sans relâche
» Pour atteindre ce but; et puis lorsque ma tâche
» Sera remplie enfin, si, présage du sort,
» En mon sein je ressens le frisson de la mort,
» Si pour l'éternité votre voix me réclame,
» Je dirai : Me voici, Seigneur, prenez mon âme !...
» Vous qui m'avez donné le bonheur ici-bas,
» Soyez trois fois béni !...
      Dieu ne le permit pas !...
» Ah ! loin de murmurer, ma bouche doit se taire,
» Lui seul de ses décrets connaît le grand mystère !
» Mais avant de monter vers l'éternel séjour,
» Pour m'adoucir l'horreur d'un si funeste jour,
» Et pour rendre au départ cette heure moins amère,
» Reçois le dernier vœu que forme ici ta mère :

» Je te lègue un enfant, un ange de douceur,
» Promets, Lisa, promets, ô toi ! sa tendre sœur,
» De veiller constamment sur sa chère existence ;
» Le ciel te prêtera sa divine assistance !
» Préserve-le surtout de la contagion
» D'un siècle trop enclin à l'irréligion,
» Garde le seul trésor de son âme innocente ;
» Remplace auprès de lui sa pauvre mère absente...
» La tâche est lourde... mais tu voudras l'accepter :
» Moi qui connais ton cœur ! en pourrais-je douter ? »

Tu promis, la couvrant de brûlantes caresses,
Et son âme en goûta les plus pures ivresses !
Mais bientôt, par degrés son souffle s'affaiblit,
Pour l'entendre il fallut te pencher sur son lit.

« Merci ma fille, adieu ! travaille, prie, espère,
» Au séjour des élus je vais revoir ton père !
» A l'heure où chaque jour la lumière s'enfuit
» Et fait place à l'éclat des astres de la nuit,
» Nos âmes, de là-haut, se plairont à descendre
» Pour enivrer vos cœurs de l'amour le plus tendre ;
» Nous viendrons, apportant et la paix et l'espoir,
» Déposer sur vos fronts le doux baiser du soir !...

» Mais je sens s'affaisser ma débile paupière...
» De l'heure de la mort dis l'oraison dernière ;
» Il est venu l'instant qui va nous désunir :
» Puisse Dieu, comme moi, ma fille, te bénir !... »

Et sur ton front brûlant, sa main déjà glacée
Dans un suprême effort se levait empressée...
Et pendant que les pleurs obscurcissaient tes yeux,
Ta mère... finissait de te bénir aux cieux !

(*Seine-et-Oise*), sept. 1878. JULES LEMAIRE,
        Membre d'honneur des Concours Poétiques.

L'ASSASSIN & LA PEINE DE MORT

I

L'affreux débat est clos ; la cour s'est retirée,
L'arrêt prévu sera rendu dans la soirée.
L'accusé muet, blême, hideux, le front baissé,
Déjà cadavre, attend sur un banc affaissé.
L'âme a quitté ce corps que le bourreau réclame.
Frappe ! cet homme a fait quelque chose d'infâme.
Ivre d'absinthe, un soir, bête brute en fureur,
Il a vu rouge..... Ciel ! quelle scène d'horreur !

Marie avait risqué quelques mots à voix basse :

« C'est donc au cabaret, toujours, que l'argent passe !»
Assis, les bras croisés, sombre, silencieux,
Hébété, sans la voir lui la suivait des yeux.
La pauvrette enhardie en pleurant se rapproche :
« Jean, pourquoi bois-tu tant ? » fait-elle avec reproche.
» D'abord pour ta santé cela t'est défendu ;
» Et puis, vois, tout chez nous est en gage ou vendu.
» Moi, je fais de mon mieux ; jour et nuit je travaille;
» Pourtant avant huit jours nous serons sur la paille.
» Avec ce qui restait d'argent j'ai pris du pain ;
» Aujourd'hui, c'est très bien, mon homme, mais demain?
» Ce matin, en voyant combien j'étais en peine,
» Tu m'avais dit : Ce soir, nous aurons ma quinzaine ;
» Ah bien oui ! c'est toujours de même pour changer ;
» Et comment aux enfants donnerai-je à manger ? »
Tout bas grondait le mâle, à bout de patience.
Elle continua, décisive imprudence :
«Dormez, on n'a pas faim, mes enfants quand on dort,
Mon Dieu! vivre ainsi, non! mieux vaut vingt fois la mort».

Un cri rauque. Elle voit le danger et se sauve
Vers la porte. — Trop tard ! déjà la bête fauve
L'a saisie, et les doigts du mari — tigre fou
Dans un étau de chair emprisonnent son cou.
« Au secours ! » mais la voix dans sa gorge est éteinte.
Elle tombe, râlant sous la mortelle étreinte,
S'efforçant vainement d'écarter l'assassin
Qui l'étrangle sous lui, le genou sur son sein.
Elle se tord, bat l'air d'une main défaillante ;
Mais déjà l'asphyxie arrive foudroyante ;
Les yeux sont injectés, les traits violacés,
Et ses bras impuissants sont retombés glacés.

Jean avait deux enfants, un garçon, une fille ;
Eux quatre ils composaient la petite famille ;
La fille était l'aînée, elle avait bien six ans,

Tout le monde l'aimait; c'est si bon, les enfants!
Quand il était à jeun, (hélas! c'était bien rare!)
Son père en raffolait; il en était avare,
Jalousait les bébés que Jeanne caressait,
Trouvait que sa maman trop souvent l'embrassait!
Lorsqu'il était méchant, la précoce fillette
Tout net lui refusait et baiser et risette,
Et courait se cacher dans le sein maternel,
Des petits et des grands refuge naturel.
Jean jurait d'être sobre, et (c'est la vieille histoire),
Deux ou trois jours après, recommençait à boire.

La petite dormait; ses cheveux blonds, soyeux,
Autour d'elle flottaient libres, capricieux;
Ses mains étaient encor jointes sur sa poitrine,
Un pur sourire errait sur sa lèvre enfantine;
Son frère reposait sur le même oreiller.
Le bruit sourd du combat vient soudain l'éveiller.
Il se plaint, pleure, crie, il appelle sa mère;
Seul, un son étouffé répond à sa prière.
Jeanne entend et s'élance hors du lit; elle a peur,
En un bond elle accourt, pressentant un malheur,
Dans une pièce obscure, à la chambre attenante.
Là l'horrible tableau la glace d'épouvante.
Son hésitation ne dure qu'un instant.
« Au secours, » hurle-t-elle, « au secours! » En criant,
L'intelligente enfant court pour ouvrir la porte,
Mais Jean, laissant soudain sa femme presque morte,
Bondit, il la saisit, la lance; le front pur
De sa Jeanne se fend contre l'angle du mur.

La mère cependant un instant dégagée,
Avide, aspire l'air et se sent soulagée.
Elle appelle sa fille, hélas! son œil hagard
Voit la scène qu'éclaire un lumignon blafard.
Le sang qui coule à flots de l'ignoble blessure

A jailli jusqu'à Jean, fouetté sa figure.
Oubliant le danger qu'elle vient de courir,
Marie en se traînant se hâte d'accourir.

Le meurtrier debout, haletant, le visage
Horrible, ensanglanté, contemple son ouvrage.
D'un œil farouche il suit, sans faire un mouvement,
Sa femme qui du corps s'approche lentement.
Il paraît hésiter. Quelquefois une larme
Arrête un assassin, l'attendrit, le désarme,
Et l'homme ivre souvent, le délire passé,
Tombe aux pieds de celui qu'il avait menacé.
Qu'un sanglot étouffé, qu'une plainte craintive
Rompe l'affreux silence, et jusqu'à Jean arrive,
Et peut-être cet homme, un moment égaré,
Va-t-il demander grâce, honteux, désespéré ?
Mais Marie à genoux jette un cri d'épouvante ;
« Le cœur ne bat plus, Jeanne est morte! » Frémisante,
Superbe, elle se lève : « Assassin, sois maudit !
» Mais la justice est là ! Dieu ! ma fille ! » ... elle dit ;
Ses menaces de Jean ont réveillé la rage ;
Il saisit un marteau ; dans sa haine sauvage,
Il frappe : le sang coule à long flots ; l'âcre odeur
Augmentant son ivresse augmente sa fureur ;
Il frappe, frappe, frappe et l'effroyable crime
Est perpétré qu'il frappe encore sa victime.
Le petit garçon crie, il l'étrangle... c'est fait.

Mais un instant plus tard la raison reparaît..
Le misérable a peur, il tremble ; en sa détresse
Il croit voir l'échafaud devant lui qui se dresse.
Fuir ? mais après ? folie ! un fuyard aux abois
N'échappe pas longtemps à la rigueur des lois;
Attendre qu'on l'arrête ! Ah ! ce n'est pas possible ;
Se tuer ! loin de lui cette pensée horrible.
Ses dents claquent: « *Mon Dieu,* dit-il, je suis perdu!»

Tout à coup : « Mais sans doute on n'a rien entendu :
» Autrement... » Aussitôt sa décision prise,
Il ôte prestement sa blouse et sa chemise ;
Fait un paquet du tout, le fleuve n'est pas loin,
Puis, dispos, composant son maintien avec soin,
Il s'esquive, et pleurant court chez le commissaire
Conter à sa façon l'épouvantable affaire.
On l'arrête, on informe, il passe en jugement,
Proteste et sans espoir attend le dénouement.

II

La cour !... L'accusé rentre au milieu du silence ;
Le président debout prononce la sentence,
Jean avait nié tout ; on le condamne à mort,
Et l'auditoire dit : Il mérite son sort.

Eh bien ! non, écoutez ; cet homme est bien coupable,
Certes il a commis un crime abominable,
Et s'il souffre, il a bien mérité de souffrir.
Mais avez-vous le droit de le faire mourir ?
Non. — Faut-il le prouver ? Je l'espère, et je l'ose.
O juges, de plus haut envisagez la chose :
Vous êtes les gardiens de la société,
Et vous devez veiller à sa sécurité.
Aux voleurs appliquez la peine la plus forte ;
Au cachot, l'assassin ; aux fers, qu'on le déporte,
Faites, mais n'allez pas, irrémissible tort,
Contre ce scélérat rendre un arrêt de mort,
Car cette vie infâme et que vous voulez prendre,
Dieu qui la lui donna peut seul la lui reprendre !
Cet homme s'est rendu criminel en tuant,
Vous seriez criminels, vous tous, en l'imitant.
Eh quoi ! réfutez donc cet argument terrible :
Est-ce que la justice humaine est infaillible ?
Est-ce qu'on n'a pas vu, déplorable malheur,
Des innocents en pleurs condamnés par erreur ?
Ah ! comment le bourreau peut-il dormir tranquille) !

Cela n'arrivât-il qu'une fois sur cent mille,
Il faut rayer la mort de ce code pénal
Qui fait de chaque juge un assassin légal.
Est-ce que vous croyez, naïveté sublime,
Que la peine de mort peut empêcher un crime ?
L'assassin, comme Jean, est ivre, ou, pour frapper,
Il faut qu'à la justice il espère échapper.
S'il savait être pris, quelle que fût la peine,
Il s'abstiendrait, cherchant une meilleure aubaine.
Les plus grands criminels, triste dérision,
Sont les premiers le jour d'une exécution,
Et Lacenaire, Avril, admirant la machine,
Complottaient quelque coup devant la guillotine.
Puis l'assassin d'hier, la victime aujourd'hui,
Excite la pitié ; l'on s'intéresse à lui ;
Et la foule, en voyant l'échafaud qu'on apprête,
Plaint le bandit de qui l'on va couper la tête.
Le lâche meurtrier devient presque un martyr.
Il l'est, car il ne peut même se repentir !
Il l'est, car offerte à la divine justice
Une larme fait plus que le dernier supplice.
Quiconque se repent, avec contrition,
A grâce devant Dieu ! — C'est l'expiation.

Châtiment immoral, peine de mort hideuse
Disparais de nos mœurs, guillotine odieuse,
Va rejoindre à jamais, dans les siècles passés,
Ces instruments maudits par tant de trépassés.
La guillotine après la torture sauvage !
Ah ! nous ne sommes plus au temps du moyen âge !
On flétrit nos aïeux et leurs cruelles lois
Avec leurs arsenaux de supplices au choix ;
Hélas ! nos petits-fils, feuilletant notre histoire,
Y liront : *Guillotine*, et n'y voudront pas croire.

L. Gallot.

ATTILA

> La puissance souveraine est un fléau
> lorsqu'elle n'est pas unie à l'humanité,
> à la vertu.

« Peuples de l'Orient ! pour nous plus de frontières !
Il est temps de briser ces étroites barrières,
De saper la grandeur du trône des Césars !
Il faut que l'Occident sous nos armes fléchisse !
Qu'à notre seul aspect sa puissance pâlisse,
   Et s'attache à nos chars !

» Levons-nous, frémissants ! secouons nos emblèmes !
Courons chercher, au loin dans les sanglants baptêmes,
La gloire qui, jadis, éblouit nos aïeux...
Qui voudrait affronter l'éclair de notre glaive ?
Qui donc saurait braver de l'astre qui se lève
   Les éclats radieux ?...

» Nous avons fait trembler l'arrogant Théodose[*] ;
Et pour sauver le trône où son sceptre repose,
Il a rempli nos mains du fruit de ses grandeurs...
A notre juste orgueil sa puissance est soumise !
Sa couronne languit, sa couronne se brise,
   Sous nos fières splendeurs !

» Chaque fois que l'éclair a sillonné les nues,
Que l'orage, grondant sur les crètes chenues,
A menacé de loin nos foudres en suspens,
Aussitôt, furieux, écumants de vengeance,
Vous avez étouffé l'insolente puissance,
   Sous vos pieds de géants !

» Mais est-ce donc assez que cette vaine gloire ?...
Je veux traîner, captifs, à mon char de victoire,

---

[*] Théodose, empereur d'Orient.

César et ses lauriers, le monde et ses vainqueurs !
M'enivrer des splendeurs d'un immense carnage ;
Et là, tout rayonnant dans ma sublime rage,
   Immoler tous les cœurs !

. . . .

» La pourpre n'est, pour moi, qu'une vaine parure !
L'on ne me verra point, tout couvert de dorure,
Aller, resplendissant dans les sanglants appâts :
Je ne veux, pour asseoir la nouvelle épopée,
Que mon sceptre brûlant et ma vaillante épée,
   Emblêmes du trépas !

» L'herbe qui fléchira sous mon coursier rapide
Ne repoussera plus dans l'arène livide :
Je sèmerai la mort et la stérilité...
Du grand aigle romain je veux briser le foudre !
Voir tomber sa couronne et ses lauriers en poudre,
   Sous mon glaive irrité !

» Voyez ces champs d'azur, ces beautés immortelles,
Cette voûte sans fin, ces splendeurs éternelles,
Cet immense horizon, ces mille feux divers !
Jetez un fier regard dans les flots de l'espace !
Donnez à votre esprit une sublime audace :
   Embrassez l'univers !...

» Allez toujours plus loin !... Penchez-vous sur l'abîme
Du temps, de l'infini.... De l'effrayante cîme
Plongez votre regard dans le gouffre béant !...
Ma fougue et ma valeur, mon immortel génie,
Suffiront à combler d'une gloire infinie,
   Cet éternel néant !...

» Mon front resplendira d'une triple auréole !
Je vaincrai les Gaulois, Rome et le Capitole !
Je frapperai l'azur d'une immense clarté....
Et mon astre, ébloui des feux de la victoire,

Portera, radieux, les splendeurs de ma gloire
        A l'immortalité !...

» A moi le sceptre d'or de la Reine du monde !
A moi tous les lauriers de sa gloire féconde,
Ses riches monuments ! ses trésors entassés !...
De toutes ces grandeurs nos fers feront litière ;
Elles disparaîtront comme un flot de poussière,
        Sous nos yeux courroucés !

» Je veux que l'Univers, vassal de ma puissance,
A mes pieds se prosterne, et m'adore, et m'encense !
Que le Dieu du Soleil obéisse à ma voix !...
Je veux que, frémissant, l'aigle ardent du tonnerre,
Pressant le feu du ciel de sa brûlante serre,
        Couronne mon pavois !

» Suivez donc Attila dans sa course rapide !
Suivez son étendard rayonnant et splendide ;
Secondez les élans de son sceptre indompté !...
L'on me verra monter à la plus haute cîme
Et paraître, émouvant, sur le seuil de l'abîme
        Du ciel épouvanté !»
(Suit un récit épique)

                    S. DE RAYNAL,
              Lauréat de plusieurs Sociétés.

NOTA.—Le morceau ci-dessus est extrait d'un poëme en plusieurs chants de l'auteur, intitulé : *ATTILA*. — *Essai épique.*
(La suite au prochain Concours).

LE SAPIN

(SONNET APOLOGUE)
Dédié à Monsieur Hyppolite Philiponet.

Un sapin jeune et vert. — Pardon du bavardage, —
Au milieu d'un taillis grandissait en repos

Ayant et la jeunesse et l'air pur en partage ;
De ses plaintes pourtant il troublait les échos.

« Si je pouvais, dit-il, me riant de l'orage,
» vers les cieux azurés étendre mes rameaux,
» Mes frères m'envieraient et je serais, je gage,
» Le rendez-vous choisi par les petits oiseaux. »

Il grandit, et déjà croit sa cause gagnée,
Quand, soudain, sur le sol le couche la cognée,
Sans plus se soucier de ses cris déchirants.

Sur des charbons ardents bientôt il devint cendre ;
Que de gens pour monter n'arrivent qu'à descendre.
Pourtant chaque petit aspire au sort des grands !
Raïvola, septembre 1878   P. E. ERARD.

LE SIÈGE DE VITRY
OU LA CROISADE DE VÉZELAY

Opéra en 3 actes

Personnages

Le roi de France, Louis VII.
La Reine.
Thibaut II, comte de Champagne.
Alénore, nièce de Thibaut.
Raoul, cousin du Roi.
Renée, sœur de la Reine.
Bernard, abbé de Clairvaux.
Un Envoyé du roi de France.
Un officier de la cour de Thibaut.
Religieux et religieuses.
Seigneurs et dames de la cour de Louis.
Seigneurs et Dames de la cour de Champagne.
Villageois, villageoises, soldats, peuple.

La scène se passe au 1ᵉʳ acte à la cour de Thibaut, puis dans le palais du roi de France. — Au 2ᵐᵉ acte, à la cour de Louis, puis à Vitry. — Au 3ᵐᵉ acte, à Vézelay. — An 114...

ACTE 1ᵉʳ — SCÈNE I

Le théâtre représente une salle du palais de Thibaut ; elle est partagée par une tenture baissée.

ALÉNORE sommeille, entourée de ses femmes.

Chœur des femmes.

De la belle Alénore
Respectons le sommeil,
Qu'un doux songe colore
L'instant de son réveil ;
Le repos, dans son âme
Apporte la douceur
Et comprime la flamme
Qui dévore son cœur.

ALÉNORE (s'éveillant).

Raoul ! Raoul !... Reviens, toi que j'aime,
Toi, mon bien suprême
O toi mes amours !
Viens, mon cœur fidèle
Encor te rappelle
Et t'aime toujours.

La cruelle absence,
Double la souffrance
D'un amour perdu !
Viens sécher mes larmes,
Calmer mes alarmes,
Viens, sois-moi rendu,
O mon Raoul !...

SCÈNE II

Les mêmes, Thibaut, villageois, villageoises.
Ils offrent des fleurs à la comtesse.

THIBAUT

... Noble comtesse de Champagne,
Le soleil resplendit dans la verte campagne ;
Dans ces premiers beaux jours vos loyaux serviteurs,
Des prémices des champs vous offrent les couleurs.
Chœur : Gloire et bonheur à la belle Alénore,
  A l'ange de ces lieux,
 Pour la princesse qu'on adore,
 Toujours nos vœux montent aux cieux.

THIBAUT

Ces fleurs pour vous viennent d'éclore.

ALÉNORE (avec tristesse)

Des fleurs pour moi, Seigneur !

THIBAUT

Eh ! n'est-ce pas l'emblême du bonheur ?

Le Chœur reprend : Gloire et bonheur, etc.

ALÉNORE

Plus de bonheur ! Toujours des larmes.

THIBAUT

  Bannissez vos alarmes,
    L'affront
Que votre indigne époux vient de faire à mon nom
  Sera vengé, chère Alénore...
Et pour vous renaîtra la plus brillante aurore.

ALÉNORE

Punir Raoul, ô ciel !

THIBAUT

Oui, du lion qu'il craigne le réveil.

ALÉNORE, à part

Sur lui veille, ô mon Dieu suprême !
(à Thibaut) Seigneur, grâce, je l'aime !
Il a mis en mon cœur un amour éternel.

THIBAUT, à part

Le souverain Pontife annule le divorce.
(à Alénore) Votre époux vous sera rendu ;
Pour triompher vous aurez la vertu.
Et mes soldats auront la force...

ALÉNORE, l'interrompant

A calmer mon effroi, vainement je m'efforce !
Quoi, la guerre ?

THIBAUT

Oui, la guerre ! Ayez de la fierté,
Un envoyé du roi de France
Va m'être à l'instant présenté.
Attendons...

ALÉNORE

... Quelle souffrance !

THIBAUT

Laissez aller votre âme à la douce espérance,
Dieu ne condamne point pour toujours la beauté.

Le Chœur reprend encore :

Gloire et bonheur, etc.

Les villageois sortent.

SCÈNE III

Les mêmes ; un officier annonçant, puis l'ambassadeur de France.

L'OFFICIER

Du roi de France
Le noble ambassadeur.

Un rideau s'ouvre et laisse voir la salle d'audience — Thibaut s'assied, Alénore est près de lui. — Les dignitaires les entourent.

L'ENVOYÉ (remettant des papiers au sceau royal)

De la part de Louis et sa toute-puissance.

ALÉNORE (à part tandis que Thibaut lit)

Quel noir pressentiment vient me briser le cœur ?

THIBAUT à l'envoyé

Dites au roi Louis que Thibaut de Champagne
Bientôt lui répondra. (se levant) Le ciel vous accompagne.
(l'envoyé sort)

ALÉNORE à Thibaut

Raoul reviendra-t-il, hélas ?

THIBAUT

Non, j'armerai mon bras.
(Aux seigneurs)
Nobles seigneurs, le plus sanglant outrage
A notre nom vient d'être fait !
Et ce cachet recèle un deuxième méfait :
Il m'annonce le mariage
De Raoul et Renée....

ALÉNORE (ses femmes l'entourent)

....Ah ! je meurs !

THIBAUT, aux seigneurs.

Puis-je compter sur vous pour effacer les pleurs
  De ma nièce chérie ?

LES SEIGNEURS

Votre épée est à vous ainsi qu'à la patrie.

THIBAUT.

Votre bras la protégera,
Et puis le ciel nous guidera !

Morceau d'ensemble

THIBAUT ET SEIGNEURS

Oui, le ciel guidera nos armes,
Allons combattre pour les charmes
De la vertu, de la beauté !
Unissons-nous pour la vengeance;
Que notre refrain d'alliance
Soit : Alénore, honneur et loyauté.

ALÉNORE

O ciel ! prends pitié de mes larmes,
De Raoul éloigne leurs armes,
Protége-le dans ta bonté !
Si l'insulte veut la vengeance,
Mets en leur âme la clémence,
Rends mon Raoul à ma fidélité.

LES FEMMES AUX SEIGNEURS

Oui, le Ciel bénira vos armes ;
Allez combattre pour les charmes
De la vertu, de la beauté !
Unissez-vous pour la vengeance

Que votre refrain d'alliance
Soit: Alénore, honneur et loyauté !
Thibaut et les seigneurs sortent.

SCÈNE IV

ALÉNORE, DAMES

ALÉNORE

Mon Dieu, calme ma peine amère,
Pitié, pitié pour tant de maux !
Où trouverai-je le repos ?
Dieu puissant en toi seul j'espère.
Elle s'assied

LES FEMMES

Faites descendre dans son cœur
Le doux bienfait qu'elle réclame ;
Dieu puissant rendez le bonheur
Et la paix en son âme.

ALÉNORE (se levant avec désespoir)

Hélas ! hélas ! en ce lieu
Rien ne peut calmer ma souffrance !
Que devient donc votre clémence !
O mon Dieu !
Vous mîtes dans mon âme
La puissance d'aimer ;
Trop séduisante flamme :
Le pouvoir de charmer !...
Ces dons que l'on envie
Et qui font le bonheur,
Ne donnent à ma vie
Qu'infortune et douleur.
Raoul est infidèle,
Il forme d'autres nœuds,
Quand je ressens pour lui de légitimes feux.
Quoi ! par sa flamme criminelle,

Ma rivale triompherait?
D'un froid poison elle m'abreuverait?...
Non, non! l'amour a grandi mon courage,
La jalousie en mon cœur met la rage,
Raoul, Raoul, cher et doux avenir,
Quand à toi je suis enchaînée,
    Tu veux briser ma destinée?
    Non! à l'odieuse Renée
Je vais t'arracher, t'arracher ou mourir!
Elle sort.

    Changement.

Palais de Louis VII. — Un salon ouvert sur les jardins. — Galerie conduisant à la chapelle. — Une cloche sonne.

SCÈNE V

LE ROI, LA REINE, RENÉE

(A leur entrée, la reine et Renée causent avec mystère, — à l'approche du roi, la reine fait un geste de silence)

LE ROI

On va parer l'autel des fleurs de l'hymenée,
Et bénir l'union de Raoul et Renée.
    J'en ai le doux espoir,
    Cette noble alliance
Augmentera le bonheur de la France.

LA REINE

Sire, n'en doutez pas, vous avez tout pouvoir.

Ensemble

LE ROI

En assurant le bonheur de la France,
Oui, de mon cœur les vœux sont accomplis;

Puisse Raoul dans sa reconnaissance,
Par sa valeur agrandir mon pays !

LA REINE (au Roi)

Vous assurez le bonheur de la France.
Par cet hymen mes vœux sont accomplis ;
Raoul devra dans sa reconnaissance,
Par sa valeur me rendre mon pays.

RENÉE

Mon cœur renaît à la douce espérance,
Par cet hymen mes vœux sont accomplis ;
Puisse Raoul en songeant à la France
Me conserver son amour, mon pays !

LE ROI (à la Reine)

Nous avons cru céder à votre vive instance ;
A votre bon vouloir vous nous voyez soumis.

LA REINE

Pour reprendre Toulouse
Qu'à mon aïeule on enleva,
Et dont un oncle me priva,
J'ai fait choix de Raoul, à ma sœur son épouse,
Je cède tous mes droits.

LE ROI (malignement)

Le comté fut vendu..

LA REINE

... Nos armes sont des lois.

RENÉE

Vous servez le pays et m'ôtez ma rivale,
Sire...

LE ROI

... Il a fallu ma volonté royale,
Et l'imposer avec ardeur ;
Il a fallu la menace et la force
Pour que Raoul consentit au divorce.

LA REINE

Sans épouser ma sœur
Connaîtrait-il la gloire ?
Allierait-il son nom au nom de la victoire ?

LE ROI (soupirant)

Avec l'ambition on trouve le malheur !

LA REINE

Sire, l'heure est sonnée,
Ne pensons qu'au plaisir.

LE ROI (à Renée)

Allez vous recueillir,
Allez, belle Renée.

LA REINE ET RENÉE

Cette heure fortunée
Comble notre désir !

LE ROI (à Renée)

Bénissez votre destinée

à la Reine

Ici j'attends Raoul...

la Reine et Renée sortent.

SCÈNE VI

LE ROI, RAOUL entrant par une porte latérale.

LE ROI

... Venez noble seigneur !

RAOUL (s'inclinant)

Sire...

LE ROI

... Mon cousin, venez sur mon cœur !...
(Il l'embrasse)
Entre nous deux plus de mystère.
Voici le beau commandement
Que Louis vous défère

RAOUL

Sire, par tout mon dévouement
Je mériterai...

LE ROI

... J'y compte ; mais je préfère
Ton amitié. Quelquefois viens à moi,
Je serai ton ami, bien rarement ton roi.

Le roi sort, Raoul l'accompagne et revient,

SCÈNE VII

RAOUL (seul, grand air)

Je vais donc défier la fortune jalouse
Et conquérir le pays de Toulouse !
Fils de Raymond, tu seras terrassé,
Et de ton domaine chassé !..
Malgré mon amour, ma constance,
Je n'ai pu résister à l'ordre de mon roi,
Lorsqu'il m'a dit : « Va combattre pour moi
    » Et pour l'honneur de notre France ;
» Va commander mes preux, que ta noble vaillance
        » Augmente leur ardeur !
    » O mon cher Raoul, plus d'alarmes,

» Le succès de nos armes
» Calmera ta douleur !
» Ecoute... la trompette guerrière
» Nous appelle au combat.
Déployons la bannière ;
» Déjà le tambour bat !... »
— O fortuné présage,
Délirant avenir,
A vaincre je m'engage,
Ou je saurai mourir !

Avec douleur.

Hélas ! au cri de la patrie,
Se joignent les sanglots du cœur !
Alénore, épouse chérie,
Toi, dont j'ai causé le malheur,
O ma première fiancée,
Pardonne-moi :
Toujours ma plus douce pensée,
Sera pour toi !

Il rêve.

Mais... la trompette guerrière
Nous appelle au combat,
Déployons la bannière ;
Déjà le tambour bat !
O fortuné présage,
Délirant avenir,
A vaincre je m'engage,
Ou je saurai mourir

SCÈNE VIII

RAOUL, ALÉNORE

ALÉNORE (appelant doucement)

Raoul !...

RAOUL (avec surprise)

... Alénore !
O ciel ! c'est une illusion ?

ALÉNORE

Raoul, entends ma voix encore.

RAOUL

Eh quoi ! l'on prononça notre désunion
Et je vous revois, noble Dame ?

ALÉNORE (avec dignité)

Seigneur, il fallait nous revoir
Et de vous seul je veux savoir..

RAOUL (l'interrompant avec embarras)

Ne me demandez rien, mais lisez dans mon âme

ALÉNORE, avec amour

Dans votre âme, ah ! je croyais y régner,
Alors que sans pitié je fus abandonnée.

RAOUL.

N'accusez que le sort... sachons nous résigner...
Le devoir...

ALÉNORE, vivement

L'injustice, hélas ! m'a condamnée !

RAOUL

Au roi ma parole est donnée,
L'honneur est engagé comme la dignité.

ALÉNORE.

Alors qu'une faible princesse
Oublie un instant sa fierté,
Près de l'époux qui la délaisse,
Elle a perdu sa liberté ;

Mais une autre raison m'amène,
Je crains pour toi que j'aimais tant,
Car bientôt l'écho de la plaine
Va redire un sinistre chant.

Thibaut agite la bannière,
Qui doit t'appeler aux combats,
Fuis une lame meurtrière,
Que ne peut repousser ton bras.

RAOUL, froidement

Ma vie est à mon Dieu...

ALÉNORE, avec jalousie

... puis à Renée

Ton cœur ?....

RAOUL

...Je suis ma destinée.

ALÉNORE.

As-tu jamais compris mon affreux désespoir,
Et ce que j'éprouvais de ne plus te revoir ?
Connais-tu mes tourments, mes transports, mes alarmes ?
As-tu compté mes cris et vu couler mes larmes,
Dis !...sais-tu que souvent j'ai demandé la mort !

RAOUL, ému

Pitié ! pitié, j'ai compris le remord !

ALÉNORE

Le remord mène au bien, c'est un avis sublime
Que Dieu jette en notre âme...

RAOUL.

...une pensée intime,
La tienne, hélas! m'a toujours animé.

ALÉNORE

Oh! sache enfin combien tu fus aimé :
Quand je sentis en moi l'affreuse jalousie,
A sa cruelle loi je devins asservie ;
Elle agita mon sein, elle brisa mon cœur,
Et mit en mon esprit l'ivresse du délire !
Ah! depuis ce moment je suis morte au bonheur !
Ce n'est que pour souffrir, Raoul, que je respire!

RAOUL, à part

Oh! trop fatale erreur !

ALÉNORE

Mais je te cacherai mes tourments et mes larmes,
Pour mon perfide époux mes pleurs auraient des charmes
Je voilerai mon front d'un long crêpe de deuil,
J'étoufferai les cris de ma voix déchirante,
Et mon cœur aspirant à descendre au cercueil,
Ne palpitera plus sous ta main frémissante !

RAOUL (avec désespoir et tendresse)

Tu déchires mon cœur,
O ma chère Alénore !
Apaise ta douleur ;
Je t'aimais !....

ALÉNORE, avec force

.... Moi, je t'aime encore!

RAOUL

Ai-je bien pu, mon Dieu, briser un tel lien :
   A Alénore
            Mon cœur comprend le tien:
Il est toujours à toi....

Duo.

ALÉNORE, avec délire

Raoul, mon bien suprême,
O toi mon seul amour,
Dois-je dire : je t'aime !
Sans espoir de retour ?

RAOUL.

Dans ce moment suprême,
Sache donc à ton tour,
Sache bien que je t'aime
D'un éternel amour !

ALÉNORE

Délire extrême,
Mot enchanteur,
Ah ! redis-moi je t'aime !

RAOUL

L'ivresse et le bonheur
Pénètrent dans mon cœur !

Ensemble.

ALÉNORE

Ah ! ce moment suprême,

Est pour nous un beau jour,
Répète-moi je t'aime,
D'un éternel amour !

RAOUL

Oui, ce moment suprême,
Est pour nous un beau jour,
Alénore, je t'aime
D'un éternel amour !

Au final du duo, les seigneurs et les dames de la cour traversent une galerie conduisant à la chapelle, où l'on se rend pour le mariage. — Raoul se retourne au moment où le roi, la reine et Renée paraissent; il quitte précipitamment Alénore en s'écriant:

RAOUL

Séparons-nous !... qu'allais-je faire !

ALÉNORE (voulant l'arrêter)

Raoul, ô mon Raoul !...

RAOUL

... Voici le roi, fuyez !

ALÉNORE

Ecoute-moi...

RAOUL

... Non, mon serment, voyez,

Il indique Renée et la Reine qui se rendent à la chapelle.

SCÈNE IX

LE ROI, LA REINE, RENÉE, SUITE (le cortège s'arrête).

LE ROI (s'avançant seul)

Que vois-je !...

Le Chœur

... Quel mystère ?

ALÉNORE (suppliant Raoul)

Raoul, par le Très-Haut !

LE ROI

Alénore, ô Ciel ! fuyez, fuyez, Madame.

ALÉNORE

Jamais ! Raoul..!

LE ROI (sur un mouvement de Raoul)

Imprudent, pas un mot.

A Alénore.

Eloignez-vous !...

ALÉNORE

... Non, non ...

LE ROI

Il le faut !

ALÉNORE

Jamais !..

LE ROI

... C'en est trop !... cette femme
Est folle !...

ALÉNORE (jetant un cri)

... Ah !....

RAOUL (vivement)

Louis, je tombe à vos genoux.

LE ROI

Gardes, qu'on la saisisse.

ALÉNORE (au roi, puis aux gardes)

Quel affreux artifice !
Ah ! que me voulez-vous ?
Raoul est mon époux, et je suis Alénore,
Courant à lui.
Il m'aime et je l'adore !

On la saisit (à Raoul)

Quoi ! vous m'abandonnez ?...

On l'entraîne

... Eh bien donc, tremblez tous.

SCÈNE X

Les mêmes, excepté Alénore.

RAOUL (à part)

Larmes que je dévore,
Retombez sur mon cœur !...

LE ROI (à Raoul)

... Pour un vœu solennel
Dans ce moment suprême,
Renée au saint autel
Attend celui qu'elle aime.

(On reprend la marche) *Chœur*

Que le Dieu tout puissant,
Par un bienfait auguste,
Donne la paix au juste
Le pardon au méchant.

Fin du premier Acte.

ACTE II — SCÈNE I

(Palais de Louis)

RAOUL (seul)

Deux jours sont écoulés depuis mon froid hymen,
Depuis l'instant fatal où ma cruelle main
    Repoussa la plus noble Dame !
    J'entendis : « Folle est cette femme !... »
    Et sans humanité
    J'étouffai sa voix déchirante.
    Quand j'ordonnai sa liberté,
    Elle était encore mourante !...
Oh ! bannissons ce triste souvenir
    Et dans la fête
    Qui pour moi s'apprête,
Sachons du moins nous contenir.
Loin de ces lieux bientôt j'espère
Aller demander à la guerre
L'oubli que réclame mon cœur :
L'oubli des maux c'est le bonheur
Et le bonheur est un mystère !

SCÈNE II

RAOUL, LA COUR

Chœur

    Le vrai plaisir,
    Qui sait unir,
    A nous s'enlace ;
    L'ivresse d'un jour,
    Que donne l'amour,
    Jamais ne passe
    Dans ce riant séjour.

Le roi, la reine et Renée entrent : ils se placent sur des sièges préparés

SCÈNE III

Le Chœur continue :

Nos chants d'allégresse
S'élèvent aux cieux,
Pour la princesse
Formons des vœux.
Que Dieu dans sa clémence
A tous donne la foi,
Qu'il protège la France
Et conserve le roi !

Ballet

SCÈNE IV

Les mêmes, Thibaut, seigneurs de la cour de Thibaut.

THIBAUT

Arrêtez les festins, les danses et les fêtes :
Un ordre souverain ici vous le défend.
    Craignez le foudre ardent
    Qui plane sur vos têtes !
   Le suprême maître des rois :
Dieu ! ne veut point l'hymen de Raoul et Renée ;
La princesse Alénore à Raoul enchaînée
   Sur son époux reprend ses droits.

Tous

Surprise extrême !

LE ROI

Qu'osez-vous dire ?...

THIBAUT

    ... A cet arrêt suprême
Roi Louis, rendez-vous.

LA REINE ET RENÉE
Grand Dieu, secourez-nous !

LE ROI (aux mêmes)
Calmez votre frayeur, Louis toujours ordonne !
à Thibaut.

Dieu nous donna, dans sa bonté,
Le sceptre de la royauté,
Et nos aïeux, notre couronne,
Tout cède à notre volonté.
Oui, par le trône
Nous jurons maintenir
L'union de la sœur de la reine.

THIBAUT

D'un ordre souverain craignez de départir,

LE ROI

Rien ne pourra les désunir
Et toute résistance est vaine.

THIBAUT

Sire, jusqu'au tombeau,
Du comte de Champagne épargnez-vous la haine.

LE ROI (avec dédain)

De ma royale chaîne
Le vassal insolent n'est qu'un léger anneau.

THIBAUT

Sire, mon front est ceint d'un plus noble bandeau,
Et les armes...

Tous

... Quelle audace !

LE ROI

Louis jamais n'entendit la menace,
A ses ordres on obéit.

THIBAUT

D'Alénore aujourd'hui j'entreprends la défense.

LE ROI

Comte, vous paierez cher cette double insolence !
J'ai dit.

THIBAUT

Ah ! redoutez ma terrible vengeance,
Tous mes soldats pour me servir sont prêts ;
Je vous rendrai souffrance pour souffrance,
Et ma fureur ne s'éteindra jamais !

Morceau d'ensemble

LE ROI (à lui-même)

Ah ! pour punir ce comble d'insolence
Mon cœur conçoit de sinistres projets !
à Thibaut.
Comte, sortez ! bientôt sous ma puissance
Vous expîrez vos odieux forfaits.

RAOUL

Ah ! pour mon cœur quelle horrible souffrance
Mon triste hymen fait naître des regrets ;
Et pour Thibaut, dans ce jour de vengeance,
Je crains du roi les sinistres projets.

RENÉE ET LA REINE

Ah ! pour mon cœur quelle horrible souffrance
Ce jour d'hymen fait naître des regrets !

Et de Thibaut la terrible vengeance
De mon époux vient changer les projets.

THIBAUT (répète)

Ah ! redoutez ma terrible vengeance
Pour me servir tous mes soldats sont prêts
Je vous rendrai souffrance pour souffrance
Et ma fureur ne s'éteindra jamais !

Le Chœur

Ah ! pour punir ce comble d'insolence,
Le roi conçoit de sinistres projets
Et désormais courbé sous sa puissance
Thibaut n'aura que d'éternels regrets.

Thibaut et les siens sortent. — La reine et Renée
sortent suivies des femmes.

SCÈNE V

RAOUL, LE ROI, SFIGNEURS, SOLDATS

LES SEIGNEURS

La guerre éclate et ce beau jour de fête,
Va se changer en un jour de douleur !

LE ROI

A m'obéir, seigneurs, que l'on s'apprête.

LES SEIGNEURS

Sire, nous vous suivrons au sentier de l'honneur.

LE ROI

Oui, mes amis, toute crainte est frivole.
A Raoul.
Avant que mon drapeau flamboie au Capitole,

Temple chéri des arts,
Cousin, portons nos étendards
Vers la Champagne !

Regardant ses guerriers.

Avec de tels soldats on fait double campagne.

à Raoul.

A la guerre suis-moi !

Tous

Vive le roi !

LE ROI

Dans sa Haute Puissance,
Dieu protège la France !

Tous

Dieu protège la France.

RAOUL (à part)

Oh mon Dieu ! prends pitié de ma vive souffrance.

Changement

La scène se passe à Vitry, une place publique, à droite une Eglise, on se bat dans le fond.

SCÈNE VI

ALÉNORE (accourant éperdue)

Où le chercher en ce funeste lieu ?
Raoul !.. où le trouver, mon Dieu !
Parmi ces chevaliers mon Raoul doit se battre...
La victoire et la mort déjà règnent ici,
Et le comte Thibaut l'a dit :
Jusqu'à mourir il faut combattre !
Mon Oncle, mon Epoux ô guerrier valeureux,

Je suis tremblante pour tous deux !
Du sombre abime,
Tendre victime,
Fuis avec moi.
Cruelle guerre,
De cette terre
Eloigne toi !
Du sombre abîme,
Tendre victime,
Fuis avec moi !...
Viens, viens ! qu'elle terreur m'anime ?

SCÈNE VII

ALÉNORE, THIBAUT, RAOUL (ils ont l'épée à la main)

THIBAUT (à Raoul)

Ah ! je te trouve enfin, malheureux, défends-toi.

RAOUL

Raoul contre Thibaut n'aura point de défense.

ALÉNORE (courant vers Thibaut)

Arrêtez, arrêtez, Seigneur !

THIBAUT (frappant Raoul)

Non, non, j'assouvis ma vengeance,
Meurs perfide, pas de clémence !

(Raoul tombe)

ALÉNORE ET RAOUL (Jettent un cri)
Ah !...

ALÉNORE

...La blessure est au cœur !

THIBAUT (à part)

Courons sauver les miens...
(il sort)

SCÈNE VIII

RAOUL, ALÉNORE

...Mon cœur saignant t'adore.

ALÉNORE

Mon Raoul!..

RAOUL (presque mourant)

...Mon Alénore, adieu!

ALÉNORE (avec désespoir)

Raoul, Raoul! mon Dieu!

(Louis VII paraît, ses Soldats poursuivent le peuple, qui se réfugie dans l'Eglise).

SCÈNE IX

ALÉNORE, RAOUL, LOUIS VII, SOLDATS, PEUPLE

ALÉNORE (à Louis)

Regarde, Roi cruel, cette triste victime!

LE ROI

Raoul, ô ciel!..

(Il lui prend la main avec douleur)

ALÉNORE (continuant)

...Contemple encor ton crime!

(Sur un signe du Roi, des Soldats emportent Raoul, Alénore le suit éplorée).

LE ROI (jetant avec tristesse un dernier regard sur Raoul)

Pauvre Raoul, ton sort sera vengé ! Marchons,
Soldats, par la flamme et le fer triomphons !

LE PEUPLE (dans l'Eglise)

Mon Dieu, pour nous n'est-il plus d'espérance !

Ensemble

Dieu tout-puissant, protège tes enfants,
Ils sont perdus sans ta clémence ;
Ah ! rends nos (Epoux / Frères) triomphants !
Prends pitié de notre souffrance !

LES SOLDATS

Du roi Louis les soldats triomphants,
Ne connaissent plus la clémence !
Femmes, vieillards, époux, enfants,
Sont les ennemis de la France.

Le Roi se jette dans la mêlée et poursuit Thibaut, qui reparaît avec les siens. L'Eglise brûle. Le carnage est à son comble. Insensiblement on s'éloigne de la scène. Les chants religieux se mêlent aux cris de guerre des Soldats de Louis, peu à peu les prières cessent, et l'on n'entend plus que des gémissements.

SCÈNE X

Après un moment, le Roi arrive très effrayé, l'épée nue à la main.

LE ROI (avec frayeur)

Combien de sang ! combien de larmes !
Où me dérober, juste ciel !..
Fuyez, voix déchirantes,
Fuyez chœur solennel
Des victimes sanglantes
Au pied du saint autel !

Ah !.. Fuyez noirs fantômes,
Fuyez cadavres froids des plus valeureux hommes ;
Ombre de mon Raoul, ombres de mes soldats
Fuyez ! Et maudits soient tous ces affreux combats !

(Avec amertume et profonde tristesse)

Qui viendra m'arracher à ma peine cruelle ?
Qui donc tendra sa main à ma main criminelle ?

SCÈNE II

LE ROI, BERNARD

BERNARD vivement

Un ministre de Dieu !!

LE ROI (avec élan)

Mon père !

BERNARD

Sire, le ciel m'envoie, en lui j'espère...
    Mais il faut qu'au saint lieu,
Pour apaiser la colère de Dieu,
    Le roi de France:....

LE ROI (avec anxiété)

Ah ! mon père, parlez
Et de mon sein arrachez la souffrance ;
    Que faut-il ?....

BERNARD

.:...Partez !
Partez en terre sainte,
Le ciel vous absoudra.

LE ROI.

Votre voix fait taire ma crainte :

Ensemble.

BERNARD.

En terre sainte,
Le ciel vous absoudra.
O bienfait tutélaire,
Au pied du saint calvaire,
Dieu vous pardonnera !

LE ROI.

En terre sainte ,
Le Seigneur m'absoudra.
O bienfait tutélaire,
Au pied du saint calvaire
Dieu me pardonnera !

BERNARD

Allez ordonner la croisade,
Allez ! des Sarrazins combattez la peuplade,
Sauvez la croix : le ciel vous bénira !

LE ROI.

Allons ordonner la croisade,
Allons des Sarrazins combattre la peuplade,
Sauvons la croix le ciel nous bénira !

Ensemble.

BERNARD

O bienfait tutélaire,
Au pied du saint calvaire
Dieu vous pardonnera !

TE ROI

O bienfait tutélaire,
Au pied du saint calvaire
Dieu me pardonnera !

Fin du 2me acte

ACTE III

La scène se passe à Vézelay

Une estrade.—Des drapeaux.—Riches tentures ornées de fleurs de lys. — Croix, etc.

SCÈNE I

SEIGNEURS ET SOLDATS DE THIBAUT

(une jaquette cache leur uniforme)

Chœur des champenois

D'éternelle mémoire,
On a dit : il faut boire,

ils tendent leurs gobelets.

A boire ! à boire !
Chantons tour à tour
La guerre et l'amour,
Pour les célébrer il faut croire
Et toujours boire !...

ils boivent encore.

Chantons ce jus divin
Ce pétillant vin,
Que nous aimons tant à boire !
Partez preux chevaliers,
Fils de la gloire,
Cueillez les frais lauriers
De la victoire !
Partez bons pélerins,
Pour la Syrie :
Nous, dans notre patrie,
Répétons ces joyeux refrains :
Après comme avant la victoire,
Il faut boire !

SCÈNE II

LES MÊMES, THIBAUT

THIBAUT (aux soldats)

Nul ne vous connaîtra sous ce grand vêtement.
Amis agissons sagement;
Notre cause était légitime,
Au nombre il a fallu céder,
Et le roi par un nouveau crime,
Est venu nous déposséder.
Cherchons dans l'ombre et le mystère
A nous emparer de Louis !
Vengeons la guerre par la guerre
Et périssent nos ennemis.

Tous (répètent)

Vengeons la guerre par la guerre
Et périssent nos ennemis.

THIBAUT

Quelqu'un avance,
De la prudence,

tous.

Et répétons : dans cet heureux jour,
Chantons tour à tour
L'amour et la gloire ;
Chantons ce jus divin,
Ce pétillant vin,
Que nous aimons tant à boire !
A boire, à boire.

THIBAUT (doucement)

On vient... séparons-nous,
Et vengeons notre outrage :
Thibaut compte sur vous.

Tous (bas)

Ici nous reviendrons ; courage,
Comptez sur nous.

ils s'éloignent.

SCÈNE III

ALÉNORE (mise en religieuse) lentement.

Le sacrifice est fait ! mes vœux sont prononcés ;
Oublions mon amour et mes chagrins passés.

SCÈNE IV

ALÉNORE, RAOUL (arrivant gaiement du coté opposé)

RAOUL (à part)

Enfin ! je renais à la vie ;
Après mon affreuse agonie,
J'ai recouvré ma liberté !...
Libre, il faut désormais à ma félicité
La noble femme que j'adore :
Il faut à mon amour la sensible Alénore ;
Je la cherche en tous lieux...

ALÉNORE (avançant)

Quels sublimes accents !

reconnaissant Raoul, elle veut fuir.

Dieu ! Raoul !...

RAOUL

... Alénore...

ALÉNORE (tremblante)

... Ah ! je le sens
La force m'abandonne ! objet de ma tendresse,
Ombre de mon époux, Ah ! laissez-moi, fuyez !

RAOUL

Je te revois, partage mon ivresse :
Dieu m'a sauvé...

ALÉNORE

... Raoul...

RAOUL

...Raoul est à tes pieds !

Duo

Sêche, ô sêche tes larmes !

ALÉNORE

Quand je t'ai cru perdu !

RAOUL

O moment plein de charmes !

ALÉNORE

Mon Raoul m'est rendu !

Ils se tiennent enlacés.

Ensemble

RAOUL

Sêche et bannis tes larmes,
Pour nous rien n'est perdu,
Désormais plus d'alarmes,
Ton Raoul t'est rendu.

ALÉNORE

Désormais plus d'alarmes ;
Quand je t'ai cru perdu,
O moment plein de charmes,
Mon Raoul m'est rendu !

ALÉNORE (se dégageant vivement)

Souvenir trop affreux... ton second hyménée ?

RAOUL

Est brisé par Louis et Raoul t'appartient ;
Il sera pour jamais ton époux, ton soutien,

ALÉNORE (se ressouvenant)

Ciel... et ton Alénore au Seigneur s'est donnée !

RAOUL

Que me dis-tu ?...

ALÉNORE

... Tes vœux sont superflus,
Fuis-moi, fuis-moi !... je ne t'appartiens plus !

RAOUL

Ah ! mon âme s'égare,
Quoi ! tu brisas nos nœuds ?

ALÉNORE

Un ordre du Très-Haut pour jamais nous sépare :
J'ai prononcé mes vœux !

RAOUL

Dieu ne les reçoit pas...

Ensemble

RAOUL

... Non, c'est moi qui t'adore
Et reviens en ce jour,
Oh ! ma chère Alénore,
Réclamer ton amour.

ALÉNORE

...Hélas ! quand il m'adore,
Et revient en ce jour,
A Dieu seul, Alénore
Doit donner son amour.

ALÉNORE

Oh ! comble de misère !

RAOUL

Viens, viens fuis avec moi.
(L'on entend une musique pieuse)

ALÉNORE

J'entends une prière !
(Elle veut fuir)

RAOUL

Ah ! je reste avec toi.

ALÉNORE (inspirée)

A Dieu ma vie est consacrée,
Il a reçu ma foi !
Entends-tu, mon Raoul, cette marche sacrée ?
Ce sont des pélerins
Qui vont déployer la bannière
Et prier au pied du Calvaire,
Imite-les !...

RAOUL

...Qu'entend-je ?

ALÉNORE (avec force)

...A tous ces hommes saints

Va te joindre, Raoul….

RAOUL (surpris)

…Quelle flamme subtile
A ces accents pénètre dans mon cœur !

ALÉNORE

D'ici bas le bonheur
Est un bonheur stérile :
Notre amour s'éteindrait au souffle de la mort ;
Au delà du tombeau vois le céleste port !

RAOUL.

Non, je t'aime…

ALÉNORE

Ma voix te révèle un mystère.

RAOUL

Hélas ! quel est mon sort ?

ALÉNORE

Abandonnons cet amour de la terre,
Viens comme moi, viens prier désormais,
Et le Seigneur écoutant ma prière,
Réunira nos âmes pour jamais.

RAOUL (troublé)

Alénore !…

ALÉNORE

….Ah ! cède à ma voix qui pleure,
Et viens te consacrer à Dieu !

RAOUL (avec effusion)

Je ne résiste plus : tu le veux ! … dans une heure,

En cet auguste lieu,
Je donnerai mon cœur et ma vie à ton Dieu !

Ensemble

ALÉNORE

Abandonnons notre amour de la terre,
Va, comme moi, va prier désormais,
Et le Seigneur écoutant ma prière,
Réunira nos âmes pour jamais !

RAOUL

Abandonnons notre amour de la terre,
Va, comme moi, va prier désormais
Et le Seigneur écoutant ma prière,
Réunira nos âmes pour jamais.

Ils s'embrassent, s'inclinent devant la croix et se séparent. L'on arrive de partout. Raoul va se placer en tête des pénitents blancs, après avoir parlé au supérieur — Alénore s'adjoint aux religieuses de son ordre.

SCÈNE III

Le roi paraît dans le fond, précédé de ses officiers et suivi de sa maison. Les Champenois attaquent furtivement — Thibaut se mêle à eux. — Alénore et Raoul volent dans ses bras Jeu muet. La lutte est engagée — Bernard arrive accompagné d'un immense concours de moines, prêtres etc. puis viennent tour-à-tour les Ducs, Comtes et Barons convoqués pour la croisade. Chacun a sa bannière et ses vassaux. — Tous les chevaliers sont armés.

BERNARD (arrêtant les combattants)

Dans ce lieu consacré, verrai-je le carnage !...
Par le Dieu tout-puissant,
Evitez tout combat sanglant !
Pour la cause du ciel gardez votre courage !
(à Thibaut)
Votre ressentiment doit expirer ici.

THIBAUT (*désignant Alénore et Raoul*)

Je les retrouve, ah ! je n'ai plus de haine.

BERNARD

Qu'un même nœud nous enchaîne :
A votre Souverain, Comte, mandez merci !

THIBAUT

Sire, je suis vaincu...

SOLDATS, PEUPLE, ETC. (*Chœur*)

...Quel jour de fête
Pour les fils de la foi !...
Honneur à Bernard, le prophète
Et vive le Roi !

BERNARD (*prêchant sur l'estrade*)

L'odieux Sarrazin a repris sa puissance,
Et brisant du Seigneur le signe glorieux,
Il veut étouffer la croyance
Du chrétien valeureux !
Enfants du Christ, l'Orient vous appelle,
Nos frères opprimés demandent votre appui,
Délivrez l'univers d'une horde infidèle,
Le soleil du combat a lui !
Ceignez-vous de la croix, de la croix immortelle,
Dieu veillera sur vous !

TOUS

Dieu veillera sur nous !

BERNARD

Déjà le temple saint retentit d'allégresse,
L'hymne des combattants arrive jusqu'à vous,
Pour se régénérer dans une douce ivresse
L'Asie est à genoux !

THIBAUT (à ses guerriers)

A la croix du martyr, mes amis, je m'enchaîne,
Venez, imitez-moi...

LE ROI

...Peuple, rallions-nous
A la voix souveraine !
Pour propager la foi, Messeigneurs, croisez-vous !
Vers le tombeau sacré, venez, suivez la reine ;
Louis guide vos pas !
De ma royale tente,
La bannière flottante,
Vous appelle aux combats.

TOUS

La bannière flottante,
Nous appelle aux combats.

BERNARD

Oui, suivons la sainte bannière,
Et par notre marche guerrière,
Frayons l'immortel avenir !
Allons vaincre les infidèles,
Le Christ n'aura plus de rebelles,
Pour notre Dieu sachons mourir !

(Couplets patriotiques)

LE ROI (1er couplet)

Amis, pour l'honneur et la gloire,
En ce jour il faut nous lier,
Dieu le commande et la victoire
Aux Français vient de s'allier !..
Ecoutez ce cri de vaillance,
Que les siècles répéteront,
Les enfants de la France
Partout triompheront !!

TOUS

Les enfants de la France
Partout triompheront !

LE ROI (2me couplet)

Sur vous un avenir se fonde,
Tous guerriers seront des héros!
Nos armes franchiront le monde
Et l'on bénira nos drapeaux.
Ecoutez ce cri de vaillance,
Que les siècles répèteront :
Les enfants de la France
Partout triompheront !

TOUS

Oui, les enfants de la France,
Toujours triompheront,
Par leur noble vaillance.

BERNARD

Vengeurs du Christ, vaillants soldats,
La terre sainte nous appelle ;
Preux chevaliers, armez vos bras
Pour triompher de l'infidèle !...
Frères, accourez à ma voix,
Du sauveur des humains embrassez la défense,
Pour le croissant pas de clémence,
Qu'il tombe vaincu par la croix !

TOUS

Vengeurs du Christ, vaillants soldats,
La terre sainte nous appelle,
Preux chevaliers armons nos bras
Pour triompher des infidèles !

On présente les étendards à Bernard.—Bénédiction des drapeaux.

BERNARD

Etendard de la croix, lève-toi dans les cieux !
Montre à tous les croisés ton front mystérieux !
Soutien des vrais croyants, viens nous prêter ton ombre,
Jusqu'à la voûte sombre
De l'immortel tombeau :
Guide nos pas, divin flambeau !

TOUS

Guide nos pas, divin flambeau !

BERNARD (d'un ton solennel)

Symbôle de la foi, sublime et saint mystère,
Sois béni pour jamais !!... Frères, du sein des mers,
Par la prière,
Soumettons l'univers !

Saint Bernard distribue les drapeaux et tous les croisés, dans un grand élan d'enthousiasme, chantent le cœur final.

Chœur final

Oui, suivons la sainte bannière,
Et par notre marche guerrière
Frayons l'immortel avenir !
Allons vaincre les infidèles,
Le Christ n'aura plus de rebelles,
Pour notre Dieu sachons mourir !

Ils élèvent tous les étendards vers le ciel.

Avec enthousiasme.

Partons ! qu'un saint amour nous guide,
Dieu juste, entends nos voix !
Sois notre égide
Divine Croix !

MARIE PLOCQ DE BERTIER,
Lauréat, Membre fondateur des Concours Poétiques du Midi.

LE PÉCHEUR DU LAC

Et je vis le bonhomme une ligne à la main,
Placidement assis sur le bord de l'abîme :
Pensif ; il avait l'air de chercher une rime
Et de ne plus compter parmi le genre humain.

Je m'approchai craintif de ce doux personnage
Qui me semblait âgé de plus de soixante ans ;
Sur son front découvert flottaient des cheveux blancs
Il me parut naïf ; c'était peut-être un sage !

Et près de ce vieillard plein de sérénité
Mille pensers divers troublèrent ma mémoire ;
Je songeais qu'il devait être bien doux de croire
Et de braver le monde et son iniquité.

Et je revis tremblant le tourbillon du monde,
Ce carnaval railleur dont nous sommes épris
Qui jette à la raison la honte et le mépris,
Et fait autour du mal son éternelle ronde !

Combien j'aurais donné pour vivre et pour mourir
Sur le bord de ce lac effleuré par la brise ;
Pour ne pas ignorer le chemin de l'église,
Et de plus voir ton spectre, ô fragile avenir !

Je m'éloignai bientôt de ce vieillard paisible
Dont mon cœur enviait le tranquille horizon,
Et, lorsque je revins à mon humble maison
Pour la première fois je saisis une bible !

Ev. CARRANCE.

13 Mars 1878.

QUAND J'ÉTAIS ENFANT

Quand j'étais enfant,
J'aimais la trompette
Dont l'éclat répète
L'air du régiment,
Le tambour battant,
Le clairon sonore,
Les casques que dore
Le soleil levant.

L'éperon hardi
Sonnant en mesure
Sur la pierre dure
Du pavé poli :
Mon jeu favori,
C'était l'exercice !
D'un soldat novice
J'étais ébloui.

Et puis quel frisson
En mon âme émue
Lorsque dans la rue
Quelque bataillon,
Défilant au son
D'une marche altière,
Faisait tout entière
Trembler la maison !

Aussi mes cahiers,
Mes livres de classe,
S'ornaient d'une masse
De petits troupiers :
Ici, des lanciers,
Des dragons en marge ;

Là toute une charge
De lourds cuirassiers.

Plus loin, des drapeaux,
Flottant sur des tentes,
Aux couleurs voyantes,
Toujours en lambeaux...
Puis des généraux
A la mine fière,
Fendant la poussière
Sur leurs grands chevaux.

... Des explosions,
Des combats atroces,
Les assauts féroces
De gros bastions ;
Et puis des canons
Vomissant la flamme,
Faisaient rendre l'âme
A des escadrons !

Tout disparaissait,
Quinte-Curce, Horace....
Soudain pour la classe
La cloche sonnait:
Et je n'avais fait
Que rêver, en somme...
Ciel ! Mon devoir, comme
Il s'en ressentait !

Ah ! Beau temps jadis,
Heureuse jeunesse,
Où le cœur progresse
Exempt de soucis :
Que je m'applaudis
D'avoir su naguère
Négliger Homère
Et le *De Viris!*

C'est ainsi par toi,
Douce flânerie,
Que de la patrie
L'amour vint en moi,
Que j'acquis la foi
Dans ma belle France,
Et pour sa défense
Un cœur sans effroi.

Oui, je l'ai porté,
— Je le porte encore
Et je m'en honore, —
Le sabre au côté ;
A la vérité
Je dois cet hommage :
Les progrès de l'âge
Ne m'ont point gâté.

Comme aux anciens jours.
Mon être frissonne
Aux bruits de Bellone,
Au son des tambours ;
Mes premiers amours
N'ont point eu, mystère !
Un règne éphémère...
Ils durent toujours !

Et tant qu'à mon bras,
Grâce à Dieu, valide,
Le glaive rigide
Ne pèsera pas,
Gardant des soldats
L'espérance sainte,
J'attendrai sans crainte
L'heure des combats.

E. Thomas-Marancourt.

LES FOSSETTES

Un ange, à l'aile diaprée,
Quittant le bienheureux séjour,
Errait sur la nue empourprée
Par les vives clartés du jour.

Descendu plus près de la terre,
Soudain cet ange remarquait
Un enfant couché solitaire
A l'ombre d'un riant bosquet.

Il admirait, du haut d'un arbre,
Son bras poli, sa fine main,
Ses cheveux d'or, son cou de marbre
Et ne lui trouvant rien d'humain :

« Sans doute, disait-il, nous sommes
Frères, c'est un ange égaré.
Dieu donne-t-il aux fils des hommes
Ce front rose, ce teint nacré ?

« Seuls, les immortels de ma race
Ont ces éblouissants attraits,
L'éclat, la candeur et la grâce
Qu'ensemble reflètent ces traits. »

L'ange, à ces mots, foulant le sable,
Pour mieux voir si ces purs appas
Etaient d'une chair périssable
Ou d'un tissu qui ne meurt pas,

Au bord de l'une et l'autre joue,
Posa l'un de ses beaux doigts blancs,
L'un de ses beaux doigts où se joue
La lumière aux rayons tremblants.

Puis, dans la tendre créature
Dont l'aspect le retenait là,
Sentant notre humaine nature,
L'ange vers le ciel s'envola ;

Mais de ses doigts la douce étreinte,
Sur le frais visage enfantin,
Avait laissé sa double empreinte
Près des pommettes de satin.

Et, depuis, chez maint petit être,
Le sourire semble creuser
La joue en fleur où l'on voit naître
La fossette, nid du baiser !

Louis de Préville.

LA VOIX DES FORÊTS

SONNET
A Monsieur Auguste Stœber.

Quand l'homme, secouant les soucis de la vie,
Demande le repos après l'ardeur du jour,
Pourrait-il mieux trouver pour son âme engourdie
Que des sombres forêts le magique séjour ?

Respirant des sapins la senteur attiédie ;
Parcourant des sentiers le sinueux détour,
Il entend des grands bois la voix douce, infinie,
Qui lui fait oublier le moment du retour.

Cette voix, de mystère et d'amour toute pleine,
Comme un écho des cieux vibrant dans l'âme humaine,
Lui parle de bonheur, de paix, de liberté.

Et celui qui l'entend renaît à l'espérance,
Et voudrait, de ces jours prolongeant l'existence,
Ne voir jamais la fin de ce rêve enchanté.

AUGUSTE REINHARD.

Aux Trois Epis, près Colmar, 23 août 1878.

A L'ISSUE D'UNE CONFÉRENCE

SUR LA LUMIÈRE ET LES COULEURS

A M. Félix Hément, inspecteur primaire de Paris.

Selon ma louable habitude
Je rentrais chez moi, l'autre soir ;
La journée avait été rude :
Sous mes yeux le *Doit* et l'*Avoir*

S'étaient livrés maintes batailles,
Où l'*Avoir* bien qu'au premier rang
Avait reçu forces entailles,
— Fait commun à tout conquérant. —

Donc, vers mon aimé domicile
Je me dirigeais, satisfait ;
J'allais enfin être tranquille...
Erreur très profonde ! en effet,

Sur le seuil du logis, madame,
Pensive épiait mon retour.
— Ce soir, me dit-elle, chère âme,
Il faut me prouver ton amour !

Vrai, ma surprise fut extrême...
— Je le veux bien, lui dis-je, enfin,
Mais... tu sais pourtant que je t'aime ?
— C'est un caprice féminin !

Dis, promets-moi t'y soumettre
Sans opposer le moindre : — mais...
J'étais pris... que pouvais-je émettre ?
Puis... ma femme avait tant d'attraits...

Or, que désirait ma traîtresse ?
Eh bien, c'était tout simplement
De m'arracher à ma paresse,
Pour m'imposer Félix Hément.

Mon premier geste, je l'avoue,
Fut un : — Non ! bref et convaincu ;
Mais devant un long jour de moue
Je reculai. — J'étais vaincu !...

Ainsi voilà pourquoi vers l'heure
Où savourant un londrès pur,
Je me complais dans ma demeure
Au sein d'un nuage d'azur,

En habit de cérémonies,
Sous des lustres étincelants,
Comme on se traîne aux gémonies
J'entrais dans la salle Dourlans.

Là, je crus tenir ma vengeance ;
Pas un fauteuil !... mais, quel souci,
J'avais compté sans l'obligeance
D'un monsieur qui fut sans merci.

Car il nous plaçait aux premières
Et, de plus, il était civil, —
A ces formes hospitalières
Tout argument le plus subtil

Devenait chose inopportune, —
Je le compris et restai coi.

Non sans qu'une sourde rancune
Ne cessât de gronder en moi.

Bref, à m'asseoir je me décide,
OEil sévère et sourcil froncé ;
Lorsque dans un milieu splendide
Paraît l'orateur annoncé.

Peste ! Quelle coïncidence ;
Oui, c'est bien le monsieur courtois
Qui, rempli de condescendance
Nous plaçait selon notre choix !...

Sur un carré de blanche toile
Frappe un jet de rayons, puissants
Assez pour éclipser l'étoile
Par leurs reflets éblouissants.

C'est le feu, l'éclair électrique
Qui doit seconder l'orateur
Dans son exposé catoptrique
Et réjouir maint spectateur.

Bientôt une voix faible et lente
Surprend l'auditoire anxieux.
C'est comme une plainte dolente
Qui plisse les fronts soucieux.

Tant mieux ! Il ne pourra prétendre
Avec ce larynx attaqué,
De, peut-être, nous faire entendre
Un long discours alambiqué...

Et, joyeux, je dis à madame,
Cherchant à prendre un ton chagrin :
Ne consulte plus le programme
Car tu n'entendras pas la fin.

Eh bien. encore erreur profonde !

Voilà ce maigre son de voix
Qui s'étend, qui s'apaise ou gronde
Brillant et charmant à la fois.

Tantôt c'est l'intime caresse
Qui pénètre les cœurs émus ;
Mais après l'élan de tendresse,
Progressive comme le flux,

La voix sur les murailles closes
Frappe, et l'écho dit, à son tour,
Que toutes les sublimes choses
Doivent resplendir au grand jour.

Prenant un accent prophétique
Elle monte et plane sur nous ;
Et la beauté de l'esthétique
Dans sa grandeur se montre à tous.

— Ah ! c'est qu'une puissante cause
Sert l'homme ; c'est la volonté.
Ce levier sur lequel repose
L'avenir de l'humanité.

Allons, c'en est fait, je désarme ;
Parlez, maître ! Auditeur fervent
Je constate et subis le charme
De vos paroles, ô savant !

J'applaudis la preuve évidente
Du talent qui vient, en causeur,
Nous montrer la science ardente
Eclairant le front du penseur.

Et dans l'éclatante auréole
Rayonnante de pureté
Semble s'ouvrir la nécropole
Aux accents de la vérité.

Et j'aperçois les grands ancêtres,
Soutiens des immuables lois,
Du genre humain bien plus les maîtres
Que vingt Césars sur leurs pavois.

Salut, Copernic, Galilée,
Képler, Descartes et Newton !
Vos noms à la voûte étoilée
Forment un lumineux fronton.

Marchant dans vos traces profondes,
Nous allons, toujours plus avant,
Faisant la conquête des mondes,
Debout sur notre astre mouvant !

Et loin de son puits, toujours pure,
La Vérité prend son essor,
Nous révélant dans la nature
A chaque pas quelque trésor.

Ainsi l'homme à travers les âges
Recueille, apprend, donne à son tour
Et du temps bravant les orages
Son œuvre resplendit au jour...

Abandonnez le sombre empire,
Grands chercheurs, haïs de la nuit !
Que vos ombres viennent sourire
Au disciple qui vous traduit.

Simplement, sans renfort de poses,
Ses accents par vous inspirés
Scrutent les effets et leurs causes,
Hélas ! par nous trop ignorés.

Mais sur les traits de l'auditoire
Charmé, de la science épris,

Il a pu lire sa victoire
Et dire : ici je suis compris.

Quand votre voix autorisée
Démontrait le pouvoir vibrant,
Au risque de paraître osée
Ma voix de ce fait s'inspirant

Eût voulu vous crier : Cher maître,
Parlez encor de ce rayon
Qui s'échappe aussi de votre être
Et vient frapper notre raison !

Nos facultés les plus secrètes
Ont, comme le son, les couleurs,
De ces vibrations muettes
Qui résonnent au fond des cœurs.

Si ce n'est pas un axiome,
Si, bien que tout vibre ici-bas,
L'esprit ne vibre point chez l'homme,
Eh bien, ne le contestez pas.

Car sur cette donnée infime
J'avais déduit (présomptueux !)
Qu'un courant sympathique, intime
S'établissait entre nous deux.

Et c'est si vrai que moi, peu tendre
Au début de votre discours.
J'eusse, après, voulu vous entendre
Parler encor, parler toujours.

CHATEAU.

LE SONGE

STANCES ANACRÉONTIQUES

> Que ne peut-on rêver toujours !
> CARNOT.

C'en est fait, ma belle maîtresse,
Ton cœur se rend à mes désirs !
Et de la coupe des plaisirs
Je vais donc savourer l'ivresse !

Oui, tous mes tourments vont cesser,
Cette espérance n'est pas vaine :
Déjà de tes cheveux d'ébène
Je sens les flots me caresser.

Ta bouche, ô charmante Pauline,
Balbutie : « Aimons-nous toujours ! »
Et je bois ce lait des amours
A ta lèvre ardente et câline.

Ton col est plus blanc que le lis
Dont le zéphir parfois se joue,
Et sur les roses de ta joue
Je crois reconnaître Cypris !

Laisse-moi repousser la gaze
Qui me voile de chers trésors !...
N'arrête pas les doux transports
Du feu qui m'anime et m'embrase!

Non, les parfums de l'Orient
Ne sont rien, ô ma bien-aimée !
Auprès de l'haleine embaumée
De ta bouche me souriant !

Pardonne si ma main folâtre
Parcourant de divins appas

S'arrête... — ah ! ne la retiens pas !—
Sur deux globes d'un pur albâtre !

Du nectar les flots contenus
Dans l'amphore de Malvoisie,
Ne sauraient valoir l'ambroisie
D'un baiser pris sur tes seins nus !

Laisse-moi... Soudain je m'éveille !
Ce n'était qu'un songe charmant !
Tout fuit !... Et faut-il seulement
N'être heureux que quand on sommeille ?

Mais à quoi me sert de gémir ?
J'étais au début d'un beau rêve,
Eh bien ! désirant qu'il s'achève
Je veux, je veux encor dormir !

Jules Lemaire.

Corbeil 1878

LE PÊCHEUR

Tous les matins il part longtemps avant l'aurore.
Dans son pauvre logis sa femme dort encore,
Et dans un même lit — souriants, sans souci —
Ses deux petits enfants sommeillent eux aussi,
Il se penche en riant vers ces paupières closes,
Regarde tendrement ces deux jolis fronts roses,
Les embrasse, et s'en va, fredonnant sa chanson,
Ravir à l'océan un peu de son poisson.
Dur métier, que le sien ! sans cesse il faut qu'il aille
— Malgré le froid, la bise — aux flots livrer bataille ;
Il est gai cependant ; il chante, car il sait
Que sa barque l'attend, que la mer le connaît.

Un matin, il s'en va moins gai que de coutume.
Le ciel est triste et bas, la mer blanche d'écume ;
Le vent gémit au loin et jette un long sanglot.
Pour la première fois, le rude matelot
Hésite à s'embarquer. Pressentiment funeste,
Lorsqu'il voudrait partir une voix lui dit : reste !
Mais qu'importe la mer ! il n'est pas riche ; il a
Des enfants ; il faut bien nourrir ce monde-là.
C'est bien joli d'avoir un ange qui babille,
Mais le bon Dieu devrait, en donnant la famille,
Faire prendre au pêcheur un peu plus de poisson
Pour qu'il pût quelquefois rester à sa maison.
Il est près de midi. D'ordinaire à cette heure
Le pêcheur a déjà regagné sa demeure.
Que fait-il aujourd'hui ? pourquoi ne vient-il pas ?
Qui peut le retenir ? la mer est forte, hélas !
Mais combien d'autres fois la mer était mauvaise !
Il revenait pourtant. Déjà vers la falaise
Sa femme est accourue en proie au désespoir
Elle cherche ; elle appelle ; elle voudrait le voir,
Mais rien ! rien que la mer immense devant elle,
Et sur ce monstre affreux, rien — pas une nacelle !
Maintenant, elle parle aux vagues en courroux,
Et, de sa faible voix, leur dit : « Rendez-le nous !
Hélas ! nous avons tant besoin de lui pour vivre
Que nous aurions beaucoup de peine à lui survivre.
Voyez-vous ? les enfants sont jeunes ; ils n'ont pas
L'âge de travailler encore ; ils ont des bras
Si frêles, si petits. » — A ces monstres sans âme
Ainsi, tout en pleurant, parle la pauvre femme.
Elle songe à ses fils qui doivent avoir faim
Et puis, ne voyant rien à l'horizon sans fin,
Sur l'âpre escarpement s'agenouille et sanglote.

Sur son frêle bateau jeté loin de la côte,

Tout-à-coup le marin se dresse épouvanté.
Cette mer en fureur, terrible immensité,
Avec un bruit pareil à celui du tonnerre,
S'enfle, bondit, écume et fait trembler la terre.
Et soudain, du pêcheur tremblant comme un enfant,
Par un suprême effort, le flot est triomphant.
La barque dans les flots, hélas! s'est abimée
Et le fatal géant a vaincu le pygmée!...
. . . .
Dans le pauvre logis tous pleurent aujourd'hui.
Que vont-ils devenir, tous les trois, sans appui?
Qui donc s'occupera de cette pauvre femme
Maintenant qu'elle n'a que le chagrin dans l'âme,
Et qu'elle reste ainsi — terrible lendemain ! —
Seule avec ses enfants, triste, hélas! et sans pain?

Félicien Batail.

(Lot-et-Garonne).

DI CHE TU M'AMI !

ROMANZA

Di' che tu m'ami : ah ! dimmelo :
E quel tuo dir fia l'eco
Del Verbo che le tenebre
Jugo del Caos cieco,
E fé apparir le stelle,
E l'altre cose belle.
Udir quel suon che accordasi
Alle armonie celesti,
Veder la cara imagine
Che al confortar si appresti
Notturno è sogno ; desto,

Sol con me solo is resto.
　　　Più della notte povero,
　　　Oscuro il di non sia!
　　　Di' che tu m'ami, ed arbitra
　　　Sei della vita mia.
　　　La vita? Jo non l'agogno,
　　　Se eterno fia quel sogno.

Francesco Verdura.

BODDIG-NAT

Boddig-Nat se dressait pâle devant la tente
De César triomphant. Tout son peuple expirait.
— Gaulois, lui dit César, prononce ton arrêt.
— Romain, dit Boddig-Nat, rends mon âme contente :
Si du bourreau la hache est prête, je suis prêt.

— Quelle soif de la mort! dit le Romain. — Ecoute,
Répondit le Gaulois : la mort n'existe pas.
Quand le corps, vil lambeau, se dissout ici-bas,
L'homme rompant enfin sa chaîne, prend la route
Des pays inconnus ouverts devant ses pas.

— Etrange illusion et surprenant mensonge !
S'écria César. Mais ce monde jeune et beau
Où tu veux t'élancer sans guide et sans flambeau,
Qui te prouve, dis-moi, qu'il ne soit pas un songe?
Qui, pour te l'affirmer, est sorti du tombeau?

Cette terre suffit aux esprits peu moroses;
La nature est charmante et l'amour est divin;
Le sage, quand le jour pâle touche à sa fin,
Avant de s'endormir se couronne de roses,
Sans nourrir du réveil l'espoir frivole et vain.

La vie a ses attraits, mais il y faut un terme :
Qu'est-ce qu'être immortel, sinon toujours souffrir ?
Non ! l'arbre doit sécher, la source doit tarir,
Le grain doit se briser pour dégager le germe,
Le soleil doit s'éteindre et l'homme doit mourir.

Quand l'aïeul chargé d'ans et de gloire succombe,
Quand à ses yeux lassés, l'astre du soir a lui,
Quand il s'endort sans peur, sans regret, sans ennui,
Il a droit à la nuit éternelle, et la tombe
Pour ne plus se rouvrir, doit se fermer sur lui.

Pour moi, qui sus user et jouir de la vie,
Je ne veux pas renaître, et j'aspire au sommeil.
Au jour qui va nous fuir si demain est pareil,
Nos maux sont sans remède ; et tout ce que j'envie,
C'est un repos pesant, sans rêve et sans réveil.

—Quels sont donc tes remords que tu ne veux plus vivre,
César, et que les ans te paraissent si lourds ?
Moi, je plonge éperdu dans l'infini des jours,
Et, quand tu veux dormir à jamais, je suis ivre
Du désir de veiller et de lutter toujours.

Si vivre, c'est souffrir, eh bien, souffrons encore !
Mon courage, ô César, est au-dessus du tien :
Malgré nos maux, penser est le suprême bien ;
Et ce que craint mon cœur, ce que mon âme abhorre,
Serait de m'assoupir et ne sentir plus rien.

Mais l'immortalité m'appelle et me convie.
Vers mes vaillants aïeux je m'élance, ô Romain !
Et toi, pâle et hagard, par le même chemin,
Bientôt tu me suivras, et, dans une autre vie,
Nous nous retrouverons tous deux l'épée en main ;

Alors sans boucliers, nus, le ciel sur la tête,
Sous le regard d'Esus, des Keltes adoré ;

Nous nous battrons, César, et je te coucherai
Dans la poussière; et, quand viendront les jours de fête,
Je boirai l'hydromel dans ton crâne doré.

Enfin je monterai dans l'azur et la flamme,
Quand toi, tu rouleras dans la nuit et l'effroi!...
Mais c'est assez. Je t'ai combattu: venge-toi!
Epargne-moi ta vue et ton visage infâme;
Tu me fais trop attendre, ô Romain! frappe-moi!

— Je ne frapperai pas. Pas de hache: une chaîne,
O vaincu! de mes fers tu veux te dégager,
Mais tu vivras. De toi je saurai me venger.
Tu sentiras longtemps tout le poids de ma haine,
Tes cheveux blanchiront sous un ciel étranger.

— Ton esclave, César! quitte cette espérance.
Tu peux m'enlever tout, hormis ma liberté,
O conquérant! Tu m'as vaincu, mais non dompté;
Qui veut briser ton joug, meurt, et ma délivrance,
O maître imprévoyant, scintille à ton côté!

— Il dit; et, surprenant César, sa main rapide
Fait briller un poignard et s'en perce le cœur.
Son sang jaillit à flots, et son grand œil moqueur
Plein du rayonnement de son âme intrépide,
Au Romain frémissant darde un rayon vainqueur.
FRANÇOIS MELVIL,

SANGLOTS.

Oh! qui n'a point senti sur sa lèvre tremblante
Le contact enivrant d'un baiser virginal;
Oh! qui n'a point pressé sur son cœur une amante,
Dont le beau corps se pâme, et dont la voix mourante
    Ressemble au zéphyr matinal;

Oh ! qui n'a point connu ce bonheur ineffable,
Le premier ! le plus doux, posséder l'être aimé,
Qui ne s'est point assis, convive, à cette table
Où l'amour, pur nectar, est le vin que l'on sable
     A deux, par un soleil de mai ;

Oh ! qui n'a point frémi dans cette extase immense
Où deux âmes vibrant confondent leurs accords ;
Qui n'a point, ignorant d'une telle démence,
Cru voir l'Eden s'ouvrir et, changeant d'existence,
     Prendre un impérissable corps ;

Qui n'a point épanché — lave ardente — sa flamme
En serments, en sanglots, prouvant un cœur sans fiel ;
A vingt ans, qui pressent à peine que la femme
Est un parfum vivant — la chair faite dictame —
     Une rose, un ange du ciel.

A vingt ans, qui, déjà morose et solitaire,
N'ayant lu qu'un feuillet du livre du destin,
S'arrête soucieux devant ce frais mystère,
Et, quand il doit parler, ne sachant que se taire
     Passe outre... et poursuit son chemin.

A vingt ans, qui jamais, par une aimable bouche,
Par une tendre voix, ne s'entendit nommer,
Mais qui devine, hélas ! sans sommeil sur sa couche,
Lui dont le cœur est vierge et dont l'âme est farouche,
     Ce que résume un mot : aimer.

Celui-là doit souffrir une amère souffrance !...
A vingt ans, se sentir triste comme un vieillard ;
Enfant, ne plus goûter les plaisirs de l'enfance,
Etre homme, et reculer devant l'expérience
     D'un bonheur qui fuit au regard.

Celui-là, n'est-ce pas, doit se tordre avec rage
Sous le fer qui le brûle ainsi qu'un condamné !

Celui-là doit hurler sous l'étreinte sauvage
Du chagrin qu'il nourrit lui-même ; à l'esclavage
      Duquel, libre, il s'est condamné !

Celui-là, quand il voit passer de joyeux couples,
Avec son œil voilé qu'emplit le désespoir ;
Quand il voit s'enlacer leurs jeunes formes souples,
Et leurs regards briller comme des escarboucles
      A la pâle clarté du soir ;

Sentant alors vibrer les cordes de son âme
Qui, comme un luth résonne, exhalant un soupir,
Poète, s'il adore en secret une femme
Qu'il n'ose initier aux transports de sa flamme...,
      Celui-là devrait bien mourir !

                HIPPOLYTE DAGUET.

(Sarthe).
      Membre lauréat de l'académie Mont Réal,
      Membre de l'académie des Muses Fantones.

LA VIE

Sourire un peu, pleurer souvent,
Au bout de tout voir un mystère,
Aller au gré de chaque vent,
C'est le sort de toute la terre.

L'enfant pleure dans son berceau,
Bien avant de savoir sourire,
Et quand on aborde au tombeau,
La gaîté sur la lèvre expire.

On cueille en passant une fleur,
La plus belle cache une épine.
On l'aime pourtant. La douleur
Vient, dit-on de source divine.

C'est la loi du destin vainqueur :
Toujours rêver, toujours attendre,
Et trouver au fond de son cœur
A la fin de tout de la cendre.

Anaïs Toureau.

LE SOUVENIR

Quand le bonheur a fui, son reflet brille encore :
Le souvenir dans notre cœur,
C'est le parfum de la liqueur,
Qui dans le flacon vide, avant qu'il s'évapore,
Conserve un moment sa fraîcheur.

Des jours heureux aussi la mémoire s'altère.
Mais plus le vase est bien fermé
Plus longtemps il est parfumé :
Gardons en notre cœur, comme en un sanctuaire,
Les sentiments qui l'ont charmé.

Emile Viallet.

TEMPS PASSÉS

A mon Grand-Père

L'amour des temps passés est une triste chose,
Sombre, comme les jours de pluie et de ciel noir ;
Si doux qu'ils soient au cœur, l'avenir et l'espoir
Ne lui laissent qu'un songe incertain et morose.

L'âme s'effeuille au vent du Nord, comme la rose..
Elle se sent mourir, et compte en son miroir,
Plus pur que les grands lacs bercés aux chants du soir,
Les caresses de l'aube, à sa corolle rose.

C'est qu'à chaque lueur qui jaillit dans sa nuit,
Aux horizons nouveaux déroulés devant lui,
L'homme sait qu'il se courbe un peu plus vers la terre.

Le vieillard connait mieux quel est le prix du temps.
Car il la voit finir sa course solitaire,
Et dans son pâle hiver, se souvient du printemps.

Albert Tinchant.

ALAIN CHARTIER

A Ferdinand Huard

« Il dort, ses longs cheveux rejetés en arrière !
» N'était son souffle pur, on dirait le trépas.
» Oh ! dors ! J'étoufferai jusqu'au bruit de mes pas :
» Le sommeil du génie est presque une prière,

» Et son âme avec Dieu parle et chante tout bas,
» Prolonge les longtemps ces chants pleins de mystère;
» Le réveil te rendrait à la vie, à la terre ;
» Poète ! Reste au ciel ! Ne te réveille pas ! »

Et, longtemps, de ses yeux rêveurs et doux, la reine
Contemple cette tête immobile et sereine,
Puis, lentement, émue, inclinant à demi

Son beau front que l'amour ceint d'une autre couronne,
Baise pieusement le jeune homme endormi.
— Alain ! Ce baiser-là valait-il pas un trône ?

Henry Brien.

A MADEMOISELLE ERNESTINE H...,

A Rosheim (Alsace)

POUR SON JOUR DE FÊTE, LE 7 NOVEMBRE

Quand, la première fois, je vins à te connaître,
Belle de ta jeunesse et belle en ta beauté,
Sur la terre, au réveil, par les oiseaux chanté,
Le printemps, roi des fleurs, venait de reparaître.

Aujourd'hui, c'est l'hiver, au règne redouté ;
Mais si tu revenais, il cesserait de l'être :
Je verrais de nouveau le mois de mai renaître
Et je vivrais encore un printemps enchanté.

Qui t'a vue une fois croit à ce beau mirage,
Dont rien au fond du cœur ne suspendra le cours,
Car toi-même, Ernestine, en est la vive image.

Les roses, fleurissant au berceau de tes jours,
En ont formé pour toi ce sûr et doux présage,
Et tu sais qu'il en est qui fleurissent toujours !

Aimé Reinhart.

7 Novembre 78.

A MONSIEUR ÉVARISTE CARRANCE

SONNET

O vous ! qui du Parnasse avez atteint la cîme,
Vous dont les chants divins parcourant l'univers,
Enflamment tous les cœurs, poète au luth sublime
Que le peuple bénit, salut à vos beaux vers !

Lors en des temps maudits, la France magnanime
Traversa, sans gémir, les plus sombres hivers,

On vous vit aux genoux de la noble victime
Exhaler les douleurs qu'enfantaient ses revers.

Et chacun d'applaudir le barde infatigable !..
Ces instants ne sont plus, mais la Muse implacable
Poursuit le noir despote et poursuit l'oppresseur.

Ou bien chantant l'amour — ce rayon qui flamboie —
Chez l'être infortuné vous répandez la joie,
Et l'on reconnaît là votre généreux cœur !

HIPPOLYTE CROTET.

Nièvre — 78.

LE JEUNE AVEUGLE

Tristemque trahit sine lumine vitam.
LUCAIN.

Mon Dieu ! pourquoi l'avoir affligé de la sorte ?
Qu'a fait ce pauvre enfant ? et puis que vous importe
De le frapper ainsi d'un malheur si profond !
Les hommes font le mal, ne sachant ce qu'ils font.
Mais vous dont nous savons la tendresse infinie,
Qui versez tant de biens de votre main bénie,
Pourquoi lui refuser, hélas ! son humble part
De votre paternel et céleste regard ?
Dès le berceau, déjà — l'enfant toujours espère —
Il vous criait d'ouvrir ses yeux à la lumière,
En élevant au ciel ses deux petites mains.
Il priait. Maintenant de nos pires destins
Le sien est le plus triste. Il doutera peut-être
De Dieu qu'il ne peut voir et qu'il ne peut connaître.
Son cœur, aveugle aussi, tout éperdu d'effroi,
N'aura pas d'espérance, hélas ! et pas de foi.
Oh ! la vie est horrible au milieu d'un tel gouffre,
Et sous un ciel d'airain ! il se lamente, il souffre,

Il se débat, il cherche en vain, dans cette nuit,
D'où vient ce qu'il entend et qui fait tant de bruit.
Où va-t-il? D'où vient-il?... Nulle voix qui réponde
A son âme inquiète; il n'a rien vu du monde,
Et n'a rien vu des cieux. La nature, pour lui,
Aussi morne demain qu'elle est blême aujourd'hui
N'est qu'un profond linceul que le néant déroule.
Il doute du bâton qui le mène. La foule
Qui marche à ses côtés, l'épouvante. Il a peur
De son isolement, si grand dans le malheur,
Sans ami, sans soutien, sans famille. Il frissonne
Au toucher inconnu de la main qui lui donne
Ou du bras qui le guide. Il est bien malheureux
D'être ainsi délaissé de la terre et des cieux
Dont jamais un rayon n'a doré sa prunelle,
Il tremble de répondre à la voix qui l'appelle.
Tout est spectre pour lui. Tout ce qui nous sourit
Lui fait horreur. Nul songe ailé dans son esprit,
Nul de ces doux reflets qu'à l'azur on réclame
Ne descend éclairer les ombres de son âme;
Aucune vision ne berce son sommeil,
Et c'est la même nuit qu'il trouve à son réveil.
A quoi bon lui parler du bonheur qu'il ignore,
Des étoiles du soir, des beautés de l'aurore,
De ces corolles d'or qu'étale sous ses pas
Cette belle nature, hélas! qu'il ne voit pas,
Des prés, des champs, des cieux ruisselants de lumière,
Dont les mille rayons frappent notre paupière,
Des arbres frissonnant à la brise des nuits,
Que mai pare de fleurs et l'automne de fruits,
Ce serait ajouter à ses regrets sans nombre,
En inondant de pleurs ses yeux déjà pleins d'ombre.

Oh! ne l'attristons pas, ce pauvre être. A quinze ans,
A cet âge où tout vient caresser nos enfants;

Qu'ils ont pour les aimer, tout l'amour d'une mère ;
Lui, dans ce dénûment, il pleure, il désespère ;
Il attend son obole en nous tendant la main.
Voyez donc comme il souffre ! il a froid ; il a faim,
Bien faim depuis longtemps. Faudra-t-il qu'il succombe ?
Pourra-t-on le jeter tout vivant dans la tombe ?
O charité ! pitié pour ce proscrit du sort !
Quelqu'un l'a déposé sur cette pierre, au bord
De cette route. Au soir, on l'oubliera peut-être.
Le riche l'entendra gémir de sa fenêtre ;
Mais le riche est heureux ; il a tout par surcroît.
Il ne se doute pas qu'on peut mourir de froid,
Au seuil de son palais où pour lui tout abonde.
Il a toute la joie et les plaisirs du monde.
Que lui fait cet enfant pleurant sur le chemin,
Tandis qu'il dort en paix sous ses rideaux de lin ;
Sûr de son avenir qui lui promet d'avance
Ce qu'à la volupté réserve l'opulence !
Mais lui, ce pauvre enfant, dans l'ombre délaissé,
Lui que nulles clartés, nul espoir n'ont bercé,
Quand on aura fini de chanter dans les rues ;
Lorsqu'enfin ces rumeurs au lointain disparues,
La nuit aura soufflé sur son dernier flambeau,
Il aura fait un pas de plus vers le tombeau !

Hélas ! et cependant il chantait dès l'aurore.
Le malheur n'avait pas brisé sa voix sonore.
Il chantait. L'âpre hiver était dur. Les haillons
Le recouvraient à peine. Au fond des noirs sillons
Moins sombre est le destin. Qu'importe. Son martyre
Ajoutait un accent plus suave à sa lyre.
La nature marâtre en le privant du jour,
Lui demanda des pleurs et des chants tour à tour.
C'est ainsi qu'il donnait à sa note infinie
Ces charmes inconnus de l'humaine harmonie.

Il chantait. Mais, le soir, après avoir chanté
Et pleuré tout le jour ; après être resté
Accroupi dans le givre et la neige et la pluie,
Séchant avec ses mains ses pleurs que nul n'essuie,
Effrayé de songer au sombre lendemain,
Le pauvre enfant était bien triste ! son destin
Lui dévoilait alors toute son infortune.
Ses heures, en sanglots passaient une par une,
Puis il tombait enfin sur le pavé.
        Mon Dieu !
Vous qui l'aviez, parmi les anges du ciel bleu,
Choisi pour les douleurs de cette vie amère,
Vous qui n'avez jamais laissé de sa paupière,
Courbé sous cette croix qu'il est seul à porter,
Une larme, Seigneur ! tomber sans la compter,
Pourquoi lui réserver, dans cette ombre où nous sommes,
Au lieu de ce soleil qui luit à tous les hommes,
Ces ténèbres sans fin, cette nuit sans retour,
Et lui donner, hélas ! la vie et non le jour ?
Pourquoi lui refuser l'aurore de l'enfance,
Ces beaux astres sur nous versant tant d'espérance,
Ce spectacle béni de la nature en fleurs
Qui sourit à notre âme et qui ravit nos cœurs ?
Pourquoi l'avoir maudit ainsi sur cette terre ?
Qu'a donc fait cet enfant ?
        Mais c'est là le mystère.

Victor Didier.

A LOUIS VEUILLOT

Après la mort de Mgr. Dupanloup, Evêque d'Orléans.

En somme, il ne fut qu'un de ces
passants remarquables qui n'arrivent pas.

I.

Un homme vient de rendre au Seigneur sa belle âme.

Il fut tel parmi nous que chaque voix proclame
Son zèle, ses talents, sa foi, sa charité !
Mais devant ce cadavre, encor chaud sur la terre,
Tu t'es dressé, montrant le poing, ô pamphlétaire,
  Et tu l'as insulté !

Ce vieillard que tu veux dans le linceul atteindre,
Ce vigoureux athlète aujourd'hui peut s'éteindre,
Assez longtemps son bras a vaillamment lutté.
Sa mémoire — entends-tu ? — ne sera point ternie.
Cet homme eut les élans d'un homme de génie,
  Et tu l'as insulté !

Qu'il fut sublime aux jours de la guerre étrangère !
Combien il honora Jeanne, notre bergère !
D'ajouter à son humble et pure majesté
L'éclat de l'auréole, il gardait l'espérance.
Cet homme d'un amour ardent aima la France,
  Et tu l'as insulté !

Lorsque ses ennemis laissent parler leur rage,
Tu fais, toi, ce qu'ils font. Pour lui verser l'outrage,
Sur son cercueil ouvert tu t'es précipité.
Tu n'as pas attendu l'heure de ses obsèques...
Cet homme fut un prêtre, un de nos grands évêques,
  Et tu l'as insulté !

Son œuvre le défend. Elle l'immortalise,
Et rend fiers à la fois son pays et l'Eglise.
Qu'il trouve enfin la paix ! nul n'a mieux mérité
L'unanime tribut de la douleur publique.
Cet homme fut un saint. Tu te dis catholique,
  Et tu l'as insulté !

Ta haine restera tristement légentaire.
Montalembert, Gratry, Berryer, Lacordaire,
Chacun d'eux tour-à-tour fut par toi souffleté.

Il n'est rien qu'aujourd'hui Dupanloup leur envie :
Comme la leur, tu viens de couronner sa vie,
  Car tu l'as insulté !

II.

Voilà donc ce passant qui, loin d'arriver, tombe,
Qui croit courir au but et se heurte à la tombe...
Ah ! de quelle vertu le ciel l'a-t-il privé ?
Enfant de la Savoie, aux cîmes colossales,
A fondre en lui de Maistre avec François de Salles,
  N'est-il pas arrivé ?

Cachant un tendre cœur sous sa mâle attitude,
Il unissait la force à la mansuétude,
Et l'onction touchante au courage éprouvé.
Sa verve, un seul instant, ne s'est pas endormie...
Ecrivain, à briller dans notre académie,
  N'est-il pas arrivé ?

Toujours prêt à l'attaque, il veillait sans relâche,
Démasquant l'imposteur et dénonçant le lâche.
Est-il un fourbe, un faux savant qu'il n'ait bravé,
Un grave abus qu'il n'ait flétri devant l'histoire ?...
Polémiste, à compter mainte et mainte victoire,
  N'est-il pas arrivé !

Reflet d'une âme ainsi qu'un noble acier trempée,
Sa parole lançait l'éclair comme une épée ;
Il a, durant près d'un demi-siècle, élevé
Cette voix qui nous fut entre toutes bien chère...
Orateur, à remplir la tribune et la chaire,
  N'est-il pas arrivé ?

Bossuet, l'aigle altier, Fénélon, le doux cygne,
Sur Meaux et sur Cambrai jettent un lustre insigne.
Orléans ! un semblable honneur t'est réservé,
Grâce à ce prêtre, effroi de l'athéisme immonde...

Prélat, aux premiers rangs des Pontifes du monde,
  N'est-il pas arrivé ?

Tandis que de gémir un chrétien se dispense,
Celui que nous pleurons reçoit sa récompense.
N'a-t-il pas droit au prix du labeur achevé ?
Ne fut-il pas de Dieu l'auguste sentinelle ?
Soldat du bon combat, à la gloire éternelle
  Certe il est arrivé !

Louis de Préville.

Octobre 1878.

UNE VOIX

J'ai par les vastes solitudes
Erré, fuyant les multitudes.
J'ai parcouru grèves et bois.
Je croyais, menteuse espérance !
Trouver l'oubli dans le silence,
J'entendais murmurer des voix !

Venaient-elles des hautes cîmes,
Du ciel, du sol ou des abîmes ?
N'était-ce qu'un bruissement
Ou les frissons des brises folles ?
Non, non, car voici les paroles
Que saisit mon entendement :

Apôtres dépourvus d'entrailles
Qui maniez croix et tenailles,
Meurtriers au nom de la foi,
Guerriers qui menez les batailles
Et les farouches représailles
Dont la force tient lieu de loi...

Assez de sanglantes folies,
D'hommes voués aux gémonies,
De victimes et de bourreaux.
Peuples, rois, assez de carnages,
A la justice assez d'outrages;
Plus de sages, moins de héros!

Anathème aux viles mémoires!
Laissez aux feuillets des histoires
Chaque empreinte de doigts sanglants.
Caïn fut le père des crimes,
Abel est celui des victimes....
Et la raison marche à pas lents!

Toujours sauvages équipées,
Nations et foules trompées,
Forfaits succédant aux forfaits,
Cris d'allégresse ou chants funèbres,
Eclairs surgissant des ténèbres,
Vertus coudoyant les méfaits!

Humble, vaincu; vainqueur, féroce!
Tantôt nain et tantôt colosse
L'homme fait la nuit et le jour....
Pêle-mêle où le droit succombe,
Où le berceau touche à la tombe,
Où la haine a vaincu l'amour!

Vieux monde ainsi tu recommence,
Et tu parles de providence!...
Ixion!.... de Fraternité!...
Un mot sonore t'électrise,
Et dans ta sublime bêtise
Tu rêves d'immortalité!

Bientôt le regret suit ta joie,
Insensé! tu deviens la proie

De tous les prévaricateurs.
La lutte ainsi se perpétue...
L'un proscrit et cet autre tue...
Concurrence de malfaiteurs !

Spectacle de l'humaine orgie,
La terre de sang est rougie !
Allons, entonne l'hosanna
Vieux monde !... vois, Tartuffe est ivre !...
Réponds... veux-tu cesser de vivre
Par César ou Catilina ?

Non ! ressuscite donc, vieux monde !
Sauve-toi par la paix féconde !.
Qu'où régnait la nuit soit le jour !
Fais que chaque peuple en son âme
Sente grandir la sainte flamme
De l'espérance et de l'amour !...

J'écoutais, j'écoutais encore...
Je crus voir des reflets d'aurore
Dorant de sublimes travaux.
Et j'entendis la voix auguste
Crier : debout ! homme sois juste !...
Voici venir les temps nouveaux !!!

Hector Grard.

LA PERLE DE CORAIL

ÉLÉGIE-IDYLLE

> « Et j'ai vu comme une ombre vaine
> « s'évanouir mon beau printemps. »
> (Millevoye : *La Chute des feuilles.*)

L'Elégie

Il lisait Millevoye ;... et la chute des feuilles,

Le faisait bien pleurer !... c'est qu'il avait vingt ans,
Et se sentait mourir !... O mort ! quoi que tu veuilles,
Nous devons obéir, tes ordres sont pressants ;
Et quand tes doigts osseux ont touché son épaule,
L'homme, frêle roseau, fléchit ; semblable au saule,
Qui penche vers la terre un désolé rameau,
Comme pour y chercher la place d'un tombeau !

Il aimait !... on l'aimait !... une mère, une amante,
Attendaient son retour des pays fortunés,
Où la mer aux flots bleus et la brise clémente,
Ont encor de longs jours pour les abandonnés !
Lui ne les trouva pas ;... l'implacable phthisie,
Le minait sourdement, sans trêve ni repos ;
Le tuait à vingt ans en pleine poésie,
Et dirigeait vers lui les ciseaux d'Atropos !

Comme il se rattachait cependant à la vie ;
Quand parfois, le matin d'un beau jour, ou le soir,
Le soleil apportait à son âme ravie,
Dans un beau rayon d'or, un doux rayon d'espoir !
Il disait à la mort : « Epargne en moi ma mère,
» Si je meurs, elle meurt ! Pourquoi semer les deuils !
» Et celle qui m'attend, jeune plante éphémère,
» Elle aussi nous suivrait ; n'ouvre pas trois cercueils !

Tiens, je vais te conter l'adorable journée
Où je la rencontrai pour la première fois ;
C'est une Idylle, ô mort !... je te vois étonnée
D'entendre un tel langage ;... à ma mourante voix,
Fais accueil ; mon récit t'attendrira peut-être :

L'Idylle

Un beau jour de printemps, assis à ma fenêtre,
J'écoutais, je songeais, à quoi ? je n'en sais rien.
Etait-ce au clair ruisseau dont l'humble violette

Provoquait le murmure ? Etait-ce à la fillette,
Qui pour mieux s'y mirer, se penchait bel et bien ?
L'abeille butinait en effleurant de l'aile
Les roses du buisson ; la gentille hirondelle
La tête au bord du nid, rappelait Philomèle !

Je n'avais, tu le vois, que faire de songer
L'idylle se dessine ; un troupeau, son berger
Complétaient le tableau ;... madame Deshoulière
N'eût vraiment pas mieux fait... Soudain, de la clairière
S'échappe un cri perçant, douloureux, incisif
Comme ferait au doigt la lame d'un canif !
A ce suprême appel, aussitôt je me lève,
Et je cours au buisson... Là, pleurait une enfant,
Une enfant de quinze ans, belle et pure comme Ève
Avant d'avoir aimé le démon triomphant !

L'on voyait à ses pieds, une rose effeuillée,
Sur l'une de ses mains, une goutte de sang,
La joue était encor d'une larme mouillée;
—Vous aurait-on frappée !—Oh non,... puis rougissant :
« Je cueillais un bouquet pour mère,
» Nous devions la fêter ce soir :
» Pour ma part je voulais avoir
» Cette rose, au printemps si chère !
» Mais voyez, la maudite fleur,
» Bien cruellement m'a blessée ! »
— Peut-il venir à la pensée...
Qu'une rose blessât sa sœur,
Dis-je, en prenant sa main de fée !

Je crois y voir encor, la perle de corail,
Se figer près de l'ongle rose,
Dont elle reflétait l'émail !
Vainement, j'essayai d'enlever quelque chose
De l'écharde qui déchirait

Son doigt mignon ;... qui le croirait ?
Je tremblais ;... j'avais peur,
Et dans ma maladresse
De la main que je presse,
J'augmente la douleur !

Comme mon cœur battait en ce moment de fièvre !
Enfin j'osai porter sa main jusqu'à ma lèvre,
Et bientôt apparaît, prisonnier sous ma dent,
Un petit brin d'épine !... et la perle ?... imprudent,
Dans un baiser de feu, je l'avais toute bue !
Et l'enfant se sauva plus rouge et plus émue...

. . . .
. . . .

« Mais, tu n'écoutes pas, ô mort ! et de tes os
» Le froid contact me glace !... à l'éternel repos
» Je marche, tu le veux, ma vie est condamnée,
» Va ! tu n'as rien compris à ma chère journée !! »

Edmond Navarre.

SOUVENIR DE LA PATRIE

Aspicit et dulcis... reminiscitur Argos.
(Virgile).

Depuis longtemps le soir a déployé ses voiles.
Dans l'azur assombri, calme et profond du ciel
Brillent d'un vif éclat ces légions d'étoiles
Qu'y suspendit un jour la main de l'Eternel.
Au milieu du silence où tout être sommeille,
Seul près des feux éteints, centre d'un campement,
Debout et l'arme au pied un soldat français veille.
De l'honneur du drapeau gardien en ce moment,
Il écoute attentif, retenant son haleine.

Et la moindre rumeur et le plus léger bruit
Que le souffle du vent lui porte de la plaine ;
Car l'ennemi pourrait, profitant de la nuit,
Tout-à-coup attaquer. Cependant sans alarmes
L'heure passe, et déjà les lueurs du matin
Dans l'ombre qui s'enfuit font miroiter les armes.
Alors un chant d'oiseaux, d'abord faible et lointain
Mais bientôt rapproché, frappe l'écho sonore.
Le soldat aussitôt reconnaît ces accents
Qui viennent célébrer le retour de l'aurore,
Et d'un joyeux émoi tressaillent tous ses sens.
Il lève les regards : c'est un vol d'hirondelles
Qui prennent dans les airs leurs ébats gracieux,
Tantôt rasant le sol avec leurs longues ailes
Et tantôt, comme un trait, s'élançant vers les cieux.
A ce charmant spectacle, il croit revoir la France
Avec son beau soleil, sentir ses doux zéphirs,
Et, cette seule fois perdant sa vigilance,
Se livre tout entier à ses chers souvenirs.
Dans leurs moindres détails il se peint la campagne
Où souvent, jeune pâtre, il garda son troupeau,
Et les flancs escarpés de la haute montagne
Dont l'écho redisait l'air de son chalumeau.
En revoyant aussi la modeste chaumière,
Asile de vertu, de paix et de bonheur,
Où le soir, en chantant, une bien tendre mère
L'endormait doucement, pressé contre son cœur,
Il lui semble être encor sous l'ombreuse tonnelle
Qui des feux de l'été garantissait le seuil,
Et parmi les rameaux de blanche citronnelle,
Entendre sur son nid gazouiller le bouvreuil.
Puis enfin à ses yeux se présente l'image
Des êtres bien-aimés qu'il a fallu laisser
Sous le chaume là-bas, en quittant le village.
Mais un doute soudain d'un dard vient le percer.

Qui lui dit que déjà l'âge et la maladie
N'ont pas fait leur moisson à l'entour du foyer,
Et qu'au lieu de trouver l'allégresse et la vie
Il n'ait, à son retour, des pleurs à essuyer ?
Cependant ces oiseaux qui planent sur ma tête
Et viennent, pense-t-il, de ce fortuné bord
Où je naquis, auraient-ils un tel air de fête
S'ils devaient m'apporter un message de mort ?

CHANT DES HIRONDELLES

En France maintenant sans sève
Les feuilles jonchent le gazon,
Et le vent du nord qui s'élève
Présage la triste saison.
Nous, qu'attirent seuls la verdure
Et des ruisseaux le frais murmure,
Nous avons fui devant l'hiver
Dans l'espace étendant nos ailes.
Par nous tu sauras des nouvelles
De ton pays près de la mer.

De l'Eglise aux arceaux gothiques
Sont encor debout les vieux murs ;
Et de la cloche les cantiques
Résonnent toujours aussi purs,
Lorsque les bœufs au joug d'érable
Fatigués regagnent l'étable,
Et quand, de ses premiers rayons
Le soleil chauffant l'atmosphère,
Le laboureur jette à la terre
Les grains d'où naîtront les moissons.

A leur fils, objet de tendresse,
Tes parents songent chaque jour ;
Impatients, mais sans faiblesse,
Ils en attendent le retour.

Auprès de l'âtre qui pétille,
A la table de la famille
Quoique tu ne sois plus assis,
Ils n'exhalent aucune plainte :
Comprenant la mission sainte
Du soldat qui sert son pays.

Sur eux avec sollicitude
Veille un bel ange aux blonds cheveux,
Et qui charme leur solitude
Par son sourire et ses yeux bleus.
Aux secrets élans de ton âme,
A l'ardeur de la vive flamme
Dont brûle maintenant ton cœur,
Tu reconnais dans ce génie
Celle qui t'a promis sa vie,
Et qu'enfant tu nommais ta sœur.

Depuis que la Reine des vierges,
Devant son sanctuaire orné
De fleurs, de feuillage et de cierges,
Te vit près d'elle prosterné ;
Et que le vieux prêtre, à l'air digne,
De la croix décrivit le signe
Sur vos anneaux, un seul instant
N'est pas sorti de la pensée
De ta fidèle fiancée
Le souvenir de son serment.

Contre le mur de sa chambrette,
Est un crucifix de bois noir
Dominant son humble couchette.
C'est devant lui que chaque soir
Elle prie avec confiance,
Et demande à la providence
De rapprocher ce jour si doux

Où les lois du ciel et de l'homme
Voudront enfin qu'elle te nomme,
Au pied des autels, son époux.

Il écoutait ravi, quand soudain le chant cesse.
Il regarde surpris et voit, à l'horizon,
S'envoler ses oiseaux. Qui cause leur détresse ?
Ce sont des burnous blancs qui sortent du vallon.
L'ennemi se découvre et la trompette sonne ;
L'acier reluit au loin, c'est l'heure des combats.
« Plus de rêves d'amour, adieu ma chère Yvonne !
« Voici venir l'Arabe, allons debout, soldats ! »

25 *Novembre 1878.* L. Champion

EUPHROSINE

ÉLÉGIE
Traduit de Goëthe

Le soleil, qui s'éteint, déjà des plus hauts monts
Dore les pics neigeux de ses derniers rayons.
Partout déjà la nuit, comme d'un manteau sombre,
A couvert les vallons, et, s'épaississant, l'ombre,
Sur les bords escarpés du torrent mugissant,
Cache de plus en plus les sentiers du passant
Qui gagne la hauteur où l'humble toit du pâtre
Lui promet le repos, un feu brillant dans l'âtre.
Et le divin sommeil, aimable messager,
Déjà prend les devants, courant d'un pied léger.
Ah ! que du saint pavot, propice, il me couronne !

Mais de ce noir rocher quel feu vers moi rayonne
De son reflet si pur au loin illuminant
Les flocons vaporeux de l'abîme écumant ?
A travers le granit aux crevasses mal closes,

Peut-être le soleil filtre ses rayons roses ;
Car, certes, à la terre elle n'appartient pas
Cette étrange lueur que j'aperçois là-bas,
Incandescent, vers moi s'avance le nuage.
O prodige ! il devient une vivante image.
Quelle déa, sans peur, quelle muse poursuit
Son amant égaré dans cette sombre nuit ?
Être sublime, à moi révèle-toi ! Ne laisse,
Puisqu'il faut qu'à mes yeux ta splendeur disparaisse,
Céleste vision, ne laisse pas déçus
Tous mes sens agités et mes esprits émus.
Parle, quel est ton nom ? Si tu ne peux le dire
En face d'un mortel, que Jupiter m'inspire ;
Des éternelles sœurs, filles du roi des cieux
Que je sente laquelle apparaît en ces lieux.
Et qu'aussitôt, prenant son luth des jours de fête,
Dignement dans son chant t'exalte le poète.

« Le croirai-je ? l'image, à qui ton cœur un jour
Prodigua ses trésors de tendresse et d'amour,
Déjà te semble-t-elle une forme étrangère ?
Plus rien de moi, c'est vrai, n'appartient à la terre.
Aux plaisirs que répand, sous un ciel toujours bleu,
La vie à son printemps, hélas ! j'ai dit adieu.
Mais d'un amour si pur, je pensais, confiante,
Que ton âme eût gardé l'empreinte rayonnante...
Ah ! ton regard le dit, et tes larmes aussi :
Euphrosine est connue encor de son ami !
Vois, après l'homme errant la plaintive exilée
Flotte, ardente, à travers bois, montagne et vallée.
Elle le cherche encor, de bien loin désormais.
Je te cherche, doux père, ô maître que j'aimais !
Et je jette, attristée, un regard en arrière
Sur l'échafaud léger des plaisirs de la terre.
Laisse-moi rappeler ces jours, où frêle enfant,

Tu me formais au jeu d'un art si décevant.
Laisse-moi revenir à cette heure bénie !
Ah ! ce tissu de jours faciles de la vie,
Ce trésor que le temps emporte sans retour,
Qui donc ne s'en souvient sans cesse avec amour ?
Ah ! qui l'estime assez ce bien qu'on perd si vite ?
L'art puissant fait grandir toute chose petite
Et des plaisirs passés l'écho le plus lointain,
Grâce à l'amour, se change en une voix d'airain.
Maître, sont-ils encor présents à ta mémoire
Ces instants où d'un art que couronne la gloire
Tu me faisais gravir les degrés sérieux ?
Je mimais de Shakspeare un des héros fameux.
Sous les traits d'un garçon, enfant au front d'albâtre,
Je foulais en tremblant les planches d'un théâtre.
Tu m'appelais Arthur. Tu menaçais vingt fois
Ton élève du bruit de ta farouche voix ;
Puis, dupe de ton cœur, vainqueur, jetant ses armes,
Tu détournais tes yeux tout humides de larmes.
Je te trouvais si bon ! tu protégeais, hélas !
Mes tristes jours voués avant l'heure au trépas...
Alors tu saisissais dans une douce étreinte
Mon pauvre corps brisé. Puis bien loin de l'enceinte
Tu m'emportais inerte, et longtemps sur ton cœur
J'empruntais à la mort sa livide pâleur.
Enfin j'ouvrais les yeux. Silencieux et triste,
Tes regards s'abaissaient sur la mignonne artiste.
Moi, je me soulevais et, dans un tendre effort,
Mille fois j'embrassais tes mains avec transport,
Et sans crainte, tendant fille reconnaissante,
A ton baiser si pur ma bouche complaisante :
« O père, d'où te vient ce front si soucieux,
M'écriais-je ? Oh ! dis-moi, comment réussir mieux ?
Nul effort ne me coûte et j'aspire aux prodiges.
Je recommence tout lorsque tu me diriges. »

Mais toi, dont l'œil alors brillait d'étranges feux,
Tu m'étreignais plus fort dans tes bras vigoureux,
Et mon cœur tressaillait dans ma frêle poitrine.
« Non, me répondais-tu, non, ma douce Euphrosine,
» Ce que tu viens de faire avec un art divin,
» Devant la ville entière, oh! refais-le demain!
» Qu'ils soient émus ainsi que je le fus moi-même,
» Et que pour toi, suffrage ineffable et suprême,
» Des plus arides yeux coulent de nobles pleurs.
» Mais mes larmes, enfant, valent mieux que les leurs,
» Car moi, tu m'as touché plus à fond que personne,
» Moi l'ami qui te tient dans ses bras, qui frissonne
» Comme un arbre surpris par l'âpre vent du nord,
» Et tremble au seul semblant d'une précoce mort.
» Que partout à nos yeux, ô puissante nature,
» Ah! que tu sais en tout te montrer grande et sûre!
» Une immuable loi, levier harmonieux,
» Soulève et fait mouvoir et la terre et les cieux.
» L'été blond au printemps à la fraîche couronne
» Donne la main, l'hiver au plantureux automne.
» Le roc se tient debout sur son socle géant;
» Et vers les profondeurs de l'abîme béant,
» Dans l'écume et le bruit, des hauteurs du granite
» Que cache le brouillard, l'onde se précipite.
» Le fier sapin étend son rameau toujours vert,
» Et l'arbre dépouillé, déjà pendant l'hiver,
» Sous la neige qui pend en longues grappes blanches,
» Nourrit, mystérieux, des bourgeons à ses branches.
» Selon sa loi tout vit et meurt. Mais sur nos jours
» L'incertain flotte et plane. Ah! ce n'est pas toujours
» Le père, chargé d'ans, qui jette, las de vivre,
» L'adieu suprême au fils que la jeunesse enivre.
» L'homme vaillant toujours ne ferme pas les yeux
» Au débile mortel, l'adolescent au vieux.
» Trop souvent de nos jours le sort brouille la trame.

» Trop souvent le vieillard en vain pleure et réclame
» Ses fils et ses neveux, tel qu'un tronc mutilé
» Autour duquel l'orage aurait amoncelé
» Les rameaux fracassés, encore pleins de sève.
» Et voilà d'où venait, enfant, ce profond rêve
» Où je laissais tomber mon esprit inquiet,
» Lorsque ton frêle corps, inanimé, muet,
» Dans mes bras frémissants reposait tout à l'heure.
» Mais Dieu, qui ne veut pas qu'à ton âge l'on meure,
» A ta jeunesse rend son éclat enchanteur,
» Et, joyeux, je te sens revivre sur mon cœur.
» Va, garçon travesti ! dans ta gaîté féconde
» Va, jeune fille ! crois pour le plaisir du monde
» Et mon ravissement ! Suis ton noble chemin.
» Qu'au but suprême l'art te mène par la main.
» Que je te voie avant de fermer ma paupière,
» Au faîte parvenir et briller la première ! »

Ainsi tu me parlas d'un accent paternel.
Jamais je n'oublierai cet instant solennel.
Je pris l'essor, selon ta parole éminente.
Oh ! ces discours empreints d'une grâce touchante
Qu'à mes lèvres d'enfant tu confiais alors,
Comme au peuple ravi, témoin de mes efforts,
Sur les planches, le soir, j'aimais à les transmettre !
Comme je me formais aux regards de mon maître !
Oh ! comme dans la foule aux rangs profonds, mes yeux
Savaient te distinguer ! Et cependant ces lieux,
L'on t'y revoit encore, et jamais Euphrosine
N'y viendra de ton front bannir l'humeur chagrine,
Ni rendre un peu d'azur à ton ciel assombri.
Tu ne l'entendras plus ce disciple chéri
Que tu formais si jeune, hélas ! de si bonne heure !
Ah ! d'autres franchiront le seuil de ta demeure
Et sortiront. Sans doute aussi d'autres viendront

Qui, reines de ton cœur, près de toi resteront.
Derrière un grand talent (en ce monde tout passe)
Il s'en trouve toujours un plus grand qui le chasse.
Mais conserve en ton âme une place pour moi
Si jamais sans réserve une autre va vers toi,
Se fait à ton clin-d'œil, comprend tes moindres signes
Et se tient avec joie au rang que tu désignes ;
Si pour te contenter, si pour toi nul effort
Ne lasse son courage, et si jusqu'à la mort
Dévouée, on la voit t'offrir avec délice,
De son activité le tendre sacrifice,
A cette heure tardive, ami, songe et dis-toi :
« Mon Euphrosine est là, vivante, devant moi ! »
Je parlerais longtemps, mais l'exilée errante
Ne peut pas s'attarder. En sa course flottante
Au loin déjà m'entraîne un Dieu sévère. Adieu.
Chez les ombres (cher maître, entends ce dernier vœu)
Ne laisse pas sans gloire Euphrosine descendre.
La muse seule rend quelque vie à la cendre.
Car là-bas, dans le sombre Empire de Pluton,
Pêle-mêle les morts flottent loin de leur nom.
Mais celui qu'en son chant exalte le poète,
Dans une forme propre, au cortége de fête,
Celui-là marche à part, de héros entouré.
Ainsi, ta voix m'annonce et, d'un pas assuré,
Heureuse je m'avance auprès de la Déesse.
Son doux regard sur moi complaisamment s'abaisse.
Elle m'accueille ensuite et me nomme ; soudain
Un divin cercle, autour du trône souverain
Incessamment rangé m'adresse son sourire.
Entre toutes fidèle, épouse qu'on admire,
Pénélope me parle ; et puis vient Evadné
Au bras de son époux, guerrier infortuné.
De plus jeunes aussi s'approchent, qu'avant l'heure
Perséphone reçut dans sa sombre demeure,

Et toutes, confondant nos communes douleurs,
On nous voit du destin déplorer les rigueurs.
Quand viennent Antigone, âme si fraternelle,
Et Polyxène, à qui la mort a d'un coup d'aile
Déchiré sur l'autel le voile nuptial,
Je leur fais, tendres sœurs, un accueil amical,
Et vers elle marchant confiante et hardie,
Je me joins à leur chœur? car de la Tragédie
Elles sont les enfants que l'Art fécond créa.
Un grand poète aussi, comme elles, me forma.
Ce qu'avait commencé la vie, hélas! si brève,
Sa douce muse en moi le complète et l'achève.
Elle dit, et sa voix, qui m'enchantait, soudain
Baissa, s'éteignit comme un murmure lointain,
Quand s'agitait encor sa lèvre fraîche et pure.
D'un air majestueux, le puissant dieu Mercure
S'avançant du milieu du nuage mouvant,
Lève son caducée et lui dit : « En avant! »
La nuée aussitôt grandit et dans l'espace
Avec elle emporté, le fantôme s'efface.

. . . .

Plus sombre et noir s'étend le voile de la nuit.
Près du sentier glissant, tombe avec plus de bruit
Du haut des blocs géants le torrent blanc d'écume.
Un deuil insurmontable, une horrible amertume
Envahissent mon cœur. Je saisis, chancelant,
Un roc couvert de mousse et m'appuie à son flanc.
La douleur a rompu les fibres de mon être.
Les larmes de la nuit sur le gazon champêtre
Coulent, perles d'argent, et le matin vermeil
Au-dessus des pins noirs annonce le soleil.

(Algérie). CHARLES BLANCHOT.

LE PREMIER BAISER DE L'AMOUR
Imité de Lord Biron

Rimeurs qui ne chantez que des amours factices,
De rester incompris vous courez les dangers ;
Au véritable amour seriez-vous étrangers,
Si d'un tendre baiser vous goûtiez les prémices ?

A vous les fictions de vos fades romans,
Exécrable tissu d'une infernale trame ;
A moi le doux rayon d'un regard de la femme,
Ou d'un premier baiser tous les ravissements.

Bernez-moi, sifflez-moi, j'y consens ; car j'atteste
Qu'à lire vos écrits je ne prends nul plaisir.
Je préfère un cœur neuf qu'éveille le désir :
Dans un premier baiser goûter l'amour céleste.

Tous ces in-octavo, qu'enfantent vos esprits,
Peuvent plaire un moment ; mais le beau même lasse
Fi de ces vains lauriers que l'on cueille au Parnasse :
C'est au premier baiser qu'Amour donne le prix.

L'homme, depuis Adam (vous le disiez naguère),
N'a connu jusqu'ici que misère et douleur.
Un coin du paradis lui reste, en son malheur,
Dans un premier baiser Eden revit sur terre.

Si le fier Apollon vous délaisse jamais,
Et si les Chastes Sœurs se mettent du voyage,
Ne les invoquez plus, quittez leur esclavage,
Pour du premier baiser essayer les effets.

Quand l'hiver de nos ans succède à la jeunesse,
Que l'âge des plaisirs s'est enfui pour toujours,
C'est le premier baiser des premières amours
Dont le doux souvenir vient charmer la vieillesse.

Théodore Laure.

EXHORTATIONS DE CASSIUS A BRUTUS

O Brutus, est-ce en vain que Rome épouvantée
Pour abattre un tyran a compté sur ton bras ?
Que le Sénat muet et la plèbe achetée,
Troupeau du dictateur, le suivent pas à pas ?

Sera-ce donc en vain que l'Olympe lui-même
Bénira de César la gloire et le destin ?
Que des Romains viendront offrir un diadême
Et le titre de roi de Rome à ce Romain ?

Vois, Brutus : le vieux peuple indigné se relève ;
Ceux qui sont morts jadis sortent de leur linceul.
Chacun sent à son cœur, ainsi qu'un flot de sève,
Monter, terrible et chaud, le sang de son aïeul.

Tous, tous pour s'élever contre la tyrannie,
Tous n'attendent qu'un mot ou qu'un signe de toi.
Brutus, s'appuîront-ils en vain sur ton génie ?
Se reposeront-ils en vain dessus ta foi ?

Permettras-tu, Romain, que Rome soit trompée,
Qu'elle se vende ainsi ! Brutus, permettras-tu
Que la toge s'abaisse et le cède à l'épée,
Et que la lâcheté devienne une vertu ?

Voudras-tu que le monde, un jour, dise de Rome :
« Ce peuple qui fut grand, aujourd'hui ne l'est plus. »
Et que demain peut-être, il n'importe, quelque homme
Te dise : « Non Brutus, non, tu n'es plus Brutus ! »

RAPHAEL DAVENNE.

Novembre 1878.

LE CHARDON BLEU

Dans un maigre terrain encombré de pierrailles,
Sur lequel tout le jour darde un soleil de feu,
Mon œil a découvert, au milieu des broussailles,
Droit, parmi l'herbe jaune et rare, un chardon bleu !

Mais un chardon d'un bleu plus franc que la turquoise,
Aussi bleu que le ciel dans un beau jour d'été ;
Ce bleu pur sur la feuille en fin réseau se croise
Et répand sur la fleur son éclat velouté.

Je le cueillis malgré mainte et mainte piqûre ;
Je voulais, à tout prix, le rapporter chez moi,
Car penser qu'un ânon en fit sa nourriture
Me faisait éprouver un sentiment d'effroi.

Pourquoi donc, me disais-je, un vêtement splendide
Par Dieu même taillé dans son manteau d'azur ?
Est-ce pour allécher quelque baudet avide
Qui tond l'herbe et la mousse aux fentes d'un vieux mur.

La nature a créé ce joli phénomène
Pour montrer jusqu'où vont sa grâce et son pouvoir ;
Mais, dans ce lieu sauvage, où le hasard m'amène,
Combien l'ont avant moi dépassé sans le voir !

Ou bien, si leurs regards y tombent d'aventure
D'autres en lui n'ont vu qu'un vulgaire chardon.
« Pour si peu faut-il donc admirer la nature ?
Elle fait à chaque heure un plus généreux don ! »

Entre l'indifférence et l'appétit de l'âne
Toute charmante chose est placée ici-bas ;
Passer inaperçu sous les yeux du profane
Est encore, après tout, le plus heureux des cas.

Et toi, mère nature, aux fécondes entrailles,
Qui, pour parer le sol, n'as pas besoin d'efforts,
Tu sèmes tes joyaux jusque dans les broussailles,
Sans souci que l'on sache admirer tes trésors !

Mme Eugène Moniot.

LE CONSCRIT

Patrie et Devoir.

« Pauvre France ! demande à tes fils ce qu'ils ont fait
« du patriotisme qui animait jadis leurs pères !. Qu'est
« devenu cet amour de la patrie qui fit nos ancêtres si
« forts et si puissants !... Hélas ! ce sentiment, qui
« dominait jadis tous les intérêts de la vie, a fait place
« au calcul et au mauvais vouloir. Le service militaire
« est devenu, pour tous, un épouvantail auquel chacun
« cherche à se soustraire ; celui-ci, en embrassant l'une
« des carrières qui exemptent, celui-là en se mutilant,
« au risque de conserver toute sa vie une infirmité
« gênante ; cet autre, en s'imposant un exil long et
« volontaire, et en préférant émigrer plutôt que de payer
« sa dette à la Patrie ».

La scène représente un vallon perdu dans les Pyrénées, à droite une cabane de chasseur adossée au rocher ; à gauche le clocher d'un village.

ANDRÉ

Pendant, qu'au loin, la nuit nous cache sous ses voiles
Viens sur mon cœur, enfant, oh ! viens me consoler !
N'ayant d'autres témoins, que les seules étoiles,
Je pourrai, sur ton front, laisser mes pleurs couler.
Quand je songe, vois-tu, qu'une loi mercenaire,

Va m'arracher, de force, à mon foyer chéri,
A mon chaume, à mes bois, à l'air, à mon vieux père,
A tout ce que j'adore, à ton amour béni ;
Je sens monter au cœur une rage insensée,
Je ne crois plus en Dieu ! je maudis l'avenir
Et je sens me venir cette affreuse pensée
Que, s'il faut tout quitter, bien mieux vaudrait mourir !.

JEANNE

Au nom du ciel, cache-moi ta souffrance,
Quand, malgré la douleur de ton départ prochain,
Je sens encore au cœur une douce espérance,
Ah ! pourquoi donc, dis-moi, douter du lendemain !.

ANDRÉ

C'est que tu ne sais pas ce que, dans nos montagnes,
Est le hardi chasseur, qui, du haut des glaciers,
Domine, sans frayeur, les tranquilles campagnes,
Poursuivant le chamois, de ses plombs meurtriers.
C'est que tu ne sais pas que dans l'air qu'il respire,
Dans le sol inconnu qu'il foule sous ses pas
Sur l'abîme sans fond, dans l'orage en délire,
Libre, il n'a pas de maître !... Il en aura là-bas !
    Ah ! pourquoi Dieu m'a-t-il fait naître,
    Libre sur ce roc escarpé
    S'il m'impose le joug d'un maître
    Et me reprend ma liberté !...
    J'aime la France ma patrie,
    Mais j'aime nos ravins profonds,
    Je préfère la voix amie
    Du tonnerre, au son des canons.
    Si l'ennemi, dans nos campagnes,
    Arrivait pour nous envahir,
    L'arme au bras, quittant nos montagnes,
    L'on me verrait vite accourir,

Mais, puisqu'au pays, mon courage
Est inutile, oh laissez-moi
Vivre heureux, sur mon roc sauvage,
Près de mon père, et près de toi !

JEANNE

Ta douleur déchire mon âme,
Et je voudrais au prix de mon sang, pauvre femme !...
Hélas ! ne pas te voir partir.
Mais, quand la loi commande, il lui faut obéir.
Le devoir est pour toi, loin de moi, de ton père,
Pars !.. et, si regrettant le vieux toit solitaire
Tu sens, parfois, des pleurs monter jusqu'à tes yeux,
Cache-les, un soldat doit être courageux !...
Ami, tu vas partir sans douleur, sans faiblesse,
Il le faut !... je le veux !... et quand, plein de tristesse
Tu sentiras ton cœur, sous le devoir, faillir,
Jette un joyeux regard alors, sur l'avenir.

ANDRÉ (avec amertume)

L'avenir !... Ah ! jadis, sous sa riante image
J'évoquais un doux rêve à l'aspect enchanteur.
Le sort parfois prospère, et souvent bien plus sage,
D'un fatal numéro m'épargnait la douleur,
(Tous n'étaient pas soldats, alors !) et dans mon songe,
J'étais un des heureux par le sort épargnés,
Libre, sur mon rocher, un bienheureux mensonge
Me montrait ces bonheurs par les grands dédaignés.
Entre mon père et toi, dans notre humble chaumière,
Je vivais ignoré comme l'oiseau des bois.
Raillant les opulents, notre existence entière,
De travail et d'amour s'emplissait à la fois,
Dis !.. n'as-tu pas rêvé quelque bonheur semblable ?

JEANNE (ravie)

Oh ! parle ! parle encore, j'ai dû rêver ainsi.

ANDRÉ (continuant)

Mon père était le tien, et son front vénérable,
Sur de joyeux enfants qui l'entouraient aussi,
Se penchait déjà vieux. Par de douces paroles,
Il répondait parfois à leurs discours frivoles,
Puis, quand le soir bien tard, le chasseur tout trempé
Revenait sans butin, le front préoccupé,
Oh ! comme au seul aspect de sa chère famille,
Il oubliait, devant le grand feu qui pétille,
Le roc toujours glissant et le danger couru ;
Comme vite à sa lèvre un sourire a paru,
Et comme sous son toit tout s'égaie à sa vue.

(Rêvant).

Vois, notre blonde enfant, la dernière venue,
Qui vient sur mes genoux chercher un doux baiser,
Et tout en me donnant sa tête à caresser,
Lutine ses aînés, qui, d'un regard d'envie,
Voudraient revendiquer cette place chérie.

JEANNE (rêvant aussi)

Oh ! l'heureuse famille. Oh ! le touchant bonheur !

On entend le tambour battre le rappel sur la place du village

JEANNE (revenant à elle)

Mais, qu'entends-je, et quel bruit résonne dans l'espace ?

ANDRÉ (avec douleur)

C'est le son du tambour, qui, là-bas, sur la place,
Vient sonner le départ.

JEANNE (se voilant le visage de ses mains)

     Oh ! douleur ! Oh ! douleur !
Il brise mon beau rêve, et brise aussi mon cœur !

Le rossignol vient chanter au-dessus de la tête des deux amants.

ANDRÉ (d'un ton farouche)

Oiseau qui viens narguer mon amère souffrance ;
Retiens tes accords mélodieux,
Ou va porter tes chants à ceux dont l'espérance
Réchauffe encore le cœur joyeux.

JEANNE (avec douceur)

Et pourquoi reprocher à l'oiseau du bocage
Ses doux accents, son chant d'amour,
Il ne voit pas nos pleurs, et dans son gai ramage
Il nous parle d'espoir, de bonheur, de retour.
Ecoute cet accord si suave et si tendre
Comprends-tu ce qu'il dit ?

ANDRÉ (l'interrompant violemment)

     Il dit l'immensité !
Il dit ce que mon cœur n'a pas besoin d'apprendre,
L'espace !... le bonheur !... l'amour !... la liberté !...
Il me dit que là-bas, aux bois impénétrables
Dans le vallon perdu, sur l'abrupte hauteur
Je puis fuir, échapper aux bandes redoutables,
Qui chercheront bientôt partout le déserteur.

JEANNE (avec épouvante)

Que dis-tu, malheureux ! Quel désespoir farouche
T'égare, qui !... Toi !... fuir ! Mais tu ne sais donc pas
Que l'on te poursuivra derrière chaque souche,
Que sur les rocs aigus l'on cherchera tes pas !

ANDRÉ (avec résolution)

Ils chercheront en vain, je connais des retraites
Inaccessibles même aux pieds des animaux ;
Des rochers, dont jamais on n'a gravi les faîtes,
De sauvages vallons envahis par les eaux.
Moi, chasseur montagnard je trouverai la pierre
Où le pied doit poser ; et le tronc desséché
A moi seul montrera la racine de lierre,
Où, sans danger, le bras doit rester accroché.
Puis quand la nuit sur nous jetant son voile sombre
Dérobera ma trace aux sbires de la loi,

(Avec amour)

Pour te voir un instant, pour te parler dans l'ombre
Je viendrai près de toi.

Pierre qui a entr'ouvert la porte de sa cabane et qui a entendu son fils, se montrant tout-à-coup.

PIERRE (avec véhémence.)

Malheureux ! qu'as-tu dit !... toi ! mon fils ! réfractaire !
Jamais !... Ou sur ton front que tombe le tonnerre
Et la malédiction de ton père et de Dieu !

JEANNE (se jetant à genoux.)

Doux anges qui veillez au portique céleste,
Ah ! ne redites pas le blasphême funeste
De ce père en courroux, au maître du saint lieu.

PIERRE (à Jeanne)

Et toi qui sur nos monts par ton amour l'enchaîne
N'as-tu donc pas compris qu'un lâche est méprisé ?

JEANNE (fièrement)

Père, de votre fils, si le cœur est brisé,
N'en accusez pour vous, que son amour extrême.

Car mon amour, à moi, comprenant le devoir,
A su lui rappeler la France qui l'appelle,
Et tout en lui parlant d'espérance et d'espoir,
J'ai dit : A ton pays, tu dois rester fidèle.

PIERRE (à André)

Et, cette voix, dis-moi, de courage et d'ardeur,
N'a pu ni l'enflammer, ni transporter ton cœur!...
Ah ! tu n'es plus mon fils, ni le fils de la France,
Toi, qui si vite hélas ! oubliant sa souffrance
Ose lui refuser ton infime concours.
Mais, as-tu bien songé que l'abîme où tu cours
Te mène au déshonneur, puis... à la mort !...

JEANNE (douloureusement)

       Oh ! père !

PIERRE (continuant)

Oh ! toi qui fus bercé dans les bras de ta mère,
Par les glorieux refrains de nos vieux chants vainqueur
Toi qui, petit enfant, appris que tous les cœurs,
A l'appel insensé d'un conquérant sublime
Accouraient, sans songer que, chacun d'eux victime,
Sous les lauriers conquis, tomberait en héros.
Toi qui, devenu grand, après un long repos,
Vis la France bafouée et traînée à la fange
Toi qui vis en un jour, par une guerre étrange
Notre pays passer de la crainte à l'effroi.
Toi qui vis notre sol, par les talons d'un roi,
Honteusement foulé. Toi qui, de nos montagnes,
Entendis le canon gronder dans les campagnes,
Et qui, trop jeune encor, pour tenir un mousquet
De la mitraille vis le sinistre reflet.
Toi qui sais donc ce qu'est le pillage et la guerre,
La honte d'un pays, la douleur d'une terre

Qui n'a pu, dans ses flancs, engloutir à la fois
Ses insolents vainqueurs, leur armée, et leur roi ;
Tu pourrais lâchement, quand la France t'appelle,
Hésiter un instant, et devenir rebelle !
Mais qui donc défendra désormais ton pays,
S'il ne doit plus compter sur l'aide de ses fils ?...

JEANNE (avec douleur)

Oh ! père, par pitié !...

ANDRÉ (avec résolution)

J'ai compris oh ! mon père !
J'ai compris que pour tous, il était sur la terre,
Un devoir dominant tous les autres devoirs,
Et dont chacun de nous doit subir les pouvoirs.
A quelque nation qu'un sujet appartienne,
Il faut que, forcément, à son tour, il devienne
L'un de ces mille fils qui composent un tout.
Chefs ou simples soldats, solidaires partout,
Chacun dans l'union où la force se puise
Doit apporter d'abord sa volonté soumise :
Si le front doit plier et la main obéir,
Qu'importe, puisqu'un chef peut aussi bien mourir
Que le simple soldat auquel sa voix commande.
La patrie a parlé, et quand elle demande,
Pour l'intérêt commun, les bras en s'unissant
Ne doivent plus former qu'un tout obéissant.
Oui ! nous devons, Français, notre sang à la France,
Nous devons la servir, et si, dure souffrance,
Il faut, à son appel, tout quitter à la fois
Sa mère, ses amours, son foyer, ses grands bois,
Et qu'on sent la révolte au fond de son cœur naître,
Pour la calmer, l'on n'a qu'à se dire : peut-être,
Si la guerre venait, semant partout la mort,

Pour me défendre seul, mon bras serait-il fort?..
Et puisque l'union fait la force sur terre,
Afin qu'on m'aide un jour, allons aider mon frère,
Et devant un devoir, ne reculons jamais.

PIERRE (avec bonheur)

Oh! Ciel! soyez béni! mon fils est bien Français!

ANDRÉ (à Pierre et à Jeanne)

Adieu! Je vais partir.

JEANNE (lui montrant le village)

              Va, la France t'appelle.
Ici, je garderai, pour toi, mon cœur fidèle!

Vᵉ M. PRABONNEAUD.

MARRAINE & FILLEULE

SONNET
à Mademoiselle Hortense H.

Sa taille se cachait sous les plis onduleux
D'une ample robe bleue autour d'elle flottante ;
Sous un petit bonnet de blancheur éclatante,
Pareils au jais brillant, luisaient ses beaux cheveux.
Elle allait et venait, légère et souriante,
 La filleule en ses bras, et, les yeux dans les yeux,
Lui disait des mots doux, tendres et gracieux ; —
Je croyais voir la fée aux enfants bienfaisante.
Hortense, en vérité, ce ravissant tableau,
Tout rempli d'un parfum de fraîche poésie,
Je voudrais le fixer d'un trait de mon pinceau.

Il promet, quand pour vous viendra l'heure choisie,
Où luira dans votre âme un sentiment nouveau,
De bonté, de tendresse une moisson fleurie.

24-25 juin 1878. Auguste Reinhard.

LES SOUVENIRS

BALLADE

> O Primavera, gioventu d'el anno !
> O Gioventu, primavera della vita !
> Metastase.

Sur un coteau perdu de la Haute-Provence
S'élève le manoir berceau de nos aïeux,
Le pied sous le tapis d'une prairie immense,
Et le front dans l'azur des plus splendides cieux,
Sur un coteau perdu de la Haute-Provence.

Une belle fontaine aux ondes de cristal
Forme un petit ruisseau dont l'écharpe argentée
Courait en murmurant vers le jardin d'Aval,
Où les fleurs souriaient à la fée enchantée
De la belle fontaine aux ondes de cristal.

Dans un riant vallon qu'avait planté mon père
Se courbaient en arceaux de jeunes noisetiers,
Auprès d'eux serpentait dans l'ombre et le mystère
Un long sentier bordé de mousse et de fraisiers,
Dans le riant vallon qu'avait planté mon père.

Là naquit l'humble fleur de mon premier amour,
Sous les jeunes baisers de ma Muse naissante.
Pour la première fois, en ce charmant séjour,
S'éveilla dans mon sein une voix triomphante,
Lorsque fleurit la fleur de mon premier amour.

Elle avait la beauté que rêve le poète ;
Un sourire d'enfant, un front pur, radieux ;
De bruns cheveux bouclés pour couronner sa tête ;
Et ces yeux dont l'azur semble un reflet des cieux,
Ces yeux fiers et profonds que rêve le poète.

Quand je passais le soir au détour du ravin,
Je la voyais penchée à la haute fenêtre,
Ecartant ses cheveux avec sa blanche main,
Se penchant plus encor, pour mieux me voir peut-être
Quand je passais le soir au détour du ravin.

Nous prenions, chaque été, le chemin des montagnes,
Laissant derrière nous la ville et ses vains bruits
Pour le calme embaumé de nos chères campagnes,
A l'heure où se levaient aux cieux l'astre des nuits,
Nous prenions, chaque été, le chemin des montagnes.

Roses comme le fruit des roses cerisiers
Nous montions, balancés aux flancs des mules noires,
Mes sœurs, mon frère et moi, dans de frêles osiers,
Mordant à belles dents le pain blanc et les poires,
Roses comme le fruit des roses cerisiers.

La mère souriait de son divin sourire ;
Son regard attendri se reposait sur nous ;
Son amour partageait notre joyeux délire ;
Oh ! que l'air était pur ! que les chants étaient doux !
Lorsqu'elle souriait de son divin sourire.

Au seuil nous attendaient les braves villageois.
Les pauvres connaissaient l'huis de notre demeure ;
La mère savait bien reconnaître la voix
De l'indigent qui souffre et l'orphelin qui pleure...
Ils ne l'attendent plus, les braves villageois.

Un étranger s'endort sous le toit de nos pères.
La charrue a passé sur les fleurs du jardin ;

14.

La cognée a rasé les bosquets tutélaires...
Et la brise du soir berce de son refrain
Cet étranger ! qui dort sous le toit de nos pères.

Mais que sont devenus les maîtres de céans ?..
Plusieurs, les plus heureux, sont sous la froide pierre ;
Les autres, çà-et-là, s'en vont, mornes, errants ;
L'un d'eux habite au loin une île solitaire ;
Ah ! que sont devenus les maîtres de céans ?

Dormez, dormez en paix, chères ombres plaintives !
Si je porte le deuil de ceux que j'ai perdus,
S'il ne m'est point permis de retrouver vos rives
Et les félicités des jours qui ne sont plus,
Du moins, dormez en paix, dormez, ombres plaintives.

Mais quand, ouvrant le seuil d'autres mondes meilleurs,
La voix de l'Infini des sphères radieuses
Nous appellera tous à d'éternels bonheurs,
Alors éveillez-vous, ombres victorieuses,
Pour nous aimer encor dans ces mondes meilleurs.

Léon Maurel.

DEUX LETTRES

I

A mes enfants, à ma femme que j'aime.

« Je vais mourir. A quoi bon, sur ce thème,
Vouloir, en vain, faire couler vos pleurs ?
Il est trop tard : les plus noires couleurs
Ont assombri tous les jours de ma vie ;
Sur moi, la haine, encore inassouvie,
A, de ses coups, frappé les plus mauvais ;
De la fortune immense que j'avais,

Si j'ai sauvé quelques faibles épaves,
Le seul mérite en revient aux entraves
Qui, fort à temps, avaient lié mes mains.
O ma compagne, ô mes pauvres gamins !
En grandissant, oubliez votre père,
Laissez planer sur ma mort le mystère ;
Si l'on vous dit : Qu'est-il donc devenu ?
Vous répondrez : Je ne l'ai pas connu.
Mieux vaut cacher ces hontes de famille
Dans les replis d'une épaisse mantille ;
Car sachez bien qu'il est un préjugé
Qu'aucun décret n'a jamais abrogé :
De ses parents l'enfant porte la faute
Et ne peut plus lever la tête haute,
Dès qu'une tache a, sur son front pâli,
Fait voir à tous que son nom est sali.
Je vais mourir. Oui, je vous abandonne.
Plus de remords, c'est mon heure qui sonne !
Demain, la loi vous chassera d'ici,
Vous, innocents ! les choses sont ainsi.
Le soir, qui sait, où sera votre gîte !
La rue, hélas ! les créanciers vont vite.
Ne tentez pas de les apitoyer,
Semblables gens ne savent que broyer.
Moi, mort, tout cesse, ou cela devrait être ;
C'est dans ce but que je veux disparaître ;
Quoi qu'il arrive, ayez pitié, pardon,
Oubliez-moi sans me maudire, oh ! non,
Adieu ! laissez un père qui vous aime
Vous enlacer dans un baiser suprême. »

Après avoir écrit ces lignes, sans trembler,
Calme au milieu du mal qu'il venait dévoiler,
Le comte, d'un cachet ferma ce pli coupable,
Et sortit, le laissant exposé sur la table.

Il erra bien longtemps en attendant la nuit,
Comme un homme qui court après l'ombre qui fuit,
Et, quand vint le moment d'expier sa faiblesse,
Il eut peur, et, trop tard, regretta sa promesse.
Désormais pour les siens, vivant, il était mort
Et devait assister muet au triste sort
Qu'il leur avait créé... La comtesse mendie...
Une mère peut tout, l'âme devient hardie
Devant l'enfant qui pleure... et lui, dépossédé,
Lâche à ses propres yeux, misérable, obsédé,
Ose mettre le fer tout rouge sur l'enclume,
Et, par le repentir, laisse guider sa plume :

II

« Ai-je été fou ? Quel voile ténébreux
A jeté l'ombre et la nuit sur mes yeux ?
Le désespoir m'a fait perdre la tête
Et je n'ai pu combattre la tempête
Que dans mon cœur soulevait le remords ;
Je succombais sous le poids de mes torts.
La tombe seule, en son néant sublime,
Couvre d'oubli le corps de sa victime.
J'allais vers elle et sans me souvenir
Que l'on n'a pas le droit de se punir,
Que je devais, pour réparer ma faute,
Auprès de vous, du devoir rester l'hôte...
— Vous avez sû mon funeste dessein —
Mais, quand la mort m'ouvrit, large, son sein,
Je reculai, je croyais plus facile
Ce dernier pas ; et, loin d'être docile
A ses appels, je fus épouvanté.
Je refusais le présent convoité.
Qui veut mourir doit se tuer sur l'heure ;
Le temps conseille ; on réfléchit, on pleure,
L'orgueil s'en mêle, il n'est pas de milieu :

Ressusciter quand on a dit adieu,
Paraître lâche, ou bien, du sacrifice,
Par amour-propre, épuiser le calice.
Beaucoup sont morts parce qu'ils ont écrit,
La honte, hélas ! effrayait leur esprit.
Moins courageux, j'ai souffert davantage ;
Vous ignorez, en lisant cette page,
Ce que me coûte un si pénible aveu.
Pareil sujet donne le mauvais jeu.
Des fanfarons, pleins du désir de vivre,
Et se croyant l'autorité d'un livre,
Vantent bien haut les charmes du trépas,
Sans essayer, vers lui, de faire un pas.
Car l'avenir ne promet aucun gage
Pour devancer ce lugubre voyage,
Et, l'inconnu joint à l'éternité,
Refoule l'âme en sa témérité.
Puisqu'en ce jour, ce sentiment m'anime,
Puisque je vis, puisque Dieu de l'abîme
M'a détourné, je ne m'appartiens plus,
Je sors vainqueur des temps irrésolus.
Pardonnez-moi, j'ai besoin de votre aide ;
A la bonté le plus coupable cède,
Et je me rends d'avance à toute loi
Que votre cœur dictera contre moi. »

La réponse vint vite, heureuse et confiante.
Il l'avait bien prévue et la trouva blessante.
Car l'homme est ainsi fait, que, s'excusant fautif,
Il voudrait, à ses pieds, voir l'innocent captif,
Sans songer que le cœur s'attendrit et pardonne,
Mais que l'âme à l'oubli jamais ne s'abandonne.
Alors il se souvint : à son oreille, un mot,
Un mot terrible — lâche — à l'instar d'un grelot,
Tintait, grave, ironique ; au toucher froid de l'arme

Qu'il redoutait la veille, il sentait comme un charme.
Et lui qui, sans honneur, sans scrupule eût vécu,
Par un mot de mépris s'était trouvé vaincu.

Août 1878.   Georges Bouret.

L'AVALANCHE

Les cieux s'étaient ouverts, et des plus hautes cimes
Tous les torrents grossis, débordant des abîmes
En creusaient de nouveaux sans cesse vomissants ;
On entendait au loin les sourds mugissements
De la foudre éclatant, formidables orchestres ;
Ébranlant les échos des régions alpestres ;
L'avalanche avançait ; et ses pas de géant
Ne laissaient derrière eux que débris où néant ;
Le hêtre vigoureux, le sapin centenaire
Comme fétus de paille étaient jonchés sur l'aire,
Les cascades aussi perdant leur majesté,
Lançaient leurs flots salis en ce jour détesté.
Le fléau redouté déjà gagnant la plaine
Pour s'élancer encor semblait reprendre haleine ;
Déjà s'amoncelaient bouillonnant sur les eaux
Les cadavres sanglants des malheureux troupeaux ;
Et le monstre écumant réclamait sa pâture ;
Il s'allongeait dressant sa lourde chevelure
Ainsi qu'une furie agite ses serpents,
Les ruisseaux grossissaient et n'étaient plus rampants,
Les pâtres effrayés fuyaient devant la trombe,
Les plus âgés surpris y trouvèrent leur tombe.
L'un d'eux bien inspiré, ne pouvant se venger
Utilise sa fuite en voyant le danger ;
Devant le monstre ailé qu'avec peine il précède
Il vole il ne court plus, et pour venir en aide

A ceux qui ne connaissent pas encore le péril
Il se dévoue enfin !.... mais... arrivera-t-il ! !
Le pieds meutris, sanglants, il gagne de vitesse
Annonçant l'avalanche et sa cause traitresse,
Car l'on sait que les eaux en cessant de grossir
Poussent leurs flots repus, devant eux, sans mugir,
Les premiers avertis par le bruit de l'orage
S'éloignent aussitôt, mais voici le village ;
Le pauvre pâtre accourt en criant... voilà l'eau !
Sauvez vous ! sauvez vous ! et quittez le hameau !
Puis il tombe mourant ! ! ! la foule insouciante
N'a-t-elle pas eu foi dans sa bouche expirante,
Où ne comprenant pas le noir sens de ces mots
Le traite d'insensé.... Ce n'était qu'un héros !

(Landes.) A. P. de Prous.

LES CARIATIDES

J'ai vu dans un vieux temple, une cariatide,
Le front pâle, le sein gonflé par la douleur ;
Son fardeau l'écrasait, et sa paupière humide
Laissait de temps en temps échapper quelque pleur.

La colonne pesait à sa tête affaiblie ;
Pour elle c'était bien le supplice d'Atlas !
Et pour la soutenir pas une main amie
Qui s'élançât, solide et dévouée, hélas !

Ses genoux fléchissaient déjà, sa noble face
Bleuissait, et ses pieds étaient appesantis.
Oh ! le vieux temple allait la noyer sous sa masse !
— Je ne pus soutenir cette vue, et sortis.

— Et cependant il est bien des cariatides ;

Non du monde matière, — un amas de néant, —
Mais du monde pensée, et j'ai vu bien des rides
Venir creuser les fronts portant un poids géant.

Sous leur entablement qu'il en est qui faiblissent !
Ils raidissent leurs bras et leur cou ; — c'est en vain :
L'ombre envahit leurs yeux, sur le sol leurs pieds glissent,
On voit qu'ils vont fléchir sous leur pilier d'airain.

Les uns sont condamnés à porter le génie : —
Ceux-là, mille pensers, profonds comme le ciel,
S'amassent dans leur tête en colonne infinie
Qui les tient isolés de l'univers réel.

D'autres, c'est la douleur qui se tord en spirale
Sur leur front, arrêtant ainsi leurs tristes pas :
Marbre monstre qui pleure en plainte sépulcrale !
— Mais, hélas ! aucun d'eux n'a le crâne d'Atlas !

Ils ont beau sous le faix redresser leurs épaules :
Sous ses efforts on sent l'affaissement venir.
— Si le ciel s'appuyait sur l'axe de tes pôles,
Terre, tu ne pourrais longtemps le soutenir.

Léon Vian.

SONNET

Du séjour des mortels je crains peu de sortir ;
A quoi bon ici-bas toujours pleurer, gémir,
Quand on sait que la mort termine la souffrance
Soit par la fin de tout, soit par la récompense,

La fin !... n'aurais-je donc vécu que pour finir ??
Dans la tombe, avec moi, tout viendrait s'engloutir ?
Nul soleil ne luirait après cette existence ?
Entre la brute et nous aucune différence ?

Non, non, cet avenir que nous rêvons si beau
Ne peut s'anéantir au fond du noir tombeau ;
Non, ce n'est pas en vain que notre cœur s'enflamme

Aux aspirations d'amour, de liberté,
Et puisque l'infini peut naître dans notre âme
A notre âme infinie il faut l'éternité.

Élise Mouriés,

De l'Académie poétique de France, de l'Académie des muses Santones, de la société de Graphologie, de l'Institut poétique Mont-Réal, etc.

J'AIME, JE CROIS, J'ESPÈRE

Tout me parle de toi dans la nature entière,
    Les bois, la mer, l'oiseau, la fleur.
Partout je t'aperçois, au bord de la rivière
    Et dans la barque du pêcheur.

Je te vois resplendir au milieu des nuages
    Et dans l'azur d'un ciel d'été ;
Je te vois apparaître au travers des feuillages
    Avec ta grâce et ta beauté.

Je te vois quand je dors, je te vois quand je veille,
    Je crois ouïr ta douce voix ;
Je te vois le matin quand l'aurore m'éveille...
    Partout et toujours je te vois !

Je retrouve ton nom au pied de la Madone
    Quand le jour fait place à la nuit ;
J'invoque sa faveur afin que Dieu te donne
    Le bonheur qui souvent s'enfuit...

Alors ma voix devient éloquente et sonore,

Ma prière est pleine d'ardeur...
J'aime, je crois, j'espère, et le Dieu que j'implore
Verse le calme dans mon cœur...

C'est que mon cœur est plein de ta céleste image
Et qu'il en est tout radieux...
Mais, hélas ! vains jouets d'un séduisant mirage,
Mon cœur aimant trompe mes yeux !

Chevalier de Schoutheete de Tervarent.

Château de Moeland, 18 Juillet 1878.

CHARNOZ

A M. l'Abbé Cottin, Curé à Charnoz

Dans le désert sans fin de gravier et de sable
Où le soleil torride épanche inexorable
Des rayons embrasés, ne connaissez-vous pas
Une oasis de paix, de calme et de silence,
Poétiques bosquets d'où la noire souffrance
Semble avoir éloigné ses pas ?

Ce modeste hameau caché dans la verdure,
Qui n'a pour ornements que ceux de la nature,
Où le voyageur las vient chercher le repos,
Où l'âme aime rêver loin des soucis du monde,
Sur ses coteaux fleuris ou les bords de son onde,
Le connaissez-vous ?... C'est Charnoz.

Il se dessine au loin dans les cimes neigeuses
Des Alpes que le jour colore radieuses,
De près, c'est un bosquet perdu dans l'horizon
Et de plus près encor, c'est l'Eden de la terre,
C'est un petit hameau tout enlacé de lierre
Comme le nid dans le buisson.

Le pampre en serpentant cache de ses tourelles
Le sceau noir que le Temps laisse tomber sur elles ;
Les vieux murs chancelants sous son feuillage vert
Semblent se rajeunir chaque jour davantage,
Comme si le présent jetait pour marquer l'âge
    La jeunesse au seuil entr'ouvert.

L'Ain d'un autre côté transparente et sans ride,
Ecoule lentement ses flots d'onde limpide,
Et laissant la fraîcheur, l'abondance à ses bords,
S'enfuit et va se perdre au loin sous les ombrages
Au bruit étourdissant d'un millier de ramages
    A ses eaux mêlant leurs accords.

Oh ! j'aime ce hameau pour moi rempli de charmes,
Qui rappelle à mon cœur tant de beaux jours sans larmes,
Tant d'instants écoulés dans le sein de la paix,
Tant de rêves d'azur non troublés par le doute,
Dans le calme des nuits savourés goutte à goutte
    Comme devant vivre à jamais.

« Laisse, laisse, rêveur, ce monde imaginaire
Où toujours tes esprits cherchent à se complaire,
Me dit en ricanant quelque sceptique froid ;
Laisse là ton hameau que tout le monde ignore,
L'astre qui luit ici, bien sûr ne le colore
    Mieux que n'importe quel endroit ;

Ou montre nous alors ses beautés grandioses,
Quelqu'œuvre sans pareille... et non toujours des roses,
Des feuillages fardés du plus grand mauvais goût ;
Où sont donc ses palais, ses colonnes, ses dômes,
Où tout le monde enfin puisse admirer les hommes ?
    Dis que nous les chantions partout.

Oh ! que m'importe à moi vos gloires par trop vaines,
Le temps les voit venir ces œuvres surhumaines !

Lui n'a pas de créneaux, ni de blasons d'honneur,
Mais on dort bien aussi dans la tente rustique
Et le chaume vaut mieux qu'un palais magnifique
    Pour cacher à tous le bonheur.

Non, il n'a pas non plus de la magnificence,
La pompe que les fous appellent : la puissance ;
C'est la ville, du beau, le véritable lieu,
C'est ici que l'on voit cette chose qu'on nomme
En s'inclinant très-bas les œuvres d'un grand homme ;
    Là-bas on a celles de Dieu !

Oui, courez admirer, mais laissez-moi, moi-même
Admirer en rêvant les spectacles que j'aime ;
J'aime revoir en songe aux longs jours de l'été
Mon ciel bleu d'autrefois, miroir impénétrable
Où mon œil recherchait le mystère insondable
    De l'insondable immensité.

Oh ! le bourdonnement sourd, incompréhensible
D'une foule compacte, animée, insensible
Que court précipiter une nuit au plaisir,
Sa tête aux flots divins que le Très-Haut lui verse
Et son cœur à l'amour dont l'ivresse la berce
    Comme une fleur par le zéphyr,

Non, ne me touche pas ; cette voix monotone
Des pâtres attardés que la brise d'automne
Vient jeter aux échos si doux des alentours
Respire un calme sain où l'on sent la tendresse,
Tandis que le premier trouble, fascine, oppresse,
    Le second apaise toujours.

Les monuments altiers, les vastes cathédrales,
Les candélabres d'or, les hymnes triomphales
M'inspirent bien un peu de crainte à leur aspect,
Mais dans sa beauté simple une église champêtre

Avec son vieux clocher éveille dans mon être
    Plus d'amour et plus de respect.

Surtout quand d'un beau soir, errant dans la campagne
Mon œil suivait les feux colorer la montagne,
Sans savoir où porter ses regards incertains,
Et que, bien doucement, sur l'aile de zéphire
L'*Angelus* en vibrant comme une voix de lyre
    Me rappelait chez les humains.

Qui pourrait retracer son accent ineffable
Qui tressaille en passant dans les feuilles d'érable
Que la voix ne dit pas, mais que le cœur entend ?
Et ses frissons furtifs qui font friser la vague
Pour prodiguer après leur senteur fraîche et vague
    Au solitaire qui comprend ?

Qui peindrait tout ceci : nos longues promenades
Dans le sentier de mousse aux ombreuses arcades
De saules et d'ormeaux aux pieds couverts de thym,
La chèvre y bondissant, folle et capricieuse,
Du rocher au buisson et tout à coup peureuse
    Revenant nous lécher la main ?

Ou vers la fin du jour lorsque l'eau dort profonde,
Nos bras nus s'ébattant dans le cristal de l'onde
Et nos corps balancés par les flots assoupis ;
Ou les fendant soudain et traçant un sillage
Allant vers d'autres bords sortir dans le feuillage,
    Un banc de sable pour tapis ?

Ou la blonde Cérès au trésor de pomone
Offrant ses gerbes d'or pour couronner l'automne ;
Ou le sang de la vigne à flocons blancs ou noirs
Tirés au bruit des chants de ce vendangeur ivre
Qui savoure en riant la sève qui l'énivre
    Et tombe à flots de ses pressoirs ?

Ou l'hiver étendant son blanc manteau d'hermine
Sur les derniers débris des buissons d'aubépine ;
Nos méditations devant les cieux obscurs,
Assis près du sarment tout pétillant dans l'âtre
Et suivant tout pensifs quelque flamme rougeâtre
    Qui se dessine sur les murs ?...

Non, les langues de l'homme ont chacune leur borne,
Loi qu'on ne comprend pas, mais où Dieu nous suborne
Lorsque nous essayons de nous dresser trop haut :
Ses œuvres sont à lui, lui qui les a créées
Quiconque veut tracer leurs ébauches sacrées
    Ne peut que tomber en défaut !

Envoi

Mais il est dans mon cœur un nom bien doux qui vibre
Et qui me fait parfois tressaillir fibre à fibre,
Ce nom est mon excuse : il est mon seul plaisir ;
Pardonnez l'importun s'il frappe au presbytère
Car c'est là-bas, je crois, que toute chose amère
    Cesse au seul mot de souvenir.

Voilà de ce hameau pourquoi la chère image
M'apparaît bien souvent comme dans un nuage
Et si d'être inconnu c'est là tout son destin,
Si personne ne sait que toujours il existe
Un reste d'âge d'or dans un désert si triste,
    Mon cœur se souvient du chemin !

(Lyon)   Frédéric Marty

DE LA POÉSIE
ET DE SES DIVERS GENRES

A M. Eugène Maccarry,
professeur de littérature française à Voltri (Italie).

TROISIÈME ET DERNIÈRE LETTRE

> « Les meilleures années de votre existence sont celles, croyez-le, que vous passez avec vos orateurs, vos historiens et vos poètes, ces grands enchanteurs de l'âme, et sur les hautes cîmes où ils vous emportent dans l'air pur et la pleine lumière. » DURUY.

La poésie est le chant de l'âme, la manifestation la plus sublime de la vie intellectuelle de l'homme, de l'homme dont elle révèle les pensées saintes sur Dieu, sur le monde, sur l'humanité et sur lui-même. De ces quatre objets qu'embrasse la poésie découlent naturellement les genres divers dans lesquels se renferme et se meut l'individualité de chaque poète.

La poésie est le premier langage des peuples, c'est par elle qu'ils expriment leurs sentiments naïfs. L'homme isolé lui-même exhale ses vœux, ses souffrances, ses joies et ses mélancolies sous la forme rythmique. Oui, le premier balbutiement des langues est la poésie. Le poète qui s'inspire du divin, du beau, du bien et du sublime, en un mot, la poésie dont l'auteur de Rolla a si bien marqué la source dans ce vers :

« Ah ! frappe-toi le cœur, c'est là qu'est le génie ! »

La poésie, grande même quand elle s'égare dans un réalisme sans idéal, mais d'une grandeur qui retarde alors l'humanité dans son éternel progrès ; la poésie, qui surgit partout au milieu des peuples, dans l'Inde, en Egypte, en Grèce, à Rome, en Italie, en Allemagne, en France, partout où il y a des hommes dont le cœur bat au spectacle des grandes choses ; la poésie qui peut peindre les splendeurs du ciel, les magnificences de la terre, les grandeurs de l'humanité et les frémissantes aspirations du cœur de l'homme ; la poésie enfin, qui, lorsqu'elle n'est pas l'institutrice des peuples, comme elle l'a été souvent dans les grandes œuvres qui se dressent comme des jalons dans les étapes de l'humanité, en a toujours été la divine consolatrice.

Ah! depuis le divin chantre d'Ionie, Homère, jusqu'à celui de Jocelyn, quelle pléïade d'esprits ravissants qui racontent l'homme à l'homme et font connaître toutes les splendeurs du ciel et de toute la nature, qui peignent les passions qui agitent le cœur, les luttes qui dressent les nations les unes contre les autres, toutes les faiblesses, toutes les gloires, toutes les violences et enfin toutes les consolations.

Echos du ciel, la voix de ces génies immortels conservent la foi, seule tradition des grandes choses et qui font dire à l'humanité : je ne puis m'abaisser, mon passé m'oblige ! Le passé, il est là dans les poésies saisissantes de ces fils de la pensée qui ont adopté le langage le plus propre à fixer les enseignements dans la mémoire des peuples.

La poésie pose ses colonnes milliaires sur la route de l'esprit humain, et l'esprit humain glorifié marche en avant. C'est ainsi que la haute poésie, la poésie lyrique ne s'attache qu'à chanter les grandes lignes de la vie, les hautes actions des peuples, les élans sublimes et les aspirations de l'homme vers l'Être éternel et immuable. La haute poésie ne chante que les vérités absolues, elle laisse les incidents qui n'ont qu'une existence éphémère. Le poète qui a chanté les peuples et l'humanité, Dieu et les splendeurs de la terre, l'harmonie céleste et humaine, eh bien, ce poète est éternel, et il s'appelle Homère!!

Mais l'esprit humain peut descendre de ces hauteurs et célébrer les choses de la vie de chaque jour, en n'oubliant jamais la dignité de la forme ni celle de la pensée. Cet oubli menace tout poète qui se laisse aller aux conceptions qui ont pour but l'esprit de parti. La poésie de parti est essentiellement éphémère, elle peut briller sans doute quelquefois, mais son éclat n'est que passager, elle s'éteint comme les passions qui l'ont dictée, elle sacrifie aux exaltations souvent injustes du moment; elle oublie l'art vrai, l'art qui vient du cœur et qui fait le génie, pour n'écouter que les excitations malveillantes de l'esprit étroit toujours injuste, toujours exagéré, en dehors de la vérité.

Mais gardons-nous bien toutefois de confondre la poésie de parti avec la poésie patriotique; là, le champ est vaste et fécond, et la vibration puissante. Les accents bénis qui s'élancent du cœur de l'homme pour l'affranchissement et l'indépendance de son pays, l'hymne qui retentit dans le cœur de tous et qui crie vers Dieu pour que sonne le signal de la grandeur dans la liberté, ne sont pas des poésies de parti, mais bien des aspirations nationales.

Ah! aussi nous dirons à la phalange des poètes qui descendent comme nous dans les tournois ouverts à notre émulation : montez, montez, vers les régions sereines de la poésie lyrique, élevez les cœurs, et par là vous élèverez le niveau des lettres afin qu'elles sortent d'un réalisme menaçant pour entrer à pleines voiles dans un idéal qui porte l'homme aux grandes actions et le rend fort contre les adversités et les injustices. Nous leur recommanderons de considérer la poésie comme le plus haut enseignement de l'homme à l'homme, comme la manifestation la plus élevée de la vie humaine, comme une explosion du cœur devant les magnificences de la création ; car, et que l'on ne l'oublie pas, le poète, c'est l'interprète des sentiments de ceux qui ne chantent pas, dit Lamartine, il est le barde de l'humanité ; il révèle aux autres ce qui était endormi en eux, ce qui n'était qu'un pur instinct, une sorte de frémissement intime dans le cœur ; il lui donne une forme, il le fait jaillir au dehors, il le rend palpable, saisissable et visible ; le poète, il mêle sa voix aux bruits de toutes les harmonies, aux murmures des millions de voix qui chantent dans les bois, sur les eaux, dans les plaines chargées de leurs belles moissons ; le poète, il chante l'ivresse de la vie au milieu de cette nature sublime et si variée que Dieu nous a donnée pour la faire tourner à notre bonheur ; le poète, il chante devant les splendeurs de la lumière, devant les mystères de la nuit, devant les profondeurs de l'Océan, devant les lointains immenses de nos poétiques montagnes qui montent et se confondent dans l'azur du ciel ; le poète, il sent son front s'incliner, en présence de toutes ces grandeurs, il le trouve dans toutes ces magnanimes puissances, et alors se révèle en lui la plus grande force de sa pensée : son aspiration vers Dieu....

Ah ! cette aspiration l'élève et le grandit ; il se sent avec elle et par elle porté au plus haut sommet de l'idéal, et de là ses hymnes coulent avec abondance et versent leurs flots vivifiants. L'émotion vraie peut seule donner au poète sa force et sa vraie grandeur ; mais combien sa puissance ne s'accroît-elle pas quand il chante la magnificencee des œuvres du Créateur. Voyez David, ce premier des lyriques ; quelle grandeur dans l'enthousiasme, quelle élévation dans l'humilité même ! Quelle vérité dans la passion, quelle splendeur dans les images. Les psaumes du Roi-Prophète, les prières de l'homme à Dieu, tous les hymnes sacrés qui célèbrent la grandeur de l'Être-Suprême sont incontestablement les plus belles poésies que l'oreille puisse entendre.

Dans leur premier enthousiasme, dans leur première foi, les hommes chantent les louanges du Créateur, l'ode alors prend des ailes, les psaumes, les cantiques sont l'expression naturelle de cette phase de la vie des peuples.

Puis l'homme sent en lui cet irrésistible penchant qui l'entraîne vers cette Ève éternelle et toujours puissante qui le charme et le séduit, et il chante ses chants d'amour; il chante la naissance et les grâces de ses enfants, alors naît la poésie, la seconde poésie, celle du cœur et du dévouement : que de parfums répandus sur ce sol vivifiant de la famille et du devoir, du sacrifice et de l'abnégation.

L'homme alors se sent entouré, il a un cercle dans lequel il se meut! il l'embellit par les soins de ses mains, et il abrite autour de lui tout ce qui lui est cher. Il chante l'arbre qu'il a planté, la forêt qu'il a défrichée, il les chante aussi au bord du ruisseau qui lui donne sa fraîcheur, sur les rivages embaumés du fleuve qui baigne ses champs et féconde ses prairies, ou bien, près des falaises de la mer immense qui lui révèle l'infini et le lui fait comprendre. Il célèbre la nature ou l'œuvre du Créateur, c'est la troisième phase de la poésie humaine.

Mais d'autres peuples menacent ces possessions jusque là si paisibles; le clairon jette au vent sa fanfare, les guerriers se lèvent, les luttes commencent, et alors, et alors naît la poésie patriotique. Ses ailes de feu se déploient, elle est comme l'ange exterminateur qui vient de tirer l'épée, et le poète qui s'appelait David prend le nom de Tyrtée. Ses accents chaleureux excitent les combattants, tout marche, tout court, tout vole à la frontière, et le sol sacré de la patrie est préservé d'une invasion funeste.

La poésie patriotique ceint une auréole éclatante et sans tache; c'est la passion, il est vrai, mais noble, élevée, pure et sacrée; par elle les peuples font des prodiges de valeur, et l'indépendance des nations est souvent la récompense de ses mâles accents. A sa voix les guerriers accourent et réalisent des actes de courage dont la grandeur étonne les générations qui se succèdent.

Mais il est un genre de poésie qui les réunit tous, qui les résume tous, genre qui demande une profusion de qualités si merveilleuses que l'on s'étonne toujours qu'il se soit rencontré des poètes assez complets pour l'aborder victorieusement, c'est le poème épique. Pour lui le poète doit être soldat par le courage, par l'élan et l'héroïsme pour peindre l'héroïsme; il faut qu'il embrasse tout, qu'il connaisse l'histoire des peuples, leurs grandeurs et leurs faiblesses, la guerre, les arts, l'industrie; analyse les ressorts qui font mouvoir les nations, décrive les combats avec leur héroïsme et leurs horreurs: les villes saccagées, les nations errantes, les palais incendiés, les fleuves rougis de sang, les morts entassés sur les morts, les pauvres mères, les sœurs et les épouses inconsolables sur les cadavres de leurs époux, de leurs enfants et de leurs frères. Mais l'émotion donne du prix à toutes les compositions élevées, et quel que soit le genre qui fasse vibrer son émotion, que le poète se maintienne toujours dans les hautes régions de la pensée, et que, lorsqu'il veut peindre les passions emportées, qu'il les exprime toujours noblement: il ne faut jamais blesser la délicatesse du goût, il faut se rappeler sans cesse que, selon l'expression d'un grand écrivain, la poésie c'est la beauté parlée.

Laissons la satire pour flétrir les vices sociaux ; là est sa place. Ne faisons pas de la satire personnelle et chassons-la toujours de notre sanctuaire.

L'Élégie plaintive qui cherche la nature, mais la nature en tant qu'idée, est dans un degré de perfection qu'elle n'a jamais atteint en réalité, bien qu'elle pleure cette imperfection, comme quelque chose qui a existé et qui est maintenant perdu.

L'Idylle représente l'humanité poétiquement, au temps de son innocence et de sa félicité première...

Nous nous résumons : — Lamartine a dit dans ses entretiens si remplis de grandes et nobles pensées : « La Poésie est un cri : nul ne le jette bien retentissant s'il n'a été frappé au cœur. Job n'a crié à Dieu que dans ses angoisses. De nos jours, comme dans l'antiquité, il faut que les hommes qui sont doués de ce don choisissent entre leur génie et leur bonheur, entre la vie et l'immortalité. »

Oui, le poète, pour être complet a besoin de passer par toutes les douleurs, par toutes les joies, par toutes les angoisses, par tous les enthousiasmes ; il lui faut l'idéal et le sentiment du réel, la passion et le calme philosophique ; l'énergie et la mansuétude ; le courage et la plus ineffable pitié ; l'amour du pays et de l'humanité ; et puis l'étude, l'étude incessante, non-seulement du cœur de l'homme, mais de toutes les phases par lesquelles a passé le monde.

Madame de Staël comprenait bien cette nécessité pour le poète, de tenir toujours élevé le niveau de son esprit et de son cœur : « Ne placez pas l'idéal en bas, disait-elle, laissez-le où Dieu l'a mis, dans les hauteurs de l'âme et dans les horizons du Ciel.

L'enthousiasme, disait-elle encore, est l'encens de la terre vers le ciel, il les réunit l'un à l'autre. L'inspiration dans les arts est une source inépuisable qui vivifie

depuis la première parole jusqu'à la dernière : amour, patrie, croyance, tout doit être divinisé dans la poésie lyrique ; c'est l'apothéose du sentiment . . . . . .
. . . .

Que chacun donc pousse son cri, que chacun chante, mais avec noblesse, mais avec dignité. Heureux si nous pouvons dire un jour : Nous avons révélé à la France, à notre sainte et bien chère patrie, des talents qu'elle ignorait, des hommes qui témoignent de l'élévation du niveau des études qu'il ne faut jamais laisser s'abaisser, sous peine de plonger la société dans un réalisme sans grandeur, sans forces, qui désarme la société et la livre aux passions mauvaises et aux plus détestables instincts.

La poésie, c'est la lutte contre le mauvais goût, contre l'ignorance, contre les penchants pervers ; c'est, en un mot, la plus haute expression du travail, et le travail c'est, par excellence, la dignité dans la vie humaine !!!....

Provence, Octobre 1878   Denis Ginoux.

L'ANNEAU MYSTÉRIEUX.

Les bords du Rhin ont été chantés par les poètes ; les gourmets ont vanté ses vins, et Victor Hugo, dans son voyage en Allemagne, a immortalisé ce beau fleuve.

Comme au temps où Victor Hugo écrivait ses impressions en présence des ruines qui couronnent les coteaux du Rhin on voyait, il y a plus d'un siècle les restes encore debouts, d'un château féodal où Burg appelé Niederwald, du nom de ses anciens possesseurs. Le dernier des barons de Niederwald compromis dans une conspiration politique, proscrit et ruiné, s'était vu obligé de quitter l'Allemagne.

Bien des années s'étaient écoulées, et le burg peu éloigné de la petite ville d'Hildeberg, tombait en ruines, lorsqu'il fut vendu par l'Etat. Les terres seules avaient quelque valeur, et les servitudes avec quelques réparations pouvaient encore être habités. Le tout fut acheté à bas prix par un ancien capitaine de marine nommé Ravesberg ; il s'y logea avec sa famille composée de sa femme et de trois enfants : un garçon et deux filles.

Le burg situé sur le versant d'un coteau, dominant le cours du Rhin, abrité par les pins et les chênes séculaires d'une immense forêt, offrait l'aspect le plus pittoresque. Du côté opposé au milieu d'un petit bois de châtaigniers, un ruisseau murmurant précipitait ses eaux franchissant des quartiers de roches jetés çà et là par la nature.

Des fenêtres du burg de Niederwald on avait dû jouir de la vue d'un immense pays, traversé par le Rhin, mais du lieu habité par la famille du capitaine on ne voyait qu'un jardin potager au nord et un parterre de belles fleurs au midi. Cependant il se trouvait près du bois de châtaigniers une espèce de préau, n'ayant pour tout abri, qu'un cyprès gigantesque si vieux qu'il était difficile de supposer combien il était de fois séculaire.

Ce lieu avait un aspect sinistre et désolé ; les heures de la nuit en passant sous cette ombre semblaient y laisser une empreinte plus lugubre encore.

On prétendait que ce préau avait été choisi par les barons de Nierderwald pour lieu de sépulture. Quelques croix à demi-brisées, et des restes de pierres tombales semblaient justifier ce soupçon. On disait même que le cyprès gigantesque abritait la tombe d'un des premiers barons de Niederwald. Malgré la tristesse de l'habitation le capitaine Ravensberg y vécut de longues années, il y mourut après avoir établi son fils qui avait embrassé l'état militaire et se maria en Allemagne ; sa fille aînée

Gertrude épousa un riche négociant de Dantzig. Toute la famille ainsi dispersée il ne resta au Burg que la veuve du capitaine et sa jeune fille Emma. L'éducation de cette dernière fut faite par une tante Mlle Elisabeth de Wendel, sœur de Mme Ravensberg. Cette bonne parente qui avait longtemps enseigné les langues et la musique dans un couvent en Italie, trouva une élève intelligente dans Emma. Malgré l'isolement où elles se trouvaient ces trois femmes unies par une étroite sympathie passaient une vie tranquille et douce.

Ce fût ainsi qu'Emma atteignit sa dix-huitième année; sa beauté, dans une vie de retraite et d'étude, avait pris un caractère de sérieuse bonté ; ses traits étaient réguliers, ses cheveux d'un blond cendré, et le regard de ses grands yeux d'un bleu gris, exprimait la tendresse et l'intelligence mélée à une exquise sensibilité. Quoique presque sans fortune Emma trouva de nombreux et riches prétendants à sa main, mais elle resta indiférente à toutes ces preuves d'amour et ne voulut pas quitter sa mère et sa bonne tante Beth.

Le changement des saisons était le seul évènement de ce coin de terre. Depuis la mort de son mari Mme Ravensberg avait pris en affection le préau et le cyprès dont les branches lui offraient un abri impénétrable, puis au retour du printemps le sol se couvrait de violettes, les premières fleurissaient sur les bords du ruisseau ombragé de buissons d'aubépine, et de roses sauvages; les oiseaux du ciel gazouillaient sous la feuillée, les libellules se poursuivaient sur la surface de l'eau, et l'hirondelle voyageuse bâtissait son nid dans les combles du vieux chateau. Cependant quel que soit le genre de vie qu'on ait choisi, et le lieu qu'on habite, nul ne peut échapper à la douleur et à la mort, ce fut celle de Mme Ravensberg qui vint apporter le désespoir dans cette demeure si paisible.

Longtemps Emma espéra que ses soins et sa tendresse lui rendraient la santé, ce fut en vain. Ma fille, disait Mme Ravensberg à Emma, Dieu m'appelle à lui, il faut nous soumettre à sa volonté; ne parlez pas ainsi, mère chérie, comment pourrais-je supporter l'existence sans vous, disait Emma en fondant en larmes? Mon enfant, reprenait sa mère, Dieu n'a pas voulu qu'on formât ici-bas des affections aussi durables que notre vie, car s'il en était autrement nous y serions trop attachés pour la quitter. Malgré les pleurs et les prières d'Emma le moment fatal arriva. Ce fut à la fin d'un beau soir de printemps que Mme Ravensberg expira entourée de ses enfants venus de loin pour assister à ses derniers moments. Les étoiles brillaient au firmament, et les chants du rossignol semblaient insulter à la douleur d'Emma.

Il se passa bien des jours et des semaines avant qu'elle reprît un peu de calme et pût goûter les consolatioms que lui prodiguait la bonne tante Beth. Sa sœur Gertrude et son frère se réunirent pour la supplier de renoncer à la triste solitude où elle vivait, afin de venir habiter avec eux, avec sa tante; tous leurs efforts furent inutiles, Emma refusa de quitter le lieu où elle avait passé sa vie près de sa mère. Il lui semblait qu'un lien mystérieux l'attachait à ce vieux burg, où chaque site, chaque objet lui rappelait celle qu'elle avait tant aimée. La tante Beth partageait ce sentiment; souvent vers le soir elles allaient s'asseoir sous le cyprès devenu pour Emma l'objet d'un culte puisé dans la religion des souvenirs.

Lorque le crépuscule descendait lentement sur la terre et que la première étoile se montrait à l'horizon, un oiseau caché sous l'ombre épaisse faisait entendre un chant doux et triste ; alors Emma fondait en larmes croyant encore entendre la voix de sa mère. L'hiver arriva, les quelques amis qu'Emma et sa tante avaient à Hildeberg les visitaient rarement, elles préféraient d'ailleurs la solitude. Depuis longtemps la tante Beth désirait explorer l'intérieur du vieux burg renfermant encore des meubles et différents objets. Ces ruines inspiraient d'ailleurs une grande frayeur aux habitants du petit bourg de Nierderwald, qui prétendaient qu'un des anciens barons avait caché sous ses murs un trésor, autour duquel son âme inquiète venait errer à minuit. Emma et sa tante qui ne partageaient pas ces craintes superstitieuses résolurent d'explorer les chambres délabrées. Leur recherche fut couronnée de succès, la tante Beth trouva d'anciens manuscrits précieux pour l'érudition dont elle était douée. Ce fut ensuite un petit orgue oublié dans la chapelle, et puis le portrait d'un jeune homme portant le costume des barons de Nierdervald. Comme toutes les allemandes, Emma était pianiste et peintre. Ce fut donc avec plaisir qu'elle s'empara de l'orgue et du portrait. Ce dernier fut placé dans sa chambre et sans pouvoir s'en rendre compte, elle éprouva une vive sympathie pour l'original de ce portrait mort sans doute depuis plusieurs siècles.

L'hiver qui suivit la mort de Mme Ravensberg se passa pour les deux femmes dans la tristesse et l'isolement. Lorsque la neige tombait à grands flots, que le mugissement du vent dans la forêt se mêlait aux cris de l'orfraie, on eût dit que la nature entière s'associait à la douleur d'Emma. Quelquefois dans les nuits froides et calmes on entendait la voix d'Emma se mêlant aux sons de l'orgue et chantant une mélancolique ballade. Souvent le souvenir de sa mère lui arrachait des larmes et sa voix se perdait dans de douloureux soupirs.

L'hiver s'enfuit, le printemps revint, et cette douce saison qui exerce son influence sur toute la nature rendit les pensées d'Emma moins sombres. Elle revint avec sa tante s'asseoir sous l'ombre du cyprès dont les bourgeons d'un vert tendre faisaient ressortir le noir feuillage habituel.

Un soir que les deux femmes se trouvaient réunies à l'ombre de leur arbre chéri, et qu'elles s'étonnaient de la persistance avec laquelle leur petit chien Zéphir grattait la terre au même endroit depuis une semaine, elles virent accourir Zéphir apportant dans sa gueule un objet qu'il déposa sur les genoux d'Emma. Cette dernière reconnut bientôt que c'était un anneau d'or sur lequel des signes cabalistiques et des caractères en langue inconnue étaient tracés. Dans l'intérieur un arbre accompagné de lettres à demi effacées. Après avoir examiné cet anneau qui allait très bien à son doigt, Emma s'imagina qu'il devait avoir appartenu à quelqu'un des barons enterrés dans le préau. Alors elle craignit de faire un sacrilége en s'emparant de la dépouille d'un mort, puis l'attrait involontaire qu'elle éprouvait pour ce singulier bijou l'emporta et elle le mit à son doigt.

Lorsqu'elle fut à Hidelberg, Emma fit examiner son anneau par les savants professeurs de cette ville, mais aucun d'eux ne put déchiffrer les caractères qui y étaient tracés. Les orfèvres déclarèrent que l'or en était très-pur mais fort ancien.

La tante Beth et sa nièce ne bornaient pas leur promenade aux environs du burg, elles faisaient des excursions dans la forêt de pins d'où s'exhalait une senteur amère et vivifiante, mêlée à celle des menthes qui croissaient à leurs pieds. Après avoir marché longtemps elles arrivèrent près d'une petite fontaine où se désaltérait, en ce moment, une femme pauvrement vêtue d'étoffes de couleurs éclatantes mais usées ; un enfant était dans ses bras, la teinte brune de sa peau comme celle de sa mère révélaient leur race bohémienne. L'aspect misérable de la mère et de l'enfant causèrent une vive pitié à Emma, elle s'approcha d'eux et offrit quelques pièces d'argent et la collation qu'elle avait dans son panier à la bohémienne. Celle-ci parut vivement touchée de la bonté d'Emma, elle lui dit qu'elle faisait partie d'une troupe de zingaris qui campait dans la forêt. Puis elle pria Emma de lui permettre de lire l'avenir dans sa main, elle y consentit. Mais à peine la bohémienne eut-elle aperçu l'anneau qu'Emma portait au doigt, qu'elle s'écria : Voilà un bijou qui exercera une grande influence sur votre destinée ; sachez que celui qui expliquera les caractères tracés sur cet anneau deviendra votre époux. — S'il en est ainsi, reprit Emma, je ne me marierai jamais, car nul n'a pu, jusqu'ici, reconnaître ces signes et lire dans cette langue inconnue. — Celui qui doit éclaircir ce mystère arrivera bientôt de très loin, mais défiez-vous de l'imposture qu'on pourrait mettre à la place de la vérité. En achevant ces mots, la bohémienne s'éloigna en souhaitant à Emma richesses, bonheur et santé.

A partir de ce jour, Emma attacha une idée superstitieuse à cet anneau, il lui semblait que l'or en devenait brun, ou, poursuivant les dispositions de son âme, elle se persuadait parfois qu'il avait appartenu au personnage dont le portrait lui inspirait autant de sympathie que s'il eut représenté un être vivant.

Peu après la rencontre de la bohémienne, une réunion de savants archéologues se tint à Hildeberg, il y en avait de tous les pays ; et dans le dessein de savoir le secret de l'anneau, Emma résolut de le leur présenter. Ne voulant pas se séparer du bijou qu'elle regardait comme un talisman, elle se rendit à Hildeberg et présenta son anneau à la docte réunion qui ne put expliquer le sens des caractères, ni l'époque où ils avaient été tracés sur le mystérieux anneau. Peu après il arriva au congrès un savant italien appelé le docteur Mansfredi qui ayant entendu parler de l'anneau se rendit au burg et après s'être présenté respectueusement aux deux dames, leur expliqua le but de sa visite et demanda à voir l'anneau qui causait tant d'inquiétude à tous les archéologues. Le doctcur Mansfredi ne paraissait pas avoir plus de 35 ans, ses traits réguliers étaient beaux, sa taille élégante et ses cheveux d'un noir d'ébène ; mais tous ses avantages disparaissaient en présence du regard perçant, et dominateur de ses grands yeux d'un brun fauve. Aussi en le voyant Emma éprouva-t-elle un sentiment pénible de crainte et de défiance.

Cependant Mansfredi après avoir examiné l'anneau prétendit que les caractères tracés à l'extérieur n'étaient que la devise des barons de Niederwald, *Amour et Guerre*, puis examina longtemps les signes hiérogliphiques placés à l'intérieur et déclara qu'ils appartenaient à une langue depuis longtemps disparue et sans application possible. De retour à Hildeberg le docteur communiqua à la docte réunion le résultat de ses recherches, en s'appuyant de documents puisés dans des manuscrits des époques les plus anciennes. La découverte inattendue faite par Mansfredi fut confirmée par tous les savants réunis à Hildeberg. Cependant Mansfredi qui n'avait pu voir la beauté d'Emma sans en être épris continua ses visites au burg, et ne tarda pas à lui déclarer son amour.

La jeune fille en fut plus effrayée que charmée, tout en reconnaissant la supériorité du docteur sous le rapport de l'intelligence, de la science, et de la position sociale. Emma éprouvait une crainte instinctive et superstitieuse en pensant à la possibilité d'une union avec Mansfredi.

On ne pouvait assurément lui supposer aucunes vues intéressées, puisqu'il était riche et qu'Emma ne l'était point. Mademoiselle, lui disait souvent le docteur, doutez-vous de mon amour, et comment persistez-vous à vivre au milieu de ces ruines, tandis que votre beauté et votre intelligence vous appelent dans un monde dont vous feriez l'ornement ? J'aime ce coin de terre où j'ai vécu si longtemps et qui garde le souvenir de tous ceux qui m'ont été chers ; je ne désire pas les plaisirs du monde qui me sont inconnus, et je crains d'enchaîner ma destinée à celle d'une autre. Ces conversations se renouvelaient chaque jour. Le docteur de plus en plus amoureux s'efforçait de vaincre l'obstination des refus d'Emma. Il y était puissamment aidé par la tante Beth dont Mansfredi avait gagné l'amitié ; aussi à force d'observations et d'instances elle finit par arracher à sa nièce un demi consentement à son mariage avec Mansfredi.

De ce moment, la tristesse d'Emma s'augmenta, en regardant l'anneau resté à son doigt, elle remarqua que l'or terni était devenu presque noir ; enfin elle se rappelait la prédiction de la bohémienne : celui qui expliquera les caractères tracés sur cet anneau deviendra votre époux ; mais elle avait ajouté : défiez-vous des imposteurs. Emma se demandait s'il n'était pas un de ceux dont la bohémienne avait voulu parler. Enfin il n'était pas jusqu'au portrait qui lui inspirait tant de sympathie dont l'expression semblait triste. Cette préoccupation la suivit dans son sommeil, et une nuit elle vit en songe le portrait se détacher de son cadre, et celui qu'il représentait venir vers elle pour l'avertir de renoncer au mariage projeté.

Un soir qu'Emma était en proie aux plus douloureuses anxiétés, elle vit s'avancer vers le burg un jeune homme qui paraissait étranger au pays. Sa beauté, ses traits distingués, ses grands yeux bleus et ses cheveux blonds accusaient son origine germanique.

Plus l'étranger s'avançait vers Emma, plus elle était frappée de sa ressemblance avec le portrait trouvé dans le vieux burg. Madame, lui dit-il en la saluant avec respect, vous voyez en moi non un proscrit, mais un exilé qui vient, comme un étranger, revoir un lieu jadis possédé par ses ancêtres. Quel que soit votre nom, soyez ici le bienvenu, puisqu'un sentiment filial vous y ramène, dit Emma, en ajoutant : Je vais vous présenter à ma tante, Mlle de Wendel.

Cette dernière reçut bien le jeune homme qui ne tarda pas à lui apprendre qu'il se nommait Norbert de Niederwald ; son père, le baron de Reinolds, était mort en exil ; mais le parti politique qu'il avait embrassé après avoir été vaincu, triomphait maintenant, et, s'il eût vécu, le baron fût rentré dans sa patrie. Toutefois en mourant il avait chargé son fils de racheter le burg et une partie des terres confisquées sur sa famille. Norbert était trop jeune lorsqu'il quitta l'Allemagne avec son père, pour se rappeller le vieux château ; mais il avait si souvent entendu le baron en faire la description, qu'il croyait reconnaître chaque lieu et chaque détail du paysage. Il vit avec attendrissement le portrait d'un de ses ancêtres, avec lequel ses traits offraient une si singulière ressemblance.

Norbert revint chaque jour au burg où l'attirait une vive sympathie. Quoiqu'il n'ignorât pas les engagements d'Emma avec Mansfredi, il n'en était pas moins devenu amoureux d'elle, tandis que de son côté, la jeune fille l'avait aimé, en quelque sorte, avant de le connaître. Norbert demanda à voir l'anneau, cause première de ses engagements avec le docteur Italien. Après l'avoir examiné, Norbert s'écria : vous avez été trompée par Mansfredi ; voilà bien la devise de ma famille qui se trouve autour de l'anneau, mais voyez dans l'intérieur le cyprès et les caractères qui semblent le couronner, ils signifient que sous cet arbre repose, avec le fondateur de ma famille, un trésor d'une valeur inestimable.

A cette révélation, la tante Elisabeth et sa nièce furent frappées d'étonnement. Bientôt elles comprirent le motif intéressé qui avait engagé le docteur Mansfredi à hâter son mariage avec Emma, qui possédait sur ces terres un trésor dont il se promettait de s'emparer. Instruit de ce qui se passait, Mansfredi voulut nier la connaissance qu'il avait eue du trésor, mais Norbert lui prouva que c'était impossible. Le trésor devait désormais appartenir à Norbert qui prétendit qu'Emma ayant acheté le burg, tout ce qui s'y trouvait était sa propriété. Ce différend devait s'arranger par un mariage. Le docteur s'éloigna en reprochant à Emma de lui préférer un nom illustre et la perspective d'une grande fortune. Emma et Norbert se ressemblaient par le cœur et une mutuelle sympathie. Pour la première fois, Emma comprenait le bonheur de deux êtres réunis par l'amour dans une seule et même existence ; Norbert fit constater son état social, il produisit des titres et un acte de naissance emportés par son père au moment de sa fuite. Le mariage d'Emma et de Norbert fut célébré à l'église du village le plus voisin du vieux burg, la fortune du jeune baron n'étant pas encore assez considérable pour le faire reconstruire. Ainsi la prédiction de la bohémienne s'était réalisée ; celui qui avait révélé le mystère de l'anneau était devenu son époux. Il y avait encore dans la famille de Niederwald une autre légende sur cet anneau qui devait être retrouvé par une femme qui rétablirait la fortune et la splendeur des descendants du premier possesseur de l'anneau, un baron de Niederwald. Quoi qu'il en soit, Norbert ajoutait peu de foi à l'existence du trésor et ne pouvait se résoudre à violer la tombe d'un mort et à détruire le cyprès regardé comme sacré par ses ancêtres, avec le désir si peu réalisable de trouver un peu d'or.

Emma partageait à cet égard les scrupules de son mari. Le sort mit fin à cette pieuse abstention. Un orage épouvantable frappa le cyprès dont la destruction parut d'un fâcheux augure à Norbert, l'existence de sa famille ayant toujours semblée attachée à celle de cet arbre.

La tombe ensevelie là, depuis des siècles fut retrouvée avec le trésor, qui servit à relever les murs de l'ancien burg et à lui rendre sa première splendeur. Au printemps suivant Norbert s'aperçut avec joie que des rejetons du cyprès avaient survécu à l'orage et montraient une nouvelle jeunesse. La tante Elisabeth mourut dans un âge très-avancé, entourée de ses petits-neveux qu'elle aimait comme ses enfants. Le bonheur d'Emma et de Norbert fut sans mélange. Quant au mystérieux anneau, il s'est conservé religieusement de génération en génération dans la famille de Niederwald, qui le regarde comme le palladium sacré destiné à la protéger.

(*2 Novembre 1878.*) Marie Leroyer de Chantepie.

CONSIDÉRATIONS HISTORIQUES
SUR LES DIVERS ASSAUTS DONNÉS A ROME

Tout absurde qu'est le fatalisme, tout inadmissible qu'il est en saine philosophie, tout opposé qu'il se trouve à l'esprit du christianisme, n'aurait-il pas quelque ombre de réalité quand on l'interroge dans les catastrophes historiques, ou dans ces événements profonds qui, surgis à l'existence, ont marqué les âges et les époques du monde? et dès-lors ne pourrait-on pas définir l'histoire, les annales de l'avenir, mais de cet avenir qui ne nous est connu que lorsque la liberté humaine simultanée à l'intuition divine, a déterminé l'explosion des faits?

Quand Bossuet, dans la simplicité sublime de ses élans oratoires, s'écriait: « Alger, fière des dépouilles de la chrétienté, tu tomberas un jour! » ou, quand le prince des poètes latins proclamait au foyer de la civilisation romaine : « *Imperium sine fine dedi* » l'empire que je fonde est éternel ; l'un et l'autre pénétrés de cet enthousiasme, de cet esprit prophétique qui ruisselle d'en haut dans le cœur des mortels, ne lisaient-ils pas dans l'avenir l'histoire des nations ? Rome monarchique, Rome républicaine triompha de ses ennemis. Rome impériale devint la maîtresse du monde. C'était peu pour elle d'avoir conquis le sceptre de l'univers, le sceptre de la pensée, le sceptre des arts, son avenir suspendu sur son front ne se bornait pas là ; sa domination devait être doublement romaine, elle devait s'étendre sur les cœurs; elle en devint en effet la souveraine par une religion douce, pacifique, cimentée par le sang des martyrs. Parcourons les phases de son histoire et montrons dans les assauts qu'elle eut à soutenir ou à redouter, dans ses succès comme dans ses revers, la grande pensée de l'éternité de son existence.

L'an 395 de sa fondation, Rome venait de conquérir Véies quand les Gaulois, à leur tour, s'emparèrent de Rome ; les vainqueurs d'Allia sont guidés par Brennus ; c'en était presque fait de sa vie politique ; elle est sauvée par Manlius, relevée par Camille, cet illustre exilé.

Après le départ des Gaulois, elle résiste à de nouvelles invasions, défait ou voit s'éloigner toutes les bandes gauloises qui vinrent encore la menacer. Quels terribles adversaires que ces Gaulois! Tout en eux tient du prodige; leur stature, leurs armes, leur courage, leur force, leur aspect ; la terreur que leur nom imprimait à Rome était si grande, qu'on armait à leur approche et les esclaves et les prêtres, ce qu'on ne vit jamais en d'autres circonstances ; et, ajoute l'historien Sallustre, quand les Romains combattaient contre un ennemi quelconque, ils cherchaient à sauver l'honneur, mais contre les Gaulois ils défendaient leur vie. La Gaule cisalpine et l'Illyrie étaient en grande partie devenues Rome ; elle soutint alors contre Annibal la seconde guerre punique. Malheur à Rome, un jour plus tard ! Cet audacieux conquérant fit-il une faute, une faute réelle en ne profitant pas de la victoire ? Non, disent Montesquieu et quelques habiles politiques : Annibal ne se laissa point entraîner.

...... A cet esprit de vertige et d'erreur,
De la chute des rois funeste avant-coureur ;
(RACINE).

Annibal avait senti qu'il échouerait par trop de précipitation devant l'énergie des Romains qui lui était connue, comme il échoua plus tard devant la sage lenteur de Fabius, qu'il ne prévit nullement, lenteur qui provoquait son dépit et parfois ses sarcasmes.

Rome a tremblé sur ses fondements : cent mille Cimbres et Teutons ont conjuré sa ruine. Un homme de la lie du peuple, vrai génie républicain, un soldat de fortune, un général illétré, Marius, a décidé du sort de Rome, préparé sa grandeur, et les champs de la Provence admirent encore avec orgueil le mont monumental, vieux témoin de sa victoire. Rome s'émut devant le glaive de Catilina, mais son astre ne cessa de briller ; la voix du libérateur de la patrie planait sur elle, et cette voix qui s'éteignit avant le temps, murmure encore à la postérité le crime des triumvirs. Les clartés de l'incendie de Néron resplendissent encore ; la Rome de brique n'existe plus, oh regrets ! ô douleur ! mais la Rome de marbre d'Auguste répète encore l'hymne de la désolation de Troie...... Marchons, et d'un pas rapide suivons les progrès de l'histoire.

Telles s'élaborent en silence dans le centre de la terre les matières inflammables qui, plus tard, en sillonnent les flancs, et jaillissent à la lumière, couvrent au loin les régions voisines de cendres, de laves et de feux ; tels s'agloméraient et se condensaient dans le septentrion de l'Asie, ces Gots, ces Vendales, ces Huns, ces Ostrogots, que vit erruptionner l'Europe. Ni la peste, ni les inondations, ni les tremblements de terre, ni tous ces fléaux qu'on pourrait supposer, n'auraient autant dévoré l'Italie que ces hordes successives de barbares improvisés.

Mithrydate avait pendant quarante ans balancé la fortune dans l'Orient, lassé tout ce que Rome avait de grands généraux : c'était Lucullus, c'était Sylla, c'était Pompée. On eût dit que son ardeur guerrière, son indomptable valeur, sa haine pour les Romains, rajeunissait dans chacun de ces mêmes barbares qui, périodiquement, se présentèrent jusqu'à plus de six cent mille pour saccager l'Italie et Rome. Et si l'histoire osait emprunter à la fable ses merveilles, elle ajouterait que, semblables à l'hydre de Lerne, ils pullulaient sous les corps herculéens qui les décimaient, ou que des dents de leurs crânes épars, semis des champs de bataille, il s'en enfantait des guerriers armés, comme de celles du serpent de Cadmus.

Depuis le règne des Césars jusqu'à Honorius, les incursions multipliées des barbares ne purent entamer l'Italie. Déroulons-en ici le rapide tableau, nous y pressentirons tout l'avenir de Rome.

Topin, Hippolyte,
Professeur à l'Ecole Normale supérieure de Pise.

RIGOBERT CHAFOUINET.

Autrefois, tous les maîtres d'école étaient taillés sur le même patron. Les voulait-on dépeindre, alors ? Rien de plus facile ; la mise en scène ne changeait jamais.

Dans une veste de bure, en forme de frac, on boutonnait un type efflanqué dont les jambes, mal recouvertes par des pantalons trop courts, laissaient voir, à partir de la cheville, de vilains bas bleus qui s'allaient perdre dans d'immenses souliers plats. Une tête chauve, armée de besicles, émergeant d'un col de toile non rabattu, complétait le personnage. On ajoutait pour ne rien oublier, dans une main la tabatière classique avec un mouchoir rouge, et dans l'autre un bâton, et vous aviez, à peu de frais, un magister en chair et en os, guindé et content de lui, prêt à vous faire des citations latines.

Aujourd'hui, c'est autre chose.

Et Dieu me préserve de vous parler sur un ton aussi dédaigneux de Monsieur Rigobert Chafouinet, lauréat du dernier concours sur les participes, instituteur communal de Saint-Boniface-le-Chevelu, que je me permets de vous présenter !

C'est avec canne et lorgnon, s'il vous plaît, qu'il se prélasse, et, le dimanche, il endosse un habit noir tout neuf, qui, avec le surplus de l'accoutrement, ne lui a pas coûté moins de dix-huit francs à la *Belle Jardinière*. On va même jusqu'à affirmer qu'il avait mis de superbes gants jaunes, le jour de son installation, pour faire visite aux autorités.... Pommadé, frisé, bouche en cœur, rayonnant de satisfaction personnelle, il a tout pour lui : jeunesse, honneurs, brevet complet, succès académique..... Et, si les talents d'un homme pouvaient suffire à lui assurer des jours heureux, certes il aurait eu le droit de compter sur une félicité sans trouble.

Mais il est écrit que le bonheur parfait n'est pas de ce monde. Il arrive même souvent que l'aveugle destin frappe les premiers ceux qui mériteraient le plus d'être épargnés ! Ce fut, hélas ! le cas de notre héros : au moment où sa tranquillité paraissait hors d'atteinte, un accident déplorable est venu détruire à tout jamais son prestige dans la commune, et l'oblige à solliciter son changement.

O Vanité! pourquoi faut-il que les grands esprits soient, comme le vulgaire, assujettis à ta loi? La nature, qui n'avait pas marchandé ses faveurs à monsieur Chafouinet, l'avait, par malheur, affligé de ce dangereux défaut, dont une once, dit le proverbe, gâte un quintal de mérite. Il en nourrissait depuis longtemps le germe, quand une fatale circonstance en hâta l'éclosion. Celui qui perdit Troie mit le feu aux poudres.

Distinguez-vous, au sommet de la colline, ce vieux manoir dont la façade grise est encadrée harmonieusement dans un fond de sapins verts? Semblable à ces rochers escarpés qui cachent dans leurs flancs les fleurs les plus rares, cette lourde cuirasse abrite la plus charmante jeune fille du pays, Mlle Julie du Villard.

Allègre et sémillante, il faut voir cette belle créature à l'heure où les jours de fête, elle descend en trottinant du château pour venir à la messe, appendue au bras de son père comme une rose à sa tige, heureuse de ses quinze ans, sans soucis, jetant aux uns son sourire, aux autres son regard, éblouissant tout le monde et communiquant sa joie à ceux qui l'entourent.

C'est ainsi qu'elle apparut à Rigobert Chafouinet pour la première fois le dimanche de Quasimodo. Jusqu'alors, il l'avait à peine vue, pendant les rares sorties que le couvent lui accordait.

L'effet qu'elle produisit sur cet infortuné, je renonce à le décrire. Les personnes les moins clairvoyantes en furent frappées. La vieille Gertrude, entre autres, la servante de Monsieur le Curé, remarqua que les psaumes, entonnés d'habitude avec méthode et conviction par l'instituteur, avaient été expédiés d'une voix monotone et pressée, sauf le *Magnificat*, enlevé avec une chaleur inaccoutumée. Détail non moins grave : Ursule Espérandieu, zélatrice du Saint-Rosaire, observa que Jeannot, le petit du sacristain, s'était amusé pendant tout l'office avec un *viret* de pomme de terre, sans avoir été réprimandé, tandis que d'autres enfants, profitant de la même impunité, avaient joué aux boutons !

Quand l'homme est sous le coup de violentes émotions, il éprouve le besoin de les épancher. Chafouinet, sous ce rapport, ne différait pas du commun des mortels. Mais, comme il était doué d'un caractère hardi, — ce qui est le propre des âmes d'élite, — il forma une grande résolution : « Julie a pris mon cœur, j'aurai le sien, » dit-il, et, sans plus attendre, il commença l'attaque.

Oubliant toute autre préoccupation, même le boire et le manger, il s'enferma dans sa chambre aussitôt qu'il fut libre, et travailla toute la nuit pour écrire à son idole une épître digne d'elle.

Et voila pourquoi, le soir, dans l'auberge des *Trois Rois*, le père Tardiveau, dit Prêt-à-Boire, attendit vainement jusqu'à l'heure de la fermeture son partnaire habituel, Chafouinet, qui ne parut pas.

Le château, silencieux d'ordinaire et presque triste, était, depuis quelques jours déjà, rempli d'une animation bruyante. Les vacances de Pâques y avaient ramené le frère de Julie, Emmanuel. Suivant à Paris le cours de la Faculté de Droit, ce n'est qu'à des intervalles peu fréquents que celui-ci pouvait venir se retremper dans la vie de famille. Aussi, quel plaisir il éprouvait à revoir son père, le docteur Du Villard, et sa chère sœur, qui vivait si délaissée depuis la mort de sa mère !

Ce n'étaient, du soir au matin, que des causeries interminables, et des éclats de rire à faire tressaillir les murailles du donjon !

Selon sa coutume, Emmanuel s'était fait accompagner d'un de ses camarades les plus intimes, Gabriel Delacroix, fils d'un avocat des environs. Ce jeune homme à l'humeur moqueuse et à l'esprit jovial, était depuis longtemps un habitué de la maison ; par ses piquantes saillies et ses histoires drôles, il y entretenait toujours une franche gaieté, qu'appréciait particulièrement Mlle Julie.

Une grande familiarité régnait entre les trois jeunes gens : M. du Villard père, au lieu d'y porter ombrage, se plaisait à voir unis par une cordiale affection ceux qu'il considérait déjà, presque au même degré, comme ses trois enfants. A dire vrai, ils étaient faits pour se comprendre. Ne se quittant jamais, ils n'avaient entr'eux aucun secret.

Un matin qu'ils déjeûnaient tranquillement sur la terrasse, en l'absence du docteur appelé au dehors par les exigences de sa profession, le facteur entra :

— Mademoiselle aurait-elle l'obligeance de se déranger pour un instant ? demanda-t-il.

— Est-il nécessaire que je sorte ? répondit-elle.

— Oui, s'il vous plaît ; j'ai pour vous une commission qu'on m'a spécialement recommandée.

Elle sortit avec le facteur et rentra presque aussitôt, une lettre à la main.

— Voilà qui vaut la peine, fit-elle : un billet doux que M. Chafouinet, notre instituteur, m'adresse mystérieusement !

— Hum ! observa Gabriel, un billet doux de l'instituteur ! la chose ne manque ni de sel ni d'à-propos. J'espère que nous en profiterons tous, ajouta-t-il.

— Tenez plutôt, dit Julie en lui tendant la lettre...

et lisez ce morceau de haut goût avec toute la grâce qu'il comporte.

Gabriel déchira l'enveloppe, et commença la lecture à haute voix :

« Mademoiselle,

» J'ai vu votre taille élancée comme un Y, vos con-
» tours élégants comme ceux d'un B, votre chevelure
» aussi noire et luisante que l'encre moderne, et j'ai été
» fasciné ! »

Un immense éclat de rire accueillit ce début.

Gabriel continua :

« Si, vers la fontaine de Nachor, Eliézer vous eût
» aperçue, ébloui par vos attraits, ce n'est pas à Rebecca,
» fille de Bathuel, qu'il aurait donné la préférence :
» il vous aurait choisie pour compagne d'Isaac.

» Comme vous auriez écouté sa prière, exaucez la
» mienne ; vous auriez par complaisance éteint la soif
» de ses dix chameaux ; daignez, par charité, prendre
» en pitié l'embrasement de tout mon être... Accordez-
» moi, je vous en conjure, une entrevue, et qu'il me
» soit permis de vous approcher un instant pour noyer
» mon ivresse dans l'extase de votre contemplation. »

— Mais c'est *immense !* dit-il en terminant : c'est moi qui me charge de la réponse.

— Comment, de la réponse ? interrompit Julie, et que voulez-vous dire à cet imbécile ?

— Qu'il vienne, parbleu, vous voyez bien qu'il est tourmenté ! on ne fait pas souffrir les gens de la sorte, et vous êtes trop cruelle, en vérité !

— Non, faites-moi le plaisir de le laisser tranquille : une réponse lui servirait d'encouragement, et ce serait fâcheux, car il paraît être de ceux auxquels on ne peut impunément permettre de prendre un pied chez soi.

— Bah ! c'est un badaud qui nous amusera, dit

Emmanuel. Il faut le faire venir, et nous rirons à ses dépens : cela lui servira peut-être de leçon.

— Comme c'est charitable, reprit Julie, et surtout bien pensé ! Vous n'ignorez pas combien ce malheureux est antipathique à papa, qui le chasserait s'il le voyait ici.

— C'est vrai, depuis les exploits de Chafouinet pendant la période électorale, votre père l'a pris en grippe; mais nous pouvons sans inconvénient l'amener un jour où nous serons seuls : il nous divertira.

— La cause est entendue ! dit en manière de conclusion Gabriel : je me charge du reste.

Il courut au secrétaire, prit la plume, et écrivit :

« Venez jeudi soir à cinq heures. Vous entrerez par
» la porte du jardin, et vous monterez sans bruit
» jusqu'à ma chambre, au haut de la première rampe
» de l'escalier, vous frapperez, et il vous sera ouvert. Je
» serai seule. »

Quand il eut fini :

— Je ne signe pas, dit-il à Julie, ainsi vous n'êtes pas compromise et ne craignez rien. Je ne vous demande qu'un peu de bonne volonté, et tout ira pour le mieux!

Il descendit chez le fermier, et donna sa lettre à un enfant, qu'il chargea de la porter sans retard à l'intéressé.

Moins d'une heure après, Chafouinet la recevait. Chose étrange ! cette lettre inespérée, qui aurait dû le faire bondir de joie, il la lut en frissonnant, et la jeta, tout décontenancé, sur une table. Ainsi qu'il arrive fréquemment à ceux qui obtiennent une faveur sur laquelle ils n'avaient pas le droit de compter, même après l'avoir sollicitée, une certaine appréhension s'empara de lui. Si l'amour est aveugle, la crainte a cent yeux toujours ouverts. Il vit face à face, et en se l'exagérant, le danger auquel il s'était exposé.... Son imagination se donnant libre carrière, il se représenta surpris et chassé par M. du Villard, traqué par les fermiers, ridiculisé par la population.... et il trembla.

Mais soudain, se ravisant (la vanité reprenait le dessus):

Comment, dit-il, j'ai peur ? Et depuis quand un premier succès doit-il faire douter des autres ?.. Aux audacieux la fortune, et à moi Mlle Julie !

Revenu de sa première inquiétude, il n'eut pas de peine à se persuader qu'il méritait à tous égards la faveur dont il était l'objet, et ne songea plus qu'à se préparer à l'entrevue qu'on lui avait accordée.

Au jour fixé, minute pour minute, il entra dans le jardin. Gabriel qui, d'une fenêtre où il était posté, guêtait son arrivée, avertit Mlle Julie, qui se prépara de bonne grâce à jouer son rôle. La chambre où elle alla attendre le patient était partagée en deux par une cloison vitrée que protégeaient des rideaux. Derrière ces rideaux, l'on pouvait tout entendre et voir sans être vu. C'est là que Gabriel et son ami s'installèrent. Ils étaient juste assis, quand un coup timide heurta la porte. Julie ouvrit doucement, et Chafouinet parut.

Pâle et tremblant d'émotion, il s'inclina jusqu'à terre, sans trouver la force de parler.

Mlle Julie, avec un sourire encourageant, l'invita à s'asseoir et à se remettre.

« Il fait un vilain temps, dit-elle, et vous êtes bien courageux d'affronter la pluie pour moi. »

— Et pour nous, murmura Gabriel en à-parte, car la journée aurait fini aussi tristement qu'elle a commencé si ce godelureau n'était arrivé pour nous égayer.

— Tais-toi, chuchota Emmanuel, et écoute : il va débiter son compliment.

Rigobert Chafouinet venait, à ce moment, de tirer de sa poche un papier qu'il déroula. Prenant un ton tragique, il commença :

« Mademoiselle,

» On peut voir dans tous les tableaux qui représen-
» tent les chœurs célestes que les chérubins, quand ils
» s'approchent de la Vierge pour célébrer ses louanges,
» tiennent à la main des rouleaux sur lesquels sont
» notés leurs chants sacrés... Vous trouverez naturel, je
» l'espère, que je me présente à vous dans la même
» attitude qu'eux... Etant, à tous égards, aussi accom-
» plie que la Reine des anges, il est bien juste que vous
» soyez honorée comme elle !... Et, si je cherche au
» ciel mes sujets de comparaison, pourrais-je faire
» autrement ?... Quand j'aurais énuméré tout ce que
» je connais d'admirable ici-bas, tout, jusqu'à la
» *méthode érotématique*, et même la règle des adjec-
» tifs, est-ce que ces créations de la pensée humaine
» égaleraient le charme infini de vos perfections
» divines ? »

Un petit éclat de rire, qu'Emmanuel ne put contenir, interrompit la lecture.

Après une légère pose, qui suffit à Chafouinet pour se rassurer, notre homme continua.

Le rouleau était long : toutes les qualités, physiques et morales, de Mlle Julie y passèrent successivement, et beaucoup d'autres !... En courtois soupirant, l'auteur n'avait rien oublié, pas plus l'œil étincelant que le pied mignon, qu'il trouva séduisant, « quoique » petit.

Le compliment se terminait ainsi :

« Je m'arrète, Mademoiselle, il faut savoir se borner.
» Les chérubins, dont j'invoquais l'exemple en commen-
» çant, me serviront encore de modèles à la fin... Pour
» varier les plaisirs, ils font alterner leurs chants
» avec les accords des harpes séraphiques. Si vous

» le permettez, ma voix se taira pour laisser chanter
» ma clarinette. »

Avec l'agrément de Mlle Julie, il exhiba son instrument favori, jusqu'alors dissimulé dans une de ses manches, et se mit en devoir d'en tirer des sons aussi baroques, sinon plus, que le boniment qu'il avait lu.

Cette musique enragée durait depuis quelques minutes, et les assistants commençaient à trouver que le solo de clarinette était moins gai que le compliment, quand un bruit de voiture attira leur attention.

— Voilà mon père qui rentre, soupira Emmanuel.

— C'est gênant, dit Gabriel, mais le mal n'est pas grand : tout peut s'arranger.

Sortant aussitôt de sa cachette, il entra brusquement dans la chambre, et s'adressant à Chafouinet stupéfait :

— Je suis content de vous, dit-il, et vous êtes, dans votre genre, un véritable artiste.., mais, si vous ne voulez pas être dérangé d'une manière peu agréable par M. du Villard qui vient de rentrer, vous n'avez que le temps de vous cacher : suivez-moi sans crainte, et, pourvu que vous ne fassiez pas de bruit, je me charge de vous.

Plus mort que vif, le malheureux suivit, les yeux fermés, celui qui se présentait comme son sauveur.

Arrivés devant une vieille porte aux gonds rouillés, triste comme celle d'un cachot, Gabriel dit à Chafouinet :

— Voilà où vous allez vous retirer ; prenez patience un instant, la délivrance ne se fera pas attendre ; mais surtout ne bougez pas, car autrement vous seriez perdu !

Il ouvrit la porte, poussa son protégé à l'intérieur, et referma. Par précaution, et pour empêcher que le prisonnier ne se fît prendre en sortant trop tôt, il tourna dans la serrure la clef, qui était à l'extérieur, et rejoignit son ami.

La voiture qu'on avait entendu n'était pas, comme on l'avait cru, celle du docteur. Trois dames en descendirent. Dès qu'elles aperçurent Mlle du Villard qui arrivait à leur rencontre :

— Mon enfant, dit la plus âgée qui était la mère des deux autres, nous venons t'importuner un peu tard ; mais le temps est si mauvais et le tonnerre si effrayant, que notre cheval se donne peur : nous attendrons en ta compagnie que la grosse averse soit passée, n'est-ce pas ?

Julie embrassa ses jeunes amies et leur mère, et fit, comme il convenait, les honneurs de la maison.

La société des nouvelles venues était trop agréable et intéressante pour ne pas absorber toute l'attention des jeunes gens. Gabriel ne pensa plus à son prisonnier.

Chafouinet, cependant, n'était pas sur un lit de roses. Quand, descendu des hauteurs célestes où son imagination l'avait égaré, il fut rendu à la sombre réalité, des pleurs abondants coulèrent de ses yeux. Et, franchement, ce n'était pas sans raison.

Le taudis dans lequel il se trouvait renfermé était une vieille chambre de retirage, abandonnée depuis longtemps aux rats et aux araignées.

Il laissa tomber machinalement son corps sur le plancher, tandis que son esprit s'abîmait dans les plus amères réflexions.

De temps à autre, il se redressait sur son séant pour écouter, comme s'il avait pressenti l'approche de son libérateur. Espoir déçu ! suprême illusion !... Plus d'une heure s'écoula, qui lui parut un siècle, et personne ne parut.

Soudain, une idée rassurante éclaira son esprit.

Il réfléchit que son réduit n'était qu'au premier étage de la maison, que la fenêtre n'était pas grillée, et que, peut-être, il lui serait facile, par un saut peu dangereux, de mettre un terme à son supplice. Il ouvrit doucement la croisée, pour se rendre compte de la situation, et essaya de calculer les difficultés et les chances de succès d'une évasion.

Mais la nuit était trop noire, il ne vit rien.

La position, pourtant, n'était plus tenable. Il se décida à une résolution héroïque, et, monté sur la fenêtre, il prit son courage à deux mains et se lança dans l'espace.

Un clapotement de mauvais augure annonça sa chute.

Au bruit qu'il fit, les chiens du château aboyèrent, ceux des fermes voisines répondirent, et l'écho, leur complice, porta au loin leurs cris d'alarme.

Le malheureux était tombé dans la fosse à purin.

Les efforts qu'il tenta pour se dépêtrer n'aboutirent qu'à exciter les chiens, gardiens trop vigilants; ils firent tant de vacarme, qu'en moins d'une minute toute la maison fut sur pied.

Et voilà Jean Carcasset, dit l'Eveillé, qui, muni d'une lanterne, arrive à la tête des fermiers vociférant comme un sourd :

— Qui est là? Sainte Vierge! Est-il possible? M. Chafouinet qui se débat dans la *crapière*!... Venez voir!... Au secours!... etc. etc.

— Tiens, disait Gabriel, il paraît que notre homme a continué de se croire un ange, et qu'il a pris son vol mais les ailes lui ont manqué !

— Quel dommage, répondait Emmanuel...

— Il a une chance, cependant, c'est qu'il pleuve si fort: avec une averse pareille, son bel habit sera rincé en moins d'un quart-d'heure, et demain c'est bien du diable s'il porte les traces de l'accident !

Les mauvaises plaisanteries allaient bon train, quand la voiture du docteur entra dans la cour.

Ce fut pour Chafouinet le coup de grâce. Il supplia tout le monde de le laisser partir : « Au nom du ciel, s'écria-t-il, permettez-moi de me dérober à la vue de M. du Villard !... Epargnez-moi ce dernier affront... J'oublierai tout le reste !... »

La leçon était suffisante : on lui tendit une perche qu'il empoigna d'une main crispée ; il sortit de l'égoût ruisselant d'eau sale, et sans dire merci, s'enfuit en courant par la porte qu'on venait d'ouvrir !

Le lendemain, dès l'aube, il descendit dans son école. A son air résolu, quoique triste, on voyait que son orgueil s'était noyé dans la crapière....

Les murs de la salle étaient garnis de tableaux portant des sentences morales et religieuses à l'usage de la jeunesse.

Il alla droit vers celui sur lequel était la maxime : « Aimez-vous les uns les autres », il le décrocha, et ne le replaça qu'après y avoir ajouté cette sage réflexion, fruit de son expérience : « Prenez votre position pour
» règle de vos prétentions ; si, aveuglés par la vanité,
» vous voulez échapper à ce frein nécessaire, l'équili-
» bre sera rompu, et tout ce que vous aurez imaginé
» pour vous élever ne servira qu'à aggraver la honte
» de votre chute ! » *Amen.*

P. F. MIQUET.

LES DEUX AMIS.

Tous les poètes ont chanté l'amitié, et tous les poètes ont eu raison ; car s'il est un lien, doux et aimable, c'est bien celui qui unit deux cœurs d'une si indissoluble façon, que ce lien existe même au-delà du tombeau.

Je ne prétends pas faire ici le panégyrique de l'amitié, ma plume serait trop faible pour en retracer tous les charmes ; mais si, indulgent lecteur qui me lisez, vous avez fait un choix, dans vos jeunes années de collége ou de pension, parmi l'un de vos camarades, choix qui souvent dure la vie entière, méditez cette simple et touchante histoire :

Louis de Cerny et Jules Duprat avaient tous deux vingt ans ; ils s'étaient connus bien jeunes ; ensemble ils avaient fait leurs classes, et l'amitié étroite qui les avait unis, ne s'était jamais démentie.

Louis de Cerny était blond, grand, élancé, comme un palmier libre de son essor ; il avait le front haut, une tête intelligente et martiale, et quoique doué d'une grande fermeté de caractère, son cœur était accessible à la sensibilité.

Malheureusement pour lui, à cet âge où l'on ne comprend pas encore, Louis avait perdu sa mère, et Monsieur de Cerny, son père, vieux rejeton d'une antique noblesse, tout occupé à exploiter d'immenses terrains qu'il possédait dans le Dauphiné, avait de bonne heure livré à des mains mercenaires l'éducation de son fils unique. C'était donc bien doux pour Louis d'avoir rencontré, au collége de Grenoble, un ami ou plutôt un frère dans Jules Duprat.

Avec quelle douce joie, avec quel ineffable plaisir Louis et Jules voyaient arriver les vacances qui, tous les ans, leur permettaient d'aller prendre leurs joyeux ébats au château de Monsieur de Cerny placé dans un des plus beaux sites des environs, dans une belle vallée baignée par l'Isère.

Jules Duprat n'avait, lui, jamais connu ses parents: son oncle, devenu son tuteur, par les derniers désirs de son père, mort du choléra en 1832, le tenait au collége. La fortune de Jules était des plus médiocres et dans le cours de notre histoire nous verrons jusqu'à quel point, il pouvait compter sur les libéralités de son oncle.

Monsieur Duprat, tuteur de notre jeune héros, était, aux yeux du vulgaire, un petit commerçant et il habitait un quartier retiré de Grenoble. Il vendait, dans une petite boutique noire et enfumée, du drap, quelques rouenneries, de la cotonnade et un peu de mercerie; mais son état réel était plutôt prêteur sur gages, usurier.

Je n'essaierai pas de vous décrire cette tête have et allongée, ses yeux ternes et enfoncés, ce front pâle fortement déprimé, ces joues creuses au teint couleur citron, ce corps long, maigre, en quelque sorte posé sur de hautes échasses mal articulées, ses doigts crochus, etc.; en un mot, voilà son portrait : un vautour affamé. Il avait pris pour compagne un oiseau de nuit, digne couple parfaitement assorti.

Maintenant, je crois inutile de vous dire que Jules ne devait pas trouver grand amusement dans cet intérieur, et que si, d'un côté, le sordide avare trouvait son profit à ce que son neveu passât tout le temps des vacances chez M. de Cerny, Jules, de son côté, pour un tout autre motif, ne devait pas non plus en être bien fâché. Hâtons-nous d'ajouter, à la louange du neveu, qu'il était tout le contraire de l'oncle, tant au moral qu'au physique. Jules Duprat est un bel adolescent, à la chevelure brune, au regard franc et hardi, à la physionomie avenante et réjouie.

J'ai dit que nos jeunes gens avaient vingt ans ; leurs études étaient brillamment terminées et tous deux avaient conquis vaillamment leurs grades universitaires. Il ne leur restait donc qu'à entrer dans la carrière de leur choix.

M. de Cerny avait souvent dit à son fils : « Travaille bien, acquiers une solide instruction et je te laisse l'arbitre de ton avenir ». Et Louis, après six mois de réflexions, s'était décidé pour la carrière des armes.

Jules, lui, n'avait jamais songé à sa vocation et son oncle ne s'était même pas donné la peine de lui en parler ; je me trompe : dans les rares visites que Jules rendait parfois à ses parents, il était, une fois ou deux, arrivé à l'oncle Duprat de marmotter tout bas quelques paroles inintelligibles et, à travers ses lunettes, de lancer sur son neveu son regard de fouine, et parmi ces mots inintelligibles, on pouvait en distinguer quelques-uns, un peu mieux prononcés ; ceux-ci, par exemple : « Mauvaise nature.... Cire non maléable... et pourtant » s'il voulait !... J'ai un bon métier.... il y a de l'ar- » gent à gagner !... » Par ces phrases entrecoupées, on comprend aisément que notre brave homme d'oncle voulait faire de Jules un usurier comme lui. Mais la bassesse et l'ignominie ne pouvaient que déplaire à cette belle nature franche.

Ainsi, quand un beau jour, le vieil avare, après force hésitations, se décida à aborder la question, il eut fallu voir avec quelle noble indignation Jules lui répondit : « Je n'ai, mon oncle, nullement l'intention de blesser en quoi que ce soit le frère de mon père ; je ne veux jamais m'écarter du respect que je lui dois, mais vous avez eu tort de me faire une telle proposition ; l'honneur est une chose trop sacrée pour moi, pour que je veuille m'avilir. »

Est-ce l'Évangile qui nous dit de dépouiller nos frères ?

Et ce Dieu qui nous commande de nous abreuver de leur misère ? Et le vol, sous quelque figure qu'il se cache, n'est-il pas toujours le vol ? Il est regrettable que le mal puisse se commettre aussi impunément ! De l'or ainsi gagné me brûlerait les doigts ! »

Le résultat de cet entretien fut que le digne oncle furieux ajouta : « Sors d'ici malheureux ! Non-seulement tu méconnais le seul moyen de s'enrichir ! Non-seulement tu te montres ingrat pour toutes les bontés que j'ai eues pour toi ! Mais, sans respect pour mes cheveux blancs, tu insultes celui qui t'a servi de père ! Va-t-en.... ! tu n'es pas digne d'être mon neveu ! » Et la vieille, dans son coin, faisait tous ses efforts pour essuyer une larme qui n'avait garde de se montrer. Jules partit, et à dater de ce jour il ne revit jamais son oncle et sa tante.

Louis de Cerny entra à l'école polytechnique où il s'y distingua par son talent et sa conduite. Jules Duprat suivit son ami à Paris, essaya de se lancer dans la peinture. Il avait à ses temps perdus tant gaché de toiles qu'il savait déjà manier le pinceau. Il se présenta un jour hardiment chez M. Ingres, muni de quelques copies et ébauches, que le grand maître trouva assez bien, et il l'accepta avec plaisir pour son élève.

Notre lecteur doit se rappeler que Jules n'était pas riche ; mais, par bonheur, il vendait assez bien, de temps en temps quelques tableaux, ce qui multipliait un peu les revenus. Grâce à son zèle au travail, il obtint assez vite les honneurs du salon ; et aujourd'hui on peut classer Jules Duprat parmi la glorieuse pléiade des maîtres de l'école française.

Il se monta un charmant petit atelier, prit lui-même quelques élèves, et sans cesser d'être ami sincère, joyeux camarade, toujours prêt à rendre service, doucement, mais sûrement, il s'achemina vers la fortune.

C'est à peu près vers cette époque que je fis sa connaissance, ainsi que celle de son ami. Voici comment : j'ai un ancien carmarade de classe qui est peintre aussi ; ils se sont plusieurs fois rencontrés au salon, ont fait, après quelques conversations, un pacte d'amitié. Un soir que je dinais avec Émile Desportes, c'est le nom de mon ami d'enfance, il me dit regardant tour à tour son calendrier et sa montre : « Tiens ! c'est aujourd'hui jeudi ! Veux-tu venir passer la soirée chez Duprat ?

—Qu'est-ce que c'est Duprat ?

—Duprat, c'est mon ami ! c'est de plus un franc et loyal garçon, et un artiste de cœur et de profession !

—Un peintre, comme toi, sans doute ?

— Un peintre dont je ne suis pas digne de délier les cordons !...

— Allons voir ton phénomène ! Et nous voilà partis passer la soirée rue d'Amsterdam, chez le peintre Duprat ! Savez-vous ce que c'est qu'une soirée, ô vous qui me lisez ! Une soirée, il y a au moins dix manières de répondre à cette question. Je la résume en deux : une soirée est une assemblée où l'on baille ou une assemblée où l'on rit.

La soirée au village est un cercle autour d'une vaste cheminée où brûle un feu d'enfer ; parmi les femmes, les unes tricotent aujourd'hui, filaient autrefois ; les autres épluchent les légumes du lendemain. Les hommes fument leur pipe, soit en vidant un pichet de cidre, un cruchon de bière ou de vin, suivant la latitude septentrionale ou méridionale ; et le plus madré de la bande est l'orateur de céans.

A la ville, une soirée est la réunion de plus ou moins de personnes qui, dans un petit réduit honoré du titre de salon, autour d'un feu étique, qui, dans un vrai salon tout resplendissant de luxe et de dorures, déchirent les absents et s'abreuvent de louanges hypocrites.

Une soirée chez un grand, c'est la politique en chambre, chez un autre c'est la paix ; c'est la guerre ; c'est l'Etat ! ah parlez-moi des soirées d'artistes ! voilà où l'on s'amuse franchement ; du reste vous allez en juger.

Nous arrivons rue d'Amsterdam vers le numéro 60. Mon ami me dit en tirant la sonnette : c'est là, je lève la tête, m'éloignant un peu sur la chaussée, et tout en haut de la maison j'aperçois un grand vitrage révélateur tout resplendissant de lumière : on avait illuminé à giorno.

Nous montons les cinq étages, énorme trait-d'union en spirale, et de bruyants éclats de rire indiquent facilement la porte : une queue de renard, que n'aurait pas désavoué celui du bon Lafontaine, servait de ralliement au cordon du timbre ; sur une plaque artistement travaillée, quelques pantins fantastiques portaient des lettres qui, tout en ayant l'air de danser, présentaient à nos yeux le nom de Duprat.

Un atelier de peintre brille ordinairement par un beau désordre : nous entrons ; M. Duprat vint au-devant de nous, serre la main d'Emile, me salue et m'accueille par cette phrase stéréotypée : les amis de nos amis, etc. Tous les siéges étaient occupés ; deux habitués nous donnent les leurs et sautent chacun sur un coin du piano. Un autre s'était assis dans l'embrasure d'une petite fenêtre qui, bien ou mal, remplissait la fonction d'éclairer la cuisine ; un quatrième s'était emparé d'un tas de terre glaise qui, recouvert d'une planchette, pouvait à la rigueur passer pour un fauteuil nouveau modèle.

D'autres enfin occupaient quelques siéges antiques qui avaient tout l'air d'avoir servi au baptême de Clovis. D'innombrables tableaux ornaient les murs. Plus d'une esquisse, plus d'une caricature, plus d'un vers étaient griffonnés çà et là. Deux grandes planches, sur des tréteaux, servaient de table, un immense parapluie, veuf de sa soie, était suspendu, par un galon tressé d'or, au plafond ; à chaque baleine, munie d'un bout de fil-de-fer, était attachée une bougie ; ce qui formait un lustre.

Il y avait çà et là, sur des supports, des académies, des bosses, des statues ; chacun de ces objets portait sa bougie, les uns sur la tête, les autres dans la main.

On prenait le café dans des noix de coco vides, des cuillers à moutarde servaient de cuillers ordinaires ; et un carton à chapeaux servait de sucrier. Nous aurions voulu faire comme les autres ; mais les noix de coco manquant, force nous fut d'accepter deux magnifiques tasses étrusques, et de nous servir de véritables cuillers.

Il y avait sur la table un véritable capharnaüm de tabacs : tabac français, tabac belge, turc, cigares de Havane, à la vanille, trabucos, voire même chibouques, narghilés, papier à cigarettes ; il n'y manquait que de l'opium. Les français veulent bien imiter tous les peuples ; mais ils ne sont pas assez chinois pour consentir à s'empoisonner.

Cet atelier de peinture représentait une des scènes de la vie de Bohème, sauf la misère.

Pleins de verve et d'esprit, je vous laisse à penser si tous ces jeunes gens émaillaient la conversation de vives réparties, de saillies joyeuses. Ainsi s'écoula cette première soirée toute composée d'artistes, où seul, je faisais disparate.

J'eus l'occasion de voir plusieurs fois Jules Duprat ; c'est lui qui m'a raconté tout ce que j'ai dit sur son enfance, sur ses études et sur son inaltérable amitié avec Louis de Cerny. Bien des années se sont écoulées depuis, bien des évènements se sont succédés, et longtemps nous nous sommes perdus de vue.

Il y a quelques mois, je rencontrai par un hasard ou plutôt un bonheur providentiel, dans le parc de Versailles, M. Jules Duprat. Il avait bien vieilli ; son chapeau était recouvert d'un crêpe, et il tenait par la main une charmante petite fille qui pouvait avoir dix ans.

Je l'accostai, il me reconnut avec peine, nous reprîmes ensemble le chemin de fer, je l'invitai à venir dîner chez moi, après quelques cérémonies il accepta.

Le dîner terminé, je lui demandai ce qui s'était passé durant cette longue séparation de onze années, ce qu'était devenu Louis de Cerny, que je n'avais vu que deux ou trois fois, mais dont il m'avait parlé avec tant d'éloges; et ce fut les yeux pleins de larmes qu'il me répondit : « Si vous voulez bien, laissons Louise, c'était le nom de la petite fille, avec vos enfants et la bonne, et je vous raconterai tout ce qui nous est arrivé. »

Il fut obéi et commença ainsi : « On a bien raison de dire que la vie n'est composée que d'heurs et de malheurs ! Jusqu'à vingt-cinq ans, les jours que nous avions vécu s'étaient écoulés gais et folâtres; et l'avenir nous apparaissait tout parsemé de perles ! Le malheur s'est lourdement appesanti sur nous, et le théâtre a bien vite changé. Mais n'anticipons pas.

Quelques mois après votre départ, et par conséquent notre rupture forcée, puisque vous quittiez la France pour plusieurs années, Louis de Cerny, sorti l'un des premiers de l'Ecole, fut nommé lieutenant d'état-major; un an plus tard, il était aide de camp du général X. Jugez si la vie devait lui paraître belle ! Pauvre Louis ! il ne lui restait plus qu'à jeter son anneau dans la mer !

En vous parlant de notre enfance, je dois vous avoir dit que le père de mon pauvre ami s'occupait d'exploitations. Il abattait ses bois pour mettre le terrain en culture; il creusait des canaux pour fertiliser son sol, il élevait des digues pour protéger ses vallons; mais les digues et les canaux lui coûtèrent si cher et lui rapportèrent si peu, que le comte de Cerny marcha à grands pas à sa ruine.

Sur ces entrefaites mourut un frère de M. de Cerny le laissant tuteur d'une jeune fille de dix-sept ans. La fortune de Blanche de Cerny fut bientôt engloutie et le comte réduit aux empruuts.

Mon oncle, l'usurier, dont vous vous souvenez peut-être, connut la position difficile du père de Louis, il s'insinua près de lui et fit si bien, par ses hypothèques frauduleuses et ses perfides conseils, que six mois après, le comte était complètement ruiné et s'était brûlé la cervelle.

Louis versa bien des larmes. Je fis, moi, bien des démarches, et, sacrifiant le nom de ma famille à l'amitié sainte qui nous unissait, j'osai attaquer mon oncle devant les tribunaux. Mais le fin matois connaissait le Code, son livre favori, et s'il avait souvent violé la loi, il avait toujours su se mettre à couvert, et si les preuves morales existaient, les preuves matérielles faisaient défaut. Je perdis ce procès qui me coûta le tiers de ma petite fortune.

Louis ne pouvant rendre les biens de sa cousine, obtint du ministre de la guerre le droit de l'épouser sans dot. C'est vous dire combien il eut de peine à soutenir son rang, malgré tous les services que je m'efforçais de lui faire accepter.

En 1859, mon ami partit pour les guerres d'Italie, me laissant sa femme et sa fille à peine âgée d'un an. Il partit, mais hélas! il ne revint pas.

Dans le principe, tous les huit jours régulièrement un courrier arrivait. Sa pauvre femme, pâle et anxieuse dévorait les dépêches et chaque fois que les dernières lignes lui montraient son mari vivant et vainqueur, elle versait des larmes de joie; mais d'une joie bien douloureuse, maudissant quand même ce cruel fléau, la guerre.

A Montebello, il fut promu au grade de capitaine. Il se distingua à chaque étape de la victoire ! A Magenta, six Autrichiens cernaient le général X.; il lui fit un rempart de son corps, il fut blessé, mais il sauva son chef qui le décora sur-le-champ.

Hélas ! un jour le courrier ne vint pas ! Que de larmes versa la pauvre Blanche ! une douleur aigüe me serrait le cœur ! jamais le courrier n'avait manqué ! Madame de Cerny était veuve ; Louise orpheline, et moi sans ami !

Pour arrêter les cris de la pauvre mère, j'essayai malgré ma douleur égale à la sienne, de la convaincre que rien n'était désespéré, que malgré ce retard il pouvait vivre, qu'il était peut-être simplement blessé... Que sais-je ! d'attendre en mettant sa confiance en Dieu.

— S'il n'était que blessé, me répondit-elle, il pourrait me faire écrire... il est mort ! je veux le suivre au tombeau !

— Et votre enfant, madame, ajoutai-je, vous voulez donc qu'elle soit tout-à-fait orpheline ?...

Quelques jours après, je lus le nom de mon pauvre ami Louis, dans les bulletins de l'armée, il était au rang des nombreuses victimes de la sanglante bataille de Solférino. Le porte-drapeau tombait mortellement atteint, Louis saisit l'aigle française et tomba à son tour frappé de plus de dix balles. Une triste consolation nous resta : son corps ne fut pas perdu ; et je pus des débris de ma fortune le faire enterrer dans le pays de ses pères.

Blanche alla habiter Grenoble, vivant de sa modeste pension et pleurant tous les jours sur sa tombe.

Vous m'avez connu gai, n'est-ce pas ? Mes tableaux

eux-mêmes se ressentaient de ma joie ; hélas aujourd'hui, ils sont aussi sombres que mon âme ! Je comprends les nuits d'Young, Lord Byron, Le Werther de Gœthe ! Le sombre génie ne peut enfanter que de sombres œuvres.

Le croiriez-vous ! mes tableaux déplurent, je n'eus plus de succès, la gêne vint partager mon gîte ! Et ce qui m'était le plus pénible, c'est que je n'entrevoyais qu'un triste avenir pour l'unique enfant de ce frère, de cet ami que j'avais tant aimé.

Il y a un an à peu près, je reçus une lettre de Blanche, elle m'écrivait qu'elle était bien malade, qu'elle se croyait sur le point de mourir, qu'elle ne voulait point quitter la terre, sans me revoir, et sans me léguer, de vive voix, son seul trésor qu'elle regrette ici-bas, sa fille chérie, qui lui a fait supporter son exil, loin du bien-aimé !

Je partis en toute hâte et n'arrivai que pour recueillir son dernier soupir, et lui promettre d'exaucer son vœu.

Pauvre Blanche! elle était morte, doublement atteinte par la perte de l'absent, et par les privations qu'elle s'imposait pour élever sa chère petite Louise.

Pendant les six mois que je passai à Grenoble, nous vécûmes, Louise et moi, du produit de quelques portraits que je fis dans la ville.

J'étais sur le point de revenir à Paris, quand j'appris la mort de mon oncle. Le sordide vieillard était mort étouffé par le sang, dans un accès de rage indescriptible, parce qu'il avait perdu quelques centaines de francs dans une banqueroute. Ma chère tante l'avait précédé de quelques mois au tombeau.

Seul héritier d'une grande fortune, j'ai résolu de réparer envers Louise les injustices du sort. Plus brisé par les chagrins que par l'âge, je ne veux contracter aucun lien et ma fortune entière est destinée à la fille du meilleur et du plus infortuné des amis.

Monsieur Duprat a terminé son douloureux récit; je n'ai plus qu'un mot à ajouter: quand on rencontre un pareil cœur, c'est avec juste raison qu'on peut dire : Un tel ami est un trésor inappréciable.

O. ARGENTIÉ, Instituteur.

LE GLADIATEUR DE FONTAINEBLEAU

En classant récemment quelques notes succinctes, tracées au crayon, en caractères abréviatifs que m'avaient offertes, il y a plus de dix ans, un de mes vieux amis, M. E. Jamin, ancien sous-bibliothécaire au palais de Fontainebleau (né à Troyon, Aisne, 1795, mort à Fontainebleau, 1871), — mon intention se porta sur une petite liasse que j'avais intitulée : « recherches à faire sur le Gladiateur : »

« Le moindre travail soutenu me fatigue, me dit en
» me remettant ces notes, l'érudit auteur d'études
» historiques estimées sur Fontainebleau. Le repos
» absolu seul me convient. Je ne veux plus vivre que
» de souvenirs. Voir et observer, ce sera désormais ma
» seule jouissance; ma main fatiguée se refuse à écrire;
» examinez, rangez ces brouillons informes que je
» vous offre. Vous seul, mon cher Maxime, aurez la
» patience de me déchiffrer. Grâce à de nouvelles
» recherches, en puisant ailleurs, peut-être pourrez-
» vous tirer parti de ces paperasses. Prenez et cherchez
» votre vie là-dedans, acheva-t-il en souriant, et en
» me pressant affectueusement les deux mains. Je vous
» sais chercheur. En revisant avec soin ces documents
» je crois que vous trouverez matière à une étude sur
» ce sujet inépuisable, le palais de Fontainebleau. »

Cet entretien déjà lointain, par cette véritable puissance de résurrection de la mémoire, se retraça entièrement à mon esprit, lorsque je réexaminai ce petit dossier. Je revis tout le modeste ameublement du vieux savant qui m'avait appelé près de lui. J'eus alors l'idée de chercher d'autres éléments d'information, de contrôles, de résumer les opinions des divers auteurs qui ont exercé leur attention sur la célèbre statue du gladiateur, entr'autres parmi les anciens historiographes de l'art, le P. Guilbert, Vasari, Millin, Mongez, Winckelmann, et parmi les modernes MM. de la Borde Reiset, Visconti, Sauvageot, Daudet, etc.

Tous ceux qui ont visité le jardin de Fontainebleau ont remarqué la belle statue appelée le *Gladiateur mourant*. Ce bronze est-il un original ? est-ce une copie ? sort-t-il de la fonte du Primatice ? Telles sont les questions qu'on se pose en l'examinant. Or, il n'est nullement fait mention du Gladiateur dans les comptes des bâtiments royaux, publiés par Monsieur de La Borde.

Le Primatice, à la fois peintre et sculpteur, est assez riche de son propre fonds, pour que malgré sa fécondité proverbiale, on ne lui attribue pas gratuitement la paternité de l'original, en l'absence de tout document écrit et certain. M. Daudet, en 1856, alors qu'il était attaché à la direction des musées impériaux, affirma que la statue originale du *Gladiateur*, en marbre, avait été placée au Louvre, à la suite des conquêtes de Napoléon Ier, et que depuis, en 1815, on l'avait renvoyée à Rome.

Elle porte le nom de *Ctésilaüs*, mais on conteste l'authenticité de cette inscription. La dénomination vulgaire du gladiateur mourant donnée au bronze du parc réservé de Fontainebleau est-elle juste ?

Winckelman croit que cette statue représente un hérault blessé et mourant. Mongez incline pour un barbare ou un esclave. Visconti pense que tout concourt à faire reconnaître dans cette figure un guerrier barbare, peut-être Gaulois ou Germain, à cause de ses cheveux courts et hérissés, de ses moustaches et de l'espèce de collier, *torques*, placé autour du cou. Millin voit un guerrier mourant dans cette statue qu'il attribue à la fonte des Keller. Feu Champollion-Figeac, ancien bibliothécaire du palais de Fontainebleau, avec lequel nous nous sommes souvent entretenu sur ce sujet, trouvait impropre cette appellation : *Le Gladiateur*, attendu nous disait-il, dans une note écrite, conservée par nous, — qu'aucun symbole n'indique la profession du combattant, qui, frappé au cœur, tombe l'épée à la main sur son bouclier. Du reste, l'original en marbre a été l'objet de plusieurs dissertations récentes en Allemagne et en France. Guérard et Raoul Rochette sont d'accord pour reconnaître dans la statue de Fontainebleau la représentation d'un Gaulois mourant.

Les signes qui l'indiquent sont, disent-ils, 1° la physionomie ; 2° le caractère du personnage ; 3° ses moustaches ; 4° son collier, semblable à ceux qu'on trouve dans les tombeaux gaulois ; 5° une tête semblable à celle existant sur les médailles frappées par les Gaulois lorsqu'ils envahirent l'Italie dans leur mouvement sur Rome.

Personnellement, voici notre conclusion : la statue de Fontainebleau, malgré son rare mérite, n'est qu'une copie en bronze de l'original en marbre blanc, qui resta au Louvre sous Napoléon Ier et retourna à Rome en 1815. Ce n'est pas le Gladiateur qu'il faudrait l'appeler, mais : *Un guerrier gaulois mourant*. Cette copie, ainsi que l'original, a subi des déplacements et des transfèrements nombreux. Successivement et tour à tour placé à Fontainebleau, dans les jardins des Buis, de l'Orangerie, de Diane, ce bronze disparut entièrement de

Fontainebleau sous la première République et le premier Empire.

Ce fut sous la Restauration qu'on le réintégra, non pas à son ancienne place, mais dans le jardin anglais. Nous en trouvons la preuve dans le *Guide à Fontainebleau* (1820. Pigoreau, éd. Paris. p. 68, 69, 88), par Ch. Remard, conservateur de la bibliothèque royale de Fontainebleau. — « Comme notre roi, dit M. Remard qui trouve, en passant, l'occasion de glisser, en bon courtisan, une petite flatterie anodine au roi régnant Louis XVIII, — *le Gladiateur est rentré dans son ancienne demeure.* »

En songeant aux fortunes diverses subies par tant de chefs-d'œuvre de la statuaire et de la peinture arrachés de Fontainebleau pour être transportés à Paris ou à Versailles, on ne peut se défendre d'un sentiment de tristesse et de regret. Pourquoi priver la vieille demeure royale des Valois et de Henri IV, des merveilles de l'art qui en faisaient l'ornement et y étaient pour ainsi dire incorporés? Le groupe de Laocoon, la Vénus de Médicis, la fameuse statue de Cléopatre, qui ont également disparu de Fontainebleau, ornaient jadis comme le *Gaulois mourant*, les jardins de l'Orangerie et des Buis. Ajoutons à nos pertes, celle de la bibliothèque créée par François Ier, agrandie par Henri IV et ses successeurs, qui fait le fonds actuel de la Bibliothèque nationale de la rue Richelieu, où elle a été entièrement transportée. La plus riche jadis de France, la bibliothèque de Fontainebleau, reconstituée depuis par Napoléon Ier, ne contient actuellement que 40,000 volumes. Il y a quelques mois à peine, nous lisions dans les journaux de Paris que la statue en marbre blanc de *Diane chasseresse*, précédemment apportée à Fontainebleau par le Primatice, fondue depuis en bronze par Vignolle, gravée par Mellan, placée d'abord dans le jardin de Diane et surmontant la fontaine de ce nom, allait être transportée de Fontainebleau à Paris, dans la cour du palais des Beaux-Arts. Souhaitons, en terminant, que nos descendants n'aient pas la douleur de voir Paris déposséder Fontainebleau de son merveilleux escalier en fer à cheval, sous prétexte d'utiliser ce royal perron pour quelque futur palais du Trocadéro, pour quelque éphémère bazar d'Exposition universelle. C'est à nous, amis passionnés des beaux-arts, qu'il appartient de veiller à la conservation de nos monuments nationaux et de nos richesses artistiques, et de s'écrier : *Caveant consules !*

Assez et trop longtemps nous avons été dépouillés. Opposons-nous par nos protestations à ce fatal entraînement qui consiste à tout centraliser dans la capitale. Gardons avec un soin jaloux les trésors qui nous restent et nous appartiennent comme un patrimoine plusieurs fois séculaire. Pendant qu'il en est temps encore, inventorions le palais de Fontainebleau !

Nous ne regretterons pas ces lignes si notre appel peut être entendu en haut lieu, si nous parvenons à éveiller l'attention sur la trop facile complaisance avec laquelle les vieilles demeures historiques, telles que Fontainebleau, se laissent dépouiller, en faveur de Paris, des chefs-d'œuvre les plus remarquables de leurs collections artistiques et monumentales. Il y a là une tendance d'accaparement contre laquelle il nous a paru nécessaire de réagir énergiquement.

Maxime Beauvilliers.

MESSAGE

Allez, mes vers doux et fidèles,
Vers un plus fortuné séjour ;

Allez bien vite, ouvrez vos ailes,
Vous en avez comme l'amour.

Vous direz à la souveraine
Qui règne à jamais sur mon cœur,
Que je suis comme une âme en peine
A la recherche du bonheur.

Vous lui direz que je n'aspire
Qu'à rendre hommage à sa beauté,
Et qu'elle peut, d'un seul sourire,
Payer bien cher ma liberté.

Vous lui direz que la fauvette
A perdu ses belles chansons ;
Que la forêt devient muette,
Qu'il n'est plus de grands horizons !

Que le ruisseau de la vallée
Court tristement sur les cailloux ;
Que la gaieté s'en est allée,
Qu'il n'est plus rien d'aimable et doux.

Que la fleur n'a plus son langage
Et que le ciel a pris le deuil ;
Que mon esquif a fait naufrage
Et s'est ouvert sur un écueil.

Vous lui direz que ma souffrance
D'un seul regard pourrait guérir,
Et que j'attends, plein d'espérance,
Le droit de vivre ou de mourir.

Allez, mes vers doux et fidèles,
Vers un plus fortuné séjour ;
Allez bien vite, ouvrez vos ailes,
Vous en avez comme l'amour !

24 Avril 1877.   ÉVARISTE CARRANCE.

NOVEMBRE AU CANADA

Novembre étend sur nos campagnes
Son manteau chargé de frimas,
Et sur le flanc de nos montagnes
L'orme blanchit sous le verglas.
Soyez rêveuses, jeunes filles,
Ce mois vous dit où vous courez :
Regardez ces vertes charmilles,
Elles passent... vous passerez !

Là-bas, dans les bois, pas une aile
N'abrite les doux nids d'oiseaux,
L'on ne voit plus que la sarcelle
Errante encor sous les roseaux.
Bientôt elle aussi du grand fleuve *
Quittera les talus glacés ;
Comme elle, enfants, aux jours d'épreuve,
Vous aussi, vous nous quitterez.

A grains serrés tombe la neige ;
Au loin siffle le vent du nord.
Voyez, là-bas, un long cortége
Chemine vers le champ de mort.
Vieillards, qui marchez vers la tombe,
Courbés sur vos batons ferrés,
Recueillez-vous, la feuille tombe,
Le gazon meurt et vous mourrez.

Faucher de Saint-Maurice

* Le Saint-Laurent.

A DES FLEURS FANÉES.

Petites fleurs, vous voilà bien palies.
Plus de parfum, presque pas de couleurs,
Pourtant le jour où je vous ai cueillies
Naguère encor, vous étiez bien jolies,
   Petites fleurs.

Les buissons verts, sur vos corolles roses,
De la rosée épanchaient tous les pleurs,
Dès le matin peut-être à peine écloses
Je vous flétris entre mes doigts moroses,
   Petites fleurs,

Petites fleurs, mes mains furent cruelles,
Dans le gazon où se cachaient vos sœurs,
Vous auriez dû vous flétrir avec elles,
Je vous cueillis, car vous étiez bien belles,
   Petites fleurs.

Vous étiez là dans les hautes fougères,
Qui recueillaient vos suaves senteurs,
Sur le coteau, comme des étrangères,
Vous éleviez vos corolles légères,
   Petites fleurs.

Le doux zéphir à vos humbles corolles,
D'un jour d'été, tiédissait les chaleurs,
De blancs rayons, parmi les herbes folles,
Jetaient sur vous de blanches auréoles,
   Petites fleurs.

Je mélangeai la pâle scabieuse,
Avec l'œillet qui garnit ces hauteurs.
Cette union était mystérieuse,
Et malgré moi, je devins sérieuse,
   Petites fleurs.

Un nœud de soie unit vos tiges frêles,
Le souvenir unit ainsi les cœurs,
Hélas ! pourquoi ne pas être immortelles,
Et comme lui, vivre toujours, fidèles,
    Petites fleurs.

C'est donc la loi de tout ce que la terre,
Offre à nos sens, pour réjouir nos cœurs,
Ce qui nous charme est toujours éphémère,
Mais il devrait rester dans le parterre,
    Au moins les fleurs.

Anaïs Tourreau.

A LONGWOOD

Un rideau sombre et noir recouvrait Sainte-Hélène,
La nuit était venue, une nuit d'horreur pleine.
Sur la plage, à Longwood, la tempête sifflait,
Et, dans l'obscurité, l'Océan noir hurlait.
Et les deux grandes voix, la mer sombre et l'orage,
Se confondaient ensemble et montaient avec rage.
Quelquefois les éclairs déchirant le ciel noir,
D'une étrange lueur illuminaient le soir,
Et le grand empereur, sur son lit de souffrance,
Solitaire, rêvait. Il songeait à la France.
L'orage qui grondait sur le roc enfermé,
Venait de traverser un pays bien-aimé.
Et l'empereur rêvait. Dans sa morne tristesse,
Il croit revoir encor son cheval qu'il caresse
Au milieu du combat ; il est victorieux ;
L'ennemi disparaît ; lui, revient glorieux,
Enivré de sa gloire. Et puis la scène change.
Dans la mêlée il est puissant comme un archange ;
Mais le ciel s'obscurcit ; un vent sombre a passé :

Il a renversé tout. L'empire est trépassé.
Ainsi que l'empereur, tout au loin tourbillonne
Un aigle impérial, un sceptre, une couronne...
Napoléon se crispe et dans sa lèvre il mord,
Et son bras se roidit : l'empereur était mort.

Robert Schaeffer

LE SOIR OU LA VISION

Au milieu des parfums, quand du soir l'aile rose
Sur le front des côteaux nonchalamment se pose,
Des rives de la Loire adoucit les contours,
Qu'à l'horizon brumeux, la barque agile trace
Un lumineux sillon qui scintille et s'efface
Comme le météore en la nuit des beaux jours ;

Quand la lune en son plein, des cieux blanche sultane,
Se baigne dans les flots en robe diaphane ;
Que l'*angelus* lointain jette son tintement,
Et, tout vibrant encor, dans l'air ondule et tremble ;
Que, par groupes épars, le bercail se rassemble,
Et mêle à cet appel son plaintif bêlement,

Un charme impérieux, mélancolique ivresse,
S'empare de mon cœur, l'amollit et l'oppresse ;
Mon regard, dans leur vol, vint, de pleurs humecté,
Le despote aquilon et les feuilles muettes,
Plonge en ces flots croulants, déplorable squelette,
De l'éclat du passé voilant leur nudité.

Hélas! c'est que tout meurt, beauté, puissance et gloire;
Hélas ! c'est que semblable au cristal de la Loire,
L'âme humaine reflète, orage, ombre et splendeur ;
C'est que, comme cette eau qu'un souffle, un rien agite,

Sous le fouet des vents s'enfle et se précipite,
L'homme, contre le sort, combat, faible lutteur.

Puis je soupire et dis : Quelle île fortunée
Voit la félicité fleurir toute l'année ?
La voix des anciens jours répond d'un ton moqueur :
Il est loin le pays où s'éteint la souffrance,
Où l'on cueille à son gré les fruits de l'espérance ;
Séduisant papillon, nul n'a pris le bonheur !

Du livre de mes jours j'entr'ouvre quelques pages,
De femmes aux doux traits évoque les images,
Du poème du cœur tendres séductions.
L'une, la plus aimée, a replié ses ailes,
Les autres devançant l'adieu des hirondelles
M'ont fui, vives clartés, frêles illusions.

Depuis longtemps déjà, la mauve et l'asphodèle
Ont puisé dans sa tombe une vigueur nouvelle,
Eux, que l'hiver endort, qu'éveille le printemps.
Mais je revois toujours son adoré visage,
Astre consolateur, dans mon sombre voyage ;
Autant que moi vivront des charmes éclatants.

Elle seule, à jamais, occupe ma pensée ;
Elle est à mes côtés, heureuse fiancée ;
Son souris me paraît l'aurore de beaux jours ;
Voluptueuse erreur, de longs regrets suivie.
En ce monde oublieux, que faire de la vie !
Mon jeune âge se fane et fuit d'autres amours.

La campagne a perdu sa grâce enchanteresse ;
Je le vois à travers un voile de tristesse.
Suave odeur des prés, fraîche haleine des eaux,
Dais frémissant des bois, neige des aubépines,
Bruyère aux roses fleurs tapissant les collines,
Tous vos attraits ne font que raviver mes maux.

Prés, sous ses pas légers pliait votre verdure,
Ondes, votre miroir reflétait sa figure,
Forêts, sous votre ombrage elle aimait à rêver,
Collines, que de fois sur vos cîmes agrestes
Elle s'assit, sondant ces régions célestes
Où dans son frais matin, Dieu devait l'enlever.

Ah ! si tu m'as aimé, du soir perçant les voiles,
Fais briller à mes yeux ta couronne d'étoiles,
Viens planer près de moi ! ne me délaisse pas.
Rien ne parle à mon âme... oh ! que ta voix résonne !..
En vain j'attends, écoute, à l'espoir m'abandonne ;
Il me faut, ô tourment, rester seul ici-bas.

Viens, c'est l'heure où la terre en repos, se recueille,
Où d'étranges frissons glissent de feuille en feuille,
Où le barde des nuits, ami de la douleur,
Emerveille les airs de ses notes plaintives,
Où la vague se meurt en sanglots sur les rives,
Et la face du ciel se couvre de pâleur.

O prodige ! un rayon pénétrant le feuillage
Eblouit mes regards de son brillant sillage,
D'amoureuses lueurs inonde mes cheveux ;
Un murmure léger, doux comme un vol d'abeille,
Un son mourant de luth caresse mon oreille,
Mélange de soupirs, d'accents mystérieux.

Dis-moi, dis-moi, bel ange, ô femme tant aimée,
Ai-je à jamais perdu ta parole animée,
Tes yeux charmants, ton bras au moelleux contour ?
Trouverons-nous, là-haut, des brises éternelles,
De calmes flots d'azur pour rafraîchir nos ailes,
L'infini de lumière et l'infini d'amour ?

A. Dubord.

AVEC OU DESSUS

En ces temps de grandeur où, sur la Rome antique
    La vertu jetait son éclat,
Sans écouter son cœur, la matrone héroïque,
    Armant son fils pour le combat,
Disait, en lui tendant l'égide protectrice,
    Un large et pesant bouclier :
« Va, mon fils, que le Dieu des soldats soit propice
    » Et te ramène à mon foyer.
» Mais, plutôt que jamais abandonner tes armes,
    » Pour mieux fuir devant l'ennemi,
» Ah ! sur ce bouclier puisse ta mère en larmes
    » Voir apporter ton corps blémi ! »

Ces temps sont loin de nous : contre une mort perfide,
    Qui frappe et ne se montre pas,
Le guerrier découvert n'a plus pour toute égide
    Que le seul mépris du trépas ;
Mais, si l'homme au besoin vend chèrement sa vie,
    La femme est faible, de nos jours,
Et ne sait qu'à regret à la sainte patrie
    Vouer ses maternels amours.
Il en est cependant, — et ceci nous console
    Dans le commun affaissement,
Dont l'âme sait comprendre encor ce noble rôle ;
    Témoin cet exemple touchant.

....On commentait encor la première défaite,
    Le repas était terminé,
Quand soudain arriva, le képi sur la tête,
    Un soldat tout éperonné :
« Adieu ! s'écria-t-il, je cours à la frontière !
    » Vous le voyez, je suis troupier :

» Allons, vite un baiser, bon père et bonne mère,
» ...Qui sait?...peut-être le dernier! »
» Mais le devoir m'appelle et mon pays succombe:
» Il faut arrêter le Prussien....
» Je reviendrai vainqueur.... En tout cas, si je tombe,
» J'en réponds, je tomberai bien! »
Le vieux père étouffait...c'était à fendre l'âme ;
Mais la mère était forte et dit:
« C'est bien!...oui, je le sais... ton pays te réclame:
» Va, mon enfant et sois béni !
» Si, dans un lâche oubli, tu n'avais su le faire,
» Moi, je te l'aurais conseillé ! »
Et dans un long baiser la courageuse mère
Mit tout son amour mutilé.
...Et conscrit à cet âge où la plus vieille classe
Abandonne le régiment,
Le soldat s'en alla, le cœur gonflé d'audace,
En chantant le *Rhin Allemand*.*

Mais, dès qu'il fut parti, la nature domptée
Comprit sa désolation;
Et, durant de longs jours, la mère épouvantée
Ecouta gronder le canon.
Avec l'anxiété la douleur fut plus forte,
Toute nouvelle ayant cessé;
Et quand la neige vint sur la campagne morte
Etendre son linceul glacé,
Si parfois au logis un soldat de passage
S'arrêtait, brisé, grelottant,
Elle le dorlotait, réchauffait son courage,
En souvenir du cher absent,

Et murmurait tout bas: « Seigneur, je vous implore !
Veillez sur celui qui combat ;

---

* Poésie de A. de Musset.

« Et faites qu'une mère, hélas! s'il vit encore,
    » En fasse autant pour mon soldat. »
... Lasse un jour de traîner sa cruelle souffrance,
    Lasse de prier, de gémir,
Tout en elle croula, la santé, l'espérance :
    On crut qu'elle en allait mourir....
Et quand l'enfant, sauvé du fer et de la flamme,
    après huit grands mois de tourments,
Accourut dans ses bras serrer la pauvre femme,
    Elle avait vieilli de dix ans !

Ah ! le vaincu, s'il dut, après sa rude tâche,
    Sentir se déchirer son cœur,
A son foyer du moins il rapportait sans tache
    Un divin bouclier, l'honneur !
Le fruit fut recueilli de ce fécond exemple :
    L'homme, en son orgueil filial,
Au culte maternel a su construire un temple,
    Tout d'enthousiasme idéal.
A venger son pays il consacra sa vie
    Et, dans ses intimes serments,
Jura que pour l'amour, le bien de la patrie,
    Il élèverait ses enfants.

Ed. Thomas Marancourt

INVITATION AU POÈTE DE CHANTER.

Le crépuscule sombre a déployé son voile,
Sur le ciel va briller la scintillante étoile ;
    Le soleil va cacher son front
Et la pâle Phœbé montrer son disque blond.

Sur le chemin désert et la plaine dorée,
Sur les champs verdoyants et la mer azurée,

Sur la pauvre chaumière et l'antique manoir
   Bientôt va s'avancer le soir.

Voici que dans les airs se balance zéphyre,
Rafraîchissant le monde, et le soleil couchant,
Avec ses rayons d'or embrasse l'occident :
   Poète, arme-toi de ta lyre !

Arme-toi de ta lyre, et chante les exploits
De ces nobles héros morts sur le champ de gloire,
   En souriant à la victoire,
Victimes de Pallos et de ses dures lois.

Arme-toi de ta lyre, et chante la nature :
Chante le doux ruisseau qui se joue et murmure,
   A travers les prés déserts
    Et verts.

Arme-toi de ta lyre, et chante l'infortune ;
Déplore la rigueur du barbare destin,
Qui sur tout l'univers fait peser sa rancune
   Et dont le noir cœur est d'airain.

Célèbre dans tes vers et Cybèle et Neptune
Dont, sur le triste écueil, se précipite et court,
Pour aller s'y briser avec un fracas sourd,
   La vague importune.

Déjà la sombre nuit fend l'air silencieux,
Et la blonde Phœbé, de sa lueur croissante,
Eclaire l'univers ; Phœbus éteint ses feux :
   Prends ta lyre, poète, et chante !

(Orne), *27 Août.*   Joseph Tailfer.

STANCES A DES ENFANTS ÉPLORÉS

> O mort, où est ta victoire ? où est,
> ô mort, ton aiguillon (St-Paul).

Le Ciel, dans ses décrets, toujours impénétrable,
Vous réservait, enfants, les plus grandes douleurs ;
De votre mère encor, la perte irréparable
Vient, comme un coup de foudre, hélas ! briser vos cœurs.

A peine le cyprès a sur la fraiche tombe
Où dort un père aimé, bu vos pleurs abondants,
Que, sous l'affliction, votre mère succombe,
En laissant orphelins ses malheureux enfants !

Elle n'a pu longtemps, supportant la souffrance,
Après tant de chagrins, survivre à son époux.
A l'amour conjugal, une telle constance
Au milieu de nos pleurs nous rend même jaloux !

En vain, vous l'entouriez des soins que la tendresse
Inspirait à vos cœurs, voulant la consoler ;
En vain, vous lui cachiez votre noire tristesse,
Vos yeux presque taris, pour ne la désoler.

Chaque jour, chaque instant, s'envolait sa pensée
Vers celui qui, des cieux, lui souriait toujours ;
Lui disant : « je t'attends, toi que j'ai délaissée...
Oh ! viens, viens mon épouse, au plus beau des séjours ! »

Elle entendait sa voix, et son âme attendrie
Vers lui semblait monter, et montait faiblement...
Mais ses enfants ? Seigneur ! leur mère te supplie
De la laisser près d'eux, en ce cruel moment !

Mourir, ce n'était rien, car, en quittant la terre,
Devant elle s'ouvraient les portes du salut.

C'est pour six orphelins, que, faisant sa prière,
Elle implorait son Dieu. — Pourtant, elle mourut !..

Et ses yeux, quoique éteints, semblaient voir dans la nue
L'image de celui qu'elle avait tant pleuré,
Et qui, sans doute aussi, quand l'heure fut venue,
Vint l'aider à franchir le chemin préparé !

Et sa tête, inclinée, ainsi semblait nous dire,
Qu'en exhalant son âme, elle eût voulu rester.
Effort de la tendresse au moment qu'elle expire,
Dernier gage d'amour qu'elle a voulu porter !

Maintenant, dans la paix, votre mère repose,
Auprès de son époux, à l'ombre de la croix.
Vénérons ce sommeil dont l'Eternel dispose,
Et qui, divin espoir, doit cesser à sa voix !

Versez, versez des pleurs : ce baume nous console,
Il soulage le cœur, d'amertume rempli,
Mieux que ne le ferait une douce parole
Qui tomberait, enfants, des lèvres d'un ami.

Mon luth, à vos sanglots, mêlant ses chants funèbres,
Ne peut, par ses accents, exprimer ma douleur.
Mes larmes, en torrents, coulent dans les ténèbres
Où je fuis, pour laisser y déborder mon cœur.

Résignons-nous, pourtant, car ce Dieu qui nous frappe,
Un jour, sur le calvaire, a terrassé la mort.
S'il est vrai, qu'à ses coups, nul ici-bas n'échappe,
L'espérance des cieux adoucit notre sort.

Si vos yeux, aujourd'hui, d'une mère chérie,
Ne peuvent plus hélas ! contempler les doux traits,
Qu'il est beau de penser, qu'en une autre patrie,
Vous serez réunis, pour jamais ! pour jamais !..

Oui, vous la reverrez, à l'heure solennelle
Où Jésus-Christ, vainqueur, nous ressuscitera ;
Et de notre vertu, dans la vie éternelle,
Par des biens infinis, nous récompensera !

Souvenez-vous, d'ailleurs, ô filles éplorées
Qui, depuis si longtemps, n'avez quitté le deuil —
A souffrir et pleurer, bien jeunes préparées, —
Qu'il est d'autres douleurs que celles du cercueil.

Voyez, autour de vous : Que d'atroces souffrances !
Aux champs de l'Orient, que d'horreurs ! que de maux !
Estimons-nous heureux, même en ces circonstances,
De ne point ressentir ces terribles fléaux.

Non ! que le désespoir, de sa dent meurtrière,
N'effleure point vos cœurs, ne les déchire pas !
Laissez-y les regrets, mais aussi la prière,
Dans l'avenir, cette arme assurera vos pas.

Enfants, restez unis : l'affection commune
Peut chasser le nuage en des jours orageux.
Elle aide à supporter le poids de l'infortune,
Dont les coups, quels qu'ils soient, semblent moins dou-
[loureux.

Et, si vous poursuivez celui qui, dans le monde,
Frappe sans respecter, ni naissance, ni rang,
Comptez, chers orphelins, sur l'amitié profonde
D'un cousin qui, pour vous, donnerait tout son sang !

JUSTINIEN DE PELSENAIRE.

*A Jemeppe, près d'un cercueil, au pied du crucifix.
An de grâce 1878.*

LA FEUILLE DE LIERRE

> J'aimais, doux souvenir ! un ange aux yeux d'azur,
> A la voix belle et tendre, au cœur ardent et pur.
> (REGRETS. J.-D.-P.).

Qu'il est doux, à mon cœur, au sortir de son rêve,
Quand il aime toujours cette blonde enfant d'Eve,
   De se la rappeler :
Timide, gracieuse, innocente, ingénue,
Jeune fleur de quinze ans, lorsque je l'ai connue...
   Pour tant me désoler !

Un jour, elle courait dans la grande prairie ;
Déjà, la violette allait être fleurie,
   Le printemps commençait.
La nature joyeuse épandait un sourire :
Son roi, son doux amant dont la flamme est délire,
   Dans les cieux s'avançait !

Telle qu'une gazelle épargnant la fougère,
Lize effleurait à peine, en sa course légère,
   Et l'herbette, et les fleurs ;
Le zéphir déployait sa blonde chevelure,
Ainsi qu'il agitait celle de la nature,
   Toute humide de pleurs.

Moi, qui la regardais, assis sur une pierre,
Je la vis, près d'un saule environné de lierre,
   S'arrêter un instant ;
Mais vite, elle se baisse, elle rougit et cueille
A la plante vivace, une bien large feuille,
   Et retourne en chantant.

Et, le soir, Valina — c'est ainsi qu'on appelle
L'ancienne confidente à ma Lize si belle,
   A tous deux, notre appui —
Valina me remit, avec un fin sourire,

Cette feuille de lierre où bientôt je pus lire...
  Un mensonge ! aujourd'hui.

Oui ? car de son beau sein, détachant une aiguille,
Ma Lize avait tracé — qu'elle était donc gentille !...
  « *Je te donne mon cœur.* »
Et moi, tout frémissant en mon ardente flamme,
Au-dessous, je gravai, me servant d'une lame :
  « *Je ferai ton bonheur.* »

J'entrais alors, je crois, dans ma seizième année ;
Je comptais sur la foi qu'elle m'avait donnée,
  J'étais... j'étais heureux !
Déjà, pour célébrer la Nymphe de la Rampe, (*)
Ma lyre, du Parnasse, osait gravir la rampe...
  Qui monte jusqu'aux cieux !

J'oubliais que le lierre est le pis des symbôles,
Et ne voyais surtout que les tendres paroles
  Qui ne me cachaient rien.
S'il s'attache, il est vrai, c'est un danger, peut-être,
Car il peut étouffer — celui qui le vit naître,
  Et qui fut son gardien.

Lierre, tu m'as trompé ! ta feuille s'est séchée
Loin du corsage où Lize, un jour, l'avait cachée,
  Loin du cœur palpitant !
Souvent, par trop d'ardeur, la plante se consume ;
Tel est aussi le cœur : quand trop tôt il s'allume,
  Il devient inconstant !

Octobre 1878.   Justinien de Pelsenaire.

(*) Rivière du Hainaut (Belgique), qui se jette à Luttre, dans le Piéton.

AMOUR & REPENTIR

Elégie historique

Comme brille une vierge en sa verte saison,
Il est pour chaque peuple un temps de floraison
Où les leviers humains, le glaive et la parole
S'unissent, revêtant leur plus belle auréole.
La poésie alors de ses chastes lauriers
Pare le chapiteau des monuments guerriers.

Mais cet éclat serein dont l'art les illumine,
De ces peuples mûris présage la ruine !...
Ce moment de grandeur est pareil à l'éclair
Qui, s'évanouissant, remet la nuit dans l'air.

Or, quand elle atteignit ce rapide apogée,
De deux siècles de moins la France était âgée :
L'océan se couvrait de ses nombreux vaisseaux ;
Les empires voisins la servaient en vassaux ;
C'était la grande reine, et l'Europe en alarmes
S'inclinait devant elle au seul bruit de ses armes.
A sa tête marchait, type des souverains,
Un roi qui fut aussi le plus beau des humains,
Comblé jusqu'à l'excès des dons de la nature
Noble par le visage et grand par la stature.
Au signe de sa main ses ennemis ont fui ;
Tout lui cède, Dieu seul est au-dessus de lui ;
C'est un soleil moral, le sujet qui le nomme
Se prosterne ébloui, — c'est la France faite homme !
Mais ce monarque altier dont les brillants regards
Font éclore le luxe et fleurir les beaux arts ;
Qui, maître incontesté du pays qu'il féconde,
Semble tombé du ciel pour commander au monde;
Qui fait trembler la terre et domine les mers, —
L'amour, le faible amour l'enchaîne dans ses fers!

Ce cœur volage et dur qui souffre de son vide,
D'un changement d'idole est toujours plus avide :
Promptement enflammé, promptement refroidi,
Dans ce cœur trop royal l'orgueil seul a grandi ;
Et bientôt Montespan et si fourbe et si fière,
En chasse la candide et douce La Vallière ;
Mais la quinteuse humeur de son Athénaïs
Punit son inconstance et ses serments trahis.

Le roi, que du remords l'aiguillon martyrise,
Parfois, seul et rêveur, regrette sa Louise
Qui, fuyant un ingrat qu'elle ne veut plus voir,
Dans un cloître a caché son mortel désespoir.

Des nocturnes zéphirs l'haleine salutaire
Rafraîchit les jardins du pieux monastère ;
Et du jour qui décline éteignant les chaleurs,
Disperse dans les airs les parfums pris aux fleurs.
Sous un bosquet résonne une voix douce et tendre
Et les anges du ciel se taisent pour l'entendre...
Mais cette voix s'épanche en murmures plaintifs
Dont l'écho prolongeait les accents fugitifs :

LOUISE

« Une amère insomnie, une angoisse profonde,
Enveloppent mon être et pèsent sur mes nuits ;
Et lorsque le soleil rend les couleurs au monde,
La lumière dorée irrite mes ennuis.

» Un fantôme adoré que je ne veux pas voir,
A la fois d'amertume et d'ivresse m'inonde,
Et les poignants regrets dont mon cœur surabonde,
Décolorent mes jours livrés au désespoir.

» Dans les bois, tout verdit ; dans les airs l'oiseau chante ;
Tout s'empresse à mes yeux de croître et de fleurir ;

La fleur en souriant s'échappe de la plante,..
Et moi je vais bientôt me faner... et mourir !

» La terre, me dit-on, est une âpre vallée
Où tout est triste, vain... L'Eternel doit un jour
Rappeler près de lui notre race exilée,
Et réunir ses fils dans un plus beau séjour.

» Célestes diamants qui brillez sur ma tête
Et parez de la nuit le voile ténébreux,
Êtes-vous cet asile où s'endort la tempête
D'un cœur navré d'amour et brûlant d'être heureux ?

» Je le crois... Cependant cette terre de larmes
Est empreinte du sceau de la divinité,
Le monde où mes regards ont trouvé mille charmes,
Peut-il, dans ses malheurs, dépouiller sa beauté ?

» Qu'ai-je dit ?.. Ce murmure est peut-être un blasphème
Le ministre du ciel a parlé... c'en est fait !
Non, je n'appartiens plus à la terre, à moi-même ;
Mon cœur est insensible et ma raison se tait.

» Adieu, royal amant dont je fus adorée !..
Ils étaient trop hardis, mes rêves de bonheur !...
Je m'enferme à jamais dans l'enceinte sacrée !
D'un sommeil éternel endormez-vous mon cœur !

» Ton abîme m'attend, solitude profonde !
Mais les plaines du Ciel me verront refleurir.
Je vais seule avec Dieu, loin des regards du monde,
Entre ces murs glacés, me faner... et mourir ! »

« Mais une ombre de loin marche sous la charmille...
Qui donc du cloître saint a pu franchir la grille ?...
La novice interrompt sa plainte... Quel effroi !
Un homme est devant elle !... et quel est-il ?... le roi !!

LOUIS

« Tes soupirs, ma Louise, ont frappé mon oreille;
Comme toi, dans la nuit, je languis et je veille.
Altéré de pardon, dans ton cloître inhumain
J'ai pénétré : l'amour m'a montré le chemin.
Non, tu ne mourras point !... Reviens à moi, cruelle !
Je briserai tes vœux et ta chaîne éternelle ;
Cette sainte prison ne pourra te cacher,
Et des bras de ton Dieu je saurai t'arracher ! »

LOUISE

« Ah ! sire, quel langage !... où tend votre délire ?
Eh quoi ! du Dieu jaloux vous braveriez l'empire,
Et tomberiez, suivant la route des pervers,
Dans les feux éternels allumés aux enfers !
Du cloître où me jeta votre froideur barbare,
L'invincible barrière aujourd'hui nous sépare ;
Renouer un amour par le ciel interdit,
Ferait pâlir d'horreur même l'ange maudit !
Ah ! si vous regrettez nos tendresses passées,
Pourquoi les avez-vous indignement froissées,
Et, par de nouveaux nœuds lâchement captivé,
Renversé cet autel par vous-même élevé ?...
Egoïstes humains, vous dont l'âme volage
Passe si brusquement de l'amour à l'outrage,
Est-ce donc un plaisir de déchirer un cœur
Où vous puisiez à flots le nectar du bonheur ?
Ephémères amants dont l'ivresse mobile,
Exploitant la candeur d'une femme débile,
Viole des serments renouvelés cent fois,
Tout vous est-il permis lorsque vous êtes roi ?

LOUIS

« Oh ! ne prononce pas de paroles funestes,

Lorsque l'adorateur de tes charmes célestes
T'offre abreuvé d'angoisses, un sincère retour,
De grâce ma Louise encore un mot d'amour ! »

LOUISE

« Quoi ! vous osez parler d'amour dans cette enceinte
Que l'Eternel remplit de sa majesté sainte ;
Où l'âme que tourmente un souvenir amer,
Lit sur les murs sacrés : *Dieu, Pénitence, Enfer !*
Retournez, retournez aux pieds de ma rivale !
Devant elle abaissez la dignité royale !
Ah ! sa bizarre humeur, ses caprices hautains,
Me vengeront assez, ingrat, de vos dédains !
Cessez de profaner mon vénérable asile ;
Fuyez !... ne tentez plus cet effort inutile,
De regagner un cœur de remords consumé,
Un cœur qui se repent de vous avoir aimé ! »

La Novice aussitôt par une fuite prompte
Echappe à son amant que dévore la honte ;
Mais l'indignation, dans ce suprême effort,
De sa frêle existence a brisé le ressort !...
Cette âme repentante, et si pure et si belle,
Rompit en souriant sa chaîne corporelle ;
Et, maudissant ce globe aux changeantes amours,
S'envola dans les cieux... où l'on aime toujours !

Le grand siècle finit... une ruine immense
Présagea du suivant la triste décadence :
On eût dit que Louise au fond de son tombeau
De la royale gloire emportait le flambeau.
Plus de triomphe !... à flots le sang français ruisselle..
O prodige !... devant la ligue universelle
On a vu le grand roi soumis et désarmé !..!
Mais ce siècle géant, de tant d'astres semé,
Impartiale histoire, embellit ton domaine :

La Vallière et Louis, dans la pensée humaine,
En types immortels grandissent chaque jour ; —
Louis, de la splendeur ; Louise, de l'amour.

Comte Eugène de Porry.

Voiron (Isère), le 24 Juillet 1877 ;
  En vue de la Grande-Chartreuse.

LES POBRATIMI. *

Dédié à Madame la Marquise de H.

Les Pobratimi sont au pays illyrique
Deux amis dévoués à la vie, à la mort,
D'un joueur de guzla le récit dramatique
Ici nous prouvera leur éternel accord.

Jean Lubovich, un jour, s'étant mis en campagne,
Vint chez Cyrille Zbord, loin du pays natal,
Passer une semaine au fond de la montagne
Et c'est là qu'il trouva l'accueil le plus cordial.

Bientôt Cyrille Zbord que le plaisir convie
Vint pendant huit longs jours loger dans la maison
De Jean Lubovich. Là, le vin et l'eau-de-vie,
Bus dans la même coupe ont fait leur liaison.

Mais pour s'en retourner quand le voulut Cyrille,
Jean Lubovich lui dit, par un prêtre faisons
Consacrer l'amitié que jamais ne vacille,
Soyons Pobratimi de chrétiennes façons.

---

* Cette poésie est imitée de Maglanovich, joueur de Guzla qui vivait en Illyrie au commencement du siècle, et qui composait ses chants lui-même.
  Maglanovich a inspiré beaucoup d'auteurs modernes, entre autres Prosper Mérimée.

Ils parurent tous deux devant un prêtre austère
Qui lut les oraisons, les fit communier,
Se jurant de rester frères sur cette terre,
Et toujours l'un à l'autre en paix se confier.

Bien longtemps après, Jean fumait devant sa porte
Quand un jeune garçon, dont les pieds tout poudreux
Trahissaient long parcours, lui parla de la sorte,
Après s'être incliné d'un air respectueux :

Votre ami, Lubovich, auprès de vous m'envoie
Pour chercher du secours ; Cyrille Zbord attend
En toute confiance et pense qu'avec joie,
Vous viendrez l'aider à vaincre le mécréant.

Et Jean Lubovich prend son fusil, ses cartouches,
Met un quartier d'agneau, du biscuit dans son sac,
Ferme sa maison pour courir aux escarmouches,
Et de son frère Zbord partager le bivac.

Tous les deux d'une ardeur et d'une adresse égale
Au péril, au danger furent vite affermis.
Et ces Pobratimi de leurs adroites balles
Frappaient toujours au cœur leurs nombreux ennemis.

Des chèvres, des chevreaux, des étoffes, des armes,
De l'argent monnayé, des bijoux précieux,
Les frères ont tout pris et, malgré bien des larmes,
Ils ont emmené même une turque aux grands yeux.

Des chèvres, des bijoux, de l'argent et des armes
Cyrille Zbord a pris la première moitié,
Et l'autre fut pour Jean. Mais l'esclave aux doux charmes
Comment la partager, disait leur amitié ?

Car ils aimaient tous deux la malheureuse femme,
Chacun dans son pays la voulait emmener,
Ce jour-là, ce seul jour, au profond de leur âme
La haine et la fureur les ont fait frissonner.

Mais Jean Lubovich dit : Demain, de cette affaire
Nous parlerons avec plus de tranquillité,
Aujourd'hui, par le vin excités, la colère
Pourrait trop ébranler notre fraternité.

Lors, ils se sont couchés et sur la même natte
Ils se sont endormis jusques au lendemain,
Quand Cyrille au matin réveille en toute hâte
Lubovich auquel il presse d'abord la main.

Maintenant, Jean, veux-tu me donner cette femme,
Dit Cyrille Zbord à Lubovich qui se tut,
Car de ses yeux les pleurs assombrissant la flamme,
Il restait tout pensif, tout rêveur, abattu !

Alors Cyrille et Jean qu'un même amour torture
Regardent leur esclave et restent interdits ;
Ils regardent aussi placé sous leur ceinture
Le poignard aiguisé qui les rend si hardis.

Et ceux qui les avaient suivis à cette guerre
S'interrogeaient, disant : Les deux Pobratimi
Rompront-ils l'amitié jurée entre eux naguère ?
Et tous émus, troublés, de crainte en ont frémi.

Or, ayant réfléchi peu d'instants en silence,
Les deux frères se sont levés tout résolus ;
De l'esclave ils ont pris sans nulle violence
Chacun un bras divin, mais qu'ils n'admiraient plus.

Ils avaient un aspect sérieux et fort grave
Et des larmes coulaient des yeux des montagnards,
Quand, soudain, dans le sein de la mauresque esclave
Ensemble, ils ont plongé leurs terribles poignards.

Plutôt que l'amitié, périsse l'infidèle !
Puis, ils se sont serrés la main avec vigueur
Et s'aimèrent toujours : Et comme un grand modèle
Les joueurs de guzla célèbrent leur rigueur.

(Seine-et-Oise) Septembre 1878. Ri-Log

DÉSIRS.

AU RUISSEAU.

Mes yeux, sur ton onde limpide,
Voient s'incliner la chaste fleur;
Et comme elle, ma lèvre aride
Voudrait, dans ta couche liquide,
A ses feux mêler ta fraîcheur.

AU TORRENT.

Roule tes ondes écumantes
Qui troublent mes yeux étonnés;
Ecarte tes lèvres géantes
Pour les voir bondir mugissantes,
Comme des lions déchaînés.

A ROSE.

Mes yeux, sous ta paupière humide,
Cherchent un rayon radieux;
Et ma lèvre voudrait, timide,
Sur ta bouche pure et candide,
Cueillir un miel mystérieux.

A ROSITA.

Dans ton regard je voudrais lire
Le doux présage de tes feux;
Et ma lèvre avide; en délire,
Sur ton sein brûlant qui soupire,
Cherche un baiser voluptueux !...

(Var.) J. OURDAN.

HYMNE GUERRIER

Le clairon d'or sonne le chant d'alarmes ;
Les monts chenus à leur crête ont tremblé.
On voit l'éclair de quatre cent mille armes ;
Sous les coursiers le sol est ébranlé.

Les ennemis s'avancent dans la plaine,
Mais les Français briseront leur fureur.
Les ennemis retiennent leur haleine,
Nos chants guerriers les glacent de terreur.

Soudain s'élève une clameur immense
Comme la voix des vagues de la mer ;
Ce cri grandit, s'apaise, recommence...
Héros français, votre pays est fier !

Comme une mère assemble sa famille,
La France alors appelle ses enfants.
Ils sont venus ! Ils sont quatre cent mille ;
Voyez flotter leurs drapeaux triomphants.

Tant que le sang coulera dans nos membres,
Tant que la vie animera nos cœurs,
Vous les verrez, les fils des vieux Sicambres,
Ardents lions, broyer les oppresseurs.

C'est le combat ! Dégageons nos entraves ;
Les ennemis ! il nous faut les flétrir.
Le canon gronde... oh ! c'est l'heure des braves ;
Jeunes soldats, allons, allons mourir !

Toi, France, dors !... L'éclat de leur tonnerre
De ton repos ne saurait t'arracher,
Car l'Aigle-roi que craint-il dans son aire,
Quand le flot noir hurle au pied du rocher ?

Nous périrons, France, sur ton rivage,
Nos cœurs de feu méprisent le trépas.
Loin, loin de nous le frein de l'esclavage...
Le Français meurt, mais il ne se rend pas !

Louis Boulé.

ALLÉGORIE

Pourquoi fuis-tu, douce hirondelle,
Qu'apporta l'aile du printemps ?
Du bonheur messager fidèle,
De l'amitié sois le modèle :
Reviens, je t'attendis longtemps !

A peine as-tu vu ma campagne,
Mon nid frais au front de la tour,
Que tu t'en vas, ô ma compagne,
Et je reste vers la montagne,
Pensive, attendant ton retour !

Que ton cœur jamais ne m'oublie,
Hirondelle de mes beaux jours !
Dissipe ma mélancolie ;
Reviens : la rive est si fleurie !
Reviens... je t'attendrai toujours !

(Nièvre). Louis Boulé.

LE DERNIER CUIRASSIER

J'endure une douleur atroce.
Tous les Français sont endormis !
Mais j'ai, dans un élan féroce,
Immolé dix noirs ennemis.

Je sens la soif qui me dévore ;
J'ai perdu mon casque d'acier...
Si je pouvais combattre encore !
Si j'avais toujours mon coursier !

Amis, levez-vous !... ils se taisent ;
Aucun ne répond à ma voix,
Et les fusillades s'apaisent
Au sein profond de ces grands bois !..
Repose-toi, ma blanche épée ;
Dieu l'a vu, tu fis ton devoir.
Aucune autre ne t'a frappée ;
Tous s'enfuyaient rien qu'à te voir.

Reste, reste sur ma poitrine !
Je veux te presser sur mon cœur.
Je meurs au pied de la colline,
Et tu partages mon honneur !
Nous avons défendu la France ;
Dormons le sommeil des guerriers.
L'espoir soulage ma souffrance :
Vers Dieu nous aurons nos lauriers...

Le héros baissa la paupière ;
Sur le gazon son sang coulait
Empourprant les vieux blocs de pierre :
Et le soleil couchant brillait !
O soldat ! tu serras ton glaive
Avec un sourd gémissement ;
Et la gloire où l'âme s'élève
Entr'ouvrit son bleu firmament.

Louis Boulé.

LA SOIF DE L'INFINI

Ma jeunesse fuit comme un rêve
Sous les flots rapides du temps,
Je vois s'effacer mes vingt ans
Comme une verdoyante grève.

O jours chéris ! O doux instants
Où le bonheur sourit sans trêve,
Comme le soleil à la sève,
Comme avril au nouveau printemps !

Pauvre poète qu'on oublie,
En proie à la mélancolie,
Hélas ! en vain j'ai soupiré.

L'infini me tourmente l'âme,
Et je sens éteindre la flamme
Qui jadis m'avait inspiré !

Louis Boulé.

CARTE DE VISITE A UN CURÉ

Aucun pays n'est mon séjour,
Je suis un oiseau de passage,
Mais un oiseau de bon présage,
Recevez-moi pour un seul jour.

Je suis si jeune et si peu sage
Que j'ai besoin de votre amour,
Du rayon de votre visage
Et de vos propos pleins d'humour !

J'aime tant votre presbytère
Mélancolique et solitaire
Et ses vieux pampres dentelés !

Je saurai bien vous reconnaître.
Ouvrez-moi donc une fenêtre,
Ou la porte, si vous voulez.

Louis Boulé.

SOLDAT SALUANT UNE JEANNE DARC

Je viens courber mon front devant ta grande Image,
Contre les léopards, ô toi qui t'élançais !
Pardonne, s'il en est riant de mon hommage,
Ces êtres dégradés ne sont pas des Français.

Louis Boulé.

ECRITS SUR LA TOMBE D'UN ENFANT

J'ai fleuri sous un ciel plein de mélancolie,
Et livrais mes parfums à la brise du soir,
Quand un ange pensif vint près de moi s'asseoir...
Sa lèvre m'a baisée, et sa main m'a cueillie.

Louis Boulé.

SOUVENIR

Quand sur ta lèvre rose un fin souris se joue
Et que tes grands yeux bruns se ferment à demi ;
Quand la brise du soir se glisse sur ta joue,
Comme un doux messager qu'envoya ton ami ;

Quand un rayon de l'aube, entr'ouvrant ta paupière,
Viendra la caresser de sa molle clarté,
Oh ! pense à moi, ma sœur, et dis une prière...
Un ange est, près de Dieu, digne d'être écouté !

(*Nièvre*). Louis Boulé.

UN JOUR DE PLUIE EN OCTOBRE

Dieu ! que le ciel est noir. Il pleut. L'astre se voile,
De lourds nuages gris, tendus comme une toile.
L'air est pesant, les fleurs se penchent vers le sol,
Les oiseaux fatigués, alanguissent leur vol.
Les feuilles par milliers jonchent la terre grise ;
Elles vont, tournoyant sous le vent qui les brise
Et les disperse au loin des rameaux agités,
Comme pour les punir de survivre aux étés.

Ce ciel voilé, cette saison, ces fleurs flétries,
Font naître dans mon cœur de vagues rêveries :
Des beaux jours disparus, ce doux et triste adieu,
Ces rayons, ces parfums qui remontent vers Dieu,
Ces rameaux tourmentés par le vent de l'automne,
Ce bruissement confus de l'arbre qui frissonne,
Sombres avant-coureurs des jours mauvais et froids,
Où les pauvres, pensifs, grelottent sous leurs toits,
Font, qu'en ce jour de deuil, la nature attristée
Pour s'endormir plus tôt semble s'être hâtée.
L'aquilon, dans un mois, va sous un joug de fer,
L'étreindre. Oh ! mon cœur saigne en songeant à l'hiver.

Que je voudrais pouvoir, comme les hirondelles,
M'enfuir vers des pays aux fleurs toujours nouvelles,
Où l'on ne voit jamais poindre de mauvais jours,

Où comme les oiseaux les cœurs chantent toujours ;
Où rien ne peut flétrir les plantes, ni les âmes,
Où le mal et le froid sous leurs contacts infâmes,
Ne peuvent rien glacer, rien souiller, rien ternir,
Beau séjour ! dans ton sein pourrai-je parvenir.

O pays idéal, parfois je vois en rêve
Derrière un voile noir que mon esprit soulève,
Tes divines clartés. Pour jouir de ton sort
Je prendrai sans regret les ailes de la mort.

Anaïs Tourreau.

UN SOIR A VENISE

A mon ami le comte Giambattista Viola, de Venise.

Oh ! que Venise est belle
Quand saint Marc étincelle
   Aux feux de l'Occident !
Sur le couchant de flamme
Du doge, l'oriflamme
   Ondule au gré du vent.

Au pied d'un vieux portique
Se tait l'Adriatique
   Pleurant dans son miroir.
Puis, au loin des gondoles
Courent les farandoles
   Sur la brise du soir.

De brunes amoureuses
S'en vont toutes peureuses
   Sur le pont du soupir.
Attendre dans la brume

L'amour, l'oubli, le rhume
  Qui font tous trois mourir.

Un cœur, une rapière
Les suivent par derrière
  De piliers en piliers :
Ils s'en vont d'aventure
En quête de blessure
  Tous ces beaux cavaliers.

Effleurant la lagune,
Tremblottante la lune
  Glisse vers le Lido.
Et dans la nuit sereine
Vient de la cantilène
  L'amoureux trémolo.

Penchant son front de reine
Venise la sirène
  S'assoupit doucement.
Au loin plane sur terre
L'amour et le mystère
  Sur les baisers du vent.

Faucher de Saint-Maurice.

A L'OCCASION DE L'INAUGURATION
DE LA STATUE DE LAMARTINE A MACON.

O toi que je révère et dont la gloire est pure,
Pure comme cette onde où brille ta figure,
Quoi qu'en dise pourtant une méchante voix
Qui dit vrai bien souvent, mais qui ment quelquefois,
Entends ces quelques vers que je fais à ta gloire ;

Puissent-ils dignement célébrer ta mémoire ;
Bien faible hommage, hélas ! de mon amour pour toi :
Pour prix de cet amour jette un regard sur moi.

Eloquence, à ce mot consolant et sublime,
Combien de fronts brillants surgissent de l'abîme
Et devant moi, soudain, se lèvent glorieux !
Mais parmi ces grands noms couronnés par les cieux,
Il en est un surtout que mon cœur seul devine :
Ce nom, ce nom divin, c'est le grand Lamartine,
Qui fut plus éloquent que cette aimable voix
Qui servit à la fois les sujets et les rois !...

Voyez-le dans l'émeute, haranguant cette foule
Colère et furieuse et qui comme un flot roule
Menaçant son sauveur : il a tout arrêté,
Sa bouche a prononcé le grand mot : Liberté !...
Entendez-le plutôt aux tribunes paisibles,
Devant un auditoire aux cœurs bons et sensibles :
Là surtout il est beau, là surtout il est grand !...
Heureuse la cité qui l'entendit souvent !

Poésie, à ce nom mon amour se réveille
Et, sans bornes, grandit pour celui qui sommeille :
Qui mieux que lui jamais en chanta les douceurs,
Et nous en révéla les paisibles splendeurs !...
Heureux qui put longtemps l'admirer et l'entendre
Cette si douce voix, ce langage si tendre !
Car ils sont tout amour et le sens en est pur,
Pur ainsi que le vers respirant tant d'azur !

Et pourtant on a dit : « Ah ! son œuvre est mauvaise ;
Il faut que longuement la critique la pèse »...
Ah ! pauvre humanité, quand viendra-t-il le jour
Où ce voile ignorant tombera sans retour !
Lorsque soudain se lève en ton sein un génie,
Ne va pas d'un seul bond l'accuser de magie ;

Accuse l'ignorance, oui la honteuse nuit
Qui rend pâle à tes yeux le bel astre qui luit.

Histoire, oh ! qu'il est doux de lire cette plume,
Ces récits que ce cœur embellit et parfume :
Son agréable prose ainsi que ses beaux vers
Nous bercent mollement dans des rêves divers ;
Son âme poétique et ses tendres paroles
Ranimeraient les cœurs des plus froides idoles.
Qu'ils s'écoulent heureux les instants de mes jours
Passés, lisant celui pour qui sont mes amours !...

Lamartine est le chantre et du cœur et de l'âme ;
Il sait les embraser de sa plus pure flamme.
Il célèbre la vie et l'immense univers
Par des chants variés de mille accents divers.
Sous son habile main sa lyre obéissante
Rend des accords si purs que la mienne tremblante
N'ose achever cet hymne à sa gloire entonné :
Le ciel ouït ses chants il en fut étonné.

Bienheureuse Macon, doux berceau du poète,
Champs aimés de Milly, sa charmante retraite,
Cher coteau de Saint-Point, plaine, ombrages heureux ;
Et toi Saône paisible aux flots si purs, si bleus,
Pourquoi tarder neuf ans à publier la gloire
De votre illustre enfant ?... perdiez-vous sa mémoire ?
Mais non, non, je comprends, de la postérité
Vous attendiez la voix et la voix a chanté.

Ces trois mots : Eloquence, Histoire, Poésie,
Gravés en lettres d'or, couronnant le génie
Que porte le fronton du brillant monument
Qui redira sa gloire en l'immortalisant,
Ont invité mon cœur à célébrer la vie
Du chantre le plus grand de ma chère patrie,

L'illustre auteur du Lac, des Méditations,
Délicieux miroir de ses émotions.

Le 11 Octobre 1878.   J. CANTON

A MON AMI OTTO HOFFMANN.

> Que jamais cette main qui vibre
> Dans ma poitrine à tout moment,
> N'arrache à ton cœur une fibre
> Comme une corde à l'instrument !
>
> (LAMARTINE.)

Oh ! ne cherche jamais à lire
Dans le livre du genre humain ;
Ne touche jamais à la lyre,
Trop souvent nous chantons en vain !

Oui, la vie est éphémère,
Pourquoi donc être ambitieux ?
La chûte, hélas ! est trop amère,
La solitude vaut bien mieux !

Va-t-en bien loin, bien loin du monde,
Dans les forêts errer le soir ;
Va-t-en voguer sur l'eau profonde,
Qui pour l'étoile est un miroir !

Parfois si l'aquilon t'apporte
Les cris de la grande cité,
Pleure, ami, sur la vertu morte,
Pleure aussi sur l'humanité,

Ne désire jamais la gloire !
Ton front encor est radieux ;
Que jamais la tristesse noire
N'éteigne le feu de tes yeux.

Que jamais sur toi ne se lève
La froide faux que tient le temps,
Que jamais sur ton plus doux rêve,
Ne viennent souffler les autans !

Que jamais la haine et l'outrage,
Tout ce qui peut meurtrir nos cœurs,
Sur ta belle aube sans orage
Ne fassent ruisseler des fleurs !

Que jamais l'ombre ne se joue
Au milieu de tes beaux rayons,
Que jamais les ans sur ta joue
Ne tracent de profonds sillons !

Que les chagrins jamais n'effacent
Le souvenir des jours heureux ;
Que les revers sur ton front passent,
Sans le rendre plus soucieux !

N'égare jamais ton étoile,
Dans les plis d'un nuage noir ;
Que jamais un nocturne voile
Ne change ton aurore en soir !

(1ᵉʳ octobre 1877.)   P. E. Erard.

LE CALVAIRE

> La croix du Christ est un fardeau
> semblable aux ailes des oiseaux qui
> les élèvent vers le ciel.

Avant que le jour vint où Jésus le Messie
Expiât nos péchés, dit son suprême adieu,
Et qu'humble il s'élevât, cette fois dans sa vie
      Pour s'approcher de Dieu,

L'homme ne savait point, avant ce grand mystère,
Que son corps à son âme est uni pour souffrir ;
Dès ce jour il comprit qu'il est mis sur la terre
   Pour y passer martyr.
Et depuis lors partout, dans un lieu solitaire,
Sur la simple éminence, on élève une croix
Qui dit à tout mortel : « Tu feras ton calvaire
   Surchargé d'un grand poids. »
Et, tel que Jésus-Christ vidant l'amer calice
Entrevoit son martyre auprès des oliviers,
Et qu'abreuvé de fiel, il se livre au supplice
   Foulant Satan aux pieds,
Et parvenant enfin à briser sa puissance
En venant s'opposer au mal qu'il nous jeta,
Là, d'où l'humanité voit jaillir l'espérance
   Là, sur le Golgotha !
Ainsi l'on doit souffrir dès son adolescence,
Et relever son âme à chaque mauvais pas,
Pour voir dans ce symbole, une croix, la souffrance
   Que l'on trouve ici-bas.
Mais à ton âge, enfant, lorsque la moindre peine
Vient rider ton front pur au milieu de tes jeux ;
Dans ce printemps fleuri, le baiser te ramène
   Au naturel joyeux.
On ne sent pas alors l'amertume des larmes,
Du fardeau de la vie on ne sent pas le poids ;
Sur ce chemin facile on ne voit que des charmes,
   Et non pas une croix.

Dinant.   Paul Sorée

APRÈS WATERLOO

La bataille cessait, l'armée était perdue ;
L'ennemi triomphait, la France était vaincue.

Déjà le soir venait. L'empereur avançait.
Il fuyait vers Paris, il fuyait ! il pressait
Le flanc de son cheval. Mais son front était sombre,
Son regard était fixe et se perdait dans l'ombre.
L'horizon était morne et sur les champs en sang,
Les morts dormaient couchés et le front menaçant.
Le coursier galoppait, et dans sa rêverie
L'empereur regardait, sur la terre pétrie
Par les pieds des chevaux, tous ces corps étendus,
Aux regards tout voilés, fixes, comme perdus.
Et lui revenait seul ! seul dans sa capitale,
Sans force et sans appui ! Son front était plus pâle
Que celui des mourants. Il rêva toujours plus,
Avec plus de tristesse, et comme un vaste flux
De sentiments divers lui remplit alors l'âme,
Plus aigus que le fer, plus brûlants que la flamme,
Il crut voir tous ces morts dressés sur leur séant,
Lui-même au milieu d'eux, puissant comme un géant.

Et tous le regardaient de leur regard sans vie,
De ce regard auquel la force était ravie,
Et semblaient murmurer : « La France va mourir,
Et nous ne sommes plus ; oh ! que tu dois souffrir ! »
Et puis dans le lointain une vague musique,
Aux accents belliqueux, résonnait fantastique :
« Formez vos bataillons ! » Alors l'écho confus :
« Les bataillons sont morts et l'empereur n'est plus ! »
Tandis qu'il galoppait tout répétait encore :
« Il n'est plus, il n'est plus, l'empereur qu'on implore. »

Alors il regarda plus loin dans l'avenir.
Tout lui disait : « Ton règne enfin vient de finir ;
Nous te haïssons tous. Va, reçois notre haine.
Regarde tout au loin ; vois cette vaste plaine ;
Dis, vois-tu tous ces morts ? C'est toi leur meurtrier ;
Mais tous ils t'ont maudit, ô trop fameux guerrier ! »

L'empereur n'y tint plus. Son visage impassible
Essaya, mais en vain, de rester insensible.
Il voulut échapper à ces cris déchirants,
A ces vivants haineux, à ces morts, ces mourants.
Alors, dans le lointain, il vit une île sombre,
Ilot aride et nu, comme perdu dans l'ombre.
L'océan mugissait tout autour en fureur,
Le vent retentissait plein d'une sombre horreur.
Près d'un fanal blafard veillait, qui? l'Angleterre,
Le front sinistre et froid et le regard austère.
Sur tout l'îlot régnait ainsi qu'un profond deuil,
Une morne douleur... l'île était un cercueil.
Le cadavre couché dans cette tombe immense,
C'était Napoléon entouré de silence.
L'empereur se dit: l'aigle a pour tombeau le ciel
Et moi, j'aurai la tombe et le nom immortel! »

Et tandis qu'il rêvait au tombeau solitaire,
Qui l'attendait là-bas tout au bout de la terre,
Il vit l'îlot grandir et rayonner au loin,
Et lui resplendissait. Oh non! ce n'était point
Ses grandes actions, ses victoires sanglantes,
Ce n'étaient pas non plus ses marches triomphantes
Qui l'éclairaient ainsi; non! c'étaient ses malheurs;
Car on avait alors oublié tous les pleurs
Qu'il avait fait verser, en le voyant lui-même
Pleurer dans son îlot, dans sa prison suprême!
Et puis tout s'éteignit et de nouveau les cris:
« Non, l'empereur n'est plus, non l'empereur est pris!»
Mais alors frissonnant dans la nuit froide et sombre,
Il s'éveilla soudain, et regarda dans l'ombre.
Au loin Paris brillait. Il murmura pour lui,
« Je règne encor toujours, voilà Paris qui luit,
Et Paris m'appartient. J'ai fait un rêve horrible
Tantôt. Mais me voilà redevenu paisible. »

Et l'écho répéta plein d'une sombre horreur :
« Non, tu n'as pas rêvé, tu n'es plus emperéur ! »

Robert Schaeffer.

VERSATILITÉ

Des choses d'ici-bas, mobilité bizarre !
Hier, c'est un vieillard courbé sur des fagots :
Son pied glisse, il s'assied, s'allonge sur le dos
Et, sans jeter un cri, par cette vieille avare
Qu'on appelle la mort, il est fait prisonnier.
Tout le monde l'aimait. La foule au cimetière
L'escorta recueillie, attristée, en prière,
A la famille en deuil formant un bouclier.
J'étais là, je vis tout, et je versai des larmes.

Aujourd'hui c'est le tour de nouvelles alarmes,
Un jeune homme tout plein de pétulante ardeur,
A beaucoup de souplesse unissant la vigueur,
Tente résolument du clocher l'escalade,
Pour changer contre un neuf son vieux coq tout rouillé ;
Il avait tant de fois, ce coq été mouillé
Que du temps il portait la longue estafilade !
Le jeune homme partit par le chemin qu'on sait :
Etroit, rapide, ardu, s'élançant dans la nue
Sous forme d'une corde et noueuse et menue.
Si tel levait les yeux, tel autre les baissait,
Tant était redouté quelque accident funeste.
Pourtant de nœud en nœud, l'homme monte encor leste
Et bientôt touchera la croix et le vieux coq,
Sans faiblesse, sans bruit, sans halte et sans accroc !
Et déjà le bonheur se lit sur chaque face ;
Tout à coup un bruit sec interrompt cet élan.

Un seul cri lui répond, en traversant l'espace !...
D'angle en angle jeté, le corps rebondissant
Touche au pignon aigu, puis s'affaisse et puis roule,
Et, glissant sur le toit ! tombe enfin sur la foule.

Il se fit dans le cercle un grand silence... alors
Nul n'osait s'opprocher du mourant, dont le corps
Gisait là, sur le sol, immobile et sans vie !
Moins timide, quelqu'un eut cependant l'envie
De palper le cadavre et de sonder le mal.
Il recula soudain, car l'homme au saut fatal
se relevait intact, étonnant tout le monde,
Parlant, riant, chantant pour qu'on n'en doutât pas,
Allant de groupe en groupe, d'un vif et léger pas,
Courant au bal voisin prendre part à la ronde.

Maintenant, cher lecteur, qu'on vous a tout conté,
Des choses voyez-vous la versatilité ?

25 novembre 1878. G. Buffeteau.

MINIATURE.

Frère Hatto, depuis trois ans qu'il est entré
Comme moine, au couvent fameux et vénéré
De Saint-Hugo, depuis qu'il porte la tonsure,
Est devenu dans l'art savant de l'écriture
Un très-habile maître, et sur le parchemin,
Nul ne sait mieux que lui d'une attentive main
Dessiner les rinceaux, les fleurs et les paraphes,
Qu'en marge des vélins tracent les calligraphes.

Aujourd'hui, dans le coin d'un splendide missel,
Il vient de peindre en or sur un fond bleu-de-ciel,
Notre-Dame la Vierge, avec son regard d'ange
Et la Sainte Auréole au front, mais c'est étrange,

Comme dans le dessin merveilleux de Hatto,
Notre-Dame ressemble à l'enfant du château
D'Eisenach, cette Edith si mignonne et si blonde
Qu'on adorait dans dix villages à la ronde,
Car elle était très bonne, et douce aux paysans.
— Mais Edith est absente, hélas ! depuis trois ans.
Son père, en un pays lointain l'a fiancée,
Et les yeux tout en pleurs, la poitrine oppressée,
Elle avait dû partir, la colombe, en exil.
Voici bientôt trois ans passés....
      Songerait-il,
A cette blonde enfant, le jeune moine austère,
Qu'il reste si longtemps à rêver, solitaire ?

Hatto s'est arrêté, l'ouvrage étant fini.
D'un scapulaire il tire un vieux lis tout jauni,
Puis quelques cheveux blonds qu'il pose sur la table.
Le lis était sans doute autrefois tout semblable,
Alors qu'il fleurissait aux pentes du chemin,
A celui que la Vierge agite dans sa main,
Mais quant aux fins cheveux, quant à la boucle blonde
Le moine n'a jamais dit à personne au monde,
Ni le front virginal qu'ils parèrent un jour,
Ni la main qui lui fit ce présent...
      Dans sa tour,
Des prières du soir la cloche a sonné l'heure,
Mais de l'office un frère est absent..
      Hatto pleure.

(*Suisse 1878.*)   Jules Cougnard.

LES VRAIS LAURIERS D'UN PRINCE.

Par la voix du progrès la pauvre humanité
Marche droit à l'amour, à la fraternité;
Elle quitte la route où l'ignorance affreuse
La tenait enchaînée, ignoble et malheureuse.
Et cette grande reine aux traits majestueux
Elève avec fierté son beau front vers les cieux;
Elle secoue enfin sa couronne immortelle
Qu'avait taché de sang la haine criminelle;
Son trône cesse d'être un lugubre cercueil,
Un affreux ossuaire où l'envie et l'orgueil
Entassaient pêle-mêle et la mère et la fille,
Et le père et le fils, et la sainte famille;
Elle lave ses mains que le sang couvre encor,
Ces mains que le travail, que la paix emplit d'or.
Et, dans ses bras nerveux, et sur son cœur de mère,
Elle presse l'humain et lui dit; « Aime en frère ! »
Elle n'a plus ses cris qui répandaient l'effroi,
Vociféraient partout : « Le canon fait ma loi. »
Son visage divin, jadis encore horrible,
Fait bondir tous les cœurs d'une ivresse indicible;
Et des larmes de joie et des chants de bonheur
Etouffent de la nuit tous les cris de douleur;
Partout, de ses doux feux son regard illumine,
Et fait comprendre à l'âme une langue divine :
Langue d'un avenir où, par l'ordre et la paix,
Le bonheur et l'amour resteront à jamais.
Déjà le monde entier est à l'œuvre commune :
Mille bras, mille mains, à cette heure opportune,
Donnent le coup de grâce aux abus du passé
Et dépouillent le monstre aujourd'hui terrassé;
Il ne restera rien de cet ogre superbe
Que le mépris sur terre et la fange sous l'herbe.

Vainement ils croyaient tous ses fiers conquérants
Que tout succomberait, qu'eux seuls resteraient grands,
Que leurs fronts couronnés défieraient la conquête
Du temps qui toujours fauche et jamais ne s'arrête.
Insensés !... Que sont-ils ?... Qu'est leur humble opprimé
Le peuple, cet esclave au malheur condamné ?
Le despote n'est plus : son sceptre et sa couronne
Gisent sous les débris oubliés de son trône ;
Et sa gloire a passé, ses lauriers, disparu,
Sous les coups du martyr qu'il espérait vaincu.
Ses exploits et son nom sont sans doute à l'histoire :
Tout homme doit finir, mais sa grande mémoire !...
Un mot, hélas ! un seul parle du conquérant ;
Il est court, fait de sang, le peuple a dit : « Tyran ! »
Ce mot ineffaçable à l'histoire a sa page ;
Il la conservera pour aller d'âge en âge
Apprendre aux nations quels sont les oppresseurs
Qui sucèrent leur sang aux temps de leurs malheurs.
Le pauvre patient, ce peuple méprisable,
Ce difforme orgueilleux, cet insolent coupable,
Est-il aussi tombé sous les coups de la mort ?
De ceux qui l'ont maudit a-t-il subi le sort ?
Le voilà, comparez. — Aux quatre coins du monde
Son triomphe apparaît sur la terre et sur l'onde ;
Sous ses membres nerveux, sous sa puissante main
Tout ploie et tout arrive au progrès, à l'humain ;
Et la nature entière, à sa voix asservie,
De ses doigts maternels sème le bien, la vie,
Sur son heureux passage on voit fleurir les arts,
Et de la liberté flotter les étendards ;
Il laisse à l'orphelin une seconde mère
Qui le réchauffera, chassera la misère,
Et la veuve retrouve un précieux soutien
Qui lui cache les coups d'un trop rude destin ;
Des temples élevés à l'auguste science

Eclairent les esprits, forment l'intelligence,
Les cœurs vont y puiser les principes d'amour
Qui dorent l'univers des feux d'un nouveau jour ;
Tout marche, tout s'élève au souffle du génie
Qui dans le cœur humain prend sa source de vie.
Voilà les dons sacrés de ce peuple vainqueur ;
Le Champ de Mars les vit dans toute la splendeur !
Voilà le conquérant que le monde couronne
Des fleurons immortels que l'honneur seul lui donne.
Noble triomphateur, salut, salut à toi !
Etablis sur le monde et ton règne et ta loi.
La science t'éclaire, un amour vrai t'anime :
Marche sans crainte et va vers ton destin sublime.
Le fer peut t'entraver, la force, t'amoindrir,
Mais, qui lutte sans toi, sans merci doit mourir.
Aussi sous tes drapeaux déjà les rois s'avancent
A la tête des rangs qui se pressent, s'élancent
Pour porter le flambeau du savoir et du bien,
Partout où l'esclavage enchaîne encor l'humain.
Le grand roi Léopold, des Belges prince et père,
A marqué cet élan vers l'œuvre humanitaire
Qui doit mettre le sceau sur le sol africain,
Aux mille biens créés au profit de l'humain.
Ce roi chéri comprend qu'il n'est pas de conquête
Qui vaille d'arracher d'innocents à la traite,
Au trafic odieux qui s'opère au grand jour
En ce siècle d'espoir, de travail et d'amour ;
Il cueille des lauriers dans les champs où l'appelle
La voix de ses aïeux, de son peuple fidèle.
A d'autres les fleurons rouges de sang, de chair,
Et les butins conquis à la pointe du fer !
Pour lui, l'unique gloire à laquelle il aspire,
Pour lui, les vrais lauriers qu'il conquiert et désire,
Est de pouvoir mener les hommes nés amis
Au port où tous les cœurs seront un jour unis.

Belgique, Octobre 1878. J. SERESSIA.

LES DEUX ROSES.

FABLE.

A travers une haie, aux blancheurs d'aubépine,
 Deux roses vantent leur beauté ;
Rien n'est omis ; pas un bouton, pas une épine,
 Tout est compté.
L'une, pourpre, éclatante, à la suave haleine,
 Se pavane dans un jardin ;
L'autre, petite et pâle, a grandi, non sans peine,
 Sur le bord du chemin.
« — Tu me prends en pitié, lui dit l'humble mignonne,
Peut-être me plains-tu ! Je suis contente ainsi ;
Dieu pourvoit à ma vie, et le peu qu'il me donne
 Fait mon bonheur ici.
 Ce luxe qui t'entoure,
 Ton parfum, ta couleur,
Toute la gloire enfin que ta feuille savoure,
 Me ferait peur. »
« — Tu manques de raison, maudite fleur chétive,
Reprit la parvenue, et ta timidité
 Te laissera captive,
Ignorant du plaisir la douce volupté. »
Elle parlait encor, que déjà de sa tige
 Le fer la séparait ;
Quelques instants plus tard, sans honneur, sans prestige,
 L'orgueilleuse mourait.
 La richesse est un bien fragile ;
 Un être aveugle, la grandeur ;
 Ici-bas le plus difficile
 Est d'en savoir garder son cœur.

Georges Bouret.

TENDRESSE MATERNELLE

I

O tendresse ! qui peut t'expliquer à nos âmes !
Quel mot sublime et fort nous dira tes douleurs.
D'un amour dévoué tes plus brûlantes flammes
Nous énivrent souvent, font palpiter nos cœurs.
Tendresse maternelle, ô source pure et sainte !
Qui n'a pas admiré ta si touchante crainte
        Près d'un petit berceau
        Où l'enfant frêle et rose
        Dans tes bras se repose,
Et forme pour nos yeux le plus charmant tableau.

O tendresse ! c'est toi qui relèves, consoles
L'infortuné qui pleure et qui, seul, se débat !
Tu veux mettre a son front de belles auréoles
D'espérance et de foi quand le malheur l'abat.
Tu souffles dans son cœur la suprême énergie
Qui lui rend le courage et ranime sa vie !
        Tu n'es pas un vain mot
        Tendresse maternelle !...
        Dieu te fit éternelle.
Tu tiens pour nous conduire un splendide falot.

II

O ma mère ! à ton nom je me sens éperdue,
A ton cher souvenir mon âme s'est émue,
Je cherche vainement la trace de tes pas !...
Je pleure sur ta tombe et je ne t'entends pas !...
Quand tu nous a quittés pour la sphère céleste
Nous avions tout perdu !.. Qu'était pour nous le reste !..
. . . .

Maintenant tes enfants ont aussi des enfants,
L'amour et le devoir sont nos plus doux penchants.

Tes exemples pour nous sont là comme naguère.
Des cieux, souris, regarde et bénis-nous, ma mère !

Enfants que nous aimons plus que tout ici-bas,
Nous nous donnons à vous jusqu'au jour du trépas.

III

Et toi, Seigneur ! et toi qui gouvernes le monde,
Qui promènes ta main sur la terre et sur l'onde,
Toi qui seul peux connaître où seront nos cercueils,
Tu conduis notre barque à travers les écueils.
Daigne écouter, mon Dieu, ma timide prière,
Oh ! ne reste pas sourd ? en ta bonté j'espère.
Si l'un de nous, Seigneur, a mérité tes conps,
Regarde-moi, je prie et je suis à genoux.
De la sévérité de tes justes contrôles
Jette le lourd fardeau sur mes faibles épaules,
Oh ! ne frappe que moi ! sur moi lève ton bras,
Epargne mes enfants et bénis tous leurs pas !!

(Pas-de-Calais), 30 novembre 1878.

PAULINE HENRY née LEMAITRE.

L'HIVER

O poète ! entends-tu ? c'est l'ouragan qui gronde !
C'est l'hiver ! des beaux jours c'est le sinistre écueil ;
Les feuilles dans les airs dansent leur folle ronde,
Et vont s'accumuler bruyamment sur ton seuil.

Plus de fleurs dans les champs que la nuée inonde ;
Plus de soleil chassant la tristesse et le deuil ;
Et partant plus d'amour, le seul bien en ce monde
Qui fasse de plaisir étinceler ton œil.

Ta demeure est glacée, et ton foyer est vide ;
Nul chant joyeux ne fait vibrer ton âme avide
De rayons et d'azur ; l'espoir lui-même en sort ;

Ta lyre de tes doigts glacés s'échappe et tombe,
Et rend un son plaintif comme un bruit de la tombe ;
Car, poète, pour toi, l'hiver, oh ! c'est la mort !

Algérie, 27 novembre 1878. Emile Olivier.

LA NYMPHE & L'ENFANT

IDYLLE

Un soir, au pied des monts qu'arrose le Méandre,
Sur le seuil des grands bois consacrés au soleil,
Mollement étendu sur un lit d'herbe tendre
Un jeune enfant dormait d'un tranquille sommeil.

Comme un écrin cachant une pierre brillante,
Sa paupière cachait un bel œil plein d'attrait,
Et fraîchement éclos sur sa lèvre charmante
    Un beau sourire folâtrait.

On n'entendait au loin dans ses vastes campagnes
Que le bruit des troupeaux dispersés dans les champs
Et les cris des bergers dont l'écho des montagnes
    Répétait les faibles accents.

... Soudain, près du dormeur, au milieu du feuillage
Dont l'éclatant rideau s'écarte sous ses doigts,
Apparut une femme au séduisant visage :
    C'était la nymphe de ces bois.

Qu'elle était belle ainsi : caressés par la brise,
Ses cheveux s'enroulaient autour de son beau sein
Dont les orbes naissants d'une blancheur exquise
    Semblaient, découverts à dessein.

» Oh! son âme est limpide et calme comme l'onde !
» L'amour n'a point troublé ce front si radieux :
» Réveille-toi, petit, que mon œil se confonde
   » Avec l'azur de tes beaux yeux »

Ainsi parlait la nymphe, et ravie en extase,
D'un regard plein d'amour elle couvrait l'enfant.
... Et le vent indiscret jouait avec la gaze
   Qui me cachait son corps charmant.

Elle s'avance alors, légère elle folâtre ;
Près du gentil dormeur elle arrête ses pas,
Et sous le poids léger de son beau pied d'albâtre
   L'herbe se courbe et ne rompt pas.

« Bel enfant, disait-elle, ô toi pour qui je brûle
» D'un feu que je ne peux ni ne veux réprimer,
» Réponds à mon amour sans crainte ni scrupule :
   » Bel enfant laisse-moi t'aimer.

» Nul d'entre les humains qui peuplent la nature,
» Personne jusqu'ici ne m'a parlé d'amour
» Pour toi seul, doux ami, mon âme resta pure
   » Et je te la donne en ce jour.

» Mais quoi ! l'étonnement s'est peint sur ton visage ;
» En regardant ton sein, je l'ai vu tressaillir,
» Vois ! les orbes du mien s'élèvent davantage,
   » Oh ! regarde-moi sans rougir ! »

Mais l'enfant rougissait, car déjà dans son âme
Naissait un sentiment qu'il ne savait nommer ;
C'était comme un doux feu dont la charmante flamme
   Le brûlait sans le consumer.

« Il est bien doux, enfant, d'avoir en sa détresse
» Des bras où se jeter pour languir et gémir,
» Il est bien doux d'avoir, quand la douleur nous presse
   » Un beau sein blanc où s'endormir :

» L'amour a des douceurs à nulle autre pareilles,
» Ceux-là n'ont point vécu qui ne l'ont point goûté,
» Viens, nous verrons tous deux ce pays de merveilles,
   » Ce beau pays de volupté. »

Et la nymphe à ces mots penchée avec ivresse
Sur ce nouvel objet de son funeste amour
L'entoure de ses bras, le flatte, le caresse
   Ainsi jusqu'à la fin du jour.

Puis quand survint la nuit, vaincu par tant de charmes,
L'enfant vers le grand bois dut se faire entraîner !
Pleure, mon pauvre enfant, verse, verse des larmes,
   Le noir chagrin va t'enchaîner !

Le matin, en effet, son cœur était plus vide,
Quand il revint du bois où dormait le secret
Qui troublait tant son âme autrefois si limpide :
   Son beau regard était inquiet.

Les soirs, au pied des monts qu'arrose le Méandre,
Sur le seuil des grands bois consacrés au soleil,
L'enfant venait parfois rêver sur l'herbe tendre,
Mais il ne dormait plus d'un tranquille sommeil.

Loiret, 25 octobre 1878.   André Cherière.

LA VIE.

SONNET

A mon ami Felice della Rocca.

Nous avons en naissant un manteau virginal,
Près du front de l'enfant les rêves font cortège,

Un rayon lumineux l'éclaire et le protège,
Contre les noirs chagrins et les souffles du mal.

Poussés par le désir et cherchant l'idéal,
Nous marchons vers le but, notre fardeau s'allège,
L'auréole s'en va, car la route s'abrège ;
Le manteau s'est usé, c'est le destin fatal !

Couverts de nos haillons, regardant en arrière,
Nous allons, nous allons vers la route première,
Cherchant à découvrir les vallons inconnus.

Nos membres sont roidis et nos genoux chancellent,
Tout à coup, dans la nuit, mille voix nous appellent,
Nos pas touchent le vide, et nous retombons... nus !

3 janvier 1878.   P.-E. ERARD.
                                4ᵉ régiment de zouaves.

LA TACHE NOIRE,

Londres 1876

O France ! ô ma patrie, ô que j'aime à te voir !
Que j'aime à contempler ton nom cher, à l'écrire !
Ton ciel bleu dont je rêve ici sous le ciel noir
Où ton nom prononcé tout aussitôt m'inspire !

Je regardais ta carte hier, hier encor
Tes beaux fleuves : la Seine et le Rhône, et la Loire,
La Gironde, et tes monts garnis de raisins d'or....
Soudain, à l'est je vis un spectre, une ombre noire !

Je frémis et sentis là s'abaisser mon œil ;
Etait-ce de la honte ! était-ce de la rage ?
O ma France, vois-tu ; ce n'était que le deuil,
L'amer deuil de te voir cette tache au visage !

Car aux fleuves nommés, il en manque un : le Rhin,
Hélas, le Rhin n'est plus sur ta carte, ô ma France !
Le Rhin est Allemand, ce beau fleuve est germain,
Et peut-on l'appeler le Rhin de l'espérance ?

Alsaciens, pleurez ! vous n'êtes plus Français !
Mais sans désespérer, reprenez du courage ;
Vous ne nous avez pas quittés à tout jamais,
Il reste des marins échappés au naufrage !

Le lion fut abattu, froissé, foulé, blessé,
Mais son cœur plein d'amour, ô Lorrains, bat encore ;
La plaie est refermée et son mal est passé...
Espérez ! Il guérit et son cœur vous adore !

Ce vieux lion, qu'ont mordu les vautours allemands,
Se relève, et déjà tout autour de lui darde
Son grand œil calme ; il pleure... il a vu ses enfants
Enchaînés. — Il espère... il attend... il regarde !

Il était vieux, eh bien ! ce choc l'a rajeuni !
Il était trop gâté par un régime horrible
De paresse et d'orgueil... mais le rêve est fini :
L'attente est un élan... Il sautera, terrible !

Alsace, jeune vierge, et toi Lorraine, enfant,
Vous portez toutes deux un beau nœud sur la tête,
Un emblème d'amour, d'un amour triomphant
Que ne peut emporter le vent d'une tempête...

Ce nœud, c'est l'union ; je vois dans ces rubans
L'attachement que vous portez à votre mère...
Le symbole d'amour, il n'est point de tyrans,
Point de rois assez forts pour le jeter par terre !

Ce nœud, comme l'amour reste ; il est immortel !
Il vous parle de France, il vous unit ensemble ;

Qui donc pourrait briser un amour maternel,
Rien, rien, sinon la mort ; pas la guerre, il me semble.

Et la mort, ô ma France, est encore bien loin !
Ton grand cœur est trop bon, ton âme trop sublime ;
Tu peux encore, ô France ! espérer pour demain
Puisque tu n'as faibli, même au bord de l'abîme !

Va, quoique le venin de ces serpents du Nord
Ait coulé sur ton sol plein de rage et de haine,
Ne crains pas de mourir ! Non, ne crains pas la mort !
Ton air pur a chassé l'odeur de leur haleine.

Au contraire, ta main a lavé tout ton sang,
Au contraire, grand lion, tu relèves la tête,
Moins orgueilleux, mais plus, bien plus resplendissant
Comme on voit le soleil luire après la tempête !

Et vous, cher jeune couple aux seins tout mutilés,
Alsace au front d'argent, Lorraine au front d'ivoire,
Le malheur dans nos cœurs, enfants, vous a mêlés
Et la France, il est vrai, porte une tache noire.

Mais voyez, votre mère attend, vous aime encor ;
Pour vous, elle travaille, imitez votre mère.
Pour vous elle perdrait et son sang et son or :
Unissez donc vos voix et répétez : « J'espère. »

Je ne suis pas prophète, et pourtant dans mon cœur
Un souffle me prédit, m'annonce la revanche !
Alsace, le fond noir changera de couleur...
Tout sera pur encor ! la tache sera blanche !

Alsaciens, Lorrains, espérez, car mon œil
Croit voir venir ce jour, en aspire l'aurore...
La France, entre ses doigts, tient le crêpe de deuil
Est prête à l'arracher du drapeau tricolore !!

Eugène Blot.

A L'ÉCHO

Joyeux écho de la montagne,
Redis-moi les chants du printemps,
Ces doux chants que l'onde accompagne
Et que tu répètes aux vents.

Ces chants heureux de la nature,
Qui font aimer les passereaux,
Les chants du ruisseau qui murmure,
En moutonnant sous les roseaux.

Redis-moi les soupirs des roses,
La plainte du frêle grillon !
Le bruit confus des fleurs écloses,
Le son lointain du carillon.

Le bourdonnement de l'abeille,
Ce que chante l'oiseau le soir,
La voix du matin qui s'éveille,
Tout ce qui dit au cœur espoir !

Redis la chanson du poète,
Le bruit des baisers amoureux ;
La languissante chansonnette,
Des pauvres petits malheureux.

Oh ! redis la douce prière
Que l'homme adresse à l'Eternel.
Echo, redis-moi de la terre
Les mille bruits qui vont au ciel.

Et peut-être alors oublirai-je
Hélas ! que le printemps n'est plus !
Et que l'hiver au froid cortège
Blanchira bientôt nos talus.

Que la nature enfin est morte !
Que le triste autan règne ici.
Et que sa terrible cohorte
Dépouille nos bois sans merci ! !

      Jules Brydaine.

MON PETIT NOM

J e m'appelle... Ah ! j'allais le dire,
E lise, Marie ou Palmyre ?
A mis curieux, devinez......
N on, après tout, vous savez lire
N 'est-ce pas ?... alors regardez
E t mon petit nom vous verrez.

Pas-de-Calais, 30 novembre 1878.   Jeanne Henry.

LA MENDIANTE

La misère au berceau m'a reçue, et depuis
Toujours à ma poursuite elle s'est acharnée :
Dans ma hutte, dehors, partout où je la fuis,
Partout où me conduit ma triste destinée,
Son spectre à mes côtés se dresse menaçant...
Qu'ai-je donc fait à Dieu pour qu'il m'ait de la sorte
Jetée aux grands chemins comme entrave au passant,
Avec la hotte au dos et la faim pour escorte ?
Est-ce ma faute, à moi, si mon père, à sa mort,
N'a laissé pour tout bien qu'une besace vide ?...
Alors que tant de gens, favorisés du sort,
Ont trouvé prêts fortune, amis, soutien et guide,
Est-ce ma faute si, pour tout cadeau, le ciel

Couvrit d'infirmités ma personne débile ;
Si l'absinthe est pour moi, quand d'autres ont le miel,
Si je n'ai que le droit de tendre ma sébile ;
Si je dois ignorer tout, jusqu'à l'amitié,
Victime des dédains ou de la moquerie,
Et n'inspirer jamais qu'horreur ou que pitié ?...

. . . .

Je suis vieille, aujourd'hui, bien vieille et bien flétrie ;
J'ai pourtant souvenir du temps déjà lointain
Où j'avais un cœur jeune et désireux de plaire,
Un sourire à la bouche et des roses au teint.
Au lieu de vivre, alors, de pain noir et d'eau claire,
Au lieu de me meurtrir aux ronces du chemin,
J'aurais peut-être pu d'un fringant équipage
Eclabousser les gens auxquels je tends la main,
Faire, en ceinture d'or, scandale et grand tapage,
Et servir de pâture à quelque débauché.
J'en connais tant qui n'ont pas eu peur de se vendre,
Et qui n'ont pas regret d'avoir fait ce marché !
L'existence est facile à qui sait la comprendre :
Sage et prudent celui qui jouit ici-bas
Sans crainte et sans réserve ; après nous le déluge !
...Et que peut-on risquer ?.. Quand on ne connait pas
L'avenir, le présent doit servir de refuge !
A quoi bon redouter d'avance un châtiment
Dont personne n'est sûr, et qui n'est pas probable ?
S'il existe un vengeur, au jour du jugement,
Saura-t-il distinguer le juste du coupable ?

. . . .

Mais que dis-je, ô mon Dieu ! j'ai blasphêmé ton nom,
Regretté mon honneur, douté de ta justice !
Malheur, malheur à moi ! Je demande pardon,
Mais qu'on éloigne au moins mon horrible complice,
La faim, qui n'ayant pu prostituer mon cœur,
Voudrait souiller ma bouche en lui soufflant la haine !

Oh ! donnez-moi du pain, bien vite, par pudeur
Sinon par charité, car une bête humaine
Est plus terrible encor que tout autre animal :
Quand les instincts brutaux dominent un pauvre être,
Il perd tout sentiment et du bien et du mal,
Et ce n'est plus qu'un monstre indigne de paraître !

P.-F. Miquet.

SI TU SAVAIS

Si tu savais combien je t'aime,
Si tu savais combien mon cœur
Repousserait comme un blasphème
Toute contrainte à ton bonheur.

Si tu savais combien ma lyre,
Puise de chants dans tes grands yeux ;
Si tu savais que ton sourire
Me transporte au-delà des cieux.

Si tu savais que sur la terre,
Pour croire au frêle lendemain,
Il me faut ton regard sincère,
Et l'appui de ta douce main,

Tu n'aurais plus la jalousie,
Qui vient parfois comme un affront,
Faire rougir la poésie
Et mettre une ombre sur ton front.

Et tu dirais : ces chants de l'âme
Sont les parfums de notre amour ;
Ce sont les rayons de la flamme
Qui nous éclaire chaque jour.

Et tu dirais, toujours charmante,
Et radieuse de bonheur,
C'est pour moi que son esprit chante
Tous les beaux rêves de son cœur.

9 mai 1871 ÉVARISTE CARRANCE

PROMENADE D'AUTOMNE

Sur la montagne de Ste-Germaine, près Bar-sur-Aube (Aube)

C'est l'heure où le soleil de sa hauteur sublime
Plonge un regard de feu dans l'immense horizon,
Et, sur son char de gloire en vainqueur magnanime,
Parcourt dans sa carrière et montagne et vallon.

D'un pas lent et rêveur je traverse la plaine
Dans le sentier semé de cailloux éclatants,
Roulant mon chapelet dizaine par dizaine,
Offrant à l'éternel mes vœux les plus ardents.

Penché sur le bâton je gravis la colline,
Où, dans sa fleur tomba sous le fléau de Dieu *
Notre sainte Patronne : O vaillante héroïne,
A jamais sois connue et bénie en ce lieu !

Un verdoyant rempart à mes côtés se dresse,
Garde religieux de l'antique chemin
Que sillonne la source en murmurant sans cesse
Que jadis ont tracé les pas du pèlerin.

Mon œil du Créateur repasse les ouvrages
Sur le coteau doré de pampres jaunissants ;

---

* D'après la légende, Attila fit mettre à mort Sainte-Germaine, patronne de Bar-sur-Aube, sur la montagne qui porte le nom de la sainte.

Assis sur le rocher, je déchiffre les pages
Du livre où sont gravés des traits si ravissants.

Un pavillon d'azur à mes yeux se déplie,
Du sud à l'aquilon des nuages d'argent,
Qu'un léger zéphyr roule et mollement replie,
Jettent dans le vallon leur voile transparent.

L'ombre mystérieuse à grands pas s'achemine,
Du voyageur qui passe inondant le chemin,
Et roulant ses flots noirs de colline en colline,
Submerge le village et fuit dans le ravin.

L'ardent coursier frémit dans la forêt profonde,
Il respire la flamme, il vomit la vapeur;
Et sur ses pieds d'airain, il tourne, il roule, il gronde,
Traverse le vallon en semant la terreur.

Voilà les champs connus, si fiers de leur verdure,
Les champs qu'a dépouillés la faux du moissonneur,
Brillante mosaïque, admirable peinture,
Salut! du clair vallon vous êtes la splendeur.

Je vois les prés tachés de génisses brillantes
Et les grands peupliers avec ordre dressés,
Je vois du frais ruisseau les ondes murmurantes
Se perdre sous le pont de rameaux enlacés.

Sous mes pieds la rivière à la blanche surface *,
Retraçant du vallon le sinueux contour,
Etend ses flots d'argent comme une immense glace
Et caresse le saule et le bat tour à tour.

Salut fière cité, ** salut humble fontaine, ***

* L'Aube, *Alba.*
** Bar-sur-Aube.
*** La tradition représente sainte Germaine portant une urne dans la main et allant puiser dans la fontaine qui existe encore.

Où, l'urne dans la main, descendant le coteau,
Jadis allait puiser l'héroïque Germaine...
Allons, allons prier au pied du saint tombeau.

   Voilà cette antique chapelle,
   Où nos pères, versant leur vœux,
   Se reposaient sous la tendre aile
   De la patronne de ces lieux :
   O toi qui plein de confiance
   Dans tes champs verse la semence,
   Laisse le sillon commencé ;
   O toi qui d'une main blessante
   Dépouille la vigne sanglante,
   Laisse le pampre non pressé.

Au loin déjà de sa voix cadencée,
  Comme un concert harmonieux
L'airain sacré de la flèche élancée
  Répand ses flots mélodieux.

    De la voix divine
    Ecoutons l'appel,
    Prions l'héroïne,
    Chantons l'Eternel ;
    Il donne la vie
    A l'âme qui prie ;
    Il enfle le grain,
    Nous verse le vin :
    Chantons sa louange,
    Du temple divin
    Sous l'aile de l'ange
    Prenons le chemin.

. . . .

   Qu'il est doux, en quittant l'asile
   Où j'embrassais les saints autels,
   De soupirer calme et tranquille,

Loin de la scène des mortels !
Au pied du chêne séculaire
Où jadis le vieux solitaire
Murmura l'Ave chaque jour,
Mon âme aussi de la nature
Ecoutant la voix douce et pure,
Veut essayer l'hymne d'amour.

« O sons épars de la nature,
Mille voix du Verbe divin,
Qu'ici-bas chaque créature
Répète et module sans fin,
Vibrez, vibrez à mon oreille,
L'écho de mon cœur se réveille
Et, comme un luth mystérieux,
Vous change en divine harmonie
Qui vers la grandeur infinie
Monte d'un vol mélodieux. »

Adieu, charmant vallon, colline verdoyante,
Vous qu'à chaque printemps mon œil voit rajeunir.
Adieu, gardez toujours de ma voix impuissante
    Un perpétuel souvenir.

(*Aube*).   Edmond Braun.

CHUTE DE SÉBASTOPOL

EXTRAIT DE LA GUERRE D'ORIENT

. . . .
Comment suivre à la fois trois assauts différents ?
Dire de quel éclat se couvrent tous les rangs,
Noter chaque action, décrire le courage,
La lutte, la valeur de tous, les cris de rage ?

Mac-Mahon le plus près, s'élance le premier
Sur l'échiquier de sang, le terrible damier.
Quelle audace! et quel feu! quelque peu de distance,
Mais la franchir, comment? La masse court, avance,
Les rangs tombent, les rangs se reforment bientôt,
Jettent ce cri : Montons là-haut, vite là-haut!
La mort, en vain la mort avec ivresse fauche.
De meurtres, de carnage, effrayante débauche,
La mort est impuissante : escarpements, talus,
Sont emportés, franchis, promptement abattus.

Prodiges surprenants, magnifiques miracles,
A quoi peuvent servir de solides obstacles?
Les murs et les créneaux s'écroulent défoncés,
Les morts et les mourants comblent tous les fossés,
Les survivants, toujours se suivent, se cramponnent,
Montent malgré le feu, les décharges qui tonnent,
Et sur la tour conquise, au faîte des remparts,
Arborent triomphants, plantent nos étendards.

Surpris, terrifié par une telle audace,
L'ennemi se retire, abandonne la place.
Mais avec quelle peine il cède, quel chagrin!
Que de sang pour gagner un pouce de terrain!
Les officiers trois fois ramènent leurs cohortes,
Tentent de ressaisir les formidable portes,
Mais la tour en nos mains demeure, elle est à nous ;
Avec gloire, courage, ils tombent, meurent tous.

. . . .

Mac-Mahon s'affermit dans son fort redoutable,
Et peut comme le roc solide, inébranlable,
Que la mer en fureur menace de ses flots,
Attendre maintenant, braver tous les assauts.

Malakoff... Ah! ce nom célèbre signifie
La victoire certaine, une prompte agonie,

Le colosse brisé qui croulera demain,
Pourquoi répandre encor le sang, tuer en vain?

Pélissier le comprend, ordonne de suspendre
Ordonne... mais bientôt quel bruit se fait entendre?
Autour de Malakoff, ah ! quelle explosion !
Quel accident fâcheux ! quelle commotion !
Malakoff un moment se perd dans la fumée,
Un frisson de terreur parcourt toute l'armée
Malakoff a sauté ! Malheureux Mac-Mahon !
Mourir lancé dans l'air ! sauté ! répète-t-on !

Mais cette courte angoisse, un coup de vent l'efface,
L'étendard de la France est à la même place,
Il flotte sur la tour intact et glorieux,
Comme un signe sauveur rassure tous les yeux,
. . . .
Le jour baisse, la nuit monte, la scène horrible
Change d'aspect, toujours effrayante, terrible.
Le sol miné se fend, les détonations
Se suivent coup sur coup, sans interruptions ;
La terre, les débris de la puissante place
Volent tout dispersés dans le vide, l'espace,
Tout tremble, murs et tours, magasins, monuments
N'offrent plus que ruine et décombres fumants,
La flamme court, dévore et sème l'incendie,
L'œuvre du feu commence et la nôtre est finie.

Le lendemain le jour se lève, la cité
Comme le tronc meurtri d'un corps décapité,
Le membre palpitant que la vie abandonne,
Fume encore, le sol par intervalles tonne,
L'explosion, la flamme et le feu dévorant,
S'acharnent sur ces corps inanimé, mourant,
Les sinistres lueurs de la flamme étincellent,
Et les murs sur les murs en croulant s'amoncellent

22.

Tout s'effondre, tout tombe, et les vaisseaux mouillés*
La veille dans la rade, au fond de l'eau coulés,
De l'immense désastre accablante mesure,
Laissent paraître à peine un point de leur mâture.

O puissant Nicolas ! tes yeux purent-ils voir
Cette tombe, ces coups de sombre désespoir ?

. . . .

Quelques hommes pareils à d'infernales ombres,*
Errent pressant le feu, la flamme des décombres,
Mais le feu même meurt et la flamme se tait,
L'orgueil a succombé !... Sébastopol était !...

Ferdinand Potel.

LA NUIT

CANTATE

Sur la terre la nuit laisse tomber ses voiles ;
Lentement les cieux bleus se constellent d'étoiles,
  Et du haut des coteaux,
Bêlant et bondissant à travers les fougères,
  Descendent des troupes légères
   De gracieux agneaux:
Du berger qui les suit — armé de sa houlette
  Et rêveur le long du chemin —
   On voit la silhouette
Se détacher sur l'horizon lointain.

  Agneaux dociles,
 Aux champs où vous paissez,
  Toujours agiles,
 Sautez et bondissez.

* *Guerre d'Orient*, baron de Bazancourt.

Que votre laine
Aux ronces du chemin,
Souillée à peine,
S'accroche brin à brin.

Agneaux dociles,
Aux champs où vous paissez,
Toujours agiles,
Sautez et bondissez.

Le laboureur pensif, regagnant sa chaumine,
Au foyer de laquelle, heureux, il va s'asseoir,
Derrière ses grands bœufs chemine,
Tandis que l'*Angelus* du soir
Monte vers le Seigneur ainsi que la fumée
— De douces senteurs parfumées —
Qui s'élève d'un encensoir.

La brise fraîche et caressante
Passe et murmure dans les airs.
Une lueur éblouissante
Vient éclairer ces lieux déserts.

Bientôt après la lune monte
Dans l'azur du ciel étoilé,
Portant la rougeur de la honte
Sur son front triste et maculé.

La brise fraîche et caressante
Passe et murmure dans les airs.
Une lueur éblouissante
Vient éclairer ces lieux déserts.

Tout paraît s'endormir à cette heure sur terre,
Tout est enveloppé d'un gracieux mystère;
Tout se tait sous les cieux.
Seul, un pauvre rêveur médite dans ces lieux.
Son cœur est agité d'un monde de pensées;

Il sent des pleurs brûlants monter jusqu'à ses yeux,
Se rappelant alors ses ivresses passées
Lorsque, naguère encor, ce merveilleux tableau
Lui semblait chaque fois un spectacle nouveau.

Mais bientôt s'arrachant à cette rêverie,
Il laisse s'échapper cet accent solennel
   Vers Celui que tout homme prie
   Et qu'on appelle l'Eternel :

« Grand Dieu, toi qui jetas dans l'espace ces mondes
   Resplendissant de mille feux ;
Toi qui rends chaque jour nos campagnes fécondes,
   Daigne exaucer toujours nos vœux.

« Tout proclame ici-bas ta sagesse infinie,
   O notre Maître et Créateur !
Reçois avec bonté la prière bénie
   Qui s'échappe de notre cœur.

» Grand Dieu, toi qui jetas dans l'espace ces mondes
   Resplendissant de mille feux,
Toi qui rend chaque jour nos campagnes fécondes,
   Daigne exaucer toujours nos vœux. »

 (Landes).   Albert Burau.

LA BRISE & LA TOMBE

A Monsieur L. Dupré.

Dans l'asile de mort tout est triste et repose,
Seul, le zéphir léger caresse les échos ;
Et je reste pensif en voyant cette chose :
L'éternel mouvement et l'éternel repos !

       P. E. Érard.

A MON AMI ALFRED R...
De Nevers.
—

Quand l'âge d'or s'enfuit et que la fleur se fane
Sous nos pas ; quand Amour, Amour aux doux attraits,
Amour grand et puissant, d'où le bonheur émane,
Sur un cœur déjà froid lance en vain tous ses traits ;
Quand de l'étroit sentier, où tout mortel chemine,
La rose a disparu, laissant se hérisser,
Pour s'étendre à plaisir, et la ronce et l'épine,
Où tout meurtris, hélas ! il nous faut avancer ;
Quand du sombre horizon va s'éclipser l'étoile
Et que l'orage en feu chasse l'azur du ciel ;
Lorsque soudain sur nous la nuit répand son voile
Que pour boire il n'est plus que la coupe de fiel,

Battu par les autans, triste et mélancolique,
Sur ce sentier désert, éloigné du bonheur,
Rencontrer un ami fidèle et sympathique
Est le dernier désir du pauvre voyageur !

Partageant sa douleur, l'ami sèche ses larmes,
Tempère son chagrin jusqu'au jour solennel
Où jeté dans le port, il trouve enfin des charmes
A goûter les douceurs du repos éternel !

(*Nièvre — 1878.*)   HIPPOLYTE CROTET.

IL FAUT AIMER
—

Lamartine nous dit : « Pour devenir poète,
Il faut beaucoup aimer ; il faut beaucoup souffrir. »
Il faut à notre cœur une peine secrète
  Qui sur le luth puisse gémir.

Il faut que le chagrin nous torture notre âme ;
Il faut pleurer souvent ; mais des larmes de sang !
Des blessures du cœur jaillit la vive flamme
      Qui nous fait lire au firmament :

Fuis, ombre du bonheur ! illusion trompeuse !
Fuyez, plaisirs mondains, d'un monde perverti ;
Laissez-moi ma douleur ; je suis bien plus heureuse,
      A mon exil, j'ai consenti !...

Oui, j'aime la douleur qui me donne des ailes ;
C'est elle qui me met une lyre à la main ;
C'est elle qui me dit : Aux portes éternelles
      T'attend un plus riant destin.

C'est elle qui m'a dit : enfant, je te confie
Un trésor précieux, daigne le conserver ;
Par lui tu trouveras une nouvelle vie,
      Mais souviens-toi qu'il faut m'aimer.

Elève ta pensée au-dessus de la terre ;
Aux plus grandes douleurs Dieu donne un doux calmant ;
Prends ta lyre chérie et d'une voix légère
      Adresse-moi quelque doux chant.

Chante-moi, pauvre enfant, une note plaintive,
Fais vibrer sous tes doigts des sons mélodieux !
J'aime à te voir pleurer, j'aime ta voix craintive,
      Qui de ton cœur va jusqu'aux cieux !

Eh bien ! oui, j'aimerai la douleur et la lyre ;
Oui, j'aimerai toujours d'Apollon les neuf sœurs ;
Je leur demanderai de venir me sourire
      Quand mon cœur versera des pleurs.

Je leur demanderai pour prix de ma souffrance,
Un de leurs diamants destinés aux élus : —

Mais pour aller vers toi, sublime récompense,
    Ces sentiers me sont inconnus.

4 juin 1878.   Lazarine Pourcin.

SINCERA VERBA

A..........

Vous aurez été belle, et vous en serez fière !
Au soir de votre vie en repassant vos jours,
Laissant vos yeux éteints regarder en arrière,
Vous serez une aïeule aux pas traînants et lourds.

En resongeant alors à la saison première,
A l'avril de vos ans, à cet âge serein,
Il vous apparaîtra rayonnant de lumière :
Vous aurez été belle à votre heureux matin !

Le cours de votre vie est comme une onde pure
Qui coule entre deux rangs de saules, dans les champs ;
Et le soleil, glissant à travers la verdure,
Vient donner à cette eau des flots étincelants.

Privilège charmant ! plaire à première vue,
Plaire au premier regard à tous les yeux ravis,
Parmi les dons du ciel elle vous est échue,
Cette part souveraine, enviée et sans prix.

Tant d'autres, à déplaire en naissant condamnées,
N'ont jamais vu les yeux les suivre et les chercher.
Muet et long chagrin de leurs jeunes années,
Deuil que rien ne console et qui doit se cacher !

Hélas ! un peu de temps, et vous serez comme elles.
Votre fleur de jeunesse un jour se fanera,

Et ces vives couleurs que vous avez si belles
Auront déjà pâli quand l'âge mûr viendra.

Une brume à midi voile le paysage
Qui fut si clair et pur aux premiers feux du jour.
Sous le souffle des ans, l'éclat d'un beau visage
Se ternit et son charme est flétri sans retour.

Eh bien ! suivez la vie en ses saisons changeantes !
Soyez épouse et mère, et laissez-vous vieillir
D'enfants environnée ; et dans ces jeunes plantes
Voyez votre beauté renaître et refleurir !

Auprès d'eux, souriante au lieu d'être abattue,
On voit tomber ce qu'on aimait comme un trésor.
Cette fraîche couronne, on ne l'a pas perdue,
On l'a donnée aux siens, on la possède encor.

Quand le déclin commence, après les jours de fête,
On a des jours de paix, de tranquille bonheur ;
Et comme l'épi mûr, on peut baisser la tête,
Et attendant la faux du divin moissonneur.

(*Suisse*). Eugène Ritter.

AU NOM DU PEUPLE FRANÇAIS

Air: *Aussitôt que la lumière.*

La République Française
Faite par nos volontés,
Quoique son nom seul déplaise
Aux anciens partis domptés,
Manifeste sa puissance
Sans faiblesse et sans excès,
Leur impose obéissance
Au nom du peuple français.

Vieux pays gaulois, la France
Où le peuple est souverain,
Voulant son indépendance
A pour frontière le Rhin.
L'étranger nous en écarte
Et nous en défend l'accès,
Mais nous changerons la carte
Au nom du peuple français.

Ce qu'il faut à la Patrie
Qui déteste les Césars,
C'est la paix pour l'industrie,
Pour le commerce et les arts.
Le vieux drapeau tricolore
Préside aux plus beaux succès
Quand c'est la paix qui l'arbore
Au nom du peuple français.

Dans la France en République
Tout citoyen est soldat :
Mais aucun soldat n'abdique
Son droit contre un coup d'Etat :
Nul ne fait marcher l'armée
Pour remplir d'or ses goussets,
Contre la loi proclamée
Au nom du peuple français.

La République respecte
Magistrature et clergé ;
Mais la justice est suspecte
Quand le juge est enragé :
Et les ministres du culte
Peuvent chanter leurs versets ;
Mais on leur défend l'insulte
Au nom du peuple français.

La France républicaine
Quand ses maux sont réparés,
Ne peut plus avoir de haine
Pour des frères égarés.
Elle est assez garantie
Sans poursuites ni procès
Et réclame l'amnistie
Au nom du peuple français.

Dans notre démocratie
L'homme, chef de la maison,
Garde sa suprématie
Par la force et la raison !
Mais sachant bien que les femmes
Ont du cœur sous leurs corsets,
Il élargit leurs programmes
Au nom du peuple français.

Contre tout escamotage,
O notre postérité !
Garde bien notre héritage,
D'honneur et de liberté.
Conserve la République
Sans refaire nos essais,
Et maintiens sa gloire antique
Au nom du peuple français.

Ed. Isambard.

NOS POMPIERS

*A Charles Le Guay, capitaine-commandant la compagnie
de Sapeurs-pompiers de Corbeil.*

> L'incendie s'étend comme une chevelure de flammes.
> CHATEAUBRIAND.

Entendez-vous, au loin, c'est le tocsin qui sonne !
C'est le tambour qui bat, le clairon qui résonne !
C'est le feu !.. hâtons-nous !.. Déjà plus d'un pompier
A disposé la pompe et mis le palonnier.
Tous sont là, pleins d'ardeur, un brave capitaine
Sous son commandement les guide, les entraîne,
On part, la nuit est noire, un flambeau résineux
Verse sur le chemin ses reflets lumineux.

Mais à peine arrivés au détour de la route
Nous voyons l'incendie, et c'est grave sans doute !
Car de rouges vapeurs, sortant d'une maison,
Ont d'un voile sanglant coloré l'horizon.
Spectacle plein d'horreur ! dans la nuit enflammée
Des tourbillons de feu, des torrents de fumée
S'élancent dans les airs avec un bruit affreux,
Qu'accompagnent des cris, des appels douloureux !

«Vaillants sapeurs-pompiers, a dit le capitaine,
» Notre nuit sera rude, et c'est chose certaine !
» Parmi les sauveteurs, amis, distinguons-nous !
» Mais que dis-je ? oh ! je sais qu'on peut compter sur vous !»

On arrive ; et non loin de ce bouillant cratère,
Sans perdre un seul instant la pompe est mise à terre ;
D'autres sapeurs sont là ; mais ce sont tes pompiers,
Capitaine, qui sont toujours prêts les premiers,
Les premiers en manœuvre attaquant l'incendie :

Déjà l'un sur les toits porte une main hardie,
L'autre, sur des débris descellés, chancelants,
S'avance sans frémir en des sentiers brûlants.
Autour d'eux le fléau semble accroître sa rage...
Qu'importe ! des sapeurs redouble le courage,
Et jamais l'on n'a vu ce courage ployer.

Voyez, voyez là-bas, au milieu du foyer,
Ces casques scintillant de lueurs fantastiques,
Ces ombres s'allongeant en formes athlétiques,
On croirait, à les voir armés de crocs de fer,
Un groupe de démons que conduit Lucifer !

Comme un reptile, en vain le feu s'étend, se roule,
En vain le pan de mur avec fracas s'écroule,
En vain l'air qu'on respire est pesant, infecté,
En vain l'on n'obtient l'eau qu'avec difficulté :
Braves dans le péril, calmes dans la tempête,
L'honneur conduit leurs pas et rien ne les arrête !

Par eux l'ardent fléau savamment combattu,
Recule épouvanté, mais loin d'être abattu
Il revient plus terrible, il éclate en furie ;
Aussitôt du clairon j'entends la sonnerie...
C'est un pressant signal, et la sape à la main,
Nos pompiers vers le feu se frayent un chemin ;
L'arène est plus étroite où le combat s'engage,
Mais de ces travailleurs aucun ne se ménage !

C'est en vain que le monstre a redoublé d'efforts :
Il pâlit, il s'éteint en d'impuissants transports...
Mille cris aussitôt accueillent sa défaite !

Le clairon a sonné l'heure de la retraite.
On s'assemble, et moment anxieux, solennel,
Le capitaine a dit : « Sergent, faites l'appel ! »
Mais d'un funeste sort aucun n'est la victime,

Et nous en ressentons un bonheur tout intime !
On repart ; et tambours et clairons aussitôt,
Ensemble ont entonné *La casquette à Bugeaud.*

De ses feux argentés l'aube a blanchi la plaine.

Nos pompiers morfondus, harassés, hors d'haleine
Rentrent enfin chez eux, ayant fait leur devoir.
Honneur à ces héros ! héros sans le savoir !

Que de fois, ô Le Guay, ta noble compagnie,
Où brillent la valeur, la force et le génie,
Au prix de mille efforts, conjurant le malheur,
A par son dévouement essuyé plus d'un pleur !
Sublime exemple à suivre en le siècle où nous sommes !
Ah ! tu peux être fier de guider de tels hommes !
De commander ces preux qui, bravant le danger,
En face du péril ne sauraient transiger ;
Ces hommes disputant à la flamme insensée
L'épargne, trop souvent avec peine amassée ;
Ces héros, des cités les sauveurs, les soutiens,
Qui se sont faits soldats en restant citoyens.

(Seine-et-Oise), 1er août 1878.   Jules Lemaire.

CHANT MAÇONNIQUE

Air du *Noël* d'Adam.

Debout, Maçons ! à l'œuvre, sans relâche !
Le temps est court, éternel le labeur ;
Veillons, veillons, car notre sainte tâche
Au monde entier doit porter le bonheur.
Par nous, un jour, la concorde éternelle
Enlacera toute l'humanité.

Frères, debout ! le Maître nous appelle !
A l'œuvre, au nom de la Fraternité !

Du roi des cieux nous sommes la milice,
Luttant toujours pour détruire le mal,
A toute erreur, comme à toute injustice,
Nous porterons partout le coup fatal ;
Partout aussi notre main fraternelle
Au malheureux verse la charité.
Frères, debout ! le Maître nous appelle !
A l'œuvre, au nom de la Fraternité !

Ah ! Pour hâter notre œuvre si féconde,
Pour voir bientôt tous les peuples s'unir,
Faisons encor rayonner sur le monde
La loi d'amour, la loi de l'avenir !
Que pour le bien la ligue universelle
Assure à tous le droit, la liberté !
Frères, debout ! le Maître nous appelle !
A l'œuvre, au nom de la Fraternité !

AIMÉ REINHARD.

Alsace-Lorraine, décembre 1878.

A POSTUME.

Imitation de l'ode XIV d'Horace

Eheu ! Fugaces, Postume,
Horace, LIV. II, ODE XIV.

IL FAUDRA MOURIR.

Postume, hélas ! nos ans s'écoulent,
Rides au front, nous voilà vieux !
Et c'est en vain que nos pieds foulent
Les parvis sacrés de nos dieux !

N'espérons pas fléchir la Parque !
Un jour, vers le noir Achéron,
Il nous faudra, pâtre ou monarque,
Payer le tribut à Caron.

En vain nous aurons fui l'arène
Où régnent les sanglants combats ;
En vain sur l'humide domaine
Nous n'aurons exposé nos pas ;

Malgré tout, des royaumes sombres
Tôt ou tard il faut s'approcher ;
Des Danaïdes voir les ombres,
Et Sisyphe et son lourd rocher.

Alors, il te faudra, sur terre
Laisser tes champs ensemencés,
Ton palais, ta femme si chère,
Et tant de trésors entassés !

Des bois que tu plantas, naguère,
Pour y goûter l'ombre et le frais,
Seul, sur ta couche funéraire,
Te suivra l'odieux cyprès.

Ce Cécube dont tu te prives,
Que tu retiens sous cent verrous,
Quand tu seras aux sombres rives
Sera savouré par des fous.

Riant de ta parcimonie
Un héritier, riche et joyeux
Répandra, sans cérémonie,
Ce nectar qu'envîraient les dieux !

Jules Lemaire.

SONNET

A mes amis Louis et Gabriel S...

Puisque le monde existe, il faut un Créateur,
Rien n'est sorti de rien, rien ne se fait soi-même;
Mais qui donc parmi nous résoudra ce problème?
Qui donc dans cette nuit jettera la lueur?

Cherchant la vérité nous rencontrons l'erreur,
Comment donc définir la puissance suprême?
Homme, tu peux chercher, ton front deviendra blême,
En vain tu sonderas l'immense profondeur.

Je laisse à nos savants la Bible et la logique,
Et vois dans toute chose un courant magnétique
Croyant que tout s'unit s'entr'aidant tour-à-tour.

Puisque la fleur se courbe aux souffles de la brise,
Que notre âme d'une âme un jour se sent éprise,
Croyez-moi, mes amis, ayons pour Dieu: *l'Amour.*

P. E. Erard.

(*Arkarboui, 10 Décembre 1878*), 4ᵉ *Régiment des Zouaves* (*Alger*).

SANTA LUCIA
(IMITÉ DE LA CHANSON NAPOLITAINE).

L'astre au reflet d'argent
Sur le golfe étincelle...
Venez, la mer est belle
Et propice est le vent:

Accourez en chantant
Vers l'agile nacelle :
    Santa Lucia !
    Santa Lucia !

Par le souffle léger
De l'amoureux zéphyre
Sur le pont du navire
Qu'il est bon de rêver !
Viens, heureux passager,
Aux bords où l'on soupire :
    Santa Lucia !
    Santa Lucia !

Déjà le vent fraîchit
Et fait ployer l'antenne,
A cette heure sereine
Où commence la nuit
Quelle voix ne redit
L'hymne napolitaine ?
    Santa Lucia !
    Santa Lucia !

Le doux effort des flots
Mourant sur le rivage
Fait oublier l'orage
Aux pauvres matelots,
Et les joyeux échos
Répètent sur la plage
    Santa Lucia !
    Santa Lucia !

O fortuné séjour,
Naples, terre bénie,
Où tout parle à la vie
De plaisir et d'amour,

Ton beau ciel nuit et jour
Est rempli d'harmonie !
   Santa Lucia !
   Santa Lucia !

Pourquoi tarder autant
Quand la nuit est si belle ?
La voile ouvre son aile
Aux caresses du vent :
Accourez en chantant
Vers l'agile nacelle...
   Santa Lucia !
   Santa Lucia !

Ed. Thomas-Marancourt.

LES TSIGANES

Avec leur teint bronzé, leur air national,
Ils étaient au plus vingt à la czarda hongroise ;
Une valse entraînante à la marche sournoise
Retenait le public affamé d'idéal.

Combien de fois j'ai vu le galop infernal
Pétrifier sur place une jeune bourgeoise,
Arrêter un gommeux buvant sa bavaroise ;
Tant était grave et doux leur archet magistral.

Johan Strauss tout entier sous leur main implacable
Répandant ses chansons comme des grains de sable,
Plus d'un parisien y restait jusqu'au soir.

Ces Tsiganes semaient les flammes de l'aurore,
Ils apportaient la joie après l'âpre devoir,
Ils étaient la jeunesse énivrante et sonore !

Paris 1878.   Paul Vibert.

A MA PETITE AMIE BERTHE

L'autre nuit je rêvais ; charmant était mon rêve,
J'entendais une voix, de même sur la grève
   Le flot murmure en expirant ;
La voix était si douce et si mélodieuse,
Qu'une lyre eût été bien moins harmonieuse,
   Car c'était la voix d'un enfant.

Puis le tableau changea ; j'étais dans un parterre,
Au milieu des trésors que répand, pour nous plaire,
   La nature en refleurissant ;
Le dirai-je, eh bien ! oui, dans la plus belle rose
Il me semblait encor qu'il manquait quelque chose,
   Car j'apercevais un enfant.

L'enfant se trouvait être une petite fille ;
Sous ses grands cheveux blonds, oh ! qu'elle était gentille,
   Pourquoi me suis-je réveillé ?
Je sentais à mes yeux monter de douces larmes,
Et cette fois du moins mes pleurs avaient des charmes,
   Et je m'étais agenouillé.

Là, prenant dans mes mains les deux mains de cet ange,
Je disais : « Que faut-il te donner en échange
   » D'un regard de tes yeux si doux ?
» Faut-il de l'Orient t'apporter des parures,
» Chercher au fond des mers les perles les plus pures,
   » Et te les offrir à genoux ?

» Faut-il aller chercher sur la plus haute cime
» La plume du vautour, ou cueillir sur l'abîme
   » Une fleur pour tes beaux cheveux ;
» Faut-il braver les flots sur une simple voile,
» Ou mieux encor faut-il dérober une étoile
   » Dans l'immense océan des cieux ?

» Mais parle, lui disais-je, oh ! parle, je t'en prie,
» Fais entendre à mon cœur ta voix bonne et chérie,
   » L'aurore est bientôt de retour,
» Dis-moi quel est ton nom et révèle à mon âme
» Pourquoi, sans te connaître, une si douce flamme
   » L'embrase du plus pur amour. »

Enfin j'en étais là de ce gracieux songe,
Lorsque soudain... mais non, ce n'est point un mensonge,
   Mon Dieu ! que vois-je devant moi !
Je suis encore ému de cette découverte,
Je ne me trompe pas, c'est bien le nom de Berthe,
   Chère enfant, je rêvais à toi.

Rhône, 12 octobre 1878.   Francisque Dufieux.

TOUT PAR LUI

Tout est soumis à ta puissance,
O Créateur de l'univers !
Les cieux, l'enfer, l'espace immense,
Les astres, les terres, les mers.
C'est toi qui dis tout bas : Je veux !
Et soudain, l'immense nature,
Que ton regard sonde et mesure,
S'incline docile à tes vœux.

Que suis-je près de toi, mon Dieu, que tout révère,
Et qu'honore à genoux tout l'immense univers,
Sinon le pur néant, un atome éphémère,
Un petit brin perdu dans les vastes déserts !

Tu dis : Que l'affreuse tempête
Ebranle et la terre et les cieux !
Et soudain l'ouragan s'apprête ;
La foudre alimente ses feux.

> L'éclair, en tortueux sillons,
> Laboure et déchire l'espace ;
> La nature, à cette menace,
> S'agite en brûlants tourbillons.

Tout publie, ô mon Dieu ! ton pouvoir dans le monde :
Aujourd'hui c'est l'autan qui laboure les airs,
Et demain c'est la voix du tonnerre qui gronde,
Ou l'éclat jaillissant des sinistres éclairs.

> Tu dis : Suspendez vos ravages ;
> Tempête, apaise ton courroux ;
> Et soudain les sombres nuages
> Se fondent, s'éclipsent sur nous.
> Le calme s'étend sur les mers ;
> L'ouragan n'a plus d'existence ;
> Et le plus sublime silence
> S'étale partout dans les airs.

Mon Dieu, qui peut nier ta puissance infinie !
Tout proclame à genoux ton suprême pouvoir :
C'est de tout l'univers l'éclatante harmonie ;
C'est l'éclat du matin, c'est le calme du soir.

> Tu dis à la terre féconde :
> Produis de riantes moissons ;
> Aux plages mouvantes de l'onde :
> Peuplez votre sein de poissons.
> Tu dis ; et soudain, à pleins bords,
> La mer et la terre, dociles,
> Ouvrant leurs entrailles fertiles,
> Prodiguent leurs riches trésors.

Anathème à celui, qui, plein de suffisance,
Ne veut point, dans son cœur, s'incliner sous ta loi ;
Anathème à celui, qui, bravant ta puissance,
Se dit, présomptueux : « Je n'adore que moi ».

C'est toi, Créateur adorable,
Qui, dans l'immensité des cieux,
Semas ce nombre incalculable
De corps et d'astres lumineux,
Dont le flot, ondulant toujours,
Scintille, s'éteint, se ranime,
Se roule et roule dans l'abîme
Que ne mesurent point les jours.

O mon Dieu ! mon esprit se prosterne et s'efface
Sous le poids accablant de ton immensité ;
Je veux chanter ton nom, mais ma voix s'embarrasse
Et ne peut définir ta sainte majesté.

Que sont ces princes de la terre,
Ces grands et ces rois tant vantés ?
Ces dieux, ces esprits qu'on révère,
Ces conquérants tant redoutés ?
Tu parles, tu dis ; et soudain,
Toutes ces grandeurs dérisoires,
Cet éclat, ces pompes, ces gloires,
Tout, tout s'écroule sous ta main.

Les siècles ont parlé ; le présent parle encore ;
Et l'avenir aussi redira comme moi :
Cet éclat n'est qu'un flot qui soudain s'évapore,
Et l'homme en son parcours n'est que néant sans toi.

Oui, toute l'immense nature
Célèbre à l'envi tes grandeurs :
C'est le doux ruisseau qui murmure
Au sein des bosquets enchanteurs ;
C'est l'apre haleine des hivers
Soufflant une blanche poussière ;
C'est le lion plein de colère
Qui rugit au fond des déserts.

Charmants petits ruisseaux au ravissant murmure,
Lions pleins de colère, et vous, sombres hivers
Dont le souffle assombrit l'éclatante nature,
Chantez une hymne encore au Roi de l'univers.

    C'est l'oiseau, qui prenant sa lyre,
    Dit et redit son chant joyeux;
    Le cœur oppressé qui soupire
    Sous le poids de maux trop nombreux;
    Le flot écumant qui bondit;
    L'immense forêt qui bourgeonne;
    L'insecte doré qui bourdonne;
    Le jour qui vient, l'ombre qui fuit.

O vous que la douleur vient visiter sans cesse,
Séchez les pleurs amers qui rougissent vos yeux;
Bannissez loin de vous votre sombre tristesse,
Et portez, confiants, vos regards vers les cieux.

    Brûlant d'amour et de tendresse
    Dieu veille sur tout ici-bas;
    Il n'est que grandeur et sagesse,
    Et tout est réglé par son bras,
    Tout, tout: l'immense éternité,
    Ces corps, ces soleils innombrables
    Dont les vagues impénétrables
    Se roulent dans l'immensité.

Quel est donc l'insensé, qui rempli de lui-même,
Oserait s'obstiner à détourner les yeux?
Tout nous prouve qu'il est; et son pouvoir suprême
En rayons de lumière est écrit dans les cieux.

    C'est toi qui voile la nature
    D'un riche et verdoyant manteau;
    C'est toi qui donne la pâture
    A ton charmant petit oiseau.

> Tu comptes, tu sais jour par jour
> Le nombre et des êtres infimes
> Et des esprits les plus sublimes,
> Qui naissent, passent tour à tour.

Pour quelques vains esprits à tes ordres rebelles,
Ne laisse point un jour éclater ton courroux.
Veille toujours sur nous ; nous te sommes fidèles,
Et tu vois à tes pieds l'univers à genoux.

> Quand un homme, épris de lui-même
> Ose à lui seul, vain raisonneur,
> Traiter le plus simple problème,
> Il nage et plonge dans l'erreur ;
> Et si de ton trône jaillit
> Un faible rayon qui l'éclaire,
> Soudain la plus pure lumière
> Brille à l'instant dans son esprit.

Toi, qui tiens dans tes mains, et les cieux et la terre,
Et qui répands partout ta royale grandeur,
Prodigue à nos esprits la plus vive lumière ;
Ecarte-nous toujours du sentier de l'erreur.

(Isère) 22 octobre 1878.   Auguste Déchenaux.

MA FEMME.

Epigramme.

. . . . Ah ! le croiriez-vous !
Je l'avais vue enfant, sautant sur mes genoux,
Me prenant une main et de sa main petite
Essayer de compter mes gros doigts un peu vite.
(Bien compter jusqu'à cinq, à cet âge, vraiment

C'est un puissant calcul ; on se trompe souvent.)
Eh bien! cette fillette est à présent ma femme !
Mais les temps ont changé, c'est moi qui suis l'enfant
Et je prends à mon tour ses deux mains maintenant :
Pour compter jusqu'à dix ? non, pour lire en son âme !

C. Légiot.

CONFESSION DU POÈTE

A Camille.

I

Ne me demandez pas pourquoi je suis poète,
Pourquoi mon âme ardente aspire jusqu'au faîte
    Des incommensurables cieux ;
Pourquoi chaque frisson du cœur émeut ma lyre,
Pourquoi chaque douleur arrache à son délire
    Un cri tendre et mélodieux ?

Pourquoi dans les élans de mon rêve esthétique
J'ai créé dans l'espace un monde chimérique,
    Peuplé de vaines fictions ;
Pourquoi d'illusions je féconde mon âme,
Pourquoi du fol espoir je cultive la trame
    De conquérir mes visions ?

Eh ! demandez plutôt à l'humble Philomèle
Pourquoi son humble voix à l'hymne du soir mêle
    Un inimitable concert ?
Pourquoi de son gosier s'échappe l'harmonie,
Pourquoi dans les zéphirs vibre sa mélodie
    Quand tout est paisible et désert ?

Ou demandez à l'aigle à l'élan téméraire,
Pourquoi toujours il monte et se perd dans la sphère
    Où ne pénètrent pas nos yeux ;

Pourquoi son vol hardi fend l'immense étendue,
Pourquoi dans l'arbre en feu qui blesse notre vue,
      Il fixe un œil audacieux?

Demandez au ruisseau dont les ondes flottantes
Arrosent les vallons, les plaines opulentes,
      Pourquoi son murmure rêveur?
Ou bien interrogez la harpe éolienne,
D'où vient que du zéphir chaque amoureuse haleine
      Fait gémir ses cordes en chœur?

II

Je chante parce que dans mon âme échauffée
Fermentent les débris d'une idée étouffée
      Par l'aveugle rigueur du sort;
Parce que ma pensée en son germe opprimée,
Brûle mon sein ainsi qu'une lave enflammée
      Qui cherche à prendre son essor.

Parce que dans mon cœur mille désirs s'agitent,
Mille aspirations vers les muses gravitent
      Comme vers leur centre immortel.
Parce que l'idéal devant mes yeux rayonne,
Et que la poésie en mon âme bouillonne
      Comme un hymne perpétuel.

Je chante mes douleurs, je chante ma tristesse,
Je chante aussi la joie et la rare allégresse
      Dont le ciel console mes jours.
Je chante l'amitié, les fleurs et l'espérance,
L'azur et le printemps, l'attrait de l'innocence,
      Les nobles et chastes amours.

III

Tout chante et prie en moi, tout aime, tout s'élance
Vers la plage idéale où tout est innocence,
      Où l'on ne compte pas les ans:

Région enchantée et sans cesse fleurie,
Où l'on erre en rêvant dans la molle prairie
    Où sourit l'éternel printemps.

Tout me parle d'amour, tout murmure à mon âme
Ses transports enivrants, son cantique de flamme,
    Tout m'offre sa coupe de miel.
L'amour ! ah ! le seul bien réel sur cette terre,
Le seul dont le bonheur ne soit pas éphémère,
    — Et le seul qu'on retrouve au ciel !

Tout me parle de Dieu : dans la nature entière
Je n'entends que des voix s'élevant en prière
    Vers Jéhovah, le Créateur !
Tout exalte sa gloire et sa magnificence
Tout bénit sa bonté, proclame sa puissance,
    Implore son bras protecteur.

Tout me parle du ciel, ma future patrie,
Tout verse son espoir dans mon âme attendrie,
    Me fait pressentir son bonheur.
Réjouis-toi, ma lyre, au-dessus de ce dôme
Dont l'azur t'éblouit, tu mêleras ton psaume
    Aux hymnes du céleste chœur.

Oui, ranime tes feux et frémis d'allégresse,
Là-haut tu quitteras ta langueur, ta faiblesse,
    Rien n'arrêtera ton essor ;
Avec les chérubins tu planeras aux nues,
Tu ne chanteras plus les douleurs éperdues,
    Ni le noir gouffre de la mort !

IV

J'ai connu la douleur, trop tôt je l'ai connue,
Sa serre sans pitié sur moi s'est abattue
    Dans la nuit du sein maternel.
Dans mon morne berceau nulle douce caresse

Ne venait effleurer d'un baiser de tendresse,
  Mon front quand je rêvais du ciel.

Je fis mes premiers pas au milieu des tempêtes
D'un foyer malheureux où jamais nulles fêtes
  N'éveillaient un écho joyeux ;
Où jamais à Noël une fée angélique
Ne vint nous annoncer par son don magnifique
  La naissance du roi des cieux.

Je ne partageais point l'heureuse insouciance,
Les jeux et les plaisirs de mes amis d'enfance,
  Leurs gais espoirs du lendemain.
Je restais isolé, dédaignant leur prouesse,
Nourrissant dans mon cœur ma précoce tristesse,
  Ma part au terrestre festin !

Je grandis pâle et frêle, ainsi que dans la serre
Une plante privée et d'air et de lumière,
  Dans un coin obscur, oublié !
Je traînais ma langueur dans l'étroite atmosphère
Dont l'horizon restreint mit partout sa barrière
  A mon esprit humilié.

L'adolescence vint ; sa fougue impétueuse
Ranima dans mon âme une ardeur studieuse
  Qui végétait sans aliment.
Le besoin de savoir, de sonder, de comprendre
Consumait mon esprit, aspirant à s'étendre
  Jusqu'aux sphères du firmament.

Mais en vain j'assiégeai le seuil du sanctuaire
Où Minerve, Apollon établirent leur chaire,
  Les dieux restaient sourds à mes cris.
En vain je reniai la répugnance altière
D'un orgueil indompté : ma timide prière
  N'obtint partout qu'un froid mépris.

Comme un aiglon captif dont le regard de flamme
Dévore l'orageux espace où le réclame
    Son noble instinct indépendant, —
Mais qui heurtant partout la barre impitoyable,
Replie en gémissant son aile redoutable,
    Et s'endort en désespérant ;

Ainsi de mon exil je contemplais le monde,
Alors pour mon esprit une énigme profonde
    Que je cherchais à pénétrer.
Je voulais mélancer, je me sentais des ailes,
Mais en les déployant, à leurs efforts rebelles,
    Les airs manquaient pour les porter.

Las enfin des affronts, des efforts inutiles,
J'enfonçai ma douleur et mes larmes stériles
    Dans un farouche isolement.
Jurant au genre humain une haine implacable,
J'invoquais le néant, à mes jours préférable,
    Ces jours de trouble et de tourment.

Un seul être chéri me restait sur la terre,
Consolant mon malheur par son amour de mère,
    A m'aider impuissant, hélas !
Mais le destin, jaloux de ce trésor suprême,
Chargea la froide mort au front terrible et blême
    De la moissonner dans mes bras.

V

A présent j'ai vingt fois vu fleurir la nature,
Et mon cœur orphelin, ah ! chérit sa blessure,
    Ainsi qu'un sacré souvenir.
Déjà pour moi la vie a perdu tous ses charmes,
Le passé m'abreuva d'amertume et de larmes,
    Je n'attends rien de l'avenir.

Insensible à son bruit, je passe par la foule

Dont le flot inquiet autour de moi s'écoule,
  Sans me mêler à son courant.
Les désirs et ses soins n'ont rien que je partage,
Je cherche le repos elle cherche l'orage
  Et son tumulte déchirant.

Mon trésor est au ciel, le sien est sur la terre...
Tandis qu'elle poursuit sa multiple chimère,
  Je rêve un plus stable bonheur.
La foule craint la mort où tout finit pour elle,
Et moi je la salue et l'implore et l'appelle
  Comme l'aube d'un jour meilleur.

(*Alsace-Lorraine*) *le 22 Novembre 1878.*

Aloïse Hasselmann.

LE MARCHAND

Luctantem Icariis Fluctibus Africum
Horace, liv. i, ode i.

Le marchand, exposé sur les flots en furie,
Regrette amèrement le toit de ses amours
Et le calme des champs ; s'il revoit sa patrie
Il jure au doux repos de consacrer ses jours !
Mais sans cesse altéré par la soif des richesses
Et ne comptant pour rien ces trésors entassés,
A peine est-il au port, qu'oubliant ses promesses
Il radoube et refait ses vaisseaux fracassés.

Jules Lemaire.

TRAVAIL

*A Monsieur Evariste Carrance, Président, et à Messieurs
les Membres du Comité du Concours poétique.*

    Travaillez, prenez de la peine,
    C'est le fonds qui manque le moins.

Ainsi le disait Lafontaine.
Ainsi vous, Messieurs, tous témoins
De notre lutte pacifique,
Vous nous dites — Travaillez bien !
Car pour un concours poétique
Qui ne travaille pas n'a rien.
Et pour donner un nouveau lustre
Au peu d'éclat de notre chant,
Vous nous offrez un titre illustre :
Travail — mot sublime et touchant,
Qui résume à lui seul la vie,
Et doit régénérer aussi
La France aux douleurs asservie.
Pour nous tous, les jeunes — Merci.

Mais, chers Messieurs, pour ces assises
Où vous devez fixer nos droits,
Est-il quelques palmes promises
A nos chants arides et froids ;
Pour nous, dont toute la jeunesse
S'écoule sur de secs travaux,
Et dont la lyre enchanteresse,
N'ose franchir les noirs bureaux ?
Nous, dont le droit dès le jeune âge
Enserre en de saintes horreurs
Et qui n'avons pour tout langage,
Que rengaînes de procureurs,

Comment voulez-vous que Pégase
Se laisse enfourcher par des clercs,
Qu'un vieux dossier poudreux écrase
Sous ses exploits et ses apperts ?
Comment voulez-vous que le Code
Nous inspire des chants d'amour ?
Où pourrions-nous trouver une ode
Dans nos contrats de chaque jour ?
Il n'est jamais dans nos études
Aucune fleur, aucun oiseau.
De nos bureaux les solitudes,
N'ont que l'*aragne* au blanc réseau.
Jamais d'ombre sous la feuillée,
Point d'aurore, point d'horizon,
Pas de marguerite effeuillée,
Pas de mousse sous le gazon.
Jamais pour nous le doux murmure
Des petits ruisseaux argentés.
Jamais les rameaux de verdure
Par la brise sont agités.

Les mers ont de sombres tempêtes,
Les fleuves ont leur océan,
Les monts ont de neigeuses crêtes ;
Nos études n'ont qu'un néant.
Comment sur la lyre brisée,
Aux sombres seuils de nos bureaux,
Chanter des lacs l'onde irisée,
Ou les pampres de nos coteaux ?
Nous ne pouvons pas des campagnes
Narrer le printemps des beaux jours ;
Et les sapins de nos montagnes
Ne chantent jamais nos amours.
Messieurs, vous voyez la détresse
Où nous sommes pour vos concours.
Fasse qu'elle vous intéresse

Beaucoup mieux que ce froid discours.
Pour nous ayez de l'indulgence,
Elle seule peut nous guider.
Pour notre œuvre usez de clémence,
Seul le travail veut nous aider.
Au lieu d'un cantique céleste,
D'un lai d'amour, d'un chant d'hymen,
Acceptez notre envoi modeste,
Rédigé le code à la main.
C'est tout ce que nous pouvons faire
Dans l'atmosphère des bureaux :
Car le jeune clerc de notaire
A peu de choix dans ses travaux.
Dans l'acte point de poésie :
Le temps est court, le timbre est cher,
Et la phrase sèche est choisie,
C'est toujours la même qui sert.

Messieurs, nous closons cet épître,
Disons mieux, ce trop long discours.
Puisse-t-il mériter le titre
Que patronne votre Concours.

PROCURATION.

Meis et Amicis.

Pardevant maître Untel, et l'un de ses confrères
Soussignés, à Brindas et tous les deux notaires,
Ont comparu :

    Primo, Maître Francis Cipal,
L'on dit maître, et pour cause, et ce n'est point trop mal
Car il est reconnu qu'en savoir ledit maître
Est plus maître qu'on croit et qu'il ne veut paraître.
Il n'en est pas plus fier et pas moins sans façon.
C'est le type parfait du genre vieux garçon.

Secundo, sieur Linlor, licencié confrère,
Un fils, neveu, cousin et puis clerc de notaire,
Et qui non content d'être un jeune plumassier,
Voulut au régiment les galons d'officier.

Tertio, sieur Aimé, beau brun à belle tête,
Qui fait tourner la sienne à plus d'une coquette
Et quoique très-bon clerc, bien souvent préféra
Canoter sur un lac à dresser un contrat.

Quarto, le sieur Clément, un grand propriétaire
De ses fermiers bientôt respectacle notaire,
Marcheur infatigable et sans compter ses pas,
Courant à tout propos sans être jamais las.

Quinto, le sieur Stephan, le plus jeune collègue
De tous les comparants, et duquel on allègue
Qu'il est bien entre tous, si ce n'est le meilleur
Tout au moins le paisible et calme travailleur.

Sexto, sieur Volletri, dont la plume se presse
En courant sur le timbre, à copier sans cesse.
Habile calligraphe, à son heure plaisant,
Sachant se rendre utile et toujours complaisant.

Septimo, sieur Greber, rédacteur détestable,
Chargé de rédiger en un style potable
Les présentes, et qui croit faire beaucoup mieux
En les baragouinant en langage des Dieux.

Les susdits agissant en véritables frères,
Solidairement comme un groupe de compères,
Travaillent en baillant, et flanant par moment
Suivant le thermomètre ou bien l'appointement,
A Brindas, rue du Puits, dans la maison en face,
L'hôtel municipal, tout au coin de la place,

Donnent ici mandat à Bronzé Gabriel,

Caissier passé, futur et surtout actuel
De l'étude susdite; homme froid et très sage
A tel point que tout jeune, il se mit en ménage,
De pour eux, en leurs noms, et pour lui s'il le veut,
En respectant les lois et le droit, s'il le peut :
Emprunter de quiconque a quelque chose en poche,
En bourse, en caisse, en coffre ou bien même en sacoche,
Qu'il soit borgne ou boiteux, bancal, droit ou manchot
Aveugle ou cul-de-jatte, insensé, même idiot ;
Qu'il soit brave ou fripon, laquais ou gentilhomme ;
Roi, prince ou paysan, de Pékin ou de Rome,
La somme suffisante ou plus forte, a son plan,
Pour faire un bon diner au moins douze fois l'an,
Arrosé de Bordeaux, de Bourgogne ou Champagne
Chez quelque empoisonneur de ville ou de campagne.

Le brave et bon client, leur ancien pourvoyeur,
Prétextant que les œufs ont doublé de valeur,
Et qu'il est bien assez par tous les bons notaires
Ecorché jusqu'aux os sous le nom d'honoraires,
A supprimé l'obole, où l'on trouvait de quoi
Sabler à sa santé des vins de bon aloi.
Il leur faut donc alors et malgré l'aventure,
S'ils veulent bien diner recourir à l'usure.

Or donc, le sieur Bronzé devra faire aussitôt
Qu'il le pourra l'emprunt, et celà le plus tôt.

Un gros ventre affamé n'a, dit-on, point d'oreille.
Des mandants la fringale est en tout point pareille.

Pour le taux d'intérêts, Bronzé stipulera,
Avec chaque prêteur, tout ce que l'on voudra :
Etant bien entendu, qu'on le sache d'avance,
Que les mandants paieront qu'en état de démence.

Le mandataire encore aura soin de fixer
Une longue durée au temps de rembourser.

Pour le remboursement en tout ou pour partie
Du capital susdit, donner en garantie,
Après que chaque titre de la propriété
Aura, par qui de droit, été bien constaté,
Sans nulle exception, les brouillards de la Saône,
Les vents du nord-ouest et les brumes du Rhône ;
Trois choses qu'à Brindas on ne peut renier
Et que tout citadin possède en son entier.
Offrir et consentir de bonnes hypothèques
En échange de fonds, de titres ou de chèques.
Céder tout privilège et tout droit d'action
Qui peuvent résulter de la possession.
Qu'on ne peut contester, des choses sus-décrites
Maux de gorge et de dents, catarrhes et bronchites,
Rhumatismes aigus et rhumes de cerveau,
Furoncles et boutons qui croissent sur la peau.
Enfin pour compléter, céder toute assurance,
Et garantir les tiers de toute déchéance.

En fait d'état civil, le sieur Bronzé fera
Les déclarations qu'on lui demandera :
Dira que les mandants sont tous célibataires,
Que jamais, non jamais, les adjoints ni les maires
D'écharpes bien munis et le Code à la main
Prononcèrent sur eux des paroles d'hymen ;
Et qu'ils n'ont contracté que des nœuds éphémères,
Des unions d'un jour, des amours passagères.
Que si par aventure, ils ont à bonne fin
Conduit l'intrigue à deux chez quelque bon voisin !
C'était, qu'on se le dise et qu'on fasse justice,
Pour abréger sa peine et lui rendre service.
Que jamais dans la rue aucun moutard trompa
La voix de la nature en lui criant : papa ;
Et que si par hasard, (on ne peut rien prédire)
Quelques petits enfants s'avisaient de le dire,

Les mandants sus-nommé, sauraient très-bien prouver
Que seuls les vrais époux doivent en élever.
Le mandataire encor dira qu'aucune caisse
Où l'employé souvent sans vergogne s'engraisse,
Ne fut jamais, hélas! confiée à l'un d'eux.
Malgré leurs sentiments, leurs désirs et leurs vœux,
Qu'ils ne furent jamais chargés d'une tutelle,
Et que tous les objets, la chose est très réelle,
Donnés en garantie aux confiants prêteurs,
Sont nets et francs du chef de tous les emprunteurs.

Aux effets ci-dessus passer, signer tous actes,
Elire domicile, enfin signer tous pactes
Avec diable ou Bon Dieu, banquier, moine ou sergent,
Qui puisse leur prêter de l'or ou de l'argent.
Dont acte
   Rédigé dans l'étude susdite
Pour être enregistré, puis copié de suite
L'an mil huit cent soixante et dix-huit, le lundi
Second jour de septembre à l'heure de midi.

La procuration étant ainsi complète
Tout un chacun paraphe après lecture faite.

Joseph Berger.

6 AVRIL! FUNÈBRE ANNIVERSAIRE

Si le jour s'est levé serein, sur cette aurore,
Au milieu de l'azur souriant dans les cieux :
Si le soleil sur moi vient de briller encore
Et de me caresser d'un rayon généreux :

S'il a pu resplendir au séjour qu'on adore...
C'est pour que l'avenir semblât plus lumineux,

Que la tombe eût, d'en haut, sur sa modeste flore,
Le baiser printanier de l'astre adieux.

C'est pour que dans mon cœur, la tristesse adoucie
A cet espoir divin montrât une éclaircie
Et pût sourire encor au soupir du réel :

C'est pour que dans mes yeux une larme captive,
Au mot de souvenir s'écoulât fugitive
Et devint une perle en regardant le ciel.

J. Kaufmann.

MARCEAU

A M. Mercier.

I

— Quel est ce chant maudit qui vient de la vallée ?
  — Un ennemi victorieux
Traverse, cette nuit, la ville désolée,
  Et c'est son chant qui monte aux cieux.—
Pauvre pays souillé, pauvre pays qui pleure,
  Nul ne peut donc te secourir ?...
Le passé bat la charge, alerte ! voici l'heure
  Non de vaincre, mais de mourir !
Ecoute... le canon sur nos collines gronde,
  Le canon de l'invasion,
La nuée allemande est sinistre et profonde,
  Français, tombe comme le lion !...
— Tous nos vieux étendards, ces amis de la gloire,
  Tous ceux d'Arcole et de Fleurus,
Qui volèrent, vingt ans, de victoire en victoire,
  Eh quoi ! sont-ils donc disparus ?
Jours superbes et grands, jours de lutte et de fête,
  Où le Rhin fut par nous conquis,

Jours sereins que jamais n'a voilés la défaite,
Votre soleil pour mon pays!...

II

Oh! quand dans les combats soudain tu paraissais,
Un frisson secouait tous les rangs, tu passais
Ton cœur dans tous les cœurs, et, pleins de ton audace,
Vétérans et conscrits s'élançaient sur ta trace.
Ils se sentaient plus grands, ils se sentaient plus forts
Et rayonnants tombaient : ils savaient que les morts
Avaient des ennemis les drapeaux pour suaires.
Oui, quand tu leur disais, à tes légionnaires,
Calmes dans la mêlée et les cheveux au vent,
Héroïques, altiers, de marcher en avant,
Ils emplissaient les airs d'une clameur immense
Puis partaient. On eût dit une mer en démence
Roulant son flot terrible, un funèbre torrent
De canons, de chevaux, de cavaliers sabrant,
De fantassins portant la bannière chérie
Qu'à leur noble valeur confiait la patrie !
L'ennemi sous le joug pliait.
                              La nation,
Cette lionne, pour griffe avait ta légion
Portant de rudes coups. Qu'importait la mitraille ;
Elle allait, entonnant un refrain de bataille,
Elle allait, s'abattait sur les carrés rompus...

La voix du chef criait: Respectez les vaincus !

Dans la néfaste guerre, en vain, France attristée,
Evoquas-tu cette ombre en ton passé restée...

III

L'aurore venait de paraître,
Les oiseaux chantaient au lointain,

Elle * avait ouvert sa fenêtre
Aux brises pures du matin.
Sans voile encore et sans parure
Emue et le sein palpitant,
Elle étageait sa chevelure
Sur sa blanche épaule flottant.

L'amour avait versé sa flamme
Céleste au fond de ses grands yeux ;
Il emplissait toute son âme
Qu'il devait suivre dans les cieux.
Qu'elle était belle ton amante,
Avec son front doux et rêveur !
Tu vins, et sa tête charmante
Alla s'appuyer sur ton cœur.

Tout près s'entrouvrait une rose
Sous les rayons blonds et joyeux,
Tu pris la fleur à peine éclose
Et la glissas dans ses cheveux.
Puis, sur sa lèvre, toute heureuse,
Ta moustache alla se poser ;
Rude dans la mêlée affreuse,
Douce elle était dans un baiser.

Fille de la Vendée en armes,
Faible femme au cœur de soldat,
Elle avait, dans un jour d'alarmes,
Suivi ses prêtres au combat.
Lors c'était l'échafaud plein d'ombre
Ayant soif de son sang vermeil,
Une vierge que la mort sombre
Voulait coucher dans son sommeil.

Oh ! pourquoi tuer la colombe

---

* Blanche de Beaulieu.

Douce qui chante sur son nid ?
Pourquoi sitôt creuser la tombe
A tout ce que le ciel bénit ?
Laissons la fleur épanouie
Croître sur le bord du chemin,
Oui, celui qui tue est impie,
Et Dieu jamais n'arma sa main.

Hélas ! hélas ! ils l'ont tuée !
Il tomba le couteau maudit.
— Errant de nuée en nuée,
Son âme là-haut t'attendit.
On vit, quand le bourreau farouche
Vint ramasser son corps sanglant,
Une fleur fanée à sa bouche,
C'était ta rose, ô pauvre amant !

Pâle tu vis tomber sa tête
Et ces beaux cheveux tant aimés ;
L'éclat strident de la tempête
Ne put t'en consoler jamais.

. . . .

Cherchant ce terme à la souffrance,
La mort, tu le trouvas un jour. —
Tu fus un héros, pour la France,
Tu fus un martyr, pour l'amour !

Eure-et-Loir, août 1877.   Ed. Charpentier

PARIS, 30 JUIN 1878

Paris, grande cité, forte, calme, sereine ;
Paris, que l'univers acclame souveraine ;
    Juge intègre et profond
Qui reçois des trésors d'esprit et de science,

Opposant pour garant ta pure conscience
        Rayonnante à ton front !

Ton sein qui sans repos conçoit, crée et féconde,
Réunit aujourd'hui tous les peuples du monde
        En paisible congrès.
Pour eux ton sol clément c'est encor la patrie ;
N'es-tu pas le foyer des arts, de l'industrie,
        Le temple du progrès.

Où l'homme libre et fort sans contrainte respire ?...
De ce choc des esprits, que ton génie inspire,
        Ah ! que jaillira-t-il ?
L'éclair qui doit porter l'éclat de sa lumière
Des froides régions de l'axe de la terre
        Aux sources du vieux Nil ?

L'éther dompté par l'homme et les astres eux-mêmes
Ne tournant plus sur nous comme autant de problèmes
        Excitant le pourquoi ?...
Peut-être, car ce sont les scènes grandioses
Qui font dans les esprits germer les grandes choses ;
        Et tout est grand chez toi !

Ta puissance éblouit ceux qui t'ont reniée ;
Mais en les tolérant, grande calomniée,
        Tu montres, désormais
Quel est ton noble but, dans cette ère nouvelle ;
La clémence et l'oubli, l'union fraternelle,
        Le travail et la paix.

Clémence, oubli... deux mots que la pitié rassemble
Et jette, en vain, aux pieds du despote qui tremble
        Au nom de liberté ;
Union, doux élan invitant la nature,
A verser dans le cœur de chaque créature
        L'amour, l'égalité !...

Vois, tes arcs de verdure, entourés d'oriflammes,
Ne portent plus l'effroi ni la mort dans les âmes ;
   Le feu, le sang et l'or
Comme aux néfastes jours ne scellent plus leurs bases.
Non — leurs fronts lumineux jettent parmi les gazes
   Ce grand vœu : *Pax, Labor !*

Va, dans ta majesté grandis, monte, rayonne !
Prouve que la vertu sans trône et sans couronne
   Peut fleurir sous tes lois.
A tes hôtes royaux montre-toi libre et fière, —
Et que le grand du jour, loin de notre frontière,
   Ecoute encor ta voix —

Ta voix qui sait gronder plus fort que la tempête,
Quand le vent des combats a passé sur ta tête,
   Et qu'un souffle d'enfant
Apaise quand, vers toi, sa prière s'élève —
Alors ton cœur s'émeut et fait tomber le glaive
   De ton bras triomphant...

Ah ! faut-il rappeler le souvenir néfaste
Où, noyant ton honneur dans la joie et le faste,
   Tu sommeillais, hélas ?
Quand plein d'immense orgueil, dans ces moments
           [funèbres,
En planant sur ton corps l'esprit noir des ténèbres
   Méditait ton trépas ?...

Non, car il te suffit, par un effort suprême,
De relever le front pour paraître toi-même,
   Et chasser en vainqueur
Tous les bas appétits de ces lugubres races
Qui s'étendaient sur toi, sordides et voraces,
   Te rongeant jusqu'au cœur ! —

Non, de quatre-vingt-neuf la sève n'est point morte !

Ses rejetons serrés, que ton esprit transporte,
   A l'ombre de la paix
Auront bientôt gagné les confins des deux mondes
En faisant pénétrer leurs racines profondes
   Même au sein des palais.—

Alors le rêve étrange : — Utopie insensée,
Songe creux qui ne peut tourmenter la pensée
   Que d'un fou — dit l'écho
Des potentats troublés ; alors cette chimère
Se réaliserait, ô Paris, grande mère
   Par tes fils : les Hugo !

Ceux-là n'ont pas douté de la nature humaine —
— Enfants d'un même père, hélas ! pourquoi la haine
   — Est-elle parmi nous ?
Voilà ce qu'ils ont dit — puis, mesurant l'abîme,
Ils y sont descendus, stigmatisant le crime,
   Pour le bonheur de tous —

Empruntant de Jésus cette bonne parole
D'amour et de pardon, qui soulage et console :
   Aimez-vous, disent-ils...
Et les peuples émus qui se battaient naguère
Verront enfin, par eux, tous leurs engins de guerre
   Transformés en outils —

Un jour ils formeront une famille unique
Portant sur son drapeau le nom de République,
   Emblême rédempteur —
Dans ce pacte géant — le rêve d'un génie —
Rayonnant sur le monde, ô tu seras bénie
   Toi, son sublime auteur !

        Chateau.

LE POÈTE OUVRIER

Loin de participer au tumulte du monde,
    Où tout est fourbe et séducteur,
Je me plairais plutôt dans la forêt profonde,
Où la plus douce paix dans le silence abonde :
    Pour moi ce serait le bonheur.

Quand ma place ici-bas ne peut-être choisie
    Que par le Dieu de vérité,
D'où vient que lorsqu'il voue aux ténèbres ma vie,
Je vois planer sur moi l'ange de poésie,
    Qui donne l'immortalité ?

Oserais-je à ce lieu destiner l'harmonie
    Qui descend du divin séjour ?
Non, quand il m'en fait don, à Dieu tout mon génie :
Il est né pour chanter sa grandeur infinie,
    Dans l'éclat d'un plus heureux jour.

Ah! quand viendra le temps où les sons de ma lyre
    Pourront avoir un libre essor ?
Qu'ils pourront s'exhaler dans un noble délire ?
Mais si jusqu'au tombeau doit durer mon martyre,
    Pourront-ils plaindre assez mon sort?

Si vous aviez, amis, le cœur assez sensible,
    Pour concevoir tant de douleurs ;
Combien triste est ma vie et le destin terrible,
Et combien le combat qu'il me livre est horrible,
    Vos pleurs s'uniraient à mes pleurs.

        H. LACROIX, *professeur au Puy.*

L'AVARE.

SONNET

L'avare est seul, il compte et recompte en sa cave
Ses sacs remplis et lourds, ses rouleaux entassés,
Ses yeux brillants au fond de l'orbite enchassés
Semblent dire à cet or : Va, je suis ton esclave.

Mais près de lui, veillant, la mort farouche et grave
Saisit à pleine main ses cheveux hérissés :
N'as-tu pas trop vécu? N'en as-tu pas assez?
Dit-elle en lui lançant son regard louche et cave.

Allons, marche, damné, suis-moi, laisse ton or,
Du tribunal de Dieu tu n'es pas quitte encor.
Mais l'autre reprenant dit avec un air fauve :

J'aime mieux vivre riche au milieu des maudits
Etre damné toujours que d'avoir l'âme sauve
Et vivre heureux mais pauvre en haut du paradis.

Eug. Vat.

SONNET

A mon ami Hugo de Candido (Gênes).

Quand on touche au tombeau qu'importe la douleur?
Du haut de ton hiver tu railles les orages,
Rien ne peut émouvoir la glace de ton cœur,
Que les cieux soient sereins ou couverts de nuages !

Par des souffles divers — hardi navigateur —
Toi qui fus ballotté sur l'océan des âges,
Tu ne te souviens plus des instants de malheur,
Oubliant les plaisirs et les nocturnes rages.

Mais le vieux nautonnier qui vit les ouragans,
S'il échappe au trépas, pendant ses derniers ans
Se souvient, malgré lui, de ce moment funeste !

Ton œil est morne et froid, en toi tout est glacé,
Ton cœur reste impassible — et pourtant du passé
Si la douleur n'est plus... la trace encor te reste !

P. E. ERARD.

Alger, 10 novembre 1878 (4ᵉ Zouaves).

CANTATE

EN L'HONNEUR DE LA FÊTE NATIONALE DU 30 JUIN

Est-ce un rayonnement, est-ce volcan dans l'ombre,
Est-ce un brasier qui luit, rouge dans le ciel sombre,
Ou l'Aurore du nord, éblouissant nos yeux
Et ses feux diaprés qui soulèvent les cieux ?
En longs torrents fougueux la lave incandescente
Fait resplendir des nuits la voûte flamboyante,
Mille langues de feu s'élancent dans l'éther
Cherchant dans l'infini ces fleurs-flammes de l'air,
Pour embraser là-haut, dans les célestes cîmes
D'un terrestre baiser les étoiles sublimes !

Voyez rouler au loin ces puissantes vapeurs,
Ecoutez retentir ces joyeuses clameurs
De cris confus, de chants la rumeur triomphante !
Est-ce la voix d'un Dieu dans la nue effrayante.
Le solennel murmure et les rugissements
Des sombres vastes mers et de leurs flots géants ?
De la Force incréée est-ce la voix profonde
Qui parle à nous, mortels, et fait frémir le monde ?

Non! de la France c'est l'ardent et fier réveil ;
Du noir sein de la nuit jaillit son pur soleil.
Ces confuses rumeurs, ce sont des chants de fête ;
Ces feux sont les rayons qui couronnent sa tête,
C'est le salut de paix au monde, de Paris,
La voix du Peuple-Roi, la République, amis !

Voyez venir à nous une jeune immortelle,
Pâle, grave, à pas lents ; elle est auguste et belle.
Elle glisse vers nous comme un cygne onduleux
Et sourit : c'est l'aurore ! Une aube est dans ses yeux.
Blanche fille des cieux, fier profil de déesse,
Sous quel ciel, de quel temple es-tu donc la prêtresse ?
Et la flamme et l'azur et la neige à ton flanc
Forment un triple nœud symbolique, éclatant !
O majesté suprême, ô noble et douce femme
Aux chastes yeux pensifs, pleins d'une sainte flamme
Dis-nous ton nom, ô Vierge, ineffabe beauté :
Est-ce l'espoir, l'amour ?...
— Je suis la Liberté,

Chœur

Salut ! l'étendard de la France
S'abaisse devant toi.
Viens ! notre âme vers toi s'élance
Vers toi, l'éspérance et la foi !

Deux ombres ont paru : de longs habits de deuil
Des drapeaux déchirés et le fatal linceul
Voilent leurs souples corps et leurs têtes penchées,
L'Automne ainsi revêt les feuilles desséchées,
Humides de rosée ou couverte de pleurs ;
Qu'importe aux antres noirs le souffle des douleurs !
Loin de l'arbre-Patrie aux branches effeuillées,
A travers les brouillards frissonnantes, mouillées,

Nous les voyons flotter. — Victimes du destin,
Comme elles vous passez ! sans trembler, votre main
Presse un calice amer sur vos larges blessures ;
De vos lèvres tout bas coulent de longs murmures,
Quelle est votre patrie, ô filles de la nuit ?
Vers ces lieux enchantés quel astre vous conduit ?
—Nous sommes vos deux sœurs et de cœur et de race.
La Lorraine est mon nom.

— France, je suis l'Alsace !

Chœur

Salut ! l'étendard de la France
S'abaisse à vos genoux !
Et notre âme vers vous s'élance
Gloire, douleur, c'est vous !

Quel est cet être, amis ? De la brume muette
A surgi lentement sa haute silhouette.
Sous le fardeau des temps il marche vers les cieux !
Les astres infinis rayonnent sur sa tête,
L'éclair et le soleil luttent dans la tempête,
Sa face réfléchit la douleur et l'espoir,
Et sa robe sanglante est un nuage noir :
Sous ses longs cheveux blancs gît la pensée altière
Et son œil a vingt ans, et sa démarche est fière.
Il avance sans bruit, calme, froid, douloureux,
Il vient le front levé, fier, puissant, glorieux.
Qui donc es-tu, dis-nous, dans ta calme puissance,
Spectre démesuré dans le vaste silence ?
Es-tu le Dieu vivant ? Es-tu l'Eternité ?...
— Je suis l'Être éternel : je suis l'Humanité !

Chœur.

Salut ! l'étendard de la France
S'abaisse devant toi.
Viens. Notre âme vers toi s'élance,
Vers toi l'avenir et la foi.

Mais dans la nuit je vois d'autres formes sinistres,
Qui se pressent en foule autour des feux vivants,
Aux sons des cris, des chants, des cymbales, des cistres,
Leur funèbre pâleur prend des reflets sanglants.

Là, c'est un prêtre osseux, à la soutane noire ;
Une femme débile, un vieux coq à la main,
Un pantin décoré d'un grand ruban de moire,
Le front chauve, pensif à l'œil froid et hautain.

O ! quels masques confus, quelles ombres étranges
Et quels regards haineux, avides, flamboyants,
Ces sombres inconnus, ces lugubres phalanges
Qui rôdent dans la nuit, ce sont les prétendants !

Ce sont les tristes loups qui hurlent, à la bise,
Affamés, furieux, à l'entour du foyer,
Alors que tout content, le laboureur attise
Le feu dont le reflet sait si bien l'égayer.

Ce sont les noirs requins autour de la nacelle ;
Précurseurs de l'orage, ils effleurent les flots,
Ces glauques acharnés la suivent, l'œil sur elle,
Aux joyeuses chansons des jeunes matelots.

Tels, fantômes déchus, têtes découronnées,
Vous rôdez dans la nuit, autour de nos foyers,
Vous nous tendez vos mains, ces mains qui tant d'années
Se sont teintes du sang qui rougissait nos fers.

Chœur.
Fuyez ! l'étendard de la France
Recule devant vous :
Sur vos pas l'ennemi s'élance,
O rois, assez ! fuyez-nous !

Des ténèbres soudain et hagarde et hautaine
Une femme surgit. D'une impuissante haine
Son bras tremblant se lève et menace le ciel.

Sa lèvre est sans couleurs, son regard plein de fiel,
Sur son front labouré, lugubrement folâtres
Flottent ses cheveux roux et leurs mèches grisatres,
Et sa molle paupière et son œil hébété
Trahissent de son corps la blême vétusté.
Elle passe. A tes pieds s'entrouvrent mille tombes,
Et soulèvent leurs fronts les morts des hécatombes,
Un aigle déplumé près d'elle se débat ;
Chauve vautour plutôt, fossoyeur du combat.
Caché sous son manteau, tremble, fauve et farouche
Un avorton malsain au regard vague et louche,
Fils de la goule impure et fils de l'histrion
Que vient-il mendier, cet abject embryon ?
Un trône ?.... Fuis ces lieux, couple fatal, arrière !
La France te renie, elle, la grande mère !
Par toi l'air est souillé : tu fais pâlir nos feux.
Tes pas traînent partout des souvenirs honteux.
Impure, éloigne-toi, épouse de Satyre
Mère de l'Idiot c'est toi qui fus l'empire.

Chœur.

Fuyez ! L'étendard de la France
Recule devant vous
Sur vos pas l'ennemi s'élance
Honte, mort, défaite, c'est vous.

Hymne.

Allons, amis, fêtons la France
Et saluons le jour nouveau,
Le jour de paix et de clémence
Qui dans nos cœurs brille si beau !

Ecoutez la clameur immense
Qui roule et tonne sous les yeux,
Les cris de joie et d'espérance
C'est l'hymne du jour radieux

Et cette clarté triomphante
Ce sont nos autels fulgurants !
De la raison l'aube puissante,
Bûcher des dieux et des tyrans.

Allons, amis, fêtons la France,
Et saluons le jour nouveau,
Le jour de paix et de clémence
Qui dans nos cœurs brille si beau !

T. Dorian.

LE RÉVEIL D'UNE MÈRE

La diligente aurore
va remplacer la nuit,
Et tout repose encore :
Pas le plus léger bruit !

Mais, pourquoi, jeune mère,
En sursaut t'éveillant,
Ouvres-tu la paupière
En cherchant ton enfant ?

Calme ton inquiétude
Et ta vaine frayeur :
Dans ta sollicitude
Un songe t'a fait peur.

Ta fille au teint de rose,
Ah ! quel charmant tableau !
Tout doucement repose
Dans son petit berceau.

De ton enfant chérie
Va cesser le sommeil,
Et tu seras ravie
A son joyeux réveil.

Admire son enfance :
Avec gracieuseté
Elle peint l'innocence
Et sa sérénité.

A. Lepage.

L'EXPOSITION DE 1878

ODE.

Accourez, peuples de la terre ;
Quittez vos travaux et vos champs,
Si vous l'avez, cessez la guerre,
Pour venir chez nous quelque temps.
Habitez-vous quelque rivage
Aux confins de notre univers !
Partez, armez-vous de courage,
Affrontez les vents et les mers.

Allons, venez dans notre France,
Car de sa voix elle vous dit :
« Il est bâti mon temple immense,
Et sur le front il porte écrit :
Ici nul instrument qui tue ;
Ennemi du sang désormais,
L'homme sur l'enclume battue,
N'a fait que des objets de paix. »

Le fer jeté dans la fournaise
A fait mille objets gracieux :
Pilier il s'élance avec aise,
Et courbe il monte vers les cieux.
Le fer en superbe édifice
A nos yeux parut à l'instant,

Moins lent que la tente propice
Que se dresse le peuple errant.

Venus des quatre coins du monde,
Sont rassemblés là ces objets
Que sur notre terre féconde
Les hommes de génie ont faits.
Du sol tous les produits utiles
Sont aussi dans ce lieu fameux ;
Les uns viennent des champs fertiles
Et les autres des bois ombreux.

Vous parcourez les galeries,
Etrangers, que j'aime à vous voir
Plongés en douces rêveries,
Vous promener matin et soir :
Un métier ici vous arrête,
Là c'est un objet curieux,
Plus loin vos oreilles en fête
Ecoutent l'orgue harmonieux.

J'avance et suivant les traces
De tous ces hommes différents
Je reconnais toutes les races
Qui peuplent les grands continents ;
L'habitant cuivré de la Chine,
L'Arabe et le noir Africain,
Et le Persan brun de sa mine
Sont venus se serrer la main.

O Seine, dans ton cours prospère
Quel plaisir tu sens dans ton cœur !
Jamais un fleuve de la terre
N'aura joui d'un tel honneur !
Sur tes rives majestueuses,
O noble cité de Paris,
Que de nations sont heureuses
De goûter la joie et les ris.

O France ! ô ma chère patrie,
Jeune encor tu sors du tombeau,
Tu reprends aujourd'hui ta vie
Et ton nom désormais plus beau.
La paix ramenant la richesse
T'a refaite une nation
Et t'a donné la hardiesse
De faire une exposition.

Emile Menot.

POUR UN ALBUM

Pourquoi me donnez-vous ce frais album d'enfance,
Au milieu de janvier que glacent les frimas,
Pourquoi ne pas attendre à l'âge d'espérance
Les beaux jours du printemps qui sont encor là-bas.
J'aurais voulu chanter votre fraîche jeunesse,
Sous un ciel embaumé par le parfum des fleurs,
M'inspirer des rayons d'un soleil d'allégresse,
Demander une perle à la rosée en pleurs...
Mais qu'importe après tout, si de votre bel âge
Qu'embellit l'espérance et comble le bonheur,
Le doux printemps paraît une vivante image :
L'amitié n'a jamais de frimas dans le cœur.

J. Kaufmann.

POUR UN BAISER

RONDEAU

Pour un baiser dérobé finement
Faut-il toujours subir votre colère ?

Mon cœur troublé depuis ce doux moment
Supporte hélas ! une souffrance amère
Et voudrait bien la fin de son tourment.

Pourquoi frapper aussi sévèrement
Et repousser une tendre prière,
Pour un larcin commis légèrement,
  Pour un baiser ?

Depuis ce jour, je désire ardemment
Pour ma tendresse un regard moins austère ;
Car malgré tout votre ressentiment
L'honneur me dicte un aveu très sincère :
Je serai fier d'un nouveau châtiment,
  Pour un baiser.

5 *février 1877.*   Evariste Carrance.

QUELQUES SOUVENIRS

(CONFIDENCES D'UN OUVRIER)

Douces émotions, souvenirs adorables
Qui nous charmez toujours, seuls plaisirs vrais, durables :
C'est vous que je rappelle en ce simple récit,
Je veux parler au cœur et non pas à l'esprit.

A travers prés et bois, dans les vergers en fleurs,
Combien j'ai folâtré dans ma trop courte enfance,
Heureux âge ! les ris sèchent bientôt les pleurs
Et l'on retient si peu le pardon d'une offense.
Que j'aime à vous revoir, mes sites préférés,
Collines et vallons de soleil empourprés :
Alors comme aujourd'hui, la campagne était pleine
De sons harmonieux. La nature sereine
Offrait à mes regards éblouis, enchantés,
Son magique horizon, ses splendides beautés,

J'aimais tout ce qui vit, j'aimais tout ce qui souffre,
Tout mon cœur débordait d'un généreux instinct :
Simple, naïf et bon, soumis à mon destin,
J'ignorais de la vie et l'écueil et le gouffre.
. . . .
De mon humble foyer l'intérieur paisible,
Nid joyeux où l'enfant aime à se délasser,
Gardait encor pourtant un souvenir pénible
Que le temps de sitôt ne pouvait effacer.
Mon père n'était plus... une cruelle épreuve
Avait miné son corps et ma mère fut veuve
A trente ans, sans fortune et n'ayant pour tout bien
Que moi, chétif enfant, qui cherchais un soutien.
Il fallut travailler... ma mère travailla.
Levée au point du jour, prolongeant la veillée
Près de mon petit lit, vaillante et résignée,
Pour le plus saint devoir longtemps elle lutta :
L'aisance par ses soins hanta notre chaumine.
Je crois ouïr encor de sa voix argentine
Les accords si touchants, si suaves toujours,
Le rossignol des bois au temps de ses amours
N'a point de ces accents que jamais on n'oublie
Le jour où je fêtais pour la première fois
Ma mère bien aimée, oh ! souvent je le vois
Comme un rayonnement dans les joies de ma vie.
J'avais dix ans alors..... ma mère encor couchée
N'avait aucun soupçon ; donc, à la dérobée,
Doucement je quittais, dès l'aube, sans nul bruit,
L'alcôve où je n'avais fermé l'œil de la nuit.
D'un beau jour printanier l'abondante rosée
Faisait miroiter l'herbe au gai soleil levant,
Et ravi je cherchais sous la feuille irisée
La modeste violette au parfum enivrant.
Quand de fleurs ma moisson fut enfin terminée,
Et que j'eus marié dans un joli bouquet

Marguerites des prés, violettes, muguet,
Je repris mon chemin d'une marche pressée.
Combien mon cœur battait au seuil de la maison !
Je n'osais point ouvrir.... car j'entendais dans l'âtre
Un gai pétillement sous la flamme folâtre,
J'ouvris et m'élançais.... Du soleil un rayon
Dorait les blonds cheveux de ma mère en extase.
Elle prit mon bouquet, le mit dans un grand vase,
Et dans un long baiser tout son cœur déborda ;
Son regard caressant de bonheur m'inonda.
Moi qui me croyais seule, ah ! je vois, me dit-elle,
Que tu comprends déjà notre union si belle.
Tes dix ans, mon cher fils, se sont donc souvenus
Que tu dois remplacer ton père qui n'est plus.
S'il pouvait te revoir, toi, sa vivante image,
Comme il serait charmé de ton gai bavardage !
Comme il t'admirerait dans tes ébats joyeux !
Quand tu naquis, Léon, ah qu'il était heureux !
Car le bonheur régnait sous l'humble toit de chaume.
Il ne l'eût point donné pour le plus beau royaume.
Du devoir accompli noble représentant,
Son horizon c'était sa femme et son enfant.
Comme lui reste bon ; la vraie bonté rend digne.
Tâche de mériter un jour le même insigne
Que ton père a légué. — Vois : sa médaille d'or
Est un brevet d'honneur qui vaut mieux qu'un trésor.
Pour cela, cher enfant, étudie et travaille,
Et tu pourras un jour gagner une médaille.
Ainsi parla ma mère... et dans ses beaux grands yeux
Mon âme se mirait comme en l'azur des cieux.

. . . .

Depuis lors j'ai grandi. Bien souvent sur ma route
Les ronces m'ont meurtri, sans que jamais le doute
Ait troublé ma raison. C'est qu'un guide prudent
Avait dit : sois un homme, au jeune adolescent.

Sans relâche, ardemment, je me mis à l'étude
Et le travail devint ma plus douce habitude.
J'ai lutté, j'ai vaincu, je suis chef d'atelier :
En frère je soutiens le vaillant ouvrier.
A mes inventions, toujours je l'associe.
Je sais que bien souvent chez l'humble travailleur
Couve cette étincelle, embryon de génie,
Qu'un autre s'assimile en gardant tout l'honneur.

. . . .

Les lourds marteaux de fer résonnent sur l'enclume,
La lime grince et mord sur les grands établis,
Et dans les noirs fourneaux un feu d'enfer s'allume ;
En chantant l'ouvrier dissipe ses soucis.
On finit maintenant ma nouvelle machine
Qu'à l'exposition de Paris on destine,
Et le maître m'a dit : pour cette invention
Vous allez obtenir la décoration.

Dirai-je mon bonheur ? on ne peut le décrire.
Ma mère en me voyant rentrer l'air si joyeux,
Devina mon succès et chercha dans mes yeux
La révélation que cachait un sourire.
Mon cœur à ce moment fut bien près d'éclater.
Ma mère dans mes bras apprenait la nouvelle.
Tu serais médaillé ? Merci, mon Dieu, dit-elle,
Tu le vois, le travail nous fait tout surmonter.
Marie-toi, Léon, ton étoile se lève
Et ta mère vieillit... va, complète mon rêve :
Tu pourras à ton tour redire à tes enfants
Que la palme revient toujours aux plus vaillants.

(Belgique). AUDENEUX.

POITRINAIRE!!

Londres 1876.

L'arbre des pays chauds qui croît dans nos climats
S'allonge avec les ans, mais toujours reste maigre ;
  Il craint, redoute les frimas,
  Et le goût de ses fruits est aigre !

Il croît, mais il croît mal ; il est faible, chétif,
Craint la pluie et le vent ; sa fleur semble ternie,
  Son éclat pâle est maladif,
  Sa jeunesse est une agonie !

Cet arbre maladif, cet arbre délicat,
Ne ressemble-t-il pas à celle qui peut plaire,
  Qui plût, par son chétif éclat
  Eblouissant, mais poitrinaire ?

Elle était jeune et belle, eh bien ! comme la fleur
Et comme l'arbre grêle, elle était trop mignonne ;
  Comme l'arbre, pâle en couleur,
  Elle périt avec l'automne !

Eug. Blot.

LA BRUYÈRE.

Vœ Soli

  Je suis la petite bruyère,
Née aux pâles rayons d'un soleil sans chaleur ;
Je n'ai pas de compagne, hélas ! et pas de sœur,
  Ma vie est triste et solitaire.
Les autres fleurs pour lit ont le gazon des prés ;
Mais moi, sur la montagne aux grands flancs déchirés
  Je n'ai qu'un oreille de pierre.

Le tiède zéphir amoureux
Sur la rose ou le lis repose sa caresse ;
Mollement il les berce en une douce ivresse....
Seuls les ouragans furieux
S'élançant des sommets où gronde la tempête
M'assaillent dans leur course et me courbent la tête
Sous leurs souffles impétueux.

FANNY BIANIC.

LE RÊVE.

Allégorie.

Un écolier, dans la prairie,
Poursuivait un beau papillon.
En vain sa victime chérie
Quittait l'aubépine fleurie
Pour s'envoler dans le sillon.

L'insecte allait-il, de son aile,
Raser les feuilles du bouleau,
Soudain une guerre nouvelle,
Plus acharnée et plus cruelle,
Le harcelait vers le ruisseau.

Il caressait la marguerite,
Quand l'espiègle, le surprenant,
S'approche à pas de loup et vite
Le saisit, tandis qu'il s'agite
Et l'emporte tout rayonnant !

Mais, hélas, tourmenté, son indocile esclave
Se débat et, vainqueur, par un suprême effort,
Glisse, échappe et s'enfuit laissant, bien triste épave
Dans ses doigts, sa poussière d'or.

Ainsi, je poursuis un beau rêve
Plus beau que le beau papillon
Qui va fuyant devers la grève,
Joyeux de trouver paix et trêve
Loin de l'espiègle et du sillon.

Comme lui, mon rêve a des ailes,
Des ailes d'or, de diamants ;
Il est plus vif que les gazelles,
Plus tendre que les tourterelles,
Plus blond qu'un rayon de printemps.

Ma muse, en sa course rapide,
Surprend son regard radieux.
O volupté ! ma lèvre avide,
Sur son front serein et candide,
Cueille un baiser mystérieux !

Mais, hélas ! de mes bras qui l'enlacent encore
Mon rêve palpitant se dérobe, ô douleur !
Ne laissant à mes yeux dessillés par l'aurore...
    Que le réveil désenchanteur !

Que de chimères séduisantes
Te bercent, pauvre humanité !
Repose tes lèvres brûlantes :
Au fond des coupes enivrantes
Gît la froide réalité.

(*Var*).
                                                    J. OURDAN.

GUSTAVE LAMBERT.

—

> Sais-tu ce que ton doigt lâchant cette détente
> A frappé dans l'ombre ?......
> Eugène Manuel.

Chante, ô ma faible voix, la grandeur des vaincus ;
Chante ceux qui sont morts pour leur noble patrie,
Et dont l'exemple fut pour la France meurtrie
    Le réveil des fortes vertus !

Leurs agrestes tombeaux s'élèvent dans les plaines,
Fréquentés des oiseaux, ces amis des défunts ;
Les fleurs laissent monter leurs plus tendres parfums,
    Les vents leurs plus douces haleines !

Les vents et les saisons, les oiseaux et les fleurs,
Font à ces braves une éternelle embellie.
De soleil et d'amour, mais, hélas ! l'homme oublie
    Ses morts, ainsi que ses malheurs !

Nous, leurs frères, allons raviver cette flamme
Qui fit de Jeanne d'Arc l'effroi de l'étranger.
Rappelez-nous les deuils de la France en danger,
    O ! souvenirs, parfums de l'âme !

I

L'Allemagne s'armait. Ses sombres arsenaux
Vomissaient nuit et jour des engins infernaux.
Le Français confiant, énivré de délices,
Dormait insouciant aux bords des précipices :
Oh ! s'il eût su... lui, l'homme à l'antique fierté...
Mais il était écrit ce mot : fatalité !

Or, tandis qu'on forgeait des volcans de mitrailles
Et que les lourds canons aux créneaux des murailles
Passaient leur col de bronze, — un homme au front d'airain
Un grand homme, — montrait d'un geste souverain

La conquête du Nord, du pôle inaccessible !
Et la foule passait, multitude insensible !
O ! suprême dédain des masses au front bas,
De quel torrent de fiel n'abreuvâtes-vous pas
Cette âme de héros, de lutteur pacifique.
Il ouvrait à vos yeux l'inconnu magnifique,
Les vastes horizons où jamais pied mortel
N'a laissé son empreinte, où notre globe est tel,
Qu'il fut lancé des mains du Créateur des mondes,
Avec ses longues nuits, ses banquises, ses ondes ;
Tel que le ciel le vit pour la première fois
Entrer dans l'écliptique aux éternelles lois.

Le pôle ! obscurité, néant, chaos, mystère...
Mot qui courbe le front des penseurs vers la terre ;
Point dont le reflet donne à notre cécité
Le frisson de l'abîme et de l'immensité !
Le pôle Nord ! linceul dont les froids plis de neige
Couvrent maints baleiniers d'Islande et de Norwége,
Maints pêcheurs d'Arkangell poussés vers l'inconnu,
Dans les glaciers flottants, d'où nul n'est revenu.
Oh ! combien cet écueil a brisé des audaces,
Et récèle en son sein d'effrayantes menaces !
Après Hudson mourant sur un sauvage îlôt,
Après le jour fatal qui nous ravit Bellot,
Après le désespoir de l'Europe anxieuse
Recherchant de Franklin la trace ténébreuse
Et voyant revenir le morne *Prince-Albert*,

L'énigme t'attirait, ô Français ! ô Lambert !

II

Enfin la vérité dissipa l'ignorance :
Ceux qui passaient hier avec indifférence,
Apportaient leur tribu à ton œuvre de paix,
De toutes parts, des cœurs virilement trempés,

Hommes habitués à dompter la tempête,
Sollicitaient l'honneur de tenter la conquête ;
Enfin deux fortes nefs frémissaient dans les ports
Ainsi que des coursiers qui tourmentent leur mors.

Jouis de ton travail, jouis de ta victoire !
Vois les flots caressants baiser la robe noire
De tes vaisseaux à l'ancre... Entends-tu ce bon vent
Qui s'élève et grandit et tourne leur avant
Vers l'extrême Nord ?... Pars ! voici l'instant propice,
Mais avant que ta voile à l'horizon blanchisse
Reçois nos vœux. Pars ! le monde t'applaudit,
Et la France, ta mère, heureuse, te bénit !

. . . .

III

Déjà l'ancre quittait le sable du rivage,
Quand éclata soudain une clameur sauvage.
C'était la sombre guerre avec sa voix d'airain
Défiant Prusse et France aux rives du vieux Rhin.
Et l'on n'entendit plus dans la nature entière
Que deux peuples marchant à la même frontière.
Le Français, plein d'espoir, partit ayant Eylau,
Austerlitz et Wagram pour guides... Waterloo
A venger !...

           Ah ! grands jours de nos courses lointaines
Qu'étiez-vous devenus ! Des colonnes hautaines,
Attestent dans nos murs les exploits des aïeux,
Mais vous n'étiez plus, jours à jamais glorieux !
Adieu, combats livrés au son d'un air à boire !
Le destin a trahi nos guerriers, et l'histoire
Ecrit Moscou... Sédan... ce revers des revers !
Français, debout ! La France est là, les flancs ouverts !

Alors, brave Lambert, tu délaissas le pôle

Et parmi nos soldats, le fusil sur l'épaule,
Tu vins apprendre à vaincre et non pas à mourir.
A cette heure, Paris les voyait accourir,
Ces cohortes du Nord pointant d'une main sûre
Leurs Krupps dont chaque coup faisait une blessure
A nos gloires, un deuil au cœur des combattants.

Parfois, Paris sortait, sans clairons éclatants,
Morne, ayant dans les yeux l'éclair de la vengeance.
Tout le jour du canon grondait la voix immense...
Puis, quand le soir jetait son voile au front des forts
Et que l'ombre couvrait l'amer rictus des morts ;
Quand le peuple aux remparts, les femmes en prière ;
Quand les enfants pleuraient en demandant leur père,
Le lion secouant les meutes de ses flancs,
Revenait invaincu, blessé, les crocs sanglants !

Un jour on se battit avec plus de furie :
Ils revinrent bien peu de la grande tuerie.
Quand on chercha celui que le pôle appelait,
Un survivant blessé fit un signe muet...
La France, le progrès avaient fait une perte
Irréparrable, hélas ! et dans ce corps inerte
Gisait l'humanité ! — Là-bas, un plomb brutal
Avait fait un martyr, là-bas, à Buzenval !

Adolphe Miége.

TROIS SŒURS
LA PENSÉE, LA POÉSIE ET LA GLOIRE

Trois jeunes beautés me sont apparues
Dans un songe d'or, par un soir d'été.
La première avait les épaules nues,
Et sa pose était des plus ingénues
Et son doux regard plein de majesté.

La seconde était un peu souriante,
Pourtant je lui vis des pleurs dans les yeux
Quand ses jolis doigs, sur un luth d'Acante,
Faisaient résonner la corde vibrante
Son regard plongeait dans l'azur des cieux.

La troisième enfin n'était pas moins belle.
Je la vis soudain se tourner vers moi
Tenant à la main la palme immortelle.
« Ce beau rameau d'or sera, me dit-elle,
» Au plus méritant, donné sur ma foi. »

Alors descendit un épais nuage
Qui me déroba cette vision.
C'était du bonheur une belle image
Que j'invoque encore au déclin de l'âge
Quand s'évanouit toute illusion.

Louis Godet.

A Mme MAROH !
SOUVENIR D'HÉLÈNE CRANC

Pourquoi sur l'ange qui s'envole,
    Pleurer, pleurer toujours !
Il a retrouvé l'auréole
    Dans l'éternel séjour.

Pourquoi creuser ton beau visage
    En le baignant de pleurs ?
N'est-on pas heureuse à son âge
    D'échapper aux douleurs ?

Hélène était bonne et jolie,
    Chacun la chérissait ;
Mais le ciel était sa patrie
    L'ange ici-bas languissait.

Fleur plus suave que la rose
　　Elle en avait l'éclat ;
Mais à peine fut elle éclose,
　　Vers lui Dieu l'appela.

L'ange ne pouvait être femme,
　　C'eut été trop souffrir !
Et, la fleur si pure, réclame
　　Un Dieu pour la cueillir.

Crois-moi, sur la vierge envolée
　　Garde toi de gémir !
Dans le ciel Dieu la rappelée
　　Pour toujours t'y bénir.

Florence.   Isabelle CATRUFO.

A MON FILLEUL GUSTAVE LAUDIER

Riche

Un jour j'ai vu le mauvais riche
Entrer dans un pauvre logis,
Et d'un air besoigneux qui triche
Demander le terme promis.
L'épargne avait été sévère.
Il partit joyeux, triomphant...
Il n'avait point vu la misère
Sur les traits hâves de l'enfant.

J'ai trop souvent vu le génie
Marcher pieds nus sur son chemin
Et s'entendre, quelle ironie !
Traiter de gueux par un crétin.
J'ai vu la femme en sa faiblesse,
Sans pain et sur un mauvais lit,

Parler de la vaine promesse
Du riche qui la séduisit.

Vraiment, si jamais la fortune
Venait enfin me visiter
Au moindre cri de l'infortune
Je ne pourrais point résister.
Je ne prendrais point l'arrogance
Des insipides parvenus
Qui n'ont plus foi dans la souffrance
Depuis qu'ils sont gorgés d'écus.

Si j'etais riche, au pauvre père
Qui pour soucis a son loyer
Je dirais : chez toi dors, espère,
Voilà de l'or : tu peux payer...
Pourquoi te faire humble et timide ?
Je veux rassurer ta pudeur
Si de ton front j'ôte une ride,
Heureux, je suis ton débiteur.

Si j'étais riche au pauvre artiste
Que la faim veut décourager
Je dirais : dans ta foi persiste,
Voilà de l'or ; tu peux manger.
Et si ta fierté se soucie
De ce qu'on vient la secourir,
A ton talent je m'asssocie,
L'obligé sera l'avenir.

Riche, à la pauvre fille-mère,
Victime d'un lâche abandon,
Voilà de l'or pour ta misère
Dans l'amour seul est ton pardon...
Que crains-tu donc... ô malheureuse !
Je ne suis point le tentateur.

Mon âme fière et généreuse
Jamais n'exploita le malheur.

Riche, aux bords du fleuve rapide,
Si je trouvais le désespoir,
Quand il a la pensée avide
D'oubli, le cœur mort au devoir.
M'approchant, je dirais : sur terre
Si de l'or peut te retenir,
Laisse à Dieu l'heure, à moi, mon frère,
Est l'honneur de te soutenir.

Oui, riche, à moi l'instant suprême
Qu'on peut donner à la douleur !
A moi d'avoir, ô joie extrême !
La main au service du cœur !
A moi la magique puissance
De faire partout des heureux !
A moi de rendre l'espérance
A qui semble oublié des cieux !

P.-G. Bunel,

LA SŒUR

La sœur est ici-bas, compagne de l'enfance,
Le soutien du cadet, le rayon, l'espérance,
Qui toujours au plus faible a su tendre les bras :
La flamme qui réchauffe et ne consume pas,
L'oreille qui toujours sans se lasser, écoute,
La main que nous serrons bien fort sur notre route,
Le penchant sans contrainte en tout temps accepté,
L'onde rafraîchissante au milieu de l'été.

J. Kaufmann

ÉVOCATION!

Lorsque l'astre du jour se couche sur les ondes,
Et que seul, abimé dans mes douleurs profondes
    Je rêve à mes amours défunts;
Tout disparaît alors à mes yeux pleins de larmes,
Et je trouve la voix du rossignol sans charmes
    Et la nuit sans parfums!

Féériques visions d'un monde imaginaire,
Que vous ai-je donc fait poour venir sur la terre
    Réveiller mes cuisants remords;
Et pourquoi m'apparaître à cette heure fatale
Rose!... qui souleva ta pierre sépulcrale!
    Viens-tu m'appeler chez les morts?

Que me reproches-tu, spectre que j'aime encore?
Qui me mis dans le cœur la flamme qui dévore;
    A qui j'ai tout sacrifié;
Je t'élevais toujours un autel dans mon âme,
Car tu fus mon seul Dieu, je t'adorais, ô femme!
    Bien plus que le crucifié!

Pour toi j'abandonnais! famille, amis, carrière;
Je partis comme un fou, sans jeter en arrière
    Un seul regard sur mon passé;
Mes chagrins, mes remords, ô ma chère maîtresse,
Se sont évanouis dans une folle ivresse,
    Ton amour a tout effacé!

Ivresse de l'amour, oh sublime folie
Qui par des liens si doux, en ce monde nous lie
    A cet être capricieux
Que l'on appelle femme, être plein de mystère
    Dont la présence sur la terre
    Sait nous faire oblier les cieux!

Mais notre enivrement ne dura qu'une aurore,
Telle la fleur des champs que nous voyons éclore
      Aux feux du soleil du matin,
      Et qui sur le soir déjà penche
      Sa petite corolle blanche
      Notre amour eut même destin !

Ma Rose, tu mourus, fleur à peine entr'ouverte
Tu mourus dans mes bras, entraînant dans ta perte
      Nos plus doux rêves d'avenir ;
Ombre si chère, ô toi que la mort m'a ravie,
Tant que j'aurai le plus léger souffle de vie
      Tu vivras dans mon souvenir !

Ainsi, quand le soleil se couche sur les ondes,
Je suis seul, abimé dans mes douleurs profondes,
      Rêvant à mes amours défunts ;
Tout disparaît alors à mes yeux pleins de larmes,
Et je trouve la voix du rossignol sans charmes,
      Et la nuit sans parfums !

Théodore Guillemin fils.

LE RETOUR DES OISEAUX VOYAGEURS.

    L'hiver s'enfuit.... selon l'usage
    Cédant le pas, au doux printemps ;
    Pour les humains c'est le présage
    De jours heureux d'un meilleur temps,
    Phébus réchauffe et fait éclore,
    En nos jardins plantes et fleurs
    Sous nos toits l'on entend encore
    Le chant des oiseaux voyageurs.

    A votre nid, restant fidèle,
    Joyeux vous venez le revoir,

De mon enfant qu'envain j'appelle
M'apportez-vous un mot d'espoir....
Notre âme à sa dernière aurore,
Survit-elle aux grandes douleurs;
Nul n'est venu l'apprendre encore
Parlez donc oiseaux voyageurs.

Pour calmer mon cœur en souffrance
Ne pouvez vous sans nul détour.
Me donner la douce espérance,
Que vous précédez son retour.
C'est un père qui vous implore
Et dit les yeux remplis de pleurs,
C'est en vous que j'espère encore
Parlez donc oiseaux voyageurs.

Pourquoi fait-on maint commentaire
Le plus souvent bien sans raison;
La mort pour nous est un mystère,
Qui seul obscurcit l'horizon.
Du regard, les cieux on explore
Pour chercher ceux qui sont ailleurs,
Pourrons-nous les revoir encore,
Parlez donc oiseaux voyageurs.

Vous qui sur la terre inconnue
Avez habité de longs jours,
Ne l'avez-vous point aperçue,
A nous pense-t-elle toujours?
Venez-vous messagers de Flore,
Porter le calme dans nos cœurs;
Faut-il longtemps attendre encore
Parlez donc oiseaux voyageurs.

Vous vous taisez.... votre silence
Me dit-il, que j'attends en vain
Dans ses décrets, la providence,

Est-elle immuable et sans fin,
La tombe hélas ! prend et dévore
Ceux qui souvent sont les meilleurs ;
Vos chants me peineraient encore
Repartez oiseaux-voyageurs.

(*Gard*) Louis Peyre.

BALLADE

A M.F. Testard.

GAMME EN DO MAJEUR.

Chanter, rire, pleurer, seul, sans but, au hasard.
A. de Musset.

J'aime sur la harpe sonore,
Purs comme la brise à l'Aurore
Les adagios en si bémol ;
    Do, ré, mi, fa, sol.

D'autres ont une préférence,
Pour les beaux hymnes d'espérance,
Qui grisent le jeune soldat,
    Ré, mi, fa, sol, la.

L'amoureux rêve aux cantilènes,
Qui flottent le soir sur les plaines,
Riches d'un langoureux souci.
    Mi, fa, sol, la, si.

Au doux rhythme des mots d'ivresse,
La courtisane enchanteresse,
S'endort en son Eldorado.
    Fa, sol, la, si, do.

Et les sultanes demi nues,
Par leurs romances inconnues,
Bercent l'ennui sur leur sofa.
    Do , si , la , sol , fa.

Nos pères avaient les gavottes
Où le trille sur quelques notes,
Avec un sourire frémit.
    Si , la , sol , fa , mi .

Les petits pages des légendes,
Rimaient aux dames allemandes,
Des rondeaux sur un luth doré.
    La , sol , fa , mi , ré.

Aujourd'hui la chanson nouvelle,
Que le muguet offre à sa belle,
Ce sont les sacs d'or d'un tripot.
    Sol , fa , mi , ré , do.

En vous adressant ces vers-ci,
    Do , ré , mi , fa , sol , la , si.
Je ferais un triste cadeau ,
    Ré , mi , fa , sol , la , si , do.

N'est que le cœur s'y joint aussi,
    Do , ré , mi , fa , sol , la , si.
N'allez pas le rudoyer trop.
    Ré , mi , fa , sol , la , si , do.

Albert Tinchant.

LA CHARITÉ

ROMANCE.

Petit oiseau, tu ne fais plus entendre
Tes airs joyeux, ni ton chant d'autrefois !

Le dur hiver est venu te surprendre,
Et t'obliger à déserter nos bois !
Plus près de nous viens voltiger ton aile ;
Rien ne trahit ton trouble et ton effroi ;
L'instinct t'apprend que si partout il gèle,
Il reste ici quelques graines pour toi.

Refrain :
La neige a beau couvrir la terre,
L'oiseau qui n'est plus abrité,
Vers notre seuil vole et se serre,
Sûr d'y trouver la charité.

Quand pour l'oiseau qui n'a plus la charmille,
Le bon Dieu fait de nos toits un abri,
Serions-nous sourds aux pleurs de la famille
Qui par le froid a le corps tout meurtri ?
Qu'à nos foyers le pauvre sans asile
Retrouve aussi cette hospitalité ;
Il est toujours un petit coin facile
A lui donner, par pure charité.
(Refrain.)

Vous dont le cœur compatissant s'éveille
A cette voix qui demande du pain,
Vous qui cherchez où le malheur sommeille
Pour l'arracher à l'implacable faim,
Soyez bénis ! que votre âme jubile
A ce bienfait que Dieu quittancera,
Car il est dit dans le saint Evangile :
Donnez, donnez, le ciel vous le rendra.

Refrain :
La neige a beau couvrir la terre,
L'oiseau qui n'est plus abrité,
Vers notre seuil vole et se serre,
Sûr d'y trouver la charité.

15 octobrs 1878. J. Dupuis, père.

PAR UN TEMPS DE BROUILLARD

Ce matin le soleil a manqué son entrée ;
Et novembre étendant sa baguette de fée
Sur Paris, tout surpris que le jour vint si tard,
L'a forcé de vêtir son manteau de brouillard.
La ville offrait au loin la plaintive apparence
D'un papillon captif dans un filet immense.
Vis-tu jamais, ami, l'insecte — fleur — oiseau
Pris aux traîtres appas d'un flexible réseau ?
Aveugle il se débat, et, fou, brise ses ailes
Aux mobiles parois des mailles trop rebelles ;
On le tient, il est là, sans qu'on puisse autrement
Juger de sa grosseur qu'à son bourdonnement.

Tel Paris, ce matin, quand j'ouvris ma croisée.

L'Orient n'avait plus cette teinte irisée
Qui fait joyeux les cœurs et déride les fronts ;
Moi, je crois au bonheur quand les cieux sont profonds !
Mais, quand le ciel est bas, enveloppant la terre
D'un voile épais et lourd ainsi qu'un blanc suaire,
Alors je me sens triste, et puis mal définir
Ce que j'éprouve, ami, mais... je voudrais mourir !

Oh ! ce matin surtout.
                    Tu sais bien le grand hêtre
A deux longueurs de bras, au plus, de ma fenêtre ?
Hier, il poussait encor quelques jets bien vivants ;
Ce ne sont, aujourd'hui, plus que hideux sarments.

A cette vue... eh bien ! puisque la chose est faite...
Eh bien oui ! j'ai pleuré — pleuré — comme une bête !..
Tu riras, je le sais, de ce fougueux transport ;
Que veux-tu ? je croyais que mon hêtre était mort !
Et ne plus voir — jamais — durant les longs dimanches,

Mes oiseaux favoris s'ébattre dans ses branches...
Si l'horizon eût eu la moindre profondeur
J'eusse gardé, sans doute, une espérance au cœur ;
Mais... on si voyait mal, à dix pas, dans la rue !

J'y descendis, pourtant.
                    La bise était venue,
Apre, froide, glacée... hélas ! c'était l'hiver !
Et, l'on se dit tout bas que le pain sera cher
Et le froid rigoureux... et que le vin augmente !

Je trouvais autrefois cette saison charmante !
Je l'aimais pour la neige, et pour les marrons chauds
Qu'un rustre me vendait au coin des caboulots ;
Pour le premier de l'an, douce époque bénie !
Pour l'énorme gâteau fêtant l'Epiphanie ;
Pour le pavé glissant, poli comme un miroir,
Pour les chûtes, montrant ce qu'on n'eut pas dû voir ;
Pour les remparts laineux d'où s'échappaient, risibles,
Des bouts de nez transis, violacés, horribles !
Et pour ces blancs tapis que l'on foule, inquiets,
Comme si l'on avait de l'hermine à ses pieds.

J'aimais, j'aimais surtout quand la Seine était prise !
Aujourd'hui, quand je vois une pauvresse assise
En quelque coin obscur, un enfant dans les bras,
Rigide et froid comme elle, et qui ne bouge pas ;
Je me dis que l'hiver est une chose affreuse...
Et je m'en veux alors de mon enfance heureuse !

L. Gautier.

POUR LA PATRIE

Poésie tirée de la préface du poëme *Les deux Héroïnes*,
composé en juillet et août 1878.

Me parler aujourd'hui du peuple est un outrage.
Pourquoi crier Progrès?... criez plus tôt naufrage.
Que contient ce Progrès qui fait tout à l'envers?...
. . . .
La France en ce moment se montre à l'univers
Par son activité, par son intelligence;
Tout ceci va très-bien... mais à quand la vengeance?...
. . . .
Ce n'est pas en restant dans cette oisiveté
Que l'honneur du pays se verra racheté.
Ce n'est pas; pauvre peuple, en logeant une reine
Que l'Allemand rendra l'Alsace et la Lorraine!...
Ce n'est pas, triste peuple, en recevant des rois
Que la France pourra montrer un jour ses droits!...
Trouvez-moi sans raison, ignorant ou vulgaire,
Je le dis hautement, il faut, il faut la guerre!...
Il la faut!...
           Oh! non pas un combat de sabreur
Que fait un potentat à tout autre empereur;
C'est un combat sacré, c'est une lutte sainte!...
Un pays qui combat pour soustraire à l'étreinte
Du joug de l'étranger, deux enfants, ses deux sœurs!
Lutte des oppressés contre les oppresseurs!...
Combat du Midi libre avec le Nord esclave!
Lumière contre nuit et Latin contre Slave!...
Soleil contre brouillard; homme contre animal!...
Le grand contre le vil; le bien contre le mal!...

Quand, peuple de Paris, et toi, peuple de France,
Vous aurez fait sonner l'heure de délivrance;

Quand un peuple opprimé reparaîtra vainqueur,
Alors là, je croirai que vous avez du cœur !

Edmond Martin,

COMMENT ON N'AIME PLUS

L'amour aveugle et sourd méconnait les alarmes
Et ne voit que des ris où se trouvent des larmes ;
L'objet aimé seul est parfait dans l'univers.
Mais quand l'amour s'enfuit, bientôt il abandonne
On reprend tous ces dons que l'illusion donne ;
Les vertus de l'objet ont perdu tous les charmes,
       On a les yeux ouverts.

(Belgipue)   Paul Sorée.

A MA FIANCÉE

> « Oh ! pour remplir de moi ta rêveuse pensée,
> « Tandis que tu m'attends par la marche lassée ! »
> Victor Hugo.

O toi ! qui dans mon cœur fus première et dernière,
Quand tu rêves le soir, auprès de la rivière,
Que la brise qui glisse au milieu des roseaux,
Que le doux bruissement qu'exhalent les ruisseaux,
Que la fleur qui, vers toi, fait pencher sa corolle,
Que le doux papillon qui la brise et te frôle,
Que les taillis en fleurs et les sombres buissons,
Que tout charme ton cœur, murmures ou chansons !
       Que l'onde et que la grève,
Que l'errante Stella, — Céleste diamant, —
Que la nuit qui se plaint, que le bleu firmament,
       Que tout charme ton rêve !

Que tout ce qui respire ici-bas, sous les cieux,
Que tout ce qui possède un chant harmonieux;
Que le brin de gazon que le jeune agneau broûte,
Tout ce qui sait aimer sous la céleste voûte;
Que l'heure qui commence et l'instant qui s'enfuit,
Phébus astre du jour, Phébé flambeau de nuit;
Que l'univers entier, le mont et la ravine,
Que tout ce qui nous prouve une force divine,
   Tout ce qui voit le jour,
Que l'astre et le ruisseau, l'aquilon et la rose :
Que toute la nature en ce beau jour éclose,
   Te dise mon amour !

Cronstadt, 2 octobre 1878.   P.-E. ERARD.

LA BRISE

Vole, vole, brise légère;
Du bois prochain, apporte-moi
Les doux soupirs de la bergère.
Oh ! raconte, quel est le roi,
Témoin invisible et fidèle,
Qui règne en maître sur son cœur ?...
Tout bas, dis-moi s'il est près d'elle,
Ou si, veuve de ce bonheur,
Non loin de là, sous la charmille,
Il lui cueille de doux présents,
Ou si, d'une tendre famille,
Il va lui porter les enfants ?...
Mais tu m'as dit ma bien-aimée :
« Celui que son Alzire attend
Déjà n'est plus sous la ramée;
Et les pas pressés de l'amant,
Sous le mystérieux ombrage,

Bientôt auront uni deux cœurs...
Voici que sous le frais bocage,
Germain, plein de douces ardeurs,
Sourit enfin à son Alzire :
Il était si jeune et si beau
Que son amante, en son délire
S'évanouit près de l'ormeau.
Hélas ! l'amant, à cette vue,
Jette un cri dont l'écho prochain,
En redisant la voix connue,
Réveille de l'heureux Germain,
Les amours, un instant ravies
Au feu brûlant qui l'animait.
Les doux regards de ces deux vies,
Eurent, à celle qui l'aimait,
Bientôt, avec la tendre joie,
Rendu les amoureux propos ;
Et lui, sur la mousse qui ploie,
Endormit elle au bord des eaux. »
Fais-moi sentir, brise fidèle
Quelques instants le doux parfum,
Qu'à la fleur, déroba ton aile,
Du sein qu'un regard importun,
Que la belle pourtant désire,
De lui, d'amour, fait palpiter.
Brise, raconte ce qu'Alzire
Dit à Germain, quand le baiser,
Venant fermer sa tendre bouche,
Rendit plus lents les doux propos :
Toi seule, vers la fraîche couche,
Dus en entendre les échos.

Canton Jules.

QU'ÊTES-VOUS DEVENUS ?

Qu'êtes-vous devenus, ô vous tous que j'aimais ?
Vous êtes disparus à jamais de la terre !
Je cherche en vain vos pas sur le gazon épais,
Rien plus ne vous rappelle, hors une froide pierre,
Et le vent, en passant, n'apporte plus vos voix !
Je gémis, l'écho seul fait retentir les bois,
Et j'écoute, attentif, au loin vers la colline,
L'âpre ouragan d'automne apportant ses senteurs !
Tout tremble à son approche ou s'envole ou s'incline !
Il brise, en rugissant, les plus petites fleurs
Et je me plais au bruit de cette voix sévère !
J'écoute et puis j'attends, oui, j'attends et j'espère
Et je livre mon front à toutes ses fureurs,
Espérant un baiser pour essuyer mes pleurs,
Espérant un soupir au soupir de ma bouche,
Un frôlement de main dans le vent qui me touche !
Ouragan, suis ton cours, redouble tes efforts,
Que j'aime ta tristesse au second jour des morts !

. . . .
. . . .

Un jour aussi viendra qu'immobile en ma bière,
N'ayant pour vêtement rien qu'une serpillière,
L'herbe seule ornera mon tertre au doux printemps !
Quelle sera la voix m'appelant vers ce temps ?

Sennecey, 2 novembre 1872.   A. BELLY.

LE CHANT DES OISEAUX.

QU'IL EST FAIT POUR L'HOMME.

Imitation du *génie du Christianisme*, DE CHATEAUBRIANT.

Quand l'hiver nous revient avec son noir cortège
De frimas et de vents qui nous glacent les os,
Que de nos champs couverts d'un lourd manteau de neige
Les sillons pleins de grains dorment d'un doux repos,
Alors tous les palais resplendissent de fêtes,
De concerts et de bals ; par ce temps de verglas,
On lutte de plaisirs au milieu des tempêtes ;
Le bruit de l'ouragan se mêle à nos hourras.
Mais plus tard la nature a ses jours d'allégresse,
Ses temps de Festivals et de solennités ;
De toutes parts du globe accourt avec ivresse
Un essaim de chanteurs et de célébrités,
Des ténors merveilleux entonnant leurs sonates,
Des troubadours errants avec leurs gais refrains
Qu'ils chansonnent joyeux dans toutes les pénates ;
Des couplets répétés par mille pélerins.
Tous ces chants à la fois font une symphonie
Dont les accords vibrants se perdent dans les airs
Et montent vers le Dieu de la pure harmonie
Qui créa les oiseaux pour charmer l'univers.
Le Loriot criant siffle d'une voix forte,
L'hirondelle, au printemps gazouille dans les cieux
Et le ramier gémit où son aile l'emporte,
Confondant ses soupirs à ce concert pieux.
Le premier flûte aigüe, à la plus haute branche
Caquette hardiment, au sommet de l'ormeau ;
La seconde plus tendre éperdùment épanche
Les trésors de sa voix auprès de son berceau ;
Puis alors le troisième à l'abri du feuillage

Du chêne des forêts prolonge ses soupirs,
Semblables à la note onduleuse et sauvage
Du cor que dans les bois dissipent les zéphirs ;
Enfin le rouge-gorge égrène sa romance
Sur la porte ou le seuil qui protège son nid ;
Mais seul le rossignol, ténor par excellence,
Maëstro puritain, hidalgo de Madrid,
Dédaigne de mêler sa voix à la tourmente,
Il attend que tout soit dans le recueillement,
Se charge de ravir, à cette heure enivrante,
Les échos d'alentour par son enchantement.
Quand la nuit vient couvrir de son premier silence
La dernière lueur de grand géant du jour,
Quand l'ombre et la clarté luttent avec outrance,
Combat entre la vie et la mort tour à tour,
Au bord des grands ruisseaux, dans les bois, les prairies ;
Quand toutes les forêts se taisent par degré,
Que la feuille et la fleur à leurs cajoleries
Interdisent, le soir, tout murmure sacré,
Que la lune répand sa timide lumière,
Que l'oreille de l'homme est attentive au bruit,
Alors l'oiseau bénit qui fut la voix première
A retentir dans l'air quand le néant s'enfuit
Chante à son Créateur son hymne de tendresse.
L'écho redit d'abord les éclats du plaisir :
Dans son chant le désordre affole son ivresse ;
Ses modulations stimulent son désir ;
Il s'arrête ; on dirait pour s'écouter lui-même ;
Il est lent, il est vif ; en un mot c'est un cœur
Que le bonheur énivre, un cœur fier à l'extrême,
Que le poids de l'amour ne rend que plus vainqueur.
Mais tout à coup sa voix se ralentit et tombe,
L'oiseau ne chante plus ; un léger frôlement,
Le battement d'une aile, un plaisir qui succombe,
Et puis plus rien encor que le recueillement.

Le chant réveille en lui la joie et la tristesse :
Qu'il perde ses petits, l'oiseau chante toujours ;
Et dans cet air plaintif, son souvenir caresse
Un bonheur qui revit dans ses chastes amours ;
Car cet air est le seul qui vibre en sa mémoire ;
Mais par un coup subtil que lui fournit son art,
L'artiste exécutant a, dans son répertoire,
Changé vite de clé, sans mettre du retard,
Et la cantate alors de ses jours d'allégresse,
Qu'il répétait joyeux pour marquer son bonheur,
S'est changée en soupirs de deuil et de tristesse
Pour être la complainte aussi de sa douleur.

Ceux qui cherchent, sans frein, à deshériter l'homme,
A lui ravir ses droits dans la création,
Voudraient ne voir en lui qu'une bête de somme,
Prouver que rien n'est fait à son intention ;
Or le chant des oiseaux, gracieuse merveille
Qui passe inaperçue à nos sens pervertis,
Est tellement créé pour plaire à notre oreille,
Qu'on imagine en vain mille engins travestis
Pour détruire, blesser, meurtrir sans répugnance
Ces hôtes de nos bois ; malgré toute douleur,
Ils chanteront encor ; les forcer au silence
Est au-dessus de vous et de votre valeur ;
En dépit de ces maux nés de votre science,
Ils charmeront toujours, car leur gazouillement
Est dans l'ordre prévu de cette Providence
Dont rien ne peut changer le divin règlement.
Esclaves de vos mains, prisonniers de vos cages,
Ils redoublent leurs chants, décuplent leurs accords ;
Dieu semble vous forcer d'écouter leurs ramages,
Plus vous leur ravissez la liberté du corps.
Crevez au rossignol ses deux fines prunelles,
Sa voix ne redira que des accords plus beaux,

Ses modulations ne seront que plus belles,
La nuit jetant sur lui constamment ses bandeaux.
Il gagnera sa vie à chanter comme Homère,
Et vous composera ses plus sublimes airs ;
Et partout et toujours tant qu'il vivra sur terre,
L'oiseau viendra bénir le Dieu de l'univers.

Le 19 septembre 1878. J. Dupuis.

LA MARGUERITE

A Mademoiselle Hortense H.

Charmante fleur, épanouie
Sous la chaude haleine de juin,
Et qu'un soir, au bord du chemin,
Une main aimée a cueillie ;
Emblème, en ta fraîche blancheur,
De la juvénile innocence,
Qui cherche en toi, de confiance,
A lire le secret du cœur ;

Irai-je, d'un doigt téméraire,
— En les jetant à tous les vents, —
De tes feuilles, avant le temps,
Détruire l'éclat éphémère,
Pour entendre pour mon amour
L'affligeante et triste parole,
Où l'arrêt flatteur qui console ;
Que tu prononces tour-à-tour ?

Des réponses que tu peux dire,
Pas du tout me ferait pleurer,
Beaucoup, — je n'ose l'espérer,
Un peu, — c'est ce que désire.

Je ne veux rien de plus avoir
Que cette illusion chérie ;
Ce qui fait le prix de la vie,
C'est moins le bonheur que l'espoir.

J'aime mieux te garder entière,
Fleur au symbôle gracieux ;
Ainsi, pour toujours sous mes yeux,
En ton image printanière,
Dans le plus lointain avenir,
Comme aux jours prochains de l'absence
Tu me rappelleras d'Hortense
L'inéffaçable souvenir.

29, 30 juin 1878. AUGUSTE REINHARD.

SCIENCE & POÉSIE

La science a pour sœur la douce Poésie ;
Le génie est toujours un poète fervent ;
L'esprit est studieux quand l'âme s'extasie,
Et cette extase enfante et produit le savant.

La sainte poésie est née avec le monde,
Sa lyre tout d'abord résonna pour les dieux ;
Apollon le premier, dans sa verve féconde,
Réunit en lui seul tous les trésors des cieux :
Arts, science, musique, éloquence et lumière,
Les vertus, en un mot, qui mènent au progrès
Ce torrent furieux qui n'a pas de barrière,
La foudre dont l'éclair dévoile ses secrets.

Tout a sa poésie, autant le paganisme
Que l'immortel progrès refoule chaque jour,
Que la religion du saint christianisme
De la base au sommet nous inspirant l'amour.

Celui qui ne voit pas partout la poésie,
Depuis l'herbe qui croît sur le bord du chemin
Jusqu'au cèdre géant dont notre âme est saisie,
Est aveugle, sinon un notable crétin.
Cet homme n'a pour lui que l'instinct de la brute :
Il boit, il mange, il dort et ne songe à plus rien ;
Son existence encor plus que sa mort rebute,
Et ce qu'il a de trop c'est son nom de chrétien.

La nature nous dit : « Admirez ma puissance,
» Recueillez devant moi vos soupirs indiscrets,
» Refoulez votre orgueil et ses tristes reflets
» Qui ne font que marquer toujours votre impuissance.
» Mais s'il arrive, un jour, que la fière science
» Brise un nœud gordien d'un seul de mes secrets,

» Inclinez votre front à ce jet de lumière
» D'où jaillit un éclair qui fend l'obscurité,
» Et qui lance rapide un trait de sa clarté
» Pour guider votre esprit au travers de l'ornière
» Où vos pas incertains perdus dans la tourbière
» Recherchent vainement un point de sûreté.

» Gloire alors au mortel de qui l'intelligence
» Me ravit comme à Dieu quelques rayons épars
» De cette vérité qui chasse les brouillards
» De l'inconnu navrant pour l'homme de science,
» Etoile de salut, phare de l'espérance
» Qui ramène vers Dieu votre âme et vos regards. »

La science surprend, étonne le vulgaire,
Elle frappe ses sens par sa fécondité ;
Ce qui la veille était impossibilité,
Ou ne semblait au plus que très imaginaire,
Devient le lendemain naturel, légendaire ;
L'histoire le transmet à la postérité.

Quand d'un fait ignoré la découverte est faite,
Le savant satisfait, ivre de son succès
Se recueille un instant, puis retravaille après ;
Et le poète alors du fond de sa retraite,
L'âme ardente, fiévreuse et la verve coquette
Nous chante triomphant les bienfaits du progrès.

Et s'inspirant aux feux de toutes les merveilles,
Sa lyre fait vibrer ses plus nobles accents ;
Les échos étonnés, répètent bondissants,
Ses inspirations sublimes et vermeilles
Qui nous vont droit au cœur et charment nos oreilles
Par les chastes ébats de leurs traits ravissants.

Vous fait-il, par hasard, la superbe odyssée
Du jet étincelant de l'électricité
Qui n'a pas de rival dans sa rapidité
Il vous en dépeindra la fureur courroucée
Suivant sans hésiter le vol de la pensée
Arrivant avec elle à son but convoité ;

Pour le chemin de fer, son âme autant avide,
S'inspire au souffle ailé de ses poumons en jeu,
Elle suit ses détours, les observe en tout lieu,
Le surnomme serpent se déroulant rapide
Sur le rail laminé qui dans l'espace vide
Rit des efforts du monstre aux yeux remplis de feu ;

Ou bien elle le fait hennir ; coursier sans bride,
A travers les vallons, écumant de sueur,
Gravissant au galop les monts qui, de stupeur,
Tremblent épouvantés sur leur base solide,
En se sentant frappés sur leur granit aride
Par ce destrier fougueux qu'on nomme : la vapeur.

La science ennoblit, élève et désaltère
Tout mortel soucieux, fier de la vérité ;

Où jadis son esprit vivait d'une chimère,
Au hasard du destin guidant l'humanité,
Elle verse à pleins bords les flots de sa lumière,
Dissipe le mensonge ou la crédulité,
Trace son vrai chemin à la raison entière,
Déchire le bandeau de toute absurdité.

La poésie intime est le bien qu'en ce monde
Elle cherche à répandre et rêve avec amour,
Elle suit du soleil la course furibonde
Et porte comme lui la semence féconde
Que respecte le Temps, cet éternel vautour.

Sans cesse elle poursuit sa marche infatigable ;
Elle résiste aux flots qui voudraient l'inonder ;
L'humanité souffrante est rivée à son câble,
Rien ne peut l'en bannir et moins l'en dessouder.

Un jour, lasse de voir notre France accroupie,
Elle prit un clairon pour narguer son sommeil ;
Et la France bondit à cette voix impie,
Confiante, chantant, mais encore assoupie !
Prompte fut son ardeur et triste son réveil !
Elle rouvrit les yeux, terrassée et meurtrie,
Pour suivre dans l'exil ses valeureux enfants,
Et voir les saints lambeaux de la Mère-Patrie
Arrachés de ses mains par sa seule incurie
Et non par la valeur des uhlans triomphants !

La science dormait à cette époque en France !
Elle veillait en Prusse et travaillait toujours.
Paris avait bien ri de ce canon immense
Dont Krupp promenait fier la future éloquence !
Malheur quand l'agneau rit des serres du vautour !

La Prusse, dans ce bloc, rêvait sa poésie,
Tel que rêve un lion dans son antre hideux

Quand sa proie est déjà par ses griffes saisie ;
Et là, jusqu'à la gueule, avec hypocrisie,
Sa haine s'y logeait comme sa jalousie,
Ainsi qu'une vipère au fond d'un arbre creux.

O science, malgré ton essence sublime,
Malgré tous les trésors dont tu dis les secrets,
Malgré la profondeur dont tu sondes l'abîme,
De quels maux n'es-tu pas l'amante ou la victime,
Selon que les mortels brocantent tes brevets ?

Oh ! non, puisse toujours s'agrandir ta fringale,
Jette dans tes creusets ou le bronze où le fer ;
Enfante des canons d'une force idéale,
Donne-leur ta démence auguste et magistrale ;
Fais un pacte immortel avec le sombre enfer ;

Plus tu rendras la mort facile et meurtrière,
Plus tes engins fameux se dresseront épais,
Plutôt leur voix tonnante ébranlant la frontière
Entonnera le chant d'amour et de prière
Que les peuples jaloux adressent à la paix.

Alors plus que jamais, science puritaine,
Mettant tout l'univers sous ton royal manteau,
Nous te proclamerons notre immortelle Reine,
Et la terre, à ta voix, étant républicaine
Inscrira pour devise : Amour ! sur son drapeau.

Vienne bientôt ce jour d'éternelle alliance
Qui fera citoyens les princes et les rois.
La sagesse le dit : courage et confiance,
Les peuples deviendront amis par la science.
Ce jour-là, Poésie, on entendra ta voix.

La science est ce flot qui grandit et déborde ;
En quelque endroit désert que ses fiers tourbillons
Transportent sa fureur, que son onde se torde,

Ce flot creuse en chemin de très profonds sillons
Et change le désert en grenier d'abondance,
Tout comme pour l'oiseau qui chante l'éternel,
Le millet ou le blé devient son existence,
Lorsque le laboureur qui regarde le ciel
Palpitant du bonheur que donne l'espérance,
Dans son champ bien-aimé le sème à pleines mains.
Mais ici, c'est à Dieu qu'appartient la science,
Tout son secret échappe à l'orgueil des humains.

L'abeille aux ailes d'or vivante poésie,
Avant de nous offrir le trésor de son miel,
Bourdonne son amour ou bien sa jalousie
A chacune des fleurs que lui donne le ciel.

Avez-vous soupçonné le rêve qui s'opère
Dans l'esprit du savant qui fouille l'inconnu,
Pour lui ravir, s'il peut, son secret, son mystère
Et s'immortaliser en le livrant à nu !

Que de nuits sans sommeil pour l'homme de science !
C'est qu'il faut travailler pour cueillir la moisson,
Crainte de ne point voir se lever la semence
Sur le sol rocailleux où grandit le buisson.

Les savants sont pour nous ces fières sentinelles
Qui se placent toujours aux postes avancés,
Quand le gros de l'armée autour des citadelles
Se repose tranquille et dort les yeux lassés.

Et vous ne voudriez pas que dans leur frénésie
A sonder le néant, sans trêve ni repos,
Leur âme ne sentit aucune poésie,
Quand ils nous font jaillir les secrets du cahos ?

Ordonnez bien plutôt à l'aimante rosée
De ne plus rafraîchir le calice des fleurs,

De lui voir sa corolle et sa tête épuisée
Gémir, lui réclamer les bienfaits de ses pleurs.

Il n'est qu'un point d'appui pour soulever le monde,
Et la science seule est là pour le donner ;
Ne cherchez pas ailleurs de base plus profonde
Où le puissant levier ose se harponner.

Oui, laissez à celui que la science obsède,
Le droit de tressaillir, ou bien dites : *racca !*
A l'illustre savant, l'immortel Archimède
Quand fou, dans Syracuse, il criait : *Eureka !*

Cri d'orgueil cependant de la faiblesse humaine,
Baleine qui prétend avoir produit Jonas !
Lierre grimpant, dis-moi, si la force du chêne
Ne te venait en aide, où grimperaient tes bras ?

Le savant, en effet, que le succès fascine
Oublie, en un seul jour, chétif innovateur,
D'où lui vient son génie ardent, observateur ;
Il ne se souvient plus d'où part son origine !

Il perd le souvenir du seul vrai créateur !
Orgueilleux de lui-même et superbe machine,
Il dispute au soleil sa majesté divine,
Sans penser à celui qui fut son promoteur !

Cette rage d'orgueil est stupide, insensée,
Elle mène tout droit à la libre-pensée
Qui ne sera toujours qu'un dégoûtant caïeu.

Fruit bâtard de l'ognon de qui la fleur éclose
N'exhalera jamais le parfum de la rose.
Science et poésie ont une source : Dieu.

Octobre 1878.   J. Dupuis, père.

A MONSIEUR JULES SIMON
Membre de l'Académie Française

SOUVENIR

Partout sur votre route ont surgi les honneurs.
Le sévère laurier emblème de la gloire
Entoure votre front, au temple de mémoire
L'immortelle ce jour vous prodigue ses fleurs.

A côté de beaux noms et de grands orateurs
Le sort vous a placé ; ceux qui liront l'histoire
Diront : A son talent il a dû la victoire,
Et ses nobles écrits ont gagné tous les cœurs.

Vous devez être heureux, car je vois en votre âme
Toujours ouverte au bien, comme une sainte flamme
Qui fait briller en vous celle de vos bienfaits.

Ardent républicain, plein de foi, d'espérance,
Vous tenez dignement le drapeau de la France
Et sa belle devise: *Honneur, Paix et Progrès.*

(Jura)   H. Curie

PRIÈRE ET AMOUR

> *Ave Maria :* c'est l'heure de la prière.
> *Ave Maria :* c'est l'heure de l'amour.
>   LORD BYRON

C'était cette heure sainte où la cloche ébranlée
Dans la flèche gothique, à joyeuse volée,
De l'aube à la nuée annonce le retour.
Les autres envoyaient leur salut à l'aurore ;
Et de la terre au ciel, comme à la tour sonore,
Ce n'était qu'un concert de prière et d'amour.

Priez ! disait la voix du temple à la nature,
Voici l'instant sublime où toute créature
Doit incliner son front devant le Créateur.
Priez ! ce beau soleil qui brille à vos paupières,
Vient avec ses rayons recueillir vos prières :
La première pensée appartient au Seigneur.

Aimez ! lui répondait la nature infinie,
Chantant l'hymne sans fin sur sa lyre bénie.
Aimez ! c'est un baiser qui nous descend du jour,
C'est pour aimer que l'aube aux cieux reluit si belle,
A la brise d'Eden qui tout bas nous appelle,
La première pensée appartient à l'amour.

Heureux qui sait prier la prière éternelle
Que la création, à qui Dieu se révèle,
Répète aux saints échos du temple universel,
La prière des fleurs, des astres et des anges,
Et qui, du Créateur célèbrent les louanges,
Commence sur la terre et finit dans le ciel.

Heureux qui sait aimer de cet amour suprême,
Qui grandit et révère et bénit ce qu'on aime !
L'amour est la vertu qui nous mène au bonheur,
C'est le rayonnement de l'immortelle flamme,
Le sourire qu'envoie l'espérance à notre âme,
La goutte de rosée emplissant notre cœur.

Victor Didier.

L'AMOUR ET L'AMITIÉ

Dieu surpris tout à coup dans l'éternel séjour,
De l'écrasant oubli des mortels sur la terre,
Fit entendre sa voix au milieu du tonnerre,
Tel qu'au mont Sinaï, terrible, il fit un jour :

« Pourquoi pareil dédain et ces cœurs tout de pierre ?
» Je ne vois plus fumer l'encens de leur amour !
» N'ai-je donc plus le droit de prétendre à leur cour ?
» Ne suis-je plus leur Dieu, que rien ne les atterre ? »

Il dit : et secouant l'immortel firmament,
Le paradis trembla de cet ébranlement.
« Il le faut, je le veux, qu'on m'explique la chose ;

« Qui peut d'un tel oubli me dire ici la cause ! »
Soudain il s'arrêta, souriant de pitié :
Deux anges lui manquaient, l'Amour et l'Amitié.

J. Dupuis

VÉRITÉS

> La Vérité toute nue
> Sortit un jour de son puits.
> (Florian, fable 1.)

Vous entendrez parfois des gens irréprochables,
Grands redresseurs d'abus, pourfendeurs de coupables,
Tacticiens fameux forts pour exterminer
Le Russe ou l'Allemand après un bon dîner,
Proférer ces grands mots en parlant de l'armée :
..*Le Jeu !.. L'Oisiveté !.. L'Absinthe !.. La Fumée !..*
Celà dit, étalant leur bedaine au foyer,
Leur crâne étroit posé sur un double oreiller,
Satisfaits, vous verrez ces héros de boutique
Diriger les combats, régler la politique
Et fiers de leurs écus placés à cent pour cent
Baver sur le mérite, insulter le talent.
D'autres, vrais champions de la philanthropie,
Excellent à pleurer *les morts... la guerre impie...*
Et font, de lieux communs couvrant leur lâcheté,

Tomber en pamoison la sotte humanité.
Variant à l'envi l'inépuisable thême
A tous les cœurs vaillants ils jettent l'anathême
Et tel dont les propos insidieux poison,
Poussent le peuple bête à l'insurrection..
N'a point assez d'horreur pour *les luttes sanglantes*,
Condamne à tout jamais *tes troupes permanentes*,
Ne voit sous le harnais que *vils prétoriens*
Et veut qu'on en revienne aux *soldats-citoyens*.

Ah ! qu'il serait plaisant, engeance détestable,
Voir au soleil des camps, sous un ciel implacable
Ton visage fleuri fondre et couler en eau ;
La bise apre et mordante égratigner ta peau,
Dans la neige tes pieds tomber en pourriture,
Tes muscles avachis s'affaisser sur la dure ;
Qu'on aimerait vous voir, ô gourmets délicats,
En guerre partager le *rata* des soldats,
Remplacer les festins par la maigre pitance,
Mâcher avec effort le biscuit d'intendance,
Boire au lieu de cliquot l'eau du fossé prochain,
Souffrir du froid, du chaud, de la soif, de la faim ;
Et puis, quand des clairons l'appel remplit l'espace,
Alors... qu'il ferait beau vous voir marcher en masse
A l'ennemi, soufflant, hurlant de désespoir
Comme un troupeau de veaux qu'on mène à l'abattoir !

Et cependant qu'en paix vous gonflez votre caisse,
Ceux que votre impudence a taxés de paresse,
Souriant de pitié, méprisant vos mépris,
Consacrent à fonder la grandeur du pays
Le temps que vous donnez à votre aimable panse :
Le devoir accompli leur sert de récompense,
Et quand vous triomphez en de pompeux discours
Ils meurent ignorés souvent, pauvres toujours.

Leur richesse est l'honneur : leur foyer la patrie :
Pour eux point de repos quand sa gloire est flétrie,
Gardiens du sol natal, esclaves du devoir,
Ils tombent simplement, sans phrases, sans déchoir.

Assez de lâchetés, de vertus hypocrites !
Qu'on sache désormais qui l'emporte en mérites
Ou du soldat qui meurt ou du poltron qui ment !
Il faut que la justice éclate largement :
Il est temps qu'à la fin sous nos cieux revenue
La vérité se montre à tous et toute nue,
Que le nom d'homme oblige à faire acte viril,
Que l'abject intrigant ne soit qu'un être vil.
Assez d'ambitions, de calculs égoïstes !
Assez de beaux parleurs, de cafards, de banquistes !
Bas le masque, imposteurs !.. arrière les pieds plats !..
Pour venger la Patrie il nous faut des soldats.

Ed. Thomas-Marancourt.

SONNET.

A mon ami Henri R....., Vicaire.

De la mort, prétend-on, la cause naturelle,
C'est que le premier homme est devenu pêcheur,
Que Dieu voulut laver la tache originelle,
Et qu'un baiser d'amour engendra le malheur !

C'est la commune loi... toute chose est mortelle,
Et le temps qui s'enfuit, — implacable faucheur, —
N'arrête pas sa course et glace l'hirondelle,
N'abaisse pas sa faux et frappe aussi la fleur.

Jésus a succombé pour le salut du monde !
Pourquoi donc l'Eternel, dont la voix tonne et gronde,
Veut-il que les humains gisent dans les tombeaux ?

Soit !... c'est le châtiment de la première faute,
Mais alors je demande à l'Église très-Haute :
Pourquoi le Tout-Puissant fait mourir les oiseaux ?

3 Novembre 1878, (Cronstadt)   P.-E. ERARD.
(4e Zouaves Alger,)

LES INONDATIONS

A nos frères inondés, du Midi.

C'étaient dans les beaux jours de la saison d'été :
Nos frères se sentaient le cœur plein de fierté,
Les oiseaux gazouillaient cachés sous le feuillage
On entendait au loin les cloches du village ;
Partout grâce naïve et vivante beauté,
Les côteaux, les vallons, le spectacle enchanté
Des champs, des bois, dans leur simplicité charmante,
Quels riants tableaux la nature présente !
Une brise odorante avait pris son essor
Couchant légèrement tous les beaux épis d'or.
La moisson promettait sa blonde récompense.
Tenez ! c'est un réveil affreux quand on y pense,
Tout-à-coup un bruit sourd à l'horizon joyeux,
Un nuage effrayant s'avance sous leurs yeux ;
Le fleuve monte alors, monte, monte...
                                    La plaine
Est dévastée... hélas ! il reste un coin à peine
Où l'on puisse poser les deux pieds sans danger !
Ils disent : — Nous avons encore le verger :
« Le blé mort, nous avons tous les fruits de l'automne.
Le fleuve monte encor ! « Tous ces biens que Dieu donne

« Ne sont point, pensent-ils à jamais disparus... »
Oubliant les trésors qu'ils ont déjà perdus,
Ils courent aux maisons... C'est tout ce qui leur reste
Croyant que leur fléau leur sera moins funeste,
Que tout ne sera pas détruit en quelques jours.
Mais encor vain espoir... car l'eau monte toujours !
Tout est miné par l'eau le pan de mur s'écroule :
Au loin les malheureux se dispersent en foule ;
Plus rien. Le ciel est noir et le fleuve géant
Roule ses flots cruels comme un autre océan :

On entend éclater les grondements funèbres...
Et tout cela, la nuit, au milieu des ténèbres !
Et le mugisssement devient toujours plus fort.
Hélas ! Tout est perdu puis bientôt c'est la mort.
Mais au milieu des cris, des pleurs et des abîmes,
Partout éclateront des dévouements sublimes,
Hommes, femmes, soldats, tous ceux qui furent là
Devinrent des héros ; pas un ne recula ;
Grâce à tous la patrie est encor la patrie,
Et fut-elle encor plus malheureuse et meurtrie,
Elle a gardé son cœur de ses antiques jours
Qu'aux heures de péril on retrouve toujours.
Les cœurs se sont émus devant telle souffrance ;
Tous sont venus : enfants, ouvrier, riche ou non,
Ceux qui sont inconnus, ceux qui portent un nom,
Donnent tout leur courage et leur or à la France.

Orléans — 1878.   E. Grandhautz-Loiseau.

FAUX SERMENT

Forme aux doux attraits, beauté féminine,
Contours gracieux, profil séducteur,

Taille souple et droite, œil provocateur,
Nuque blonde ou brune, oreille divine,

Seins remplis d'émoi qu'à peine on devine
Au léger tic-tac d'un trop tendre cœur,
Mollets, blancs et ronds, long regard vainqueur,
Irrésistible *oui*, refus qui chagrine,

Protestations qu'emporte le vent
Je vous ai maudits, hélas! bien souvent,
Bien souvent j'ai dit : au diable vous donne!

La femme est trompeuse et je ne veux qu'or!
Fi, de votre amour! je vous abandonne!
Eh bien! malgré moi, je vous aime... encor!

Paris, 1878. Paul Vibert.

A M. F. LACAPÈRE

AVENIR !

Je ne me sens pas l'âme encore assez flétrie
Pour blâmer le présent, douter de l'avenir
Et crier aux badauds que les arts vont mourir
Comme un chêne des bois dont la sève est tarie.

J'ai foi dans les trésors de la Mère-Patrie,
Qui nous donna Jasmin, Lamartine à chérir,
Musset aux accents doux comme un front de martyr,
Hugo, le grand trouvère à la lyre fleurie !

Mais dans la route aride où marchaient ces géants,
Entre les noirs rochers et les gouffres béants,
L'effroi fait reculer les cœurs les moins timides.

Les princes de la Muse au ciel ont pris leur vol;
Et dans leur jeune essaim des chanteurs intrépides,
Je vois bien des pinsons, mais pas un rossignol.

Albert Tinchant.

ÉPITRE A SA MAJESTÉ GUILLAUME

ROI DE PRUSSE,

En faveur de la Paix.

Illustre rejeton de Frédéric le Grand,
Un insulaire Corse, usurpateur d'un trône,
Comptait parmi les rois monter au plus haut rang,
Si la sienne éclipsait l'éclat de ta couronne.
Pour atteindre ce but, il envoie un héraut
Te porter sans motif un message de guerre.
Confiant en lui seul, et toi dans le Très-Haut,
Vous marchez au combat, la main au cimeterre,
Par ta troupe cerné dans les murs de Sédan,
A la tête des siens au nombre de cent mille,
Il eut pu se frayer, d'un vigoureux élan,
Un passage au travers de ce cercle virile.
De peur d'une blessure ou crainte de la mort,
Il ne l'osa tenter, préférant l'infamie
De te livrer drapeaux, engins de guerre, fort,
Armée, au grand mépris de la tienne ennemie.
Pour lui-même à ton glaive il demande merci.
On le surnommera l'OPPROBRE DE LA FRANCE,
Ta Majesté doit être assez vengée ainsi
D'un faquin qui voulait abaisser ta puissance.
Tu.le tiens à tes pieds, captif, humilié,
Honteux comme un chat-huant qu'aurait pris une poule,
Le peuple contre toi n'est point son allié.
Si tu ne m'en crois pas, interroge la foule.
Le châtiment reçu, finit ta mission.
A vouloir nonobstant, continuer la guerre,
Ce n'est plus le bon droit, mais pure ambition,
Au risque d'affamer, de dépeupler la terre.
Le Souverain des rois te convie à la paix.

Tu conviens lui devoir le don de ta victoire ;
De conquête, en esprit, pourtant tu te repais ;
Eh bien ! il te prépare un âcre et long déboire.

(Haute-Savoie)   Docteur Andrevetan.

RAYON DE JEUNESSE

A Ninon

Oh ! ces adieux dans l'étroite mansarde,
Et ces baisers mêlés de pleurs si doux,
Sous la clarté de la lune blafarde
Ninon ! Ninon ! vous les rappelez-vous !

Vingt ans ont fui comme l'onde rapide
Vos cheveux d'or ont des filets d'argent,
Mon front rêveur porte une grosse ride
Comme un sillon tracé par un torrent.

Chère Ninon, j'ai revu la chambrette
Où le jeune homme avait donné son cœur.
Oh ! du passé l'idylle était complète,
Les murs semblaient partager mon bonheur.

Rien n'est changé : l'escalier toujours sombre
Je l'ai franchi, me rappelant ta voix,
Et croyant presque apercevoir dans l'ombre
La douce enfant qui m'aimait autrefois.

Rien n'est changé. C'est une étrange chose
De se sentir plus jeune de vingt ans,
Et de trouver en un logis morose
Les souvenirs radieux du printemps.

Sur la fenêtre où tu venais rêveuse,
Comme autrefois je me suis appuyé.

La nuit tombait, une nuit amoureuse !
Dans son azur mon regard s'est noyé !

J'ai vu la place où riait ton image,
Et près du mur où j'étais tout tremblant
J'ai cru revoir — le singulier mirage ! —
Le cher portrait au profil caressant.

Je suis sorti de la vieille demeure
Le cœur ému d'un bonheur retrouvé ;
Mais ce passé revenu dans une heure,
Ninon ! Ninon ! je crois l'avoir rêvé !

23 avril 1877. ÉVARISTE CARRANCE

AUX ARTS

Paris s'est embelli d'un palais magnifique
Pour l'exposition des chef-d'œuvres divers
Que l'esprit de progrès fit naître en Amérique,
En Europe, en Asie et dans tout l'univers.
De l'Orégon au Nil, du Gange jusqu'à l'Ebre
Tous ces objets, hier, dans les cités épars
se trouvent réunis pour le concours célèbre
Qui se tient au palais élevé pour les arts.

Ils sont là rassemblés, ces chef-d'œuvres d'élite
Et chacun d'eux alors, au nom de son auteur,
Sous les regards du juge expose son mérite :
Ainsi tous ces sujets sont sur un champ d'honneur,
Semblables au soldat qui, d'un élan sublime,
Vont cueillir des lauriers dans les plaines de Mars,
Les maîtres du pinceau, du burin, de la lime,
Eux, luttent pour gagner la couronne des Arts.

Pendant que le produit de l'industrie étale

Au sein du monument son luxe solennel,
La France, avec orgueil, offre en sa capitale
Un éclat que jamais n'y vit aucun mortel.
Cette immense cité rayonne d'allégresse,
Les barques sur son fleuve, et sur son sol les chars,
Sont pleins de visiteurs dont la foule s'empresse
D'accourir vers le centre où brillent tous les arts.

Et l'on va contempler les groupes artistiques
Formés par le génie et la dextérité,
Qui savent sous les traits de leurs dessins magiques,
Marier l'agrément avec l'utilité.
Pour nous plaire, là-bas, l'acier se damasquine
Où l'or brut en joyaux se change, et, d'autres parts,
Le fer, pour nous servir, se transforme en machine
Qui vient remplir son rôle à côté des beaux arts.

On constate au palais où le plaisir nous mène,
Que l'artiste toujours habile, ingénieux,
Donne presque au métal l'intelligence humaine,
Par une voix, chantant des airs mélodieux ;
On voit qu'il orne encor la pierre de l'acanthe,
La toile, de portraits qui charment les regards ;
Qu'il taille aussi le marbre en statue élégante
Que dans tout, sous sa main, refleurissent les arts.

Parcourant ce séjour peuplé de purs modèles,
L'observateur se dit plein d'admiration :
« Oui, l'homme en cultivant des sciences nouvelles
» Atteint tous les degrés de la perfection.
» Tant de nobles efforts illustrent sa carrière,
» Sachons donc témoigner nos plus dignes égards
» Au nouveau Prométhée animant la matière
» Avec ce feu puissant qui règne dans les arts. »

Là, le bois, qui du tour a subi les caprices,
S'ajuste dans ce meuble aux contours gracieux,

L'argile qui passa dans des mains créatrices,
Ici, se multiplie en vases précieux.
De toutes ces splendeurs, laissons la céramique
Pour aller visiter nos modernes Jacquarts.
Là, nous voyons sortir du métier mécanique,
Un superbe tissu qui fait honneur aux arts.

Ce tournoi du travail d'une vaste étendue
Forme dans son ensemble un tableau merveilleux
Sa pompe universelle éblouit notre vue.
Qu'il est beau ce tournoi du monde industrieux !
Ainsi tous les Etats ornant avec la France
Ce palais que Paris renferme en ses remparts,
Rivalisent de luxe ou de magnificence
Aux yeux du spectateur qui rend hommage aux arts.

Mais l'exposition arrive à sa limite,
L'examen se termine, enfin, pour ces rivaux,
Paumi ces combattants d'aspect cosmopolite,
Ayant tous su créer des chefs-d'œuvres si beaux ;
Voilà qu'on nomme, ainsi que l'équité l'ordonne,
Dans un lieu décoré de brillants étendards,
Les vainqueurs qui, bientôt, reçoivent la couronne
Que la patrie accorde en mémoire des arts.

Et l'Industrie alors nous montre une phalange
D'hommes marqués du sceau de l'immortalité :
Tels que Fulton, Mansard, Rubens et Michel-Ange
Dont le talent revît dans la postérité.
Par leurs progrès nouveaux la France est rajeunie,
Sous l'éclat que n'eut pas l'empire des Césars,
Elle triomphe en paix par son noble génie
En remportant la palme au grand concours des arts.

1878.   Jean-Baptiste Turpin, sabotier.

PAGE D'AMOUR.

UNE SOIRÉE

I

Je me rappellerai toujours cette soirée
Où nous nous promenions sur le bord d'un grand bois.
Elle avait pris mon bras, et contre moi serrée,
Penchait, comme un épi mûr, sa tête adorée
Sur mon épaule, à qui plaisait un si doux poids.

Moi je la regardais tendrement en silence,
Ou je lui chuchotais quelques nouveaux serments.
Son bras se contractait; saisi de défaillance,
Son beau corps redoublait d'exquise nonchalance;
Ses lèvres murmuraient tout bas des mots charmants.

Mon cœur dans sa prison palpitait d'allégresse,
Mille effluves montaient à mon cerveau troublé,
Elle, par un sourire, augmentait mon ivresse,
Et levant sur mes yeux ses yeux pleins de tendresse,
Semblait dire : En ce jour, mon espoir est comblé.

Moi, fou, j'arrondissais sur sa taille divine
Mes deux bras en cerceau pour la mieux enlacer;
Elle, sans résistance alors, sur ma poitrine
S'appuyait, tandis que sa bouche purpurine
Laissait ma bouche en feu longuement l'embrasser.

O le moment d'extase ! et quel fut mon délire
Quand, l'ayant entraînée à l'ombre des sapins,
Je m'assis auprès d'elle, et soudain, sans rien dire,
Dégrafai brusquement, — audacieux satyre, —
Son corsage où dormaient dans leur neige deux seins !

Elle se récria, mais déjà, frémissantes,
Mes lèvres butinaient les trésors de l'enfant...
Prières et baisers, larmes attendrissantes,

Je mettais tout en œuvre, et mes ardeurs pressantes
Surent de sa vertu me rendre triomphant !...

Je me rappellerai toujours cette soirée
Où, tombant dans mes bras avec un long sanglot,
Elle me dit : « Je t'aime ! » et contre moi serrée,
Pencha comme un épi mûr, sa tête adorée
Sur mon épaule, à qui plaisait ce doux fardeau.

II
UN LENDEMAIN

Depuis cette soirée, en délices féconde,
Sur mon cœur j'ai senti battre cent fois son cœur ;
J'ai cent fois caressé sa chevelure blonde ;
Baisé son sein d'albâtre et son épaule ronde,
Cent fois de sa beauté je fus l'heureux vainqueur.

Nous avons échangé tous les serments de flamme
Que nous dictait l'amour dont nous étions remplis.
Peut-on livrer le corps sans livrer aussi l'âme,
— Rivée à son fourreau comme une vieille lame,
Mais mobile, avec ses mystérieux replis ?

Après avoir vu fuir tant de douces soirées
Où tous nos entretiens finissaient par ces mots,
— Plus frais que l'ambroisie aux lèvres altérées
Des dieux, — plus rayonnants que les mers azurées
Où mille astres d'argent agitent leurs flambeaux :

« Je t'aime ! » Après avoir baigné de pleurs sincères
Nos visages pâlis par tant de voluptés ;
Après avoir juré — promesses téméraires —
De vivre unis ainsi que les flexibles lierres
Et les chênes touffus, par les ans respectés ;

Un jour est arrivé, jour de deuil et de fange,
Où mon amour si vrai, pris d'un fatal ennui,
Se souvint qu'il avait encor des ailes d'ange

Et s'envola, plongeant dans un désordre étrange
Mon cœur, dont il était la lumière et l'appui.

Comme un fantôme alors, visions enivrantes,
Projets, désirs ardents, tout fut anéanti...
Où je sentais jadis des flammes dévorantes
Est un amas glacé : cendres désespérantes
De sentiments éteints — triste amour englouti !

Adieu, belle soirée, en délices féconde !
Mon cœur ne battra plus contre son jeûne cœur.
Je ne dois plus chanter sa chevelure blonde,
Sa bouche de corail et son épaule ronde !
Ce serait insulter à ma propre douleur !

Novembre 1878.   Hippolyte Daguet.

RÊVERIE D'UNE MÈRE

> L'horizon de ma vie est autour d'un berceau.
> A. Soumet.

Combien j'aime le soir, ma chère et blonde Yvonne,
Près du petit lit blanc où tu vas reposer,
Seule, venir m'asseoir, car près de toi mignonne,
    Il m'est doux de rêver !

Alors bien tendrement ma voix à ton oreille,
Entre mille baisers te murmure tout bas,
Ce que dit toute mère à l'enfant qui sommeille :
    « Enfant, ne grandis pas ! »

Jouis de l'âge heureux où la vie est si belle,
Jouis, ma blonde enfant, ne cueille que les fleurs :
Souvent dans l'avenir le bonheur est rebelle
    Et les plaisirs trompeurs.

Seulement au matin, sous le riant feuillage

Chante l'oiseau : le soir il est silencieux,
Il est triste, craintif, abattu par l'orage
   Qui gronde dans les cieux.

L'aurore seulement voit briller l'espérance
Au sourire charmant, aux rêves enchanteurs ;
L'illusion s'envole et puis vient la souffrance,
   Et puis viennent les pleurs.

Au matin de la vie, ô toi ma fleur charmante,
Tu viens t'épanouir et briller à nos yeux,
Et ton cœur confiant ne craint ni la tourmente
   Ni l'aquilon fougueux.

Mais un dernier baiser a fermé ta paupière,
Je ne puis te quitter, car près de ce berceau,
Pour toi mon ange aimé, pour le cœur de ta mère,
   Que l'avenir est beau !!!

Dors en paix maintenant avec ton joyeux frère
Tu reprendras demain tes rires et tes jeux,
Tes chants et ta poupée, et puis à votre père
   Vous sourirez tous deux.

AUX BORDS DU BLAVET

Dans la saison du cœur la vie est toujours belle.
     L. BELMONTET.

  Ah ! que la vie est belle
  Pour un cœur de vingt ans,
  Quand l'agile hirondelle
  Ramène le printemps.

  Quand tout dans la nature
  Charme et ravit les yeux,
  Quand toute voix murmure
  Mille refrains joyeux.

Quand l'humble violette
Embaume le buisson,
Et que la pâquerette
Emaille le gazon.

Quand un riant feuillage
Reverdit les coteaux,
Quand cachés sous l'ombrage
Gazouillent les oiseaux.

Quand l'onde transparente
Réfléchit un ciel pur,
Quand la brise odorante
Berce les flots d'azur.

Quand l'agile hirondelle
Ramène le printemps,
Que la vie est donc belle
Mais surtout à vingt ans !

Car c'est l'âge où l'on aime
D'un pur et tendre amour,
Et de cet amour même
S'embellit chaque jour.

Ah ! qu'elle douce ivresse
Remplit un jeune cœur.
Il n'est point de tristesse
Quand on croit au bonheur !...

Quand la nature enchante
Par un jour de printemps,
Que la vie est charmante
Mais surtout à vingt ans !!!

Mai 1878.　　Eléonore Belzinger Desgrandchamps.

A PROPOS DE PRUNEAUX

Impromptu à Mademoiselle Virginie C.

Si vous mangez des pruneaux,
N'avalez pas les noyaux.
Ainsi parlait la cousine
Qu'hier j'avais pour voisine.
Interdit sur le moment
J'observais fort prudemment
Ce conseil plein de sagesse ;
Mais je me dis plein d'ivresse !
Las ! que n'est-elle pruneau,
Car même avec le noyau,
Sans qu'à deux fois l'on m'invite,
Je la mangerais bien vite.

Paris, 1878. RI-LOG.

SONNET

A Evariste Carrance.

(Après avoir lu ses vers : *A ma lampe*).

Les accents enchanteurs feront place à l'airain,
Ce qu'il faut aujourd'hui c'est la voix du tonnerre :
Oui, l'art existe encor*, mais cet art serait vain,
S'il n'avait pas ces cris qu'exhale la colère !

Non ! nos vers amoureux ne sont plus de cette ère :
Qu'importe les chansons à qui n'a pas de pain ?

---

* Arthur Dabadie-Sellier.

Bardes ! changeons de corde et réveillons la terre,
Chantons à pleins poumons le grand réveil humain !

Cherchons à relever l'édifice qui tombe ;
O penseurs, flagellons les faiseurs d'hécatombe !
Et ramenons au vrai les esprits égarés.

Et si nous accordons la frémissante lyre,
Oh ! que ce ne soit plus pour pleurer, mais maudire ;
C'est là votre devoir, poètes inspirés !

 4ᵉ *Zouaves (Alger)*.   P.-E. ERARD.

AUTOMNE BRUMEUX

L'été plein de chaleur disparaît lentement,
Et l'hiver pâle sort de sa triste demeure ;
Déjà le vent du nord au souffle froid effleure
L'arbre découronné, la fleur au front charmant.

Déjà le brouillard monte au matin tristement,
Gris spectre de l'hiver, et souvent le ciel pleure ;
La fleur pensant qu'il faut que bientôt elle meure,
Exhale son parfum bien plus suavement.

Cependant quelquefois le ciel noir se déchire,
Et le soleil en bas déverse, tout joyeux,
Ses rayons éclatants, qui dorent les cieux bleus.

On bénit le soleil, alors ; il vous inspire,
L'oiseau prend son essor, le poète, sa lyre :
Mais l'un reste sur terre et l'autre monte aux cieux.

          ROBERT SCHAEFFER.

TRISTESSE

Oh ! ne demandez pas pourquoi
Mon regard si tristement erre
A l'horizon plein de mystère ;
Pourquoi mon front semble plus froid ;

Pourquoi, plein de mélancolie,
Je suis le nuage lointain,
Qui vient du pays du matin,
Pourquoi mon âme aujourd'hui plie ;

Pourquoi je ne semble plus moi ;
Pourquoi tout me semble dans l'ombre ;
Pourquoi le ciel me parait sombre ;
Oh ! ne demandez pas pourquoi !

Un souvenir, hélas ! que sais-je ?
Un vent qui passe en murmurant,
Un nuage qui vole errant
Aux cieux, comme un flocon de neige.

Des sons tristes, mélodieux,
Que l'on entend comme un murmure
Mystérieux dans la nature ;
Le souvenir de longs adieux ;

Un ciel gris et pâle qui pleure
Et dans le vent comme des voix !
Oh ! tout cela fait quelquefois
Que la tristesse vous effleure.

Qui sait ? Je suis triste aujourd'hui,
Et demain je rirai peut-être ;
Car ici-bas qui peut connaître
Comment la tristesse s'enfuit ?

Souvent je ris, souvent je pleure,
Mon âme, tout la fait vibrer,

Tout sait l'animer, l'inspirer :
Un vent qui passe et qui m'effleure ;

Un ciel d'azur comme un ciel froid,
Tout fait que mon âme s'élève...
Si, plein de tristesse je rêve,
Oh ! ne demandez plus pourquoi !

Robert Schaeffer.

LE TEMPLE DE LA SOLITUDE

Viens, ô douce retraite, aimable solitude,
Oh ! viens rendre à mon cœur, déesse de l'étude,
Cette paix, ce repos, ces plaisirs doux et purs,
Hélas ! qu'il cherche en vain dans les discours peu sûrs
D'un monde qui s'agite et meurt dans l'impuissance ;
Il ne peut rien pour moi, j'ai perdu l'espérance.
Je croyais rencontrer le mot qui me fuyait ;
Je croyais que le voile épais qui le couvrait,
Comme la nuit s'enfuit quand l'aurore se montre,
Tomberait à mes pieds : hélas ! triste rencontre !
Je cherchais le bonheur, qu'ai-je trouvé, mon Dieu ?
Je cherchais l'amitié, mais elle eût fui ce lieu ;
Je n'ai vu seulement de la noble déesse
Que l'ombre qui fuyait ; alors, dans sa détresse
Mon cœur cherchait partout ce que mon œil vit fuir,
Mais il n'a point trouvé l'objet de son désir.
J'aurais voulu la joie et j'ai trouvé les larmes.
O ! rigoureux destin ! dévorantes alarmes !
Je m'écriais alors, faut-il donc que mon cœur,
Avide de plaisirs, ne rêvant que bonheur,
Trouve partout la mort lorsqu'il cherche la vie !...
Mais non, me suis-je dit, il est dans mon envie,
Une retraite sainte, un refuge sacré,

Un temple vers lequel mon pied ferme, assuré
Dirigera sa marche ; alors, seule avec elle,
Mon âme se livrant avec un pieux zèle,
Ayant pour seuls amis Lamartine ou Milton,
Le grand prélat de Meaux ou le bon Fénélon,
Au travail de son goût, trouvera cette joie
Dont le monde ne put lui désigner la voie.
Oui, c'est toi que je chante, ô repos, douce paix,
O ! sainte solitude ; oh ! fais que plus jamais
Je ne quitte le bois et les heureux ombrages
Qui cachent aux mondains le temple aimé des sages.
Si quelque être importun venait, de mon bonheur,
Troubler la douce joie, ah ! rappelle à mon cœur,
O déité chérie, et son vœu le plus tendre,
Et s'il cherche la paix, le chemin qu'il doit prendre.
Puissent ces quelques vers inspirer aux amants
De cette déité, de plus doux sentiments :
Qu'au pied de ses autels, ils aillent en grand nombre
Déposer leur offrande et s'endormir à l'ombre
De l'aile protectrice où vont se réfugier
Les fils de la sagesse et que le monde entier
Ne saurait rendre heureux. O douce solitude !
Oh ! pardonne à mes vers ; compagne de l'étude,
Que n'ai-je un plus doux chant pour redire à jamais
Le charme et les trésors de tes divins bienfaits.

Canton Jules.

EPITAPHE D'UN AMI

Il a voulu dormir dans sa couche d'argile,
Le sommeil de la paix, ô lui qui dans les pleurs,
Laisse un père, une mère, en ce monde fragile,
Epuiser après lui la coupe des douleurs !...

Vingt-sept printemps à peine ont vu son existence,
Car sur son front encore on n'avait point compté
        Son vingt-huitième été !...
Oh ! ses nombreux amis qu'il attend en silence,
Hélas ! viendront souvent répandre dans ce lieu
Une larme en mémoire à leur dernier adieu.

Canton Jules.

LES NOCES D'ARGENT

L'aurore se levait resplendissante et pure,
Le soleil radieux vous égayait le cœur,
Tout s'animait dans la belle nature,
C'était un jour d'hymen, d'amour et de bonheur :
Le chemin des époux, sous les feuilles écloses,
Présageait un printemps des plus délicieux,
Pour ceux-ci l'avenir semblait semé de roses,
Et le soleil brillait sous la voûte des cieux.
C'était pour les conjoints le plus charmant présage,
Ce présage aujourd'hui s'est fait réalité,
Car pendant un long cours l'hymen fut sans nuage,
Et leur promet encor les plus beaux jours d'été !

    Nous venons donc ici doués de l'espérance,
    Leur souhaiter, d'un unanime essor,
    Des jours sereins, exemptés de souffrance,
    En attendant leur belles noces d'or !

(Belgique)   Edouard Boudart.

LA SÉPARATION

Enfin ! mon cher enfant ! tu veux donc me quitter !...
Ah ! tu ne frémis point de me si mal traiter !...

Pour que tu restes sourd à la voix de ton père,
Il faut que contre moi soit grande ta colère.
Tu ne te souviens plus, ô trop malheureux fils !
De tout ce que pour toi ton père fit jadis !
Ingrat, au cœur de fer, va, Dieu t'en tiendra compte ;
Tu portes sur le front l'anathème et la honte...
Je t'aime !.. Et si tu veux, ah ! si tu veux encor
Avec moi partager et tes jours et ton sort,
Je t'offre au vieux foyer encor la même place :
De ton père, mon fils accepte cette grâce !...
Songe que tu me dois et ta vie et ton cœur ;
Et que, pour échapper aux coups du déshonneur,
Les enfants, en tous temps, doivent suivre sur terre
Les lois, les douces lois de leur vertueux père.
Celui qui s'en écarte est maudit pour toujours
De l'Être qui commande aux célestes séjours ;
Il s'expose au malheur la haine et la souffrance,
Et traîne dans ce monde une affreuse existence....
Ha ! tu ne réponds rien !... Ton cœur est-il fendu ?..
Oh ! s'il en est ainsi viens, pauvre enfant perdu,
Te jeter dans mes bras, et dire à ton vieux père
Ce qui cause ta peine et qui fait ta misère ;
Viens ! viens !... je te pardonne et je t'ouvre mon cœur
Que faut-il, mon enfant, pour faire ton bonheur ?
Dis, ne me voile rien... c'est pour sécher tes larmes,
Viens verser dans mon sein tes immenses alarmes :
Je les partagerai... puis pour te rendre heureux,
Toujours tu trouveras au-devant de tes vœux
L'infortuné vieillard de qui tu tiens la vie,
Et qui, mon cher enfant, à genoux te supplie.
Oh ! reste près de moi, mon fils ô mon cher fils !
D'un bonheur sans égal tu goûteras les fruits.
Oh ! laisse-toi fléchir à ma tendre prière !
Reste, mon cher ami, pour fermer ma paupière !!!
Mais ma voix à ton cœur a cessé de parler !...

Trop faible désormais pour pouvoir s'ébranler,
Je n'ai plus qu'à me taire et souffrir en silence.
Ayez pitié, mon Dieu! de sa légère enfance.

Ah! tu veux donc flétrir mes nobles cheveux blancs,
Ce front qu'ont respecté les outrages des ans,
Percer d'un trait mortel ce vieux cœur qui t'adore,
Ce cœur qui malgré tout, pauvre enfant, t'aime encore!
Va, puisque tu le veux; sois heureux ici-bas :
Voilà tout le mépris que j'attache à tes pas.
Va, suis ta volonté!!.... Que le ciel favorise
Et ton orgueil altier et ta folle entreprise.
Pars!... Insensible enfant, ma pensée et mes yeux
Toujours, toujours, toujours, te suivront en tous lieux.
Jamais, non, non, jamais, ton infortuné père
N'oubliera son enfant, tant qu'il vivra sur terre.
Pars! mon cher enfant! pars!... hélas!.. Je te bénis!.
Puisses-tu rencontrer de fidèles amis!....
Enfant, ne sois jamais à tes vœux sacrilèges ;
Ah!... Pars!. Je te pardonne!. et que Dieu te protège!

(*Vendée*)   Louis Frédéric Soupault, *Instituteur*.

SONNET

Pourquoi donc, Muse vagabonde,
Me quitter ainsi pour courir
Sans moi de par le vaste monde?
Ingrate! tu me fais souffrir...

Je te tiens par ton aile blonde,
Va, tu ne pourras plus t'enfuir.
Dans ma solitude profonde
Avec moi, tu vas revenir!

Tu m'apprendras ta mélodie,

Et nous irons par la prairie,
Par les bois et par le chemin

Chanter l'aubépine fleurie.
Mais quoi !... la cruelle est partie
Me laissant une plume en main !

Mme MARIE MOREAU.

A WEBER

A ma Mère.

J'aimerais m'endormir au son d'une musique
Allemande, à la fois grave et mélancolique,
Comme le front pâli des femmes au couvent.
Une âpre mélopée est bien douce souvent,
Quand son rythme heurté réveille les chimères,
Qui dorment dans le cœur caressantes ; amères
Les jours de spleen où tout dégoûte et fait horreur ;
Fraîches, comme le vent d'amour sur une fleur,
Quand l'âme est bien heureuse et se gonfle et s'énivre,
Et déborde d'ivresse et d'espoir et veut vivre.

Un écho de Weber, fantastique rêveur,
Dont la molle apathie à l'étrange saveur
Des chants des ménestrels sous les tourelles sombres,
Jette une clarté simple et calme dans nos ombres.
O plaintes d'Euryanthe, ô grelots d'Oberon,
Tous avez assoupi la douleur sur mon front,
Et la haine sifflante et rageuse des âmes,
La haine, conseiller de vengeances infâmes
Aux accords cadencés des berceuses s'est tu.
Et j'ai béni tout bas votre étrange vertu ;
Car un rayon plus pur a lui dans ma démence,
Et je me suis trouvé plus près du ciel immense ;

Et j'ai cru respirer un air vierge, et revoir
La vérité montrant à chacun son miroir ;
Et les appels du Christ au suprême mystère,
Vibrant sans fin jusqu'aux entrailles de la terre ;
Pour un long avenir le ciel clair et serein ;
Les hommes attendris sous leurs masques d'airain,
Et les mains se pressant, sincères, fraternelles ;
Et les félicités des amours éternelles ;
Et la paix et la joie, et le Seigneur ouvrant
Aux fidèles élus son paradis tout grand ;
Et les morts échappés du sépulcre, en phalanges,
Montant dans leur linceul jusqu'aux pays des anges ;
Et l'univers sans tâche et d'une seule voix
Entonnant dans l'éther l'hymme du roi des rois !

O naïve candeur d'un beau génie ! Ivresses !
Qui jamais comprendra les sublimes tendresses
Qui voilent sous des flots d'harmonie un cœur pur ?
A force d'égarer leurs songes dans l'azur,
Ils ont dans la poitrine un lambeau du ciel calme,
Les mystiques martyrs de la beauté. Leur palme
Est humide de pleurs et de sanglots cachés.
Car de l'autel céleste ils sont vite arrachés,
Et roulent dans la boue avec les autres hommes,
Néophyte de l'art divin, que tu te nommes
Beethoven ou Weber, Mozart ou Rossini,
Que tu tombes à l'âge où mourut Bellini,
Ou que tu restes ferme à la lutte et superbe,
Salut ! ta gloire est chaste et radieuse! et l'herbe
Qui couvre ces tombeaux verdira sous nos pleurs.
La jeunesse a pour toi des regrets et des fleurs,
Les femmes des soupirs, de vastes confidences.
Tu seras le témoin chéri des espérances,
Des amours exprimés dans les salons, aux bals,
Où l'on donne sa vie en des regards banals,

Tandis que les mains vont sur le clavier sonore,
Avec un tremblement plus expressif encore
Qu'un long baiser !

    Salut, le maître au luth vainqueur !
Ton souvenir est doux comme un pardon du cœur.

Albert Tinchant.

LE VIN DE FRANCE

Oui, je veux te remplir encore,
Mon verre, mon gai compagnon,
De ce vin basque ou bourguignon
Que pour les Francs le soleil dore :
En vidant ton cristal sonore,
Puissé-je à la fin de l'amphore
Oublier l'opprobre étranger,
Et voir y scintiller l'aurore
Du jour marqué pour nous venger !

Tel un ami dans la détresse
Vient consoler l'ami mourant,
Tel un vin chaud et transparent
En lui donnant la folle ivresse,
De l'âme éloigne la tristesse...
Viens donc, liqueur enchanteresse,
Dans tes flots noyer mon tourment,
Viens me prodiguer ta caresse
Comme la maîtresse à l'amant.

Viens éclairer ma triste veille
Du reflet d'un espoir vainqueur,
Et fais pénétrer dans mon cœur
Ta chaleur, pour qu'elle réveille
Ma vieille haine qui sommeille.

Montre-moi ta couleur vermeille ;
Je t'aime, ô vaillante liqueur...
Sonne la charge à mon oreille
Et donne à mon bras la vigueur.

Ils t'ont, de leurs lèvres impures,
Profané, ces soldats brutaux :
Ils sont venus sur nos coteaux
Voler nos grappes demi-mûres
Et les souiller de leurs morsures...
Ah ! temps de misère et d'injures !
Mais tu coules encor pour nous :
C'est toi qui panses nos blessures,
Et tes flots n'en sont que plus doux.

Buvons aux victoires prochaines,
Amis, et ne faiblissons pas :
Nous saurons courir au trépas
Tant que nos coupes seront pleines.
Nous briserons toutes nos chaînes,
Tant que pour réchauffer nos veines
Le raisin rouge mûrira :
Assez de pleurs, assez de peines,
Vrai Dieu ! notre nom restera.

Ed. Thomas-Marancourt.

L'ERREUR

Sixain.

En vain la fourbe et le mensonge,
Ce double fléau qui nous ronge,
Proscriront la sincérité,
L'erreur est comme une poussière
Qui polit et met en lumière
Les armes de la vérité.

(Loiret), 1ᵉʳ décembre 1878. André Cherière.

LA CIGALE DU POÈTE

A Michel Clément

O toi qui es jeune, ô toi qui es beau ;
Ami, daigne sourire à mes vers !

Un soir de mai, tandis qu'à ta fenêtre ouverte
Penché, tu regardais la campagne déserte
Se couvrir lentement de la brume des nuits ;
Tandis qu'on entendait mourir les derniers bruits
Du jour dans les échos des profondes vallées ;
Et tandis que du parc les obscures allées,
Favorables toujours aux larcins des amants,
S'emplissaient de parfums et de chuchotements ;
Au moment où prêtant une oreille attentive
Pour entendre glisser quelque jambe furtive
Sur le sable discret, ton cœur battait plus fort,
En proie aux doux élans d'un amoureux transport ;
Un insecte chétif, une frêle cigale,
Dont l'humble cri semblait te transformer en râle,
Sur ta fenêtre vint se poser près de toi :
Tu te surpris à faire un mouvement d'effroi,
Car tes pensers alors étaient loin de s'attendre,
Entièrement plongés, au sein d'un rêve tendre,
A te voir tout-à coup, par un être si bas,
Si petit que parfois on ne prend même pas
Le soin de déranger son pied quand on l'écrase,
Arrachés au bonheur de leur joyeuse extase.

II.

De la pauvre cigale une jambe pendait,
Sans doute qu'un beau soir quand elle descendait
Quelque riche vallon, folâtre, insouciante
Criant et gambadant, libre, alerte, riante,
Un insecte plus fort, de sa gaîté jaloux,
L'avait meurtrie, hélas ! d'impitoyables coups.

Plaintive, n'espérant qu'en la seule assistance,
Elle semblait te dire allège ma souffrance,
Pour toi rien n'est néant, tout a dans l'infini
Un lien par lequel à l'homme il est uni ;
Il n'est pas ici-bas d'être assez misérable
Pour que nul ne lui tende une main secourable
Dans ces douleurs. Et toi, bon naturellement,
Toi que le ciel doux d'un cœur sans cesse aimant,
Tu compris d'un regard cette plainte muette :
La brute parfois parle une langue secrète
Qu'écoutent seuls toujours les hommes inspirés,
Vers les êtres souffrants constamment attirés
Par une voix sans nom, si pleine de mystère
Qu'on n'en écoute, hélas ! que l'écho sur la terre !
Mais le son, n'est-ce pas, croyant, il est ailleurs,
Dans ces lieux où la foi promet des jours meilleurs.

. . . .

Tu tendis donc la main à la cigale infime,
Comme tu la tendrais à quelque enfant sublime
Qui, des tyrans ligués combattent les abus,
Tomberait fracassé par l'éclat d'un obus.
Plein d'une attention soigneuse, délicate,
Tu bandas avec art la malheureuse patte...

. . . .

III

Ton esprit, tout entier à ce soulagement,
N'avait pas entendu le léger frôlement
D'une robe de soie. Et pourtant, ô poète,
Tremblante, elle était là, ton amante discrète,
Qui suivait du regard tes moindres mouvements.
Et dans l'ombre, parfois, quelques frémissements
Agitaient son beau sein quand tes yeux pleins de flamme
Que la pensée inonde en sortant de ton âme,
Attendris, débordant de sensibilité,

Regardaient doucement l'insecte maltraité.
Oh! comme elle t'aimait! oh! comme tout en elle
Disait: il est encor plus grand que tu n'es belle.
L'air, la brise, les fleurs, la pénombre du jour,
Tout paraissait alors exalter son amour.
Ton front majestueux, asile du génie,
Jeune source où les vers puisent leur harmonie,
Ton large front, penché sur cet être souffrant
Que le vulgaire humain regarde indifférent,
Et ta chambre, où les yeux d'une crédule amante
Trouvent la pauvreté poétique et charmante,
Ta chambre et ton vieux lit entr'ouvert dans un coin,
Cette couche où tu dors... Que dis-je? est-il besoin
De tant d'objets chéris assemblés devant elle,
Pour troubler la raison d'une faible mortelle?
Un seul soupir des flots réveille l'alcyon
Pour ranimer la fleur il suffit d'un rayon!

IV.

Elle s'élança donc dans tes bras, enivrée!
Elle applique sa lèvre à ta lèvre adorée!
Quels baisers! quels transports! ses cheveux sur ton sein
Retombaient, ô poète! Elle avait à la main
Une tresse de fleurs, odorant diadème
Qu'elle mit sur son front en murmurant: Je t'aime!
Et toi, que le bonheur rendait presque insensé,
Tu tenais son beau corps ardemment enlacé
En l'attirant vers l'ombre... O mystère! ô folie!
Où la raison s'égare, où la froideur s'oublie;
Quelle langue pourra vous rendre dans ses vers?

. . . .

La fenêtre, les vents, les frêles rameaux verts
Devinrent confidents de la plus molle ivresse
Que l'on puisse ravir au sein d'une maîtresse...

V

La cigale, immobile et souffrante toujours,
Un moment contempla ces secrètes amours
Mais, craignant de troubler par d'inutiles plaintes
Son bienfaiteur au sein de si douces étreintes,
Sublime, rassemblant les forces de son corps,
Epuisant sa vigueur en suprêmes efforts,
Elle alla dans un coin consommer son martyre!
Là, semblant t'appeler, ô poète en délire,
Pour te dire : Je meurs!... Elle ferma les yeux!...
Les plus grands immortels ont-ils pu faire mieux?
28 novembre 1878. FRANCISQUE BRUN.

HOMMAGE & RECONNAISSANCE

A mon ancien Maître, M. P. J.
Inspecteur de l'Enseignement primaire à B....

Vous dont le souvenir m'invite et m'encourage
Recevez de mon cœur ce vrai, mais humble hommage..
S'il est doux pour un fils d'honorer le vieillard
Qu'il appelle son père, et si son plus bel art
Est de rendre légers les longs jours de sa mère,
Oh! qu'il est consolant d'être d'un second père
Le fils reconnaissant! Ah! si la terre un jour
Rejetait de son sein toutes vertus d'amour,
Elle conserverait, j'en suis certain d'avance,
Cette noble vertu de la reconnaissance ;
Car, comment oublier et bannir de son cœur
Celui qui fut pour vous bien plus qu'un bienfaiteur,
Qui vous reçut des bras d'une mère chérie,
Guida vos premiers pas chancelants, dans la vie,
Et versa dans votre âme avec l'instruction
Les trésors immortels de l'éducation ;
Celui dont les conseils, les vertus et l'exemple

Formèrent votre cœur en l'ornant tout ensemble ;
Qui sur votre avenir influa puissamment,
En louant vos succès ou les encourageant ;
Qui sut punir vos torts, récompenser vos peines
Par des moyens prudents, des mesures humaines :
Enfin qui vous fit homme et vous rendit plus grand
En polissant votre âme et la développant....
Qu'ils s'écoulèrent doux ces jours de mon enfance
Qu'ont dirigés la voix et la douce clémence
De celui que mon cœur voudrait pouvoir nommer
S'il ne craignait, hélas ! d'offenser un nom cher.
Oui c'est vous, je le dis, qui fûtes pour mon âme
Cette douce lumière et cette pure flamme :
Vous avez réchauffé mon esprit et mon cœur
Et vous avez ouvert l'ère de mon bonheur...
Si ma lyre.... mais non, elle est novice encore :
Son chant ne pourrait pas durer jusqu'à l'aurore,
Car sa timide voix ne saurait point toucher
Votre oreille attentive et l'écho du rocher
Dédaignerait, hélas ! de dire à la vallée
Une harmonie aride et si triste envolée !...
Je ne veux plus rien dire... ô mon doux bienfaiteur,
J'espère encor de vous : ah ! si l'aimable ardeur
Pour le brillant succès de votre ancien élève,
Qui vous brûlait jadis, et que dix ans de trêve
Ont bien pu ralentir, reprenait son essor !...
Soyez, soyez toujours mon généreux mentor...
Pardonnez-moi ces vers que ma lyre tremblante
Vous adresse aujourd'hui, que le suc de la plante
Touche seul votre lèvre et que l'arbre épineux
Soit jeté loin de vous ; vous comblerez mes vœux.

Marlens, le 26 octobre 1878. J. CANTON.

SOUVENIR DES TEMPS PASSÉS.

A Monsieur Prosper Menou.

> Mais où sont les neiges d'autan.

FRAGMENT

Que sont-ils devenus ces valeureux Gaulois,
Redoutables guerriers, habitants des grands bois
Qui jadis recouvraient d'un verdoyant feuillage,
La plaine, le coteau, le sombre marécage ?
Le ruisseau murmurant se glissait ignoré
Au milieu des bouleaux près du saule éploré
Qui trempant ses rameaux au sein de l'onde pure,
Cachait en entier sous sa verte chevelure
Le lit frais et coquet qu'il s'était façonné.
Le chêne en s'élevant eut bientôt couronné
Ces petits arbrisseaux de son énorme cîme,
Et d'un élan superbe il s'élevait sublime,
Formait un second dôme immense, verdoyant,
Que le soleil perçait d'un rayon chatoyant.
Des plantes d'un beau vert s'entrelaçaient légères
Autour des troncs noircis ainsi que des vipères,
Resserrant leurs anneaux follement contournés.
Les daims sveltes, mignons, dans des lieux détournés
Paissaient tranquillement loin des regards de l'homme,
Et le moindre bruit, le choc sourd d'une pomme
Se détachant d'un pin déterminait la peur
Chez ces beaux animaux, redoutant le chasseur.
Hélas ! nous n'avons plus comme nos vaillants pères,
De gigantesques bois, pleins de biches légères
Pour charmer nos loisirs ; ces bois épais, touffus,
Qui nous auraient laissés un souvenir confus
Des anciens habitants, par la hache maudite
Ont été renversés. Pris de fureur subite
Nous avons transformé de gracieux couverts
En un désert boueux où quelques buissons verts

Elèvent tristement leurs branches dénudées.
Des lapins efflanqués, des perdrix isolées,
Composent le gibier d'un sol bouleversé.
Nous n'apercevons plus le chevreuil élancé,
Le daim svelte et mignon se regardant dans l'onde.
Le cerf s'est éloigné d'un sol boueux, immonde
Où le pied cherche en vain dans l'hiver pluvieux,
Quelque endroit recouvert d'un gazon gracieux.
L'oiseau mélancolique à l'éclatant plumage,
Dans nos champs a cessé son gentil babillage,
Il a dû s'éloigner dans des lieux écartés
Où les antiques bois ont été respectés.
Des champs nus et déserts, de désolés rivages
Sont venus remplacer ces beaux sites sauvages,
Chéris de nos aïeux, pour qui la liberté
Etait le bien suprême ; et leur divinité
Semait le gui sacré sur le rameau d'un chêne,
Ils tiraient tout des bois ; les armes, le dur frêne
S'offrait à leur fournir ; ils y trouvaient leurs Dieux,
Et ne redoutaient rien que la chute des cieux.
Lorsqu'un roulement sourd annonçait un orage,
Ils ne sentaient jamais s'affaiblir leur courage,
Ils prenaient une flèche et d'un bras assuré
La décochaient vibrante au nuage empourpré.
Les flots verts en courroux s'élançant sur les plages,
N'ont jamais fait trembler, par leurs accords sauvages,
Ces guerriers valeureux portant un cœur d'airain ;
Ils bravaient la tempête et le glaive à la main,
Aux flots envahisseurs opposaient leurs poitrines.
Ne reculant jamais, lançant leurs javelines
Au cœur de l'ennemi, se montrant trop altier,
Les Gaulois auraient pu prendre le monde entier,
S'ils avaient possédé un esprit moins volage,
Et qu'une noble entente eût aidé leur courage.
Le prêtre philosophe adoré des Gaulois

Se logeait solitaire au fond des vastes bois
Sous l'ombrage du chêne, où le vent amoncelle,
Dirigé par les dieux, le gui petit et frêle.
Il enseignait au peuple à regarder l'esprit
Comme un don immortel de ce Dieu qui sourit,
En retenant le souffle échappé de sa bouche,
Sous un amas boueux, prison triste et farouche,
Dont il ne doit sortir au bout de quelques jours
Que pour prendre son vol vers de divins séjours.
Il prétendait aussi que le contact immonde
D'un limon si fangeux retient l'âme en ce monde,
Lorsque trop fortement elle s'attache au corps,
La mort parfois la laisse à nos terrestres bords.
Et repassant alors dans une autre enveloppe,
Tantôt elle devient gracieuse antilope,
Tantôt loup affamé dans les vastes forêts,
Rampant traîtreusement au milieu des genêts
Sur les pas d'un troupeau ; si nature guerrière,
Elle n'a fait fleurir sa gloire aventurière
Que sur de froids charniers et de tristes tombeaux ;
Les chairs d'un carnassier sont les remparts nouveaux
Qui la tiennent captive afin que son goût rude,
Pour les tombeaux mousseux dans une solitude,
Puisse se démontrer sous un nouvel éclat.
Mais quand parfois aimante et d'un goût délicat,
Elle n'a point vaincu par trop de négligence
Les penchants corporels dans leur effervescence,
L'âme s'en va peupler un bosquet enchanteur
Sous l'aspect séduisant d'un pigeon voyageur,
Ou bien d'une gazelle agile et bondissante.
Il montrait à cueillir sur la pente glissante
D'un énorme rocher, le sélage si vert
Rampant modestement sous un riant couvert,
Le tendre sæmolus, herbe marécageuse
Elevant hardiment sa corolle fangeuse

Bien au-dessus des flots de quelques lacs boueux
Où les grenouilles font des tourbillons bourbeux,
La modeste verveine estimée efficace
Pour guérir la migraine énervante et tenace ;
Mais il fallait le voir la serpe d'or en main,
Tranchant le fameux gui, sacré pour le Germain,
Lorsque la pale lune avait montré sa face
Six fois sur l'horizon que sa lumière enlace,
Le prêtre revêtu d'un vaste et blanc manteau
Se hissait solennel, jusques sur le rameau
Où poussait frissonnant, sous l'haleine d'Eole,
Le gui, vert en tout temps, immortelle auréole
Dont il ceignait son front ennobli par les ans,
Et que couvraient parfois de nombreux cheveux blancs.

Robert Poirier de Narcay.

L'AMOUR

La jeune Lise, l'autre jour,
Demandait qu'est-ce que l'amour,
Au magister de son village.
Ce magister, homme érudit,
A Lise, soudain, répondit,
Sans prendre un trop pédant langage :

L'amour ! écoute bien, je vais te le décrire :
C'est la chaîne unissant qui souffre et qui désire.
C'est un chaste soupir, une larme, un regret ;
C'est le feu qui s'éteint dès qu'il est satisfait.

A ton âge, un duo rempli de poésie,
Qui chatouille les sens et fait aimer la vie ;
Au mien un sentiment plus qu'une passion.
A tout âge où le cœur facilement s'enflamme,
C'est l'élan mutuel, la vive attraction,
        Qui porte l'homme vers la femme.

C'est le doute, l'ennui, l'anxiété du cœur,
Source de toute joie et de toute douleur.
C'est un de ces présents que Dieu, dans sa sagesse,
N'a départi qu'à ceux sachant aimer, sentir,
C'est le ciel idéal où nous tendons sans cesse,
  C'est l'amitié, plus le désir.

 Sans prendre un trop pédant langage,
  Tel est le récit, sur l'amour,
  Que fit à Lise, l'autre jour,
 Le magister de son village.

(Var)   Théodore Laure.

UNE MÉTAMORPHOSE

Dédiée aux enfants des écoles; l'espoir de la France.

    Le travail, chère jeunesse,
    Est le chemin du progrès :
    Guerre, guerre à la paresse
    Ce grand obstacle aux succès.
        J. G. D.

Une mère, une veuve, avait deux fils jumeaux
Gaillards, vifs, éveillés, l'un et l'autre fort beaux.
Louis était aimant, studieux et docile ;
Paul hautain, paresseux, et d'humeur difficile ;
Se raillant des leçons, méprisant le devoir
Dans son cœur sur tous points le caprice l'emporte :
De sa famille il est l'ennui, le désespoir.
Maîtres et professeurs il n'aime, il ne supporte :
L'un trouve à dire à tout : c'est un original ;
L'autre punit toujours : il est méchant, brutal ;
Ils sont injustes tous : tous ont des préférences :
Tout élève mauvais trouve ses maîtres mal,
Ne trouve bien qu'un point : l'amour des jouissances.
Et Paul n'aime que jeux, que courses, que plaisirs,

Le plus doux, le plus cher de ses vœux, ses désirs
Ce n'est point de s'instruire et d'imiter son frère.
Son frère! dès longtemps il le hait en secret.
Pourquoi? Mais c'est Louis que leur mère préfère ;
Louis est studieux, mais c'est à cet effet
De se faire aimer, lui ; de faire haïr l'autre ;
Et selon Paul, Louis ne sera satisfait
Que quand, faisant toujours le doux, le bon apôtre,
Il aura tout à fait aliéné le cœur
De leur mère : ainsi croit le petit raisonneur.
S'il avait un instant pu rentrer en lui-même,
N'aurait-il pas compris que toujours chacun aime
En tout, pardessus tout qualités et vertus ;
Comme de même on hait les vices, les abus.

Et Paul fait bien souvent l'école buissonnière
Pour aller dans les bois dénicher les oiseaux
Qu'il apporte mourants de sa main meurtrière,
Ou pour errer, courir sur le bord des ruisseaux.
Souvent notre étourdi revient dans sa famille
Les souliers en lambeaux, les habits en guenille,
Les membres déchirés, endoloris, perclus ;
Sa pauvre mère alors de chagrin n'y tient plus.
Un jour le bon Louis, comme à son habitude,
Au bord de la rivière achevait une étude,
Quand Paul tout essoufflé jette un nid à ses pieds,
Dont les pauvres linots sanglants, trainaient de l'aile,
Mon cher frère, dit-il, vraiment il te messieds
D'étudier toujours, toujours c'est trop de zèle.
Viens rire, t'amuser ; tiens, là sous ces roseaux
Je vois encore un nid : viens m'aider à le prendre ;
Bon ! voilà deux petits déjà sous mes réseaux.
Mais Louis lui répond d'un accent doux et tendre :
Cher Paul, pour s'amuser, oh ! dis, est-il besoin
D'être méchant, cruel, et de prendre le soin
De toujours enlever des petits à leur mère ?

A notre mère ainsi, veux-tu toujours déplaire,
Mieux que moi, quand tu veux, en classe tu peux faire ;
Etudions, pour elle, ensemble nos leçons.
Mais le cruel enfant rempli d'antipathie
Pour son frère, prends mal la douce répartie :
Ennuyeux sermonneur, tiens va vers les poissons,
Va leur continuer dans l'onde tes sermons,
Exclame-t-il, poussant Louis dans la rivière.
Par bonheur, près de là, le tronc d'une bruyère
Qu'il saisit en tombant, le retient sur le bord ;
Sans cela, pauvre enfant, pour lui c'était la mort...

Voyant le triste sort que prépare son frère,
Le bon Louis se sent attendrir, émouvoir ;
Après cet incident, il croit que son devoir
Est, malgré son chagrin, d'en prévenir la mère :
Ensemble ils chercheront, trouveront le moyen
D'amener doucement l'étourdi dans le bien,
Ils pourront travailler en secret à ce faire.
Mais que tenter encore, hélas ! ils ont tout fait :
Vertes punitions, discours et remontrances,
A l'égard du mutin sont restés sans effet :
Toujours même paresse et mêmes arrogances.
La mère cependant sans se décourager
Et pour l'enfant ingrat débordant de tendresse,
Malgré tout, contre tout, espère le changer :
Le sort du pauvre Paul, plus que tout l'intéresse.
Enfin luit un espoir à son cœur malheureux :
Elle doit bientôt faire un assez long voyage,
Elle dit, l'annonçant à ses enfants joyeux :
Je veux, mes chers amis, vous rapporter un gage,
Un objet précieux, souvenir de mon cœur,
Que vous conserverez, j'espère avec bonheur :
Travaillez ; vous aurez selon votre mérite.
Ah ! quels moments heureux après ces mots touchants ;

Ce ne sont que clameurs, que cris et joyeux chants.
Mais Paul se rembrunit, un noir souci l'agite :
Il faudra bien un peu jouer à l'hypocrite,
Pense-t-il, et soudain se met à travailler,
A l'espoir du cadeau se laissant chatouiller.

Enfin vient le beau jour, la tendre mère arrive,
Oh ! que l'attente est grande, et que la joie est vive ;
Ses parents, les amis qu'elle avait conviés
Comme témoins heureux de la touchante fête,
Applaudissent d'avance au bonheur qui s'apprête,
(Aux desseins de la mère ils sont initiés).
Au moment solennel, quand sur chaque visage
Se lit l'impatience, appelant le plus sage :
Mon cher Louis, dit-elle, ah ! sois le bienvenu,
  Viens ! viens, enfant de mon amour,
  Sur mon cœur, fêter mon retour,
  A ma promesse j'ai tenu.
Reçois ce souvenir de mon âme attendrie,
Vois, c'est un violon, il est bon, il est beau,
Comme il va te charmer, dit la mère chérie,
Mon fils, je ne pouvais mieux choisir ce cadeau.
Il faut, pour s'en servir, travail et patience,
Il faut du goût, des soins, de la persévérance,
Et sous tous ces rapports, je sais qu'il te convient,
Tu l'as bien mérité, Louis, il m'en souvient.

Et toi bien-aimé Paul, à ton tour, viens, approche,
Et reçois ce cornet, mais, soit dit sans reproche,
Il ne faut pour ceci, ni grands soins, ni travail,
Il suffit de souffler ; et, sans aucun détail
Il ne te faudra pas effort d'intelligence ;
Ce cornet ira bien à ton indifférence.
Et jouet maintenant il doit te convenir.
  Pour toi, meuble dans l'avenir,

Près du pâtre de nos vallées
Dans tes courses échevelées
Tu verras, mon enfant, à quoi il peut servir.

L'enfant après ces mots, confus, couvert de honte ;
Ah ! je sais, pensa-t-il, qui me vaut ce mécompte.
Mais je me vengerai, je le jure, et sous peu
Je ferai payer cher à mon frère ce jeu :
Je tuerai ce mignon, cet Abel de ma mère
Puisqu'à moi, devant tous, ma mère le préfère.
Mais soudain dans son cœur brille un divin rayon
Qu'y laisse pénétrer cette réflexion :
Pourquoi Caïn, dit-il, n'est-il point aimé d'Eve :
Et pourquoi d'Eve, Abel est-il le préféré ?
Pourquoi Dieu-même aussi ?.. Mais faut-il que j'achève ?
L'un est méchant : honni ; l'autre est bon, honoré ;
Louis est studieux, il est aimant ; on l'aime...
Si la leçon est dure et ma douleur extrême,
L'une et l'autre feront mon bien, mon avenir ;
Cette fois, tout de bon, je veux me convertir.
O précieux cornet, c'est sur toi que j'abdique
Mes erreurs, mes défauts, tu seras ma relique.
On admire Louis, Eh bien ! je ferai mieux,
Je le dépasserai : ce sera ma vengeance.
Oui, je veux travailler, j'en atteste les cieux ;
Et sans dire demain, à l'instant je commence.
O mère ! ton fils Paul soumis et studieux,
Suivant le bon chemin, te comblera de joie ;
Aux soucis, aux chagrins, pour lui jamais en proie ;
Dès ce jour, du travail comprenant tout le prix,
Sur tous points il suivra tes conseils, tes avis.

L'enfant avait bien dit, on le vit dans la suite
Plein d'ardeur, plein de zèle, au travail assidu,
Il sut si bien régler son temps et sa conduite

Que chacun, étonné, demeura confondu :
Et malgré son travail, ses efforts, sa constance
Louis, n'ayant pas de Paul la haute intelligence,
En arrière, il ne put qu'admirer ses succès,
Toujours heureux et fier de ses vastes progrès.

Sans le travail qui fit cette métamorphose,
Quel chemin eût pris Paul ? d'y réfléchir on n'ose.
Admirez du travail, chers enfants, les bienfaits ;
Voyez par son pouvoir, ses magiques effets
Un petit paresseux devenir un grand homme :
Maintenant la déesse aux cent bouches le nomme.
Oui, Paul, grâce au travail, au précieux cornet,
Devint pour la Patrie un glorieux sujet.

(Jura)   Justine Groshenry née Danjean.

SOUVENIR

A Mesdemoiselles A. J. et M.

> Puis enfin arriva
> L'heure triste où chacun de son côté s'en va...
> Victor Hugo ; *Ruy-Blas*.

Lorsque je vois partir les douces hirondelles,
Vers des lointains dorés prenant leur vif essor,
Triste, je me demande : Hélas ! reviendront-elles,
Elles s'en vont sans moi, les reverrai-je encor ?...

Sous ce dernier ciel bleu leur troupe se rassemble ?
Ayant quitté leurs nids, nos fenêtres, nos toits,
A des climats meilleurs elles volent ensemble ;
J'entends nous dire adieu leurs gazouillantes voix !

De celles composant ces légères cohortes
Il en est bien, mon cœur, qui ne reviendront pas !

Les unes, en chemin, peut-être seront mortes,
Les autres, l'amour peut les retenir là-bas !

« Quand vous avez paru, messagères bénies,
Les arbres revêtaient leur habit de printemps ;
Et maintenant, adieu, les feuilles sont jaunies
Et les bois et nos cœurs sont en deuil pour longtemps !

Ainsi sera mon cœur, jeunes filles rieuses !
Quand vous nous quitterez, hirondelles d'amour.
Vous, vous vous en irez, je l'espère, joyeuses,
Mais moi je serai triste, et triste plus d'un jour.

Je ne sais quels regrets, quelles inquiétudes,
Accableront alors mon sort découragé :
Changement dans le cœur et dans les habitudes,
Seule chose à laquelle on n'avait point songé !...

De ces feux d'amitié de tant d'heures intimes,
Que nous ne pensions guère, hélas ! devoir finir,
Dont les flammes cachaient de si tristes abîmes,
Que nous restera-t-il ? la cendre, un souvenir !

Hélas, il vient toujours ce moment de la vie
Où les plus heureux sorts doivent se désunir,
Mais où chacun — si l'heure est de regrets suivie,
Plus sérieux, plus fort, marche à son avenir.

Chacun de son côté, serein ou dans la peine,
Alors, erre au hasard, seul, et cherche d'abord
— A trouver quelquefois — un cœur qui le comprenne
Et pour se soutenir, un bras fidèle et fort.

Ainsi chacun s'en va, suivant son espérance,
Rencontrant tour à tour sur l'inconstant chemin
Après la joie en fleurs, l'épineuse souffrance,
Aujourd'hui le ciel bleu, le nuage demain.

Et lorsque le destin, sur la mer de ce monde,

De son souffle changeant, calme ou plein de courroux,
Au but aura poussé notre nef vagabonde,
Nous n'aurons plus l'espoir, le bonheur l'aurons-nous ?

Ah ! lorsque pour vos cœurs de sévères années
En plomb auront changé l'or des illusions,
Que les plus belles fleurs de votre espoir fanées,
Ne pourront refleurir... si nous nous revoyons !

Jeunes filles, peut-être, alors vous serez mères,
Berçant sur vos genoux quelque enfant souriant,
Peut-être aussi, le cœur plein de douleurs amères,
Porterez-vous le deuil, le deuil de cet enfant !..

Et peut-être qu'un jour, au détour d'une allée,
Au fond d'un cimetière, en passant, l'un de nous,
Lisant l'inscription d'une tombe oubliée,
Sur la pierre, en pleurant, posera ses genoux !

Belgique, 10 septembre 1878.   Auguste Dosogne.

ADIEUX A MA BIBLIOTHÈQUE
ÉPITRE.

Vous qui savez si bien charmer ma solitude,
Livres, chers compagnons, sujets de mon étude,
Objets de mon amour et de mes soins pieux,
D'un disciple venez recevoir les adieux.
De vos sages discours de plus en plus ravie,
A ce doux entretien mon âme vous convie ;
Jusqu'au dernier moment sensible à votre voix,
Elle veut vous entendre une dernière fois.
Venez, charmants auteurs, vous qui par la satire
Du bon goût et des mœurs avez formé l'empire.
Vous qui sûtes si bien, en prose comme en vers,
Nous faire, à nos dépens, rire de nos travers ;
Vous qui des préjugés dissipant le nuage,
Sûtes tirer l'esprit du sein de l'esclavage,
Et, dans un monde vieux rêvant un monde neuf,

Pénétrer l'avenir, prévoir quatre-vingt-neuf, *
Accourez, je veux voir de votre bouche encore
Sortir les vérités qu'elle sait faire éclore.
Vos discours lumineux frappent comme l'éclair,
L'idée y prend un corps, le verbe s'y fait chair.

C'est Boileau qui dictant les lois de la sagesse,
Et qui définissant l'honneur et la noblesse **
Dit que la vertu doit seule régler le rang,
Et que nous sommes tous issus du même sang.

Sur ses pas j'aperçois accourir Labruyère
Qui d'un siècle fameux nous peint le caractère,
L'égoïsme des grands, leur insolent mépris
Du peuple malheureux dont ils bravent les cris.
Je l'entends hautement accuser la richesse ;
Sa répartition, son emploi, tout le blesse ;
Il ose discuter ses droits, sa qualité
Et frapper de ses traits la féodalité. ***
Sans prêcher d'un tribun l'égalité sauvage,
Il entendait parler d'un équilibre sage.
Un jour, dit-il, viendra pour tous un meilleur sort,
Mais la loi de mon temps c'est *la loi du plus fort.* ****

C'est le doux Fénélon ; sa parole me touche,
Quand j'entends les conseils qui sortent de sa bouche ;
Il veut qu'on laisse l'âme à l'autel de son choix
Et de la conscience il respecte la voix. *****

---

* Il s'agit ici de ce beau mouvement de 89 qui entraînait la France vers la réforme des abus de l'ancien régime, sans renverser le trône et l'autel.

** Boileau, satire v à Dangeau et satire xi à Valincourt.

*** Labruyère. *Les Caractères* : chap. ix, des Grands. Chap. x du Souverain.

**** Labruyère. *Les Caractères.* Chap. xvi, des Esprits forts.

***** Fénélon. *Guide pour la conscience d'un roi.*

De la Religion c'est le chantre : Racine
Qui proclame en ses vers qu'elle est vraiment divine,
Que ses mystères saints méritent notre foi,
Qu'elle doit de nos mœurs être la seule loi ;
Mais que pour établir son règne sur les âmes
Et de l'amour divin y rallumer les flammes,
Pour faire enfin fleurir partout le saint troupeau,
Seule la liberté doit porter son drapeau. *

Pourrais-je t'oublier, lorsqu'on te doit une ode,
Flambeau du magistrat, cher et précieux code,
Enfant de l'équité qui, sous d'égales lois,
Fixe les droits du pauvre et du riche à la fois.
Monument le plus beau que le travail des sages
Ait jamais à Thémis élevé dans les âges ;
Dont le joug, franchissant et la terre et les mers,
Un jour, pour son bonheur, couvrira l'univers.
En vain, Napoléon, sur la terre et sur l'onde,
Partout où tu portas ta course furibonde,
Par le fer et le feu tes pas seraient gravés,
Oui, malgré les combats que ton cœur a bravés,
Il manquerait encore un rayon à ta gloire,
Si tu n'avais inscrit, aux pages de l'histoire,
Un exploit qui te place au rang des immortels ;
C'est d'avoir de Thémis relevé les autels.
Par toi, sortant soudain de son antique ornière,
L'équité sur son char s'ouvre une autre carrière
Et le peuple et les grands à l'ordre enfin rendus,
Sous son sceptre vainqueur demeurent confondus.
A ses yeux pauvreté pèse autant qu'opulence ;
Pous tous elle n'a plus qu'une même balance.

Oui, ton code aux abus sait toujours mettre un frein ;
Du patrimoine il a brisé la loi d'airain ;

---

* Racine. *La Religion*, poème, chant VI.

C'est par lui qu'en ce jour et le fils et la fille
Ont enfin trouvé place au banquet de famille,
De la nature enfin interprétant la voix
Sur les biens paternels il consacre leurs droits ;
C'est lui qui les tirant d'un antique esclavage,
Livre à nos laboureurs la terre en héritage ;
C'est par lui qu'arrivant à la propriété
Ils ont du même bond conquis la liberté.
Par lui le droit commun, sa règle et son symbole,
Poursuit le privilége, abat le monopole.
Par lui, changeant soudain voiles et gouvernail,
Vogue vers d'autres bords le vaisseau du travail.
Par lui ce peuple entier qu'engendre l'industrie,
Avec de nouveaux droits trouve une autre patrie,
Et, par l'épargne enfin devenu son rival,
Sait bénir à son tour le maudit capital.

Oh ! trop heureux le jour qui vit ces théories,
Mises longtemps au rang de pures rêveries,
Devenir parmi nous une réalité
Et la règle qui doit régir l'humanité.
Mais en vain, pour fonder ce nouvél édifice,
D'un trône nos aïeux ont fait le sacrifice,
Un peuple d'insensés, ennemi de tout frein,
Veut le saper au nom d'un éternel refrain :
Liberté, liberté..... Liberté qu'on ignore,
Ton astre est seulement chez nous à son aurore,
Si nous voulons le voir dans tout son appareil,
Laissons lui donc le temps de devenir soleil.
Flétri comme ces troncs qui déparent nos *squaires* *
Ou l'herbe que l'on voit se faner sur nos aires,
Ton arbre parmi nous trop souvent transplanté

---

* J'écris le mot *square* comme il se prononce à peu près en Anglais, c'est ainsi que de *bowling-green* on en fait boulingrin.
(Note pour le comité).

N'a point donné le fruit qu'on nous avait vanté.
Dans un pays toujours menacé de ruine
La liberté jamais ne peut prendre racine ;
Abandonnant un sol miné par un volcan,
Elle s'en va bientôt porter ailleurs son camp.
Vainement comme un droit le tribun la réclame
Et pour la conquérir ourdit plus d'une trame ;
De toutes ses faveurs si l'on veut hériter,
C'est peu de la chérir il faut la mériter.

Pour confondre à jamais l'erreur des anarchistes
Apparaissez aussi savants économistes ;
Simon, * About ** parlez et toi fameux Proudhon
A la propriété viens demander pardon, ***
Enseignez-nous la loi de l'offre et la demande,
C'est d'une libérale et saine propagande ;
Montrez dans tout leur jour et dans tout leur détail,
Le jeu du capital et celui du travail.
Comment on doit entre eux maintenir l'équilibre,
Quelles conditions rendent le travail libre ;
Comment le capital trop jaloux de ses droits
Dans le morcellement rencontre un contrepoids,
Et comment notre loi jamais ne paralyse
Son heureuse action, quoiqu'elle le divise,
L'association, à nos regards surpris,
Réformant l'édifice avec mille débris.

Au fond de leur chenil laissons dormir les dogues,
Les enfants de Babœuf, les fous, les démagogues,
Qui, contre nous ligués avec l'esprit du mal,
Voudraient nous entraîner dans l'abîme infernal.
Livres qui n'auriez dû jamais voir la lumière,

---

* Jules Simon : *Le Travail.*
** About : *A B C du Travailleur.*
*** Proudhon. *Théorie de la propriété*, œuvres posthumes.

Restez ensevelis sous le tas de poussière
Où bientôt fatigué de vos folles leçons,
J'ai dû vous confiner sans formes, ni façons.
Tous vos hardis projets ne sont que des chimères
Et n'auraient d'autres fruits que des larmes amères,
Cessez de nous vanter un progrès subversif,
La guerre au capital et l'impôt progressif.
Quant à vous qui fermant les yeux à la lumière,
Faux savants, ne voyez au monde que matière,
Vous qui ne comprenez l'univers qu'au compas,
Je ne dis rien de vous, je ne vous connais pas ;
Mais quoi ! la vérité ne peut toujours se taire
Dans l'âme de l'impie, écoutez de Voltaire
Ce mot que dans vos cœurs je voudrais cimenter :
« *Si Dieu n'existait pas, il faudrait l'inventer.* »

Mais contre mes discours j'entends que l'on proteste ;
L'un n'aime que son temps et l'autre le déteste ;
L'un prétend du passé restaurer le blason ;
L'autre rêve un progrès, rebours de la raison.
Oui, le savoir du monde est un savoir fragile ;
Je ne veux plus savoir qu'un livre : l'Evangile,
Seul, sans réplique, il peut parler au genre humain ;
Seul il tient le flambeau qui montre un droit chemin.
On ne peut s'égarer en suivant ses maximes ;
Elles sont de tout temps et de tous les régimes.
Le bon chrétien toujours dévoué citoyen,
D'être juste en tous lieux sait trouver le moyen,
Soit qu'il paye tribut au pouvoir despotique,
Au pouvoir tempéré, soit à la République.
C'est qu'agissant toujours dans un but éternel,
Il n'a point au veau d'or voulu dresser d'autel.
L'impie a renversé plus d'une monarchie ;
Le juste sait tirer l'ordre de l'anarchie.
Oui, du livre sacré tous écoutons la voix ;

C'est l'intérêt du pauvre et du riche à la fois,
Et de son éloquence empruntons la magie,
Pour confondre l'espoir de la démagogie,
Pour mettre aux passions leur véritable frein,
Si nous ne voulons pas revoir l'âge d'airain,
Si nous ne voulons pas revoir le noir vampire,
La Révolution rétablir son empire.
Et de l'écrit divin les préceptes de miel
Du terrestre séjour pourront nous faire un ciel.
Avons-nous oublié qu'il ouvrit sur le monde
De l'ordre et du progrès la carrière féconde.
« *Cherchez premièrement le règne de la croix,*
» *Le reste vous sera délivré par surcroît.* »

 Isère 1869.   ALBERT DE RIVOLLES.

A MONSIEUR L. DUPRÉ.

RONDEAU

En vers chacun s'évapore,
L'un maudit, mais l'autre adore,
On vous en donne à foison :
La voix est grêle ou sonore
Selon l'air de la chanson.
Cygne, aigle, merle ou pinson
Soit esprit ou déraison,
Le *Travail* voit tout éclore
  En vers.
L'un vous chante sa maison
L'autre les yeux de Suzon
Et ma foi, que sais-je encore?
Dans cette fertile flore
On met tout, — sauf la raison, —
  En vers.

        P.-E. ERARD.

HYMNE A DIEU

Jéhova ! Dieu puissant que la terre et les cieux
Ne peuvent contenir !... Vers ton trône sublime,
Je fais monter mes chants comme un encens pieux
De la sombre vallée à la brillante cime.

Dieu qu'on nomme Très-Haut, l'Eternel, le Seigneur,
A toi les doux accords de la lyre inspirée
Qui chante sous les doigts du poète rêveur ;
A toi tous les rayons de la voûte éthérée ;

A toi la grande voix du torrent écumeux
Qui bondit sur les monts ; à toi l'humble mystère
Du ruisseau qui murmure en son lit caillouteux,
La chanson du zéphyr et l'hymne du tonnerre.

A toi le temps qui vole, et l'espace infini
Où les mondes tournoient, emportés dans le vide
Par ton ordre puissant. A toi l'enfant béni,
Et l'aïeul tout courbé vers une tombe avide.

Encore à toi, mon Dieu, les doux parfums des fleurs
Que bercent mollement les ailes de la brise ;
A toi, toujours à toi, les âmes et les cœurs,
A toi tout ce qui naît et tout ce qui se brise.

Mme Marie Moreau.

A SAINTE CÉCILE

Tes chants, Sainte Cécile, ont un divin pouvoir.
De nos cœurs ulcérés ils calment la souffrance,
Tes sublimes accords en passant sur la France,
Exaltent sa grandeur, soutiennent son espoir.

L'amour de la patrie a pris du désespoir

La place encor saignante, et fiers de ta puissance
Nous marchons tous heureux vers notre indépendance
Guidés par l'harmonie et par notre devoir.

En ce jour reçois donc, charmante enchanteresse,
Nos souhaits et nos vœux, de notre sainte ivresse,
Oh ! Daigne partager la chaleur et l'amour.

Le charme de ta voix, d'un souffle plein de flamme
Vient nous vivifier, et nos cœurs et notre âme
Pour la France et pour toi brûleront tour à tour.

(*Jura*) H. CURIE.

A LA MÉMOIRE DE JASMIN

A M. G. Mathias

Salut, Agen, salut à tes rives chéries,
Où sur la vigne en fleurs et les moissons mûries
Le ciel toujours clément répand un jour plus pur.
Tes enfants ont le cœur plein d'aurore et d'azur ;
Et leurs chants sont empreints d'une grâce sonore
Comme un écho des nuits, et plus vibrante encore.
Là, sous le firmament sans nuage, les fleurs
Exhalent des parfums légers comme les pleurs
De la rosée, au soir, sur l'aubépine blanche.
Chaque forêt abrite un ruisseau, chaque branche
Un nid, chaque cité son troubadour joyeux.
O sainte poésie aux regards radieux,
C'est là que tu naquis autrefois. Ton haleine
A fécondé le sein de cette immense plaine,
Où la Garonne altière a déchaîné ses flots.
Sol fameux d'où nous sont sortis tant de héros,
Berceau de l'idéal, immortelle Gascogne,
Salut ! des insensés, détracteurs sans vergogne,

Disent que ta mamelle est vide de son lait
Les fous ne savent pas que ta sève renaît,
Source de hauts pensers divine, inépuisable,
Comme sous l'océan sans fin les grains de sable.
Le cœur de tes rêveurs est pur comme leur ciel ;
Et leurs idylles d'or sans désirs et sans fiel,
Riches en doux parfums aux senteurs inconnues,
Tout droit à l'âme ainsi quelles en sont venues.

Le Midi nous avait donné bien des grands noms
Quand tu naquis, Jasmin ; certes nous comprenons
Les lauriers glorieux dont on a ceint ta tête.
Ton œuvre est un symbole éternel, ô poète.
Car elle a ce qui mène à l'immortalité,
Harmonie et vigueur, charme et sincérité,
Car c'est une belle âme en sa force infinie
Qui guida les essais de ton mâle génie.
Et nous aimons la voir s'épancher librement,
Traduisant par un vers sonore un sentiment
Pur comme une prière, et vrai comme un proverbe.
Car ta Muse, si simple en langage, est superbe
Par la pensée, et porte en reine un front serein.
Ton cœur, doux et plaintif au malheur, est d'airain
Pour les traîtres d'honneur et les tyrans du monde.
Sans t'éblouir de l'or cachant leur boue immonde,
Plébéien, tu n'as vu dans ces fiers potentats,
Que les pasteurs d'un peuple, et non des chefs d'États
Sur un trône élevé asservissant leurs frères.
Et ta voix s'est mêlée à tant d'autres prières
Pour chanter puissamment sur un rythme enchanté
L'hymne national, l'hymne de liberté !
Et l'on t'a reproché les chansons politiques
Disant qu'elles souillaient tes triomphes lyriques
Et que ton luth devait ignorer le pamphlet,
La voix de la justice en ton âme parlait.

Fallait-il l'étouffer à jamais et te taire !
La critique n'est pas facile à satisfaire,
Mais la postérité, Jasmin, peut te bénir,
Et des lauriers si verts, on n'ose les flétrir.

Que faut-il admirer le plus dans ton ouvrage,
L'essor harmonieux et souple du langage,
L'épanouissement du vieux patois gascon,
Léger comme le chant matinal d'un pinson,
Gai comme un allègro, doux comme une cantate,
Musique au rythme franc où la pensée éclate,
Brille ainsi qu'un saphir entre deux filets d'or,
Et dans un cadre étroit s'enchâsse sans effort ?
Où l'inspiration fraîche de ce génie,
Qui dit les souvenirs d'une enfance bénie ?
Françonnette, à plus d'un, doit arracher les pleurs,
Et notre âme tressaille au récit des malheurs
De tes filles d'amour. L'Aveugle est un poème
Où parmi des soupirs si touchants ta main sème
Les épis les plus beaux d'une gerbe choisie.
N'est-ce pas un tableau divin de poésie,
Que l'histoire de Marthe oubliée en un jour,
Errant loin du pays natal, folle d'amour ?
J'aime encor cette verve étrange et pétillante,
Comme un vin de champagne en sa coupe brillante,
Qui marque d'un cachet toujours original
L'impromptu, froid souvent, parce qu'il est banal,
Improvisation, poème, épitre intime,
Les fleurs de ton bouquet ont un parfum sublime,
Cet arome idéal de la naïveté,
Dont les vieux troubadours aimaient la suavité,
Et qu'aujourd'hui leurs fils dégénérés remplacent
Par un fard emprunté que les siècles effacent.

Aujourd'hui que la mode est à l'antique, au vieux,
C'est un cri général parmi les curieux

Que la muse française hésite, et dans la fange
Flétrit en tâtonnant ses vastes ailes d'ange.
« Où sont les ménestrels au front large, à l'œil noir,
« Jetant sans marchander de manoir en manoir,
« Leur folle sérénade aux naïves paroles?
« Où sont les gais rondeaux, les tendres barcarolles
« Et les humbles chansons des trouvères passés? »
Ainsi parle la foule, et les lettrés blasés
Que n'a pas ébloui le coloris perfide,
Dont les rimeurs du jours ornent un penser vide.
A ceux-là je dirai : Ne cherchez pas au Nord,
L'art est trop raffiné pour vous. A peine encor
Ceux qui tiennent le sceptre ont droit à votre estime.
Vous qui voulez trouver, loin du genre sublime,
Une flore plus simple et plus fraîche, admirez
Mistral et son école, et les vers inspirés
Que le luth provençal, tiré d'un long silence
Fait vibrer hardiment dans sa molle cadence ;
Renaissance d'un peuple et d'un idiome éteint,
Tes adeptes sacrés ont l'avenir lointain
Qui s'ouvre devant eux sans mystère et sans voiles !
Le front ceint du bandeau fait d'azur et d'étoiles,
Jasmin, repose en paix. Voici tes héritiers,
Provençaux, Toulousains, Gascons, vaillants luthiers,
Sonnant à ta grande ombre un flot de chœurs funèbres
Dont la jeune clarté grandit dans nos ténèbres.

Albert Tinchant.

ALMA TELLUS

Le ciel est beau, l'étoile est belle, étincelante,
Mille globes de feu parent l'ombre des nuits,
La mer immense, belle en ses gouffres roulante,
Indomptable, terrible a de sublimes bruits.

Le soleil, doux foyer de la flamme brillante,
Est beau, du sombre hiver il chasse les ennuis.
Mais que la terre est belle aussi, quand souriante
A l'homme qui l'observe, elle montre ses fruits.

Généreuse, prodigue et riche, que de choses
Elle nous offre, là des pommes, là des roses,
Là de la pourpre, ailleurs l'or tombe de ses mains.

Et mère toujours bonne, impérissable, belle
Avec le lait qui sort de sa large mamelle,
La terre étonne, charme et nourrit les humains.

Ferdinand Potel.

LE TRAVAIL

AU DOCTEUR DUPLESSY

> O travail, sainte loi du monde.
> *Lamartine dans* **Jocelyn**.

Le travail, ici-bas, c'est le devoir suprême,
Que Dieu, qui prévoit tout, fit à l'humanité.
En sortant de ses mains, à l'homme il dit : je t'aime !
Mon fils, par ton travail mérite ma bonté !

L'homme, par le travail, rend les plaines fécondes.
La vigne, par ses mains, fleurit sur les coteaux ;
Plus loin, sous le soleil, montent les moissons blondes
Donnant du pain au pauvre, au riche en ses châteaux.

L'homme, par le travail, s'est assuré l'espace,
A l'aimant a soumis le tonnerre indompté ;
Et regardant là-haut la comète qui passe
A calculé le temps, lu dans l'immensité.

L'homme, par le travail, fait voler sa pensée
Sur un fil qui traverse et l'espace, et les mers.

La vapeur, sous sa main, se trouve condensée
De l'un à l'autre bout sondant notre univers.

Le travail grandit l'homme et fait fleurir les villes,
Console l'ouvrier, nourrit la pauvreté ;
Il fait taire la voix des discordes civiles,
Et sème sur le sol, paix et prospérité.

Le travail sait dorer l'horizon de nos rêves,
Embellit le présent, assure l'avenir.
Le travail sait sonner le glas des tristes grèves
Et dans les cœurs, du bien laisse le souvenir.

. . . .
. . . .

Je t'aime, travailleur ! et ton sort je l'envie,
Mortel, mon frère en Dieu !.. Le travail, comprends-tu,
Fait éviter le mal, enchante notre vie
Et rude Golgotha, conduit à la vertu.

26 novembre 1878. — Provence. Denis Ginoux .·.

BÉBÉ

Bébé n'a pas trois ans — je n'en disconviens pas,
C'est un charmant enfant, un vrai bouton de rose,
Un rayon de soleil, je le dis mais, hélas !
Prenez garde, madame, il faut bien peu de chose
Pour briser une fleur et voiler un rayon :
Un souffle seul suffit, un nuage qui passe
Et la mort pourrait bien effacer toute trace
De ces beaux petits pieds trottant dans la maison.

Bébé n'a pas trois ans — je n'en disconviens pas,
C'est un lutin charmant, un lutin frais et rose,

Ses petits airs malins plaisent fort, mais, hélas !
Prenez garde, madame, il faut bien peu de chose
Pour lui ravir sa grâce et flétrir sa candeur ;
Dans son âme, l'orgueil pourrait bien prendre place ;
Un sourire peut-être, un air approbateur
Suffirait à lui seul pour lui ravir sa grâce.

Anna Père.

LA FRANCE AU 30 JUIN 1878

A Monsieur C. Prost, maire de Lons-le-Saulnier.

Date à jamais célèbre, un soleil radieux
Est venu brillanter ta divine auréole,
Et dans la France entière un souffle harmonieux
Electrise partout notre nouveau symbole.

L'industrie et la paix, ces fleurons précieux
Rayonnent sur ton front et d'un nouveau pactole
Inondant les cités ; l'avenir glorieux
Va faire respecter notre plus chère idole.

Unissons tous nos cœurs en ce jour solennel,
Au monde entier montrons qu'il doit être immortel
En ayant pour appui l'amour de la patrie.

N'ayons plus qu'un seul cri : Paix et fraternité,
Et qu'une ambition : *Travail* et *liberté* ;
Faisons par nos vertus, honte à la barbarie.

(*Jura*).   H. Curie.

CARMEN SÆCULARÆ

Dieu du jour, Dieu des célestes lumières,
Reine des bois, doux ornement du ciel,

Phébus, Diane exaucez nos prières,
  En ce jour sacré, solennel.

Ecoutez-nous, écoutez, la Sibylle
Veut qu'aujourd'hui les vierges, les garçons
Chantent les dieux qui veillent sur la ville,
  Les dieux protecteurs des sept monts.

Soleil superbe, âme de la nature,
Puisse-tu voir, admirable flambeau,
Rome s'étendre encor, Rome future
  Former l'empire le plus beau !

Ilithia, Lucine, Génitale,
S'il est un nom que préfère ton cœur,
Sauve du mal la couche nuptiale,
  Des mères calme la douleur.

Veille la nuit, le jour veille sur elles,
Mets dans leurs seins de nombreux rejetons,
Vante l'hymen, aide les lois nouvelles
  Par des mariages féconds.

Ainsi le temps qui court en sa vitesse
Ramènera pour nos petits neveux,
Aux jours marqués, ces heures d'allégresse,
  Ces fêtes brillantes, ces jeux.

Ecoutez-nous, vous Parques véridiques,
Vous que l'on craint, qui ne mentez jamais,
A vos faveurs, aux richesses publiques,
  Ajoutez de nouveaux bienfaits.

Faites mûrir les germes de la terre,
Chargez d'épis le beau front de Cérès,
Et que les vents, une onde salutaire,
  Fécondent nos riches guérets.

Quitte Phébus, ton carquois redoutable,
Laisse ton arc à la voix des enfants.
Reine des cieux aux vierges favorables,
    Ecoute leurs vœux et leurs chants.

Si Rome fut votre superbe ouvrage,
Si les Troyens brisés par tant de maux,
Purent quitter leur sinistre rivage,
    Et chercher des charmes nouveaux,

Si désertant sa mourante patrie,
L'illustre Enée errant de mers en mers,
A pu trouver les bords de l'Etrurie,
    Après d'effroyables revers,

Dieu tout puissant gardez notre jeunesse,
Inspirez-lui de respectables mœurs,
Donnez le calme à l'heureuse vieillesse,
    A Rome toutes les splendeurs.

Au fils aimé de Vénus et d'Anchise,
Accordez tout, gloire, succès heureux,
Faites qu'au monde, à la terre soumise,
    Il parle en vainqueur généreux.

Déjà le Mède a connu sa puissance,
Le Scythe fier se lasse de lutter,
L'Inde superbe éteint son arrogance,
    Attend l'ordre qu'il va dicter.

Déjà l'on voit revivre, reparaitre
L'honneur, la paix, l'antique probité,
La bonne foi, contente de renaître,
    L'abondante prospérité.

Brillant Phébus, étincelant augure,
Toi qui peux voir dans l'avenir lointain,
Et sais guérir les maux que l'homme endure,
    Regarde le mont Palatin.

Veille sur Rome et sur ses destinées,
Que son éclat dure, vive longtemps,
Brille toujours à travers les années,
    Augmente avec l'âge, le temps !

Et toi Diane, ô toi, chaste Déesse,
Vierge des monts, de l'Algide, des bois,
Prête l'oreille aux chœurs de la jeunesse,
    Des Pontifes écoute la voix.

En nos foyers hâtons-nous de nous rendre,
Et remportons l'espoir d'être écoutés,
Les immortels voudront tous nous entendre,
    Ils furent dignement fêtés.

Ferdinand Potel.

LE SOLEIL.

Oui, j'aime le soleil quand le soleil t'éclaire
    De ces feux les plus sémillants.
Lorsqu'il verse sur toi l'éclat de sa lumière
    Ses rayons en sont plus brillants.

J'aime que ton regard au lever de l'aurore
    S'ouvre tout grand pour l'apaiser ;
Que ton visage aimé s'anime et se colore
    Sous le souffle de son baiser...

Et lorsque vers le soir surgit le crépuscule
    Et que l'astre quitte nos cieux,...
C'est qu'alors devant toi le dieu du jour recule
    Vaincu, dompté par tes beaux yeux !

Chevalier de Schoutheete de Tervarent.

20 Août 1878

N'IMPORTE
BOUTADE.

Déjà l'été nous fuit, l'hiver est à la porte;
   Si ton cœur est à moi, n'importe!...
Je ne crains pas la neige et les âpres frimas;
J'ignore les rigueurs de la température;
Que me peuvent les vents, la brume, la froidure?
   Je ne m'en inquiète pas!

Que me font le climat, la bise et la distance
   Quand tu me verses l'espérance?
N'ai-je pas ton amour et n'ai-je pas ta foi?
Quel sentiment pourrait attiédir ma flamme,
Et quel chagrin viendrait s'emparer de mon âme
   Quand je sens ton cœur près de moi?...

Si l'ennui m'envahit, si le spleen me menace
   Ton souvenir m'en débarrasse
Et je me réjouis en pensant à ton cœur!
Je prends alors mon style, et quelque poésie
Que je t'adresse au loin, ô ma charmante amie,
   Me rend la force et le bonheur!...

Dans tous mes maux c'est toi qui deviens mon remède.
   Si je cherche, comme Archimède,
Sur terre un point d'appui pour m'élever un peu,
C'est ton cœur qui me l'offre et sur lui je me base,
Car en songeant à toi tout mon être s'embrase
   De reconnaissance envers Dieu!

L'été s'est envolé, l'hiver sonne à la porte;
   Mais ton cœur m'appartient, n'importe!...
Je fais fi des flocons et des rudes frimas!
Je ne m'occupe pas de la température;
Je brave les autans ainsi que la froidure...
   Cela ne me regarde pas!

   CHEVALIER DE SCHOUTHEETE DE TERVARENT.
Château de Moeland, 7 novembre 1878.

SUR LA MORT DE LOUIS

MON PETIT ÉLÈVE

Il vient des âmes sur la terre,
Ames au vol audacieux,
Ames d'une blancheur austère
Et d'une pureté sévère,
Qui n'aiment point quitter les cieux.

A mi-chemin elles hésitent,
Font halte en un rayon vermeil ;
En bas les hommes les invitent,
Et les anges purs les visitent
Entre la boue et le soleil.

Si Dieu les pousse vers ce monde,
Nous les sentons avec fierté ;
En biens leur présence est féconde ;
Leur doux frôlement nous inonde
D'amour, de paix et de clarté.

Venez, âmes étincelantes,
Vous êtes les divins rayons
Qui glissez, étoiles filantes,
A travers nos nuits effrayantes...
Venez, que nous vous aimions.

Vous aimer, c'est ce qui nous guide,
Vous aimer, c'est notre bonheur ;
Sans vous notre âme serait vide,
Notre avenir sombre et livide,
Notre présent plein de douleur.

. . . .

Elles viennent, touchent la terre,
Y répandent l'amour, l'espoir :
L'espoir dans un cœur de père,

L'amour dans un sein de mère...
Dieu les reprend avant le soir !

Alors nos cris sont lamentables ;
Dieu nous brise en nous arrachant,
Par des efforts épouvantables,
Ces âmes ; ces enfants aimables,
Est-ce que Dieu serait méchant.

Est-ce que Dieu serait féroce ?
Il crée, il tue, anéantit,
Vers le berceau creuse une fosse...
Oh ! c'est une chose atroce
Qu'un cercueil quand il est petit !

Voilà ce que mon cœur de père
Grondait, bas, dans un songe affreux,
Lorsqu'un doux rayon de lumière,
Passant à travers ma paupière
Plongea vers l'infini des cieux.

. . . .

Pardon, mon Dieu, de mon blasphème,
A tes desseins je suis soumis ?
J'adore ta grandeur suprême...
Si pour te plaire il faut qu'on aime,
J'aimais cet ange... où l'as-tu mis ?

. . . .

Louis ! Quelle douce lumière
Environne ton front si pur !
Pour redescendre sur la terre,
Veux-tu quitter ton ciel d'azur ?

Ta mère était pour toi si bonne...
Nous t'aimions tous, tu le sais bien !
Dépose ta blanche couronne,
Dis-nous ce qu'il faut qu'on te donne ?
Viens ! tu ne manqueras de rien.

— « Le ciel ne va pas à la terre ;
» Séchez vos pleurs, je suis heureux ;
» Nous nous verrons un jour, j'espère ;
» Vous comprendrez le grand mystère !
» C'est à vous de venir aux cieux.

» Jamais ici nulles douleurs
» Ne nous empêchent de sourire :
» La bonne vierge nous admire
» Et sous nos pieds croissent les fleurs.

» Puis une brillante auréole
» Orne notre front virginal,
» Et sur des ruisseaux de cristal
» Nous nous promenons sans gondole.

» Souvent nous parcourons les cieux
» Dans les replis d'un blanc nuage,
» Et nous contemplons notre image
» Dans les ondes de vos lacs bleus.

» Nous goûtons les tendres prémices
» Des fruits exquis de ce séjour ;
» Nos cœurs sont tout remplis d'amour
» Pour l'auteur de tant de délices.

» Je reste au ciel... adieu ! adieu !
» Parents, amis, qui, sur la terre,
» Eprouvez la douleur amère,
» Je vous attends auprès de Dieu.

(*Nièvre*).   J.-M. Nolot, instituteur.

AUX DÉTRACTEURS DU PRÉSENT

Homme du bon vieux temps, si votre esprit s'obstine
A n'admirer que le passé,

Si vous voulez croupir toujours dans la routine,
    Sans voir que tout a progressé,

Libre à vous ?... quand la mer, après un grand orage,
    Retire ses flots à regret,
Ce n'est pas sans laisser des débris sur la plage
    Qu'auparavant elle couvrait.

Vous êtes les débris impuissants des tempêtes
    Que quatre-vingt-neuf engendra!
Sans nul souci de vous, ni de ce que vous faites,
    A l'écart on vous oubliera !

Restez comme le lierre attachés aux ruines,
    Rampez, s'il vous plaît, comme lui ;
Végétez en silence à l'ombre des collines
    Où chantent les hibous la nuit :

Nous vous reconnaissons le droit d'être inutiles,
    Ne vous demandant rien de plus,
Mais, pour Dieu, gardez- vous semblables aux reptiles
    Qui couvrent vos manoirs déchus,

De lancer le venin de vos vieilles rancunes
    Contre ceux dont la loyauté
Vous permet d'étaler vos fureurs importunes
    Au soleil de la liberté !

Gardez-vous d'outrager notre temps et ses hommes :
    Il faut que vous les supportiez,
Car vous nous donneriez en cherchant qui nous sommes
    Le droit de voir qui vous étiez !

Qui vous étiez ! L'histoire a porté d'âge en âge
    De vos forfaits le souvenir,
Et, si nous évoquions ce navrant témoignage,
    Il suffirait pour vous punir !

Ne serait-ce pas faire un long réquisitoire,

Même en ne citant que des noms :
Depuis ce Charles IX d'exécrable mémoire,
Qui s'amusait, de ses balcons,

A cribler de ses traits les protestants en fuite,
Jusqu'à Louis le bien-aimé,
Qui commit tant d'excès qu'il mourut de leur suite,
Haï de son peuple affamé !

Faut-il vous rappeler les hontes de Versailles,
Les bûchers, l'inquisition,
Tous les crimes enfin qu'au jour des représailles
Eut à venger la nation ?

Non ! dans la tombe on doit respecter ceux qui gîsent :
Oublions donc le sang versé,
Mais imposons silence aux fourbes qui médisent
Du présent, vantant le passé !

P. F. Miquet

A UNE HIRONDELLE

« Remember. »

Ton nid, quand j'ouvrais ma croisée,
Me chantait chaque jour l'aubade du matin,
Tandis que j'écoutais dans l'horizon lointain
Se briser la vague irisée.

Ce gai gazouillis d'oisillons,
Comme un trille qui rompt le largo d'un andante,
Brodait effrontément de sa note stridente
Le chant des humides sillons...

Et je croyais que l'infinie
Puissance, en qui tout est et se meut sans effort,
Avait pour loi d'unir ainsi le faible au fort
Dans l'universelle harmonie !

   Hélas ! l'aquilon est venu
Nous assaillir ensemble, et n'a plus eu de trève
Qu'il n'ait précipité la vierge de son rêve,
   Et de son nid l'oiseau tout nu.

   Je t'ai réchauffée, hirondelle,
Et j'ai fermé ta plaie en bravant ma douleur ;
Mais je ne puis de même, hélas ! fermer mon cœur
   Au souvenir de l'infidèle.

   Bientôt avec tes jeunes sœurs
Vers de nouveaux printemps tu voleras joyeuse,
Sans qu'à ton aile reste, ô ma brune oublieuse,
   La moindre trace de mes pleurs...

   Ah ! si cette aile vagabonde
Te conduit au vallon où s'abritent ses jours,
Dis-lui qu'après aimer, pardonner fut toujours
   Ce que j'ai su le mieux au monde.

   Dis que pour son destin je veux
Des bonheurs plus brillants qu'en mer ne sont les voiles,
Plus nombreux et plus purs que les blanches étoiles
   Ou scintillent au front des cieux.

   Pars, ma fidèle messagère,
Mon âme te suivra. — S'il demande là-bas
D'où tu viens, qui t'envoie ? au moins ne lui dis pas
   Le nom de la triste étrangère. —

Etretat, octobre 1878.   Fanny Bianic.

DANS LES BOIS

(Paris 1878).

Ma Blanche aime une fleur, un brin d'herbe l'attire,
Le doux chant d'un oiseau la fait tout bas sourire ;

On croirait que son cœur répond à sa chanson...
Son âme est attentive et n'en veut perdre un son !
Elle court aux gazons, cueille une paquerette,
Et l'interroge, à moins que bientôt la fauvette
La distraie en sifflant ses petits airs chéris !
La fleur tombe, et beaucoup de calices flétris
Sont tombés avec elle ! et Blanche, toujours belle,
Le nez en l'air, charmante, et l'âme au vent, appelle
Avec sa voix d'argent, l'oiseau qui loin s'enfuit...

Comme je vais rêver encore, cette nuit ! ! !
 1878.   Eug. Blot.

L'IMAGE DE LA VIE

  Toujours souffrir !
  Toujours gémir !
  Sur cette terre
  Où la misère,
  Le jour, la nuit,
  Sans cesse nuit.
  La maladie,
  Voilà la vie,
  Désagrément
  De tout moment.
  Avoir un maître,
  Et ne connaître
  Repos, loisirs,
  Gaîté, plaisirs,
  Santé, richesse,
  Amour, tendresse,
  Pourquoi nous fuir,
  Et nous haïr ?
  O toi, science !
  Rends l'espérance ;

Comble nos vœux,
Fais-nous heureux !
A notre tâche,
Et sans relâche,
Appliquons-nous :
Il est si doux,
Quand la nuit close,
On se repose
De ses travaux,
Toujours nouveaux.
Il est au monde
Ou brune ou blonde,
Dont les beaux yeux,
Doux, langoureux,
La bouche rose !...
... Puis autre chose....
Dictent l'amour !
Dans un beau jour
De douce ivresse,
Et de caresse,
On se sent pris !
Voilà le prix
Que donne celle
Qui vous appelle
Du nom si doux
De cher époux !
Elle était sage,
Mais en ménage
C'est un luron,
Un vrai démon,
Qui vous lutine,
Et vous taquine,
Soir et matin.
C'est le chagrin
Du mariage !

O lecteur sage !
Qui me lisez
Et comprenez,
De votre vie,
Loin la folie,
Des amoureux
Trop malheureux !
Vient la misère,
Cette mégère,
Vous obséder ;
Et sans céder,
Vous importune,
De l'infortune
Des indigents.
Puis les enfants,
Comme une proie,
Prennent la joie...
Loin les désirs
Et les plaisirs !
Versez des larmes,
Adieu les charmes !
Soins superflus,
Ils ne sont plus !
Voilà l'image,
La plus sage
De nos amours
De tous les jours.
Mieux vaut l'étude
En solitude ;
Car ses attraits
Et ses bienfaits,
Toujours suaves
En restant graves,
Font le bonheur
De notre cœur !

O. Argentié.

VAINCUS

ÉPISODE DE TROIS FRANCS-TIREURS
1870-1871

I

Nu-pieds, coiffés d'un feutre à la forme brisée,
Où de ses trois couleurs une cocarde usée
Laissait, au gré du vent, s'agiter les lambeaux,
Deux hommes, recouverts de leurs poudreux manteaux,
Marchaient péniblement laissant voir les souillures
D'une trace de sang coulant de leurs blessures.
Ils fuyaient à grands pas les funestes vallons
Où gisaient étendus leurs pauvres compagnons.
Ils avaient vu de près éclater les mitrailles ;
L'un d'eux, vaillant guerrier vieilli dans les batailles,
La barbe grisonnante et le front tout noirci,
Laissait voir le soldat à la peine endurci.
Il paraissait l'aîné par l'âge et les victoires,
Et portait noblement son front chargé de gloires.
L'autre, soldat d'hier, marchait silencieux,
De longs regards sans but s'échappaient de ses yeux ;
Sur sa mine blêmie, empreinte de souffrance,
D'une fatigue extrême on voyait la présence.
Tous deux avaient bravé le péril du combat,
Mais eux seuls n'étaient point de ceux que l'on abat.
Ce n'est pas sans donner leur sang à la patrie
Qu'ils étaient parvenus à se sauver la vie,
Car sur le champ d'honneur tous deux étaient tombés,
A leurs frères mêlés, avec eux succombés,
Ils s'étaient endormis du sommeil de la mort.
Or, l'Allemand vainqueur avait bravé l'effort
De nos vaillants soldats, et jouissant de ses crimes,
Se répandait partout, en faisant des victimes,
Comme un flot qui se crève après avoir détruit

Tout ce qui l'arrêtait. Nos deux braves sans bruit
Vers la ligne française avançaient au plus vite,
Afin d'y retrouver des amis et un gîte ;
Quand, à trente pas d'eux, sur le bord du chemin,
Un spectacle effrayant leur apparut soudain :
Un soldat, un des leurs !... affaissé sous l'outrage
D'un ennemi vainqueur qui, dans sa sombre rage,
Avait plongé son fer dans son sein tout meurtri,
Etait étendu là, le front bas et flétri
Dans la boue et le sang !... Sa main crispée encore
Retenait les lambeaux d'un drapeau tricolore
Que l'infâme Allemand, fuyant plein de remord,
N'avait osé voler effrayé par la mort !
Son sang coulait à flots de sa poitrine ouverte,
Sur sa joue on voyait, malgré sa teinte verte,
Qu'un coup mortel encor ne l'avait point frappé.
Ce signe, à nos soldats, n'avait point échappé,
Car sans perdre un instant, mettant bas leurs coiffures,
Et rassemblant leur force, oubliant leurs blessures,
Ils portèrent leur frère au village prochain.
En voyant s'avancer d'un pas tout incertain,
Demi-morts et sanglants, épuisés de leur chute,
Ces glorieux débris échappés de la lutte,
Les pauvres paysans, tous muets et transis,
D'une oreille attentive écoutaient leurs récits.

II

« Où suis-je, et quels accents ont frappé mon oreille ?
» C'est la voix de ma sœur qui doucement m'éveille,
» J'en reconnais d'abord le son mélodieux,
» Et sa main caressante a passé sur mes yeux.
» Après un dur exil aux terres étrangères,
» Dieu ! qu'on dort mollement sous le toit de ses pères !..
» Non jamais le sommeil, me versant ses pavots,
» De songes plus flatteurs ne berça mon repos ;
» Jamais, après la nuit, aux traits de la lumière,

» Réveil plus enchanteur ne rouvrit ma paupière.
» O ciel, je te rends grâce, ici rien n'est changé,
» Dans ce réduit modeste et simplement rangé,
» Dont j'ai si chèrement conservé la mémoire :
» Voilà bien ce fauteuil et cette antique armoire ;
» Voilà le Dieu mourant sur la croix étendu,
» Et ce vase d'eau sainte à mon lit suspendu,
» Et ce livre où ma mère à ma langue enfantine
» Apprit à bégayer la prière divine.
» O jour fatal ! ô jour plein d'horreur et d'effroi,
» Où l'inflexible mort l'enleva devant toi !
» Viens, dirige mes pas ; viens, c'est à toi, mon frère,
» De me montrer le lieu d'une cendre si chère.
» Moins à plaindre que moi, tes tristes yeux du moins
» De son moment suprême ont été les témoins.
» Allons donc sur sa tombe, unissant nos prières,
» Là, tu me rediras ses paroles dernières,
« Ses adieux, ses avis, ses vœux pour mon salut ;
« Ensemble de nos pleurs offrons-lui le tribut !...
« Mais mon esprit s'égare, à peine je respire ;
« De cet objet sacré j'ai l'éternel empire...
« Ma force me trahit... Ah ! farouche vainqueur !
« Peux-tu, lâche assassin, en me perçant le cœur,
« Avoir tranché des jours dès lors si pleins de charmes,
« Et me plonger dans l'ombre en versant tant de larmes !
« Fantômes ravissants, pourquoi vous retracer,
« Pour ne plus revenir, mes beaux jours vont passer !
« Ah ! Dieu sacré, du moins reçois tous mes hommages
« En attendant qu'enfin, sur tes brillants rivages,
« Sur ces bords éternels d'un heureux avenir,
« Un jour qui n'est pas loin puisse nous réunir.
« Le temps court, l'heure avance et va sonner peut-être !
« J'ai vu couler mon sang, mes forces disparaître ;
« Un nuage fatal et toujours plus épais,
« S'approche, et par degrés m'enferme désormais,

« Partout autour de moi remplissant l'étendue.
« Et ce n'est point en vain que vers moi descendue,
« La nuit, à mon chevet, d'un air silencieux,
« Ton ombre vient s'asseoir et me montrer les cieux. »

III

C'est ainsi que parlait celui qui de son père,
Après un long exil revoyait la chaumière.
Il s'éveillait enfin à son lit de douleur ;
Et de l'éclat du jour sa brillante lueur
Lui rappelait soudain les charmes d'autrefois,
Qu'il lui semblait goûter pour la première fois.
Ses regards chancelants cherchaient, fixant l'espace,
Les êtres qu'il laissa jadis à cette place ;
Mais la mort en passant, frappa sans sourciller,
Et plus d'un s'endormit pour ne point s'éveiller.
C'est ainsi que, courbés sous cette loi fatale,
Ses parents furent mis sous une même dalle ;
Et ce malheureux fils, à ce réveil affreux,
N'eut pas même un baiser qui le rendit heureux !
Un flot de sang jaillit et l'arrache à son rêve,
Sur ses lèvres un cri s'arrête, il se soulève,
Il croit sentir le fer qui laboura son flanc,
Et retombe soudain sur son lit teint de sang.
Déjà le froid pénètre en sa chair affaissée,
Sans plainte, il meurt donnant sa dernière pensée,
Au pays qui l'attend et qu'il ne verra plus.
La France à ses martyrs ajoutait un de plus !

Novembre 1878   A.-Auguste Chauvigné Fils.

MALHEUREUX LES PETITS
INOFFENSIFS.

Dans le coin d'un parterre, une humble violette,
A l'ombre fleurissait ; elle espérait, pauvrette,

Vivre et mourir tranquille — ah ! plaignons son erreur.
Le maître l'aperçoit et s'écrie en fureur :

Qu'est-ce là, jardinier ? pareille négligence
Me semble impardonnable, et je serai, je pense,
De vous donner congé, forcé, sachez-le bien ;
Cette herbe arrachez-la, qu'ici ne cloche rien...

Doux, simple, inoffensif, vous avez l'espérance
De végéter en paix d'avoir l'heureuse chance
De ne porter ombrage à personne — espoir vain...
La brebis, on l'égorge, et le loup on le craint.

E. Duhamel.

28 Novembre 1878 Villa des arènes.

A MON PAYS

Tu fais bondir mon cœur, ô beau nom de patrie !
Nom mille fois béni, je t'aimerai toujours !
Tu resteras l'objet de mon idolâtrie,
Lorsque mon sang glacé modèrera son cours !
   De ton ciel la voûte azurée,
    Me charme, ô ma France adorée,
Plus que le faux éclat du plus riche trésor ;
Tes splendides cités, tes campagnes fertiles
De tout temps ont produit des citoyens utiles
Toujours prêts à répandre et leur sang et leur or.

Dans ton heureux climat, ma riante Touraine,
Qu'il fait donc bon goûter tes charmes séducteurs !
Qu'il est doux au cœur pur comme à l'âme sereine
De vivre sans soucis sur tes bords enchanteurs !
   Villes, châteaux, hameaux, rivières,
    Tout me plaît, tout jusqu'aux chaumières,
Jusqu'aux pauvres logis creusés dans tes coteaux ;

J'aime des laboureurs la gaîté cordiale,
De tes vieux vignerons la face joviale
Et le bon vin mousseux qu'on boit dans leurs caveaux.

Dans les simples atours de ta beauté champêtre,
Tu me plais, mon Sonzay, beaucoup plus que Paris ;
A toi sont rattachés les ressorts de mon être,
Tu possèdes des biens qui sont pour moi sans prix :
      Une bonne et vaillante mère
      Que j'adore et que je vénère,
Une épouse veillant sur nos enfants chéris,
Et puis encor là-bas, au bord de la rivière,
A l'ombre de la croix de l'humble cimetière,
Les tombes des aïeux sous leurs tertres fleuris.

J'aime la belle tour de ton antique église
Dont la cloche fêta mon heureuse union,
Les marronniers touffus frissonnant sous la brise
Du pasteur abritant la méditation,
      Et la place triangulaire
      Où l'amusement populaire
Se traduit quelquefois en de bruyants éclats,
Et le paisible toit où mon heureuse enfance
S'écoula doucement bien loin de l'opulence,
Prenant près d'une sœur ses plus joyeux ébats.

Quelquefois, tout rêveur, je parcours la vallée
Et je suis du ruisseau les sinueux détours,
Je vois couler ses flots sur sa couche ondulée
Et bientôt du manoir baigner les vieilles tours ;
      Attirés par ses eaux limpides
      Roulant sur les cailloux humides
Les pâtres en chantant abreuvent leurs troupeaux ;
Dans les buissons ombreux le merle et la fauvette,
Dans les prés le grillon se cachant sous l'herbette,
Redisent à l'envi leurs chants toujours nouveaux.

Je suis heureux de voir sur tes vertes collines
Jaunir les blés, mûrir et rougir les raisins,
Sur l'arbuste épineux fleurir les églantines
Autour des ruches d'or voltiger les essaims,
      Se jouer la lumière et l'ombre
      Dans les bois au feuillage sombre
Du côté du midi bornant ton horizon,
Des chênes et des pins se balancer les cimes,
Le chevreuil poursuivi franchir de noirs abîmes
Et le lièvre craintif brouter le frais gazon.

J'ai mon ambition, mon bien-aimé village,
Je voudrais dans ton sein couler mes derniers jours,
Vivre tranquillement dans notre vieux ménage,
Voir à maturité les fruits de nos amours,
      Puis bercer leur jeune famille
      Qu'un vieillard trouve si gentille,
Sentir battre nos cœurs sous des baisers d'enfants,
Et... ces beaux jours passés, notre course finie,
Aborder tous les deux à la rive bénie
Et reposer en paix près de nos chers parents.

Oui !... mais s'il le fallait... si notre France en larmes
Comme une mère en deuil appelait ses enfants,
Si l'étranger maudit osait prendre les armes
Pour revenir souiller nos foyers et nos champs,
      A ton appel, ô ma patrie !
      Je quitterais femme chérie,
Mère, enfants, pour voler joindre tes bataillons ;
Nous pourrions, grâce à Dieu, reconquérir nos frères
Qui versent, sous le joug, bien des larmes amères,
Dût pour cela mon sang arroser leur sillons !

(*Indre-et-Loire*), 14 août 1878.   Félix Gajard.

LE TROUVÈRE *

Aux collaborateurs du volume : Le Progrès.

I

O toi, dont le rire est mélodieux,
Dont le doux regard me trouble et m'enchante,
Ecoute, mon ange, un ami des Dieux
    Qui pleure et qui chante !

On te tient recluse et loin de tout bruit,
Dans la sombre tour, tu rêves — captive,
Malgré tes gardiens, entends-tu la nuit,
    Ma chanson plaintive ?

Si tu veux, un soir — crois-en mon amour —
Quand tout sous le ciel paraît triste et louche,
J'irai te chercher au fond de la tour
    A l'aspect farouche.

Nous fuirons bien loin, bien loin du manoir,
Antique demeure, aux vertes citernes ;
Loin de ce donjon affreux et si noir,
    Aux murailles ternes !

Si l'un des archers, oyant des chevaux
Les hennissements, s'élance à leur suite,
Avant qu'il n'ait pu franchir les créneaux,
    Nous prendrons la fuite !

Plus loin, dans le parc, un second archer,
Par les soins du maître est mis en vedette
Et si, par malheur, il entend marcher,
    J'y perdrai ma tête !

---

* D'après *Rapt* de L. Mallefille.

Mais c'est un buveur, un joyeux luron,
Il est toujours ivre et la nuit sommeille,
Pressant dans ses bras son divin flacon...
    Et l'on croit qu'il veille !!

Près du pont-levis — si je m'en souviens —
Ton bourreau, ma belle, a mis une cloche,
Je l'enlèverai — malgré les gardiens
    Guettant toute approche.

Le dernier soldat est lâche, il a peur,
Et craint l'eau, le feu, le bon Dieu, le diable,
Comme les amis il aime, buveur,
    Rouler sous la table !

On m'a raconté qu'il croit aux sorciers,
Que seul, il marmotte, *ave*, patenôtres,
Pour lui, j'en suis sûr, nos fougueux coursiers
    Seront des apôtres !

Pendant que sur place, il sera cloué,
Nous piquons des deux, dévorant l'espace,
Libres nous serons — le tour est joué —
    Mais gare à la chasse !..

Au triple galop, nous nous élançons,
Mais avant cela, pour prendre courage,
Sur ta lèvre rose aux tendres frissons
    Je ravis un gage !

Et, si le sonneur de ton vieux château,
Pour marquer le temps — vigilant veilleur —
Frappe sur l'airain à coups de marteau,
    Ne dis pas : J'ai peur !

Le démon, ma belle, errant dans la nuit,
Il sera prudent de ne pas l'attendre,
Nous nous signerons, échangeant sans bruit
    Un baiser bien tendre.

D'abord il faudra — sans perdre un instant —
Prendre le sentier qui rejoint la route,
Où l'épais feuillage, ombreux, verdoyant
  Se dessine en voûte !

Là, j'aurai la veille, au fond d'un taillis,
Caché mes poignards, yatagan et dague,
Car nous pouvons être en route assaillis,
  — La nuit tout est vague !..

J'aurai, par prudence — il faut tout prévoir —
Averti ton page et, sous la charmille,
Piaffera, tout près de mon coursier noir,
  Ta jument gentille.

Changeant de chevaux — le chemin est long —
Sans nous reposer nous sautons en selle,
Pour cravache alors, nous cueillons un jonc,

. . . .

  Et soudain, ma belle,

En priant les cieux de nous bien guider,
— Déja nous aurons eu beaucoup de chance —
Je dis : Au galop ! et sans retarder
  Le coursier s'élance !..

II

Le chemin serpente au fond du vallon
— Comme un long ruban flottant sous la brise —
Bientôt va gémir le froid aquilon,
  Vois, la nue est grise...

Entrons daus ces bois, leurs sombres abris
Pourront nous cacher sous leur épais voile
— La nuit laisse errer dans ses mille plis
  La brillante étoile !

Sous le sombre dais, dans les bois, tout dort ;

Mais quoi, ma Fathma, quel penser t'obsède ?
Tu sembles trembler, ton cœur bat bien fort,
    A la peur il cède !

Oui... je sais... mon ange, on croit quelquefois
Voir dans les forêts des êtres fantasques,
Fantômes, esprits et spectres sans voix,
    Démons, sombres masques !

Tout ce qui nous plaît quand le soleil luit,
Nous paraît alors étrange de forme :
Tout est vague et noir — je crois que la nuit
    Le monde est difforme.

Au lieu de l'oiseau qui passe léger,
Sous le doux zéphir qui caresse et frôle,
C'est un lourd rameau qu'on entend bouger,
    Un lynx qui miaule.

La lune blafarde, éclairant les cieux,
Jette un regard louche aux vertes ramures ;
Tout se tait, tout dort, chants mélodieux
    Et tendres murmures.

Voyons, ma Fathma, tu dois te roidir,
Près de ton amant, il faut être forte ;
Ne va pas déjà, trembler, tressaillir
    Et te croire morte !

C'est l'ombre, partout, de tous les côtés !
L'aspect des forêts est froid et sauvage...
Mais quels sont ces cris au loin répétés,
    Glaçant ton courage !

Oui, c'est un hibou, — nocturne chasseur,
Qui vient de lancer son cri de victoire ;
Eh quoi ! c'est cela qui cause ta peur ?
    Non, je n'y puis croire !

Qu'est-ce donc encor ? d'où vient ton émoi ?
Quoi ! j'entends ton cœur qui bat et tressaute
Ton cheval hennit, ne t'en prends qu'à toi ,
    N'est-ce pas ta faute ?...

Par instants tu vois de noirs papillons ;
— Ils sont endormis pourtant à cette heure, —
Puis tu crois entendre au loin mille sons ;
    Mais ce n'est qu'un leurre !

Tout me semble étrange : arbre ou cri d'oiseau ,
Un peu de sang-froid , sois forte , que diable !
Songe que tu fuis la mort... ton bourreau ,
    Despote implacable !

Allons , maintenant , ne te sauves pas ....
Vois, regarde un peu, ce n'est qu'une branche,
— « Je crois voir un nain qui me tend les bras,
    Et vers moi se penche ! »

— Viens à mes côtés... Fi de la terreur !
— J'aperçois dans l'ombre une face pâle....
— Ce n'est pas un mort, oui... c'est une erreur,
    — Car c'est toi qui râle !

Mais qu'a donc ton œil pour trouver dans tout
De sombres démons, des nains , des chimères !
— Ces gens-là , dit-on , se cachent partout,
    — « Contes de grand'mères ! »

Qu'est-ce encor ? voilà que sur un bouleau
S'ébat un lutin qui danse et grimace ,
Ce n'est pas sur terre , — en voilà du beau , —
    Que vit cette race !

La frayeur te fait voir tout à rebours :
Tu prends un ormeau pour une potence ;
Ce n'est qu'un buisson... ce n'est pas un ours
    Qui vers toi s'avance !

Allons, es-tu folle ! ouvre donc les yeux !...
— Non, car je crois voir, à travers l'espace,
Les pieds sur la terre et la tête aux cieux,
  Un géant qui passe !...

Près de moi viens donc, où vas-tu par là ?
Ce n'est que mon ombre errant sur un arbre :
Tu vas te pâmer..... te voilà déjà
  Froide comme un marbre !

— Là-bas, près de l'eau, c'est un revenant ?
— Non, c'est un oiseau cherchant sa pâture !
— Non, j'entends encor son nocturne chant...
  — C'est l'eau qui murmure !

Moi, je n'ai pas peur ; presse ton cheval,
Nous voilà bientôt au bout de la route,
Nous allons quitter ce bois infernal....
  ... Mais quel est ce doute ?...

Est-ce qu'à mon tour je tressaille aussi ?
... En moi tout est mort, mes membres se glacent ;
Corbleu ! je suis fort, mais d'où vient ceci,
  Nos chevaux se lassent ?

. . . .

Tout devient lugubre au fond des forêts,
Et le vieux sapin, à la tête altière,
Semble nous narguer, — fait-il ses apprêts
  Pour devenir bière ?

J'entends murmurer, et je ne sais où ?
Chaque arbre paraît avoir bec et corne,
Il y a de quoi rendre un homme fou....
  ... Que ce bois est morne !!

Dans les noirs buissons, — j'en doute, parbleu ! —
On dit que la nuit se cache un fantôme,

Dont les regards verts, aux reflets de feu,
   Agacent un gnome !

On prétend aussi, — mais je n'y crois pas, —
Que du fond des lacs montent des sirènes,
Qui dansent en rond, prenant leurs ébats
   Au milieu des chênes.

On dit que Satan des bois est le roi,
Que son regard faux attire et fascine ;
Si je le voyais, je ferais ma foi,
   Fort piteuse mine.

Plus d'une âme folle, — alors que tout dort,
Erre toute en pleurs, au milieu des saules,
On dit qu'un linceul, — vêtement de mort,
   Couvre ses épaules.

Tout cela, je sais, est conte banal,
Pourtant on a vu, — l'Eglise le nie, —
Rire et sautiller, — danseur infernal ; —
   Le mauvais génie.

Es-tu donc sans fin, ô bois de Satan ?
Ne verrons-nous pas commencer la route ?
« Qu'est-ce donc là-bas ? » — Là.. c'est un Elan
   Qui dans l'herbe broûte.

Allons, ma Fathma, comme toi je crains,
Invoquons ici ta tendre madone :
Jurons de brûler mille cierges saints
   Autour de son trône !...

. . . .

Mon ange, je crois que pour les amants,
Il existe un Dieu, — qui perdit mère Eve, —
Le bois va finir dans quelques instants,
   Vois !... Le jour se lève !..

III

Du bois c'est la fin..... adieu les démons !
Comme l'air est pur, — enfin je respire, —
Au milieu des prés nous nous élançons
    Loin du sombre empire !

Hurra ! la nuit fuit, le zéphir léger
Déjà vient bercer les fleurs de la plaine,
Et près des ruisseaux on voit voltiger
    La douce phalène.

C'est la liberté !... Pressons nos chevaux,
Encor un baiser !.. vive la lumière !
Maintenant j'entends, au loin les oiseaux
    Chanter leur prière.

Des fers, nos chevaux font jaillir le feu ;
Tout fuit devant nous : arbres, maisons, villes....
Le port n'est plus loin, — arrêtons un peu,
    Nous sommes tranquilles !

Nos pauvres coursiers, rivaux en ardeur,
— Faits pour nous prouver que l'exemple exalte,
Ont besoin, je crois, d'un peu de vigueur,
    Faisons une halte !...

Maintenant ton front est plus radieux,
Sur ta bouche rose éclot le sourire,
L'amour fait briller l'azur de tes yeux
    Où je sais bien lire !

Zéphir qui se joue au milieu des fleurs
Ravit en passant, au fond des corolles,
Le parfum si doux qu'exhalent tes sœurs
    Ephémères, folles !

Les feux empourprés du brûlant soleil
Paraissent au loin, dorant la colline ;

La nature enfin est à son réveil
  Et tout s'illumine.

Tout chante et tout vit quand vient le matin,
L'oiseau, le ruisseau, tout semble sourire,
Tout charme nos yeux, tout sur terre, enfin,
  Murmure et soupire.

En selle ! partons, prenons notre essor,
— Déjà ton coursier hennit et s'élance... —
Sur mon cœur, amie, un baiser encor...
  Vive l'espérance !...

Nous sommes bien loin de ton vieux castel,
A nous l'avenir ! Traversons l'espace !..
Ton voile, Fathma, semble, sous le ciel,
  Un oiseau qui passe.

Nous volons... volons, sans toucher le sol ;
Nos ardents coursiers possèdent des ailes ;
C'est l'Amour qui fuit, ou plutôt le vol
  De deux tourterelles !

IV

L'air devient plus frais ; après ces coteaux
Le sol vers la mer s'incline et s'avance ;
Ma barque est cachée auprès des roseaux,
  Le flot la balance !

Encor une traite et nous y touchons —
Au triple galop la course s'achève,
C'est la liberté... nous nous reposons
  Sur l'humide grève.

Mais qu'entends-je au loin ? ce sont des archers,
Leurs coursiers déjà volent sur ma trace ;
Que le diable emporte, aux ardents bûchers,
  Cette infâme race !

Quoi ! se voir repris quand on touche au port,
Non, jamais, jamais ! il faut du courage,
Je veux en découdre, attendant la mort,
  Le cœur plein de rage !

— Mais s'ils sont nombreux, tu succomberas;
(Le bruit de leurs pas me paraît plus vague...)
— J'ai la rage au cœur... ma haine et mon bras
  Guideront ma dague !

— Si tu dois tomber, mourons tous les deux !
— Si c'est là le sort que Dieu nous impose
Je déposerai mes tendres adieux
  Sur ta lèvre rose !

Je n'entends plus rien que le bruit du flot
Sur le dur rocher que toujours il use ;
Se sont-ils trompés ? non, je crois plutôt
  Que c'est une ruse !

Ils se sont perdus au milieu des bois,
Leur chef, tu le sais, ignorait la route ;
Le but est atteint, c'est fini, je crois ;
  Maintenant, écoute :

Si dans le combat ton lâche oppresseur
Avait pu me vaincre — en rendant mon âme
J'aurais, ma Fathma, dans ton petit cœur
  Enfoncé ma lame !

Mais tout est fini, béni soit le sort ;
L'amour nous attend, voici ma nacelle,
Demain, tous les deux, nous serons au port,..
  Un baiser !... ma belle.

V

O toi dont le rire est mélodieux,
Dont le doux regard me trouble et m'enchante,

Ecoute, mon ange, un ami des dieux
Qui t'aime et qui chante :

. . . .

Voguons sur l'océan, voguons jusqu'à l'aurore,
Vois, l'errante Stella scintille dans les cieux,
Le flot paraît épris de l'astre qui le dore ;
Le secret de ton cœur est trahi par tes yeux.

Voguons, que ma nacelle
Agite le flot pur.
Ah ! pourquoi ne va-t-elle
Se perdre dans l'azur ?

Sur l'océan qui dort vient se jouer la brise,
Et le flot qui palpite et s'enfuit devant nous,
S'en va vers le rivage et doucement se brise
Exhalant un murmure harmonieux et doux.

Je crois que ma pirogue
— Entendant mon appel —
Quitte la mer et vogue
Dans les flots bleus du ciel !

De l'océan qui dort les cieux sont la ceinture,
La vague mollement caresse mon esquif,
Zéphir pour nous charmer prélude à son murmure
Et l'amour nous conduit loin du sombre récif.

Vois, ton écharpe blanche
— Cachant tes seins si beaux —
Quand la barque se penche
Se mire dans les eaux.

Sur l'océan qui dort tout se confond ensemble,
Dans le vaste silence on entend le rameur,
Murmurer tendrement à la belle qui tremble.
— C'est l'instant de l'amour, laisse parler ton cœur —

Qu'importe l'étincelle
Qui brille dans les cieux ?
Le feu de ta prunelle
A mon âme plaît mieux !

Russie, 27 Septembre 1878)   P.-E. ERARD.

A MA LAMPE.

Ma lampe merveilleuse, en te voyant le soir
Illuminer ma chambre, où tout serait si noir,
Des rayons argentés d'une douce lumière,
Dont le soyeux reflet inonde ma paupière,
Et remplacer pour moi le soleil de l'été,
Tu me sembles, ma lampe, une divinité !
A l'heure du repos, quand ma jeune famille
Prend place à mes côtés près du feu qui pétille,
Et que plus d'un babil, me pressant de questions,
Cherche son horoscope en tes brillants rayons,
Moi-même, je consulte en sa métaphysique,
Ton ardente couronne à forme fantastique.
A ta flamme divine, à son scintillement,
Qui vient réjouir l'œil tout en l'éblouissant,
Lorsque ma main s'exerce à faire une couture,
Ou que mon âme en paix savoure une lecture,
L'esprit de mon cerveau * — céleste illusion —
En passant chez Cousin, remonte chez Platon ;
Devant ses saintes lois s'extasie et s'incline,
Et s'en revient épris de sa belle doctrine.
Mais si j'ose parfois, en dépit de Boileau,
Des couleurs du Parnasse agiter le drapeau,
Ma main se paralyse, et ma muse volage
Au bout de chaque vers veut que j'écrive « orage. »

* Allusion à la théorie de Platon sur l'âme.

Je la dois contredire, et, l'esprit chancelant,
Je cherche une autre rime, et je trouve « néant. »
Que puis-je faire alors ? serait-il raisonnable
De résister au sort quand il n'est pas tenable ?
Cédant à sa fureur, je me retire enfin,
Et passe sagement par un autre chemin.
Semblable au papillon, qui va de rose en rose,
J'effleure les auteurs, et jamais ne repose :
Avec Lamé Fleury * je descends chez Pluton :
Quand j'ai lu Bossuet, je reprends Fénélon,
Ce bon, ce saint prélat d'immortelle mémoire,
Du prêtre le modèle, et du temple la gloire,
Dont le style fleuri, dont les divins accords
Subjuguent les vivants et font parler les morts....
Le silence a frémi, le papillon arrive ;
Devant ton abat-jour la mouche passe vive ;
Elle échappe à mes yeux ; mais son léger bourdon
A mon âme attendrie a donné le frisson !....
Là je vois s'agiter des lueurs vacillantes,
Et mes yeux se portant sur ces vapeurs errantes,
Un tout-puissant ressort fait tressaillir mon cœur !
Je me lève soudain.... Hélas ! erreur ! erreur !...
Mon bras veut les saisir ; mais ces ombres chéries
M'ont caressé le front, et puis se sont enfuies !...
Pourquoi vous envoler, ô sylphes ondoyants ?
En vous j'ai pressenti l'ombre de mes parents !
Venez, quittez ce voile, ô mon père ! ô ma mère !
Je veux vous embrasser, ô ma sœur ! ô mon frère !
Voyez !... lisez vos noms en mon cœur imprimés !
Venez !... oh ! parlez-moi, vous que j'ai tant aimés !...
Que dis-je ?.. Non, mon Dieu !.. pardonnez à mes larmes !
Gardez auprès de vous, gardez ces saintes âmes ;
Et qu'en votre présence, elles soient à jamais

---

* Auteur de ma mythologie.

Couvertes de votre aile et reposent en paix !
En proie à mon émoi, j'ouvre mon formulaire
A mon saint Rédempteur, à son auguste mère.
Tendres élans du cœur, douces émotions,
Je partage des saints les aspirations !
Recommandant à Dieu mes filles endormies,
J'effleure d'un baiser ces trois têtes chéries, —
Glorieux séraphins, qui présidez ce lieu,
Veillez sur leur sommeil, chers envoyés de Dieu —
Et, tombant à genoux, j'offre à Dieu pour leur père,
Que charme un doux sommeil, l'encens de ma prière.
Minuit sonne, ô ma lampe ! il faut me reposer,
Renoncer au quatrain que j'allais composer :
Le remettre à demain ne sera que prudence ;
Je sens s'évanouir la rime et la cadence ;
Mon esprit fatigué s'épuise en vains efforts :
Ma muse veut s'enfuir ; je te souffle et m'endors.

    M. C. Berthaut, née Bizouard.
Le 26 novembre 1878, (Haute-Loire).

LE POÈTE & LE BLUET.
(DIALOGUE.)

Petit bluet qui te caches,
Au milieu des grands épis,
Las ! il faut bien que tu saches
Le danger dont tu t'épris !

Par un moissonneur avide
Le champ doit être fauché ;
De son grand fer homicide
Dans ta retraite timide
Bientôt tu seras touché...

Petit bluet qui te caches... etc.

— O poète ! pour bien faire
Moi, si fragile en ma peur,
Dois-je vivre solitaire
Par crainte du moissonneur?

Si le vent de la tempête
Vient m'assaillir sans soutien
Faut-il, seul en ma retraite,
Me laisser courber la tête
Sans me rattacher à rien ?...

O poète, pour bien faire... etc.

— Nullement il ne me gêne
Te donner conseil discret :
Cher bluet, sous le grand chêne
Blottis-toi dans la forêt.

Sous ce précieux ombrage
Tu vivras heureux et sûr ;
Là tu braveras l'orage
Et garderas sans nuage
Ta belle couleur d'azur !

Nullement il ne me gêne... etc.

Chevalier de Schoutheete de Tervarent.

Moeland, 26 Juillet 1878.

VŒUX.

Ah ! si peintre j'étais, ton céleste visage
Sortirait radieux de mes heureux pinceaux ;
De tes divins yeux noirs pleins d'amoureux langage
Ma toile redirait les éclairs les plus beaux !

Si j'avais la science ou le talent d'Orphée
Et ses accords vibrants les plus harmonieux,

Dans les champs éthérés de ma charmante fée
Je voudrais, par mon luth, faire rêver les dieux !

Mais je ne suis, hélas ! qu'un modeste poète
Qui se plait en ses vers à chanter ses amours;
Des élans de nos cœurs me faisant l'interprête
Puissé-je, heureux et fier, les proclamer toujours,

Chevalier de Schoutheete de Tervarent.

14 Août 1878.

LE COCHER & LE SÉNATEUR

A-PROPOS

« Ah ! ah ! ah ! disait un cocher
A son illustre maître, un sénateur de droite,
Je crois qu'on ne va plus marcher
Vers cet affreux palais, le Sénat, cette boîte !...
Dont je ne connais pas... l'auteur.
Car en janvier prochain on va vous tendre un piège. »
« Oui, mais, répond le sénateur,
Si je perds mon fauteuil vous perdrez votre siège. »

Paris. Edmond Martin.

ROMANCE

Quand sur moi par hasard votre œil noir se repose
Je me sens tressaillir, et je me dis tout bas :
L'amour de ce regard peut-il être la cause !
Pourquoi m'aimeriez vous ?. Mais vous ne m'aimez pas !

Suis-je donc un héros chéri de la victoire,
Ai-je jamais pour vous affronté le trépas ;
Vous aimer ! En cela se résume ma gloire !
Pourquoi m'aimeriez-vous !. Mais vous ne m'aimez pas.

N'est-ce donc pas assez que de vous voir sourire,
De presser votre main, et de baiser vos pas ;
Demander un peu plus ce serait du délire !
Laissez-moi vous aimer !.. Si vous ne m'aimez pas !

(Landes).   A. P. DE PROUS.

LE SOLDAT FRANÇAIS

Comme des dieux, promenant le tonnerre ;
Brisant les fers, de leurs glaives sanglants ;
D'un pôle à l'autre ont fait trembler la terre,
Et de la terre ont vaincu les tyrans !
O nation, si grande dans l'histoire,
Tu fis entendre, au moment du trépas,
Ces fiers accents, inspirés par la gloire :
Français ! mourons et ne nous rendons pas !

Race des Francs, sache braver l'orage ;
Mais si l'injure osait te provoquer :
    Le champ d'honneur est ton partage,
    Tu saurais le revendiquer.

Depuis ce jour, je le sais, la défaite
A fait courber, bien bas, ton noble front ;
Mais nous aurons aussi le jour de fête
Qui, dans le sang, lavera ton affront.
Souris encore, ô ma France chérie ;
Je sens déjà mon drapeau frémissant ;
Oui, moi, soldat, je le rêve, ô patrie !
L'honneur viendra nous crier : En avant !

Race des Francs, j'entends gronder l'orage ;
Oh ! si l'injure ose te provoquer :
    Le champ d'honneur est ton partage ;
    A toi de le revendiquer.

Mais nos lions ont franchi la frontière,
Et devant eux résonne le beffroi.
Dieu des combats, quelle fureur guerrière
Peut donc ainsi répandre cet effroi !
J'entends déjà notre canon qui tonne ;
Notre canon qui se pose en vainqueur !
Paix !... maintenant noble France pardonne
Car la clémence a des droits sur ton cœur.

Race des Francs, tu fais taire l'orage ;
Oseront-ils encor te provoquer ?
    Le champ d'honneur est ton partage ;
    Tu sauras le revendiquer.

Et toi, drapeau, compagnon de ma gloire,
Qui sais si bien partout te signaler ;
Tu viens, joyeux, m'annoncer la victoire ;
Ah ! de bonheur vois mes larmes couler !
Devant la mort, au milieu du carnage,
Dans ton rempart grandissaient tes enfants !
Salut, drapeau ! tu triples mon courage ;
A toi l'honneur ! tambours, battez aux champs !..

Race des Francs, je n'entends plus l'orage ;
En ta faveur Pallas vient d'abdiquer.
    L'honneur est sauf, et ton courage
    N'a plus rien à revendiquer.

Charente-Inférieure.   SERS.

VIEUX CHATEAUX

Quand j'aperçois, le soir, ces colosses de pierre
    Hantés par les chauves-souris,
La féodalité, dressant sa tête altière,
    M'apparaît sur ces vieux débris !

Je revois ce château quand c'était un repaire :
  Le hobereau qui l'habitait,
Fondant alors de là comme un vautour de l'aire,
  Sur la campagne s'abattait !

Je revois des manants la misérable plèbe
  Réduite à battre les étangs,
Les chefs qui gémissaient attachés à la glèbe
  Et qu'on tuait par passe-temps !

Et de ces tristes jours détournant ma pensée,
  Je bénis les vaillants lutteurs
Par qui la tyrannie enfin fut renversée :
  Ils furent nos libérateurs !

En dépit d'eux, pourtant, ces ruines subsistent,
  Presque aussi fières qu'autrefois !
Combien de préjugés comme elles nous résistent,
  Semblant braver l'homme et ses lois !..

Le mal était trop grand, sa source trop féconde
  Pour qu'on l'ait pu sitôt tarir :
Quatre-vingt-neuf n'a fait qu'ébranler le vieux monde :
  C'est à nous de le démolir !

P. F. Miquet.

LE SIÉGE DE METZ

PAR CHARLES-QUINT
— 1552 —

> La guerre fut toujours une chose terrible !
> Des maux les plus affreux elle est le plus nuisible !
> Dieu juste ! Dieu clément ! éloignez-la de nous,
> La France par ma voix le demande à genoux.

Ils étaient cent vingt mille, affamés de pillage,
D'orgies, de butins, de crimes, de carnage,

Ils entouraient la ville, et tout près des remparts,
Leurs étendarts flottaient : au loin, de toutes parts,
On entendait leurs cris farouches, pleins de haine,
Tout était chant de mort dans la riante plaine !
Là, le vieux Charles-Quint sous sa tente rongeait
Le frein qui l'étreignait ; dans sa rage il songeait
A détruire et brûler Metz et sa citadelle,
Et ceux qui défendaient cette ville rebelle.
Eh quoi ! se disait-il, ils osent me braver !
Ils ne savent donc pas qu'ici je veux laver
Sur le fils les affronts que me causa le père ?
J'ai toujours Marignan sur le cœur ! et j'espère
Me venger aujourd'hui de ces maudits Français.
Debout, mes Allemands, Espagnols, Piémontais !
Mes Suisses, mes Hongrois, avancez vos bombardes !
Tonnez de toutes parts, et que vos hallebardes
Se teignent dans leur sang, ne faites point quartier !
Qu'ils soient tous égorgés, que dans le monde entier
On me connaisse enfin pour le maître suprême !...

Il pensait qu'à sa voix tomberait d'elle-même
Cette belle cité, que tous ses défenseurs
Allaient se retirer devant tant d'agresseurs ;
Qu'ils trembleraient de peur à ces bruits sourds, terribles
Causés par la bombarde, et tous les cris horribles
De ces peuples divers écumant de fureur,
Semant partout le sang, l'épouvante et l'horreur !
Mais il avait compté sans le valeureux Guise ;
Ce superbe guerrier menait tout à sa guise,
Les Messins l'adoraient. Il aimait le plaisir,
Il aimait les combats et n'avait qu'un désir :
Celui de garder Metz à notre belle France !
Il fallait de l'ardeur, beaucoup de prévoyance,
De l'intrépidité : Guise avait tout cela ;
On le voyait partout, tantôt ci, tantôt là

C'était un feu follet qui voltigeait sans cesse,
C'était l'ange vengeur !...
                        La plus grande noblesse
Devait servir sous lui : Montmorency, Bourbons
Les Ducs et les Marquis, les Comtes, les Barons
Etaient rassemblés là ; leur force redoutable
Avait exaspéré le monarque implacable.
Ils s'étaient réunis tous en nobles soldats,
Pour montrer leur valeur dans ces affreux combats.
Pour soutenir le Duc dans sa belle attitude,
Pour chasser l'espion, qui dans la multitude
Ose parfois glisser sa face de démon,
Son regard de Judas, sa marche de Félon,
Pour surprendre un secret, ou quelque défaillance
De ces pauvres Lorrains, qui, malgré leur vaillance
Pouvaient être trahis par quelque vil coquin,
Et le vendre aussitôt au puissant Charles-Quint !

Autres temps, autres mœurs. L'amour de la Patrie
Dans les siècles passés beaucoup plus que la vie,
Etait chère aux Français. Hélas ! pourquoi faut-il
Au temps où nous vivons, lorsqu'on sent le péril,
Que la mort nous fait peur, qu'on aime le pécune,
Faisant fi de l'honneur pour faire sa fortune
On vende son pays sans honte ni pudeur ?
Pour ce maudit la mort !... Il fit toujours horreur !!!

François de Guise avait rassemblé dans la ville,
Tous les bons citoyens, (mesure fort utile) :
Les femmes, les vieillards et les jeunes enfants
Etaient déjà partis comme les impotents ;
Aucun n'avait porté la plus petite plainte,
Leur cœur saignait pourtant, mais il était sans crainte :
Car le bon Duc de Guise, avant d'expatrier
Tous ces pauvres Messins et les congédier,
Avait recommandé dans la ville voisine

De les bien recevoir, de faire bonne mine
Aux tristes affligés de la guerre et du sort,
Qu'il paierait tous les frais, nourriture et transport.
Pour la mère, il était toutefois bien pénible,
Bien triste de laisser dans ce moment terrible
Ses fils et son époux chéris bien tendrement,
Un père respecté qu'elle aime également :
O regret ! O douleur ! La jeune et douce amante
Va tout perdre en un jour dans l'affreuse tourmente !..
Son père, ses parents, ses frères, son promis
Vont peut-être servir de cible aux ennemis ?
Ils tomberont sanglants, sans que leur sœur, leur mère
Puissent les secourir : quelle douleur amère !!!
Comme elles maudissaient l'orgueilleux empereur,
Tous ces grands conquérants, la guerre et sa fureur !
Qu'en retirera-t-il ? disaient ces pauvres femmes,
D'écraser notre ville et la livrer aux flammes ?
Les nôtres, ses sujets, meurent affreusement !
Il n'a donc point de cœur ! oh ! que le châtiment
Puisse l'atteindre un jour, que la grande misère
Qu'il nous fait supporter soit son lot sur la terre !

Elles priaient tout bas ! Guise était rassuré,
Point de traître en ce lieu, ni de Poltrot Méré,
Ravaillac au néant, Ganelon dans la tombe,
Plus rien à redouter que quelque éclat de bombe,
(Pour lui c'était si peu) : ce héros, ce géant
Ne devait être occis qu'au siège d'Orléans,
Par un vil assassin !... Par Méré l'hérétique,
Dont il dressait les plans : comme un fin politique
Il avait démoli, par la nécessité,
Tout ce qui le gênait autour de la cité :
Les faubourgs, les palais, la petite chaumière
Furent tous abattus de la même manière,
Eglises et couvents tombèrent tour-à-tour ;

L'ennemi pouvait là loger, faire séjour,
De tous ces monuments fit faire table rase.

Ce n'était pourtant point sa principale base,
Il comptait beaucoup plus l'intrépide guerrier,
Sur l'hiver qui venait, sur cet avant-courrier
Des frimas, des autans et de la froide neige,
Surtout des éléments et leur vilain cortége.
On ne connaissait pas le maréchal Fabert,
Son secret jusqu'alors n'était pas découvert :
Cavalier de tranchée et vaste parallèle,
Etait pour Charles-Quint chose par trop nouvelle.

On pouvait donc le voir de très loin s'approcher
Il ne restait plus rien pour pouvoir le cacher.
Comme un nuage noir qui montre sa surface
Monte, s'ouvre, s'étend et dévore l'espace
Obscurcit le soleil : comme essaim de fourmis,
On vit monter en flots, ces masses d'ennemis
Inonder et couvrir la plaine désolée
Honteuse de se voir par ces hordes foulée !

Ils sont là rugissant : décembre était venu ;
On s'attendait à tout, l'horrible, l'inconnu
Faisait battre le cœur du plus fort, du plus brave,
Guise ne bronchait pas ; de sa voix toujours grave
Commandait librement à ses vaillants soldats,
Pour lui ce n'était rien que de simples ébats.
On entendait pourtant trembler, frémir la terre
Comme en un roulement incessant du tonnerre !
Ce bruit étourdissant depuis quarante jours
Ne s'arrêtait jamais, il redoublait toujours !
La bombarde allait bien, constamment sur la ville,
Elle crachait l'obus, c'était peine inutile.
Les Messins à l'obus répondaient par boulet,
Sans jamais se tromper, au but il allait net,
Bondissant, ricochant, faisant toujours coup double,

Partout semant la mort, la terreur ou le trouble !
L'ennemi furieux, encor plus vivement,
Implacable, avançait comme le châtiment :
Un rempart s'écroulait !... Bien vite une barrière,
Plus forte cette fois, se dressait par derrière,
L'arrêtait aussitôt, haletant, indécis !
Mais il fallait marcher, pour lui pas de sursis.
Charles-Quint excitait cette avalanche humaine,
Faisait tous ses efforts pour briser cette chaîne,
La poussant à l'assaut sur ces remparts fumants
De sang, de corps meurtris, de membres palpitants !
Ils se précipitaient, le blasphème à la bouche,
Ces terribles soldats au regard si farouche ;
Et dans leur idiome on entendait hurler :
Ecrasons les messins ! ou faisons-les brûler !!!

Les assiégés toujours pleins d'ardeur et sans crainte,
Se rapportent à Dieu !.. Dans cette faible enceinte,
Qui devait leur servir de cercueil, de tombeau,
Se sentent ranimés comme en un jour nouveau ;
Ils sont dix contre cent, mais qu'importe le nombre !
Le jour disparaissant fit place à la nuit sombre,
On consulta Bourbon, Guise, Montmorency ;
Tout fut bien décidé sans le moindre souci,
Se jetèrent soudain contre l'immense lave
Qui les tenait cernés, franchirent cette entrave,
Renversant, culbutant, frappant sans se lasser :
Tel un puissant taureau qu'on voudrait terrasser,
S'échappe bondissant à travers une foule,
La renverse en courant et sous ses pieds la foule ;
On vit ces fiers lorrains, ces superbes héros,
Dans cette sombre nuit, cet horrible cahos !
Le lion rugissant dans la vaste savane,
Ne fait pas plus trembler la faible caravane
Traversant le désert, que le nom de François

Répété dans la nuit par mille et mille voix,
Fait frémir l'ennemi ; dans son incertitude,
Perdant raison, fuyant une attaque si rude,
Abandonne ses armes laissant morts et mourants
Exhaler leurs soupirs par des cris déchirants !
Oh ! la terrible nuit ! et les terribles drames !!!

Elles avaient raison ces innocentes femmes :
Qu'en retirait-il donc, ce puissant empereur,
De ce fleuve de sang, de ce charnier d'horreur ?
La honte et le remords ! le remords ? oh ! que dis-je ?
Dans ce cœur dur, blasé, c'eût été le prodige !...

Le jour arrive enfin ; mais le rôle est changé,
L'assiégeant maintenant se trouve l'assiégé.
Charles-Quint maudissait le destin, la fortune,
Ah ! dit-il, je vois bien que ma voix t'importune,
Femme tu fus toujours, femme tu resteras,
Inconstante, légère et point ne changeras :
Le proverbe a raison, souvent elle varie
Et bien fou sûrement est celui qui s'y fie.
Je ne compterai plus désormais que sur moi,
Et je me vengerai d'Henri Deux et de toi.

Voilà son oraison, expression fidèle
De ce cœur bourrelé d'une rage mortelle.
Il commande assitôt l'immense palanquin,
Qui doit le transporter sous riche baldaquin,
Accompagné toujours du plus brillant cortège,
Sans plus se tourmenter de ceux qui, dans la neige
Sont à demi-glacés, mourants de désespoir,
Implorant leur grand Roi qui passe sans les voir !..
Il part : que lui fait donc la douleur, la souffrance
De cette plèbe là ? c'est si peu d'importance !
Ne sait-elle donc pas qu'il faut vivre et mourir
Pour son très-noble sire et pour son bon plaisir ?

O peuple trop ingrat ! apprends donc à connaître
Les devoirs, le respect que tu dois à ton maître !
N'est-il pas bon pour toi ? S'il te prend ton enfant,
Quelque peu de ton bien, sache donc, mécréant,
Que tout est bien à lui : le respect sur la terre
Lui revient comme à Dieu ! tu n'as donc qu'à te taire !

Il livra donc le camp ce puissant empereur,
Pour diriger bientôt sa honte et sa fureur
Du côté de l'Artois : il faut que Thérouane
Paye les doubles frais de guerre, de chicane;
Malgré tous les efforts d'un de Montmorency,
Et de Montalambert qui demandait merci,
Elle fut mise à sac, complètement rasée.
Ce haineux potentat dans sa rage insensée
Fit de même à Hesdin ; toute la garnison
Et Horace Farnèse, ainsi que sa maison
Tombèrent égorgés !.. (La déesse Fortune
Au noble Charles-Quint ne gardait pas rancune.)
Dérision du sort ! ce gendre d'Henri Deux,
Tout prince qu'il était fut mis au rang des gueux.

La France aura son tour, monarque téméraire,
Pourtant elle n'est pas comme toi sanguinaire !
Mais tu donnes l'exemple, et bientôt le Brabant,
Le Hénaut saccagé, Mariembourg, Dinant
Servirent d'holocauste au prince de Farnèse !
Du sang, toujours du sang !.. Je reviens à ma thèse :
La guerre n'est qu'un fait criminel, infernal,
Qu'on ne peut trop flétrir !.. C'est le mal dans le mal !..
Mutilant nos enfants par ses perfides armes,
Des petits et des grands faisant couler les larmes !
Ne donnant que l'orgueil, la haine aux potentats,
Et la mort des martyrs à nos pauvres soldats !...

Poète à mes loisirs, je rapporte l'histoire ;

Si l'on fut à Berlin en vainqueur, fou de gloire,
L'Allemand à son tour n'a-t-il pas, à Paris,
Infligé le supplice effrayant que jadis
Il avait supporté sous le grand Henri Quatre?
La médaille au revers!... On ne doit pas se battre.
Tu le sais comme nous puissant peuple Germain,
Le vainqueur aujourd'hui sera vaincu demain!
Pourquoi donc s'égorger? Pourquoi tant de victimes?
Accumuler toujours les crimes sur les crimes!
Pourquoi donc cette haine atroce qui coûta
Tant de larmes, de sang? Qui nous précipita
Sous ton joug arrogant, sous ta maudite chaîne,
Et qui nous arracha l'Alsace et la Lorraine!...

O regrets éternels! regrets d'avoir perdu
Ce rempart du pays par Guise défendu.
Tes manes ont frémi vaillant antagoniste,
Du puissant Charles-Quint, quand ce lâche égoïste,
L'infâme maréchal pour de l'or te vendit :
Oh! que n'étais-tu là près de l'affreux bandit!
Il n'eût point accompli cet acte abominable,
Tu l'eusses foudroyé de ton bras redoutable.
Hélas! nous gémissons! nos vœux sont superflus.
Nous avons perdu Metz!... Tu ne reviendras plus!...
O France! mon pays, que j'aime, que j'adore,
Je pleure sur ton sort, pourtant j'espère encore.
Tes beaux jours reviendront, j'ai foi dans l'avenir :
Dieu ne te créa pas pour te faire mourir!...

1878. Mousnier-Deschamps.

LE 30 JUIN 1878

A LA MÉMOIRE DE M. THIERS

O Thiers! Si l'on peut voir dans les murs de la tombe,
A l'heure où tout s'endort, à l'heure où le vent tombe,

Où s'éteignent les bruits dans les airs emportés,
Ton cœur de patriote a battu sous la pierre
Et tes regards perçants soulevant ta paupière
Ont entrevu Paris, la reine des cités.

Les cieux boudaient, les cieux étaient sombres et ternes
Et sous les feux croisés du gaz et des lanternes,
Depuis le fier palais jusqu'à l'humble réduit,
Des fêtes du pays saluant la première,
Paris étincelait ; la ville de lumière
   Faisait peur à la nuit.

Les ballons par milliers et les verres d'opale
Tamisant la lueur en la rendant plus pâle,
Formaient sur les passants un plafond lumineux :
Les murailles, les cours, les balcons, les croisées,
Tout brillait, dans la nue on voyait les fusées
   Escalader les cieux.

Sur les murs recouverts de drapeaux, d'oriflammes,
En vrais serpents de feux couraient, brûlaient des flammes
Comme un bracelet d'or de rubis constellé,
Et cet amas sans nom, sur la foule honteuse,
Semblait dans le lointain comme une nébuleuse,
   Dans un ciel étoilé.

Et les arbres rougis par les feux de Bengale,
Et les foyers puissants, splendeur que rien n'égale,
Donnaient à l'eau qui coule un reflet de cristal.
Tout saluait la France en cette fête unique,
Car Paris sans compter donne à la République
   Son cœur pour piédestal.

Dans les jardins anciens, sous les arbres antiques,
Sous les feux aveuglants des splendides portiques
Qui ne laissent nulle ombre au fond des bois épais,
Un long cri s'échappait de cent mille poitrines,

Le soleil éclairait sur les noires ruines
      La Fête de la Paix.

Dans leurs niches, les rois, les chevaliers de pierre
Semblent serrer plus fort la dague ou la rapière ;
Sous l'éclat fulgurant de l'électricité,
Leurs faces de granit semblent rougir de honte
Pendant que dans les airs, vivace ce cri monte :
      Vive la Liberté !

Car, ce n'est plus le temps des combats, des batailles,
Pour des lauriers nouveaux et mieux faits à nos tailles
Nous avons remplacé les lauriers d'autrefois,
Dans le fourreau la France a replacé le glaive
Et regarde en veillant cet astre qui se lève
      Sur le tombeau des rois.

O Thiers ! tu l'avais dit : « l'avenir au plus sage. »
Du fond de ton tombeau, peux-tu voir ton ouvrage ?
La République forte unissant ses enfants,
La fête du travail et de la renaissance ;
La France devant tous reformant sa puissance :
      Les peuples triomphants.

Paris redevenu capitale du monde
Et planant sur l'Europe entière qu'il inonde,
Comme un astre brillant un instant éclipsé ;
Paris ! enfin, qui sait que c'est à ta tutelle
Qu'il doit de retrouver sa splendeur immortelle,
      Sa gloire du passé.

O Thiers ! voilà pourquoi nous relevons la tête,
Car le ciel est plus pur après une tempête.
Et le front plein d'orgueil, nous pouvons, à genoux
Sur la tombe où tu dors depuis près d'une année,
Venir te demander après cette journée :
      Es-tu content de nous ?

                        Eug. Vat.

LOT DER THRANEN

Paroles sur une mélodie de Schübert, intitulée :
Louange des Larmes.

O larmes d'une femme, ô pleurs d'une maîtresse,
Défenses du craintif, doux, muets défenseurs,
Preuves de l'innocence, armes de la faiblesse,
Oh ! dites-moi qui peut résister à des pleurs ?

Soit que vous proveniez d'une âme bien coupable
Ou d'un cœur innocent, ô pleurs, ô doux aveux,
Il faudrait être dur ou bien peu charitable
Pour résister devant des larmes dans les yeux !

O larmes d'un enfant ! Que ce soit l'innocence
Ou bien le repentir ou même le remords...
Eh bien ! ce sont des pleurs, des sanglots de souffrance
Ceux qui résisteraient, je les trouve trop forts.

Est-il donc en effet de plus charmantes armes ?
Peut-on les regarder sans voir son cœur faiblir ?
Orgueilleux insensé qui résiste à des larmes,
Fuis, car devant les pleurs il faut savoir fléchir !

Francfort-s-Main. 1877. Eug. Blot.

BUVEZ ! CHANTEZ !

Enfants ! la coupe de la vie
Vous remplit d'espoir et d'amour ;
C'est le nectar et l'ambroisie
Qu'elle vous offre tour à tour.
Buvez ! buvez ! car la jeunesse
Passe bien vite et l'allégresse

Comme l'ombre qui fuit
Disparaît dans la nuit.

Courez joyeux dans les campagnes,
Aspirez les senteurs des bois,
Gravissez les hautes montagnes
Pour admirer tout à la fois.
Chantez ! chantez ! car la jeunesse
Passe bien vite et l'allégresse
Comme l'ombre qui fuit
Disparaît dans la nuit.

Tout est beau, tout brille à votre âge
L'avenir est tout radieux ;
Mais, hélas ! ce n'est qu'un mirage
Un doux reflet qui vient des cieux.
Chantez ! chantez ! car la jeunesse
Passe bien vite et l'allégresse
Comme l'ombre qui fuit
Disparaît dans la nuit.

Pleins de tendresse et d'espérance
Vous prononcez le mot d'amour :
Colombes ! dans votre innocence
Vous ne craignez pas le vautour.
Chantez ! chantez ! car la jeunesse
Passe bien vite et l'allégresse
Comme l'ombre qui fuit
Disparaît dans la nuit.

Isabelle Catrufo.

A SIVORI

Quand, sublime artisan, le luthier de Crémone
Façonnait l'instrument qui chante sous ta main,

Entendait-il vibrer cet accent surhumain
Que ton âme inspirée, ô Sivori, lui donne?

Au contact de l'archet quand la corde frissonne,
Quel transport ineffable excite en notre sein
Le chant de cette lyre au charme souverain,
Qui mieux que l'airain pleure et comme lui résonne!

Ce violon, couché dans sa prison de bois *
Est comme en son cercueil un pauvre corps sans voix,
Dont l'âme, en un soupir au ciel est remontée.

Mais lorsque tu le prends, que tu l'étreins, ce corps,
Sous tes doigts il s'anime... et l'âme transportée
Croit des concerts divins entendre les accords!

Emile Viallet.

VOIX LOINTAINE....

Oh! qu'ils sont tristes et mornes
Ces bois si charmants autrefois,
Comme alors ils n'ont point de bornes
Mais ils n'entendent plus sa voix.

Combien j'adorais son sourire,
Sa bouche rose au souffle pur,
Son regard qui semblait me dire:
« Le bonheur est dans mon azur! »

Cueillant la blanche marguerite:
« Voyons, dit-elle... il m'aime un peu...»
Son front rougit, son cœur palpite
J'écoute... et j'entends son aveu...

---

* La boîte de l'instrument.

Tout fuit, même le plus doux rêve,
Tout meurt, et l'amour et la foi ;
Et pourtant une voix s'élève,
Pour dire à mon cœur souviens-toi !

Finlande. Juillet 1878.   P. E. Erard.

A MON ONCLE

QUI M'AVAIT PRÉDIT SA FIN PROCHAINE QUELQUES TEMPS AVANT SA MORT.

La mort vient nous offrir de lugubres images
Lorsque nous nous voyons victimes de son choix :
Je crois entendre encor l'écho de votre voix
Qui semble m'annoncer de funestes présages !...

. . . .

Vous serez le rayon au milieu des nuages,
Phare dont la clarté m'inonda tant de fois ;
Il deviendra mon guide, et, soumise à ses lois,
Je pourrais sans danger affronter les orages !

Si quelquefois le soir j'entends le vent mugir,
La vague s'agiter, la tempête grandir,
Je croirai de votre âme entendre la souffrance ;

Mais si c'est le zéphir de parfums embaumé
Qui murmure un doux chant à mon esprit charmé,
Mon cœur sera rempli de joie et d'espérance !...

                             Iphigénie Carcassonne.

A JEANNE D'ARC

Comme un signe d'espoir à travers la tourmente,
Ton nom nous apparût brillant d'un plus beau jour,
Ange envoyé du ciel à la France expirante,
Le plus doux souvenir d'un passé sans retour !

O toi qui réveillais, de ta voix inspirée,
Sur le champ des combats, l'honneur de nos aïeux,
Toi qui ressuscitais au cœur de nos vieux preux,
    Leur vaillance désespérée !

Gloire toujours vivante au sein de notre deuil,
Le monde a raconté ta merveilleuse histoire,
Et nos cœurs enivrés de ta chaste mémoire
    Ont palpité d'un saint orgueil.

Pauvre fille des champs, plus noble qu'une reine,
Salut, ô Jeanne d'Arc, nom des siècles béni,
Miraculeuse enfant de ma vieille Lorraine,
Blanche couronne encore à son beau front terni !

Sous un souffle embaumé de grâce et d'innocence
Tu croissais comme un lis qu'on destine au saint lieu,
Ne sachant d'ici-bas, que les pleurs, la souffrance,
Que l'amour de ta mère et celui de ton Dieu.

Mais pour ses grands desseins Dieu choisit la faiblesse ;
Il te prit : tu laissas ta mère et tes troupeaux.
D'angélique pudeur il para ta jeunesse
Et fit battre en ton sein une âme de héros.

Et l'on te vit soudain, merveilleuse guerrière,
Au devant de la mort paraître sans effroi,
Soulevant des combats la sanglante poussière
Sous les pieds valeureux de ton blanc palefroi.

Oh ! qui pourrait chanter tes exploits et ta gloire,
Quand ton bras délivrait le sol de nos aïeux,
Quand nos preux sur tes pas volant à la victoire
    Te croyaient un ange des cieux !

Mais pour qui ces apprêts et cette ignominie ?
Seigneur, à l'héroïne on réserve un bourreau :
Ses forfaits sont ses pleurs, ses vingt ans, sa patrie,
Et ses restes bénis n'auront point de tombeau.

Oh ! monte à ton bûcher, noble et sainte victime !
La mort va de son sceau consacrer tes lauriers ;
Le Dieu qui t'envoyait, se souviendra du crime
    Et jugera les meurtriers !

Le temps a prononcé la sentence suprême ;
Et les siècles passant devant toi tour à tour,
Ont tressé pour ton front un royal diadème
    De pitié, de regret, d'amour.

Va, rien n'effacera ta divine auréole ;
Ton nom si doux empreint d'immortelle splendeur,
Pour jamais restera comme un vivant symbole
D'héroïque martyre et de sublime honneur !

Ah ! redis-nous encor ton vaillant cri de guerre
Qu'en mourant tu jetais pour ton dernier adieu ;
Aux peuples incroyants courbés vers cette terre,
    Enseigne encor ta foi, le ciel et Dieu !

Et reviennent ces jours de sinistre mémoire
Dont la menace gronde au fond de l'avenir :
Pour la patrie encor nos preux sauront mourir,
    Et Dieu donnera la victoire !

(Meuse)   O. HALBIN.

VERS ECRITS SUR LA CROIX

DU PIC DE BELLEDONNE.

(A trois mille mètres d'altitude.)

De cette croix, qui semble élever sur un trône
Ses deux bras pour bénir et l'Isère et le Rhône,
Planant de toutes parts sur des monts sourcilleux,
Le regard ébloui s'élance jusqu'aux cieux.
Glaciers étincelants, majestueuses cimes,
Horizons infinis, vertigineux abîmes,
L'homme, aux créations de l'art vous comparant,
Ne peut que s'écrier : « Oh oui ! Dieu seul est grand ! »

Emile Viallet.

RESTEZ AU NID

A mon Amie d'enfance, Fanny Leroux.

POÉSIE

Petit oiseau, tu fais pleurer ta mère,
Elle t'appelle en vain sur le coteau,
Tu n'entends plus sa voix douce et légère
Pauvre étourdi, tu fuis loin du berceau.

Crois-tu trouver le plaisir et l'ivresse
Loin de ce nid où tu reçus le jour ?
Qui deviendra l'appui de ta faiblesse,
Te défendra de l'aigle et du vautour ?

Ne crains-tu pas la rafale et l'orage,
Les noirs frimas et le plomb du chasseur ?
Il en est temps, reviens dans ton bocage
Où tu laissas la paix et le bonheur...

Non, tu veux fuir l'abri de ton enfance
Et voltiger dans l'espace d'azur,
Tu veux, hélas ! connaître l'existence
Croyant au loin l'horizon toujours pur.

Envole-toi vers cette mer houleuse,
Dans ce chaos qui s'appelle exister,
Où chaque esquif, sur la mer orageuse
Tourne sans cesse et ne peut accoster.

Tu la verras cette nature humaine,
Tu connaîtras le choc des passions,
L'orgueil, l'amour, le mépris et la haine,
Tu souffriras de tes déceptions !

A chaque pas, la fausseté, l'envie,
Arbres puissants toujours chargés de fleurs
Distilleront le poison dans ta vie,
Et de tes yeux feront couler des pleurs !.

Un jour pourtant, vieux longtemps avant l'âge
Le cœur brisé, sombre, triste et chagrin,
Te souvenant du nid sous le feuillage ;
De ton berceau tu prendras le chemin.

Trop tard, hélas !... Les baisers de ta mère
Ne pourront plus adoucir tes regrets.
A ton départ sa douleur fut amère,
Plus de chansons dans les vertes forêts.

Chut ! elle dort dans la grotte profonde,
Rien ne peut plus l'éveiller ici bas ;
Petit oiseau, te voilà seul au monde...
Que devenir, où diriger tes pas ?...

Tu veux rester pleurer dans les bois sombres
Où tu passas tes beaux jours écoulés,
Tu veux revoir en évoquant les ombres,
Tes songes d'or, les rêves envolés !...

Quand le trépas clora ta paupière,
Tu souriras, murmurant dans la mort :
« Enfants, oiseaux, écoutez ma prière,
« Restez au nid, le bonheur est au port !. »

La Gallonnière, Loire-Inférieure.   Pervenche.

CHANSON DE RÊVEUR

La rêverie est douce chose,
Reflet d'un magique miroir
Elle fait voir la vie en rose
Elle nous ramène à l'espoir,

Rêver est un bonheur extrême
Qui nous ôte un peu du fardeau
De toute affliction suprême
Que nous déposons au tombeau.

Rêver, c'est l'infini qu'on sonde,
C'est s'oublier, s'annihiler,
De ce qui nous attache au monde
C'est tout doucement s'envoler

Avec les ailes d'un archange
Dans de mystérieux climats
Où paraissent, au lieu de fange,
Des milliers de fleurs sous les pas,

Des fleurs toujours fraîches écloses
Et dont le parfum enchanté
Nous fait prendre toutes les choses
Sans cesse par le bon côté.

Voilà comment j'aime la vie
(Beaucoup sauront-ils m'approuver ?)
De tous les plaisirs qu'on envie
Le plus doux, pour moi, c'est rêver !

Que monarque ou millionnaire
Voient leurs pouvoirs s'agrandissant,
Qu'importe ! suis-je pas sur terre
Autant et même plus puissant !

La chimère que je caresse
Me rend-elle heureux moins qu'un roi ?
Par elle je vois ma maîtresse
N'adorer au monde que moi !

Et lorsque dans la verte plaine
J'oublie et soucis et regrets
Suis-je pas fort comme le chêne
De faible roseau que j'étais ?

Le rêve, d'un manteau d'étoiles
Vêt le poète rebuté,
Il fait disparaître les voiles
Qui cachent l'immortalité !

Allons, sceptiques, la pensée
Qui s'égrène en plaisirs sans fin
Ne la traitez pas d'insensée
Puisqu'elle rend le sort divin,

Ou bien narguez-vous des poètes
Avec votre air froid et railleur
Mais avouez alors que vous êtes
Des êtres sans âme ni cœur !

ALBERT MARLETTE

LA VOIE DOULOUREUSE.

A Mon ami Didier,
Greffier du Conseil de la Préfecture du Rhône.

I

L'astre du jour touchant le bout de sa carrière,
Traçait à l'horizon des sillons lumineux ;

Le laboureur des champs, tout rempli de poussière,
Revenait du travail vers son humble chaumière
    Le cœur satisfait et joyeux.

C'était l'heure du soir où vers l'épais bocage
Mille petits oiseaux de diverses couleurs,
Se donnant rendez-vous par le gracieux langage,
Venaient se délasser sous le touffus feuillage
    Du chêne, et des myrthes en fleurs.

Assis près du ruisseau qui serpente la route,
Je laissais mon esprit sortir de sa prison,
Et fixais attentif à l'heure où tout écoute,
Triste isolé, mes yeux vers le noir horizon.

II

Et je vis tout-à-coup dans grand rêve sombre
Des milliers de martyrs un flambeau dans la main :
Vrais héros du progrès ces victimes sans nombre,
De leurs brillants flambeaux cherchaient à percer l'om-
    Qui planait sur le genre humain.   [bre

Mais ils tombèrent tous dans un puits de souffrance
En voulant apporter aux peuples la clarté ;
Le Christ, sur une croix cloué par l'ignorance,
Disait, à ses bourreaux, le cœur plein d'espérance
    Je meurs pour votre liberté !

Dans l'univers entier le sang à flot ruisselle,
Car le persécuté devient persécuteur ;
La souffrance grandit, la conquête est trop belle,
Ici l'homme divin crée une ère nouvelle
    Sur le chemin de la douleur.

Voyez, la bas au loin ce bucher qui se forme ;
C'est pour toi qu'il se dresse, illustre Bohémien :
Quel mal as-tu donc fait, ton crime est-il énorme ?

C'est pour vouloir prêcher, proclamer la réforme
    Dans un concile pharisien.

C'est toujours le progrès qui conduit et qui pousse
Wiclef, Thomas Morus, vers ce gouffre béant :
La cruauté sévit, le grand supplice mousse ;
Bientôt le feu s'éteint et le couteau s'émousse,
    La liberté renaît du sang.

Salut, ombres sans nom, qui d'une voix sonore
Créâtes le progrès sauvant l'humanité,
Votre idée est un flot qui monte, monte encore,
Elle jaillit toujours, elle est à son aurore,
    Elle est là pour l'éternité.

Tu sortiras bientôt de ces affreux abîmes ;
Ne crains plus aujourd'hui : tes vrais persécuteurs
Vont venir tour à tour avec leurs lois infimes,
Escorter à jamais tes nombreuses victimes
    Dans ce gouffre rempli d'horreurs.

III

Dans mon rêve saisi d'une terreur profonde,
J'aperçus un vieillard véritable héros,
Forcé de renier à la face du monde
(Malgré lui cependant) que la terre était ronde :
    Pour sortir d'un affreux cachot.

L'anatomie acquiert une force puissante,
Mais il lui faut aussi son illustre martyr :
On le chasse partout d'une voix menaçante,
Le savant disparaît, et dans l'île de Zanthe,
    De faim, Vésale vient mourir.

La noble Jeanne d'Arc qui n'a point de rivale
Montrant son bras de fer au terrible bourreau,
Passe rapidement pire qu'une rafale,

Après avoir vaincu, cette âme sans égale
        Eut un bûcher pour son tombeau.

On est à la merci d'un pouvoir sans logique,
Papin est regardé comme un affreux péril,
Cet esprit éclairé, par un pouvoir magique
Trouve un puissant moteur à notre mécanique,
        Pour lui la route de l'exil.

Je me sens tout couvert d'une sueur étrange;
Quel horrible tableau se présente à mes yeux!
Que de corps mutilés pourrissent dans la fange,
Où va-t-elle! pitié! cette noble phalange!
        Est-il un sort plus malheureux!

Ah! ne la troublons pas, c'est la grande hécatombe,
C'est le grand jour prédit, c'est la fin de nos maux:
Tout s'ébranle avec elle, et la Bastille tombe,
Le pouvoir n'est plus rien, la royauté succombe,
        Malheur! sur un triste échafaud.

IV

Sortant tout effrayé de ce sombre délire,
Je m'écriais : pourquoi tous ces nombreux martyrs,
Pourquoi la Liberté dans son joyeux sourire
Ne fait naître toujours que des pleurs, des soupirs!
Quand la force n'est plus, l'homme d'une voix grave
Court après le progrès, son unique sauveur :
Le haillon n'est plus lors, de la pourpre l'esclave,
Il veut aussi grandir sans trouble et sans entraves
        Loin du sentier de la douleur.

Si tel est notre sort, gardez-nous de l'orage
O Seigneur tout-puissant de toute éternité ;
Ecartez d'ici-bas, chassez ce grand nuage,
Afin que nous puissions arriver sans naufrage
        Au séjour de l'Egalité.

(Rhône) *15 novembre 1878*   G. GIBERT

LES VIOLETTES FANÉES

Pourquoi, charmantes violettes,
Pourquoi sous mes yeux séchez-vous ?
Petites fleurs, mes mignonettes,
Mourez-vous donc ainsi que nous ?

Je vous arrose de mes larmes,
Je vous couvre de mes baisers,
Espérant conserver vos charmes,
Mais, hélas ! qu'ils sont passagers !

Hier, vous végétiez encore ;
D'une amante la blanche main
Vous ravit aux jardins de Flore,
Et vous ne serez plus demain.

Sur votre destin je soupire :
Vous n'avez vécu que deux jours,
Et vous mourez comme un sourire,
En embaumant les alentours.

Vous mourez après que ma mie
Vous fit dormir entre ses bras :
A cette fontaine de vie
Auriez-vous trouvé le trépas !

Est-ce parce que je vous aime
Que vous voulez ainsi flétrir !
Mon sort et le vôtre est le même :
On m'aime et je me sens périr.

De la tige qui m'alimente,
Comme vous, je suis séparé,
Et nuit et jour je me lamente,
Car mon trépas est assuré.

20 Avril 1878.   A. On Pabion.

LE ROI TRAVAIL

CHANT.

Les voiles sont tombés et la pâle ignorance
A fui devant le jour, son seul épouvantail,
Et l'on voit allumer, par l'art et la science,
Le flambeau du progrès à l'autel du travail ;
Car le travail est roi dans le siècle où nous sommes ;
Il guide nos enfants aux chemins vertueux,
Il anoblit les cœurs et rend libres les hommes,
Il prépare à nos fils l'avenir radieux.
   L'Exposition universelle
   C'est l'ange de l'humanité,
   Qui nous apporte sous son aile
   Le souffle de la liberté.

Le travail règne en maître et sur la terre et l'onde
Aux entrailles du globe et par delà les airs ;
Ses chantiers sont partout, son temple : c'est le monde ;
Il dirige, il commande à l'immense univers.
Tout s'agite par lui, de corps et de pensées ;
Vieux, jeune, riche ou pauvre, homme, femme et en-
Vous les voyez, joyeux, en cohortes pressées, [fant,
Entourer, pleins d'espoir, l'étendart triomphant.
   L'Exposition universelle,
   C'est l'ange de l'humanité
   Qui nous apporte sous son aile
   Le doux esprit d'égalité.

Au palais du travail, aujourd'hui c'est la fête ;
Les enfants du labeur vont se donner la main ;
Le progrès s'accomplit et plus rien ne l'arrête.
Il marche librement, plus sûr du lendemain ;
Maintenant, à jamais, tous les hommes sont frères,
Ayant le même but, comme la même foi ;

Le travail, en ce jour, fait tomber les frontières
Nous réunissant tous sous une même loi.
    L'Exposition universelle
    C'est l'ange de l'humanité,
    Qui nous apporte sous son aile
    Les liens de la fraternité.

E. Migot.

PHILIPPINE*

Dette contractée envers Mlle M... P... pendant un voyage à Jersey.

Il est fini ce court voyage
Plein de charme et d'enchantements :
Elle a fui bien loin cette plage
Où règne un éternel printemps.

C'est ainsi que les douces choses
Durent peu, Malherbe l'a dit,
Les bons moments comme les roses...
Qu'y faire, puisque c'est écrit !

Du moins ton souvenir me reste
Jersey, si le rêve n'est plus ;
Je revois ta campagne agreste,
Tes villas, tes clochers pointus ;

Je revois ta ceinture noire
De granit rongé par le flot...
Petite île, de ma mémoire
Tu ne sortiras de sitôt.

---

* Lorsqu'une amande double a été partagée entre deux personnes, celle qui la première souhaite le bonjour à l'autre le lendemain, en lui présentant son amande, a le droit d'en exiger une discrétion.

Je garderai la souvenance
De Mont-Orgueil et de Plémont,
Du Creux-Terrible et de cette anse
A qui Rosel-bay sert de nom.

De ces bons voisins de la France,
Presque frères par leur bagou,
Auxquels on dit sans répugnance :
« *Good morning ! How do you do ?* »

Et de l'aimable jeune fille
Qui remplit ce voyage heureux
Par sa bonne humeur qui pétille
Comme un flot de cidre mousseux ;

Et je suis ravi qu'une amande
M'ait fourni cette occasion
De me faire mettre à l'amende
Par ce cher petit compagnon.

C'est un tribut, mademoiselle,
Acceptez-le comme un présent :
Pardon si ma muse est rebelle...
Laissez-moi dire seulement

Que sur cette terre bénie
Il m'a suffi d'un jour ou deux
Passés dans votre compagnie
Pour croire qu'on y vit heureux.

Ed. Thomas-Marancourt.

LAMENTATIONS

Vallon jadis riant, vallon jadis aimé,
Ton tapis n'est plus vert et n'est plus parfumé,
    La fleur partout se fane !

Ton babil d'autrefois, babil joyeux et beau,
Tout-à-coup s'est éteint, poétique ruisseau,
        De toi nul bruit n'émane !

Et vous, gentils oiseaux, dans l'étroit sentier vert
Vous ne gazouillez plus ! Le bocage est désert
        Et privé d'harmonie !
En vain je vous attends ! Qu'êtes-vous devenus,
O vous, que j'aimais tant, mes hôtes bienvenus,
        Vous qui faisiez ma vie ?

Au lieu des airs charmants que dans l'épais massif
Parfois tu modulais, pourquoi ce chant plaintif,
        O tendre Philomèle ?...
Hélas ! je comprends trop ! Connaissant mon malheur,
Vous partagez ma peine, et devant la douleur
        Cessez la ritournelle !

Vous savez qu'il a fui, dites, cet heureux temps,
Où l'on croit entrevoir un éternel printemps !
        Temps heureux de l'enfance,
Que caresses et soins nous rendent si chéri !
Il a fui. Par la mort le bonheur m'est ravi,
        Ainsi que l'espérance !

L'inexorable Parque, alliée au Destin,
Se trouve sur ma route et me fait orphelin,
        O douleur trop amère !
Et deux êtres bien chers en ce jour ne sont plus :
Je pleure un père absent — pleurs, sanglots superflus —
        J'appelle en vain ma mère !

Hélas ! ils m'ont quitté, ces parents bien-aimés !
Mes deux amis, hélas ! dorment inanimés !
        Autour de l'humble pierre
Où chacun d'eux repose inerte, les yeux clos,

A l'ombre des cyprès, dans le funèbre enclos,
    Croît aujourd'hui le lierre !...

(Nièvre 1878)   Hippolyte Crotet.

SOUHAITS

A M. L. Lavergne.

J'ai toujours souhaité ciseler un sonnet,
Mignon comme les doigts roses de dame aurore,
Quand s'échappant sans bruit sur son lit tiède encore
La belle baille au seuil de son boudoir discret.

Un de ces purs joyaux, élégant et coquet,
Où le penser s'enchâsse en un rythme sonore,
Comme le vin vermeil endormi dans l'amphore,
Ou le trille imprévu d'un naïf menuet.

Ménestrel, j'ai cherché mes marraines les fées,
Si belles de corsage et de roses coiffées,
Pour savoir les secrets de la nature en pleurs.

Mais les ingrates ont dédaigné mes prières.
Et je n'ai rien trouvé sur la lande aux bruyères,
Que les débris d'un luth oublié dans les fleurs !

                         Albert Tinchant

PHILOSOPHIE !

Sur le penchant d'un coteau
Coulait un petit ruisseau,
Caché sous un lit de mousse.
Je m'approchai lentement
Et découvris l'innocent
Qui chantait d'une voix douce :

« Je cours à travers les fleurs
» Bien loin des fleuves grondeurs,
» Sans nul souci de la gloire !
» Je vais sans être lassé,
» Doutant presque du passé,
» Puisque je n'ai pas d'histoire !

» Il est des fleuves fameux
» Décorés de noms pompeux
» Dont les eaux grondent sans cesse;
» Ces fleuves là, j'en suis sûr
» N'ont pas mes reflets d'azur
» Et ma pétillante ivresse.

» Ils n'ont pas, quand vient l'été,
» De ma simple pureté
» La récompense choisie :
» Les concerts du frêle oiseau
» Qui me demande un peu d'eau
» Pour beaucoup de poésie !

» Ils n'ont pas, quand vient le soir,
» Les amoureux pleins d'espoir
» Disant les plus douces choses ;
» Et la fille à l'œil mutin
» Me montrant chaque matin
» Ses jolis petits pieds roses !

» Je sais qu'un frêle ruisseau
» Est moins que le vermisseau
» Que la puissance méprise !
» Qu'importe, je suis de ceux
» Qui pour être bien heureux
» N'ont besoin qu'un peu de brise !

» Et loin du fleuve géant
» Je me plais dans mon néant,

» Mon obscurité m'est douce,
» O puisse-t-elle toujours
» Cacher mes humbles amours,
» Et mon humble lit de mousse !

25 Décembre 1876.   Évariste Carrance.

LA *MARSEILLAISE* DÉMOCRATIQUE

Français, tu vas briser tes chaînes,
Et ne seras plus opprimé,
Ce sera la fin de tes peines,
Car ton triomphe est assuré.   *(bis)*
Désormais donc plein d'espérance
Tu répareras tes malheurs,
Par ta sagesse et tes labeurs
Affermiras ta délivrance.
  Courage, citoyens ;
  Restons Républicains
  Et conquérons avec fierté
  Toute la liberté.

Que les tyrans et les perfides
Soient à jamais maudits de toi,
Et que leurs projets parricides
Soient condamnés selon la loi.   *(bis)*
Que toujours tes juges fidèles
Agissent vigoureusement,
Sévissant indistinctement,
Contre tous ceux qui sont rebelles.

Poursuis la vaillante carrière
Où tes aînés t'ont devancé,
Mais si tu suis leur trace entière
Excepte au moins le sang versé.   *(bis)*

Comme eux tiens loin de la patrie
Les autocrates ! l'étranger,
Qui voudraient toujours entraver
Ta liberté, ton industrie.

Que toute la reconnaissance
Soit acquise au libérateur,
Car Thiers a délivré la France
De ceux qui causaient son malheur (bis)
Il a fondé la République
Et rien ne la renversera,
Mais toujours elle restera
Malgré la horde monarchique.

Sois l'ennemi de l'ignorance
Favorise l'instruction,
Elle causa ton impuissance
Et fut toujours ta perdition. (bis)
Tes enfants ayant la science
Auront plus de discernement,
Puis aux votes du Parlement
Ils agiront en conscience.

Emploie ton courage héroïque
A faire respecter ton bien,
Soutiens surtout la République
Sois-en le sûr et fier gardien. (bis)
Mais écrase la monarchie
Elle a causé tous tes malheurs
En te faisant verser des pleurs,
Et te plongeant dans l'anarchie.

Désormais ! plus de lois serviles
Car les despotes sont exclus,
Ils ne détruiront plus tes villes
Puisqu'ils sont pour toujours déchus.(bis)
Ainsi la paix, la confiance

S'établissant parfaitement,
Te donneront certainement
Le bonheur et moins de souffrance.

Amour sacré de la patrie
Enflamme toujours notre cœur,
Et que la liberté chérie
Acquise enfin, soit notre honneur.   (*bis*)
Relevons noblement la tête,
Français, maintenant plus de deuil,
Républicains avec orgueil
Gardons ferme notre conquête.

  Courage citoyens,
  Restons Républicains,
  Gardons toujours avec fierté
  Toute la liberté.

Emile-Jean Savy.

LA FIÈVRE JAUNE

Octobre 1878

Comment trouver des hymnes d'allégresse ?
Comment chanter en ce jour de détresse
  En ces jours de noir deuil,
Lorsque le soir, plus d'une porte ouverte
Laisse passer sur la place déserte
  Un funèbre cercueil ?

Lorsque d'enfants la troupe désolée
S'agenouillant sur le froid mausolée,
  Les larmes dans les yeux,
Rappelle en vain, dans sa douleur amère
Les traits bénis d'une adorable mère
  Que possèdent les cieux ?

Lorsque partout, comme un immense orage,
Un mal affreux terrible dans sa rage,
  S'abat sur nos cités,
Enlevant tout, nos enfants et nos femmes
Et meurtrissant les plus robustes âmes
  De coups précipités ?

Lorsque s'éteint le feu de l'espérance
Et quand au loin s'étend un crêpe immense
  Sur le vaste horizon,
Lorsqu'une main invisible, fatale,
Marque à chacun sa place sépulcrale
  Sous l'aride gazon.

III

Ne chante plus, ne chante plus, poète :
Ils sont passés tous tes beaux jours de fête :
  C'est l'heure du soupir.
L'heure du deuil, de l'ardente prière
Près de la croix du sombre cimetière,
  C'est l'heure de mourir !

Ne chante plus, tout chancelle, tout tombe !
Vois-tu là-bas, à genoux sur la tombe
  Ce malheureux enfant.
C'est l'orphelin qui demande sa mère.
Pleurer déjà ! Que la vie est amère !
  A peine adolescent !

Pleure avec lui, si tu saisis ta lyre
Dans ses sanglots, qu'elle pleure et soupire
  Et chante la douleur,
De l'affligé ranime le courage,
Chante l'espoir. Dans ce triste naufrage
  Sois un divin sauveur !

Le sombre mal qui partout nous décime
Donne à ton cœur cette tâche sublime
  De réveiller l'espoir.

Filles du ciel, les Muses adorables
Baignent souvent de larmes charitables
    Un cercueil triste et noir.
Tout ici-bas s'éteint un jour ou tombe,
La main du temps qui creuse chaque tombe,
    Y sème aussi oubli.
Bientôt luira dans un temps plus prospère
Un gai rayon sur ton front moins sévère
    Par le deuil ennobli !...

Louisiane.   Louis Tesson.

L'APPARITION

Une nuit, sombre nuit, nuit bien mystérieuse
    Et pleine de soupirs,
Tout en rêvant, hélas ! à ma belle charmeuse
Je vis se balancer sa forme vaporeuse
    Sur l'aile des zéphirs.

Lentement, à mes yeux, la sylphe aérienne
    Se rapprochait toujours :
Et, comme sous le doigt d'une magicienne
Prit gracieusement la beauté souveraine
    De mes jeunes amours.

C'était ce même front rayonnant de délire
    Aux lèvres de l'amant.
C'était bien cette voix, ce doux air, ce sourire,
Ce regard langoureux qui semblait encor dire
    Que le bonheur attend.

Palpitante d'amour, de bonheur, de jeunesse,
    Son sein se dilatait.
Elle me prodigua sa plus douce caresse,
Pendant que transporté d'une indicible ivresse
    Mon être frémissait.

C'était bien elle, hélas! je connus la frôlure
    De sa robe d'argent!
Et son baiser me fit l'effet d'une brûlure;
Quand je sentis au front sa longue chevelure
    M'effleurer en passant.

Je buvais, volupté dans ce moment suprême,
    Ton philtre séducteur;
Je lui pardonnais tout, tout, ses faux serments même,
Et j'osais savourer dans mon délire extrême
    Son charme empoisonneur.

Car j'avais oublié, hélas! ce qu'il en coûte
    De rêver à l'amour :
Qu'après l'enivrement succède l'affreux doute,
Et que l'on voit bientôt la coupe, goutte à goutte,
    Se tarir sans retour.

Je voulais prolonger l'extase bienheureuse
    Toute une éternité.
Horreur! je vis, mon Dieu, l'étoile radieuse
Se transformer soudain en une forme hideuse
    A mon œil consterné.

Ce n'était plus ce front, ces yeux ni cette bouche,
    Ni ce sein palpitant.
Je m'élançais glacé, muet, hors de ma couche,
Le spectre disparut, sa mine était farouche
    Et son rire strident.

Hagard, mon œil plongea dans la sombre étendue,
    Mais le ciel était noir.
Au loin le chien hurlait comme un enfant qu'on tue,
Le fauve chat-huant jetait, fendant la nue,
    Son cri de désespoir.

              Paul Barthélemy Salles.

(Lot-et-Garonne), 20 novembre 1878.

A MON FILS LE JOUR DE SA FÊTE

EN LUI OFFRANT UNE HORLOGE.

Le présent de ton Aurélie
Est un emblème vrai du temps,
Puissent les heures de ta vie
S'écouler aussi doucement.
Chasser du souci l'ombre noire,
Au firmament lever les yeux,
Toujours enrichir sa mémoire,
Ce sont des moyens d'être heureux ;
A l'amitié rester fidèle,
C'est au temps enlever une aile ;
Ah ! pour te fêter mieux encor,
Je voudrais avoir un trésor :
Je t'en ferais une couronne,
C'est au mérite qu'on la donne,
Nous le préférons à Bellone,
Sois donc ici roi de nos cœurs,
Et goûte un des plus vrais bonheurs :
Celui d'être aimé sur la terre,
Et profondément de ta mère !!

EUPHROSINE B... veuve OUDART,
Membre d'honneur des Concours Poétiques.

SONNET

A l'auteur des Poëmes de la Mer (JOSEPH AUTRAN)

Autran, fils de la mer, célèbre l'Océan ;
Décris-nous ses horreurs, ses hurlements sauvages,
Quand il vient, écumant, bondir sur les rivages,
Hors de son lit jeté par le fol ouragan !

Que la grande mer bleue inspire aussi ton chant
Quand, par un soir d'été, tu rêves sur ses plages,
Ou que, lançant ta nef pour de lointains voyages,
Tu vogues sur son onde aux rayons du couchant.

O poète ! j'admire avec toi la tourmente ;
Je me plais à revoir la vague transparente
Qui, jadis, me berçait dans ses flots attiédis.

Pourtant, aux bords amers, enfant de la colline
Que la Saône a pressée en ses bras arrondis,
Je pleurais les vallons chantés par Lamartine !

Mme Eugène Moniot.

LE SPECTRE DE L'IDÉAL

A Madame A. D.

I

TROP NAÏF

L'idéal aujourd'hui, ce n'est plus qu'un vain mot,
Et celui qui veut y croire encore, est un sot
Aux yeux des gens blasés dont le monde fourmille.
Parlez de votre amour pour une jeune fille,
De cet amour ardent qui prend tout votre cœur,
Ils lèveront les yeux au ciel, d'un air moqueur.
Aimer ! quel platonisme, allons, vous voulez rire
Mon ami, vous savez pourtant que rien n'est pire
Sur terre. Ah ! c'est encore un rêve d'écolier
Que certe avec le temps vous allez oublier.
Ces chastes passions, c'est chose si commune.
Qui n'a vu deux amants par un beau clair de lune
S'en aller rêver sous les cieux. Cela n'est plus,
Ce sont roucoulements tout à fait superflus.
Vous me semblez naïf : je serai votre maître,

Et gratuitement, je vous ferai connaître
La vie, au point de vue où chacun aujourd'hui
L'enseigne à son prochain, la pratique pour lui.
Et d'abord, plus d'amour dans lequel on soupire,
Ou près de son amante on reste sans rien dire
A lancer vers le ciel des regards langoureux,
Ou pour un doux baiser l'on peut se croire heureux,
C'est pure poésie : oubliez-la de grâce,
Jadis elle eut son heure, il est temps qu'on s'en passe.
. . . .

Merci, maître, merci de vos charmants avis,
Mais moi, je veux aimer, et quand j'aime je vis.
Je vous semble naïf ; tant mieux j'aime autant l'être
Que d'adopter l'esprit de mon aimable maître.
Ce noble sentiment, le bannir de mon cœur,
Jamais. Ah ! vous pouvez d'un sourire moqueur
Trahir l'opinion qu'ici je vous inspire,
Et votre air dédaigneux peut clairement me dire
Que vous faites peu cas d'un rêveur comme moi ;
Que me font votre air et votre rire ; j'ai foi
Dans cet ardent amour qui prend toute ma vie,
Et qui porte la joie à mon âme ravie.
Que me font vos beautés, passions de hasard
Où la débauche est tout, où l'amour n'a point part,
A moi, qui n'aimerai qu'une enfant simple et pure,
De ces êtres, qu'on trouve encor dans la nature
Qui n'ont jamais aimé, mais, dont le cœur aimant
Saura certes comprendre un chaste sentiment ;
Un ange de seize ans qui pour ouvrir son âme
Attendra qu'il y naisse une candide flamme !
. . . .

Telles, certaines fleurs, attendent pour pousser
Qu'un rayon de soleil les vienne caresser.
. . . .

II
LE SPECTRE!

C'était par une nuit glacée, en plein décembre,
Je travaillais encor dans ma modeste chambre,
A la faible lueur de mon pâle flambeau,
Le silence régnait, silence de tombeau,
Interrompu pourtant par la triste cadence
De l'horloge, coucou dont l'âme se balance.
Quand la porte roula sur ses gonds en grinçant.
Affolé de terreur, je veux prendre la fuite
L'infernal visiteur se met à ma poursuite;
Tout mon corps tremble, en proie à l'horrible frisson,
Je veux crier, ma voix ne veut rendre aucun son,
Enfin, n'en pouvant plus de ce cruel martyre,
Je tombe aux pieds du spectre : il éclatait de rire !

. . . .

Son rire saccadé cessa presqu'aussitôt,
Il me sembla finir comme dans un sanglot;
Puis, le spectre parut dominer sa souffrance,
Et me tint ce discours rempli de violence :

. . . .

« Infortuné rimeur d'un siècle corrompu,
Me dit-il, n'es-tu pas encore assez repu
A ces honteux festins où la Muse frivole
Chaque jour se nourrit dans une ivresse folle,
Festins, où l'on se jette avec avidité,
Sur ce qui touche encore à l'idéalité !
Des poètes du jour, certes, ils sont coupables
Ceux qui foulent aux pieds les choses respectables,
Pour qui rien n'est sacré. Ces monstres d'impudeur
Dont le cynisme affreux vous déchire le cœur,
Osent aller parfois dans leurs pages bilieuses,
Jusqu'à vous insulter nobles religieuses,
Vous, femmes au cœur d'or, dont le secours pieux
Facilite aux mourants le voyage des cieux ;

Ils n'arrêtent pas là leur belle théorie,
Et poursuivant plus loin leur aveugle folie,
Dans leur rage infernale, ils proclament tout haut :
Que l'amour n'est qu'un mythe, et la vertu qu'un mot !
. . . .
Le spectre poursuivit, moi je tremblais encore
Tout en n'entendant plus. Enfin lorsque l'aurore
Fit entrer dans ma chambre un rayon de clarté,
Mon visiteur finit son lugubre *à parté*.
Le jour chassant au loin toutes mes terreurs folles,
Je pus me rappeler ses dernières paroles ;
« Oui vous avez brisé Statue et Piédestal,
Je ne suis plus qu'un spectre et j'étais l'Idéal, »

Théodore Guillemin Fils.

UNE MANGEUSE DE FRUITS VERTS *

A Mademoiselle Louise B.....

Je vous regardais à travers
La clôture, mademoiselle,
Cueillir et manger des fruits verts.
Vous étiez divinement belle !....

Ah ! vous mettiez tout à l'envers !...
Vous vous serviez de votre ombrelle
Pour dépouiller arbres divers
Portant leur récolte nouvelle.

Je prenais plaisir à vous voir
Ainsi, légère et fort heureuse,
Folâtre et puis vous asseoir.

* Pour recevoir la brochure : *Fruits verts*, adresser 1 franc à l'auteur, M. JJ. Caillault, instituteur à Briantes, par la Châtre (Indre.)

Vous n'étiez vraiment pas peureuse.
Seule, fredonnant des refrains
Et croquant pommes et raisins.

JJ. CAILLAULT.

NOVEMBRE & LE CIMETIÈRE

C'était hier, tout dans la nature,
Ses chants, ses parfums, sa verdure,
Charmaient les pas du voyageur ;
Ses yeux, sur la voûte azurée,
Comme sur la plaine dorée,
Se reposaient avec bonheur.

Mais, ô vicissitude amère !
Aujourd'hui, le soleil n'éclaire
De son rare et faible rayon,
Dans les campagnes désolées,
Que des ruines amoncelées
Par le souffle de l'aquilon.

Les gais hôtes de la feuillée,
Loin de la branche dépouillée
Vont chercher des climats plus doux ;
Où jouaient leurs airs philomèle,
Le chardonneret, l'hirondelle,
L'on n'entend plus que des hiboux.

De cette immense nécropole
Il faut savoir faire une école ;
La mort donne aussi des leçons :
Notre vie est une ombre vaine ;
Apparus un jour sur la scène,
Demain nous en disparaissons.

C'est alors, écoutez, ô touchante harmonie !
Que retentit partout le glas de l'agonie
      La voix lugubre des tombeaux.
L'on accourt ; quel théâtre ! un drap noir, une bière,
Des sanglots et des pleurs, la croix, une prière,
      Des feuilles sèches en monceaux.

Sous les mêmes cyprès, dans le même silence,
Tout vient, tout se confond, la pauvreté, l'aisance
      Trouvent ici le même sort.
Celui qui possédait la couronne et le sceptre,
Qui régnait en monarque et commandait en maître,
      Comme l'esclave ici s'endort.

Qu'on ait eu le palais ou la hutte grossière,
Le château somptueux ou la sombre chaumière,
      Ici l'on habite un cercueil ;
Qu'on ait de diamants enrichi sa parure,
Ou que l'on ait porté les haillons ou la bure,
      Ici l'on apporte un linceul.

Ambition, fortune, honneur, gloire, génie,
Partage des heureux au banquet de la vie,
      Viennent ici s'anéantir.
L'on ne peut des mortels changer les destinées ;
Et les fils d'Esculape avec leurs panacées,
      Ne les savent point garantir.

Toi... dont le monde entier redoutait la puissance,
Qui semblais défier la terrible sentence,
      Comme une inexpugnable tour ;
Et toi dont tout un peuple était le tributaire,
Quoi ! vous êtes un jour égaux au prolétaire !
      Quoi, vous mourez à votre tour !

Ce qu'on nomme grandeur est un dehors qui trompe ;
De leurs riches trésors et de toute leur pompe
      Les Crésus ici n'ont plus rien.

Des plus fameux héros la vaste renommée,
Ici s'évanouit... vain bruit, vaine fumée...
      Hélas! Si l'on y pensait bien!

Le plus riche est celui dont le néant étale
Un marbre froid portant l'inscription fatale
      Vains masques de ce qui n'est plus.
C'est du luxe, dit-on, si quelques fleurs fanées,
Symboles de vertus par la mort emportées,
      S'y voient... Ornements superflus...

Pourquoi donc s'attacher à des biens éphémères?
Pourquoi ne pas s'aimer comme s'aiment des frères,
      Nous tous, enfants du même Dieu?
Que ne recherchez-vous la solide richesse,
En suivant les conseils que dicte la sagesse,
      Futurs citoyens de ce lieu?

      J'y lis un mot qui vaut un livre:
      Ici ne prétendez pas vivre,
      Soyez prêts avant d'y venir;
      Comme on est au port on demeure,
      Songez à votre dernière heure,
      Ayez vivant de quoi mourir.

Pour semer le bon grain attendriez-vous la tombe?
Ce n'est pas en hiver, lorsque la neige tombe,
      Qu'on fait les travaux de l'été;
Pour un jour incertain pleins de solitude
Seriez-vous étrangers à la plus noble étude:
      L'éternité! l'éternité!!!

(*Hautes Alpes*)   L'abbé Reynaud.

LE MONT BLANC!

CHANT POPULAIRE — AIR DE LA VIGNE

J'habite un coteau dont le flanc
De loin regarde le Mont Blanc :
— Neige là-bas, ici verdure.
Entre villages et hameaux,
Ma vigne abrite ses rameaux ;
Le fin bourgeon craint la froidure :
L'épi doré, le grain vermeil,
Tombent lentement du soleil !

(Ref.) Monts altiers, les puissants superbes
Ont comme vous la glace au cœur,
Loin d'eux, peuples, chantons en chœur,
Chantons le vin, chantons le blé : grappes et gerbes !

Après les foins, doux souvenir,
Les blés commencent à jaunir,
Dans la plaine et sur la colline.
Autour de ma blanche maison
Ma vigne riche en fleuraison,
Distille sa liqueur divine.
— Sur le Mont Blanc que voyons-nous ?
Brouillards, frimas, vents en courroux !

Monts altiers, les puissants superbes
Ont comme vous la glace au cœur,
Loin d'eux, peuples, chantons en chœur,
Le bois tors ou l'épi barbu : grappes et gerbes !

Comme un lézard sur un vieux mur,
Sous le soleil le raisin mûr
Se chauffe couché sur sa feuille.
Où naissent vautours et condors,

Marmotte aux sommets où tu dors,
Jamais un épi ne se cueille :
Vils esclaves, fiers oppresseurs
Redoutent nos vaillants chasseurs !

Monts altiers, les puissants superbes
Ont comme vous la glace au cœur,
Loin d'eux, peuples, chantons en chœur,
Tiges blondes ou pampres verts : grappes et gerbes !

Sur les rocs si l'aigle souvent
Brave l'avalanche et le vent,
L'éclair frappe et réduit en poudre...
Sur nos humbles buissons en fleurs
Narquois pinsons, merles siffleurs,
Joyeux, chantent loin de la foudre :
Amour, paix et fécondité...
— L'aigle annonce l'aridité !

Monts altiers, les puissants superbes
Ont comme vous la glace au cœur
Loin d'eux, peuples, chantons en chœur,
Les grains d'or ou le jus divin : grappes et gerbes !

Partout où l'aigle aime à nicher,
Peuples, n'allons pas défricher ;
Restons dans nos paisibles plaines.
Unissons-nous, et rassemblés,
Quand de bons vins et de beaux blés
Granges et caves seront pleines ;
Chaque soir en vidant un pôt
Discutons nos droits et l'impôt !...

Monts altiers, les puissants superbes
Ont comme vous la glace au cœur,
Loin d'eux, peuples, chantons en chœur,
Chantons le vin, chantons le blé : grappes et gerbes !!!

MOULIN.

LE JOUR DE L'AN

La neige avait blanchi la terre,
La glace couvert le ruisseau,
Le givre avait avec mystère
Fleuri la haie et l'arbrisseau.

La bise, soufflant avec force,
Agitait avec grand fracas
Les branches dont la sombre écorce
Etait couverte de verglas.

C'était l'hiver, froid, sans lumière,
Voilant partout le beau ciel bleu ;
L'effroi de la triste chaumière
Où, nu, l'on grelotte sans feu.

Pourtant, la ville était en fête :
L'écho répétait dans les cieux
Une étourdissante tempête
De cris confus d'enfants joyeux.

On voyait les enfants, par troupes,
Dans la rue, en tous les quartiers,
Courant, ou s'arrêtant par groupes
Aux devantures des fruitiers.

Gateaux et fruits de toutes sortes,
Tambourins, fusils étaient bons ;
Trop étroites étaient les portes
De tous les marchands de bonbons.

Des pâtissiers les devantures
Offraient leurs rayons attrayants :
Biscuits, nougats, choux, confitures
Faisaient envie aux moins friands.

Auprès d'un brillant étalage,
Les gamins venaient réjouis,
Admirer le riche assemblage
Dont leurs yeux étaient éblouis.

Une pauvre femme, en silence,
Tenant deux enfants par la main,
Au sein de la foule s'élance,
Cherchant à suivre son chemin...

Mais les enfants tournant la tête
Sur les joujoux fixent les yeux ;
Avec eux leur mère s'arrête
Devant ces objets merveilleux.

Le petit garçon s'émoustille
Montrant toutes choses du doigt ;
Son regard court, son œil pétille,
Souriant à tout ce qu'il voit.

La fillette était occupée,
Rêveuse, étouffant ses soupirs,
A regarder une poupée,
L'unique objet de ses désirs.

« Allons-nous en, leur dit leur mère,
» Ne regardez plus ces bijoux :
» Cela n'est point pour la misère,
» Il n'est point jour de l'an pour nous ! »

Les petits détournant la tête
La suivirent, sans dire un mot.
Pour souvenir de cette fête
Chacun n'emporta qu'un sanglot !

Alors rentrant dans leur mansarde,
Où chacun apportait la faim,

La pauvre femme les regarde,
Et leur dit: « Je n'ai plus de pain ! »

Sur un grabat ils prirent place :
La mère, échauffant sur son cœur
Les chers enfants que le froid glace,
Endormit ainsi leur douleur !

Nueil, 11 novembre 1878. Jean Grolleau.

MES SOUHAITS

Je voudrais trouver un langrge
Qui pût marquer en traits de feu,
Comme l'éclair dans le nuage,
De mon cœur le sublime vœu.

Je voudrais désormais en frères
Que tous les peuples en faisceau,
Brisant les pouvoirs arbitraires,
Eussent un symbole nouveau.

Je voudrais que la guerre infâme,
Ce monstre aux enfers emprunté,
Se changeât en torrents de flamme
Pour ceux qui l'auraient suscité.

Je voudrais que, seul sur la terre,
Le juste se vît protégé ;
Que par un pouvoir tutélaire
Tout malheureux fût soulagé.

Je voudrais sur l'île lointaine,
Où gémissent tant de proscrits,
Que vînt enfin l'heure prochaine
Qui doit les rendre à leur pays.

Je voudrais que le crime immonde,
Par l'affreux besoin enfanté,
Disparût à travers le monde,
Où naîtrait la prospérité.

Je voudrais qu'à la grande table
Par Dieu présentée aux humains,
Chacun reçût part équitable,
Des dons échappés de ses mains.

Je voudrais qu'autour de la tombe
Où sont déposés nos aïeux,
Chaque fois qu'une larme tombe,
Un élan montât vers les cieux.

Je voudrais que nul sur la terre
N'eût à souffrir, n'eût à pleurer ;
Et que la mort, ce grand mystère,
Ne fût là que pour espérer.

Canouil de la Bérangère.

Smyrne (Turquie d'Asie), 22 novembre 1878.

LA PROCESSION DES ANGES

En arrivant enfin sur vos petites ailes,
Avez-vous remarqué ces séraphins si blancs ;
Avec leurs beaux yeux noirs et leurs larges prunelles,
A ces enfants de chœur, ils étaient ressemblants.

Ses sœurs près de l'autel, on les voyait si belles,
Elles chantaient aussi, paraissant dans les rangs ;
Agiles comme sont les tendres hirondelles
Qui vont pour se nourrir voler sur les étangs.

Avez-vous remarqué, qu'en sortant de l'église,

La voix du prêtre aussi nous semblait plus soumise
Et se mêlait alors à tous ces sons divers,

Des cloches et de l'orgue avec la voix des filles ;
Tous ces accents, hélas ! s'entendaient dans les airs
Pour égayer d'abord tant de nobles familles.

A. BEBOT.

LE TRAITÉ DE BORDEAUX

*A la famille Laurens, de Viellepinte : Hommage
d'affectueuse estime.*

Hélas ! Paris se rend et la France est vaincue ;
La Prusse a triomphé, toute la honte est bue,
Et le traité de paix, consenti par Trochu,
Approuvé par Bazaine et le tyran déchu,
Imposé par Bismark, est accepté d'emblée
Par le président Thiers, au nom de l'Assemblée !

Je ne chercherai pas si l'on était repu ;
Si l'on a voulu vaincre autant qu'on aurait pu ;
Si le gouvernement élu pour la défense,
Comme il devait le faire, a repoussé l'offense ;
Si Léon Gambetta sut porter sur son dos,
Comme un géant de fer, la guerre et ses fardeaux ;
Si Paris fut trahi ; si la France livrée
Pouvait, à certain jour, se trouver libérée ;

Ce n'est que le passé, mais le présent est là,
Qu'il vienne de César, qu'il vienne de Sylla,
Et j'ai la liberté, j'ai le droit de maudire
Ceux qui nous font payer les dettes de l'Empire.
Répondez, députés qui signâtes la paix,
Aviez-vous oublié que nous étions français ?

N'aviez-vous pas encor des armes, de la poudre,
Des vaisseaux, de l'argent, du pain, du blé pour moudre ?
En frappant sur le sol, vous pouviez, d'un seul coup,
Trouver un million de combattants debout ;
Et vous allez signer, front baissé, cœur léger,
La honte du pays, l'orgueil de l'étranger !...

O descendants pourris de ce siècle sublime
Qui vit, à son réveil, un peuple magnanime,
Combattant pour ses droits, au mépris de la mort,
Briser la royauté dans un suprême effort,
S'improviser soldat au sortir de l'échoppe
Et broyer sous ses pieds les trônes de l'Europe,
Dites, ô députés, mannequins de carton,
Où sont Carnot, St-Just, Desmoulins et Danton ?
Pourquoi n'avez-vous pas leur cœur et leur audace ?
Quelle crainte aujourd'hui vous étreint et vous glace ?
L'argent est rare ? eh bien ! fondez tous vos trésors.
Les mobiles fuiront ? le feu les rendra forts.
Les canons font défaut ? forgez l'artillerie.
Les fusils sont trop vieux ? changez la batterie.
Le pain manque ? prenez les vivres du vainqueur.
Le pays est lassé ? redonnez-lui du cœur :
Quand un peuple est debout et qu'il s'appelle France,
Qu'il lutte pour la vie et pour la délivrance,
S'il veut vaincre il vaincra, s'il veut vivre il vivra :
L'espoir le précédant, le succès le suivra !

Mais non, vous reculez : votre cœur monarchique,
Pour sauver vos écus, perdra la République :
Fermiers, pour faire en paix le vin ou la moisson,
Vous livrez à la Prusse, en guise de rançon,
Nos boulevards de l'Est, les clefs de notre place,
La Lorraine avec Metz, avec Strasbourg l'Alsace,
Enfin cinq milliards, que le peuple, cinq ans,
Usera son travail à vous donner comptants !

Soit, vous avez bien fait et la France sabrée
Doit vous remercier de l'avoir démembrée ;
Vous pouvez maintenant aller faucher vos foins,
Couper votre luzerne ou récolter vos coings ;
Votre cœur est tranquille et votre conscience
Ne sait rien reprocher à votre impatience.

Vous avez fait la paix, votre chef-d'œuvre est là ;
S'il faut vous approuver, l'histoire le dira.
Mais nous, à qui la foi fait espérer encore,
Après cette nuit sombre, une sereine aurore,
Et qui sommes forcés de subir, malgré nous,
Grâce à vos lâchetés, la honte à deux genoux,
Nous protestons ici contre l'ignominie
Qui livre à l'ennemi la France désunie,
Qui captive le peuple, épuise nos trésors,
Vide nos arsenaux, démantèle nos forts,
De Paris bombardé détruit le sacrifice,
Fait de la paix honteuse une guerre en nourrice
Et du traité signé sous le glaive un contrat
Que le glaive, à son tour, un jour déchirera ;
— Et, pâles, frémissants de rage et d'impuissance,
Brisant, sur ce papier qui suicide la France,
La plume du vautour qui nous ouvre le sein,
Nous renfermons en nous tout un terrible essaim
De regrets et d'espoirs, de mépris et de haines,
Qui, prenant son essor sur les frontières vaines,
Ira mêler, un jour, au fond des eaux du Rhin,
Les cendres de Paris aux cendres de Berlin !...

Tannod de Edelrag.

(*Hautes-Pyrénées*), *15 mars 1871.*

A MA MÈRE

Quand je quittais Paris, ce séjour enchanteur,
Je m'éloignai de toi, ma bonne et tendre mère,
Bon ange ! et pour ton fils seul appui sur la terre,
Ton nom éclaire encor les replis de mon cœur !

Oh ! que j'aimais à voir ton gracieux sourire !
Toi, qui dans la vertu guidas mes premiers pas.
Tu mêleras ton fils, quelquefois, n'est-ce pas ?
A ces pensers si doux que ton bon cœur soupire.

Ma mère, loin de toi, pour moi plus de bonheur,
Je voudrais être heureux, hélas ! c'est impossible !
L'ennui qui me torture est un monstre invincible
Qui s'attache à mes pas et me ronge le cœur.

Oh ! vous, mes chers amis, qui marchez dans la vie,
Sans peut-être songer aux maux de l'avenir ;
Emportez avec vous, au moins le souvenir
De celle qui vous pleure... une mère chérie !

O. Argentié.

LA FILLE DU NÉGOCIANT.

Le travail élève l'homme et le purifie,
L'oisiveté le corrompt et le prépare à tous les crimes.

Berthe, fille unique d'un riche négociant de Toulouse, avait reçu une excellente éducation, et le jour où elle obtint son brevet d'institutrice fut pour toute sa famille un bien beau jour de fête. La chère enfant allait enfin se reposer longtemps et abandonner l'étude qui, disait-on, faisait pâlir ses joues ; rien désormais n'assombrirait son front charmant, et les heureux parents mirent tout en œuvre pour embellir une si chère existence. Toilettes, distractions, divertissements de toutes sortes, rien ne lui manquait, et dès ce jour, libre et insouciante, la jeune fille, oubliant complètement la grande et sublime loi du travail, dédaigna toutes les occupations sérieuses et ne songea plus qu'aux plaisirs.

Berthe, douée d'une âme sensible et d'un cœur généreux, n'avait montré jusque là, pour unique défaut, qu'une légèreté enfantine qu'on qualifiait d'espièglerie; mais, au sein des jouissances, abandonnée à elle-même, gâtée, adulée par des parents trop indulgents ou trop faibles qui s'empressaient de satisfaire aveuglément à tous ses caprices, l'heureuse enfant se livra d'abord à l'oisiveté, puis à des lectures plus que frivoles qui achevèrent d'exalter son imagination, de fausser son esprit et son jugement.

Ce fut dans ces dangereuses dispositions qu'elle fit connaissance d'une jeune personne nouvellement mariée, dont le naturel naïf et bon sut lui plaire, dont l'esprit vif et brillant parvint à la charmer. Leurs caractères se convenant à merveille les visites se multiplièrent, et l'intimité devint même si grande que les journées entières suffisaient à peine à leurs longues causeries. Il est vrai qu'un tiers se mêlait souvent à leurs gais propos. Le jeune Ernest était aussi aimable que son épouse : c'était sans doute pour cette seule raison que sa présence rendait l'imprudente jeune fille plus joyeuse et plus gaie. Bientôt, cependant, ce ne fut plus son amie que Berthe vint visiter, puisque l'absence de la trop confiante épouse rendait la conversation plus agréable et plus animée.

Ernest, qui regardait d'abord sa charmante voisine comme une enfant, s'habitua peu à peu à sa conversation spirituelle et enfantine, ce fut donc presque à son insu qu'il s'attacha à la jolie visiteuse, et cette affection, si pure dans son principe, grandit étrangement et prit des proportions qui l'effrayèrent. Voulant enfin sonder son cœur, il vit avec effroi que Berthe pour lui n'était plus une enfant mais bien une belle jeune fille, une femme charmante, et qu'il l'aimait.

Ingrat, se dit-il alors, en se frappant le front, je suis un misérable, puisque j'ose oublier celle à qui j'ai consacré ma vie !... Grand Dieu ! Que ma chaste épouse ignore toujours mon crime et ma lâcheté !... Puis, comme il comptait peu sur ses propres forces, fuyons cette maison, se dit-il, évitons cette enfant que je rendrais coupable ! qu'elle reste pure et ne sache jamais que je l'ai aimée !....

Cette résolution énergique aurait dû le sauver, malheureusement, il est déjà trop épris et trop faible, pour résister aux séductions et aux charmes enchanteurs d'une femme aussi exaltée que Berthe, et celle-ci, oubliant sa famille, sa vertu, son honneur, consentit à partir avec lui pour l'étranger.

Peu de temps après, Berthe ayant réuni les bijoux qu'elle possédait, Ernest se procura quelque argent, et les voilà voguant à pleines voiles vers les côtes d'Amérique. « Où allez-vous, jeunes insensés ? A la recherche du bonheur, sans doute ! Hélas ! vous ne le trouverez point, sur ces plages lointaines ; il était au paisible foyer que vous avez délaissé ! Jeune fille, vous l'auriez trouvé dans le travail, au sein de votre famille ; jeune homme, vous l'avez laissé auprès de cette épouse fidèle que votre lâche abandon réduit au désespoir.... Ne sentez-vous pas les remords cuisants qui déchirent votre conscience ? N'entendez-vous pas l'horrible tempête qui règne dans votre cœur plus agité que les vagues bouillonnantes de l'immense Océan qui mugit autour de vous ? Sans l'innocence il n'y a ni repos ni bonheur réel sur la terre, et vous êtes déjà si coupables !

Cependant, il en est temps encore, retournez en arrière. Ceux que vous avez abandonnés et deshonorés pleurent là-bas ; allez vous jeter à leurs pieds, implorez leur pitié, ils vous pardonneront peut-être, vous sécherez leurs larmes, ils vous aimeront encore et vous retrouverez auprès d'eux le calme et la paix. »

Mais le jeune couple étouffe les cris des remords, tous deux restent sourds à la voix de leur conscience ; ils abordent enfin sur ces rivages inconnus, croyant y trouver le bonheur, et n'y rencontrent que d'amères déceptions, et bientôt, la honte, le mépris, l'affreuse misère.

Ernest, s'accusant alors des malheurs de sa compagne veut se dévouer pour elle, il cherche en vain un emploi au milieu de cette société étrangère et Berthe, devenue plus sérieuse, et reconnaissant ses torts, songe à utiliser ses quelques talents pour venir en aide à leur commune misère. Hélas, la pauvre enfant supporta tant d'humiliants refus et en éprouva une si grande peine qu'elle tomba malade. Qu'on juge du désespoir du malheureux jeune homme : Elle va mourir, se disait-il loin de sa famille, pauvre et délaissée ! Ah ! que ne puis-je donner ma vie pour la sienne !... Et il l'entoura des soins les plus délicats. Ne trouvant pas un seul emploi en rapport avec ses aptitudes, il se livra, sans relâche et avec un courage héroïque aux travaux les plus pénibles, se privant de tout pour lui procurer quelques adoucissements.

Enfin, la Providence parut un instant les prendre en pitié : Berthe recouvra un peu de force, mais toutes ses souffrances avaient causé le germe d'une cruelle maladie qui devait la conduire au tombeau.

A peine un peu rétablie, elle se rappela qu'il y avait à Rio-de-Janeyro une de ses connaissances qui pourrait peut-être procurer à tous deux quelques occupations, mais, là encore, ses espérances furent cruellement déçues : Madame Darcy, fort étonnée de la voir en Amérique, et dans une pareille détresse, lui demanda quel était le jeune homme qui l'accompagnait : Berthe confuse éclata en sanglots mais ne voulut point s'expliquer. Madame Darcy écrivit aussitôt à Toulouse et, quand elle connut la triste vérité, non seulement elle refusa toute protection, mais encore elle adressa à la jeune fille les plus amers reproches et donna en même temps au jeune infidèle des nouvelles de son épouse qui, toujours inconsolable, attendait son retour et lui envoyait d'avance un généreux pardon.

C'en était trop, le malheureux Ernest, déjà accablé de fatigues, de privations et de misère, ne devait pas survivre à tant de honte ; après avoir vidé jusqu'à la lie la coupe du déshonneur, il tomba malade à son tour et expira en demandant pardon à celle qu'il avait perdue. Peu de jours avant sa mort il avait adressé les plus touchantes excuses à sa généreuse épouse, si lâchement abandonnée et qu'il ne devait plus revoir.

La coupable Berthe, triste et désolée, pleine de honte et d'effroi, implora encore la pitié de Madame Darcy qui lui remit alors une somme suffisante pour retourner dans sa famille.

Mais le ciel voulait que l'expiation fût à la hauteur de la faute : à peine arrivée à Bordeaux, la malheureuse sentit ses forces l'abandonner. Obligée de s'arrêter en cette ville elle épuisa ses dernières ressources, et réduite à tendre la main ; elle n'attendait plus que la mort, quand une âme charitable, ayant appris le nom de son père, lui fournit les moyens d'achever son voyage.

Voilà donc la triste jeune fille seule avec ses souffrances et sa douleur, plus elle s'approche du but tant désiré et plus ses remords sont cuisants : ils lui déchirent le cœur, ils torturent sa conscience. Que dire à son père ?

quelle excuse trouver pour atténuer une si grande faute ? Hélas ! seule coupable et le reconnaissant bien, la pauvre enfant ne cherche plus à se faire illusion. Oh ! mon Dieu ! dit-elle, dans une fervente prière, que je puisse seulement me jeter dans les bras de mon père, que je me prosterne aux genoux de ma mère bien-aimée ; que j'implore leur pardon, qu'ils me bénissent tous deux et que je meure ?.. Mon Dieu, prolongez ma vie jusqu'à cet instant suprême !... O Dieu puissant, ne me faites pas mourir !...

Et Dieu semblait être sourd à sa voix, car à mesure que le but approchait, sa respiration devenait plus faible et plus embarrassée, son teint plus pâle, ses yeux plus animés et plus ardents... Enfin, le train s'arrête, elle se précipite hors de la gare, mais à peine a-t-elle fait quelques pas, que ses jambes fléchissent, ses yeux se troublent, se sentant mourir elle s'appuie sur une borne et pleure amèrement.. Je me meurs, je le sens, murmure-t-elle, mon front est glacé, mon cœur ne bat plus, je respire à peine... O mon père, tu ne verras plus qu'un cadavre, et toi, ma pauvre mère, tu vas mourir de douleur !... Pitié, Seigneur, pitié pour moi !... et la malheureuse pleurait toujours, jusqu'à ce que vaincue par l'émotion et la souffrance elle s'évanouit...

Quelques instants après, en recouvrant ses sens, elle se trouva étendue dans une voiture ; un beau vieillard la contemplait avec intérêt ; étonnée, confuse, elle tourne ses yeux vers lui, comme pour l'interroger, et l'inconnu lui dit avec bonté : « Je suis, ma chère enfant, un des meilleurs amis de votre père ; il n'y a qu'un instant, en passant près de la gare, j'ai aperçu un groupe de personnes causant avec animation, m'étant approché et vous ayant vue sans mouvement, j'ai cru vous reconnaître, et je m'empressais déjà de disperser la foule, quand j'ai découvert à votre cou un médaillon renfermant le portrait de votre mère. Me procurer un fiacre et vous y placer près de moi, a été l'affaire d'un instant. Soyez sans inquiétude, vous reverrez votre père et votre mère, ils seront bien heureux de votre retour.

C'était un dimanche, le fiacre s'arrêta devant la maison de Berthe, mais, ô douleureuse surprise, les portes étaient closes, seule une vieille servante était là : elle apprit que la triste famille du négociant cherchait en ce moment, à la campagne, une distraction à ses chagrins, un baume pour ses douleurs.

A cette nouvelle, Berthe terrifiée se tordait les mains de désespoir, en s'écriant : « Juste ciel ! je mourrai donc sans avoir obtenu le pardon de mon père !... C'est Dieu lui-même, sans doute, qui me défend de le revoir, car les obstacles se multiplient autour de moi... Oui, je le vois maintenant, je dois mourir abandonnée et peut-être maudite !.. »

Le bon Monsieur, visiblement touché de ses regrets, et jugeant que son état était désespéré, transporta lui-même la malade dans la chambre qu'elle occupait jadis, puis, en toute hâte, il fit avertir ses parents qui arrivèrent le même soir... Il était temps, la malheureuse enfant n'avait plus que quelques instants à vivre. En voyant entrer ce bon vieillard dont elle avait déshonoré les cheveux blancs, la pauvre Berthe tout émue s'écria : « Pardon, mon père, pitié pour moi, ma bonne mère, vous que j'ai tant fait souffrir !... Pardonnez-moi tous deux, je vous en conjure, et bénissez votre coupable fille !... » Et le père oubliant tout ce qu'il avait souffert, lui prodiguait les plus tendres caresses ; et cette mère qui avait tant pleuré sur elle la couvrait de baisers, l'inondait de larmes...

Les premiers transports étant apaisés : crois-tu donc, dit le vieillard, d'une voix tremblante d'émotion, que j'aie jamais pu te maudire ? Oh non, mon enfant,

depuis longtemps déjà, mon cœur t'a pardonné; et puis, tu n'étais pas la plus coupable, le lâche, l'infâme, le maudit, c'est lui, c'est ce malheureux qui a osé m'enlever ma fille, mon trésor, ma vie!... Celui-là, je le hais, je le méprise, qu'il soit à jamais...
— Mon père, ne le maudissez pas! s'écria tout à coup Berthe éperdue, la plus coupable, c'est moi! Il m'a écoutée et non pas entraînée, et depuis, comblée par lui d'affection, de dévouement, de soins assidus, j'ai eu la douleur de le voir souffrir pour moi le froid et la faim, endurer les humiliations les plus cruelles, enfin, mourir de chagrin et de repentir. Oh! padonnez-lui, mon père, comme vous m'avez pardonné!... Et le malheureux père hésitait, sa nature se révoltait, mais sa fille bien-aimée était là, mourante, le suppliant encore; allait-il lui refuser cette suprême consolation?
— Puis-je le maudire, puisque tu l'excuses encore; s'écria-t-il tout-à-coup! Que son repentir efface son crime: je lui pardonne et je te bénis!...

Un prêtre entrait à ce moment; à sa vue, un faible sourire erra sur les lèvres de la mourante, elle le pria de s'approcher et lui dit: « Vous connaissez ma vie, vous n'ignorez point quel est mon crime; c'est moi qui ai ravi le mari à l'épouse et l'ai entraîné dans l'abîme, déshonorant ainsi ma famille et la sienne... Je suis coupable envers Dieu, envers mes parents, envers la société, envers vous-même, mon père, puisque j'ai méprisé vos sages conseils!... Je demande pardon à Dieu et à tous!... J'ai bien pleuré, j'ai bien souffert, mais mon crime est si grand, puis-je espérer que mes souffrances et mes regrets suffiront pour mériter le pardon de mon Dieu. Elle s'arrêta épuisée, haletante... et le prêtre lui rappelant la plus consolante maxime de l'Evangile : « A tout pécheur miséricorde, mon enfant, un repentir sincère lave de de tous les crimes, un regret profond purifie l'âme la plus coupable ; quelques grandes que soient vos fautes, Dieu vous les pardonne et par ma main il vous bénit.

En même temps il lui présentait un crucifix, la mourante le baisa avec un amoureux transport, le serra sur son cœur, puis, rassemblant ses dernières forces elle s'écria : « Je crois, j'espère, merci ! » et elle expira.

Trois mois après, le père reposait à côté de sa fille bien-aimée, et maintenant auprès de cette double tombe deux femmes en deuil viennent souvent prier. Toutes deux paraissent avoir beaucoup souffert, l'une d'elles, encore jeune, console sa compagne, soutient ses pas chancelants, et tous ceux qui connaissent cette histoire admirent sa noble conduite, son généreux dévouement... Cette femme, c'est l'épouse abandonnée, mais toujours vertueuse, qui a consacré sa vie à la mère infortunée de celle qui fut jadis sa malheureuse et criminelle amie.

30 novembre 1878.   Delphine Delon.

LA VIOLETTE

Si vous aimez les fleurs, il en est une que vous devez préférer aux autres ; et cette fleur sera celle qui a le plus d'affinité avec les sentiments de votre âme. L'un choisira la rose qui n'ouvre son sein qu'aux chastes rosées et au rayon des beaux jours ; ou le lis qui, sur sa tige, balance au souffle des brises, son encensoir éblouissant ; l'autre viendra chercher sur la lisière des bois l'anémone ou la pervenche solitaire ; l'autre écoutera de préférence la voix des myosotis qui parlent de souvenir. J'aime toutes ces fleurs, mais la violette me plaît davantage encore.

A peine les premières haleines du printemps ont-elles caressé les campagnes, qu'on la voit le long des sentiers, la petite violette, cachant ses feuilles brodées sous les grandes herbes desséchées des haies. Rarement elle s'épanouit près des routes fréquentées. Elle n'aime pas le bruit des chars qui roulent, ni les nombreux voyageurs qui s'éloignent en chantant ; mais si quelque solitaire vient chercher dans un vallon choisi la paix que le monde ne donne point, quand il foule le velours des mousses, il aspire avec surprise un baume inconnu, et cette douce sensation lui fait oublier un moment les ennuis et les dégoûts de la vie. Le parfum de la violette passe sur son âme, comme un souffle du ciel pour la rafraîchir.

Je préfère la violette parce qu'elle est l'emblème de l'humilité et de la discrétion dans la charité. O vraie charité ! Comme l'humble violette des prés, tu soulages secrètement l'âme désenchantée et malade : il est bien des cœurs qui ne vous comprennent pas, mais votre parfum est si pénétrant et si céleste qu'il y aura toujours des âmes qui en seront touchées !

Nièvre.   Louis Boulé.

OU SONT LES MŒURS PAROISSIALES

183...

Si la Somme est un fleuve qui roule ses eaux avec calme et tranquillité. S'il règne une paix toujours vierge parmi les familles des poissons qui naissent et qui croissent dans son sein, en se nourrissant du limon et des graines marécageuses qui abondent sur son lit. Si dans ce royaume naval, les êtres nautiques sont à l'abri des guerres intestines-ménagères qui se fomentent et qui éclatent à l'horizon. Si le canard jouit de la sérénité des lieux chéris qui cotoient cette fertile rivière, pour pondre ses œufs, les couver et soigner ses petits, loin de l'opportunité des griffes audacieuses des chats et des furets. Si, enfin, cet Eden est le divin séjour où se plaisent, mieux qu'en casserole, les ennemis jurés du carême et des jeunes ; les habitants jonchés sur ses bords, comme de frêles roseaux sous la voûte azurée, ne peuvent se féliciter de posséder le même avantage,

Il semble surtout que, dans un petit village tout sanctifié qu'il est, par le nom qu'il porte, il se soit élevé et grandit tous les jours un temple à la discorde : cette déesse, aimée par la généralité des femmes, reconnue par la pluralité des hommes, fait de nombreux ravages dans cette petite contrée fertilisée par le poisson d'eau douce.

Ici, c'est un mari délaissé par sa chère compagne après avoir eu le courage et l'amour de voir l'alambic marital distiller une dot assez forte pour mettre décemment quatre ou cinq orphelins dans une aisance commune.

Là, c'est un autre Narcisse, qui n'a plus, de ses prunelles d'épouseur, que la mèche fumante d'une bougie mal éteinte ; et qui mire ses yeux amoureux dans cinq ou six fontaines où, se dit-il, sans doute, l'eau est plus ravivante qu'à la source des ineffables joies, des délices conjugales qui sont trop méconnues par ces sacrificateurs voraces, qui ne peuvent se rassasier du sang tout fumant de nos jeunes brebis, de nos tendres génisses. Pauvres colombes ! sur quelle terre allez-vous pâturer avec de si jolis petits becs !.. Prenez garde ! Ne voyez-vous pas l'oiseau de proie, qui tournoie sur vos têtes ! Ne le voyez-vous pas dans toute la grandeur de sa majesté ! Eh bien, il ordonne un festin. A ce festin il vous convie, dites-vous? Allez-y, et au dessert, vous verrez, de vous deux, quel sera le plus gras.

Plus loin, c'est un mari jaloux, qui rentre cependant confiant et crédule aux caresses empressées de sa chère et tendre moitié qui sort toute essoufflée de la cage où est resté piteux et tremblant, son amant trop heureux, trop heureux, je le répète, qu'il se soit trouvé dans un de ces châteaux féodaux, qui n'ont pour tout étage qu'un simple rez-de-chaussée.

Mais, ce qu'il y a de plus remarquable, c'est bien, sans contredit, le desservant bouffi de qui tout est connu et par qui tout est su. Cet honnête dégustateur de bons morceaux, avec toute la disquisition qui lui manque, ne fait que disséminer tout à la fois des maximes pieuses et pernicieuses. Et comment cela pourrait-il se faire autrement, quand, dans cette paroisse, il y a deux temples élevés à la gloire de différents dieux, dont l'un est le seul et unique vrai Dieu et l'autre la Discorde, et que le même prêtre encense communément ces deux divinités.

Le temple de la déesse précitée se distingue par une croix blanche majestueusement suspendue à l'angle d'un pilier donnant sur la jonction de la grande rue gravoisée, et de la chaussée pavée en grès, qui traverse la Somme en passant devant saint-Claude, où se réunissaient autrefois de nombreux compagnons.

Ce temple nouvellement bâti presque sur les ruines d'une ancienne chapelle où se plaisait à être révéré un grand saint qui donnait son nom à la source minérale qui naissait à ses pieds. Ce temple, dis-je, renferme une déesse moderne.

Cette femme, autrefois belle, conserve encore aujourd'hui, sinon quelques restes d'une beauté à toute épreuve, un esprit d'une dissention toute divine. Aidée de ses satellites et surtout du sire cité plus haut, elle a su renouveler la face de son empire, de l'empire sur lequel elle brigue pour exercer sa domination. Elle a, sans considération, pour ses amis, pour les amis qu'elle avait avant sa divinisation ; pour ses parents, si les déesses ont des parents, elle a, enfin, pour propager les mœurs et l'instruction dans son domaine, amené, par ses intrigues, par ses artifices de déesse corruptrice, un instituteur privé, qui, au lieu de donner de l'instruction à ses élèves, s'érige en monarque pour leur distribuer des croix.

Une sœur institutrice fut aussi amenée par ses ordres, et fut placée à la tête des jeunes filles, auxquelles elle apprend à faire voir la mort. Je ne sais pas, lecteur, si vous connaissez ce jeu innocent ; mais ce jeu a aussi quelque chose de vorace, car ayant rencontré une jeune fille qui retournait chez sa mère en pleurant, elle avait une main cachée dans son mouchoir de poche, je lui demandai ce qu'elle avait à pleurer. Elle me répondit que la sœur l'avait mordue jusqu'au sang en lui faisant voir la mort.

Ne ferait-elle pas mieux de leur apprendre à coudre ? Ce n'est pas en voyant la mort que l'on gagne la vie.

Pour revenir à notre Memphis, sa vocation fut tout à fait manquée. Il n'était pas né pour faire un célibataire ; les saillies que son esprit nous offre le prouveront plus bas. Il n'était pas né pour faire un orateur : sa logique l'a prouvé. Il était bien moins né encore pour remplir les saintes fonctions dont il était investi ; mais il était bien né pour faire un « *poisson bleu* » par exemple.

Avec un tel panégyrique, n'aurait-il pas mieux fait de rester sur la frontière de la Belgique à passer du tabac que de venir frauder une doctrine, dont il ignore les principaux dogmes ?

Il est aussi à remarquer que cet homme, aux yeux de taupe, ne voit pas plus loin que le bout de son nez, et le susdit nez est très court.

Sa large face blêmatique exprime tout ce qu'a de barbare et d'africain ce cœur maure, né sur le territoire français.

Voici, en peu de mots, des nouvelles diverses à son sujet :

Un jour, il causait avec un monsieur, celui-ci lui dit : la bonne voie est au milieu du chemin. Il lui répondit quelques mots latins qui voulaient dire : la v...... est au milieu du corps.

Il ne faut pas demander s'il a quelquefois couru les mauvaises femmes et s'il a correspondu avec Charles-Albert, rue Montorgueil, 21, à Paris.

Un autre jour qu'il passait sur le chemin vert qui conduit à Ennemain, il fit rencontre d'un homme précédant deux femmes. Il dit : vous n'attendez donc pas vos bêtes de monture ?

Il a dit aussi d'un pauvre garçon atteint d'une maladie de langueur : il n'osera jamais se marier, il a les b..... vides.

Et à une femme qui faisait embellir sa maison : vous faites-là une belle cage ; c'est dommage d'avoir un si vilain moineau à mettre dedans.

Et à la voisine de cette dernière, qui lui faisait des observations sur des platitudes qu'il n'avait pas eu la discrétion de garder pour soi : on ne peut pas raisonner avec des femmes, c'est si bête.

Peut-on voir maltraiter ainsi par ce lovelace la plus belle moitié du genre humain, la régénération des sentiments les plus nobles que la nature ait mis en nous. Le sanctuaire où chaque poète a pris son premier élan pour voler à la gloire des régions imaginaires, où son âme épanouie a oublié la terre pour prendre son essor vers l'immensité des cieux.

N'a-t-il pas eu l'impiété de dire aux personnes qui présentaient un enfant au baptême : Que m'amenez-vous encore là ? Un poulain de marais.

Ne direz-vous pas avec moi que cet homme est vil, et qu'il avilit par là-même le caractère sacré dont il est revêtu ? Ne le trouvez-vous pas comme moi indigne de porter chasuble sacrée et d'offrir les saintes espèces sur nos divins autels ? Et cet être exécrable, nous l'avons entendu crier en chaire : maudit soit celui par qui le scandale est donné. Et c'est par ses paroles, par ses actions même que la paroisse est scandalisée.

Si je ne l'ai pas entendu blasphémer comme un scribe, il a du moins prononcé des paroles iniques, des paroles qui sentent le venin jusques dans leurs racines, qui pestifient l'air qui les transmet, ma plume trop pudique n'ose les retracer ; mais ce sont de ces mots que l'on adresse aux femmes qui vendent ce que d'autres ont quelquefois tant de plaisir à donner.

Est-ce donc là le modèle que l'on nous a donné à imiter ? Il est beau !

En parlant de l'Evangile, vous dites bien, car on ne peut pas mal parler en disant ce qu'il nous prescrit, lui, le plus beau des livres qui parurent jamais. Mais vous faites mal, vous faites très-mal. Ce n'est pas en disant faites et croyez ce que je vous dis ; voyez, en ce qui vient de moi la sainteté même, la seule vérité ; je ne suis que l'organe par lequel Dieu vous la transmet. Mais en vous posant en modèle. Il ne suffit pas de dire la messe, de chanter le salut pour édifier une paroisse ; mais il faut lui donner l'exemple du dévouement, de la douceur et de la charité surtout, que vous ne faites pas. On vous a envoyé parmi nous, non pas seulement pour nous dicter une conduite ; mais pour nous la montrer cette conduite. On vous a placé à notre tête comme un modèle. Mais c'est un bien vilain modèle qu'on nous a donné là, un bien triste original !

Votre prédécesseur, au contraire, a trouvé, en venant parmi nous, une paroisse dans le plus grand désordre; mais par son zèle, par sa douceur et par sa charité surtout, il a changé, réformé, régénéré tout. On l'aimait, on l'estimait au point que l'on ne passait pas auprès de lui sans éprouver et lui rendre je ne sais quel saint respect. Mais vous, vous ne faites pas plus d'effet sur vos paroissiens que la dernière de vos ouailles. Si l'on vous salue, c'est plutôt par respect pour celui que vous représentez sur la terre que pour vous, et moi, je ne salue, franchement parlant, en vous que le chapeau de Bazile dont vous êtes coiffé.

Votre arrivée tardive au poste que vous occupez, prouve assez combien vous étiez peu propre à remplir la mission dont vous êtes chargé. Le peu de dévotion et de charité que vous avez le prouve aussi. Et surtout votre mauvaise langue, qui ne sera pas, comme celle de saint Jérôme, respectée par la vermine après votre mort car elle sent déjà.

Monsieur G...... avait aussi des ennemis, qui n'en a pas ; mais il en imposait trop par sa réserve et sa conduite pour qu'on osât se poser en antagoniste avec lui au milieu de la rue.

On ne lui a pas anté ses arbres fruitiers à grands coups de cognée.

On ne lui a jamais enduit sa porte d'une matière aussi empestée qu'était celle qui servit à badigeonner la vôtre. Il n'a jamais eu pour cela recours à l'autorité de M. le procureur du roi. Il est vrai qu'il ne s'est jamais mis dans le cas.

Quelle répugnance a dû avoir ce digne magistrat

pour se saisir d'une affaire aussi dégoûtante ; et qu'en résultera-t-il ? Que vous paierez le jus de la farce et que vous resterez toujours le bec dedans.

Chevalier d'Arloy.

L'ANNEAU D'OR.

Le 6 Mars 1871, à trois heures de l'après midi, je me promenais sur le boulevard Richard-Lenoir à Paris, me dirigeant vers la place de la Bastille.

Lorsque je fus arrivé sur cette place et au pied de la colonne de Juillet, je m'arrêtai indécis, ne sachant au juste de quel côté je devais diriger mes pas.

Comme je réfléchissais, un modeste corbillard déboucha du boulevard Beaumarchais.

Il marchait avec lenteur dans la direction de la rue de la Roquette, laquelle conduit directement au cimetière du Père Lachaise.

Cette rue, la plus lugubre, la plus sinistre du Paris actuel, est bordée de chaque côté par des marchands funéraires ! Cette rue, où est située la prison de la Roquette, en face de laquelle le samedi 7 septembre 1878, les condamnés à mort, Lebiez et Barrez, ont été exécutés.

Une gracieuse jeune fille, mais seule, et abimée sous le poids d'une sincère douleur, suivait ce corbillard, ce convoi si simple, cette jeune fille sans parents sans amis, en un mot ce sombre et triste tableau me toucha l'âme si profondément, que je fus ému jusqu'aux larmes, je me découvris respectueusement.

Je laissai passer ce triste et funèbre cortège, puis je pressai un peu le pas et j'allai me placer tête nue derrière le corbillard, mais à la suite de la jeune fille.

Voyant un étranger qui se joignait à elle, elle s'arrêta un peu pour se trouver à ma droite.

— Ah, merci ! Monsieur, me dit-elle avec un doux accent d'émotion et de reconnaissance, puis, ses beaux yeux noirs se voilèrent de nouvelles larmes !

Je ne répondis à ce remerciement spontané du cœur, que par une légère inclination de tête.

Nous marchâmes silencieux et recueillis jusqu'au cimetière.

Je m'associais à la douleur de cette enfant que je ne connaissais pas, mais dont je comprenais facilement l'étendue du malheur qui la frappait. Tout en marchant à ses côtés, je pleurais en silence.

Au cimetière il se passa une scène déchirante, qui n'est descriptible que par la pensée.

Des sanglots étouffés !.. des cris rauques !.. s'échappaient de la poitrine de cette enfant.

— A…a….dieu !…. ma…a…. pauvre…. bonne…. mère !… s'écria-t-elle, en jetant de l'eau bénite sur le cercueil, d'une main tremblottante !

En ce moment, elle chancela… et elle roula inerte, au fond de la fosse !

Un cri de terreur et d'effroi, s'échappa de ma poitrine.

Je la crus morte !

Avec l'aide des gens préposés au service du cimetière, je m'empressai de la remonter et de lui donner tous les soins que réclamait sa situation.

Peu de temps après, elle revint à elle… je crus d'abord qu'elle allait perdre la raison ! mais les pleurs qu'elle répandit de nouveau en abondance, la soulagèrent immédiatement.

Je voulais prendre une voiture pour la reconduire à son domicile, mais elle s'y refusa énergiquement, en disant que l'air et la marche lui feraient du bien.

Je la soutins néanmoins par le bras et nous redescendîmes lentement la rue de la Roquette.

Le trajet fut long et surtout pénible, car elle souffrait !

Après un moment de silence assez prolongé, voici ce qu'elle me dit :

(Ici, je lui laisse la parole).

— « Permettez-moi, d'abord, monsieur, de vous remercier de l'acte généreux que venez d'accomplir sans me connaître ! Sans vous, je conduisais seule, ma bonne mère, à sa dernière demeure !... Merci, encore monsieur ! de votre bon et charitable cœur ! vous avez participé à mon chagrin... à ma douleur... et pour cette raison, je me sens un peu revivre... je suis soulagée !

» Je me nomme Julie Sarville.

» Je suis âgée de dix-huit ans et je suis lingère.

» Au monde je n'ai plus qu'un frère, Edmond Sarville, qui, depuis la capitulation de Sedan, est en captivité en Allemagne.

» Lorsque, pour défendre la patrie, il s'engagea bravement dans les Francs-Tireurs, ma mère et moi nous l'embrassâmes avec effusion. Notre séparation fut très pénible et très cruelle.

» Ah ! pourquoi donc ma pauvre mère avait-elle le pressentiment qu'elle ne le reverrait jamais !

» Elle lui mit au doigt un anneau béni qui avait appartenu à mon infortuné père, et qu'elle portait religieusement depuis sa fin tragique (il fut écrasé, il y a dix ans, sous l'éboulement d'un mur).

» En lui remettant cet anneau sacré, ma mère l'embrassa une dernière fois !

» Je te le confie seulement, Edmond ! lui dit-elle en sanglotant, c'est un dernier souvenir de ton père ! Rapporte-le moi !.. Conduis-toi honnêtement !.. Prie Dieu ! pour nous avec ferveur... Ta sœur et moi nous le prierons pour toi et ne t'oublierons pas !

» Hélas! Monsieur, je connais l'affection que mon frère avait pour nous! Eh bien! il en mourra quand il reviendra et qu'il trouvera une absente! et peut-être la chambre vide! »

Nous étions arrivés sur la place de la Bastille.

— Adieu! Monsieur, ajouta-t-elle en me serrant la main. Que Dieu vous protège et vous rende heureux!

— Adieu, non... lui répondis-je, mais... au revoir!

Je la quittai à l'entrée du boulevard Beaumarchais. Auparavant, j'obtins son adresse, mais non sans difficultés.

Mon intention était d'apporter du soulagement à cette jeune infortunée.

Pauvre Julie! huit jours après elle entrait à l'asile Sainte-Anne.

Elle était folle!

Edmond Sarville fut malade presque tout le temps de sa captivité.

Il ne revint en France qu'au mois de novembre.

Sa douleur fut extrême, sa peine à son comble, lorsqu'il apprit sa situation.

A chaque instant de la journée, il embrassait avec frénésie l'anneau d'or que sa mère lui avait remis en partant.

Je le consolais de mon mieux, mais malgré les soins et l'amour égal à celui d'un père que je lui prodiguais, ce jeune homme ne pouvait parvenir à surmonter son cruel chagrin.

Dans la soirée du 22 novembre de cette fatale année, Edmond me dit qu'il allait prier sur la tombe de sa mère.

Ce jour là, je ne pouvais l'accompagner.

Il m'affirma qu'il serait de retour avant la nuit.

Je le laissai partir à regret.

Six heures du soir venait de sonner à ma pendule, et Edmond n'était pas encore revenu.

Puis, sept heures !.. huit heures !... neuf heures !... il n'était pas encore là !

A chaque heure qui s'écoulait, mon angoisse redoublait.

Ne pouvant plus y tenir, je courus au cimetière.

Impossible de franchir la grille.

Elle était fermée.

Ma tête était en feu.

Quelle affreuse nuit ! oh, mon Dieu ! j'ai dû passer !

Le matin, bien avant l'ouverture, j'étais de nouveau à la grille du cimetière ! Anxieux... haletant... pressentant un malheur !

Hélas ! il n'était que trop vrai.

La fosse était creusée !...

La terre rejetée de chaque côté !...

La croix était cassée...

Le cercueil décloué et ouvert !...

Edmond Sarville était là, étendu au fond de la fosse, les mains crispées... déchirées... ensanglantées..., les extrémités de ses doigts usées entrelaçant le corps froid de sa malheureuse mère.

Je l'appelai, mais en vain !

Il était mort !

Quelle énergie ! Quelle volonté ! Grand Dieu ! il lui avait fallu, et aussi quelle fièvre il avait dû avoir pour accomplir dans une nuit son lugubre et sinistre travail ! A l'aide seulement de la croix noire !

L'anneau d'or était passé au doigt de sa mère...

Il le lui avait rapporté !

J. PAYEN.

AU BOIS

A mon poétique ami Francisque Brun.

C'est un plaisir d'aller dans les sentiers du bois.
C'est un ravissement sur le bord solitaire.

. . . .

Childe Harolde.

La fraîche brise du soir qui fait frissonner le sapin;

Les flots d'azur qui filtrent à travers l'épais grillage de verdure que le soleil couchant *teinte* des couleurs de l'arc-en-ciel;

Le ruisseau sinueux au musical clapotement, qui poursuit sa course folle sous les flexibles arbrisseaux qui le bordent;

Les hôtes aériens au riche plumage, ou au mélodieux ramage, qui courent de branche en branche après le léger insecte dont ils veulent faire leur proie;

Le nid, au milieu du fourré, dissimulé dans un feuillage où l'Amour seul a pénétré, et plein de joyeux habitants qui attendent en gazouillant la becquée que la mère au loin va glaner;

Les abeilles aux bourdonnants essaims qui vont à chaque corolle demander le doux miel qu'elles déposent dans le creux d'un vieux chêne;

L'insouciant papillon aux chatoyantes couleurs qui prodigue ses baisers à la fleur, à la feuille et au brin d'herbe;

La Pureté, sous la forme d'une blonde enfant de quinze ans, qui vient nonchalamment se reposer sur le moelleux et frais tapis de mousse dont la terre est recouverte; et là, respirant les parfums embaumés de la forêt, l'œil demi-clos, aux lèvres un ineffable sourire, extasiée! Rêver au bel adolescent qui lui a fait éprouver cette vague émotion qui est le prélude de l'amour :

Cette douce poésie, nous montrant les tendres harmonies de la nature, apaise les passions violentes, exalte la pensée en la rendant rêveuse.

J.-M. Clément.

Bas et Lezat, 28 novembre 1878.

FLEURS ÉPARSES

L'ENNUI

De l'Eden la beauté ne peut donc pas suffire,
Car Adam s'ennuyait isolé nuit et jour...
Dieu lui donna la femme et son divin sourire
Sut égayer son cœur et l'énivrer d'amour.
Le remède à l'ennui peut alors se prescrire ;
Il faut prendre une femme et l'aimer sans détour.

LE VOLONTAIRE

France, charmant pays que tout le monde admire
A l'univers entier, tu sers de point de mire,
Je partage ta joie et ressens ta douleur;
Quand je vis tes revers, grande était ma souffrance
Mais l'avenir me peint des beaux jours d'espérance,
Tu possédais mon bras, je te donne mon cœur !

Le bonheur, le plaisir, n'ont qu'un temps dans ce monde
Le chagrin vient souvent en moins d'une seconde ;
Car le malheur nous guette et nous suit pas à pas :
Parfois dans des instants, lorsque la joie abonde
Il nous survient alors une douleur profonde
Qui brusquement nous mène aux portes du trépas !

CÉLINA

Quand les pleurs de tes yeux assombrissent ton âme
Que je vois ta tristesse, une immense douleur,
S'empare de mon être, et je maudis l'infâme
Qui cause ton chagrin et trouble ton bonheur !

ANNA

A ton charmant regard, à ton divin sourire,
Nul ne peut résister, tu guides les amours,
Ne savoir t'admirer proviendrait du délire
Ange venu des cieux pour embellir nos jours !

L'ERREUR

J'avais cru voir dans les traits d'une femme,
Bonté de cœur, sentiments génereux.
Je me trompais, car c'était une infâme
Qui se riait du sort des malheureux !

L'HYPOCRITE

Semblable a la vipère au venin qui vous tue,
L'hypocrite en rampant vise â votre amitié,
Sitôt qu'il la possède il vous la prostitue
Et son flatteur langage inspire la pitié !

Edouard Boudart.

SONGE

A M. E, Carrance.

Phébé brillait au ciel et sa lueur céleste
    Se répandait dans le néant ;
Je songeais en rêvant à ce destin funeste
    Qui nous mène au gouffre béant !

Vaguement, malgré moi, je contemplais les cieux
    Où les astres erraient sans voiles !
Et, je ne sais comment, pensif, silencieux,
    Je comptais les blondes étoiles.

J'en comptai jusqu'à vingt, pures, resplendissantes ;
    Vingt qui voguaient sous le ciel bleu,
C'était mon âge écrit en lettres éclatantes :
    Vingt ans ! l'âge du divin feu !

L'Olympe c'est le livre où s'inscrivent les ans,
    Un livre qui n'a que deux pages,
L'une s'appelle hier, tourné par les autans,
    L'autre l'espoir, flambeau des âges !

Mais l'orage a grondé, puis brusquement le livre
    Fut illuminé par l'éclair,
Enfin tout s'est brisé, car si l'homme s'enivre,
    C'est de songes voguant dans l'air !

16/28 novembre.   P.-E. ERARD.

QUATRAINS

LA PERFIDE.

Elle allait blonde et belle, et coquette et rieuse,
Quand le hasard un jour me la fit entrevoir :
Elle accueillit ma flamme, ô la capricieuse !
Puis, tout s'évanouit : serments, amour, espoir !

EN MER.

A mon ami Monsieur Ernest Doucet.

Quand, par instants, sur l'onde amère
    Je me balance au gré du vent,
Mon âme, ô bonheur éphémère !
    S'envole heureuse au firmament !

A MONSIEUR LÉON DUPRÉ.

A peine a-t-on fini qu'une voix vient nous dire,
Voix sympathique et douce, où domine l'entrain :
« Allons, soldats, debout ! faites vibrer la lyre ! »....
Et c'est Monsieur Dupré réclamant son quatrain !

A PHILOMÈLE.

Oh ! viens, viens chaque soir, aimable Philomèle,
A l'heure où vont cesser nos pénibles travaux,
Tendrement moduler la romance si belle
Que j'entends quelquefois dans les jeunes ormeaux !

QUATRAIN.

Tout au sommet de la colline
Il est de petits sentiers verts,
Où j'aime à cueillir l'églantine
En composant de tendres vers !

A MA MANSARDE.

Le superbe palais, où maint valet fait garde,
   Où brillent les lambris dorés,
Ne vaut point ton silence, ô mon humble mansarde !
   Ni tes vieux murs tout lézardés !

(Nièvre 1878)   Hippolyte Crotet.

LA JEUNE MÈRE.

Dédié à Madame E. B.

Vous, chez qui la vertu de ses mille traits brille ;
Qu'à peine l'on nommait hier encor, jeune fille,
   Et mère maintenant.

Ah ! songez aux devoirs que la nature impose
En pressant dans vos bras ce doux chérubin rose
   Au visage riant.

La mère, mot divin, arrière, amour profane.
Laissez-moi contempler l'horizon diaphane
   Dans sa sérénité.
Laissez, oh ! laissez-moi, tant qu'il est temps encore,
Avant qu'un dernier souffle en vous ne s'évapore,
   Chanter votre beauté.

La mère... A ce nom seul les passions se taisent ;
Les tempêtes du cœur bouillonnantes s'apaisent
   A ce titre si pur ;
Car, en voulant fouiller plus avant sous ce voile
L'on croirait profaner la radieuse étoile
   Brillant au ciel d'azur.

Qui connaîtra jamais tout le cœur d'une mère,
Et qui pourra sonder l'indicible mystère
   De son sublime amour ;
Calculer lentement cette énorme souffrance :
Mesurer pas à pas ce dévouement immense,
   Répété jour par jour.

Elle brave, tourments, souffrances, la mort même.
Rien ne peut résister au désespoir suprême
   De l'accent maternel.
Le tyran à sa voix perd son aspect farouche
Et le lion, lui-même, écumant à la bouche
   Sent apaiser son fiel

(*Lot-et-Garonne mai 78,*) Paul Barthélemy Salles.

A MADEMOISELLE HORTENSE H.

Pour son jour de fête, le 17 Juin.   Avec un hortensia.

Au sonnet qu'en ce jour, béni par ton aurore,
Tu demandas, Hortense, à recevoir de moi,
Que pourrais-je exprimer, pour en doubler l'envoi,
Qu'un vœu pour le bonheur qui t'est promis encore ?

Le langage des fleurs est digne de ta foi :
Ecoute celle-ci qui, sur le point d'éclore,
Désormais d'heure en heure en rose se colore,
Fleurissant au doux nom qu'elle porte avec toi.

Tout calice qui s'ouvre est le gage et l'emblême
D'un bonheur qu'à tes jours le ciel a réservé
Et qu'avec tous mes vœux j'y déposai moi-même.

Tout le bonheur d'amour qu'autrefois j'ai rêvé,
Cette fleur le contient, comme le bien suprême,
Car c'est aussi celui que je n'ai pas trouvé !

Le 17 Juin 1878   Aimé Reinhard.

COUPS D'ÉPINGLE

I.

Jacques Bonhomme étant chez son notaire
Pour un contrat qu'il avait à passer,
  « Puis-je savoir combien cela va faire,
  « Monsieur, dit-il, avant de commencer ? »

—« Dix écus.—»— « Quoi ! pour un acte semblable,
  « Je me souviens encor que l'an dernier,
  « Cinq suffisaient, et c'était raisonnable. » —
  — « Je ne vous rabattrai pas un denier :

« Pour attirer du monde à mon étude,
« J'ai pu baisser, à mes débuts, les prix ;
« Mais, avant d'en avoir pris l'habitude,
« J'ai cessé. » — « Tiens, dit Bonhomme surpris,

« C'est comme nos cochons, Dieu me pardonne,
« En commençant, on les nourrit de rien :
« Une fois qu'ils sont gros, quoi qu'on leur donne,
« Ils mangeraient leur maître avec son bien ! »

P. F. M<small>IQUET</small>.

II.

A MON GARGOTIER

Quand les plaideurs vont, après l'audience,
Chez toi, tu sais faire avec un dîner
Ce que les avocats et leur science
N'obtiennent pas de l'art de chicaner :

En arrivant, ils ne s'entendent point ;
Chacun à sa façon discute, ergote ;
En sortant, tous sont d'accord sur un point :
C'est qu'on les vole à ta gargote.

III.

SUR UN DICTIONNAIRE

Pour les sujets que bien ou mal on y traita,
S'il fallut quinze épais volumes,
Deux cents auteurs, de fortes plumes,
Combien en faudra-t-il donc pour les errata ?

P. F. M<small>IQUET</small>.

SES YEUX

A Mademoiselle Jeanne M.....

J'aime la rêverie,
Les fleurs et les oiseaux ;
J'aime quand l'eau se rie
Au milieu des roseaux.
Mais, ô ma toute belle !
Ce que j'aime le mieux,
Ce qui me rend fidèle
Se trouve dans tes yeux.

J'aime le cerf qui brâme
Etourdi par le cor ;
J'aime quand sur la lame
Ma barque fuit le bord.
Mais, ô ma toute belle !
Quand je lis dans tes yeux,
J'oublie oiseaux, nacelle,
Pour ne songer qu'aux cieux !

J'aime dans la nuit sombre
Les légers bruissements
Des arbres qui, dans l'ombre,
Protègent les amants.
Mais ce qui me rappelle
Près de toi, radieux,
Crois-moi, ma toute belle !
C'est l'éclat de tes yeux.

J'aime quand ton sourire
Brille sur mes sanglots,
Mais je n'ai de délire
Et d'ivresse à longs flots
Que lorsque ta prunelle

Vient me parler des cieux,
Car l'amour se révèle
Dans l'azur de tes yeux !

P. E. ERARD.

Pour recevoir *franco* la musique de cette romance, envoyer 50 cent. à l'auteur : 90, canal de la Moïka, Saint-Pétersbourg (Russie).

A QUOI JE SONGE

Si je vous dis, mademoiselle,
A quoi je songe, vous direz,
Vous direz, petite cruelle,
Que je suis un sot — vous rirez.

Je songe — j'ose vous le dire —
A l'amour dont mon cœur est plein,
A vos yeux, à votre sourire...
Je songe, hélas ! au lendemain.

Car demain, c'est le mariage
Pour vous... et pour moi le malheur ;
Demain vous froisserez la page
Du livre que j'ai dans le cœur.

Demain ! voilà ce qui m'attriste !
Le bonheur loin de moi chassé,
Je resterai bien seul, bien triste,
Le cœur blessé, blessé, blessé.

Car vous ne croirez pas sans doute
Que, marchant à côté de vous,
Un amour vertueux et doux
Etait si près de votre route.

Je n'aimerai point d'autre femme,
Je puis dire : *Miserere !*
Car, hélas ! au fond de mon âme
Mon pauvre amour est enterré.

Je sais ce que vous allez dire,
Ma foi, tant pis ! mais vous direz
Ce qu'il vous plaira — vous rirez
Si vous pouvez encore rire.

Oui, vous rirez, mademoiselle,
Mais, cependant, si vous m'aimiez
Comme je vous aime — ô cruelle —
Je suis sûr que vous pleureriez.

Félicien Batail.

SPLENDEUR DU PRINTEMPS

L'univers semble encore à son aube première,
La terre est toute fleurs, le ciel est tout lumière,
    Tout est parfums, énivrements,
    Tout chante, bourdonne, étincelle ;
    La vie en longs torrents ruisselle.

Sur ce panorama plein d'éblouissements,
Cette serre opulente, avec art nuancée,
    Cet orchestre, à l'immense accord,
    Pourtant la rêveuse pensée
    Voit suspendu le filet de la mort.

A. Dubord.

VŒU

Que le temps prolonge
Cet énivrement
Où l'heureux amant
Vit, comme en un songe !
Car l'amour nous plonge
Dans l'enchantement ;
Que le temps prolonge
Ce rêve charmant !
Encor un moment,
O divin mensonge,
Fuis plus lentement,
Pour mon cœur aimant,
Dure plus qu'un songe ;
Que le temps prolonge
Cet enchantement !

Finlande, 1 octobre 1878. P.-E. ERARD.

HYMNE

A LA RÉPUBLIQUE FRANÇAISE.

Un doux soleil, une douce espérance,
Vient refléter tout à coup sur nos cœurs.
Depuis longtemps de calme et de souffrance,
Nous attendions ses rayons bienfaiteurs.

Un voile épais nous masquait sa lumière,
Ses produits, ses bienfaits pour nous étaient cachés,
Car de longs siècles attestent sa carrière,
Il existait, on nous avait trompés.

Ce doux soleil, c'est notre République,

Que les méchants ont souvent blasphémé,
Témoin précieux d'un penser symbolique,
Parmi tous ces bienfaits plâne la liberté.

Dans son manteau elle nous cache encore,
Donnant la main à la Fraternité,
L'Egalité belle comme l'aurore,
Dont nos martyrs nous ont souvent parlé.

Le sol sacré qui te donne l'asile,
Saura te mériter, car ces enfants l'ont dit,
Plus d'exil pour toi, plus de guerre civile,
Du saint travail accepte le produit.

Quand chaque peuple est pour nous un bon frère,
Qu'il comprendra tes bienfaits abondants,
Ils viendront tous sous la même bannière
Et d'un regard briseront les tyrans.

1878. Louis Albigot.

A LAMARTINE

STANCES

O poète immortel dont la lyre féconde
Remplit de ses accords et la France et le monde,
Toi dont le nom béni reste dans tous les cœurs,
Que l'indigent salue un de ses bienfaiteurs.

On dit qu'aussi toi-même as connu la misère.
Qu'il te fallut quitter la maison de ta mère,
Que ses jours, en ce monde, ont été tourmentés
Et par de longs labeurs sans trêve consumés.

Tu n'eus, sur cette terre, aucune jouissance ;
Il ne te fut laissé que la douce espérance
Pour sécher tous tes pleurs et guérir ton amour...
Du Dieu que tu chantas, espère la clémence ;
Espère le bonheur de l'éternel séjour !

 (Orne), 28 Août.   JOSEPH TAILFER.

PHILOSOPHIE

A de certains moments, plein d'indignation
Contre les mille exploits de la sottise humaine,
Je voudrais tout vouer à la destruction
Et voir sur ce chaos, seule, planer ma haine !

Rien ne m'arrêterait, et mon ambition
Serait de surpasser la cruauté romaine
En supplices nouveaux, de mon invention !...
On ne raisonne plus, lorsque la coupe est pleine !

Et ce monde mesquin, vil, brutal, odieux,
Qui ne mérite plus la colère des dieux,
Je l'anéantirais dans un accès de rage !

Je voudrais !... Mais mon cœur trahit ma volonté :
La pitié l'envahit ;.. redevenant plus sage,
Je me prends à sourire, et plains l'humanité.

          P. F. MIQUET.

A MON ANGE

Pour toujours le bonheur s'est enfui de mon âme ;
Pourquoi t'ai-je perdu mon bel ange adoré !

Dieu, ne savait-il pas que je suis une femme
Et que sans mon enfant, toujours je souffrirai !
Pourrai-je désormais être un seul jour heureuse ?
Pourrai-je de bon cœur sourire à mes amis !
Puis-je, trésor chéri, paraître un jour joyeuse,
Puisque par ton absence a fui mon paradis !
O Dieu ! Toi, qui du ciel vois mon amour de mère,
Pourquoi m'as-tu ravi mon unique bonheur !
Ne valait-il pas mieux m'envoyer la misère,
Et me laisser mon fils pour soulager mon cœur ?
J'étais heureuse alors que sa douce tendresse
Me disait : « Ma maman, je t'aimerai toujours.
Je serai le soutien de ton humble vieillesse
Et je n'aurai jamais de plus chères amours. »
Aujourd'hui je suis seule et vis sans espérance ;
Je ne l'ai plus mon ange assis sur mes genoux ;
Il ne me reste hélas ! qu'une amère souffrance
Qu'à t'implorer au ciel mon bel ange si doux !
Invoque, cher enfant, ton Dieu, ton premier père,
Dis-lui d'avoir pitié de ma grande douleur ;
Dis-lui de m'enlever de cette triste terre
Où, sans toi, je ne puis plus avoir de bonheur !

Lazarine Pourcin.

ADDITION A UN PORTRAIT.
GROUPE DE 4 PERSONNES

à Madame E. White

L'affection, jamais n'aima l'arithmétique,
Constamment avec elle, on la voit se fâcher ;
A la difficulté, la seconde se pique,
Mais l'autre, trouve juste et sans longtemps chercher.

Elles vont bien encor je présume, se battre,
A propos du portrait, ici représenté :
L'arithmétique dit : Quatre fois un font quatre
Et l'autre ne veut pas sortir de l'unité.

Mettez-vous au milieu, séparez, Emilie,
Ce conflit qui peut bien vous paraître importun...
Quatre plus un font cinq ? Non ; toute notre vie
L'amitié redira : Quatre, plus un font un.

J. Kaufmann.

LA MORT DE L'ENFANT.

A Madame V. T.

Ton enfant n'est plus, mère, et l'implacable sort
A déchiré pour lui les heures de la vie ;
Son front triste a pâli sous les coups de la mort,
Il ne rouvrira plus sa paupière chérie.

Ah ! que sont devenus ces rêves de bonheur
Que tu faisais pour lui, que tu nourrissais, mère,
Et que portait aux cieux sa suave prière ?
Ils se sont envolés dans un monde meilleur,
Dans le monde où jamais il ne fut de misère !

Celui que tu comblais de ta tendre amitié,
Mère, a franchi le seuil d'une douce demeure,
De l'éternel palais où jamais l'on ne pleure :
Un jour tu le verras.... et pour l'éternité.

Calme donc tes sanglots et la douleur amère
Que suscite, ô douleur ! — dans le cœur maternel
Ton amour affligé : ton enfant de la terre
Est maintenant, ô mère, un ange dans le ciel....

1ᵉʳ septembre. Joseph Tailfer.

UN REGRET

Souriant, jeune encore aux plaisirs de la vie,
J'aimais et je pensais, aux charmes de l'amour,
    Frêle roseau, n'excitant point l'envie,
    J'obtenais un tendre retour !
    Alors dans un songe de flamme,
    D'ivresse et de félicité ;
    L'amour électrisait mon âme,
    De bonheur et de volupté !

Un jour, hélas ! l'aimable tourterelle,
Au rendez-vous, ne devait plus venir,
Elle eut le sort de la pauvre hirondelle,
    Dont l'épervier a brisé l'avenir !
Je n'écouterais plus la douce voix de femme,
    Qui faisait palpiter mon cœur,
Les lieux seront déserts, où chaque jour mon âme,
    Aimait à rêver au bonheur !

Pareil au lierre abattu par l'orage,
Qu'un doux zéphir ranime lentement,
Il me faudrait ouïr un beau langage,
Dit par des yeux d'un bleu de firmament !
La flamme, hélas, dont mon cœur brûle encore,
Loin de s'éteindre, aurait de l'avenir,
Comme un beau jour au lever de l'aurore,
On voit enfin, le mauvais temps finir !

Seul sans amour, ma peine était amère,
Dans mon chagrin, je souhaitais mourir,
Mais j'ai pensé qu'il me restait ma mère,
Et je craignais de la faire souffrir !
Aimer sa mère, est chose délectable,
De sa bonté, je sais me souvenir,

De ses tourments, ne serai pas coupable,
Je l'aimerai jusqu'au dernier soupir !

Je me souviens de sa vive tendresse,
Rien ne pourrait me la faire oublier,
Dans le bonheur, comme dans la détresse,
Plus d'une fois, j'ai pu l'apprécier !
Récompenser, adorer cette mère,
Dans ses malheurs, pouvoir la secourir,
C'est de mon cœur le vœu le plus sincère ;
Sans cet espoir il me faudrait mourir !

(*Belgique*). Edouard Boudart.

LA NOBLESSE DE L'ARGENT.

Avide des écus, l'esprit humain se creuse,
Pour vivre et posséder des rentes qu'il n'a pas ;
La fortune souvent, mal acquise et douteuse,
S'étale sans pudeur et fait de bons repas.
Du plus humble au plus grand quelle est la différence ?
L'habit fait que l'on est plus ou moins indulgent ;
Le progrès nous dit-on rapproche la distance....
De noblesse il n'est plus que celle de l'argent.

Bien mieux que la beauté, c'est lui seul qui sait plaire,
Et permet d'acheter ce qui se vend encor ;
L'argent fut de tous temps le vrai nerf de la guerre ;
Il fait pencher le droit du côté le plus fort.
La vertu sous ses coups, et chancelle et succombe,
Etant du déshonneur le plus puissant agent.
Il atteint sans égards, l'épouse et la colombe
De noblesse il n'est plus que celle de l'argent.

A tort pour l'acquérir, sans regarder la route
Tous les chemins sont bons pour les ambitieux ;

Encenseurs d'un pouvoir, qui toujours les écoute,
L'argent leur fait jouer plus d'un role odieux.
Gémis pauvre orphelin, implore, pauvre veuve,
Le riche souvent sourd, aux cris de l'indigent ;
De misère et de fiel, chaque jour vous abreuve....
De noblesse il n'est plus que celle de l'argent.

Métal cent fois maudit, qu'on recherche sur terre,
Ta présence ici-bas sait causer bien des maux ;
Par quel art infernal as-tu le don de plaire
Et fais-tu mépriser les devoirs les plus beaux.
Le pauvre à sa sueur, d'un pain noir, détestable,
Pour vivre, se nourrit, car il n'est exigeant ;
Secourir son prochain, serait juste, équitable....
De noblesse il n'est plus que celle de l'argent.

Jadis, le peuple était la vile multitude,
Que les grands méprisaient et batonnaient parfois ;
Ces temps-là ne sont plus, un ouragan très rude
Détruisit en un jour les trônes et les rois.
Terrible en le combat, mais après magnanime,
Pardonnant aux vaincus, car il est indulgent,
Il fit tomber d'un coup la Bastille et la dîme.
De noblesse il n'est plus que celle de l'argent.

La faim conseille mal, commet mainte bassesse,
Le faible devient fort et le lion rugit ;
Du travail, on le sait, au pauvre il faut sans cesse
Pour nourrir comme il peut, ceux qu'il aime et chérit.
Tous les noms plébéiens, aujourd'hui sont de mode,
Chacun comme il lui plait s'appelle Paul ou Jean ;
Le noble avec son *de* doit se soumettre au code,
De noblesse il n'est plus que celle de l'argent.

(Gard). Louis Peyre.

LA PAIX FONDANT LA LIBERTÉ

Sur l'univers naissant j'ai semé la lumière ;
Entre les nations j'ai détruit le barrière ;
Aux sages, aux héros, j'ai donné des autels ;
J'ai couronné les arts et rendus immortels
Ces savants écrivains, ceux dont la calomnie
De son venin jamais n'infecta le génie,
Ces auteurs courageux, ceux dont la noble voix
Des peuples avilis redemanda les droits,
Ceux qui d'un même accent ont flétri tous les crimes
Et de tous les tyrans défendu les victimes ;
Ces valeureux soldats, ces généreux guerriers
Dont l'orgueil n'a jamais ravagé les foyers,
Ceux qui dans tout état, de tout sexe, à tout âge,
Vertueux, n'ont cherché que les plaisirs du sage ;
J'ai révélé les biens et soulagé les maux,
A tous les travailleurs j'ai donné le repos ;
J'ai donné la fortune aux commerçants habiles ;
J'ai désigné du doigt les êtres inutiles ;
Réformé les abus de l'ordre social,
Et mon cœur n'a pour but que le bien général ;
J'ai compris l'avenir et son vaste domaine ;
Je n'ai rien fait encor pour la grandeur humaine !
   Je vais fonder la liberté !

  Salut à la fraternité
  France ! salut à ton génie !
  La République rajeunie
  N'aura plus jamais de déclin,
  La liberté qui vient d'éclore,
  Est déjà grande à son aurore :
  La paix répond de son destin !

C'est le besoin de tous, c'est le vœu de notre âge
Que la France respire après ses jours d'orage...
Puissante par ses lois et par sa liberté,
Qu'elle pense au bonheur de la société !
La gloire des Beaux-Arts, l'éclat de la tribune,
Ont répandu sur elle une splendeur commune
Et ses législateurs aux généreux accents,
D'un bout du monde à l'autre ont des échos puissants !

   Ce n'est plus ce sanglant génie
   Livrant la France à l'anarchie,
   Immolant ses nobles enfants,
   Sans respect pour les cheveux blancs !
   C'est celui que la paix enfante,
   Une liberté bienfaisante,
   Que les poètes ont chanté
   En cueillant l'immortalité !

Asile de l'honneur, France républicaine,
Ton génie a détruit l'esclavage et la peine ;
L'homme n'a plus besoin de la faveur des cours,
Au puissant orgueilleux il n'aura plus recours.
Ses titres éclatants qu'il ne doit qu'à lui-même
Ne se confondront plus dans la grandeur suprême,
Qui se parant du nom du plus sûr des Mentors,
N'a pas, de la vertu, le plus petit dehors.

   A tous la grandeur est possible,
   La République est accessible
   Au riche ainsi qu'à l'artisan,
   Pour arriver au premier rang.
   Pour décider de la victoire,
   Pour fixer à jamais ses droits,
   Le Progrès affranchit sa gloire
   De la dépendance des rois !

Loin de l'ambition, d'une erreur détestable

Qui vous montre que l'or est le bien désirable,
La Paix montre la loi adoptant des soutiens,
Mêlant aux magistrats de simples citoyens
Pour juger sans terreur et punir sans vengeance
Les crimes par l'exil, l'erreur par l'indulgence ;
Le peuple associé de ses Représentants ;
Le vote universel et ses effets puissants !

   Brûlant d'une jalouse rage,
   Les rois t'ont prodigué l'outrage,
   Mise au rang des plus grands fléaux
   Et proscrite au sein des tombeaux !
   L'éclat de ton mérite immense,
   Brave leurs complots en démence,
   En vain on voudrait te flétrir :
   Liberté ! sublime avenir !

A l'aspect de la paix, le monde sent renaître
Cette douce gaîté qui bannit les douleurs,
On sent qu'elle est du ciel, de notre Divin-Maître
Qui la mit ici-bas pour essuyer les pleurs.
Le mortel qui n'a point d'ami qui lui réponde,
Croit épancher ses maux en regardant les cieux
Et sent, lorsque la paix vient consoler le monde
Qu'il n'est pas oublié dans les bienfaits des dieux !

   — Français ! dans votre indépendance,
   Soyez plus grands que vos aïeux !
   Dieu ne conserve la puissance
   Qu'aux hommes bons et généreux.
   Que votre union fraternelle
   Soit grande de prospérité
   Et que dans la France nouvelle
   La Paix fonde la Liberté !

       HENRY CORGERON,
  Membre de la Société des Auteurs, Compositeurs
     et Editeurs de Musique.

2 novembre 1878.

A MA FILLE

Un ange de douceur a passé sur la terre,
Ne laissant que l'espoir de le revoir aux cieux,
Il venait apporter sous nôtre humble chaumière,
La joie, le bonheur, d'autres trésors précieux.

Mais le revers, suite des destinées,
Nous a ravi à jamais ces douceurs,
Hélas depuis... de nombreuses années,
N'ont pu tarir nos regrets et nos pleurs.

L'espérance, douce compagne,
Par son pouvoir nous la montre souvent,
Sous un beau ciel un ange l'accompagne,
Et sur nous son rayon se reflète un instant.

Oh ! reste donc dans ta belle patrie,
Malgré le plaisir que j'aurais de te voir,
Car ton départ ébranlerait ma vie,
Laisse-moi te quitter et te dire au revoir.

1878.   Louis Albigot.

EPPONINE & SABINUS

Tragédie en un Acte.

Personnages

Vespasien, empereur romain.
Titus, fils aîné de Vespasien.
Julius Sabinus, gaulois et conspirateur de l'empereur Vespasien.
Epponine, femme de Sabinus.
Deux enfants jumeaux, âgés de huit ans, fils d'Epponine et de Sabinus.
Deux affranchis de Sabinus.
Des gardes.

La scène est à Rome dans l'appartement de l'empereur Vespasien. — 69 ans après Jésus-Christ, et l'an 822 de la fondation de Rome.

A droite, sur la scène, une porte à deux battants, à gauche, une porte simple.

Au lever du rideau, l'empereur Vespasien se promène dans son appartement, meublé au goût de l'époque.

Titus entre par la porte de gauche.

ACTE 1ᵉʳ — SCÈNE I.

VESPASIEN, TITUS

TITUS

Bonjour, César !

VESPASIEN

Titus, je t'ai fait appeler
Dans mon appartement, car je veux te parler
En secret, d'un projet qui n'est pas invincible,
Mais dont l'exécution peut bien être pénible.
Je connais ta valeur ! ton intrépidité !
Je compte donc sur toi, pour que ma volonté
Reçoive son effet, avec pleine justesse,
Ton passé bien rempli, héros ! plein de sagesse,
M'a fait de ce palais, te nommer gouverneur,
Et des gardes, le chef.

TITUS.

Ah, César ! quel honneur !

VESPASIEN.

De ce jour, tu dois donc tout voir et tout entendre
Et bien me renseigner, au besoin me défendre.
Des ennemis cachés conspirent contre moi ;

Depuis longtemps déjà, ils sont tous en émoi,
Julius Sabinus ; gaulois le plus rebelle
Et le plus dangereux que la ville Eternelle
Renfermait dans ses murs, est encore vivant !

TITUS.

Est-il bien vrai ! Seigneur ? ce traitre se levant,
Sur Rome marcherait, y faire des victimes !
Et troubler son repos ! Non, plus de nouveaux crimes..
Sabinus est vivant, dites-vous ?

VESPASIEN,

      Oui ! je veux
Que ce conspirateur, cet ennemi fougueux,
Soit capturé, puni, soit mis à mort sans trêve,
Je connais son repaire, il faut briser son rêve...

TITUS

Sur mon honneur, César ! je prends l'engagement
De vous livrer ce traitre et le plus promptement.

VESPASIEN.

Son parti peu égal, ses soldats sanguinaires,
N'ayant pu résister à mes légionnaires,
Sabinus fût contraint, mais à son grand regret,
De déposer les armes et de vivre en secret,
Il brûla son château et par ce coup d'audace
Il fit croire à sa mort, de plus, perdre sa trace,
Mais avant d'accomplir son funeste forfait
Ses esclaves, de lui, reçurent leur bienfait.
Il garda seulement deux confidents sincères,
Deux serviteurs zélés, gardiens bien nécessaires,
De vastes souterrains, ignorés, inconnus,
S'ouvrent sous les débris du château, qui n'est plus.
C'est là, depuis neuf ans ! dans sa grotte profonde,

Que ce traître gaulois vit, caché loin du monde.
Et ce n'est que la nuit, que ses deux confidents
Sortent du souterrain chercher des aliments.
Epponine croyant à cette fin tragique...
Fit le vœu de mourir ! Ce grand cœur héroïque,
Rempli de dévouement et d'un sublime amour,
Ne voulait à l'époux, survivre plus d'un jour.
Cette femme ! Titus, n'ayant plus d'espérance,
Tenta donc, par la faim, d'arrêter sa souffrance,
Mais, prévenue à temps par un ami discret,
Elle dut renoncer à son fatal projet,
Car Sabinus vivait. Aussi, cette nouvelle
Ranima son courage et son amour fidèle.
Les nuits, elle se rend au sombre souterrain
Auprès de son mari. Mais, dès le lendemain,
Avant que le soleil répande sa lumière
Et sa douce chaleur sur les biens de la terre,
Epponine est à Rome auprès de ses parents.
Depuis neuf ans, Titus, voilà les sentiments !
Le digne dévouement d'une femme sincère.
De plus, deux jumeaux, nés dans cette grotte austère,
N'ont jamais vu le jour. Ils partagent le sort
De ce conspirateur, que je voue à la mort !
J'entends qu'il soit donc fait comme je te l'ordonne.
Qu'on amène ce traître, ici, va je te donne
Plein pouvoir pour cela.

TITUS.

Votre désir, Seigneur,
Doit être exécuté en tous points. Ma fureur
Sur ce gaulois maudit, est extrême et haineuse.

VESPASIEN.

Va ! l'expédition sera, je crois, heureuse.

SCÈNE II
VESPASIEN (seul).

Titus est un soldat courageux et vaillant,
Je ne pouvais choisir un cœur plus bienveillant.
Il est bon, généreux, il aime la justice,
Veut le bien des Romains, un excellent caprice.
Il s'est couvert de gloire aux combats acharnés,
Livrés contre les juifs, soldats infortunés.
Il prit Jérusalem. Il détruisit le Temple
Qui n'est plus rebâti. Ce fils que je contemple,
Avec un juste orgueil, marchera sur mes pas,
Et règnera plus tard, aussitôt mon trépas !
Flavius Sabinus, mon très-regretté frère,
Antonius Primus, tribun légionnaire,
Servirent ardemment les projets de Titus,
Qui devait détrôner César Vitellius.
La lutte eut lieu dans Rome, elle fut bien terrible !
Ah ciel ! des deux côtés ce fut sanglant, horrible !
Le Capitole antique, à raison signalé
Par le monde entier, fut détruit et brûlé.
Mon frère Sabinus fut une des victimes
Qui restèrent, hélas ! au Champ-de-Mars. Ces crimes,
Ces massacres affreux devaient se terminer
Par mon avénement au trône. Oui ! pour régner
Je dus agir ainsi... J'ai poussé la violence
Jusqu'à la barbarie. Ardent, sans conscience,
Pour guide je n'avais que folle ambition.
Vitellius, ah Dieu ! fut traîné sans raison
Plausible, sans respect pour sa personne auguste,
Loin, hors de son palais, par une bande injuste,
Avec la corde au cou, les mains prises au dos.
Il fut souillé de bouc. Et pour champ de repos,
Il eut les eaux du Tibre, où sans cérémonie
Avec l'aide d'un croc, il fut jeté sans vie.

Bruit extérieur.

Ah Dieu, qu'elle rumeur. Serait-ce déjà lui !...
Qu'en ce palais, Titus, amènerait ici ?

<small>La porte de droite s'ouvre à deux battants ; on aperçoit Sabinus et ses deux affranchis, garrottés. Des gardes veillent sûr eux.</small>

<small>Titus entre chez l'Empereur Vespasien par cette porte, qui doit rester ouverte.</small>

SCÈNE III

VESPASIEN, TITUS.

TITUS.

Voici vos ennemis, César ! sous bonne escorte,
Sabinus et ses deux affranchis !

VESPASIEN.

      Qu'on garrotte
Ces trois conspirateurs.

TITUS.

      Seigneur, ah ! croyez-moi.
Ils sont solidement liés par la courroie,
Que mon meilleur soldat tient avec assurance.
De plus, vous pouvez voir que s'ils ont l'espérance
De fuir votre courroux, mes gardes sont nombreux
Et pourraient ramener ces traîtres sous vos yeux.

VESPASIEN.

Je suis content de toi, va, je te rends justice.
Cette arrestation, d'après mon seul caprice,
Te fait honneur ainsi qu'à tes loyaux soldats ;
Je veux absolument que dans tous mes états,
Mon peuple bien-aimé connaisse cette prise,
Qui pourra lui servir de leçon, sans surprise...
Il faut que ces captifs soient mis en lieu certain,

Et très-bien surveillés en attendant demain,
Tu féras convoquer le grand Sénat suprême,
Qui sûr appliquera la loi la plus extrême.

TITUS

Tout sera fait, César ! comme vous l'ordonnez.

VESPASIEN

C'est mon ardent désir !

TITUS

Bien ! vous en jouirez.
Il sort et emmène ses gardes.

SCÈNE IV

VESPASIEN (seul)

Je suis donc sur le point d'assouvir ma vengeance.
Non, pour cet ennemi, pas la moindre indulgence.
Il doit donc succomber pour ma sécurité !..
La paix, sera dans Rome, aussi la liberté !...

SCÈNE V

VESPASIEN, EPPONINE ET SES DEUX ENFANTS

Epponine, tenant ses enfants par la main, entre par la porte de gauche chez Vespasien. Elle se jette à ses genoux.

VESPASIEN.

Madame, de quel droit prenez-vous la hardiesse,
D'entrer dans mon palais ? cette grande tristesse,
Dont vos traits sont couverts, ne peut suffisamment
Excuser votre erreur. Mes soldats, oui vraiment,
Seront bien châtiés de cette surveillance
Légère. Assurément qu'à mon ton d'arrogance,
Vous n'osez pas parler ! mais veuillez, néanmoins
M'apprendre le sujet qui vous amène. Au moins,

Je pourrai le juger. Veuillez être sincère.
Expliquez-vous, madame, et sans aucun mystère.

EPPONINE

A vos genoux, César! vous voyez les enfants
Et la femme, hélas! de Sabinus. J'attends
Avec anxiété, la grâce d'un bon père,
Epoux infortuné que mon esprit vénère.
Ces enfants innocents, élevés au profond,
D'un froid et noir cachot, et qui, seulement font
Leur première sortie et jouissent de la vue
Du soleil radieux. Cet astre! que la nue,
Dérobe quelquefois à nos regards déjà
Voilés par le chagrin. Cet astre que créa,
Le Tout-Puissant, et qui, hélas! ne les éclaire
Que depuis un instant! doit-il donc pour vous plaire,
N'éclairer, ah! grand Dieu! que le supplice affreux
De Sabinus? ce jour, pour ces deux malheureux!
Qui vient les arracher aux tourments si terribles...
De la captivité, des ténèbres pénibles...
Doit-il être, César, le dernier des jours
De leur père? ah! non, non, attendu que toujours,
Le remords si cruel, nuirait à l'existence,
De ce parfait bonheur, de la magnificence,
Dont vous jouissez, Seigneur! leur père est accusé!
Hélas! oui, mais pourquoi? Quel crime a-t-il osé
Commettre? le désir de régner! puis la gloire!
Enfin, l'ambition! ce fait est bien notoire.
Dans votre âme, César! si cette passion,
N'avait pu dominer, jamais l'impression
Favorable que vous produisez sur le monde
Entier, et notamment surtout Rome à la ronde,
N'aurait eu son effet! seriez-vous, aujourd'hui,
Juge! maître absolu... de mon époux! celui
Qui fut votre vaincu? puisque pour la fortune

Le sort vous préféra, soulagez l'infortune !
Vous régnez en puissant, sachez donc pardonner !
Plaignez les malheureux et veuillez leur donner,
Le droit de liberté. César, que la clémence
Puisse donc s'arrêter sur nous. Quoi ! l'innocence
Et la nature auraient en vain versé des pleurs
A vos pieds ! mais le ciel, témoin de nos malheurs...
Ne s'est-il pas chargé d'un châtiment sévère
Et suffisant ? pendant neuf ans d'une misère
Affreuse insoutenable ! Oui, le droit de punir
Existe-t-il encor ? Voudriez-vous souffrir !
Qu'on vous reproche un jour votre rigueur extrême....
Et si peu nécessaire à la sûreté même,
De ce règne ! Ah, César ! l'inflexibilité
De votre cœur ne peut pour la postérité
Que ternir la splendeur, la gloire si brillante
De vos exploits heureux. Votre âme bienveillante
Ne peut être insensible aux pleurs de ces enfants !
César ! Vous êtes père, et ces gémissements...
Seigneur, vous feront dire : ah, oui ! je lui pardonne !
Grâce pour Sabinus.

VESPASIEN.

Madame ! la couronne
Des Empereurs romains ne suffit pas toujours
Ah ! non, pour gracier les coupables. Les jours,
Les nuits de Sabinus ont été bien sinistres,
Lugubres, douloureux. Aussi, tous les ministres,
En un mot, mon Sénat, nous reconnaissons tous,
Respectons la douleur qui s'acharne sur vous,
Mais je dois à regret vous dire sans emphase,
Que Sabinus, hélas ! marche au supplice

EPPONINE.

Grâce !
Ah ! Seigneur, pouvez-vous, grand Dieu ! faire trancher

Sa tête inoffensive ! ah, veuillez empêcher
Ce crime affreux !

VESPASIEN

Jamais, non, non !

EPPONINE.

Ciel ! quel supplice
Mon Dieu ! Eh bien, César ! le sort... au sacrifice
Me livre à mon époux ! je vais le partager...
Mais... la postérité saura bien vous juger !

J. Payen.

MADRIGAL

Je voudrais te donner pour le jour de ta fête,
Des bijoux et des fleurs ; et puis, que sais-je encor !
Je voudrais te donner pour couronner ta tête,
Les étoiles du ciel plus brillantes que l'or.
Je voudrais te donner, mais c'est trop peu de chose,
Le parfum de la rose et sa belle couleur,
Mais rien de tout cela ne vaut ta bouche rose,
Où dans un doux baiser je dépose mon cœur !

24 août 1878. Lazarine Pourcin.

LES BUVEURS

Dédié à mon père

Pan! pan! pan! les vendanges sont belles.

O divine liqueur donne-nous la folie,
La folie aux grelots !

Versez, versez, amis, versez, jusqu'à la lie,
  Que le vin coule à flots !

Chantons, rions, buvons, égayons notre joie
  Et chassons le chagrin,
C'est dans la douce ivresse où la raison se noie
  Qu'on raille le destin !

De l'enivrant nectar à la couleur vermeille,
  Versez, versez encor !
C'est au fond du flacon que le bonheur sommeille,
  Avec les rêves d'or !

Et qu'importe qu'il soit ou châblis ou champagne
  Ou piquette, ou vin vieux ?
Qu'il nous vienne de France ou de dévote Espagne,
  Puisqu'il nous rend heureux !

Sa saveur, sa couleur et ses flots bleus ou roses
  Savent nous réjouir ;
Son parfum rivalise avec les fleurs écloses
  Qu'on voit trop tôt mourir !

Il n'a jamais trahi sa plus douce promesse,
  Nous trouvons tour à tour
Dans ses flots empourprés le plaisir et l'ivresse
  En riant de l'amour !

Buveurs jeunes ou vieux, oui, chacun le proclame
  Le gai fils de Bacchus,
La liqueur de l'oubli, le vrai soutien de l'âme
  Et l'ami de Momus !

Saint-Pétersbourg, 1er octobre 1878.   P.-E. ERARD.

PATRIA MATER!

A la mère
Qu'il vénère
Quand le sort devient contraire,
Le noble enfant crie! Espère !
Et cherche à sécher ses pleurs.

Ainsi France,
Nulle offense
Ne t'apporte une souffrance,
Sans qu'un de tes fils ne pense
A conjurer tes douleurs.

O Patrie
Tant meurtrie,
Si ton étoile est pâlie,
Nul de tes enfants n'oublie
Quel doit en être l'éclat.

Pour lui rendre,
Mère tendre,
Son lustre et pour te défendre,
Le trépassé de la cendre
S'élancerait au combat !

Qu'on nous dise
Qu'une brise
De mort te glace et t'épuise,
Que ton cœur se paralyse...
Nous répondrons : C'est menti !

Ta blessure
Toute impure
Qu'elle est, déjà nous rassure :
Il reste à laver l'injure...
France, nous l'avons senti.

A l'Empire
En délire
Qui sans frein vole et déchire
Nous nous faisons fort de dire
Comment il doit succomber :

Haut la tête !
La conquête
Est mère de la défaite :
France, au sortir de la fête
L'envahisseur va tomber.

Plus d'alarmes !
Trop de larmes
Ont coulé... Les Francs, aux armes !
Pour nous la lutte a des charmes,
Pour nous le glaive est léger.

Quand de guerre
Sur la terre
Il souffle un vent salutaire,
Chez nous elle est volontaire...
Et malheur à l'étranger !

Ed. Thomas-Marancourt.

A M.....

Qu'importe à mon âme
Le plaisir menteur
Dont l'esprit s'enflamme
Dans sa folle ardeur.
C'est une retraite
Paisible et discrète
Qu'il faut à mon cœur.

Près de ceux que j'aime
Je voudrais toujours
O bonheur suprême!
Passer d'heureux jours!
Vivre sans envie
Et cacher ma vie
Comme mes amours!

On cherche la gloire
Et l'orgueil humain
Demande à l'histoire
Un beau lendemain.
A cette faiblesse,
Moi, je le confesse,
J'offre mon dédain;

Car rien sur la terre,
Où l'homme est jeté,
Ne vaut la lumière
De la vérité.
Et c'est Dieu sans doute
Qui, sur notre route,
Mit l'humilité.

On se croit superbe,
On se croit bien fort,
On ne voit pas l'herbe
Qui cache le mort;
Et tandis qu'on rêve,
Le temps vous soulève
Sans aucun effort.

Aimons donc pour vivre,
Vivons pour aimer,
L'amour est le livre
Qu'il faut acclamer,

Puisque Dieu lui-même
Sur la terre blême
Voulut l'imprimer.

En ce monde étrange
Dont le froid séjour
Nous montre la fange
Et cache l'amour ;
Cherchons la tendresse
Et la douce ivresse
Sans aucun détour.

Lorsque l'heure sonne
Et que l'on entend
La mort qui moissonne
Venir lentement.
Pour l'orgueil impie
La fin de la vie
Quel affreux tourment !

La fin de la gloire !
La fin des grandeurs !
Quelle page noire
Et quelles terreurs !
On retient avide
Une coupe vide
Qu'on emplit de pleurs !

On comprend peut-être
Qu'on avait banni
L'amour, ce seul maître
Parlant d'infini.
Et que rien ne dore
La suprême aurore
Que tout est fini !

Que rien ne caresse
Que rien ne sourit
Que tout est tristesse
Et que tout est nuit.
Affreuse impuissance
Toute l'espérance
Promptement s'enfuit.

Afin que le doute
S'éloigne toujours
De la chaste route
Où sont nos amours.
Dans un doux village
Bien loin de l'orage
Enfermons nos jours !

9 mars 1878. ÉVARISTE CARRANCE.

CIEL DE NEIGE

A M. E. Brunette.

Oh ! triste en vérité, comme disait l'abbé !
Un ciel lourd et pesant gris comme les armures
Qu'endossaient nos aïeux pour parer les blessures.
On dirait que sur nous un linceul est tombé.

Sous ce voile funèbre on se sent plus courbé.
Dans l'atmosphère en deuil, des râles, des murmures
Flottent. Les âmes sont moins fermes et moins sûres ;
Et l'espoir qui soutient l'homme s'est dérobé.

Et pourtant je ne sais quels charmes, quelles fleurs
Me font aimer ce temps sombre et chargé de pleurs.
La douleur est souvent douce au rêve. Que sais-je ?

Causer les soirs d'hiver avec un feu de bois
Vivace et pétillant, lorsqu'au dehors il neige,
M'endort, comme le chant lointain de fraîches voix !

Albert Tinchant.

PRÈS D'UNE TOMBE

SONNET

A Madame G... F...

Vous rappelez-vous bien cette triste journée,
Où je vis de gros pleurs ruisseler de vos yeux ?
Vous, jusqu'alors hautaine envers la destinée
Et froid démon, vous eûtes le regret des cieux.

La pâle vision d'une amour profanée,
Les rêves envolés, et nos derniers adieux
Passant, lugubre éclair, dans ton âme étonnée,
Creusèrent un sillon sur ton front orgueilleux.

Tout un passé dormait sous les grands arbres sombres
Où nous étions assis, tu croyais voir des ombres
Se lever lentement de leur froid oreiller ;

J'appuyai sur mon cœur ta taille chancelante,
Un sanglot souleva ta poitrine brûlante
Et tu me dis : « Partons ! s'il allait s'éveiller... »

Vienne, 15 octobre 1878   P. Romestant.

RÊVERIE

A mon ami Fernand G.

Ut pictura poesis

Que chante le pinson sur l'aubépine blanche ?
Que murmure tout bas le limpide ruisseau ?
Que dit aux liserons la frileuse pervenche ?
Quel songe fait l'enfant couché dans le berceau ?

Quelle vague en mourant expire sur la grève ?
Quelle courbe de feux trace l'étoile au ciel ?
A quoi pense là-bas ce poète qui rêve ?
Quel Dieu fait dans la nue apparaître un soleil ?...

Que dit le doux zéphir à travers les grands arbres ?
Qu'entraîne le torrent dans ses flots courroucés ?
Et pourquoi ce vieux saule, accroupi dans les marbres,
Incline-t-il vers eux ses rameaux abaissés ?

Pourquoi s'ouvre la fleur aux rayons de l'aurore ?
Quelle brume s'étend au lointain sur la mer ?
Quels bruits sont répétés par la plage sonore ;
Quel feuillage jauni voile l'abîme amer ?

Quelle est la main le soir qui manœuvre la rame ?
Pourquoi dans les manoirs croassent les corbeaux ?
Que redit en passant l'oiseau de mer qui brame ?
Quelles timides fleurs parlent sur les tombeaux ?..

Que dit le rossignol durant les nuit plaintives ?
Que bourdonne l'abeille au travers du jasmin ?
Qui verse la rosée aux pétales humides ?
Que dit la jeune fille au détour du chemin ?...

Que mugissent les vents dans leur bruyante haleine ?
Qui protège le nid aux rameaux des tilleuls
Où va le mendiant cheminant dans la plaine ?
Pourquoi tout passe-t-il ? enfants, pères, aïeuls !..

Maxime Rastoil.

PLUS HAUT, TOUJOURS PLUS HAUT

Aux limites d'une prairie,
Comme on rêve quand on s'endort,
Dans les champs de la rêverie,
Mon esprit volait sans effort.
J'admirais les fleurs passagères,
Jetant leur ombre à chaque flot,
L'hirondelle aux ailes légères,
M'a crié : « Regarde plus haut. »

Commençons le plus grand voyage
Qu'un audacieux put oser
Oh ! le magnifique nuage !
Comme on doit bien s'y reposer !
Les rayons de l'astre solaire
L'entourent de leurs reflets d'or.
C'est encor trop près de la terre,
Plus haut, plus haut, montons encor.

Dieu ! quel vide, quel vide immense !
Partout la nuit... aurai-je peur ?
Mon vol rapide recommence,
Mon esprit sort de sa torpeur.
Vers les espaces sans limite,
Prends ton essor, vole ; il le faut,
Vole toujours, vole plus vite,
Plus haut, plus haut, encor plus haut.

Se croisant sur ma sombre route,
Ou bien me montrant le chemin,
Des esprits, des frères sans doute
Me guident comme par la main.
Fraternité, belle devise,
Tu n'es pas pour l'homme un vain mot,

Ton idéal se réalise
Non sur la terre, mais plus haut.

Sublime chaîne de la vie
A la tombe, rien n'est fini,
On fuit la terre, âme ravie,
Comme un oiseau change de nid.
Sur ces astres qui sont des mondes
Tout esprit fait quelques séjours,
Et dans ses courses vagabondes,
Il va plus haut, plus haut toujours.

L'existence se multiplie,
Les anneaux sont mystérieux,
De chaque astre où l'esprit se lie,
Il sort plus grand et plus heureux,
Un passant m'a crié : « Mon frère,
Si tu veux nous joindre plus tôt,
Prends pour devise, sur la terre,
Plus haut, plus haut, toujours plus haut.

Ainsi me perdant dans l'espace,
J'errais sans trouble et sans effroi :
L'éclair qui scintille et qui passe
Etait moins rapide que moi.
Les mondes succédaient aux mondes,
Mon regard se troublait terni
Devant ces ténèbres profondes,
Et plus haut c'était l'infini.

ANAÏS TOURREAU.

LE DERNIER CHARIOT DE GERBES

USAGE LOCAL.

Chanson.

Le beau froment est rentré dans la grange ;
L'essieu criait sous le dernier chariot.
De bon pain bis, enfants, que l'on en mange !
Il y en a chez le fermier Michot !
Il y en a (*ter*) chez le fermier Michot !

Femme, as-tu vu sur le grand char de gerbes
Flotter un mât comme un coquelicot !
Couvert de fleurs et de rubans superbes !
C'est un honneur pour le fermier Michot ;
C'est un honneur (*ter*) pour le fermier Michot.

Fiers travailleurs, quand la moisson est faite
On peut, le soir, vider ensemble un pot ;
C'est l'usage de faire ainsi la fête
Après moisson chez le fermier Michot ;
Après moisson (*ter*) chez le fermier Michot.

Au râtelier, déposez les faucilles ;
Quand le froment est lourd comme un lingot,
On peut chanter et danser, jeunes filles ;
On aime ça chez le fermier Michot ;
On aime ça (*ter*) chez le fermier Michot

Chantez l'espoir, qui sourit et délasse ;
De la gaîté attachez le grelot ;
Après la peine, il faut bien que l'on passe
De doux instants chez le fermier Michot !
De doux instants (*ter*) chez le fermier Michot !

Sur le sillon, le laboureur se penche ;
C'est là qu'il ne faut pas être manchot !

Et de la faux tenir ferme le manche ;
Comme on le tient chez le fermier Michot !
Comme on le tient (*ter*) chez le fermier Michot !

Sous son sarrau, quand il revient de foire,
Qu'il en rapporte un précieux magot,
Plus d'un voisin est jaloux de sa gloire ;
Que ne fait-il comme le vieux Michot !
Que ne fait-il (*ter*) comme le vieux Michot !

Dans les concours, on voit ses attelages,
Comme ses fruits, remporter le gros lot ;
Dans les journaux, on imprime des pages
Pour honorer le vieux fermier Michot ;
Pour honorer *(ter)* le vieux fermier Michot

L'argent gagné par sa lourde charrue,
Ou peut le dire et sans parler l'argot
N'a point honte de briller dans la rue,
Ni sur la main du vieux fermier Michot ;
Ni sur la main (*ter*) du vieux fermier Michot.

De beaux messieurs, quand il passe à la ville,
Lui font la cour et payent son écot ;
Mais au voisin il destine sa fille ;
Il faut des bras pour le fermier Michot ;
Il faut des bras (*ter*) chez le fermier Michot.

De Claudine ce n'est point là l'affaire ;
Son pied s'est fait à porter un sabot ;
Elle fera une bonne fermière,
Pour succéder à la mère Michot :
Pour succéder *(ter)* à la mère Michot.

Mes chers amis, aimons l'agriculture :
Du monde entier, c'est là le grand pivot.
Soignons nos champs et la récolte est sûre ;

C'est ce qu'on fait chez le fermier Michot.
C'est ce qu'on fait (*ter*) chez le fermier Michot.

Songez à ça, puis la ferme prospère
Rendra du grain, on n'en a jamais trop ;
Mais, que Dieu nous préserve de la guerre ;
Ah ! quel fléau pour le fermier Michot !
Ah ! quel fléau (*ter*) pour le fermier Michot !

Nos gouvernants ont fait bien des sottises,
Que nous payons par un bien lourd impôt !
Ordre et travail, progrès, sont les devises
Qu'on lit au seuil du vieux fermier Michot ?
Qu'on lit au seuil (*ter*) du vieux fermier Michot !

Un jour, ici — c'est quand on prit l'Alsace —
Il me servit, enfants, mon vieux flingot !
S'ils revenaient, les Prussiens, point de grâce !
Souvenez-vous du vieux fermier Michot !
Souvenez-vous (*ter*) du vieux fermier Michot !

Simon.

LE SOIR

L'astre brillant du jour de ses derniers rayons,
Colore l'atmosphère, empourpre les sillons,
Et la fraîcheur du soir s'étendant dans la plaine,
De nos bœufs fatigués a rafraîchi l'haleine.
La plante à son contact a redressé sa fleur
Et de tous les côtés se répand la fraîcheur ;
La chèvre qui pature au flanc de la montagne
Respire avec délice, et toute la campagne
Semble se recouvrir d'un brouillard transparent
Qui du ruisseau limpide a voilé le courant.

Sous le souffle du soir l'épi doré s'incline,
Et les troupeaux beuglant vont quitter la colline,
L'haleine du zéphir agite les roseaux
Et la plante odorante aux pieds de nos coteaux
Ondule sa corole et sa fleur parfumée
A jeté son odeur à l'espace embaumée,
L'astre pâle des nuits suspendu dans le ciel
Sur ce dôme azuré remplace le soleil.
Le chant des moissonneurs qui roule dans la plaine,
Le bruit des chars roulant et puis le soc qui traine
Ajoute encore un charme aux scènes du tableau,
Et la nuit lentement déroule son rideau.

César Cajon.

LES ENFANTS DE LA FRANCE

Pour la gloire,
La victoire,
Entonnez, chers enfants,
Vos gracieux accents,
Vous, la fraîche espérance
De notre belle France,
Vos chants pleins de ferveur
Lui porteront bonheur.
Que le travail dirige vos pensées,
Tout en chantant de vos timides voix
De nos héros les victoires passées,
Pensez, enfants, ah ! pensez quelquefois
Aux doux bienfaits de la reconnaissance,
Car la patrie a besoin pour fleurir
De conserver la douce souvenance
Que ses enfants l'aideront à grandir.

Du courage
A l'ouvrage
Mes bons petits amis,
De votre cher pays
Vous êtes l'espérance ;
Aux enfants de la France
Il devra sa grandeur,
La gloire et le bonheur.

Pour exalter la brillante jeunesse,
Dieu dans son cœur mit l'amour du pays,
Amour divin, fier et plein de noblesse
Qui la prépare aux durs et noirs soucis ;
Mais lui montrant les honneurs et la gloire,
Fruits du travail ; couronnant l'avenir
De ces brillants reflets de la victoire,
Laissant dans l'âme un bien doux souvenir.

O Patrie !
Voix chérie !
Compte sur notre amour,
Nous deviendrons un jour
Les soutiens de la France,
Sa plus riche espérance,
Aujourd'hui par le cœur,
Plus tard par la valeur.

(*Jura*). H. CURIE.

NE L'OUBLIEZ PAS

Sur le triste gazon qui couvre sa poussière,
Venez, jeunes beautés, répandre de longs pleurs ;
Venez sur son tombeau dire quelque prière,
Y tresser quelquefois une chaîne de fleurs.

Elle fut votre amie !.... Et durant votre enfance
Comme un ange gardien elle guidait vos pas ;
L'amour qu'elle eut pour vous fut un amour immense :
Oh ! mes tendres enfants, non ! ne l'oubliez pas.
Donnez-lui votre cœur et votre âme si pure ;
Comme un trésor sacré gardez son souvenir ;
Suivez de sa vertu la sublime droiture,
Et tout sera bonheur pour vous dans l'avenir.

Maintenant qu'elle règne au séjour de la gloire,
Du faîte de son trône elle veille sur vous ;
Dans les champs immortels de l'heureuse mémoire,
Elle voudrait, enfants, déjà vous avoir tous.
Et, prosternée aux pieds du Souverain du monde,
Votre antique compagne implore chaque jour
Et sa toute puissance et sa bonté profonde,
Et pour vous les douceurs de son parfait amour.

Ainsi, quand au front pur de la voûte azurée,
Le flambeau merveilleux s'éclipse à l'Occident,
Alors, que vers le ciel vole votre pensée,
Car sur les divins bords un ange vous attend.
Un ange !... et ce bel ange, ô mes douces amies !
Est celle qui jadis vous menait par la main
Dans les riants vallons, par les vertes prairies,
Et qui de la vertu vous montrait le chemin.
En elle mettez donc toute votre espérance,
Et vous ne craindrez plus les terribles combats
Que livre trop souvent la cruelle souffrance :
Ah ! venez vous asseoir à l'ombre de son bras.
Et, là, vous trouverez une suave ivresse,
Un océan de paix, de suprêmes bonheurs.....
Vierges, confiez-vous à sa vive tendresse,
Et pour toujours la joie enflammera vos cœurs.
Non, non, n'oubliez point cet ange tutélaire
Qui pour vous consacra ses veilles et ses jours.

Croyez qu'elle est encor votre meilleure mère :
Priez-là, mes enfants, oh ! priez-là toujours.
A l'aurore, à midi, quand d'une lèvre aimée
S'échappe une prière et vole au divin lieu,
Ah ! mes chères enfants, c'est la pure rosée
Qu'un cœur, en s'épanchant, exhale vers son Dieu.

Venez, oh ! venez donc, ô vierges de la terre,
Arroser de vos pleurs les moroses cyprès
Qui croissent sur la rive où dort l'humble bergère,
Lui prouver votre amour, vos immenses regrets !....

(*Vendée*)   Louis Frédéric Soupault, *Instituteur*.

È L'ORA DI PARTIR

DUETTO

(EZIO)   Senti ! Le trombe squillano
           E l'ora di partir.
(BICE)   Ah !... me tradi una lagrima :
           Insieme ambo un sospir.
(EZIO)   La voce della Patria
           Appella i defensor.
(BICE)   Non sieno i nostri palpiti
           Che palpiti d'onor.

         Ma presse al cuore appenderti
             Questa coccarda io vo ;
         Tu la conserva, memore
             Del bacio che or ti do.

(A DUE)   Sul campo della gloria
           Invitto $\genfrac{}{}{0pt}{}{ti}{mi}$ farà.
           Degno di laude e premio
             A $\genfrac{}{}{0pt}{}{te\ mi}{me\ ti}$ serberà.

(EZIO)   Odi ! Le trombe squillano
             E l'ora di partir...
    Parti !
    Parto ! guerrier d'Italia
             D'onor è il tuo sospir.
                     mio

Francesco Verdura.

LA FLEUR DE L'ÉGLANTIER

APOLOGUE

Humble sœur de la rose,
J'aime, au bord du chemin,
Sur l'onde qui t'arrose,
Te voir cacher au sein
De l'épaisse feuillée ;
J'aime un vent importun
Venant de la vallée
M'apportant le parfum
Que ton calice exhale ;
J'aime le blanc décor
De ta pâle pétale :
Mais j'aime mieux encor
Ta douce modestie
Et ton air de douleur...
Ah ! serait-ce l'envie
Qui te rend, tendre fleur,
Si honteuse à ma vue ?...
La brillante couleur
Et la gloira connue
D'une opulente sœur,
Seraient-elles la cause
De ton souffrant aspect !..
Cette brillante rose,
La reine du bosquet ;

Porterait-elle ombrage
A ta pâle beauté ?..
Ah ! sous le vert feuillage
Qui t'ombrage l'été,
Ne porte point envie
A ta sœur du jardin,
Car elle vit ta vie,
Et l'automne prochain
Verra vos deux corolles
Lentement se flétrir,
Et vos beautés frivoles
Disparaître et mourir.
Orne donc en silence
De ta simple beauté,
Le lieu de ta naissance :
Que le parc enchanté
Où fleurit ta compagne
Ne soit point pour tes yeux
La divine montagne ;
Pas plus que dans ces lieux
Le bonheur n'y réside...
Répands les doux parfums
De ton calice humide
Dans les bosquets communs
Que protègent ta plante ;
Sois le pur ornement
De la haie odorante.
Pour être l'agrément
Des lieux chers au poète
Dieu te fit naître un jour ;
Relève donc ta tête,
Douce fleur, mon amour.
Mais, dans ton allégresse,
Songe encore à ta fin.
Dans une folle ivresse,

Humble fleur du chemin,
Pour être presque égale
A celle du jardin,
Ta brillante rivale,
Ne va pas, du destin
Oubliant la sentence,
Par trop te réjouir :
Vous vîtes l'existence,
Vous vous verrez mourir.
Bénis la main chérie
Du Dieu saint, du Dieu bon
Qui protége ta vie
Dans ce riant vallon.

Pour orner la prairie,
Belle condition,
Bien plus digne d'envie
Que le parc, le balcon
Où se flétrit la rose,
Dieu créa l'églantier ;
Le parc à porte close
Fut fait pour le rosier :
Ta sœur vit en recluse,
Tu vis en liberté ;
Ne sois donc point confuse.
Si ta pâle beauté
N'égale point la sienne,
Tu ne sens point non plus
Une importune haleine
Faner tes plis charnus.
Les coteaux et les plaines,
Les bois, le monde entier
Forment tes beaux domaines ;
Pendant que le rosier,
Dans un petit parterre,
Entouré d'un haut mur,

Vit triste et solitaire,
Même dans un lieu sûr.
Ce qui vaut mieux encore,
Sa fin sera ta fin,
Et sa dernière aurore
Subira ton destin...
Image de la vie :
La gloire et les grandeurs
Sont un objet d'envie ;
Chacun rêve aux honneurs.
On n'est point à sa place
Tant qu'en-dessus de nous
Une tête dépasse.
L'envieux, le jaloux,
Par une erreur profonde
S'épuise en vain désirs :
S'il connaissait le monde
Et ses tristes plaisirs,
S'il sondait mieux la vie
Il ne nourrirait point
Dans son cœur cette envie
Qui le ronge et l'étreint.
Il saurait sans contrainte
Dire la vérité
Et sa grandeur éteinte.
Il verrait sa gaîté
Se ranimer, joyeuse,
En songeant au néant
D'une gloire onéreuse,
Et que l'éclair changeant
Des coups de la fortune
Ne pourrait point troubler
Sa pauvreté commune.
Il verrait sans trembler,
De son humble chaumière,

Les maux tant redoutés
Des puissants de la terre ;
Et ses chagrins comptés
Feraient place à la joie,
En songeant que la mort,
Courant après sa proie,
Ira jeter le sort,
Cruelle, impitoyable,
Sur la tête d'un roi
Comme d'un misérable.
O sainte et belle loi
D'égalité parfaite !
C'est là que les grandeurs
Perdent leur épithète ;
Chimères, vains honneurs !..
C'est alors que la vie
Brille dans tout son jour,
Et que la sombre envie
Disparaît sans retour.

Canton Jules.

LE RUISSEAU

Imité de Goëthe

Petit ruisseau, qui par les prairies
En murmurant ton sable charries,
Tu coules, tu coules toujours ;
Ruisseau cher à mes rêveries,
Où commence, où finit ton cours ?

Je sors d'une grotte profonde
Sur la mousse épanchant mon onde,
Puis je m'allonge en fil d'argent,

Et du soleil la face ronde
Se mire en mon flot transparent ;

Je suis à travers cette plaine
La douce pente qui m'entraîne ;
De celui qui me fait jaillir
C'est le doigt puissant qui me mène
Et ce guide ne peut faillir...

A. On. Pabion.

LA PROVIDENCE VENGÉE DE NAPOLÉON III

Du corse, auteur du néfaste brumaire,
    L'émule et le digne neveu,
Pour obtenir un pouvoir éphémère
    Demande caution à Dieu.

« Si tu n'es pas, pensa-t-il en lui même,
    Je n'encours aucun châtiment,
Et puis monter à la grandeur suprême,
    Insoucieux de mon serment. »

« Aux souverains, eusses-tu l'existence,
    Tu laisses régir les états ;
Aux actes d'une providence
    Le philosophe ne croit pas. »

Mais il est bon de ne point à ce mythe
    Avouer mon manque de foi ;
Puisqu'ici-bas le peuple l'accrédite,
    Il aura confiance en moi. »

L'impie alors jure à la République
    Foi, dévouement appui, secours ;
Bientôt parjure au sceptre monarchique
    Il vole au péril de ses jours.

Le croirait-on ? tout un peuple en délire,
  De citoyens sinon fort peu,
O sacrilége ! approuvant son empire,
  Le proclame *l'élu de Dieu !*...

Nain en morale, en puissance colosse :
  Il gorgeait d'or ses favoris ;
Et les vaincus, par le cruel molosse
  Etaient fusillés ou proscrits.

Bouffi d'orgueil à l'humble roi Guillaume
  Il dénonce la guerre, et part
Avec l'armée envahir son royaume,
  De Bellone inhabile en l'art.

Il s'en promet en huit jours la conquête ;
  Puis la paix dictée à Berlin,
En revenir, sa puissance à son faite ;
  Mais son astre est à son déclin.

« Tu m'as craché ton parjure à la face,
  Lui dit le Seigneur, crime affreux
Qu'au ciel jamais pénitence n'efface,
  Tant je le tiens pour odieux. »

« Ton règne fut, » par les chefs de l'armée
  Il est dépouillé du pouvoir ;
Pour le soldat il est moins qu'un pygmée
  A reléguer dans un boudoir. »

Aux camps pour lui digne de préférence.
  Il sent son glaive en discrédit ;
Sur le tapis on met sa déchéance ;
  On le méprise, on le maudit.

A Sedan pris dans un cercle de flamme,
  Il pâlit, défaille son cœur ;
Du ceinturon il détache sa lame,
  Remise en trophée au vainqueur.

« Ton lâche fer, ma gloire le méprise
  Comme venant de Badinguet ;
Pour n'en avoir plus souci je le méprise,
  Pour la prison fais ton paquet. »

« Et vous français, dont l'impudent suffrage
  Lui donna le titre de roi,
Pour avoir mis le comble à mon outrage
  Je vous prépare un désarroi : »

L'invasion, les horreurs de la guerre,
  Les hameaux mis à sac, le vol ;
Les champs pillés, la torche incendiaire,
  Le typhus, le meurtre, le vol.

« J'accorderai toutefois à la peine
  La grâce d'un allégement,
Si vous gardez la foi républicaine,
  De la vertu seul fondement. »

« Mais viendrez-vous à trahir ce régime :
  Je réserve un Napoléon
Qui de vos maux recreusera l'abîme,
  Vengeur du viol de mon pardon. »

(*Haute-Savoie*). J. ANDREVETAN DE LA ROCHE
Vice-Président honoraire des concours du Midi.

IL RUSCELLO

Dédié à Monsieur Evariste Carrance.

SONNET.

Ah ! nel tuo ingamo riconosco il mio.
(DON SALUZZO ROERO).

Clair et joli ruisseau, dont les ondes limpides
Aux arbres de la rive offrent un frais miroir,

Pourquoi fuir loin de nous vers des vallons arides,
Pourquoi toujours couler le matin et le soir ?

Ici tout te retient... Là, les roseaux humides
S'inclinent sur ton cours espérant mieux se voir ;
L'aquilon sur tes eaux dessine mille rides....
Pourquoi nous fuirais-tu ?.. quel est ton fol espoir ?

Que te faut-il encor ? n'as-tu pas tes feuillages,
Tes oiseaux, tes zéphirs, tes verdoyants rivages,
Et le bruit de tes flots, murmure aérien ?

Mais non, il suit son cours vers la rive lointaine,
Inconstant, il ressemble à notre race humaine,
Et dans son vain désir je reconnais le mien !

Arkiarvoï, 26 août 1878 P.-E. ERARD.

VOULOIR CE QUE DIEU VEUT *

Si Dieu me refuse la joie,
Je veux le suivre dans sa voïe
   Sans murmurer ;
S'il me fait une vie austère,
Je veux en l'appelant : Mon Père !
   Me rassurer.

Si la souffrance me consume,
Entre ses bras, sans amertume,
   Je veux pleurer,
Et dans la nuit de ma tristesse,
A la clarté de sa promesse,
   Toujours marcher.

---

* Le morceau suivant est tiré du recueil posthume des poésies de Mlle Henriette Hollard, que vient de publier M. E. Bercier, sous ce titre : *Souvenirs d'une sœur*.

Si Dieu me donne une œuvre à faire,
Je veux travailler pour lui plaire,
    Tant qu'il fait jour.
S'il défend que mon bras agisse,
Je veux subir ce sacrifice
    Avec amour.

S'il met sur ma route une épine,
Je veux, tandis que je chemine,
    Compter encor
Tous les bienfaits dont il m'inonde
Et chercher ailleurs qu'en ce monde
    Mon vrai trésor.

Si dans la lutte qu'il m'ordonne,
Sa force ou sa paix m'abandonne
    A mon néant,
Si même il permet que le doute
Vienne s'abaisser sur ma route
    En la voilant,

A la porte de la lumière,
Dans l'obscurité du mystère
    Je veux m'asseoir,
Frappant jusqu'à ce qu'il m'entende
Et que du salut il me rende
    Le saint espoir.

Ainsi toujours, et quoi qu'il fasse,
Dans la douleur ou la disgrâce,
    Plus près de lui,
Je veux que, de tout ce que j'aime,
Il reste mon seul bien suprême
    Et mon appui !

H. H.

A UNE JEUNE FILLE

> Oh ! vous faites rêver le poète le soir...
> V. Hugo.

Ton regard est si doux et ta voix est si pure
La beauté t'a donné sa céleste parure,
  La foi ses rêves d'or !
Tu ne t'es pas encor piquée après la rose,
Tu rêves d'avenir : tu crois à toute chose
  Et tu souris encor !

Croyez, enfant, chantez,, que votre âme s'épanche,
Car le rire est si bon lorsque la joie est franche,
  Chantez votre bonheur !
En énivrants plaisirs gaspillez la jeunesse,
Rêvez, pleurez, aimez, riez de la sagesse,
  Meurtrissez votre cœur !

La vie, ô mon enfant, à ton âme est légère ;
Tout s'efface pourtant : la joie est éphémère,
  Tout meurt : même l'amour !
Sur sa tige demain la fleur sera flétrie,
Le cœur doit se briser, soudain l'âme est meurtrie,
  Chantons... tout n'a qu'un jour !

Péterhof, 30 septembre 1878.   P.-E. Erard.

GUY

> Ce n'étaient que parfums et concerts infinis,
> Tous les oiseaux chantaient sur le bord de leurs nids.
> Brizeux.

Nous avons tous suivi ta dépouille innocente,
  Chaque âme semblait soupirer...
Oui, j'essaierai pour toi ma lyre adolescente,
  Car je veux la faire vibrer

Sous des doigts enchantés, doux messagers de brise
   Venus du ciel harmonieux,
Pareils à ces pensers recherchés dans l'église,
   Lorsqu'on aime aux espaces bleus.

Oh ! pourquoi délaisser notre enfantin cortége,
   Ami que chérissaient nos cœurs ?
Qui savais partager si souvent du collége
   Plaisirs naissants, jeunes douleurs ;
Dis-moi, tu voulais donc faire pleurer l'aurore
   De tes beaux jours déjà comptés :
Dis-le moi, ce désir, toi qui venais encore
   Hier, prier à mes côtés...

Tu demandais la tombe où se brise et s'efface
   L'audace humaine devant Dieu ;
Tu voulais de ton cœur ne laisser nulle trace
   Qui ne fût un suprême adieu !
Mais, pensais-tu qu'alors une mère éplorée
   Verrait caresser son enfant :
Cette main qui gouverne au superbe empyrée
   L'autre face du firmament

Ta mère, elle croyait aux rêves, douce Flore,
   Comme de blancs joyaux formés.
« Pour mon guy, disait-elle, un avenir se dore
   Sans tache auprès des renommés ;
Mon guy surpassera peut-être mes beaux songes
   Par des triomphes imprévus ; »
— Ah ! sans doute... la gloire est celle des archanges:
   Femme, il ne vous parlera plus. —

Hier nous étions deux, ô gentilles ramures,
   Voiles joyeux de nos forêts ;
Chantre ailé des buissons, ondes, vagues murmures,
   Ne partagez-vous mes regrets ?

Et toi qui viens, longtemps, va, chevreuil si rapide
      Il n'est plus ; va, cherche parmi
Les séraphins du monde un autre moins candide,
      Presqu'aussi beau pour ton ami.

Hier nous étions deux, aimés, aimant la vie ;
      Quand l'été conduisait le soir
Du tranquille océan notre barque brunie,
      Effleurer le profond miroir.
Même, lorsque suivi par les contes de fées,
      Chaque fois pour désennuyer,
L'hiver semant la neige amenait les veillées
      Longues autour du grand foyer.

Pauvre guy ! nous étions au début de cet âge
      Où l'amour pur est précieux ;
Ensemble on voulait jouir dans l'immense partage
      D'un peu du bonheur des heureux :
Or, si jeune, à seize ans, lorsque la vie est pleine,
      Hélas ! devais-tu donc mourir ?
Elle si gracieuse et pour toi si sereine
      Dans l'impénétrable avenir !

Moi, je ne verrai plus en ce monde qui change,
      Où tout est morne à chaque instant,
Où la raison s'aveugle et couverte de fange,
      D'orgueil se fait un monument,
Je ne verrai plus rien que ces bien rares choses,
      Suites d'un songe favori,
Qui me viendront montrer les nouveautés écloses
      Comme un ornement défleuri.

Juin 1875   Joseph-Marie Léauté.

POUR FAIRE SUITE AU *VASE BRISÉ*
DE SULLY PRUD'HOMME.

Mais si moins que l'amour, frivole,
L'amitié lui tendant les bras
De son doux mastic le recolle....
Laissez sécher... N'y touchez pas.

J. Kaufmann.

L'OIE ET LE COQ

Je rends hommage à votre vigilance,
Mais à quoi maintenant vous sert votre vaillance ?
  Disait une oie, un beau matin,
   Au coq son voisin.
  Les temps ne sont plus à la guerre
  Apaisez votre humeur altière
   Laissez vos armes en repos
    Retirez votre ergot ;
  Maintenant plus de champs d'Arcole
  Et plus de cris au Capitole,
  Ni plus de scènes de carnage ;
Plus de ces cris d'effroi et plus de cris de rage
Et la discorde alors soufflera ses flambeaux,
   Voyant nos armes en faisceaux ;
Et la paix souriant d'un gracieux sourire
Sur tous exercera son bienfaisant empire ;
Détrompez-vous, mon cher, vous êtes dans l'erreur
   Et notre point d'honneur
   Toujours enfantera la guerre,
   Ne voyez-vous pas au contraire
   Se former de nouveaux engins
   Chez tous les animaux enclins

A guerroyer ; et ces armes nouvelles
Apaiseront encor de nos rois les querelles ;
Il n'est pas encore temps d'abolir le canon,
Il faut que l'animal ait toute sa raison ;
Attendons, cher ami, que le vieux temps efface
De notre barbarie une dernière trace.

César Cajon.

PROMENADE DU MATIN.

J'aime, quand je suis seul, flâner dans la campagne
      Sous les gais rayons du matin ;
J'aime gravir la rampe et voir de la montagne
Le ruisseau dérouler et suivre le ravin.

J'aime, étendu dans l'herbe, admirer la nature,
      Scruter de l'œil les bois, les champs ;
Des vieux clochers lointains encadrés de verdure
J'aime entendre les voix et les duos touchants.

J'aime autour de la crête observer l'hirondelle
      Fendant les rayons du soleil,
J'aime la voir plongeant, filant à tire d'aile,
Dessiner les contours d'un horizon vermeil.

J'aime, oh ! j'aime avant tout découvrir le coin sombre
      Où se cache l'humble châlet,
Car sous ce toit chéri vit et respire à l'ombre
Un ange noble et pur qui m'a dit qu'il m'aimait...

Chevalier de Schoutheete de Tervarent.

Contrexéville, Fête Dieu, 23 juin 1878.

A MON FRÈRE, MONSIEUR B...

Novembre annonce les frimats ;
Mais je lis dans nos almanachs,
Que de St-Edme, c'est la fête :
Aussitôt ma plume s'apprête
A chanter l'ami, la bonté,
Celui dont la franche gaîté
Fait sourire encor la jeunesse ;
C'est mon frère dont la tristesse
N'a pas assombri le visage ;
Et qui fait oublier son âge !
Cher Edme, reçois mes souhaits,
Pour que Dieu te laisse à jamais
Des gais vivants le bon modèle,
Et moi, je suis ta sœur fidèle ! !

EUPHROSINE B... V... OUDART,
Membre d'honneur des Concours Poétiques du Midi.

LE TRAVAIL

Quand le brillant printemps arrive la main pleine,
Que de charmantes fleurs il parsème la plaine,
L'abeille au point du jour quitte son pavillon
Et s'envole aussitôt butiner au vallon,
S'enfonce en bourdonnant dans la fleur odorante
En suce avec ardeur la feuille succulente,
Se charge de pollen et vole chez sa sœur
Porter aver orgueil le fruit de son labeur ;
Puis se renvole... va, reviens... retourne encore
Au parfum de la fleur, déjà, depuis l'aurore
Joyeuse elle est entrée à la ruche dix fois,

Et courageusement retourne encore au bois.
Aux champs on voit aussi les fourmis ouvrières
Rentrer en trottinant aux humbles fourmilières,
Portant avec effort, pliant sous le fardeau,
D'une petite mouche ou bien d'un vermisseau.
Sur les ailes du vent on voit les hirondelles
Revenir au donjon, aux vieux murs des tourelles,
En habile maçon reconstruire les nids,
Où l'automne dernier habita ses petits.
La fauvette cachée au fond de la charmille
Partage la pâture à sa tendre famille ;
Le bœuf va d'un pas lent creuser les durs sillons
Et le chien du berger va garder les moutons.
L'un creuse ou bien butine et l'autre sans relâche
Du matin jusqu'au soir accomplira sa tâche,
Et chaque espèce alors, vivante au même but
A l'impôt du travail apporte son tribut.
Lorsque Dieu, du néant, laissa tomber le voile
Et lorsque dans l'espace il parsema l'étoile.
Quand le Maître adoré créa le genre humain
Et qu'il laissa tomber l'Univers de sa main,
Le vénérable auteur de la nature entière
Ecrivit ce grand mot en brillant caractère,
Et quand; par un beau soir vous lèverez les yeux
Vous le verrez écrit sur la voûte des cieux.

César Cajon.

ANNIVERSAIRE DU 3 SEPTEMBRE 1878

Au grand patriote Thiers

DÉDIÉ A MADAME THIERS

De ton séjour de paix, ô grand libérateur !
Un souffle tout-puissant est monté vers la France,
Son peuple entier se lève, heureux dans son ardeur
De consacrer ce jour à la reconnaissance.

Toi, qui fus le héros de notre délivrance,
Entends nos chants sacrés et le cri de douleur
De la patrie en deuil que soutient l'espérance.
Elle vit par ton âme et par ton noble cœur.

Oui, désormais ton nom doit être impérissable,
Précieux talisman d'un prix inestimable,
Il fera d'âge en âge aimer la liberté.

Nous serons toujours fiers de ta gloire
Qui tient le premier rang au temple de mémoire,
Sanctuaire divin de l'immortalité.

   Jura.   H. Curie.

LE PETIT RAMONEUR

ÉLÉGIE.

Voyez, là-bas dans la rue,
Un petit être tout noir.
Ecoutez ! sa voix émue
Jette un cri... de désespoir.

Le pauvre petit ramone,
Quand il trouve du travail ;

Mais souvent, seule, l'aumône
Le nourrit, Quand au bercail

Il entre, le gousset vide,
Le « patron » méchant, hargneux,
Le malmène, le lapide,
Le traitant de paresseux.

Le petit, alors, tout triste,
Va dans un coin du taudis
Qui, la nuit, lui sert de gîte,
Etouffer ses pleurs, ses cris.

Puis, il sort de sous ses hardes
Un morceau de pain, vieux, noir
Qu'il mange, arrosé de larmes ;
C'est là son repas du soir.

Souvent, dans la nuit glacée,
Grelottant sous ses haillons,
Il rêve. Alors, sa pensée
Le ramène en ses vallons.

Il lui semble voir sa mère ;
Oh ! comme il va l'embrasser.
Mais, ô douleur bien amère,
Le « patron » vient l'éveiller.

P. Emile Jamain.

AU MILIEU DES FLEURS

Beaux jours de l'aimable jeunesse,
Couronne de nos jeunes ans,
A mon cœur vous parlez sans cesse :
Vous êtes bien le beau printemps.

C'étaient les pensers de mon âme
Un jour que seul je promenais ;
D'un amour pur et de sa flamme
Je sentais en moi les attraits.

Parcourant un jardin superbe
Enrichi de milliers de fleurs,
Je me souvins du vieux proverbe :
Voici l'image de vos cœurs.

« Méditez bien notre langage,
Disaient les fleurs épanouies ;
« Notre beauté nous est un gage
» Que nous serons toujours ouïes. »

C'était la naïve argentine,
L'arum et ses feuilles en cœur ;
Puis l'amoureuse capucine,
L'hortensia toujours vainqueur.

Ici, la belle camomille,
Un massif de brillants bluets,
La pure et douce coronille
A côté d'odorants muguets.

Plus loin, l'aimante cupidone,
Le chèvrefeuille aux nœuds d'amour ;
La giroselle qui se donne
Embellissaient ce beau séjour.

C'était la charmante aubépine
A côté d'un acacia,
Le jasmin blanc, la balsamine,
L'amaryllis, le fuchsia.

Ici l'aimable campanule,
Le doux et pur camélia,
Puis la brillante renoncule
A l'ombre d'un magnolia.

La fraxinelle ou beau dictame,
Une riche corbeille d'or,
Et l'hellébore en traits de flamme
Etalaient leur riche trésor.

C'était la belle sensitive
Qui semblait me dire tout bas :
« Je suis pure, et partant craintive ;
» Regardez, mais ne touchez pas. »

Ici, la noble marguerite,
Le lilas blanc et le laurier
Rivalisaient pour le mérite
Avec l'orobe printanier.

Je ne vis pas l'humble violette,
Mais je sentis sa pure odeur ;
Elle a beau nous voiler sa tête
Son doux parfum trahit son cœur.

Tant de beautés charmaient mon âme :
Je m'assis près d'un oranger ;
Devant ces fleurs que tout acclame,
Passerai-je en simple étranger ?

Aussi bientôt un songe aimable
Vint m'endormir d'un doux sommeil,
Un vrai bonheur inexprimable
Embellit mon rêve vermeil.

Je vis deux fleurs à leur naissance
Confondre en un leurs doux attraits,
Et dans l'amour, dans l'innocence,
Unir leurs parfums pour jamais.

Je vis la rose toujours belle
S'unir à l'œillet gracieux,
Par l'amaranthe et l'immortelle —
Est-il un lien plus heureux ?

Laure que j'aime est cette rose
Et moi je suis son pur œillet.
Mon cœur, ne dis plus autre chose,
Tu n'as plus qu'à rester muet.

Tronche Emmanuel.

LE BONHEUR

A Monsieur N. de Poggenpohl.

SONNET

Je rêvais, près du feu ; dehors sifflait la bise ;
Aucun bruit ne troublait mes pensers alourdis,
Ma tête dans ma main doucement s'était mise,
Les pieds sur les chenêts alors je m'étendis.

Mes yeux s'étaient fermés, quelle fut ma surprise,
Quand un léger froufrou m'éveilla... je bondis,
Cela m'avait touché ; de la lumière éprise
Une mouche volait. — Tout pensif je me dis :

« Hélas, hélas, rêveur, tout semble te sourire,
« Tu goûtes le sommeil, ton pauvre cœur soupire,
« Pendant que près toi, peut plâner le malheur.

« Une aile, un souffle, un rien et ton rêve s'envole ;
« Oh ! comprends-tu mon âme insouciante et folle,
« Qu'avec lui cet insecte emporta ton bonheur !

4 Février.
P.-E. Erard.
4ᵉ régiment de zouaves.

IL FIORE APPASSITO

ROMANZA

Questo, fanciulla ingenua,
    Oggi appassito fior
    Un di tua mano candida
    Ponevami sul cor.
Era il suo grato effluvio
    Arra d'amor, di fè
Presente ognor : me misero :
Se più non pensi a me.
Jo lo nudria di lacrime,
    Di baci e di sospir ;
Oggi ei ritorna inconscio
A te del mio morir.
Tu sul mio freddo cenere
    Pon l'appassito fior :
    E lo vedrai risorgere
    A nuova vita ancor.

Francesco Verdura.

QUATRAIN

Ici le progrès court, la liberté s'avance
Et la fraternité règne sur notre France ;
Leurs rayons enchanteurs entourant notre vie
Veulent glorifier notre chère patrie.

J. Bernard.

L'ILLUSION MATERNELLE

L'illusion ! c'est le bonheur le plus pur.

Respire le bonheur, jeune et joyeuse mère,
Berce amoureusement ton tout petit enfant,
Et laisse-toi bercer au gré d'une chimère
Où tu peux ressentir ton cœur tout triomphant,
Tout ému, plein d'espoir, caresser un beau rêve
Où pour ton rejeton le brillant avenir
D'un grand homme est promis ; car cet espoir t'enlève
Au jour le plus chagrin, le plus noir souvenir.

Oui, tu le vois déjà devenir un poète,
Ou dans les grands combats, un brillant général.
Autrement tu le vois présider une fête,
Il est premier ministre, ou pape, ou cardinal.
Ah ! quelquefois pourtant, ton rêve est plus modeste,
Et ce puissant héros devient si doux, si doux !
Que tout en l'admettant aussi fort, aussi leste,
Il devient un bon père, et surtout tendre époux.

Mais, ton rêve est-il vrai? qui pourrait te le dire ?
Rien ne dit, de ton fils, tout ce qu'il deviendra,
Car, pour le genre humain, il peut être un vampire !
Un Cartouche, un Mandrin, le plus grand scélérat !
S'il doit en être ainsi, quelle douleur amère
Se cache sous ton rêve, et guette ton trépas !
Un bien sombre avenir te poursuit, pauvre mère !
Et toi, dans ton bonheur, ah ! tu n'y penses pas.

Lyon. DÉSIRÉ PIHUIT.

L'HIVER

ROMANCE

Refrain :

Pour que loin de nous il passe,
Et pour adoucir son courroux,
Car c'est l'hiver au cœur de glace,
Prions.... pour l'éloigner de nous.

Couplet :

A son aspect la feuille tremble,
Et se détache soudain,
Et sa terreur devient si grande,
Plus une fleur sur le chemin.

Il nous ravit dans nos vallées,
Notre admirable et vert gazon,
Des douces et belles soirées,
Plus de gaîté, plus de chanson.

On n'entend plus dans le bocage
Le rossignol et son doux chant,
De l'allouette plus de ramage,
Plus de gaîté, plus de printemps.

Louis Albigot.

DESIDERATA.

Que chacun qui lira la généalogie,
Avide de puiser aux sources de la vie,
Ouvre le saint volume en droiture de cœur,
Et, cherchant la science, il trouve le bonheur.

GÉNÉALOGIE SACRÉE

Le premier homme, ADAM, de tous le commun père,
Dort d'un sommeil profond ; sa femme, notre mère,
Dieu même fait surgir de l'époux endormi :
C'est la chair de ma chair, moi, je suis son ami,
Dit Adam transporté d'une indicible ivresse ;
Eve on doit l'appeler, ou, si l'on veut, hommesse
Naissent Caïn, Abel, SETH. A neuf cent douze ans,
Ce dernier laisse ENOS dont le fils est KÉNAN.
MAHALALÉEL (1) naît, de JÉRED il est père ;
HÉNOC (2) naît de Jéred, ô sublime mystère !
Hénoc ne meurt jamais, il marche avec son Dieu,
Sans passer par la tombe il nous attend aux cieux.
Son fils, MATHUSALEM (3) est le plus vieux des hommes,
Qu'ils sont loin ces longs jours, de l'époque où nous som-
LÉMEC (4) arrive au monde, il engendre NOÉ,   [mes !
Dont les trois rejetons sont : SEM, Cam et Japhet.
De Sem, les fils aînés n'eurent point un refuge
En l'arche ; ils ont péri dans les eaux du déluge ;
Leurs noms : Hélam (5), Assur, puis naquit ARPACSAD (6)
Suivi de Lud, Aram ; Arpascad eut SCÉLAH,
De qui surgit HÉBER, d'Abrâm l'aïeul cinquième
D'Héber les descendants : JOCTAN (7), son fils deuxième
Et PÉLEG. A trente ans, il engendra RÉHU,
Réhu fut à son tour le père de SÉRU (8)
Qui le fut de NACOR d'Abraham le grand-père ;
Nacor, à vingt-neuf ans, de TARÉ devint père ;

1. Mahallaléel ou Malaléel ou Maleleël.
2. Hénoc ou Hénoch.
3. Mathusalem, Mathusalim ou Methusela.
4. Lemec, Lémech ou Lamec.
5. Hélan, Hélam ou Elan.
6. Arpacsad, Arpaxad ou Arpacsa. (prononcez Arpacsa).
7. Joctan ou Joktan.
8. Séru, Sérug ou Séruch.

Les jours de ce Taré furent deux cent cinq ans ;
Il dut ensevelir un de ses fils : HARAN ;
Les deux autres : NACOR, et des croyants le père,
ABRAHAM (1), d'Esaü, de Jacob le grand-père
Et père D'ISAAC (2) Sara (3) femme d'Abrâm
Habita l'Egypte, Ur, Caran (4) et Canaan ;
Elle meurt, Saraï, cette âme de son âme ;
Abrâm, son deuil fini, prend Rétura pour femme :
D'Agar, l'égyptienne, il avait Ismaël ;
L'Isaac, le père d'Israël ;
Il eut de Rétura, dans la blanche vieillesse,
Six fils, mais seul Isâc posséda sa richesse.
Agé de quarante ans, Isaac épousa
L'enfant de Béthuël, la belle Rébecca ;
De deux frères jumeaux Rébecca devint mère :
Esaü, le chasseur, favori de son père,
ISRAEL ou JACOB qu'adorait Rebecca.
Jacob aima Rachel, il épousa Lia :
Rachel, sœur de Lia, mais plus jeune et plus belle
Devint sa femme aussi, sa compagne fidèle.
Jacob eut treize enfants : Lévi, Dan, Siméon,
Gad, Asser, Issachar, Nephthali, Zabulon,
Ruben, le premier-né, Dina, la seule fille,
Joseph, puis Benjamin ; JUDA, dont la famille
Se composa de Her, d'Onan et de Scéla,
(Issus d'un premier lit), et de PHAREZ, Zara ;
ESROM naît à Pharez, d'ARAM Esrom est père ;
Arrive AMINADAB. On lui connaît sur terre,
Un seul fils appelé du nom de NAASSON ;
Naasson à son tour est père de SALMON ;

---

1. Abraham ou Abrâm.
2. Isaac ou Isâc.
3. Sara ou Saraï.
4. Caran, Charan, Haran.

booz naît à Salmon, rahab (1) était sa mère,
Booz engendre obed, qui d'isaï (2) fut père.
D'Isaï sort david, son huitième (3) garçon,
David a dix-sept (4) fils, entr'autres salomon.
Au grand roi Salomon, ce puissant de la terre,
Succède roboam, puis abija (5) le père
D'asa (6) sage et prudent, dont le fils josaphat
Détruisit du pays de Juda.
Josaphat eut joram. Ce prince sanguinaire
Egorgea sans pitié ses six plus jeunes frères ;
A Joram succéda son fils ochosias (7)
A celui-ci joas, père d'amasias :
osias (8) (le lépreux), à seize ans monte au trône,
Puis son fils joatham (9) jouit de la couronne ;
achaz brûle ses fils, encense Bahalins,
Est opprimé, vaincu, par les peuples voisins ;
Suivent ezéchias, manassé (10) d'amon père ;
Pour successeur, il a son frère josias,
Dont le fils joachim (11) remplace Joachaz (12)
Puis vient jéchonias (13) que des marches du trône,
Nabuchodonosor emmène à Babylone.
Du monarque captif naquit salathiel,
Ou le père ou l'aïeul du fier zorobabel (14)

1. Rahab ou Rachab.
2. Isaï ou Jessé.
3. Huitième ou septième.
4. Dix-sept ou dix-neuf de ses femmes, sans compter ceux des concubines.
5. Abija, Abia ou Abiam.
6. Asa ou Asas.
7. Ochosias, Jéochaz ou Achazia.
8. Osias, Ozias, Hosias ou Azarias.
9. Joatham ou Jotham.
10. Manassé ou Manassès.
11. Joachim, Eliacim, Eliakim ou Jéhojakim.
12. Joachaz, Jéhoachaz ou Sallum.
13. Jéchonias, Jéhojakim ou Chouja appelé aussi Joachim ii.
14. Zorobabel pourrait être fils de Pédaja et petit-fils de Salathiel.

Longtemps on avait cru Zorobabel le père
D'ABIUD (dont il peut n'être que le grand-père).
Abiud mit au jour un fils, ELIAKIM,
Qui fut père d'AZOR, suivent SADOC, ACHIM
(On touche, paraît-il, à l'an trois cent quarantième).
Achim eut ELIUD, l'heureux aïeul troisième,
Du saint homme appelé depuis dix-huit cents ans
Le père du *SAUVEUR*; l'aïeul nommé MATTHAN,
Est fils d'ÉLÉAZAR, de JACOB il est père,
Enfin paraît JOSEPH, l'époux du saint mystère.

Deux baptêmes à Uchaud, antérieurs à l'édit de Nantes

Une enfant, Pierré Roux, un jour au monde vint,
(Le vingt-huit septembre mil six cent quatre-vingt);
Sur les fonts baptismaux, sa marraine, Françoise,
Antoine, son parrain, présentaient l'Huchaudoise,
Un ministre, Noguier, de Bernis le pasteur,
L'eau sainte répandait et priait de bon cœur.

Trois ans passés dessus, le vingt-six novembre,
Naquit Fermine Roux : on put encore prendre
Librement un pasteur (1) à la face du ciel,
A l'aise savourer le doux rayon de miel,
Consacrer cette enfant, fêter le saint baptême...
Plus tard,.. frères et sœurs naissaient sous l'anathème.

. . . .

Généalogie d'une famille Huguenote.

PIERRE ROUX apparaît : de sa femme le nom
Nous ne sûmes jamais, il eut pour rejeton
ANTOINE ROUX, époux de Fermine Camètre
Seul. PIERRE ROUX SECOND ce mariage vit naître.

1. Monsieur Rouvière, pasteur de l'Eglise de Bernis.

Dame Françoise Raine est la femme qu'il prit ;
Quatre filles il en eut, plus trois fils, les voici :
FRANÇOIS, PREMIER du nom, Pierrée, première éclose,
Fermine, Julien, Louise, Jacques, Rose (1)
Tout jeune, François Roux offrit sa main, son nom,
Son cœur, d'amour brûlant, à Françoise Dumon.
Voici leurs fruits d'hymen : Françoise Roux première,
Françon, Jeanot premier, FRANÇOIS DEUXIÈME, Pierre,
Rose, Anne, Jeanot deux, appelé Jean premier,
Louis un, le petit, le neuvième et dernier (2)
PIERRE ROUX TROIS ROMAIN, à Philibert demande :
— « Anne m'accordes-tu ? » — Qu'heureux elle te rende.
L'époux modèle aima la femme de son choix,
Et nomma de son nom trois filles à la fois ; (3)
Vient une Rose trois, puis Françoise deuxième,
Les deux fils, Abraham et FRANÇOIS ROUX TROISIÈME,
Ou bien ROMAIN SECOND, qu'on voit dès ses vingt ans
S'unir à Jeanne Fabre, à ses quinze printemps. (4)
PIERRE ROUX QUATRE naît, suit François Roux quatrième,
Rose Roux quatre ans après, puis Anne Roux cinquième,
Suzanne et Louis deux. François, second Romain,
Dans la force de l'âge est rappelé soudain ;
Il laisse six enfants, recommande à son père,
Pierre Roux, de veiller sur eux et sur leur mère.
Le vénérable aïeul s'intéresse à leur sort,
(De sa chère Anne aidé,) mais un jour vient la mort.
Jeanne, bien jeune encor, est une femme forte,
Son beau-père est éteint, sa belle-mère morte,
Elle, déjà posthume, et sans mère en naissant,

1. Par rang d'âge, il eût fallu : Pierrée, Fermine, Louise, Julien, Rose première, François Roux premier et Jacques.
2. Ici tous les enfants sont placés par ordre chronologique.
3. Par rang d'âge : François Roux III ou Romain II, Abraham, Anne seconde, Rose troisième, François deuxième, Anne quatrième.
4. Tout est dans l'ordre chronologique.

Sur terre ne possède aucun proche parent.
Tutrice la nomma le conseil de famille : —
« Elevons, instruisons nos garçons et nos filles,
Donnons-leur des appuis. » — Son fils aîné, Romain,
De Peyre de Sincens l'heureux gendre devint :
Françoise Peyre donc épouse le QUATRIÈME
PIERRE ROUX, (si l'on veut, des Romains, le troisième).
Naissent Elizabeth, Eugène, LE ROMAIN
Ou PIERRE ROUX CINQUIÈME ; il demande la main
D'une femme (ou plutôt, ne devrais-je pas dire :
D'un ange, sans trouver matière à me dédire ?)
Elle est Blanche de cœur, elle est Blanche de nom,
Son époux la choisit au lieu de Calvisson ;
Voici les trois enfants de leur amour le gage :
(Ils n'eurent, à regret, point de fils en partage,)
Célestine, Nelly, puis encore Nelly.....
La souche mère éteinte et les Romains finis...

La malade du Christ.

LE JOUR DES MORTS

SONNET

Ecoute, mon enfant, ce bruit plein de tristesse,
Entends le glas des morts qui se perd sous les cieux,
Il nous dit de pleurer sur l'humaine faiblesse,
Il nous dit d'oublier nos pensers orgueilleux !

Regarde dans ce temple où la foule se presse,
Vois tout ce flot humain qui s'agite en ces lieux,
Implorons pour les morts la divine tendresse,
Prions pour les vivants, prions pour les aïeux !

Mon ange, nous aussi, nous aurons une tombe,

Puisqu'il faut qu'ici-bas tout s'abîme et succombe,
Puisque tout ce qui vit s'en va vers le trépas.

En vain l'homme prétend s'attacher à la terre,
Au banquet des vivants sa joie est éphémère,
Il passe... et tout à coup l'airain sonne le glas !

P. E. Erard.

Cimetière de Smolensk (Russie) 3 juin 1878.

SA VOIX

Quand elle dit : Qu'on verse le champagne !
Sa voix pétille et tous nous rapprochons
La coupe où rit la mousse qu'accompagne
      Le saut tapageur des bouchons.

Quand elle dit : En avant la musique !
Sa voix module un prélude d'accord,
Et le quadrille aussitôt se complique
      Quoique l'archet se taise encor.

Quand elle dit : Va, mon chéri, je t'aime !
Sa voix émeut comme un jour de printemps,
Et l'on voudrait l'entendre sur ce thème
      Jouer tous ses airs bien longtemps.

Quand elle dit : Il faut que je te quitte !
Comme un écu sa voix a des sons francs,
Et l'on comprend qu'il faudra qu'on s'acquitte
      Avec des pièces de vingt francs.

Albert Reidaniem.

ANNIVERSAIRE.

A. Madame Aurélie Oudart

Le beau jour de votre naissance,
Les bonnes Fées du temps jadis
S'assemblèrent en conférence,
Pour vous doter de la beauté,
Afin de vous rendre parfaite.
On vota raison et bon cœur,
Vous devez être satisfaite
De donner à tous le bonheur !
Ah ! dans un charmant petit verre,
Vous retrouverez la santé,
Et nous dirons avec gaîté,
Vive le jour qui vous éclaire !

Euphrosine B. V. Oudart,
Membre d'honneur du Concours Poétique

A UN RUISSEAU

Je veux te chanter, onde pure,
Dont l'aspect me semble si beau,
Fais entendre ton doux murmure :
Coule, coule, petit ruisseau !

Sur les bords de ton eau limpide,
Croissent le flexible roseau
Et le lis à la fleur candide.
Coule, coule, petit ruisseau !

Coquelicots et paquerettes
Aiment se mirer dans ton eau,
Murmurant devant ses coquettes :
Coule, coule, petit ruisseau !

A travers la verte prairie,
Où s'ébat gentiment l'oiseau,
Coule toujours, oh ! je t'en prie,
Coule, coule, petit ruisseau !

E. C. Barbier.

REGRETS DE BOABDIL

DERNIER ROI MAURE DE-GRENADE

Après la chute de ce royaume.

Que le flot bleu palpite,
Que le roseau s'agite,
Au souffle du zéphir ;
Que le soleil encore,
Ou l'étoile qu'il dore,
Brille aux cieux de saphir ;
Rien pour moi n'a de charme,
De tout le cœur s'alarme
Quand on vit dans l'exil.
Oh ! qui pourra te rendre,
Grenade, fleur si tendre
Au pauvre Boabdil !

Je n'ouïrai plus du minaret
La prière ardente et suave
Qui seule garde le secret
D'unir le prince avec l'esclave ;
Mosquée, du faîte de la tour
Par notre étendard couronnée,
Te reverrais-je encor un jour
De tous tes fils environnée.

Sous tes bois d'odorants lauriers
Quand dans les cieux rugit l'orage,
Que les ombres de nos guerriers
Viennent maudire Abencerage,
Traître à son roi, traître à son Dieu,
Que le lâche qui nous opprime
Ne profane plus le saint lieu
Par la présence de son crime.

Mon beau palais de l'Alhambra
Où le jasmin vêt les arcades
Jamais mon cœur ne t'oubliera
Avec tes sources en cascades,
Avec tes parfums énivrants,
Tes almées aux fronts de rose,
Mes souvenirs désespérants
Suivent le fleuve qui t'arrose.

Oh mon pays, bientôt, hélas !
Comme un ruisseau près de sa source
Dans le désert, sinistre, las,
Se perd au début de sa course ;
Ainsi qu'un rayon matinal
S'éteint sous la nue qui l'envie
La mort dans son sein virginal
Va reposer ma triste vie.

J'attends sans douleur, sans effroi,
L'heure où s'envole tout mirage ;
Je veux mourir comme un grand roi
Donnant l'exemple du courage.
Tarick, Abdéram, mes aïeux,
Si j'ai trahi votre vaillance,
Depuis lors les pleurs de mes yeux
Ont lavé cette défaillance.

Echos de la patrie
Que votre voix chérie
M'apporte leur pardon
Quand sur la plaine grise
Gémissante la brise
Baisera le chardon ;
Qu'au simple mausolée
Ma mère désolée
Verse une fois des pleurs,
Et qu'une main amie
Sur sa race endormie
Sème un jour quelques fleurs.

Henriette Hanric.

ODE

Sur la naissance de Victor Bébot, fils aîné d'Emile Bébot et de Victoire Alexandre Serre, le 10 juin 1877.

Le poète a des chants pour toutes les naissances,
Il a des pleurs aussi pour les plus grands malheurs....
Il chante les cités, et vante les puissances,
Les baptêmes encor de tous les jeunes cœurs...

Je chante votre gloire,
Petit enfant Jésus,
Gardant dans ma mémoire,
Tous ceux qui ne sont plus.
Sous les yeux d'une mère,
Enfants vous grandissez ;
Sans qu'une larme amère
Paraisse, c'est assez.
Jeunes figures blondes,
Avec vos petits yeux,
Les misères profondes
Sont bien dans ces bas lieux.

En vous mettant sur terre,
Près de ces gens maudits ;
Mais Dieu, ce si bon père,
Maître du Paradis,
Vous a-t-il dit encore :
Mes enfants, quelque jour,
Dans ce lieu qu'on honore,
O ! viendra votre tour.
Car j'y reçois le sage,
Vous serez mes élus ;
Je vous prends à tout âge,
A deux jours révolus.
Sur les ailes d'un ange,
Enfants, vous serez mis ;
Otés de cette fange,
A moi, tout m'est permis.

. . . .

O ! je suis un bon père,
Et mieux que votre mère
O ! vous aurez le miel,
Sans avoir sa mamelle,
Ne regrettez le fiel,
Qu'ici se renouvelle.

Ainsi parle ce Dieu, ses puissantes merveilles
Le font bien respecter, et ce maître divin
Soutient des orphelins et les jours et les veilles,
Les prend à tous moments très heureux dans son sein;
Du poète l'idée elle vient de ses ordres,
C'est lui qui nous inspire et ses sacrés devoirs ;
Au bienheureux séjour il n'est pas de désordres,
O ! conformons-nous tous à ses dignes pouvoirs.

Je dois une prière,
Et pour toi jeune enfant,

> Victor est ma lumière
> Ange que j'aime tant.

Je dois à cet enfant les accents de ma muse,
Ange venant du ciel, il les mérite bien ;
Ayant chanté son frère, ô ! c'est ce qui m'amuse,
Car enfin, après tout, je suis bien son soutien.
J'ai porté le petit sur les fonts de baptême,
Et, pour marraine il eut madame Chambarreaud ;
Son aïeule on le sait rien de plus juste même,
On lui devait l'honneur, cela, rien de plus beau.
Le ciel en te donnant, petit ange à la terre,
O ! t'a-t-il baptisé ; mais il ne le dit pas ;
Et nous croyons du moins qu'au céleste parterre,
Tous sont des chérubins toujours remplis d'appas.
Oui, sur ton front si pur, cette eau divine et sainte,
O ! Dieu dut la verser, alors il t'envoya ;
Pour vivre parmi nous dans cette triste enceinte,
Conduit par un archange et que Dieu seul paya.
Le baptême céleste, ô ! dis-moi, petite âme,
Est-il comme le prêtre en prononçant ces mots ;
Alors dans ce moment une bien pure flamme
Illumina ton cœur et tout fut à propos.
Mais pour moi, je crois bien que ce divin office
Est plus grand et plus beau, plus admirable à voir
Que celui d'ici-bas, car Dieu dans sa justice
Est plus grand, nous devons nous en apercevoir.
Ne soyons point jaloux, puisque notre bon maître,
Mieux que nous il a tout, et mérite et grandeur ;
Et dès longtemps enfin, nous devons le connaître,
Il est parfait ce Dieu, tout marque sa splendeur.
Enfant, en le quittant, venais-tu dans ce monde,
Où la vie est amère, où l'on ne boit que fiel ;
Une mer orageuse, au fond jamais de sonde
N'a pu s'y reconnaître, et c'est l'ordre du ciel.

Créature céleste, oh! tu vivras sans doute,
Tout comme nous vivons, toujours dans le malheur;
Tant que nous serons là, jeune ange, mais écoute,
Je dois être ton guide, espère, mais sans peur.
C'est notre droit, vois-tu, le parrain, la marraine,
Dieu te les donne alors pour te servir d'appui;
La dame Chambarreaud, des femmes c'est la reine,
Et sa famille, enfin, le connaît aujourd'hui.
En laissant cette femme et plus qu'octogénaire,
Encore à ses parents, mais Dieu le savait bien;
Qui pour les soutenir ne serait pas contraire,
Qu'elle pouvait toujours leur servir de soutien.
Mon petit chérubin, dans ma faible prière,
O! je demande, hélas! que dans mes derniers jours,
Je puisse te guider sur ce lieu de misère,
Fortifiant ton cœur par mes seules amours.
Je ferai mes efforts, sois tranquille, mon ange,
Pour que tu sois admis au séjour des élus;
Tu recevras d'ici la plus juste louange,
Et le ciel t'aimera, petit enfant Jésus.
Auprès de ton berceau, ta mère te contemple,
Ses rêves d'avenir, mais ils sont bien puissants;
Radieuse elle doit, nous en avons l'exemple,
Et tes baisers toujours sont des plus caressants.
O mère! bercez-nous, l'amiral, le poète,
Peut-être un général, quoi de plus fort encor,
Un marquis, et qui sait, c'est alors bien honnête,
Un duc, c'est bien plus haut, ou peut-être un milord.
Car vous ne rêvez pas pour ce fils, la misère,
Vous voudriez, s'il se peut, en faire un empereur,
Et tels sont vos souhaits, les désirs d'une mère,
Bonne femme, élevez; mais n'ayez donc pas peur.
Du projet de fortune avec ça dans le monde,
L'enfant devient prospère alors et tout grandit;
Une éducation, et bien grande et profonde,

Oh ! voilà votre amour, voilà ce qu'il produit.
Avec l'aide de Dieu, cet enfant sera sage,
Il faut le ramener toujours à la vertu ;
Pauvre petit Victor, la vie est un passage
Où l'on est du malheur très souvent revêtu.
Mais nous avons pour toi de grandes espérances,
Tu seras un soutien de tous tes vieux parents ;
Tu pourras adoucir leurs terribles souffrances,
Peut-être être l'arbitre en leurs longs différents.
Je ne le verrai pas, pour te voir dans la pompe,
La mort cruelle, avant viendra couper le fil
Qui me tient à la vie, et, vois-tu, l'on se trompe,
Mais enfin, quel qu'il soit, je t'aurai vu gentil.
Souviens-toi seulement que ton pauvre grand-père
A fait pour son filleul cette pièce de vers ;
Etant sa seule joie, et vivant très austère,
Enfant, dans ce bas-monde il est plus d'un revers.
Oh ! ton grand-père, enfant, devint alors poète.
En vieillissant aussi, mais auras-tu l'amour
De cette poésie et si douce et parfaite,
Qui rend le cœur sensible et puissant un beau jour.
Enfant, rappelle-toi que je fus un poète
Dont la célébrité ne fut pas grande, hélas !
Et que faire des vers, c'était ma seule fête,
Car en rimant enfin, je n'étais jamais las.
Et Membre fondateur, reçu Membre honoraire,
Des Concours de Bordeaux, puis Concours du Midi,
Dont je reçus l'insigne, et c'est bien l'ordinaire,
Enfant avec la croix, je n'étais pas hardi.
Je savais bien aussi que plusieurs des confrères
Coulaient, mais mieux que moi leurs vers si gracieux ;
Mais il n'est point permis dans ces sortes d'affaires
De bien connaître l'art, car cela vient des cieux.
Et dans ce cours enfin, rimant selon ma force,
Enfant, j'ai commencé, j'ai des classes encor :

Et l'envie est ici, qui toujours me renforce,
Et jusqu'au jour où l'âme alors prendra l'essor.
La poésie, ami, ce salut de mon âme,
Me guidera parfois et jetant ses rayons,
Tu verras de mon cœur, hélas! sortir la flamme,
Et jusqu'au dernier jour prendre plumes, crayons.
Quand je ne serai plus, que comme la colombe,
Mon âme partira pour aller trouver Dieu,
Oh! tu viendras, enfant, prier dessus ma tombe
Et porter une fleur dans ce funèbre lieu.

ATYS-ARMAND BÉBOT DE NONTRON.

L'ÉPAVE

VERS LIBRES.

Lorsque l'ennui m'étouffe dans ma cage,
A ses barreaux appuyant mon visage,
Je ne sens pas même le froid du fer....
Et mon regard est fixé sur la mer;
Mais c'est plus loin que se porte ma vue...
Toute ma vie est passée en revue....
Puis mon esprit, laissant le souvenir,
Cherche à sonder l'inconnu, l'avenir!
Quand mon esprit, qui flotte dans le vague,
Comme une épave sur la vague,
Est attiré, puis longtemps il la suit...
Tout disparaît — il fait froid... il fait nuit...
La mer est grosse, et dans mon insomnie:
Je suis l'épave, et la mer... c'est la vie.

HENRI LOISEL.

La Foudre, *le 14 décembre 1871.*

AUX HOMMES ILLUSTRES

SONNET.

Denfert et Monsieur Thiers et le grand Lamartine,
Puis Alfred de Musset, Napoléon premier ;
Tous ces grands hommes là sont de noble origine,
Et furent très connus dans l'univers entier.

Un homme encor nous reste, une muse divine,
Et c'est Victor Hugo, quel est son héritier ?
Qu'il se montre bientôt, devant lui je m'incline,
Et nous montrant la voie, on suivra le sentier.

Non, tu ne mourras pas, divine poésie,
Il reste des soutiens, enfants sans jalousie ;
Tant de jeunes soldats qui portent l'étendard :

Ils doivent soutenir toujours cette bannière,
Jetant sur le passé le plus digne regard,
Les poètes verront scintiller ta lumière.

A. BEBOT.

VOCATION

Non, je ne suis point né pour porter des entraves,
Pour déchirer mon front au joug et m'abrutir.
J'ai faim de liberté : jamais ma voix esclave
Aux caprices du jour ne voudra s'asservir.

Ma vie est à moi seul, à moi seul est ma bave
Et j'aime à la cracher à qui me veut fléchir ;

J'aime à rouler superbe et comme un flot de lave,
A déferler sans frein, sans frein à rebondir.

C'est pourquoi je vous hais, règles et théories ;
Je vous hais, césures ; je vous hais, prosodies !
A vous mes vers fiévreux, à vous mes cris altiers.

Car vous voulez dompter ma folle fantaisie,
Vous voulez me mener au gré de vos lubies,
Mais j'ose vous honnir et j'aime à vous narguer !

Sentir en soi je ne sais quel délire immense,
Quel besoin fougueux que rien ne peut assouvir ;
Sentir en toi vibrer de vastes espérances,
Sans les pouvoir jamais ni dompter, ni meurtrir.

Aspirer aux étoiles et devoir pâlir
Dans l'ombre et végéter ; sentir des éloquences
Glisser sur ses lèvres et les devoir tarir !
Entendre murmurer au fond de sa conscience

Des fracas de triomphe et des cris de victoire,
Et ne pouvoir jamais ni lutter, ni férir :
C'est le mal du génie, c'est la soif de gloire.

Donc la gloire seule peut calmer les démences.
C'est le mal qui m'étreint, c'est mon âpre souffrance,
C'est la soif qu'il me faut étancher ou mourir !

Gloire, étrange et superbe amoureux, à mes pieds
Je te veux voir frémir ; je te veux voir jeter
Mon nom aux échos, je te veux voir enivrée
Et ravie, adorer mes plus folles pensées,

Mes orgueils les plus sots ; fiévreuse et terrifiée,
Je te veux voir gémir de mes moindres douleurs,
Souffrir de mes soucis, lamenter de mes pleurs ;
Je te veux voir altière à mes faibles idées

Prodiguer les mystérieux accents de ta voix,
Je te veux voir disputer mon œuvre aux envies,
Te voir parer mon front de lueurs et d'éclats ;

Je te veux sous mes pas voir semer des lauriers,
Te voir féroce et fauve, sous tes avanies
Meurtrir et terrasser la haine et l'étouffer !

Au gré de mon génie je veux m'élancer
Vers le soleil et lui dérober sa lumière,
Embraser ma pensée à sa rouge atmosphère
Et puis, dans la nuit et dans l'ombre, secouer

Ses étincelles pourpres et ses incendies ;
Je veux dissiper les ténèbres, déchirer
Les larmes, je le veux : car j'ai livré ma vie
Aux splendeurs sans pardons, aux rayons sans pitiés !

Je veux passer sinistre, ardent et redouté
Comme un bolide anxieux, comme un reflet maudit ;
Je veux brandir des torches, je veux terrifier,

Je veux vomir des flots de foudres et d'éclairs :
Car je veux des clartés à bonder l'infini,
Dût mon brasier géant consumer l'univers !

Bruxelles, novembre 1878.   H. La Fontaine.

A MES ORPHELINS

Vous voilà maintenant, anges à tête blonde,
Sans père et sans appui comme un frêle arbrisseau ;
Ah ! faut-il donc toujours pour instruire le monde,
Qu'une tombe s'élève à côté d'un berceau !

Jeunes orphelins, vous ignorez la vie
Et vous ne savez pas qu'en ce morne désert,

L'espérance nous est à chaque pas ravie,
Et qu'on n'a pas vécu tant qu'on n'a pas souffert.

Enfants, lorsque le soir mélancolique tombe,
Quand la folle gaîté s'enfuit avec le jour,
Venez semer de fleurs l'argile de ma tombe
Et verser à mes pieds vos pleurs et votre amour.

Quand vos petites mains pressent votre poitrine,
Que vous levez aux cieux vos regards innocents ;
Quand votre cœur ému, d'une voix enfantine,
Répand une prière ainsi qu'un pur encens ;

Oh ! peut-être qu'alors, sous cette froide pierre,
Votre père s'éveille et sourit un instant ;
Un doux rayon d'amour ranime sa paupière
Et son cœur tout à coup redevient palpitant.

Et lorsque vient la nuit, quand votre esprit sommeille,
Il redescend des cieux s'asseoir à vos genoux,
Et, baisant doucement votre lèvre vermeille,
S'incline sur vos fronts et se contemple en vous.

Martigny (Valais). Louis Gross.

LA RÉPUBLIQUE UNIVERSELLE

A mon père.

SONNET.

Père ! ils en ont menti, ces flatteurs, vils esclaves !
Non, Dieu ne donna pas le pouvoir aux tyrans,
Il ne créa jamais les petits et les grands ;
Seul, l'aveugle égoïsme enfanta les entraves !

Le flot monte toujours, renversant les plus braves,
La grande égalité nivellera les rangs,
L'humanité s'en va, l'aiguillon dans les flancs,
Le vieux monde s'écroule écrasant ses épaves !

Adam fut-il esclave, et l'esclave de quoi ?
Etant seul ici-bas de qui fut-il le roi ?
Un homme peut-il être oppresseur de lui-même ?

Peuples, unissez-vous, foudroyez les bourreaux,
Marchez vers le progrès, vous êtes tous égaux ;
Aux fiers soldats du Droit qu'importe l'anathème ?

St-Pétersbourg, 23 octobre 1878.   P.-E. ERARD.

4e zouaves (Alger).

LA PROSTITUÉE

Oh ! n'insultez jamais une femme qui tombe.
V. HUGO.

I

Frémissante, éplorée, elle était là pensive,
Le spectre de la faim se dressait décharné,
Have, pâle, chétif et la tenait captive
Dans son pauvre grenier à peine cloisonné.

Le vice ne fait pas toujours tomber la femme,
Souvent c'est le besoin et les privations
Qui la font succomber et la rendent infâme,
Qui la font l'instrument de viles passions.

Le besoin est venu, puis la misère affreuse,
Les murs sont dépouillés, il ne reste plus rien :
Rien excepté Rachel, pleurant silencieuse,
Car couchée en un coin, sa mère meurt de faim.

Déjà la nuit arrive, elle enfouit dans l'ombre
Ce tableau déchirant et tout rempli d'horreur.
Si l'on pouvait dormir ! Mais non il fait trop sombre,
Et lorsque l'on a faim s'il fait sombre on a peur.

On a peur de passer toute une nuit glacée,
Dans une chambre nue, où râle un moribond :
Et l'on a froid au cœur à l'horrible pensée
D'une mère mourant ainsi dans l'abandon.

Les sanglots de Rachel troublent seuls le silence,
Son pâle et beau visage est tout noyé de pleurs :
Il ne lui reste rien pas même l'espérance,
Car l'espérance part quand viennent les douleurs.

Elle a voulu mendier pour soutenir sa mère.
Ne pouvant travailler elle a tendu la main :
Mais aucun n'a voulu secourir sa misère,
Et l'on meurt au grenier faute d'un peu de pain.

Oh ! quand le désespoir dans son étreinte horrible,
Vous prend un jeune cœur, quand on n'a que vingt ans :
A cet âge si beau la souffrance est terrible,
C'est l'hiver de la vie, et non pas son printemps.

II

Une heure avait sonné. Traversant la nuit sombre,
La neige en tournoyant tombait à gros flocons
En étendant sans bruit, froid et glacé dans l'ombre,
Son linceul que la bise hérissait en glaçons.

Sur le bord d'un trottoir accoudée à la borne,
Mi-nue et par le froid de cette affreuse nuit,
Une femme immobile attend là triste et morne,
Perdue en ses pensers n'entendant aucun bruit.

Quelques rares passants regagnant leur demeure,
Font crier sous leurs pieds la neige qui durcit.

On ne regarde pas une femme à cette heure,
A moins que ce ne soit pour lui donner son lit.

Le lit de l'impudeur, de l'infamie abjecte,
Du vice repoussant, de prostitution :
Autel d'impureté rempli de boue infecte,
Lit dégoûtant d'horreur et de corruption.

Lit où s'étend le vice impur, puant, immonde.
Couche ignoble et fangeuse où la femme se vend,
Lit impie, odieux, lit où la honte abonde,
Où se flétrit l'honneur, où le mépris attend.

Rachel avait failli : la hideuse misère
Avait pesé trop fort sur cette pauvre enfant.
Rachel a succombé, mais pour sa vieille mère
Que la mort menaçait, qu'elle sauve en tombant.

Le prix de sa vertu ! ce sont les jours de celle
Qui sacrifia tout pour faire son bonheur,
C'est la vie pour sa mère et la honte pour elle,
C'est un morceau de pain, mais c'est le deshonneur.

Osera-t-on crier et lui jeter la pierre ?
Pauvres filles de joie faites par le dédain :
Pauvres petites fleurs que le mépris enterre,
Qui pures aujourd'hui, seront mortes demain.

Et quand le lendemain, cette fille perdue,
Le visage rougi de baisers odieux,
Rentra triste, tremblante, épuisée, éperdue,
De l'argent dans ses mains, des larmes dans ses yeux :

Elle vit dans un coin sur son lit de misère,
Sa mère morte, hélas ! dans l'affreux abandon.
. . . .
Et pendant qu'on portait en la terre une bière,
On conduisait Rachel la folle à Charenton.

22 novembre 1878   J. M. Campet.

LA LYRE DES POÈTES

SONNET.

Assis sur le gazon aux sons de notre lyre,
Poètes, célébrons la puissance des cieux ;
Prions pour une mère. ici-bas qui soupire ,
Pour le pauvre orphelin qui mendie en ces lieux

Célébrons l'Eternel qui parfois nous inspire
Ces dignes souvenirs, ces pensers gracieux :
De ne pas délaisser le souffrant, le martyre ,
Tout ce qui vient du ciel, nous est bien précieux.

Secourons le vieillard dans sa douleur amère ,
Ce pauvre aveugle, hélas ! plongé dans la misère.
Riches, on n'est heureux, qu'autant qu'on fait le bien,

Et dans votre bon cœur et votre grandeur d'âme ,
Venez-lui donc en aide, et soyez son soutien ;
Que votre bourse s'ouvre , et c'est ce qu'il réclame.

A. BÉBOT.

HORACE & LYDIE

HORACE.

Tant que j'ai cru, chère Lydie,
Enlacer seul ton cou blanc sous mes doigts,
L'ivresse remplissait ma vie,
J'étais heureux, le plus heureux des rois.

LYDIE.

Moi, quelle sotte de te croire !
Perfide avant que ton cœur m'oubliât,

Je n'aurais pas donné ma gloire,
Mon nom vanté pour le nom d'Ilia.

HORACE.

J'aime aujourd'hui Chloé de Trace,
Elle ravit mon âme par son chant ;
Pour que les dieux lui fassent grâce,
Je donnerais volontiers tout mon sang.

LYDIE.

Calaïs fils d'Ornitus m'aime,
Mon cœur épris partage ses transports,
Et je voudrais, bonheur suprême,
Pour le sauver, courir à mille morts.

HORACE

Mais quoi ! parle, âme de ma vie,
Si nous sentions notre amour réveillé ?
Si pour l'adorable Lydie,
Mon seuil s'ouvrait en repoussant Chloé ?

LYDIE

Amant léger comme la feuille,
Ah ! Calaïs est plus beau que le jour,
Mais ton repentir je l'accueille,
Viens dans mes bras que je meure d'amour.

Ferdinand Potel.

PARFUMS !

(réalisme)

Sonnet à E. Zola

— Vous avez, charmante voisine,
Un œil ardent, un pied mutin ;

Mais pourquoi donc, o ma divine !
Vous levez-vous aussi matin ?

Sous votre jupon de lustrine,
Que cachez-vous donc aussi bien ?
Est-ce un vaisseau ? ah ! je devine,
C'est un petit, tout petit chien !

— Vous vous trompez, mon cher poëte,
— Qu'est-ce alors ? — chose secrète ! —
— Cela me taquine beaucoup !

Pourquoi donc sur vos lèvres closes,
Votre nez vient-il tout-à-coup ?
— Sentez !...! ! ! c'était le pot aux roses !

Antoine Erard.

LE SOLEIL

Sans moi, voyageur de la terre,
Vous seriez tous dans le néant.
C'est moi qui chauffe ta chaumière,
Mes rayons pénètrent dedans ;
Avec mon auréole immense,
Oui, je vous couvre de bienfaits,
Je vous donne des fruits parfaits,
Et pour le pauvre et l'opulence.

REFRAIN

Aimons le grand soleil, bénissons ses bontés,
Ses rayons lumineux, ses éclats si fertiles,
Son champagne adorable !... aux nobles qualités
Réchauffe nos esprits !... rend nos amours faciles !

Je chauffe vos coteaux, vos cîmes,

Et je fais mûrir vos raisins,
A l'un c'est torrents et abîmes,
Et l'autre produit des vins fins.
Oui, je vous remplis d'abondance,
Vous ne pouvez pas le nier,
Car de la cave au grenier,
Rien n'y manque : faites bonbance.

Je fais pousser les glands, les hêtres
Et je dégourdis les serpents ;
J'assiste à vos dîners champêtres,
Mon champagne vous rend contents ;
Je réveille aussi la marmotte,
Comme j'illumine les paons,
Qui courent le monde en tous sens,
Beaucoup mieux qu'un aéronaute.

O ! grands et puissants de la terre,
Abaissez-vous tous devant moi,
Car si j'arrêtais ma carrière
Vous seriez tout remplis d'effroi.
Et si je vous laissais dans l'ombre
Les jours ne seraient qu'une nuit.
Pour vous tout serait bien fini
Car tout serait à jamais sombre.

Quoique je sois loin de la terre,
A tous je fais baisser les yeux.
Et les rayons de ma lumière
Vont jusqu'à la voûte des cieux !
De loin, je me mire dans l'onde,
Je fais frétiller les poissons
Que vous mangez dans vos maisons.
Je vois tout... J'éclaire le monde !

Isidore Merle.

SONNET

TRADUIT DE LOPE DE VEGA.

Dédié à ma mère

Lise tendait un soir à son doux passereau
La pâture que Dieu donne au plus petit être ;
De la cage attachée auprès de la fenêtre,
Ingrat, vers le ciel bleu soudain s'enfuit l'oiseau.

La liberté, l'espace !... Est-il rien de plus beau ?
L'oiseau va se percher sur la branche d'un hêtre ;
L'enfant est toute émue et va pleurer peut-être,
La pâleur a terni l'incarnat de sa peau.

« Où vas-tu ? dis-le moi, pourquoi quitter ton nid ?
» Crains les lacets, le plomb, petit oiseau béni,
» Pourquoi m'abandonner ? ton espoir est un leurre. »

Il comprit son chagrin et, reprenant son vol,
Vint alors doucement se poser sur son col.
Qui donc résisterait à la femme qui pleure ?

St-Pétersbourg, 3 septembre 1878   P.-E. Erard.

A MADAME PAULINE DEY

POUR SON FILS.

René, petit être charmant,
Je lis que demain c'est ta fête,
Et je voudrais, en ce moment,
Couronner ta gentille tête,
Tes bons parents vont t'embrasser,
Et moi, loin de vous tous, que j'aime,

Je ne puis, que sur ce papier,
Exprimer le désir extrême
Que j'éprouverais à revoir
Toute la famille assemblée
Sourire aux grâces de René ;
Sur lui repose notre espoir :
Jeune René, céleste enfant,
Puisque c'est demain qu'on te fête,
Reçois mes vœux en ce moment,
Pour que Dieu veille sur ta tête !!

Euphrosine B... veuve Oudart,
Membre d'honneur du Concours poétique.

LE FILS DE BACCHUS

CHANSON

Voyez ces héros de bouteille,
Tous, en chœur, chantant leur refrain :
« Buvons de ce jus de la treille,
» Vive Bacchus et le bon vin » ;
Entendez ces mots : « Verse encore... »
Chez eux l'ivresse vient d'éclore ;   (bis)
Voyez leur raison qui s'endort
D'un sommeil semblable à la mort.

Refrain

Oh ! j'aime mieux ma fontaine,
Et l'ombre de son vieux chêne :
Oh ! j'aime mieux sa fraîche eau,   } bis.
Le vin conduit au tombeau.

Bientôt les chants de la débauche
Font place à la querelle, aux cris ;
Les coups volent à droite, à gauche :

Hélas ! ils ne sont plus amis.
Le vin c'était leur espérance,
Il est devenu leur souffrance.   bis.
Voyez leur tête qui s'endort
D'un sommeil semblable à la mort. — Ref.

Sortant de leur sombre taverne
Tout couverts de vin et de sang,
Comme des loups, de leur caverne,
Se battant, hurlant et jurant ;
Vous les voyez, dans une ornière,
Rouler, soulevant la poussière.   (bis)
Hélas ! leur corps râle et s'endort
D'un sommeil qui sera la mort. — Ref.

Détournez-vous de cette scène
Mes yeux, portez vos regards
Au bord de cette fontaine ;
Voyez, près du vieux chêne, épars,
Les fils des naïades craintives :
Heureux enfants ! heureuses rives ! (bis)
Ils chantent l'eau qui les endort,
Mais leur sommeil n'est pas la mort. — Ref.

J. Canton.

AU COMITÉ

Peste soit de la couture ;
J'arrive après la clôture !
Quel malheur d'être sagnard,
On est toujours en retard.
Jamais je n'aurai de prime
C'est par trop que je lambine.

A moins que pour un traînard
On veuille en faire une à part.
Il est vrai qu'aux Eplatures
Piquantes sont les froidures,
Et que voici le moment
Où presse le vêtement.

Un client vient qui grelotte
Me réclamer sa culotte ;
Un autre veut son manteau
Pour dimanche s'il fait beau.
Voilà comment la froidure
Gêne la littérature.

Maudits soient nos longs hivers,
Ils refroidissent les vers
Du tailleur des Eplatures,
Qui rime et fait des coutures,
Au pied du mont Pouillerel,
Au pays de Neuchatel.

En ce noir et froid décembre
D'où s'envole de ma chambre
Vers la zone du Midi,
Ce froid poëme inédit.
Pour mon ennuyeuse muse
Lecteurs, je demande excuse.

AUGUSTE PERRENOUD.

L'ARRIVÉE DU COURRIER

Guadeloupe

VERS LIBRES

En France, choléra faisait d'affreux ravages ;
Il moissonnait sans choix les fragiles mortels,

Et depuis ses débuts ses progrès étaient tels
Que la terreur gagnait les plus lointains rivages !

Lorsqu'à bord du vaisseau sur ces lointaines mers
On attend du courrier des nouvelles de France ;
Impatient tu nourris la bien douce espérance
D'en recevoir aussi de ceux qui te sont chers.

Te voilà bien joyeux, puisqu'il vient d'arriver :
Point de lettres pour toi... ne maudis pas la vie,
Aux préférés du sort ne porte pas envie,
Tu vois celui-là rire... et celui-là rêver !

Regarde ce jeune homme, un pli bordé de noir :
La mort vient d'emporter sa famille... et l'espoir,
Et lui... n'était pas même au funèbre convoi.

Hélas ! combien de pleurs cette lettre lui coûte !
A cet affreux malheur tu préfères le doute,
Tu vois qu'il est encor plus malheureux que toi.

Henri Loisel.

A bord de la *Thémis*, 15 juillet 1866.

LA MORT DU COLONEL DENFERT

PRÉSIDENT D'HONNEUR DES CONCOURS POÉTIQUES DU MIDI

O ! de ton temple encore une pierre qui tombe,
Et fait verser de pleurs, ô noble liberté ;
Le colonel Denfert repose dans la tombe,
Des arrêts du Très-Haut, telle est la volonté.

O Président d'honneur ! quand un membre succombe,
Et qu'il va vers le ciel quittant le Comité ;
Il mérite un salut, une digne hécatombe,
Alors son âme part pleine de puberté.

Dans nos guerres d'alors il se couvrit de gloire,
Et son nom désormais appartient à l'histoire,
Cet homme glorieux sut protéger Belfort;

Une somme est votée, et cette bonne ville,
A qui le colonel servit bien de renfort,
Lui doit une érection : Denfert lui fut utile.

A. BÉBOT.

A DES HÉRITIERS
SONNET

Oh! comme il vous sied bien de suivre ce cercueil :
De celui qui n'est plus, enviant la richesse,
Courtisans éhontés vous flattiez son orgueil
Et receviez de lui le prix de la bassesse !

Le sarcasme à la bouche et la larme dans l'œil,
Comme c'est bien à vous de feindre la tristesse,
Par pitié, respectez ce silence et ce deuil,
Ne mêlez pas aux pleurs vos chansons d'allégresse.

Enfouissez votre argent, hypocrites dévots !
Le rictus infernal ne va pas aux sanglots,
Et ce morne tableau me fait mal et me navre.

Pourquoi sur cette pierre exhaler vos fadeurs ?
Respect à ces débris ! ô lâches insulteurs !
En paix, laisserez-vous reposer ce cadavre ?

Peterof, 1er décembre 1878.   P.-E. ERARD.
4e zouaves (Alger).

LE PETIT CHEMIN CREUX

ALLÉGORIE

— Maman, dis, veux-tu que je fasse cueillette ?
On sent parfumer l'air l'aimable violette ;
Puis il a tant de fleurs, ce petit chemin creux.
— Garde-t'en bien, mon fils, et serrons-nous tous deux ;
Ne vois-tu des serpents autour des fleurs charmantes ?
Les entends-tu froisser les herbes élégantes ?
Ah ! fuyons leur venin. J'aperçois un ruisseau
Au fond du chemin creux, viens et traversons l'eau.
Mais les bords étaient loin et la pente était raide,
Elle, blanche passa ; Lui, demandait son aide,
L'enfant baisa la main qui lui servait d'appui.
Oh ! qu'ils étaient heureux, sa jeune mère et lui !

juillet 1877.   Joseph-Marie Léauté.

SONNET

A M. Winceslas B........y, prêtre polonais.

Quoi ! l'amour est un crime, et qui donc vous l'a dit ?
Non, ce n'est pas celui qui gouverne la terre,
Non, Dieu qui l'a voulu, ne l'a jamais maudit ?
Ce n'est pas d'un baiser que sortit sa colère !

O prêtre, ignores-tu ce que Jésus prédit :
« Croissez, multipliez, répandez la lumière... »
Par tes dogmes pieux l'amour est interdit,
Et pour lui dans ton temple on entend la prière ?

Et que répondras-tu, disciple d'Israël,
Ne fus-tu pas nourri par le lait maternel ?
Ne serais-tu pas né de ce que ton cœur blâme ?

Autant vaudrait pour toi nier l'astre du jour,
Qui donc aura des fils, s'il n'y a plus d'amour ;
N'est-ce pas pour aimer que Dieu créa ton âme ?
    21 Janvier 1878.   P. E. Erard.
                                   4me Zouaves — Alger.

LA GLOIRE DE DIEU

SONNET

Il est beau de chanter la gloire de son Dieu,
De celui qui forma l'homme, il était le maître ;
A la fin de nos jours dans le céleste lieu,
Sa suprême grandeur, nous devrons la connaître.

Son amour, pour nous tous, il est rempli de feu,
Très bon pour ses enfants ; mais cela doit bien être ;
Oh ! je dois le premier lui faire mon aveu,
Il faut l'aimer aussi, s'il veut nous le permettre.

Poëte, j'aime Dieu, ce père digne et bon,
Oh ! je dois le prier, lui demandant pardon ;
Qu'il nous reçoive tous dans son divin royaume.

Au rang de ses états, parmi les séraphins,
Oh ! nous serons heureux sous le céleste dôme,
Pour l'aimer, le chanter aux éternelles fins.
                                           A. Bébot.

SONNET

A Madame Octavie F., de Lyon

(Réponse à l'Ode : l'ENTERREMENT CIVIL)

Le Tout-Puissant, créateur de ce monde,
Tient notre sort en ses augustes mains ;
Vous l'avez dit : « Sa tendresse est profonde
Et sa bonté s'épand sur les humains ! »

C'est encor lui qui, dans nos âmes, sonde ;
Servant de guide à nos pas incertains ;
N'a-t-on pas dit que dans la foule immonde,
Il nous conduit saufs au bout des chemins !

J'avais la foi, l'espoir et l'innocence ;
Suis-je fautif, si la fleur de l'enfance
Doit se faner aux souffles de l'erreur ?

Si le destin m'a poussé vers le doute,
N'est-ce pas Dieu qui m'indiqua la route ?
Puisque c'est lui qui gouverne mon cœur !

P. E. ERARD.

CURTIUS MARCUS

Tite-Live rapporte ainsi le fait qui suit :
C'était trois cent soixante ans avant Jésus-Christ,
Un abîme sans fond s'était ouvert à Rome,
Et quoiqu'on y jetât sans cesse jour et nuit
De la terre pour le combler, c'était tout comme,
Rien ne pouvait tarir cet immense appétit.

On consulta l'oracle enfin à bout de cause,
Pour savoir si vraiment il était une chose
Qui pût remplir le vide ouvert sur le Forum ;
— « Oui, quand Rome y jettera ce qui fait sa force
Le gouffre sera comblé, » puis le peuple s'efforce
A deviner le sens de cet ultimatum.

L'on s'épuise à chercher et la foule s'anime,
Quand Curtius Marcus, jeune patricien,
Monté sur un cheval, et d'un élan sublime :
« La force d'un pays, vous la cherchez en vain,
Rome, dit Curtius, se lançant dans l'abîme,
Ta force la voilà : C'est mon cœur de Romain.

Anna Père.

ECHOS & BRISES

SONNET.

Silphe léger, suave haleine,
Souffle céleste, aérien,
Egare ton vol dans la plaine,
O brise ! murmure éolien !

Oh ! que ne prends-tu forme humaine ?
Je cherche en vain... j'écoute... rien !
L'écho qui te répond à peine,
A ton silence unit le sien.

Vous qui dans l'air volez sans cesse,
Oh ! donnez-moi cette caresse
Que vous échangez tour à tour ;

Chantez, chantez l'épithalame ;
Vos doux baisers sont pour mon âme,
Plus énivrants que mon amour !

(*Russie*), *30 octobre 1878.*   P.-E. Erard.

LE PREMIER BERCEAU.

Il était une jeune mère,
Penchée au-dessus d'un berceau,
Priant ainsi Dieu, notre père :
Seigneur, sur cet enfant si beau
Tournez un œil de complaisance !
Merci, mon Dieu, c'est un cadeau
Qui rend ma vie à l'espérance
Et m'ouvre un horizon nouveau !

Puis, sur son enfant prosternée,
Elle parlait encore aux cieux :
Seigneur, en cette matinée
Si belle et si douce à mes yeux,
Daignez écouter ma prière,
Que mon fils soit toujours pieux ;
Que la vie, oh ! lui soit légère,
La vie est un présent précieux !

Sur mes jours et sur mes années
Prélevez tout, joie et bonheur ;
Mais versez sur ses destinées
Un doux baume réparateur !
Hélas, en ouvrant la paupière
L'homme est sujet à la douleur ;
Je sais que la vie est matière,
Mon Dieu fortifiez son cœur !

Dites-lui que c'est un voyage
Que tout homme fait ici-bas,
Mais que, dans ce pélerinage
Vous le suivez à chaque pas ;
Que la route est souvent aride
Et qu'elle aboutit au trépas,

Mais que, dans sa course rapide,
Vous la soutenez dans vos bras !

Et les archanges avec mystère,
Attentifs à ces nobles vœux,
Bénissaient l'enfant et la mère,
Leur prédisant des jours heureux ;
Puis, déployant leurs blanches ailes
Sur des flots d'azur et d'encens,
Droit vers les sphères éternelles
Ils portèrent ces purs accents :

A. BELLY.

A MADEMOISELLE M....E
SONNET

Oui !... c'est beau la jeunesse au radieux sourire ;
L'espoir en l'avenir illuminant ton front,
Me fait verser des pleurs et, tout bas je soupire :
« Puisse-t-il de demain ne point subir l'affront ! »

Quel splendide printemps !... je le chante et l'admire,
Hélas ! sous les autans ses roses pâliront,
Et ces rêves menteurs, qu'enfante le délire,
Sous le heurt du réveil tour à tour sombreront !

Un jour par le chagrin l'âme se voit saisie,
Et le calice amer remplace l'ambroisie ;
Le parfum le plus doux est imprégné de fiel ;

L'implacable réel vient terrasser le songe ;
La froide vérité s'unissant au mensonge,
Fait voir que le poison s'absorbe avec le miel !

1er novembre 1878.   P.-E. ERARD.
4e zouaves (Alger).

A UN ABSENT
(ENVOI)

« Ecco fiori ».

A côté des bouquets d'exquise poésie
Où se révèle, ami, ton grand cœur tout entier,
Que pourra te sembler la fleur déjà palie
  Que j'ai cueillie à l'églantier ?

Cependant j'ai voulu dès l'aube matinale
La couper dans la haie, avant qu'aucun baiser,
Pas même du soleil, ne vînt sur son pétale
  Se mêler avec mon baiser.

Car je le veux pour toi, plein comme ma tendresse,
Pur comme notre amour, aimant comme mon cœur ;
Ce poème muet que ma lèvre t'adresse
  Sur la corolle d'une fleur.

Nous sera-t-il donné de le redire ensemble,
Mes yeux sur tes doux yeux et mes mains dans tes mains ?
De crainte et d'espérance, hélas, mon âme tremble...
  Qui donc est sûr des lendemains !

Contrexéville, 7 juillet 1788.   FANNY BIANIC.

A MON AMI G. GEORGEN
SONNET.

L'hivernal aquilon peut durcir le ruisseau,
Le plomb meurtrier peut tuer l'hirondelle,
Le spectre de la nuit éteindre les flambeaux,
Et le temps dans son vol flétrir la fleur nouvelle.

La torride chaleur peut dessécher les eaux,
Le monde peut périr, — sur sa base il chancelle,

La neige peut enfin dépouiller les rameaux,
La terre voir tarir le lait de sa mamelle !

Tout peut s'anéantir, sombrer dans le néant,
Tout peut trouver sa fin dans le gouffre béant,
Tout peut se dissiper : la fumée et la flamme.

Car tout tombe et tout passe : et le faible et le fort,
Tout peut être emporté par la main de la mort ;
Mais l'homme ne meurt pas puisqu'il possède une âme !

Raïvola, 15 novembre 1878. P.-E. ERARD.
4e zouaves (Alger).

LE TOMBEAU DE LA MONARCHIE

POÉSIE

Tombez, monarchies croulantes,
Et vous... monarques éhontés
Frappés dans vos iniquités
Tombez... sur ces ruines sanglantes. —

Tombez, exécrables tyrans !
Abusant de votre puissance
Avez en mainte circonstance
Mis sous les pieds le droit des gens.

Roulez dans l'abîme insondable
Creusé par vos noirs attentats ;
Et pareils au traître Judas
Imitez sa fin misérable. —

. . . .
. . . .

Tremblez.. monarques vaniteux
Qui riez de notre souffrance,
Tremblez ! l'heure de la vengeance
Courbera vos fronts orgueilleux.

Voyez !... — L'ouragan se déchaîne.
Entendez-vous le cri puissant
D'un peuple entier se soulevant
Contre le pouvoir qui l'enchaîne.

Le cœur, enflammé de fureur,
Poussé, par la noire démence,
Va droit dans sa juste vengeance,
Vous broyer sous son pied vengeur.

Son cri de guerre est « Dieu l'ordonne ».
Ecoutez sa terrible voix ;
Il va reprendre tous ses droits,
Il va briser votre couronne.

Il va punir cent ans d'orgueil
Par une chute humiliante ;
Il va, de sa main foudroyante,
Vous précipiter au cercueil.

. . . .

Tremblez !.. dans votre solitude
Tremblez orgueilleux potentats,
Le peuple ne pardonne pas
Après mille ans de servitude.

Il va vous donner pour tombeaux,
Une voirie ; — et pour prière
Ces mots, gravés sur une pierre,
« Honte étérnelle à nos bourreaux. »

. . . .
. . . .
. . . .

Et nous... Quand les trônes s'écroulent
Et que les rois sont au cercueil,
Répétons-tous avec orgueil
Ce cri dont nos âmes débordent :

« Réveillons-nous ! Républicains.
« A nous le ciel, la terre et l'onde,
« Nous sommes les maîtres du monde,
« Oui — L'univers est dans nos mains.

Gignac le 6 Novembre 1878. ALBINI PONS.

QUATRAIN
A Messieurs les Membres du jury d'examen.

Bien souvent, je le sais, je divague et j'ergote ;
Dans le commun concert si ma muse a chanté,
Permettez qu'en fausset elle apporte sa note :
L'ennui naissant toujours de l'uniformité !

P.-E. ERARD.

A MONSIEUR GAMBETTA

Le vrai représentant du peuple, le chef de la démocratie, le nouveau Mirabeau de la France moderne, c'est Gambetta.
A lui,
S. M.

Salut, ô vaillant chef de la démocratie,
Salut, au nom du peuple et de la liberté !
Salut, car vous avez ouvert pour la patrie
Un avenir de gloire et de prospérité !
Vous nous avez tous arrachés de l'abîme
Dans lequel il nous eût bientôt fallu périr ;
Vous avez mis un frein à la guerre et au crime ;
Vous avez empêché le pays de mourir.
Oui, grâce à vous, la France, dans le monde,
A conservé sa place à côté des nations,

Et d'âge en âge, une plume féconde
Transmettra votre nom aux générations.
L'empire, dévoré d'ambition et d'orgueil,
Nous conduisit dans une atroce guerre ;
Et c'est vous qui, venant en longs habits de deuil,
Apportâtes « la Paix » au nom de tous nos frères.
Jésus-Christ nous créant avait dit : Aimez-vous !
Ces mots disaient la paix avec l'égalité ;
Et envoyé du ciel ! — vous leur dites à tous :
« Plus de guerre au nom de la fraternité ! »
Et l'on vous obéit. Les vainqueurs, les vaincus,
Se jetant dans les bras les uns des autres frères,
Dirent pleurant ceux qu'ils avaient perdus :
« Dieu nous fit égaux, ne faisons plus de guerres ! »
Merci pour les fils de l'Alsace-Lorraine,
Merci pour ceux oubliés du trépas,
Merci pour ceux qui portèrent les chaînes,
Merci pour ceux aussi qui sont restés là-bas !
Que la France, un jour, ayant repris sa gloire,
Pose sur votre front la couronne civique ;
Et le peuple, chantant un hymne de victoire,
Unira votre nom au nom de République !

(*Lot-et-Garonne*), août 1878.   Siméon Marliac.

PLATONISME

VILLANELLE.

Un matin, à sa fenêtre,
J'ai vu — de là mes douleurs —
Une fillette apparaître.

Elle troubla tout mon être,
Avec ses fraîches couleurs,
Un matin, à sa fenêtre.

Faut-il que l'amour, pour naître,
Voie, avec l'aurore en pleurs,
Une fillette apparaître ?

J'aimai, sans la plus connaître,
Celle qui cueillait des fleurs,
Un matin, à sa fenêtre.

J'avais un plaisir de traître
A regarder — jours meilleurs !
Une fillette apparaître.

Aujourd'hui, c'est fou peut-être,
Mais, de ne plus voir, je meurs,
Un matin, à sa fenêtre
Une fillette apparaître.

Georges Bouret.

ACROSTICHE

A vingt ans être belle et se nommer Alice !
L ire dans l'avenir sans en être jaloux,
I gnorer que l'on peut mettre un cœur au supplice
C roire que la lettre m, Alice, fait malice
E t n'en avoir pas trop... mais c'est presque être vous.

J. Kaufmann.

ELLE & LES PETITS OISEAUX.

Charmants petits oiseaux, reprenez vos doux chants ;
Venez tous, le matin, messagers du beau temps,
Près de la fenêtre de ma vieille chaumière,
Répéter tous en chœur la chanson printanière.

Allons, éveillez-moi de vos cris si joyeux,
Et chassez le sommeil qui me ferme les yeux.
Oiseaux redites-moi, dans vos chansons l'histoire
Des vallons et des bois dont je n'ai plus mémoire !

Cachés sous la feuillée, auriez-vous oubliés
Des doux baisers d'amour les sons multipliés ?
Vous entendiez pourtant ces soupirs d'innocence,
Pourquoi, petits oiseaux, gardez-vous le silence ?

Oh ! dans quel deuil, hélas, je vous trouve plongés.
Elle n'est plus ici, vous êtes tous changés.
Conservant avec moi, d'Elle, la souvenance,
Vous partagez l'ennui de la trop longue absence.

Vous ne recevez plus de sa si blanche main,
Et le grain de millet, et la miette de pain.
Vous sentez qu'Elle est chère à mon cœur qui la pleure ;
Vous savez mon ennui, vous savez ma douleur !...

Allons, petits oiseaux, chantez, chantez toujours,
Ranimez dans mon cœur les rayons de l'amour ;
Comme j'aime des bois, la charmante verdure,
J'aime de vos chansons l'agréable tournure !....

Mais autrefois pourtant, vous chantiez, les matins
Où nous allions tous deux respirer des jasmins
Leur odeur embaumée. Elle écoutait rêveuse,
Assise auprès de moi, vos méthodes joyeuses.

Aux chants de nos amours, vous mêliez vos doux chants ;
Mais ils se sont enfuis ces beaux jours de printemps,
Ces moments de plaisir, de rêve et de délire,
Où j'aimais son regard et son chaste sourire.

Après avoir aimé, je n'ai plus qu'à mourir !
Pourquoi donc espérer un heureux avenir,
Quand trop tôt la mort dans sa course rapide
A l'amant a ravi son amante candide ?...

Emile Blin

A UNE FLEUR

Douce et mignonne fleur
Toi, prix de ma tendresse
Gage chéri du cœur
De ma belle maîtresse :

Comme elle à peine éclose,
Ton parfum est si doux,
Que le lis et la rose
De toi seront jaloux !

Tu calmes la souffrance
De mon âme, en ce jour,
Et par toi l'espérance
Emplit mon cœur d'amour.

Ne maudis pas la main
Qui te cueille, ô ma belle,
Et bénis le destin
Qui te rend immortelle.

De mes baisers brûlants
Tu reçois les prémices,
Et de deux cœurs aimants
Tu feras les délices !

J. A. Caillol.

QUATRAIN
POUR UNE PHOTOGRAPHIE

De la petite Hortense en voyant le portrait,
Image de l'enfance innocente et sereine,
Gardez de ses parents un souvenir parfait,
Sans oublier sa charmante marraine.

4 septembre 1878.   Auguste Reinhard.

A Mlle EUPHRASIE DOIZELET

Nièce de M. Morlot, Curé à Troyes.

Comme une blanche perle fine,
Trésor modeste du logis ;
C'est la vertu qui vous anime,
Et vous n'avez que des amis ;
Pour un saint parent vénéré,
Vos bons soins nous semblent sublimes !
Vers vous on se sent attiré,
Par l'esprit, les discours intimes ;
Dieu vous inspire tous les jours :
Et nous vous aimerons toujours ! !

Euphrosine B. V. Oudart.

A UNE CRUELLE

Combien j'étais heureux dans mon insouciance,
Avant qu'un fol amour eût asservi mon cœur !
Ignorant le chagrin, bercé par l'espérance,
Je me livrais gaiement aux rêves de bonheur :

Du jour où mon regard, fasciné par vos charmes,
A de vos traits chéris admiré les contours,
J'ai perdu le repos, j'ai connu les alarmes
Et le bonheur, hélas ! m'a quitté pour toujours.

Cependant, certain soir vous paraissiez heureuse,
Lorsque je vous jurais un éternel amour,
Et moi, sans hésiter, vous trouvant si joyeuse,
Par un tendre baiser je fêtais ce beau jour :

Dans ce premier baiser j'ai mis toute mon âme,
Vous la rendez captive et vous ne m'aimez pas ;
Si votre cœur était consumé par ma flamme,
J'aurais déjà vingt fois savouré vos appas.

J. A. Caillol.

QUATRAINS

La misère et la faim, ces terribles douleurs,
Conseillés bien souvent par des hommes perfides,
Exerçant leur pouvoir sur des hommes timides,
Ont fait verser du sang ainsi que bien des pleurs.

—

Rien n'est à mes yeux plus simple que le beau,
Comme le feu sacré d'un sublime flambeau ;
Il rayonne sur nous et son ardente flamme
Vient réchauffer nos cœurs, puis enflammer notre âme.

César Cajon.

LE BON ECOLIER ALLANT EN VACANCES

CHANT POUR LA DISTRIBUTION DES PRIX

Air : *Prions dès l'Aurore.* (Musique de Himmel).

Refrain :

Doux séjour qu'habitent
La paix et l'amour,
Adieu, tous te quittent,
Mais non sans retour.

Beau soleil, ta flamme
Charme ailleurs les yeux ;
Là luit à notre âme
Un rayon des cieux.

Parents, l'œuvre sainte
De notre avenir,..
Cette aimable enceinte
La voit s'accomplir.

Soyez sans tristesse :
Des maîtres chéris
De votre tendresse
Sont pour nous épris.

Nous voyons un frère
Dans chacun de nous ;
La France, autre mère,
Veille ici sur tous.

(Haute-Loire), 9 août 1877.   H. Lacroix.

A LA FRANCE

O ! ma noble patrie, aimée, ô ! digne France,
Où le sang de tes fils a coulé, mais à flots ;
Il en grandit toujours qui sont pleins d'espérance,
Et des mères encor qui fondent en sanglots.

Patrie aimée, hélas ! et pour toi la souffrance
Dut s'arrêter malgré tant d'odieux complots ;
Ne perdons pas espoir, ô ! viendra la vengeance,
Sa liberté, patrie, et non l'air des cachots.

Terre, terre sacrée, où marchent tant de braves,
Sol chéri, sol gaulois, tu n'eus jamais d'esclaves ;
Tes enfants furent forts sous l'empereur premier,

Ce digne chef toujours ne connut point de maître,
Mais le ciel voudra-t-il qu'il soit tout le dernier,
Plus tard nos petits-fils pourront bien le connaître.

A. Bébot.

MACHINES & TRAVAILLEURS

Prose rimée.

Je veux être votre auxiliaire,
Dit la machine aux travailleurs,
M'aider à cultiver la terre
Qui dès longtemps boit vos sueurs.
Je suis faite par la science,
Je suis faite par l'ouvrier,
Qui me conduit ? la Providence !
Travailleurs pour vous soulager.

Je laboure, sème et moissonne,
Par la force de la vapeur,
Et je porte en bête de somme,
Les fardeaux et les voyageurs.
Je suis de la forge la force,
Je travaille bois et métaux,
En tous métiers l'on se repose
Sur moi des pénibles travaux.

Je produis plus qu'on ne consomme
Pour le repos de l'ouvrier,
Afin que l'usine lui donne
Plus long séjour en son foyer.
Je rapporte à l'actionnaire
Gras intérêts de son argent,
Je suis pour tous, sur cette terre,
Du bien-être un fidèle agent.

Mais il faut qu'un juste partage
Se fasse entre les ayant droits.
O travailleurs, c'est votre ouvrage,
Part au capital, part aux bras !
Ces deux moteurs de l'opulence
Sachons bien les mettre d'accord.
Et des machines la puissance
Saura tripler notre confort.

Bel idéal de la science,
D'être à l'homme un soulagement,
Mais il faut briser la puissance
Du Dieu du siècle, un Dieu d'argent.
Cet accapareur du bien-être
Rêvé des pauvres ouvriers,
Partout des machines est maître
Et domine tous les métiers.

Témoin de nos trop lourdes peines,
Des efforts de nos faibles bras,
La science brisa ses chaînes,
Et le progrès fit d'heureux pas.
Alors, les classes nobiliaires
Croulèrent sous tous leurs forfaits,
Mais aujourd'hui les millionnaires
Sont bien pour nous d'aussi lourds faix.

Nouvelle chasse encore à faire,
C'est un prochain quatre-vingt-neuf,
Non point par la brutale guerre
Mais par un procédé plus neuf :
C'est par les forces réunies
Des membres de chaque métier
Rassemblant leurs économies
Que l'on devra s'émanciper.

Par le travail et la morale

On triomphe des plus grands maux,
Classe ouvrière et générale
Ayons des principes moraux.
Ces armes font de bonnes guerres
En créant la prospérité,
Servons-nous en, tous prolétaires,
Pour le bien de l'humanité.

Les machines? sont notre ouvrage
Et nous les enfants du progrès,
Supportons-les avec courage,
Sur elles soyons sans regrets.
Un jour toute l'espèce humaine
Profitera de leurs concours,
Passagère sera la gêne
Leur aide durera toujours.

Quoiqu'il soit trop souvent d'usage
De fouler aux pieds nombreux droits,
Demandons plus juste partage
Entre la machine et les bras.
Les machines ont pris la place
Parmi nous de l'humanité,
Ne servant presque qu'une classe
Riche de leur propriété.

Machines, par l'ouvrier faites
Ah! ne lui prenez plus son pain,
Par vous, chez lui plus de disettes
Jouez un rôle plus humain.
Faites la part de qui travaille
Au moins comme à qui ne fait rien,
Sinon qu'à la vieille ferraille
Retourne vos grands bras d'airain!

Non! vous êtes la providence,
Qui sait le prix de nos sueurs;

Il ne se peut que la science
Affame enfin les travailleurs.
Du tournoi des deux hémisphères
Que vient de nous donner Paris,
Sortira bien quelques lumières
Pour éclairer grands et petits.

En attendant, ô vous poètes !
Les soldats de l'humanité,
Appuyez-nous dans nos requêtes,
Nous ne voulons que l'équité.
Donc, que vos muses terre-à-terre,
Rendent pour nous de nobles sons.
Droits et devoirs, ô muse altière !
Pour protéger les nations.

AUGUSTE PERRENOUD.

AU POÈTE

SONNET

Oh ! mon Dieu, toute chose a droit à son poète,
La blanche marguerite et les lilas en fleur,
Et dans les champs de blé, quand monte l'alouette,
La poésie, amis ! partout sèche nos pleurs.

A la chèvre qui broute, à la chétive bête,
Qui prend sur terre vie et souffre les douleurs ;
Mais à tout, ô ma voix, ne doit être muette,
Elle doit retracer tous les plus grands malheurs.

Aussi, pour le passé de notre pauvre France,
Que mes accents joyeux portent une espérance,
A genoux et prions pour ceux qui ne sont plus.

Oh ! le poète doit avoir bonne mémoire,

Ses chants pour l'avenir ne restent pas confus,
Ils doivent désormais se graver dans l'histoire.

A. BÉBOT.

AU MOINS L'AMNISTIE !

Six mois se sont passés ; nous sommes en décembre,
Messieurs nos députés enfin ouvrent la Chambre...
Que faut-il espérer ?... Que va-t-il en sortir ?...
Resterons-nous encore ou devrons-nous partir
De ces pontons maudits, où pauvres misérables,
On en vient au regret de n'être pas coupables !
Si vous pouviez entendre, ô nobles députés,
Des femmes, des enfants, les vœux tant répétés !...
Justice, humanité, intérêt de la France,
Vous diraient de sonner l'heure de la clémence.
Oh ! rendez au travail ces égarés nombreux,
Il est temps de songer à tous ces malheureux !

HENRY LOISEL.

AU COLONEL DENFERT-ROCHEREAU

Au président on doit alors une prière,
A celui qui sauva la ville de Belfort ;
Poètes à genoux, à genoux sur la pierre,
Prions pour l'homme digne et qui fut toujours fort.

Des armes il voulut prendre cette carrière,
Contre les Allemands il fit un grand effort ;
Il fut très glorieux suivant notre bannière,
Dans la guerre passée il servit de renfort.

Contre les prussiens il ne fut jamais lâche,

Il se battit en brave et toujours sans relâche ;
Mais d'autres comme lui ne furent pas soldats,

Jaloux du nom français ils ont vendu la France,
De venger leur pays, et tels sont leurs appats ;
Nos petits-fils n'ont pas perdu cette espérance.

A. Bébot.

A MADEMOISELLE AMÉLIE O..*

RONDEAU.

Dans dix ans, petite Amélie,
Devenue et grande et jolie,
Quel bouquet me donnerez-vous ?
C'est alors qu'il me serait doux
D'en recevoir, gentille amie.

Mais j'ai très peur, je le publie,
Qu'à d'autres votre fantaisie
Ne fasse ce cadeau jaloux,
    Dans dix ans.

Enfin sagesse ou bien folie,
Je ne veux pas que l'on m'oublie
Et viens au milieu des joujoux
Vous dire tout bas à genoux :
Recommencez, je vous en prie,
    Dans dix ans.

Paris, 1878.   Ri-Log.

---

* A propos d'un bouquet qu'une jeune fillette de 9 ans m'avait ingénûment offert.

LE RETOUR DE L'ÉTÉ, 1 JUILLET 1878

SONNET.

Les beaux jours sont venus, que votre doux langage,
O! mes charmants oiseaux, s'entende de nouveau;
Venez, chantres divins, dans ce si vert bocage,
La nature si gaie embellit ce tableau.

Dès longtemps Philomèle est encor de passage,
Et le pâtre l'écoute assis dans un berceau;
La bergère qui file, et qui toujours très sage,
Attentive à sa voix guette dans le roseau.

Dans les glaïeuls aussi la grenouille coasse,
Sur les prés, l'hirondelle est revenue et passe.
Le pinson frigotteur dessus l'arbre perché,

Fait entendre sa voix au passant qui l'écoute;
Le nid du loriot sur la branche est penché;
La chèvre sur la haie auprès du chevreau broute.

A. Bébot.

VERCINGÉTORIX

Je chante ce Gaulois dont la haute vaillance
Même en la nuit des temps brille encor sur la France!
Cité d'Alisia, cherchée par les savants
Comme un bijou perdu sous le souffle des vents,
Ce n'est point ta défense héroïque, éclatante,
Tes murs croulants enfin sur la terre sanglante
Que je veux retracer aux peuples à venir,
C'est la gloire du fort, la palme du martyr!

. . . .

C'était tout près d'Alise, par un ciel sans étoiles,
Bien avant que la nuit eût replié ses voiles,

Que Vercingétorix campant dans les halliers,
En un conseil secret assembla ses guerriers.
Gaulois, dit-il, du jour où les destins sévères,
En trahissant la Gaule, ont subjugué nos pères
Et qu'en vain nos efforts, étonnant l'univers,
N'ont pu sauver Alise et briser tous nos fers,
Que reste-t-il à faire encor pour la patrie ?
Il faut du grand César apaiser la furie !
Lorsqu'un peuple, en péril, n'attend plus que la mort
Il faut une victime en holocauste au sort !
Guerriers, la Gaule, ici, demande un sacrifice,
Je suis cette victime et je m'offre au supplice !
A cet arrêt terrible, un cri plein de terreur
S'éleva jusqu'au ciel : malheur, dit-on, malheur !
Malheur à la patrie, enchaînée, asservie,
Qui se rachèterait par une telle vie,
Oui, trois fois malheur si nos derniers neveux
Pouvaient nous reprocher un rachat si honteux !
Et tous, en frémissant, brandissaient leurs lances,
Tous leurs traits révélaient d'indicibles souffrances !
Lors Vercingétorix, se relevant soudain,
S'écrie avec effroi ! n'attendez pas demain !
Songez à vos enfants, sauvez vos faibles femmes
Avant que les Romains ne les livrent aux flammes !
L'avenir de la Gaule est encore en vos mains,
De Vercingétorix acceptez les desseins !
Il dit et, revêtant une armure éclatante,
Bientôt sur un coursier à crinière flottante
On le voit s'élancer et franchir plein d'ardeur
L'espace où s'élevait la tente du vainqueur,
Et, pressant les deux flancs de l'étalon numide,
Trois fois, en longs circuits, dans sa course rapide
Il jette tour à tour, comme un jeu du hasard,
Son casque et son égide au pied du grand César ;
Puis prenant à deux mains sa redoutable lance

Il la brise, en courant, ensuite au vent la lance !
On vit lors les Romains, cavaliers, fantassins,
Interdits et troublés, douter de leurs destins,
Tant Vercingétorix à cet instant suprême,
Leur parut au-dessus du grand César lui-même ;
Mais quand devant leur chef ils virent ce héros
Se livrer impassible et sans autre propos,
Un sourd frémissement s'éleva dans l'enceinte,
Tous les fronts se courbant semblaient frappés de crainte.
Que va dire César ? Et César insolent,
Oubliant qu'un grand cœur était là s'immolant,
De reproches sanglants accable sa victime
Sans subir la grandeur de son acte sublime,
Sans pressentir qu'un jour en ses propres écrits,
Les Gaulois, du passé retrouvant les récits,
De Vercingétorix admirant la grande âme,
Sentiraient dans leur sein courir la même flamme
Qui du héros Gaulois soutint le noble cœur
Au plus fort des combats et surtout du malheur,
Et qu'invoquant dès lors, ce passé plein de gloire
Ils inscriraient son nom au temple de mémoire !

A. BELLY.

LA BELLE LOUISE

SONNET.

Assis sur la fougère à l'ombre du grand chêne,
Nous entendons chanter le tendre rossignol ;
Louise, tu viendras encor cette semaine,
Cueillir la fleur éclose à peine sur le sol.

O ! ma charmante enfant, ô sois toujours ma reine,
Vois, l'hirondelle passe et fend l'air en son vol ;

Venant des climats chauds par cette mer lointaine,
Elle rase le lac, regarde son blanc col.

Revenons au château sous la sombre charmille,
On y réunira la nombreuse famille ;
Avec l'escarpolette on se balancera,

Et les vieux conteront leurs souvenirs d'enfance,
Cette soirée alors joyeuse passera,
Dans les amusements, dans la pure innocence.

A. Bébot.

MA PREMIÈRE POÉSIE

JEUNESSE.

Il m'était permis de confondre les rêves avec les réalités.

Pourquoi ce si long rêve qui me vient de ce monde ?
Est-ce que de clarté mon esprit se féconde ?
Rêve délicieux ! je t'invite à rester ;
Là, nous pourrons ensemble admettre ou protester.
— Cependant je suis jeune, — encor tout est mystère,
Apprends-moi si tu sais ce qu'est l'homme sur terre :
« L'homme seul peut parler, il entend, il répond,
» Et au Dieu créateur tous ses soupirs s'en vont ;
» Travaillant sans repos, le cœur plein d'espérance
» A vouloir découvrir le voile de l'ignorance ;
» Il s'inquiète, il s'ennuie et ne peut définir
» Le travail tant cherché de son triste avenir ;
» Oui, son cœur est serré d'être encor dans le doute,
» De finir son chemin sans en trouver la route ;
» Et le ciel est témoin du regard furieux
» Qu'il s'avise à jeter de ne trouver un Dieu. »
Merci, merci cent fois, ô vrai maître du rêve,

Ta sagesse surpasse tout ce que l'homme achève ;
Et mon cœur trop heureux me fait joindre les mains,
En te reconnaissant tu connais les humains.

Furigny 1878.   Edmond Ouvrard,
Membre d'honneur des Concours poétiques du Midi.

DIEU MAITRE DE L'UNIVERS

SONNET.

Le ciel nous prouve bien que nous avons un maître,
Ces étoiles sans nombre et ce beau firmament ;
Cette mer en courroux, ce soleil qu'on voit naître,
Qui monte radieux et qui fuit au couchant.

Cette lune la nuit doit nous faire connaître
Que le divin Sauveur commande en ce moment ;
Tous les astres errants que l'on voit apparaître
Du côté qu'on appelle Orient ou Levant.

Cette terre féconde et donnant nourriture
A cette plante, à l'homme, et toute sa verdure
Ne nourrit-elle pas ces nombreux animaux ?

L'aigle dans la crevasse au haut bâtit son aire,
Il a besoin plus tard de regagner la terre
Pour se nourrir d'abord, et puis boire ses eaux.

         A. Bébot.

LES DEUX PAYSANS

ETUDE DE MOEURS

Un soir je revenais de la ville prochaine,
Et n'étant pas pressé de rentrer au logis,

J'allais tout doucement et traversais la plaine,
Admirant à loisir les beautés du pays ;
Le ciel était serein, l'atmosphère était pure,
Un petit vent léger caressait la moisson,
Et le soleil couchant d'une riche parure
Et d'un reflet doré décorait l'horizon.
De turbulents bambins revenant de l'école
Se poursuivaient gaiement avec des cris joyeux,
Et riant des propos qu'ils échangeaient entr'eux,
S'arrêtant étonnés pour une babiole.
Les travailleurs des champs sur leur bêche appuyés,
Reposaient un instant leurs membres fatigués ;
Le pâtre et son troupeau gagnaient le pâturage,
Les oiseaux redisaient leurs dernières chansons,
Le ruisseau murmurait en fuyant sous l'ombrage,
Et l'on voyait fumer le faîte des maisons.
Je cheminais tout seul sur la route poudreuse,
Et, depuis un instant je cherchais, mais en vain,
Quelque gai compagnon à la mine joyeuse
Pour abréger un peu la longueur du chemin.
Vers moi je vis venir un paysan à l'air leste,
Pensif et soucieux, mais allant d'un bon pas,
Son bâton à la main, ayant ôté sa veste
Pour être plus à l'aise et la portant au bras.
— Eh ! lui dis-je, l'ami, pourquoi marcher si vite ?
Vous est-il arrivé de fâcheux accidents ?
Votre père est-il mort, ou votre femme en fuite ;
Craignez-vous pour les jours de l'un de vos enfants ?
— Ah ! Monsieur, me dit-il d'une voix larmoyante,
Bien pis que tout cela, c'est un affreux malheur,
Ma pauvre vache brune est presque agonisante
Et je vais au plus tôt chercher le rebouteur ;
Je ne m'arrête pas, excusez, je vous prie,
Elle m'a bien coûté cent écus l'autre jour,
Le cas est très-urgent et je n'ai pas envie

Qu'elle vienne à mourir faute d'un prompt secours,
Il m'en coûtera gros... mais il vaut mieux, je pense,
Sans tarder un instant la bien faire soigner.
Je verrai sans regret cette forte dépense,
Et jamais mon argent ne peut mieux se placer.
Il s'éloignait toujours et je ne pus comprendre
Les derniers mots qu'il dit dans son cuisant chagrin,
Et, malgré les appels que je lui fis entendre,
Je le vis disparaître au détour du chemin.
Je partageais sa peine et je me dis, pauvre homme,
Il est très malheureux de perdre ainsi son bien ;
Pour lui cet animal est une forte somme,
Et pour le remplacer peut-être il n'a plus rien ;
Mais quel empressement pour une simple bête ;
Certes, que ferait-il dans l'élan de son cœur
Si pour sa vache brune il perd ainsi la tête
Et qu'il eût en danger ou sa femme ou sa sœur.
Tout en philosophant je poursuivais ma route,
Lorsque, au bout d'un instant, je vis dans un sentier
Un autre bon paysan plein de loisirs sans doute,
Marchant le nez au vent et sans trop se presser,
Interpellant les uns, causant avec les autres,
Demandant à chacun des nouvelles du temps,
S'arrêtant à tous pas, inspectant les épautres,
Les arbres, les moissons, les vignes et les champs ;
Il avait revêtu ses habits du dimanche,
Il portait à son bras un tout petit panier,
Et tenait à la main une légère branche,
Que, tout en cheminant il venait d'effeuiller.
Le sentier serpentait le long d'une colline,
Puis, longeant le ruisseau de la plaine voisine,
Il venait aboutir sur le bord du chemin ;
Je reconnus bientôt à sa mine tranquille,
Dès qu'il fut rapproché, Janicot, mon voisin,
Qui sans doute à loisir se rendait à la ville.

—Bonsoir, Monsieur, dit-il, quel beau temps aujourd'hui,
La récolte est superbe et voyez ce fourrage
Comme il est vigoureux, il aura bon produit,
Nous aurions besoin d'eau, mais je crains un orage.
Avez-vous des raisins ? — Oui, pas mal, et vos blés ?
— Ils ne sont pas très-beaux, pleins de mauvaises herbes,
Mes terrains ont été ce printemps mal soignés,
Je ne récolterai que quelques pauvres gerbes ;
Mais j'y songe, Monsieur, vous venez du marché ;
Etait-il beau ? — Mais oui. — S'est-il fait des affaires ?
— Pas beaucoup sur les grains, le cours s'est relâché.
Vous avez tout vendu ? — Non, je n'y songeais guère,
Je croyais à la hausse, elle n'a pas tenu ;
Avez-vous un moment, je vous retiens sans doute ?
— Je ne suis pas pressé, mais vous ? — Ni moi non plus.
Je vais vous dire un mot et me remettre en route :
Figurez-vous, Monsieur, que mon cousin Jarneau,
Vous savez ? ce petit qui fait si triste mine,
Vient me chercher querelle à propos de cette eau
Qui de chez nous descend le long de la colline ;
Il voudrait bien, je crois, pouvoir s'en emparer ;
Mais il faut mettre fin à sa forfanterie ;
Bientôt il apprendra si je peux l'empêcher
De continuer longtemps cette plaisanterie ;
Je lui fais un procès devant le tribunal,
Et si je puis enfin engager la partie
On va lui démontrer à cet original
S'il peut à mes dépens arroser sa prairie.
— Voulez-vous mon avis, évitez ce tourment,
Préférez même au prix de quelque sacrifice,
Au meilleur des procès, le moindre arrangement ;
Vous en retirerez toujours un bénéfice.
Mais nous causons encor et vous avez peut-être
Un rendez-vous pressé ? ne vous gênez donc pas ;
— Oh ! monsieur, nullement.. Mais je voudrais connaître

Le moyen de sortir d'un léger embarras ;
Voici le fait... Un jour en labourant la pièce
Qui du cousin Jarneau touche le petit champ,
Sans intention bien sûr, je ne suis pas méchant,
Et de lui faire tort je n'eus pas la faiblesse,
En un mot, en traçant le dernier sillon,
Il dit que j'ai passé trop près de sa limite ;
C'est possible, après tout, je ne dirais pas non,
Mes bœufs sont si ardents, ils vont toujours si vite ;
Enfin pour la chicane il n'a pas son pareil,
Tenez, il dit aussi que la borne ébréchée
Du côté de chez lui s'est fortement penchée.
Qu'en pensez-vous, monsieur, voyons, un bon conseil ;
— L'affaire à terminer n'est pas bien difficile ;
Il en veut à votre eau, vous prenez son sillon,
Et le premier venu, sans être bien habile
Fera des deux objets une compensation...
Mais c'est donc pour cela que vous étiez en course ?
Et de quelque avocat alliez prendre l'avis ?
Je ne vous retiens plus, portez-lui votre bourse,
Voyez, la nuit est proche et je rentre au logis.
— Non, je n'allais pas faire une telle dépense
Et là-dessus, monsieur, voici ce que je pense :
C'est qu'il faut sou par sou se faire un petit bien
Et ne pas acheter ce qu'on donne pour rien ;
Glâner par-ci par-là des conseils salutaires
Sans avoir à compter le moindre des salaires.
— Alors qu'allez-vous faire à la ville si tard ?
Revenez avec moi, nous causerons en route,
Je vais être grondé car je suis en retard
Et dans quelques instants on ne verra plus goutte.
— Monsieur, vous me tentez, je serais très heureux
D'être encor un moment en votre compagnie,
Pour éloigner de nous toute mélancolie
Je vous conterais bien une historiette ou deux

Mais il faut nous quitter, malgré ce qu'il m'en coûte,
Et vous allez bientôt le comprendre sans doute ;
Un petit accident est arrivé chez nous,
Ma mère est très malade et je crains pour sa vie,
Elle a trouvé moyen, monsieur, figurez-vous,
De prendre un mal sérieux, fluxion ou pleurésie
Ou bien je ne sais quoi ; depuis huit jours bientôt
Elle ne peut bouger dans son lit étendue ;
La fièvre est des plus fortes et depuis ce tantôt
Je la trouve bien mal ; nous l'avons entendue
Se plaindre amèrement d'être au plus grand danger,
Car voilà plusieurs jours qu'elle ne peut manger.
Vous pouvez bien penser que toutes nos voisines
Ont donné leur avis ; je ne vous dirai pas
Les emplâtres, bouillons, tisanes, médecines
Que l'on a prodigué, sans reproche, et son cas
S'est encore aggravé ; j'allais donc à la ville
Savoir si, par hasard, le nouveau médecin
Qui, d'après ce qu'on dit, est un jeune homme habile,
N'avait pas à passer, demain, après-demain
Du côté de chez nous, il lui serait facile
De s'arrêter un brin, sans trop se détourner,
Et de cette façon il viendrait à notre aide
En cherchant pour son mal quelque nouveau remède ;
Je sais qu'elle est bien vieille et je ne puis songer
A la voir désormais au travail assiduc
Et toujours au repos il faudra l'engager :
Vouloir faire autrement serait peine perdue.
Mais vous, mon bon monsieur, vous avez étudié ;
Je vous ai vu souvent lire dans un gros livre
A plusieurs de nos maux vous avez remédié,
Vous pourriez m'indiquer quelque régime à suivre
Pour soulager son mal, l'empêcher de gémir,
Car à son âge, hélas ! espérer la guérir
Serait une confiance un peu trop hasardée,

Et le bon Dieu, je crois, l'a déjà condamnée.
— C'est assez... Je m'éloigne et ne veux un moment
Vous empêcher encor d'achever cette course
Qui témoigne si bien de votre empressement
Et de l'ardent désir de garder votre bourse.
Adieu donc... vos enfants dans un âge avancé
Quand sonnera le glas de votre heure dernière
Auront aussi pour vous le soin si dévoué
Qu'ils vous voient prodiguer à votre vieille mère.

V. Couderc.

FLEUR DE PENSÉE

Adressée à ma mère en 1859 et retrouvée dans son livre d'heures.

A sa Mémoire

Pensée éclose au berceau de mon père,
Quel doux zéphir t'apporte près de moi?
Aucune fleur des rives de l'Isère
Ne me paraît aussi belle que toi!

Viens-tu des bords où le Châtel se plonge,
Les flots du lac ont-ils baigné ton sein,
Ou sur ces monts où l'hiver se prolonge
As-tu fleuri sous un souffle soudain?

Fleur de pensée, oh! viens me dire encore
Qui t'a ravie à tes grands bois épais?
Est-ce l'orage ou le vent qui dévore?
Mais tes attraits sont restés purs et frais!

Non! près de Suze, où l'on voit des bocages,
La main d'un fils avec un soin pieux,
T'a dérobée à leurs riants ombrages
Pour exprimer ton amour à mes yeux

Charmante fleur de ma terre natale,
Ah, que ne puis-je admirer ta splendeur!
Je ne sais pas les parfums qu'elle exhale,
Jamais mes yeux n'ont contemplé ses fleurs.

En te voyant, ô fleur déjà flétrie,
Des pleurs bien doux ont humecté mes yeux!
Fleur bien aimée, ô fleur de ma patrie,
Reste insérée en ce livre pieux !

Et qu'au déclin, un jour, de ma carrière
Je puisse dire à mes petits enfants :
Fleur de pensée, ô fleur de ma prière,
Vient de mon fils en ses riants vingt ans !

A. BELLY.

LE RETOUR DES BEAUX JOURS

SONNET

Revenez, ô beaux jours, pour charmer la nature,
Réveillez les oiseaux qui dorment dans les bois ;
Pour donner à ces prés cette belle verdure,
Tout cet ensemble, enfin, qui peut charmer parfois.

Reviens, reviens aussi, petite créature,
Sur la branche de l'arbre et montre-nous ta voix.
Philomèle chéri, ma parole t'assure
Que Dieu t'amène ici pour répéter ses lois.

Revenez, revenez, petites hirondelles,

De ces lointaines mers sur vos petites ailes,
Revenez, vous aussi, mes petits papillons,

Et prenez vos butins sur la belle anémone ;
Fourmis, venez encor parcourir les sillons,
N'attendez pas le froid qui nous vient à l'automne.

A. BEBOT.

SOUVENIR D'ENFANCE

VERS LIBRES

Air : Chagrin d'amour.

Doux souvenir que jamais l'on n'oublie,
Ma bonne mère entonnait chaque jour,
Pour m'endormir une ronde jolie ;
Il m'en souvient, c'était un chant d'amour :
      Ah ! ah ! (20 fois).
Il m'en souvient, c'était un chant d'amour.

« Un exilé revoyant sa patrie,
» Ses souvenirs, son toit et ses amours...
— Je crois t'entendre, ô ma mère chérie,
De ce chant là, je me souviens toujours !
      Ah ! ah ! (20 fois).
De ce chant là, je me souviens toujours !

Heureux enfants, combien je vous envie,
Votre jeunesse a gardé ses beaux jours !
Et quand viendront les peines de la vie,
De votre mère approchez-vous toujours !
      Ah ! ah ! (20 fois).
De votre mère approchez-vous toujours !

HENRI LOISEL.

SOUVENIR DE L'EXPOSITION DE 1878

*A M. Germeau, membre de la Députation permanente du
Conseil provincial de Liége.*

C'est le Progrès qui gouverne le monde
Et parmi nous prodigue les bienfaits !
Nous avons vu la science féconde
S'épanouir au milieu de la paix !
Au Champ-de-Mars elle était belle et grande :
Tous ses amis s'y donnaient rendez-vous,
Nous étions là comme à l'heure présente ;
M. Germeau, vous étiez parmi nous !

Dans ces splendeurs, l'école sous son aile
Montrait ses fils : le Génie et les Arts,
Et promettait une gloire immortelle
Aux nations où sont ses étendards.
Ses doux rayons forment l'intelligence,
Donnent l'amour et le respect des lois ;
M. Germeau, comme nous, par l'enfance,
Vous le montrez au bon peuple liégeois.

Par elle enfin, la pensée affranchie
Des préjugés méprise le chemin,
Et l'homme marche au combat de la vie,
Liant sa gloire au triomphe du bien.
De tous les cœurs elle bannit la haine
Et crée un culte à la fraternité.
Vers tant de biens M. Germeau vous mène,
Gais écoliers, folâtre humanité.

Instituteurs, aimons notre bannière
Au souvenir du Paris triomphant,
Et soyons tous jusqu'à l'heure dernière
Les formateurs, les amis de l'enfant.

Restons unis au fort de la bataille !
Nos chefs sont là : Conseillers, députés ;
Et près de nous Monsieur Germeau travaille
A faire aimer nos grandes libertés !

Fallais, novembre 1878.   J. SERESSIA.

CAPRICE

Pourquoi donc si souvent es-tu pour moi si dure ?
Pourquoi ce changement dans ta voix, dans tes yeux ?
Pourquoi me faire au cœur toujours quelque blessure
    Alors que je t'aime le mieux ?

Car il semble, à te voir, que tu ne te rappelles ;
Des doux moments passés n'as-tu le souvenir ?
Crois-tu qu'il n'en est plus de ces heures si belles ?
    Ne crois-tu pas en l'avenir ?

Et pourtant quelquefois ton âme se réveille,
Ton cœur s'épanouit ; tu te mets à genoux
Devant moi ; tu me parles tout bas à l'oreille
    Des mots d'amour tendres et doux !

Qu'es-tu donc, ô dis-moi, si belle et si changeante ?
N'as-tu pour moi d'amour, n'as-tu pas d'amitié ?
Ta froideur, aujourd'hui, m'a fait bien mal, méchante ;
Ta tendresse d'hier et ta douceur aimante
    N'était-ce que de la pitié ?

Paris, 1878.   EUG. BLOT.

A MA FILLE LOUISETTE

RÉPONSE A LA PRIÈRE D'UN ENFANT

Vers libres.

Enfant, merci de ta prière
Qui vient me trouver en exil ;
Que Dieu l'entende toute entière,
J'y mets de plus : Ainsi soit-il.

Oui, mon enfant, cher petit ange,
Dieu chérit les petits enfants
Sortant leurs petits bras des langes
Pour l'implorer pour leurs parents.

Il donne aux petits la pâture,
Et console les malheureux,
De toi, chère, dont l'âme est pure,
Il exaucera tous les vœux.

Lorsque abimé dans ma tristesse
Un rayon vient, un souvenir,
Je pense à vous, je me redresse
Et je souris à l'avenir.

Je te vois d'ici, ma Louisette,
Tes petits pieds sur ses genoux,
Tu l'embrasses, lui fais risette...
Je l'aime et n'en suis pas jaloux.

Voir son enfant croître à la vie
Et vous sourire... Oh ! ce bonheur,
Heureux pères, je vous l'envie...
Ne connaissez pas ma douleur.

« Pardonnez-lui comme il pardonne...
« Il souffre, il est bien innocent... »

C'est vrai, mon bon ange l'ordonne,
Et j'obéis à mon enfant.

En implorant l'être suprême.
Enfant chéri, ange du ciel,
Ton âme est venue en moi-même
Et je ne me sens plus de fiel.

Enfant, console aussi ta mère,
De l'absence de son époux.
Sa peine est aussi bien amère...
Aime-la bien... aime pour nous.

Un jour viendra, fille chérie,
Où je pourrai bien te revoir :
Lorsque l'on aime et que l'on prie
On ne peut que garder l'espoir.

Je le répète et je l'espère
Je quitterai bientôt l'exil :
Tu pourras embrasser ton père
Qui te bénit. Ainsi soit-il !

9 Décembre 1871.   Henri Loisel.

LA BRISE DU SOIR

SONNET

Brise du soir, mais viens caresser les épaules,
De cette jeune blonde au corsage allongé ;
O ! viens, elle est assise auprès de ces grands saules,
Sa maîtresse, le soir, lui donne son congé.

Jeune fille, à l'amant, ô ! dis quelques paroles,
Quelques discours parfois qu'il aura bien songé ;
Plus sage, chère amie, hélas ! que sont ces folles,
Qui fréquentent le bal, brillant et bien rangé.

Zéphir, viens caresser mon aimable maîtresse,
Et dans ses cheveux blonds, mêle-toi dans la tresse.
O ! doux vent des amours, favori de Vénus :

Berce, berce, parfois les branchages de l'arbre,
Nous attendons aussi les présents de Bacchus ;
Que l'on voit pétiller sur les tables de marbre.

A. Bébot.

UNE COLLECTÉE

Tu le sais, Roi, mon Dieu ! Les amis collecteurs,
De chastes voluptés fesaient battre mon cœur ;
Mais, j'étais riche alors ; aujourd'hui, chaque course,
Qui, de près ou de loin, fait appel à ma bourse,
M'impose une douleur, un affreux serrement,
Car, donner je ne puis, je ne puis plus gaiement.
Enfuyez-vous, amis ; ah ! viendriez-vous me dire :
« Ton argent ou ton or, » si vos yeux savaient lire
De mon âme l'angoisse et le déchirement !
Pourquoi cette impuissance à pousser de l'avant ?
Appel ingénieux pour chapelle africaine,
Ou d'un pasteur niçois pour sainte-Philomène ;
Pointe-aux-Trembles, Laforce, et blessés d'Orient ;
A nos portes, chez nous, les maux les plus cuisants :
La faim, la nudité, l'hiver et le chômage !
Où trouver à la fois le salaire et l'ouvrage ?
En quel temps sommes-nous, et quel est ce malheur !
Voir tant de pleurs couler et n'offrir que des pleurs !
Grand Dieu ! que nous faut-il ? qu'à ta brûlante flamme,
L'amour pur du prochain jaillisse de nos âmes :
Implacable silence à nos superfluités !
Trêve de complaisance aux folles vanités !

Jeunes filles ! offrez-nous vos candides figures,
Telles qu'elles, sans fard ; nous, femmes, pour parure,
Imitons les Dorcas ; aux hommes le devoir,
Librement de donner, mais *selon leur pouvoir*.

      La Malade du Christ.

A DEUX AMIES

SONNET DU 1ᵉʳ AVRIL 1878.

Sur ce berceau de fleurs, ô ! ma belle Augustine,
Reposez-vous parfois, je veille auprès de vous ;
Voyez, je vais chercher la jeune Clémentine,
Faisant collation, vous savez, avec nous.

Pour manger, nous avons un peu de galantine,
Nous avons du Bordeaux de douze francs cinq sous ;
Avec du pur Champagne une bonne chopine,
Dans un linge un dessert que vous voyez dessous.

Du beurre et du fromage, aussi dans la serviette,
Du pain, aux gais oiseaux nous donnerons la miette ;
Tout cela, c'est assez pour un goûter du soir ;

Sous le grand marronnier, venez, jeunes amies,
Sur le banc que je porte, ô ! venez vous asseoir
Après nous aurons tous bonne physionomie.

      A. Bébot.

A MADAME DUVERNOY
Sur la mort de sa fille Jeanne

Permettez que je vous adresse
Ces quelques vers, partis d'un cœur

Qui, comprenant votre tendresse,
Comprend aussi votre douleur.

Votre fille était belle et pure,
Du pain des Anges elle se nourrit ;
Puis, pour le Ciel la trouvant mûre
A quinze ans, Dieu vous la reprit

Vêtue d'immortalité,
Dans un flot de pure lumière,
Au sein de la félicité,
Jeanne aime encor sa tendre mère

De son Dieu chantant les louanges,
Elle appartient aux chastes chœurs,
Formés par les saintes phalanges,
Des vierges suaves, ses sœurs.

Et quand vous pleurez son trépas,
De la demeure bienheureuse :
« O Mère, ne me pleure pas,
» Ne pleure pas, je suis heureuse !

» Pourquoi pleurerais-tu ta fille
» Qui se complaît dans le Seigneur,
» Et qui, toujours de la famille,
» Prie sans cesse en ton honneur ?

Pourtant dans la triste vallée,
Malgré tout on pleure la mort
De celle qui s'est envolée,
Pour toucher le céleste port.

Ses grands et précoces talents,
Sa beauté, tout en elle charmait,
Pauvres amis ! pauvres parents !
Vous l'aimiez..mais Dieu la voulait

— Sa voix, doux chant de la colombe —
Ses doigts, courant sur le clavier,
N'ont pu triompher de la tombe :
— Le lis a vaincu le laurier ! —

Notre gloire — hélas ! si profane —
Ne pouvait pas lui convenir.
Toute fleur ici-bas se fane,
Et là-haut rien ne peut finir.

Jeanne, votre fille si chère
N'a donc fait que changer de lieux.
Ne la pleurez pas, pauvre mère,
Elle vous aime dans les cieux !

E. C. Barbier.

LE POÈTE IGNORÉ

pensée.

Semblable est le ver, étoile de l'herbe,
Qui cherche à répandre un éclat superbe,
    Mais hélas ! en vain :

Jaloux de sa gloire, un feuillage sombre
L'entoure et bientôt fait mourir dans l'ombre
    Son éclat divin.

(*Haute Loire*)   H. Lacroix.

A UNE JEUNE PERSONNE

qui se plaignait de ses 18 ans.

De vos beaux dix-huit ans vous plaindrez-vous sans cesse,
A quoi bon, chère enfant, toujours vous désoler ?

Quel est ce lourd fardeau dont le poids vous oppresse,
C'est celui de l'amour, pourtant il est léger !

Oh ! ne rougissez pas à votre âge, chérie,
Je sais bien que le cœur ne pense qu'à l'amour,
Il aime à s'égarer dans cette rêverie,
Il y voit le bonheur, ne fût-il que d'un jour.

Peut t'on être insensible en étant jeune et belle,
Lorsque dix-huit printemps parlent à votre cœur ;
Lorsqu'une voix aimée tendrement vous appelle,
Lorsqu'un écho béni vous murmure — bonheur.

Non, non, à tant d'attraits le cœur ne peut se taire,
A tant d'illusions il ne peut résister,
A ces rêves charmants rien ne peut le soustraire ;
Devons-nous le contraindre : il est si doux d'aimer !

Dans un heureux hymen puissiez-vous, chère amie,
Trouver ce tendre amour, le bonheur de la vie,
Quand la fidélité en tresse les doux nœuds.
Près d'un époux chéri heureuse et fortunée
Vous connaîtrez alors le plaisir d'être aimée :
    Le secret des heureux.

F. Drevon.

L'AUBE

D'un gentil berceau blanc, un beau petit bras rose
S'élève gracieux dans son geste incertain.
Sur un bras potelé le doux baiser se pose,
Un sourire est l'écho du sourire enfantin.
Deux regards, deux reflets d'une commune empreinte,
Semblent vouloir unir dans une même étreinte
Et leur bonheur présent et leur bonheur futur.

Lui ne sait pas qu'on parle, elle se tait de même,
Et vous qui contemplez ce groupe frais et pur ;
Vous lisez, vous voyez, vous entendez : Je t'aime.

CRÉPUSCULE

Sur la lèvre qui prie expire la parole,
Et d'un sourire encor la sereine lueur
Dore les cheveux blancs d'une sainte auréole
Un œil à son déclin repose avec bonheur,
Sur ces petits enfants, que le temps dans sa marche
A vu naître et grandir autour du patriarche.
Le vieillard vénéré ne dira plus demain,
Du dernier de ses jours sonne l'heure suprême,
Et ses petits enfants viennent baiser sa main ;
Il ment, son dernier souffle a murmuré : Je t'aime.

Adolphe Broutin.

DIEU !
Spécimen des douze sortes de vers.

Du fougueux Océan qui calme la furie ?
  Des flots courroucés qui retient les efforts ?
    Du marinier qui protège la vie ?
      Au coupable impuni qui donne le remords ?
        Aux fleurs qui donne un doux arôme ?
        Aux grands peuples la liberté
          Et cette devise à l'homme :
        Amour ! Charité !
         L'écho profond
          Du saint lieu
           Répond :
            Dieu !

J. Drevon.

LE JOUR DE L'AN
Vers libres
—

Elle est venue enfin cette grande journée,
Qui marque et recommence une nouvelle année ;
C'est la fête à Judas. Que de gens en ce jour,
D'un air affectueux se mentent tour à tour !
Hypocrites serments, douccreuses grimaces
Vont orner en ce jour jusqu'aux plus nobles faces.
Du grand chef de l'Etat, au petit artisan,
Du plus grand des savants au plus simple paysan,
Et du bord de la tombe au berceau du jeune âge,
Tous ; et contents ou non, observent cet usage
D'aucuns par amitié et d'autres par amour.
La politique doit l'emporter en ce jour,
Les vœux intéressés, et que dictent l'envie,
Sont les plus grandes clefs de cette comédie.
On adresse à plus haut, de plus bas on reçoit,
Et si le masque change et cela se conçoit !
Car si vous voulez plaire à telle ou telle cause,
Un autre, près de vous, fera la même chose.
Tel, qui pour vous flatter est un très bon acteur
Sait aussi recevoir les vœux en protecteur...
Mais n'allons pas plus loin, sans cela la satire
Sur ce jour de mensonge en aurait trop à dire.
Exemple : « Cher patron avec sincérité
Je souhaite avec ardeur votre prospérité... »
Puis le patron payant les vœux de bonne chance,
Avec ce bon argent on lui fait concurrence !..
Et tant d'autres moyens, je conclus de ces faits
L'ingratitude au moins égale les bienfaits !
Tout cela n'est pas neuf ; cependant il est sage,
Et dans votre intérêt de suivre cet usage ;
Le monde est ainsi fait, il faut s'y conformer,

Il aime les flatteurs et ne saurait changer.
Puisqu'il lui faut des vœux à ce monde sensible,
Faisons-les, mes amis, aussi vrai que possible !
Henri LOISEL.

LE VIN DE SAINT-URBAIN

PRÈS JOINVILLE (HAUTE-MARNE)

Air : *Vive le vin de Ramponneau.*

Chœur

Vive le vin de Saint-Urbain ;
Vallée très-renommée.
Avec un broc de ce bon vin
On rend l'art de tout médecin
Vain.

Qu'ils sont hauts, qu'ils sont beaux
Ces superbes coteaux,
Que Bacchus affectionne,
Ces cailloux sont jaloux
De produire pour nous
Ce bon jus de la tonne. *(chœur)*

Vrais viveurs, fins amateurs,
Les moines connaisseurs
Fondèrent l'abbaye ;
Comme des bienheureux,
Ils goûtaient en ces lieux
Les douceurs de la vie. *(chœur)*

Entendez-vous les coups
Du maillet en courroux
Battant foudre et futaille,
Le vigneron luron

Prépare une prison,
Demain c'est la bataille *(chœur)*

Le vendangeur avec ardeur
Gravit chaque hauteur
Armé de sa serpette ;
Plus d'un garçon sans façon
Embrassant un tendron,
Frippe sa collerette. *(chœur)*

Non, les soucis ennemis
Dans ce charmant pays
Ne feront leur demeure ;
La liberté, la gaieté,
Conservent la santé ;
La vigne seule y pleure. *(chœur)*

Morbleu, faisons les fous
Et divertissons-nous,
L'année est favorable,
Epuisons le vin vieux.
Buvons à qui mieux mieux
De ce jus délectable. *(chœur)*

E. CHEVILLION.

Cette chanson a fait nommer l'auteur poète de Saint-Urbain.

A M. MORLOT

CURÉ DOYEN A TROYES

Lors d'une maladie.

—

Pour votre guérison on fait des vœux sincères,
Le Seigneur daignera céder à nos prières
Vous aurez mérité l'estime générale,
Même l'affection de la cour pastorale :

Vous êtes parmi nous l'exemple des prélats ;
Modèle dévoué de charité chrétienne !
Ah ! soyez satisfait d'être aimé ici-bas ;
Vous avez dans le ciel une place certaine !

Euphrosine B... veuve Oudart,
Membre d'honneur des Concours Poétiques.

LA PENSÉE DE MA SERINE

VERS LIBRES

J'avais à ce dernier printemps,
Une magnifique serine.
Elle employait tout son temps
A mirer sa charmante mine,
La beauté de son corps, ses poses gracieuses,
Sa voix, si sonore et si fine !
Et, du matin au soir, mille notes flatteuses,
Trottinaient dans sa tête huppée.

Plus d'une femme est occupée
De la pensée de ma serine !

E. C. Barbier.

DORS MON ENFANT

Mélodie du berceau.

VERS LIBRES.

Dors, mon enfant, cher ange de ma vie,
Sèche tes pleurs : je chante et te souris ;
Tu connaîtras les heures d'insomnie
Lorsque viendront les peines, les soucis ;

Mais jusqu'alors ignore la souffrance,
Et qu'un sourire annonce ton réveil :
Dors, mon enfant, toi, ma seule espérance } bis.
Ta mère est là, veillant sur ton sommeil.

En te berçant, je songe que, peut-être,
Bien des chagrins pourront te survenir...
Serais-je là ? pour toi, cher petit être.
Oh ! je voudrais connaître l'avenir !

Mais jusqu'alors ignore la souffrance,
Et qu'un sourire, annonce ton réveil :
Dors, mon enfant, toi, ma seule espérance } bis.
Ta mère est là, veillant sur ton sommeil.

Enfin, un jour, si tu dois être mère,
Près de l'enfant d'un légitime amour,
A son berceau, bien près de toi son père,
Vous chanterez tous deux à votre tour :
Mais, jusqu'alors, ignore la souffrance,
Et qu'un sourire annonce ton réveil.
Dors, mon enfant, toi, ma seule espérance, } bis.
Ta mère est là, veillant sur ton sommeil.

Dieu de bonté, fais que jamais ma fille
Dans la douleur ne dise à tes genoux :
« Ayez pitié d'une pauvre famille,
» Et rendez-lui son soutien, mon époux ! »
Mais, jusqu'alors, ignore la souffrance,
Et qu'un sourire annonce ton réveil :
Dors, mon enfant, toi, ma seule espérance, } bis.
Ta mère est là veillant sur ton sommeil.

Henri Loisel .'.

A MON LIT

Berceau de l'âge mûr,
Toi que j'affectionne,
Témoin muet, mais sûr
Des biens qu'un Dieu nous donne,
Morphée un songe aimé,
Mais qui, dans ses alarmes,
Quand son cœur abîmé
D'amertume et de larmes ;
Quand son corps qui languit,
Miné par la souffrance,
Redemandent la nuit,
Vers toi, plein d'espérance,
Vois l'homme accourir : lit,
Doux lit, je te salue.
L'humanité naquit,
Encore toute nue,
Déjà de tes bienfaits,
Réclamait par les larmes
Les aimables effets
Et les paisibles charmes.
Comment pourrions-nous
Haïr ta couche douce,
Tes oreillers si mous,
Quand l'homme, vers sa source,
Remontant, sans pitié,
Sous ton ciel en silence,
Dépense la moitié
De sa frêle existence !...
Tu lui montres aussi
Le terme de sa course.
C'est toi le seul ami
Qui le suit sous la mousse,

Le berceau qui devra
Le conduire à la vie
Et qui l'endormira
Du sommeil que j'envie.

J. Canton.

LES SUITES D'UNE SÉDUCTION

PROSE RIMÉE

L'AMANT

Puisque le sort ne nous unira jamais ;
A un projet il faut se déterminer.
O toi, que j'aime depuis de si longues années,
Devrai-je, un jour, de toi, ô belle, m'éloigner.
Si tu le voulais, dans un pays lointain,
Je t'enlèverais pour y finir nos jours.
Bannissant de cette vie tous les chagrins,
Que je serais heureux avec ton amour.

L'AMANTE

Comment, de mon amour oses-tu douter ?
Jusqu'au tombeau, bien aimé, je te suivrai.
Ecoute, ami. Bientôt la cloche va tinter.
Une heure après, avec toi, je partirai.
Je cours à ma chambre, y prendre des écus.
De ma fenêtre je me laisserai tomber.
Afin que de personne nous ne soyons vus,
Dans ce coin, tu te cacheras pour guetter.

L'AUTEUR

Elle s'en va, rapide comme un vent léger.
L'amant s'avance dans le coin désigné.

Mais, surprise ! un homme, le poignard à la main
S'en retire et lui crie d'une voix pleine d'entrain :
« Arrête, misérable. Car tu es perdu.
« Tes vains discours, moi témoin, j'ai entendu.
« Tu veux de ma fille dérober le cœur,
« Jamais tu n'y parviendras. Pour toi, malheur...
« Comme une vipère, ici, tu vas mourir. »
A ces paroles on voyait l'amant pâlir.
Grand Dieu ! tout-à-coup rempli de cruauté,
Le vieillard s'avance ; et, sans grâce ni pitié
Le terrasse et pose son arme meurtrière
Sur le cœur de celui qui fait sa prière.
Il l'enfonce. Un flot de sang jaillit.
Il est mort, hélas ! pour lui tout est fini.
Mais en mourant on entendit sa voix
Prononcer ces mots : Oh ! Angèle, prie pour moi !!

Florian Blairon.

QUAND ON A TANT D'AMOUR

ROMANCE

Vers libres.

Mes souvenirs me reviennent en foule ;
Je vois passer l'heureux temps des amours,
Et dans l'exil ma jeunesse s'écoule :
Vous reverrai-je encore, ô mes beaux jours !
Oui, je le sens, le printemps de ma vie
Disparaîtra, l'été verra son tour,
Et je serai près de toi, mon amie :
Peut-on mourir quand on a tant d'amour !

Je te revois, alors que, fiancée,
Tu me disais par ton regard si doux :

« O mon Henri, mon bonheur, ma pensée,
» C'est de me dire : Il sera mon époux ! »
Nous étions nés tous deux pour nous comprendre,
Aussi le soir de notre plus beau jour,
Tout doucement on pourrait nous entendre :
Peut-on mourir quand on a tant d'amour !

Je vois encore, assis à la fenêtre,
Qu'éclaire en plein une lune de miel,
Ce couple uni ne formant qu'un seul être,
Dont les baisers s'envolent vers le ciel !...
Puis la chanson d'une légère brise,
Comme il en fait à la fin d'un beau jour,
Redit ces mots, doux comme un chant d'église :
Peut-on mourir quand on a tant d'amour !

A mon bonheur pourquoi mettre une trêve,
Fatalité, qui me voit résigné ?
Fais que l'exil ne soit qu'un mauvais rêve,
Que son amour aura vite éloigné.
O ! pourquoi donc prolonger cette absence,
Lorsqu'elle pleure attendant mon retour !...
Mais je t'entends, douce voix d'espérance :
Peut-on mourir quand on a tant d'amour !

Henri Loisel.

LA VOIX DU POÈTE

ODE DU 15 AOUT 1878

Prologue

Heureux, cent fois heureux, si ma voix entendue,
Au Ciel par le Seigneur, un jour ne soit perdue ;
Car la voix du poète au divin Paradis,

Par Dieu soit rappelée ou la blancheur du lis
Orne ce beau séjour, ce céleste parterre,
Et pour ne plus rester ici, sur cette terre,
Mais il faut à la voix du poète, les cieux,
Pour chanter du Seigneur les ordres glorieux......

        La voix de l'ange,
        C'est la louange ;
        Et du Seigneur,
        Chantons l'honneur.

Sur les vents emportée, ô ! ma voix serait-elle,
Mais perdue à jamais dans le vaste univers ;
La lyre du rêveur doit bien être immortelle,
Hélas ! dans cette vie, une peine cruelle,
Nous devons l'éprouver après bien des revers.

O ! le poète chante, il n'a jamais de gloire,
Ses chants sont écoutés seulement un instant ;
La foule passe et court, et rien dans sa mémoire
Me reste point de nous, nous devons bien le croire,
Nous sommes oubliés et nous charmons pourtant.

Mais plus heureux que nous, dans la vaste nature,
Philomèle joyeux porte à tous vents du ciel
Les sons de son gosier, cette voix douce et pure,
L'enfant doit écouter assis sur la verdure,
Ce privilégié du bon ange Ariel.

Le cygne voyageur doit bien faire de même,
Sur l'onde qui s'écoule et qui fuit au couchant ;
Sa voix est emportée et le maître suprême,
Doit bien la recevoir, lui seul sait ce problème,
De cet oiseau si digne il respecte le chant.

Et pour nous, notre voix, au ciel arrive-t-elle,
Quelques anges d'en haut, qu'on nomme les élus ;
Là viennent-ils chercher ou bien une hirondelle

Qui change de climats quand la bise cruelle
Se fait sentir alors, rend-elle ses saluts.

Au divin créateur pour le prier de prendre
Le poète et sa voix, et plus tard, elle aussi,
Dans la sainte milice, et Dieu dit de descendre
Pour chercher ces martyrs, les ôter de la cendre,
Leur donnant une place en lui disant merci.

Mon Dieu, sans ce secours ici-bas le poète,
Dans ce monde de fange il serait bien perdu;
Et dans le paradis il doit trouver sa fête,
Pour chanter ta grandeur du maître très honnête
Car cet honneur, mon Dieu, toujours vous sera dû.

Il vous promet aussi de chanter vos louanges,
Sa voix doit s'accorder avec les séraphins;
Les poètes reçus ne sont-ils pas des anges,
Ils doivent habiter parmi les saints archanges,
Et chanter son amour aux éternelles fins.

Vous avez mis, Seigneur, le poète sur terre,
Où sa mission est d'aimer, prier, chanter,
Mais étant avec vous dans ce divin parterre,
Dans ce lieu de bonheur où tout n'est pas contraire,
O! son plaisir sera de toujours vous vanter.

Que ma voix, mais mon Dieu, de vous puisse s'entendre,
Que vos faibles enfants arrivent jusqu'à vous;
Mais de vous, ô Seigneur ! je ne dois rien prétendre;
Qu'un coin de votre ciel en haut puisse m'attendre,
En désirant ce jour, je vous prie à genoux.

Et ma lyre à la main, je fais une prière,
Qui doit monter au ciel et tout comme l'encens;
Comme un rayon divin, qui porte la lumière,
Et pour me préparer une digne carrière,
Vous êtes grand, Seigneur, et vos vœux sont puissants.

Et la voix du poète, ô ! n'est pas de ce monde,
Ce n'est qu'un son du ciel qui n'est que passager ;
Dessus ce lieu d'écueils, sur cette mer profonde,
Où tout peut s'abîmer et sans trouver la sonde,
Pour connaître le fond nous devons y songer.

Dieu seul peut nous conduire ici sur cette route,
Sur ce chemin glissant, aride et raboteux ;
Evitant la tempête, et nous dirait sans doute,
Enfant, c'est moi qui parle et je te prie écoute,
Au ciel, un jour, mon fils, tu seras plus heureux.

Je crois en vous, Seigneur, respectant ce mystère,
Je crois en l'autre monde au bonheur éternel ;
Ici, mais cette vie et une vie encore,
Où le méchant se met tous les jours en colère,
Mieux vaut l'éternité, ce lieu si solennel.

Mieux vaut l'heureux séjour de la béatitude,
Où la sainte milice y doit chanter l'honneur ;
Du créateur son Dieu, cette sublime étude,
Je t'aimerai, Seigneur, car cette solitude,
Parmi les chérubins fera tout mon bonheur.

Heureux, mais de pouvoir un jour chanter la gloire
De celui qui forma la terre et puis les cieux ;
De celui qui nous aime et nous devons le croire,
Et qui nous recevra, je l'ai dans la mémoire,
Au ciel dans sa patrie, où l'on est glorieux.

Le poète est martyr et Dieu le veut encore,
La poésie est sainte, il ne l'oublîra pas ;
Et, quand le son du cor retentira sonore,
Des rives du couchant aux portes de l'aurore,
Nous entendrons sa voix, disant : montez d'en bas.

Une voix, cette voix sera celle du maître,
Qui réveillant nos cœurs pour nous dire venez :
Enfants, je vous rappelle et je veux vous connaître,

C'est mon droit, je le veux, et je veux vous permettre
D'entrer au Paradis, je vous veux, arrivez.

Ainsi dira ce Dieu, ce Dieu bon qui nous aime,
Puisque la poésie en descendant du ciel,
Ne peut rester longtemps dans cet abîme même,
Dieu nous mit sur le front un brillant diadème,
Du poète martyr ou du pauvre Ariel.

Votre pouvoir, mon Dieu, peut faire ces miracles,
Mais en nous recevant, Seigneur, nous serons tous
Vos privilégiés dans vos divins oracles,
O digne créateur honorant vos spectacles,
En attendant votre ordre, ô! je prie à genoux.

A genoux, à genoux, mon Dieu, je vous demande
Un sublime pardon avant donc que d'entrer :
Recevez ma prière et cette digne offrande,
Et pouvant la donner, je l'offrirais plus grande,
Mais ce si faible aveu j'ose vous le montrer.

A genoux, divin maître et je fais ma prière,
Daignez la recevoir, c'est un bien faible encens ;
Au malheureux d'ici donnez une carrière,
Je vous en prie, ô Dieu, qu'elle soit la dernière,
Recevez du poète et ses derniers accents.

  Ornons de Dieu la gloire,
  Dans le ciel sont des fleurs
  De diverses couleurs,
  O chantons la victoire,
  Pour bannir nos douleurs.

  Sous ce beau ciel d'étoiles,
  Dans le bon Paradis
  Un jour nous serons mis.
  Sous ce soleil de voiles,
  A Dieu soyons soumis.

  L'orphelin dans le monde

Vient demander à Dieu
Une part au saint lieu,
Là, c'est l'erreur profonde
Jusqu'au dernier adieu.

L'homme de la mansarde
Doit porter son regard,
Au ciel il a sa part,
Dieu le prend sous sa garde,
Au pauvre il doit égard.

Toutes ces âmes pures,
Dans ces mondes sans fins;
Parmi les séraphins
Auront même parure,
J'accours aux orphelins.

Amis, prenez courage,
Une voix leur répond;
Une auréole au front,
Et Dieu reçoit le sage,
De l'abîme profond.

C'est la voix du poète,
Avec la lyre d'or;
Alors il prend l'essor,
Au ciel sera sa fête,
Chantons au son du cor.

Il aura la couronne,
Paraissant radieux;
En arrivant au cieux,
La joie au cœur résonne,
Et toujours gracieux.

Dieu de là-haut regarde,
Un ange entend sa voix;
Il fait signe parfois,
Qu'une place il nous garde
Auprès du roi des rois.

Dans la sainte demeure,
Le Seigneur vous attend;
Et sa main il la tend,
A l'orphelin qui pleure,
Priant à chaque instant.

Salut, honneur et gloire,
A notre bon Sauveur;
Nous donnant sa faveur,
O ! nous devons le croire,
Ouvrons-lui notre cœur.

A la voix du Poète,
Dieu seul donne le droit;
Que sa volonté soit,
De bien chanter sa fête,
Le ciel est cet endroit.

Votre père,
Je l'espère,
Dans le ciel
Et sans fiel,
Veut nous prendre
Et nous rendre,
Le bonheur :
Le vrai maître,
Doit connaître,
Le malheur.
Il est sage,
Rendons-lui
Un hommage,
Aujourd'hui.
Du divin poète
Entendez la voix
Il est l'interprète,
De Dieu, je le crois.

La lyre en main, Seigneur, recevez sa prière,
Accordez-lui le ciel pour faire sa carrière ;
Pour chanter votre gloire et c'est au paradis,
Que l'ange recevra le pauvre des taudis.

   Là plus de préférence,
   Nous avons l'espérance
   Que tous seront égaux,
   Jamais plus de rivaux,
   La divine balance,
   O ! jamais ne se lance,
   Tout est égalité,
   Au ciel et liberté.
   Dans ce monde de gloire,
   Où l'or ne brille plus,
   On chante la victoire,
   Et l'honneur de Jésus.

. . . .
. . . .

   Ciel, reçois ma prière,
   C'est un vœu le plus pur ;
   Donne-moi la lumière,
   Et le chemin bien sûr.
   J'abandonne le monde,
   Et son erreur profonde ;
   Oh ! d'habiter les cieux,
   Je suis bien glorieux.
O ! je veux vivre en haut et chanter les louanges.
De vos élus, Seigneur, des séraphins, des anges ;
   Et Jésus mort en croix,
   Qu'il reçoive ma voix.

Nontron (Dordogne). Atys-Armand Bébot

Membre fondateur de la *Revue Française,*
Membre d'honneur des grands Concours Poétiques du Midi
de la France.

ACROSTICHE

Crépin G. à Mademoiselle E...

E lle a dans son regard un charme qui m'attire.
M e faisant de l'amour une entraînante loi,
I l semble pénétrer dans mon cœur et lui dire :
L oin du monde trompeur viens et fuis avec moi !
I l est temps, le bonheur s'envole, il faut le suivre ;
E t chercher dans l'amour le délice de vivre.

Fracisque Brun.

MÈRE FIDÈLE

La bonne mère allaitant son enfant
Pour son petit est pleine de tendresse ;
Mais en retour, sitôt qu'il sera grand
Il deviendra son bâton de vieillesse.

Lemoine.

QUATRAINS

sur la mort de Henri Martin décédé le 20 mars 1870

O ! dors, mon cher Henri, mais quand la voix suprême
Viendra de ses élus annoncer le réveil,
Ta petite âme alors ceindra le diadême
Que l'on reçoit là-haut, qui n'a point de pareil.

sur la mort de Léon Thomas

O ! laissez-moi prier un moment sur sa tombe,
Respirer un moment le parfum de ces fleurs ;
Emu, mais sur ma joue on voit couler des pleurs,
Dans cette vie, hélas ! tout s'en va, tout succombe !

ALFRED DE MUSSET, DE LAMARTINE, ET VICTOR HUGO

Dieu nous donna Musset et le grand Lamartine,
Trop forts pour cette terre il les a mis au ciel,
Victor Hugo nous reste et de sa voix divine,
Tous les jours il nous donne et du baume et du miel,

SUR LA TOMBE DE LOUIS FAUVEL, DÉCÉDÉ A NONTRON
LE 2 JANVIER 1842.

Tout près de cette croix où repose cet ange,
O ! je viens chaque jour y prier à genoux,
Son âme est dans le ciel avec le saint archange ;
Louis, un jour là-haut, nous nous reverrons tous.

LE CYGNE ET L'AIGLE

Mais sur un lac d'azur le cygne aux blanches ailes,
Jette à tous vents du ciel son chant harmonieux ;
L'aigle porte un regard aux voûtes éternelles,
Lamartine et Victor aspirent tous aux cieux.

ALBERT CHEVALIER, AVOCAT, DÉCÉDÉ A NONTRON

Albert, mon cher ami, dors en paix dans la tombe,
Tu n'entends plus celui qui vient prier parfois,
Ton âme dans le ciel comprend bien cette voix,
Elle est de la blancheur d'une jeune colombe.

A MON AMI LÉON THOMAS, DÉCÉDÉ A NONTRON

En partant de ce lieu, ton âme souffreteuse
Laissa-t-elle un regret pour ses pauvres parents,
En s'échappant ainsi de sa poitrine creuse,
Elle dut me cacher alors ses différents.

LE POÈTE

Dans ses chants le poète oubliant l'inconstance
Sait adoucir parfois ses chagrins, ses douleurs ;

Et jusqu'au dernier jour de sa triste existence
Il pensera toujours à ses plus grands malheurs.

SUR LA TOMBE DE JULES GROLHIER.

C'est sur la tombe, hélas! que vient l'ami fidèle,
Prier et déposer chaque jour quelques fleurs;
Son âme dans le ciel près d'elle nous appelle.
Sous ce saule qui penche, il faut verser des pleurs.

NAPOLÉON PREMIER.

Napoléon premier, sur ce rocher sauvage,
Ne devait pas rester dans ce triste abandon;
Il se tournait souvent du côté du rivage,
Et son dernier regard fut un digne pardon.

NAPOLÉON-LE-GRAND.

Pourquoi donc l'empereur sur cette roche aride
Fut-il gardé vingt ans à l'ombre du pleureur;
Et pourquoi donc l'anglais, ce peuple régicide,
Contre Napoléon eut-il tant de fureur?

LA COLONNE VENDÔME.

Pourquoi vit-on aussi sur la grande colonne,
Les quatre aigles d'airain se tournant vers les cieux;
De même en entendit le canon qui résonne,
Et le dôme un moment parut très-glorieux.

A MA COUSINE MARIE, DÉCÉDÉE A BORDEAUX.

Dors, mon ange, le ciel amoureux de ton âme,
A dû la réclamer dans ces mondes sans fins;
Cœur, tout plein de bonté, tu priais pour l'infâme,
O! tu vivras un jour parmi les séraphins.

A MADEMOISELLE JULIA, DÉCÉDÉE A NONTRON.

Ange, tu nous quittas, Dieu réclama ton âme,
Pour la prendre avec lui dans son éternité ;
Tu secourus le pauvre et priais pour l'infâme,
Et ta bourse toujours s'ouvrit avec bonté.

A MA TENDRE ADELINE.

Le ciel ne voulut pas que cet ange fidèle
Fit séjour plus longtemps ici-bas parmi nous ;
Il nous l'avait montré pour servir de modèle,
Nous le regrettons bien sans en être jaloux.

LA PLACE DE LA COHUE A NONTRON.

Tout pour toi, les honneurs, ô brillante cohue,
Les perrons, les trottoirs, l'élégante grand'rue,
Peut se dire ta sœur et te donner la main,
Les beautés de Nontron vous les avez en vain.

LES TROIS POÈTES DU SIÈCLE.

Victor Hugo, Musset et le grand Lamartine,
Font la gloire du siècle, ils seront immortels ;
Deux habitent le ciel, leur céleste origine,
Pour recevoir Victor ils dressent des autels.

SAINT-POINT.

C'est un pieux devoir que se doit le poète,
De visiter Saint-Point une fois tous les ans ;
A l'illustre défunt on lui doit cette fête,
Et dans le ciel il rit en voyant ses enfants.

LES VENTS.

Les vents sont-ils l'écho de la langue éternelle,
Qui viennent ici-bas se mêler parmi nous ;

O dites-moi donc, cette voix serait-elle
La langue de nos mots que nous parlerons tous.

LA FÊTE DU PRÉSIDENT, 26 OCTOBRE 1878.

En ce jour solennel, ô digne et grand poète,
On vous rend le salut, illustre président ;
Recevez pour hommage, homme digne et prudent.
De longs et heureux jours qui suivront votre fête.

ATYS BÉBOT.

LES SOLDATS DU CHRIST

Chant Républicain

RIMES LIBRES.

De Jésus (Christ) nous sommes les Apôtres,
Il fut martyr pour la Fraternité ;
Que ses vertus deviennent donc les nôtres,
Et, comme lui prêchons l'humanité.
Que le malheur, la haine, l'égoïsme,
L'hypocrisie et tous ses arlequins,
Soient des vaincus ! Le vrai christianisme
Voilà le but des vrais Républicains.

Le Christ a dit : Tous les hommes sont frères,
Que les pays sachent la vérité,
Troubles civils et guerres étrangères,
Sont ennemis de la prospérité.
Eclairons-nous, honte à l'indifférence !
Plus d'ignorants, d'ambitieux faquins.
Soyons humains ! la guerre à l'ignorance,
Voilà le but des vrais Républicains.

Honneur à vous, femmes intelligentes,
Pour le progrès vous êtes dans nos rangs,
Pour l'avenir vous êtes patientes,

Dans la vertu conduisez vos enfants.
Oui ! l'univers, un jour n'aura qu'un temple,
Droits et devoirs pratiqués des humains !
Soldats du Christ il faut prêcher d'exemple :
Voilà le but des vrais Républicains !

Henri Loisel.

L'AMOUR DU BOHÉMIEN *

ROMANCE

Sois ma compagne bien-aimée,
Sois l'ange de mes nuits d'amour ;
Sois la fleur douce et parfumée
Dont l'éclat fait pâlir le jour.
Sois le bonheur, sois l'espérance,
Sois le ciel qui s'est entrouvert,
L'ange qui guérit la souffrance,
Et sourit au foyer désert.

Céleste vierge au doux sourire,
Laisse ton cœur s'unir au mien ;
Entends mon amour qui soupire,
Daigne écouter le bohémien !

Ton chemin sera fait de roses,
Je boirai l'amour dans tes yeux ;
Tu me diras les douces choses
Que l'on soupire dans les cieux !
Viens dans ma retraite profonde,
A l'abri des folles grandeurs,
Nous vivrons tous deux loin du monde
Avec les oiseaux et les fleurs.

* Musique de Lodoïs Lataste. Bordeaux. Philibert, éditeur.

Céleste vierge au doux sourire,
Laisse ton cœur s'unir au mien,
Entends mon amour qui soupire,
Daigne écouter le bohémien.

J'aurai des chants, ô ma maîtresse,
Pour te bercer dans ton sommeil ;
J'aurai ma craintive tendresse
Pour saluer ton front vermeil !
Oh ! viens, je t'aime, sur mon âme,
Divine fille aux yeux si doux,
Réponds à l'espoir qui m'enflamme ;
Réponds à mon esprit jaloux !

Céleste vierge au doux sourire,
Laisse ton cœur s'unir au mien ;
Entends mon amour qui soupire,
Daigne écouter le bohémien !

21 août 1867.   Evariste Carrance.

UNE GOUTTE D'EAU

Quelques nuages, éclairés par le soleil levant, brillaient encore à l'horizon et de leurs flancs s'échappait la douce rosée qui fertilise la terre. De nombreuses et fines gouttes d'eau tombaient dans les calices des roses ; moins heureuses que ses sœurs, l'une d'elle se perdit dans les profondeurs de la mer... Saisie de frayeur à la vue de l'immensité des flots, elle mesure l'étendue de ce gouffre béant qui vient de l'engloutir, elle écoute le terrible mugissement des vagues, et, anéantie, confondue, elle se dit tristement : « Que suis-je à côté de ce vaste Océan ?... Que puis-je faire contre ces vagues écumantes et ces flots en courroux ?... Hier encore j'étais heureuse, le soleil me prêtait sa lumière, je brillais dans les nuages, et maintenant, le plus petit brin d'herbe, qui se balance sur l'écume blanche des flots, est bien plus que moi, car il peut encore contempler le ciel bleu, tandis que je suis perdue pour toujours dans cet abîme terrible et insondable... » Ainsi parlait la pauvre gouttelette, quand le Roi des cieux entendit sa douce plainte ; touché de son humilité et de sa tristesse, le divin Créateur du majestueux Océan et de l'humble rosée, la revêtit de noblesse et de gloire : il la déposa dans une coquille où elle fut changée en une perle brillante et précieuse, qui devint plus tard le plus riche et le plus bel ornement de la couronne d'un roi.

Sans nul doute, c'est une fable bien naïve que je viens de vous conter, mais, malgré sa simplicité, elle nous rappelle une des plus grandes et des plus consolantes vérités : « Dieu élève les humbles. »

Novembre 1878. D. DELON.

L'EXPOSITION

A M. Krantz, sénateur, Commissaire général de l'Exposition.

L'exposition, sublime idée d'un sénateur, fut un coup hardi, un étonnement universel ; son exécution fut un chef-d'œuvre immortel ! Honneur à Monsieur Krantz, le digne promoteur. Le moment désigné n'était pas le meilleur, la France peu assurée du repos extérieur, les princes, les peuples, disaient au hasard : C'est une folie ! Quoi ! après une guerre désastreuse, une France meurtrie, écrasée, et une rançon ruineuse, elle à peine quitte de son dernier milliard ! Ose ainsi affronter, elle encore frémissante, une entreprise aussi grandiose et, qui plus, devait devancer même tout ce que l'on supposait, une merveille enfin, la plus resplendissante.

Que dire de nos discordes intérieures, la guerre de partis, hélas ! intraitable, n'était-ce point un déchaînement de fureur ? un arrêt et un obstacle insurmontable ? Mais cette grande exhibition a vaincu. De leur impuissance, désormais convaincus, les arts, l'industrie, le commerce ont triomphé ; et du pavillon persan au phare américain, des forges du Creusot au palais algérien, l'univers entier devient notre ami et allié : les peuples de l'Australie aux îles Britanniques, du Caire aux Antilles, tous, des rives étrangères, ont répondu à la France hospitalière ; tous ont voulu prouver leur joie sympathique à la France, toujours noble, riche, belle, amie : et du Champ de Mars au Trocadéro, enlacées, flottent les couleurs nationales réunies ; l'honneur est donné à notre glorieuse cité de recevoir les princes et de fêter les armées de Vincennes et de Longchamps, honorées des dignitaires du globe entier ! conserveront ce beau souvenir !! et longtemps ! Pour ralliement, à ce transport d'allégrsse, répétons, vive la confraternité ! vive la paix, le travail et la liberté ! Vive la jeune République Française...

JOURDAIN XÉNOPHON.

UN DOMESTIQUE TROMPÉ

PROSE RIMÉE

> Aujourd'hui on paie en promesse,
> Réfléchissez-y donc ! jeunesse.
> P. R.

Que de belles promesses on nous fait ici-bas, heureux les incrédules, car ils n'y croient pas, tout le monde est heureux, voyez donc ces toilettes ; ces faiseurs d'embarras qui sont criblés de dettes. Dans cette vie, où tout n'est que chimère, pourquoi donc, mon Dieu, tenir tant à la terre ; est-ce l'argent, est-ce l'or, la plus suave douceur ; ou bien encor, les rêves de bonheur, j'ai servi bien du monde qui, en me promettant ont abusé de moi et, c'est en me gardant de toutes mes bontés, me voilà vieux et dupe, tout ce monde a vécu et c'est ce qui m'occupe. Pour eux j'ai consacré, hélas ! toute ma vie, pour les joies de ce monde, il m'en reste la lie ; après tant de promesses, je meurs sur un grabat et je quitte ce monde, que j'appelle Judas ; si je pouvais, mon Dieu, avec mes tenailles, déclouer leur cercueil et leur dire : canailles !

P. Rastel.

CONTROLE UNIVERSEL

La sécurité publique, étant à la charge des citoyens, dans les vastes états de Sa Majesté, il importe, que tous aient les aptitudes requises, pour un si noble but, et pour que nul ne puisse arguer d'ignorance, dans l'usage du maniement des armes ; tout le sexe, masculin fait un an de service dans l'armée, comme simple soldat, de vingt, à vingt-un ans, de la manière suivante:

Le premier Janvier de chaque année, tout citoyen, ayant ses vingt ans révolus, est soldat de droit, sous les drapeaux, et comme tel, doit être présent et répondre à son nom à l'appel qui se fait à pareil jour, à la mairie du chef-lieu de sa commune, de neuf heures à midi ; chaque détachement communal se dirige au chef-lieu de canton, pour former une compagnie.

Le deux, au matin, toutes les compagnies cantonnales se dirigent au chef-lieu d'arrondissement, où elles forment un bataillon ; le trois au matin, les bataillons des arrondissements prennent la route d'un chef-lieu du département pour former un régiment.

Le cadre de l'armée se compose de huit caporaux, quatre sergents et un adjudant par compagnie, d'un capitaine par bataillon ; d'un commandant par régiment ; d'un colonel par brigade, d'un général par division, et d'un maréchal par corps d'armée.

La brigade se compose de cinq régiments, la division de cinq brigades et le corps d'armée de cinq divisions ; ce qui fait annuellement, une compagnie par canton, un bataillon par arrondissement, un régiment par département ; une brigade par cinq départements, et une division par vingt-cinq départements, le corps d'armée comprend cent vingt-cinq départements, généralement la totalité de l'état.

Chaque corps d'armée porte pour signe distinctif, le numéro de l'armée de service, qu'il conserve pendant trente ans, car, à cinquante ans tout citoyen est libéré du service militaire, au compte de l'état, comme on le verra dans le prochain Rêve d'un

Prolétaire Brivadois.

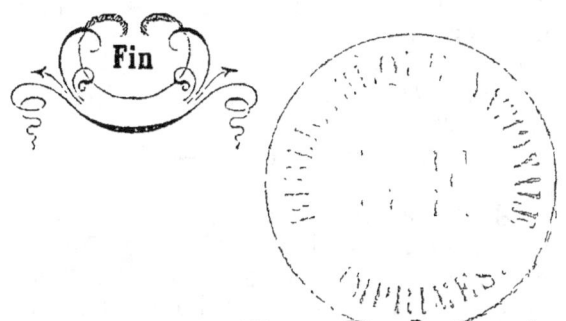

Fin

Le prochain volume aura pour titre : LA LIBERTÉ.

ERRATA

DU VOLUME « LE PROGRÈS »

Page 754, 2me alinea, 1re ligne, lire : *Suzanne, Ferdinand.*
Page 756, 7me ligne, lire : *douteuse ou franche.*
Page 758, 3me quatrain, 2me ligne ; lire : *Souffre, ta pauvre enfant.*
Page 654, ligne première, lire : *D'un titre de noblesse.*
Page 40, après le 25me ligne, lire : *Je voyais ruisseler des larmes de ses yeux.*
Page 44, 30me ligne, au lieu de : *Elle pourra chanter sans les avoir connues*, lire : *Elle pourra chanter pour les avoir connues.*
Page 45, 25me ligne, au lieu de : *C'est un guide, un sentier*, lire : *C'est un guide, un soutien.*
Page 73, 6me ligne, lire : *Du flanc noir de la vague*, au lieu de *flot*.
Page 338, 9me ligne, lire : *En le voyant tomber le prêtre se relève.*

TABLE DES MATIÈRES

CONTENUES DANS LE VOLUME « LE TRAVAIL »

Argentié : Les deux amis, 257. — L'image de la vie, 502. — A ma mère, 584.
Audeneux : Quelques souvenirs, 392.
Andrevetan, D : Épitre à S. M. Guillaume, 439. — La province vengée, 659.
Albigot, L. : Hymne, 616. — A ma fille, 627. — L'hiver, 678.
Bébot, A. : La procession, 580. — Ode, 689. — Aux hommes illustres, 695. — La lyre des poètes, 702. — La mort du colonel Denfert, 710. — La gloire de Dieu, 713. — A la France, 728. Au Poète, 732. — Au colonel Denfert-Rochereau, 733. — Le retour de l'été, 735. — La belle Louise, 737. — Dieu

maître de l'univers, 739. --- Le retour des beaux jours, 746.--- La brise du soir, 751. --- A deux amies, 752. --- Quatrains, 774. --- La voix du poète, 766.
Bertier, M*me* *Plocq de* : Le siége de Vitry, 108.
Batail, Félicien : Le pêcheur, 163. — A quoi je songe, 614.
Blin, Emile : Elle et les petits oiseaux, 723,
Brien, Henri : Alain Chartier, 172.
Blanchot, Ch. : Euphrosine, 189.
Berthaut, M. C. : A ma lampe, 523.
Bouret, G. : Deux lettres, 210. — Les deux roses, 319. --- Platonisme, 722,
Beauvilliers, Maxime : Le gladiateur, 268.
Boulé, Louis : Hymne guerrier, 298. — Allégorie, 299. — Le dernier cuirassier, 299. — Soif de l'infini, 301. — Carte de visite, 301. — Soldat saluant, 302. — Ecrits sur la tombe, 302. — Souvenir, 302. — La violette, 592.
Buffeteau, G. : Versatilité, 313.
Blot. Eugène : La tache noire, 325. — Poitrinaire, 396. — Dans les bois, 501. — Lor-der thranen, 541. --- Caprice, 749.
Blairon, Florian: Les suites d'une séduction. 764.
Brossette : Essais sur la géologie, 83.
Brydaine, Jules : A l'écho, 328.
Barbier. E. C. : A un ruisseau, 686. --- A M*me* Duvernoy, 752. La pensée de ma serine, 761.
Braun, Ed. : Promenade d'automne, 332.
Bianic, F. : A une hirondelle, 500. --- A un absent, 718.
Burau, Albert : La nuit, 338.
Berger, J. : Travail, 367.
Biannic, Fanny : La bruyère, 396.
Bunel, P. G. : A mon filleul, 404.
Belly, A. : Qu'êtes-vous devenus, 419. — Le premier berceau, 716. --- Vercingétorix, 735. --- Fleur de pensée, 745.
Belzinger-Desgrandchamps, E. : Rêverie, 446. — Aux bords du Blavet, 447.
Boudard, Ed. : Les noces d'argent, 450. — Fleurs éparses, 606. — Un regret, 621.
Broutin, Adolphe: L'Aube, 756. — Crépuscule, 757.
Brun, F. : La cigale du poète, 461. --- Acrostiche, 774.
Bernard, J. : Quatrain. 676.
Charpentier. Ed. : Marceau, 374.
Catrufo, Isabelle : A M*me* Maroh, 403. — Buvez, 541.
Curie, H. : A M. J. Simon, 431. — A Sainte-Cécile, 484. — La France au 30 juin, 49. — Les enfants de la France. 650. — Anniversaire, 671.
Chauvigné, Auguste : Vaincus, 505,
Carcassonne, J. A. : A mon oncle. 544.
Caillault, J. J. : Une mangeuse de fruits, 571.

Caillol J. A. : A une fleur, 725. — A une cruelle, 726.
Canouil de la Bérangère : Mes souhaits, 579.
Clément, J. M. : Au bois, 605.
Corgeron, H. : La paix. 624.
Cajon, César : Le soir, 649. — L'oie et le coq, 667. — Le travail, 669. — Quatrains, 727.
Campet, J. A. : La prostituée, 699.
Carrance, Evariste : Le travail, 5. — Le pêcheur du lac, 150. — Message, 272. — Si tu savais, 331. — Pour un baiser, 394. — Rayon de jeunesse, 440. — Philosophie, 559. — A M..., 639. — L'amour du Bohémien, 779.
Château : A l'issue d'une conférence, 156. — Paris, 30 juin 1878, 377.
Crotet, H. : A M. Evariste Carrance, 173. — A mon amie, 341. Lamentation, 557. — Quatrains, 608.
Champion, L. : Souvenir de la patrie, 185.
Chantepie, Mlle *Leroyer de* : L'anneau mystérieux, 230.
Chevillion, E. : Le vin de Saint-Urbain, 759.
Canton, J. : A l'occasion de l'inauguration, 305. — La brise, 417. — Le temple de la solitude, 452. — Epitaphe d'un ami, 453. — Hommage et reconnaissance, 464. — La fleur de l'églantier, 654. — Le Fils de Bacchus, 707. — A mon Lit, 763.
Cougnard, Jules : Miniature, 314.
Cherière, André : La nymphe et l'enfant, 322. — L'erreur, 460.
Couderc, V. : Les deux paysans, 739.
Deny, l'abbé Marc : L'enfant thaumaturge, 9.
Didier, V. : Le jeune aveugle, 174. — Prière d'amour, 431.
Davenne, R. : Exhortations de Cassius, 198.
Dubort, A. : Le soir ou la vision, 277. — Splendeur du printemps, 615.
Dufieux, F. : A ma petite amie, 355.
Déchenaux, A. : Tout par lui, 356.
Dorian, T. : Cantate, 383.
Dosogne, Auguste : Souvenir, 475.
Duhamel, E. : Malheureux les petits, 508.
Daguet, H. : Sanglots, 168. — Page d'amour, 444.
Dupuis, père : La charité, 411. — Le chant des oiseaux, 420. — Science et poésie, 424. — L'amour et l'amitié, 432.
Delon, Delphine : La fille du négociant, 584. — Une goutte d'eau, 780.
D'Arloy, Chevalier : Où sont les mœurs, 593.
Drevon, F. : A une jeune personne, 755. — Dieu, 757.
Erard, P. E. : Le sapin, 107. — A mon ami Otto, 308. — La vie, 324. — La brise et la tombe, 340. — Sonnet, 352. — A mon ami Hugo, 382. — A ma fiancée, 416. — Sonnet, 435. — A Evariste Carrance, 449. — A M. L. Dupré, 483. — Le Trouvère, 512. — Voix lointaine, 543. — Songe, 607. — Ses

yeux, 613. — Vœu, 616. — Les buveurs, 636. — Il ruscello, 661. A une jeune fille, 664. — Le bonheur, 675. — Le jour des morts, 684. — La République, 698. — Parfums, 703. — Sonnet, 706.— A des héritiers, 711.— Sonnet, 712.— Sonnet, 714. Echos et Brises, 715. — A Mademoiselle M...e, 717. — A mon ami G. Georgen, 718. — Quatrain, 721.

Edelbrag, T. de : Le traité de Bordeaux, 581.
Faucher de St-Maurice : Novembre au Canada, 274. — Un soir à Venise, 304.
Gallot, L. : L'assassin et la peine de mort, 99.
Grard, Hector : Une voix, 180.
Ginoux, Denis : De la poésie, 223. — Le travail, 489.
Godet, Louis : Trois sœurs, 402.
Guillemin fils, Théodore : Evocation, 407. — Le spectre de l'idéal, 568.
Gautier, L. : Par un temps de brouillard, 413.
Grandautz-Loiseau : Les inondations, 436.
Groshenry, Justine : Une métamorphose, 470.
Gajard, F. : A mon pays, 509.
Gilbert, G. : Voie douloureuse. 550.
Grolleau, J. : Le jour de l'an, 577.
Gros, Louis : A mes orphelins, 697.
Henry, Pauline : Tendresse maternelle, 320.
Henry, Jeanne : Mon petit nom, 329.
Hasselmann, A. : Confession du poète, 301.
Halbin, O. : A Jeanne d'Arc, 545.
H. H. : Vouloir ce que Dieu veut, 662.
Hanric, Henriette : Regrets de Boabdil, 687.
Isambard, Ed. : Au nom du peuple, 344.
Jamain, Emile : Le petit ramoneur, 671.
Kaufmann : 6 avril, 373. — Pour un album, 391. — La sœur, 406. — Addition à un portrait, 620. — Pour faire suite, 667. --- Acrostiche, 723.
Labatut, Achille : Aux poètes, 66.
Lemaire, J. : Lisa, la brodeuse, 95. — Le songe, 162. — Nos pompiers, 347. — A Postume, 350. — Le marchand, 366.
Laure, Th. : Le premier baiser, 196. — L'amour, 469.
Légiot, C. : Ma femme, 360.
Lacroix, H. : Le poète-ouvrier, 381. --- Le bon écolier allant en vacances, 727. --- Le poète ignoré, 745.
Lemoine : Mère fidèle, 774.
Lepage, A. : Le réveil d'une mère, 388.
Léauté, J. M. : Guy, 664. — Le petit chemin creux, 712.
Loisel, Henry : L'épave, 694. — L'arrivée du courrier, 709. --- Au moins l'amnistie, 733. --- Souvenir d'enfance, 747. --- A ma fille Louisette, 750. --- Le jour de l'an, 758. --- Dors mon enfant, 761. --- Quand on a tant d'amour, 765. --- Les soldats du Christ, 778.

Lafontaine H. : Vocation, 695.

Marancourt, Thomas : Quand j'étais enfant, 151. — Avec ou dessus, 280. — Santa-Lucia, 352. — Vérités, 433. — Le vin de France, 459. — Philippine, 556. — Patria Mater, 638.

Marliac, Siméon : A M. Gambetta, 721.

Melvil, F. : Boddig-nat, 166.

Moniot, Mme *Eugène* : Le chardon bleu, 198. Sonnet, 567.

Maurel, Léon : Les souvenirs, 208.

Mouriès, Elise : Sonnet, 216.

Marty, F. : Charnoz, 218.

Miquet, P. F. : Rigobert Chafouinet, 244. La mendiante, 329. — Aux détracteurs du présent, 498. — Vieux châteaux, 529. — Coups d'épingle, 612. — Philosophie, 618.

Menot, Emile : L'Exposition de 1878, 389.

Miège : Gustave Lambert, 399.

Martin, Edmond : Pour la patrie, 415. — Cocher et sénateur, 527.

Moreau, Marie : Sonnet, 456. — Hymne à Dieu, 484.

Mousnier-Deschamps : Le siège de Metz, 530.

Marlette, A. : Chanson de rêveur, 549.

Migot, E. : Le roi travail, 555.

Moulin : Le Mont blanc, 575.

Malade du Christ : Desiderata, 678. — Généalogie sacrée, 679. — Deux baptêmes, 682. — Une Collectée, 752.

Merle, J. : Le soleil, 704.

Navarre, Edmond : La perle de corail, 182.

Nolot, J. M. : Sur la mort de Louis, 496.

Ourdan, J. : Désirs, 297. — Le rêve, 397.

Olivier, Emile : L'hiver, 321.

Oudard, veuve : A mon fils, 567. — A mon frère, 669. — Anniversaire, 686. — A Madame Pauline Dey, 706. — A Mademoiselle Euphrasie Doizelet, 726. — A M. Morlot, 760.

Ouvrard, Edmond : Ma première poésie, 738.

Perrenoud, Auguste : Au Comité, 708. — Machines et travailleurs, 729.

Pous, Albini : Le tombeau de la Monarchie, 719.

Préville, Louis de : Les fossettes, 154. — A Louis Veuillot, 177.

Prabonneaud, veuve : Le conscrit, 199.

Prous, A. P. de : L'avalanche, 214. — Romance, 527.

Pelsenaire, J. de : Stances à des enfants éplorés, 284. — La feuille de lierre, 287.

Porry, comte de : Amour et repentir, 289.

Potel, F. : Chute de Sébastopol, 335. Alma Tellus, 488. — Carmen sæcularæ, 491. — Horace et Lydie, 702.

Pourcin, Lazarine : Il faut aimer, 341. — A mon ange, 618. Madrigal, 636.

Peyre, Louis : Le retour des oiseaux, 408. --- La noblesse de l'argent, 662.
Poirier de Narcay : Souvenir, 466.
Père, Anna : Bébé, 490. --- Curtius Marcus, 714.
Pervenche : Restez au nid, 547.
Pabion, A. On : Violettes fanées, 554. --- Le ruisseau, 658.
Payen, J. : L'anneau d'or, 600. --- Epponine et Sabinus, 627.
Pihuit, D. : L'illusion maternelle, 677.
Prolétaire brivadois : Contrôle universel, 783.
Rastel, P. : Un domestique trompé, 782,
Raynal, S. de : Attila, 105.
Reinhard, Auguste : La voix des forêts, 155. --- Marraine et filleule, 207. --- La marguerite, 423. --- Quatrain, 725.
Reinhard, Aimé : à Mlle Ernestine H., 173. --- Chant maçonnique, 347. --- à Mlle Hortense H., 611.
Ri-Log : Les Pobratimi, 294. --- A propos de pruneaux, 449. --- A Mademoiselle Amélie O., 734.
Ritter, Eug. : Sincera verba, 343.
Rivolles, A. de : Adieux à ma bibliothèque, 477.
Reynaud, L. : Novembre au cimetière, 572.
Romestant, P. : Près d'une tombe, 643.
Rastoil, Maxime : Rêverie, 644.
Reidaniem, A. : Sa voix, 685.
Sarlat, Ludovic : Le poète, 71.
Schouthéete de Tervarent : J'aime, je crois, 217. --- Le soleil, 494. --- N'importe, 495. --- Le poète et le bluet, 525. --- Vœux, 526. --- Promenade du matin, 668.
Schaeffer, Robert : A Longvood, 276. --- Après Waterloo, 310. --- Automne brumeux, 450. --- Tristesse, 451.
Sorée, Paul : Le Calvaire, 309. --- Comment on n'aime plus, 416.
Seressia, I. : Les vrais lauriers, 316. --- Souvenir de l'Exposition de 1878, 748.
Soupault, L. F. : La séparation, 454. --- Ne l'oubliez pas, 651.
Sers : Le soldat français, 528.
Savy, E. J. : La Marseillaise, 561.
Salles, P. B. : L'apparition, 565. --- La jeune mère, 609.
Simon : Le dernier charriot, 647.
Tourreau, Anaïs : La vie, 170. --- A des fleurs fanées, 275. --- Un jour de pluie, 303.
Tinchant, Albert : Temps passés, 171. --- Ballade, 410. --- Avenir: 438. --- A Weber, 457. --- A la mémoire de Jasmin, 485. --- Souhaits, 559. --- Ciel de neige, 642. --- Plus haut, 645.
Topin, H. : Considérations historiques, 241.
Taillefer Joseph : Invitation au poète, 282. --- A. Lamartine, 617. --- La mort de l'enfant, 620.

Turpin, J. B. : Aux arts, 441.
Tesson, L. : La fièvre jaune, 563.
Tronche, E. : Au milieu des fleurs, 672.
Vellot, Alfred : Lamartine, 77.
Verdura, F. : Di che tu m'ami, 165. --- Et l'ora di partir, 653. --- Il fiore, 676.
Viallet, Émile : Le souvenir, 171. --- A Sivori, 542. --- Vers écrits sur la croix. 547.
Vian Léon : Les cariatides, 215.
Vibert, Paul : Les Tsiganes, 354. --- Faux serment, 437.
Vat, Eug. : L'avare, 382. --- Le 30 juin 1878, 538.
Xénophon, Jourdain : L'Exposition, 781.

Le 22ᵉ Concours poétique ouvert depuis le 15 février sera cloturé le 1ᵉʳ juin.

LITTÉRATURE CONTEMPORAINE

POÉSIES COLLECTIVES

PUBLIÉES SOUS LA DIRECTION DE M. ÉVARISTE CARRANCE

Voix poétiques............	1 beau volume in-8°		10 fr.
Parfums de l'Ame.........	»	»	10
Aigles et Colombes........	»	»	10
Fleurs et Fruits...........	»	»	10
Ombres et Rayons.........	»	»	10
Rubis et Saphirs..........	»	»	10
La France nouvelle........	»	»	10
La Patrie.................	»	»	10
La Justice................	»	»	10
La Revanche..............	»	»	10
L'Avenir..................	»	»	10
Le Devoir.................	»	»	10
Les voix de la Patrie......	»	»	10
La jeune France...........	»	»	10
La France poétique........	»	»	10
La Muse de la Patrie......	»	»	10
Le Lien des Peuples.......	»	»	10
Le Monde poétique........	»	»	10
Le Réveil.................	»	»	10
Le Progrès................	»	»	6
Le Travail................	»	»	6
Nos Contemporains, par DE LUSSAC...............			2
Les mêmes volumes, édition vélin, l'exemplaire...			15

REVUE FRANÇAISE

ORGANE DES CONCOURS POÉTIQUES DU MIDI
DE LA FRANCE

ABONNEMENTS pour la France....... 10 fr. par an
—   pour l'Etranger....... 12 fr. par an

ADMINISTRATION

Hôtel du Comité Poétique, 6, Rue Molinier
A AGEN (LOT-ET-GARONNE)

Agen, V. LENTHÉRIC, Imprimeur du Comité Poétique

LITTÉRATURE CONTEMPORAINE

De Lussac. — Nos contemporains, 1 vol............F. 2 »
Jules de Voris. — Dagobert en brenne, 1 vol........... » »
Marie Plocq de Bertier. — Les villes de France, 2 vol. » »
Jules Payen. — Petites nouvelles littéraires, 1 vol...... » »
Paul Vibert. — Sonnets parisiens, 1 vol............. » »
Comte E. de Porry. — Richelieu, drame............. » »
Ed. Thomas-Marancourt. — Les Muses vaillantes, 1 vol.. » »
Evariste Carrance. — Le mariage chez nos pères (nouv. éd.) 5 »
                    Histoire d'un mort, 1 vol. (3e édit.). 3 50
                    Nuits d'automne, poésies,   —   5 »
                    Mystères de Royan, 1 vol,   —   3 50
                    Aventures de Van-der-Bader, 1 vol. 3 50
                    Le Pays Bleu, poésies, 1 vol..... 5 »
                    De ma fenêtre, 1 vol............. 1 »
                    Maison à louer, comédie, 1 vol... 1 »
                    Choix d'un mari, com. en 3 actes. 1 50
                    L'Emeraude, comédie............ 1 »
                    Vingt minutes d'arrêt, com. (5e éd.) 1 »
                    Au bruit du canon, poésies....... 1 »

Poésies collectives. — Voix poétiques. — parfums de l'âme. — Aigles et colombes. — Fleurs et fruits. — Ombres et rayons. — Rubis et saphirs. — France Nouvelle. — La Patrie. — La Justice. — La Revanche. — L'Avenir. — Le Devoir. — Voix de la Patrie. — Jeune France. — France poétique. — Lien des Peuples. — Muse de la Patrie. — Monde poétique. — Le Réveil. — Le Progrès. — Le Travail.

21 volumes à **10 francs**.

Poésies collectives — Edition de luxe. — L'exemplaire.... 15 »

REVUE FRANÇAISE

ORGANE DES CONCOURS POÉTIQUES DU MIDI DE LA FRANCE

10 fr. par an pour toute la France et 12 fr. pour l'étranger.

Agen — V. Lenthéric, Imprimeur du Comité des Concours.

www.ingramcontent.com/pod-product-compliance
Lightning Source LLC
Chambersburg PA
CBHW061728300426

44115CB00009B/1140